Dee Brown, am 28. Februar 1908 in Louisiana geboren, ist seit 1948 Bibliothekar an der University of Illinois. Mit seinen vielbeachteten Büchern über den Wilden Westen hat er sich als bedeutender Kenner der Geschichte des amerikanischen Westens international einen Namen gemacht.

Vollständige Taschenbuchausgabe 1974
Droemersche Verlagsanstalt Th. Knaur Nachf., München
Lizenzausgabe mit freundlicher Genehmigung
des Hoffmann & Campe Verlages, Hamburg
© 1972 für die deutschsprachige Ausgabe
Hoffmann & Campe Verlag, Hamburg
Alle Rechte vorbehalten durch Hoffmann & Campe, Hamburg
Titel der Originalausgabe
»Bury My Heart at Wounded Knee«
Originalverlag Holt, Rinehart and Winston, New York
© 1970 Dee Brown
Aus dem Amerikanischen von Helmut Degner
Der Abdruck der Illustrationen erfolgt mit freundlicher
Genehmigung von Holt, Rinehart and Winston, New York
Umschlaggestaltung Norbert Dallinger
Gesamtherstellung Ebner Ulm
Printed in Germany · 32
ISBN 3-426-03351-8

Dee Brown:
Begrabt mein Herz
an der Biegung des Flusses

Mit 50 Abbildungen

Inhalt

Vorwort 9

1
»Ihr Betragen ist anständig und lobenswert« 15

2
Der lange Marsch der Navajos 27

3
Little Crows Krieg 49

4
Krieg kommt zu den Cheyennes 77

5
Invasion am Powder River 111

6
Red Clouds Krieg 127

7
»Nur ein toter Indianer ist ein guter Indianer« 151

8
Donehogawas Aufstieg und Fall 177

9
Cochise und die Apache-Guerillas 193

10
Captain Jacks schwerer Weg 219

11
Der Krieg zur Rettung der Büffel 239

12
Der Krieg um die Black Hills 269

13
Die Flucht der Nez Percés 307

14
Der Exodus der Cheyennes 323

15
Standing Bear wird eine Persönlichkeit 341

16
»Die Utes müssen fort!« 357

17
Der letzte Häuptling der Apachen 379

18
Tanz der Geister 401

19
Wounded Knee 423

Anhang 433

Für
Nicolas Brave Wolf

Vorwort

Seit der Forschungsexpedition, die Lewis und Clark Anfang des neunzehnten Jahrhunderts zur Pazifikküste unternahmen, sind Tausende von Berichten über die »Erschließung« des amerikanischen Westens erschienen. Die meisten stammen aus den dreißig Jahren zwischen 1860 und 1890 – der Zeit, mit der sich dieses Buch beschäftigt. Es war eine unglaubliche Ära der Gewalt, Habgier, Verwegenheit, Sentimentalität und hemmungslosen Ausschweifung, in der gegenüber dem Ideal der persönlichen Freiheit eine fast ehrfurchtsvolle Haltung eingenommen wurde – zumindest von jenen, die sie bereits besaßen.
Während dieser Zeit wurden Kultur und Zivilisation der amerikanischen Indianer vernichtet, und aus dieser Zeit stammen praktisch alle großen Mythen des amerikanischen Westens – Geschichten von Pelzhändlern, Dampfschiffslotsen, Goldgräbern, Revolverhelden, Kavalleristen, Cowboys, Huren, Missionaren, Lehrerinnen und Siedlern. Nur selten wurden die Stimmen von Indianern gehört, und fast nie wurden ihre Worte von Weißen zu Papier gebracht. Der Indianer war der böse Schurke der Mythen, und selbst wenn er in englischer Sprache hätte schreiben können – wo hätte er einen Drucker oder Verleger gefunden?
Doch sie sind nicht alle verschollen, diese indianischen Stimmen der Vergangenheit. Einige wenige authentische Darstellungen der Geschichte des amerikanischen Westens wurden von Indianern in Bilderschrift oder in englischer Übersetzung aufgezeichnet, und manche erschienen in obskuren Zeitschriften, Broschüren oder Büchern, die nur geringe Verbreitung fanden. Ende des neunzehnten Jahrhunderts, als das Interesse der Weißen an den Indianern, welche die Kriege überlebt hatten, einen Höhepunkt erreichte, interviewten wagemutige Zeitungsreporter häufig Krieger und Häuptlinge und gaben ihnen Gelegenheit, ihre Meinung zu den Geschehnissen im Westen zu äußern. Der Wert dieser Interviews war sehr unterschiedlich und hing von den Fähigkeiten der Übersetzer ab sowie von der Bereitschaft der Indianer, offen zu sprechen. Manche fürchteten Repressalien, wenn sie die Wahrheit sagten; andere machten sich einen Spaß daraus, die Reporter aufzuziehen und ihnen

Lügengeschichten und Schauermärchen zu erzählen. Berichte von Indianern, die zu jener Zeit in den Zeitungen erschienen, müssen deshalb mit Skepsis gelesen werden; manche davon sind Meisterstücke der Ironie, andere von glühendem poetischem Zorn erfüllt.

Zu den ergiebigsten Quellen indianischer Darstellungen zählen die Protokolle der offiziellen Verhandlungen mit zivilen und militärischen Vertretern der amerikanischen Regierung. Während der zweiten Hälfte des neunzehnten Jahrhunderts fand Isaac Pitmans neues Stenographiesystem Verbreitung, und bei den Verhandlungen saß neben dem amtlichen Dolmetscher stets ein Schriftführer.

Selbst wenn die Unterhandlungen in abgelegenen Gegenden des Westens stattfanden, stand meistens jemand zur Verfügung, der die Gespräche niederschrieb, und da die Übersetzung sehr viel Zeit in Anspruch nahm, konnte vieles in normaler Schrift aufgezeichnet werden. Die Dolmetscher waren häufig Mischlinge, die beide Sprachen beherrschten, doch selten lesen oder schreiben konnten. Wie die meisten auf mündliche Ausdrucksweise angewiesenen Menschen mußten sie und die Indianer sich ihrer Phantasie bedienen, um ihre Gedanken auszudrücken, und deshalb sind die englischen Übersetzungen voller Umschreibungen und Metaphern. Hatte ein redegewandter Indianer einen schlechten Dolmetscher, so wurden seine Worte in farblose Prosa übersetzt; ein guter Dolmetscher hingegen konnte die Ausführungen eines schlechten Sprechers in Poesie verwandeln.

Die meisten Indianerführer sprachen bei den Verhandlungen mit Weißen offen und aufrichtig, und da sie in den siebziger und achtziger Jahren immer mehr Geschick und Erfahrung erwarben, forderten sie schließlich das Recht, selbst ihre Dolmetscher und Schriftführer zu bestimmen. Während dieser Zeit konnten sich alle Angehörigen der Stämme zu Wort melden, und manche der älteren Männer nutzten diese Gelegenheit, von vergangenen Geschehnissen zu erzählen, deren Zeugen sie gewesen waren, oder von der Geschichte ihrer Völker zu berichten. Die Indianer, die diese verhängnisvolle Periode ihrer Zivilisation erlebt haben, sind von der Erde verschwunden, doch Millionen ihrer Worte sind in amtlichen Protokollen erhalten. Viele wichtige Verhandlungsberichte wurden in Regierungsdokumenten veröffentlicht.

Ich habe mich bemüht, aus all diesen Quellen einer fast vergessenen, mündlich überlieferten Geschichte eine Darstellung der Eroberung des amerikanischen Westens, wie deren Opfer sie erlebt haben, zu verfassen und dabei, wenn irgend möglich, ihre eigenen Worte zu zitieren.

Dies ist kein heiteres Buch, doch die Gegenwart ist eng mit der Vergangenheit verknüpft, und vielleicht wird der Leser besser verstehen, wie der amerikanische Indianer ist, wenn er erfährt, wie er war. Es wird ihn vielleicht überraschen, kluge und vernünftige Worte aus dem Mund von Indianern zu hören, die gemäß der amerikanischen Klischeevorstellung grausame Wilde waren. Er wird vielleicht manches über seine eigene Verbundenheit mit der Erde lernen – von Menschen, die tief in ihr verwurzelt waren. Die Indianer wußten, daß das Leben von der Erde und ihren Reichtümern abhängt, daß Amerika ein Paradies war, und sie konnten nicht begreifen, warum die Eindringlinge aus dem Osten entschlossen waren, alles Indianische und damit Amerika selbst zu zerstören.

Und sollte der Leser dieses Buches einmal sehen, welche Armut, welche Hoffnungslosigkeit, welcher Schmutz in einem heutigen Indianerreservat herrschen, dann wird er vielleicht besser verstehen, warum.

Urbana, Illinois
April 1970   DEE BROWN

Ich werde nicht da sein. Ich werde mich erheben und untergehen.
Begrabt mein Herz am Wounded Knee.

STEPHEN VINCENT BENET

I

»Ihr Betragen ist anständig und lobenswert«

Wo sind heute die Pequot? Wo sind die Narrangansett, die Mohicans, die Pokanoket und viele andere einst mächtige Stämme unseres Volkes? Habgier und Gewalt des Weißen Mannes haben sie dahinschwinden lassen wie Schnee in der Sommersonne.

Werden auch wir uns ohne Kampf vernichten lassen, unsere Heimstätten aufgeben, unser Land, das uns der Große Geist verliehen, die Gräber unserer Toten und alles, was uns teuer und heilig ist? Ich weiß, ihr werdet mit mir rufen: »Niemals! Niemals!«

TECUMSEH VOM STAMM DER SHAWNEES

Es begann mit Christoph Kolumbus, der dem Volk den Namen *Indios* gab. Die Europäer, die Weißen Männer, die aus verschiedenen Ländern stammten, nannten sie entsprechend ihrer Sprache *Indien* oder *Indianer* oder *Indians*. Später entstand die Bezeichnung *peaux-rouges* oder Rothäute. Gemäß ihrem Brauch, Fremde zu empfangen, überreichten die Tainos auf der Insel San Salvador Kolumbus und seinen Männern großzügige Geschenke und behandelten sie voll Ehrerbietung.

»So fügsam, so friedlich sind diese Menschen«, schrieb Kolumbus an den König und die Königin von Spanien, »daß ich Euren Majestäten schwöre, es gibt auf der Welt kein besseres Volk. Sie lieben ihre Nächsten wie sich selbst, und ihre Sprache ist stets sanft und freundlich und von einem Lächeln begleitet; und obzwar sie nackt sind, ist ihr Betragen dennoch anständig und lobenswert.«

All dies betrachtete man natürlich als ein Zeichen von Schwäche, ja der Barbarei, und Kolumbus, der durch und durch ein rechtschaffener Europäer war, vertrat die Meinung, diese Menschen müßten »dazu gebracht werden, zu arbeiten, ihr Land zu bestellen und *unsere Lebensweise anzunehmen*«. Während der nächsten vier Jahrhunderte (1492-1890) taten mehrere Millionen Europäer und ihre Nachkommen alles, um dem Volk der Neuen Welt ihre Lebensweise aufzuzwingen.

Kolumbus nahm zehn der gastfreundlichen Tainos gefangen und brachte sie nach Spanien, um sie mit der Lebensweise des Weißen Mannes vertraut zu machen. Einer von ihnen starb bald nach seiner Ankunft, doch erhielt er zuvor die christliche Taufe. Die Spanier waren so erfreut, daß sie es zum ersten Mal einem Indianer ermöglicht hatten, in den Himmel zu kommen, daß sie sich beeilten, die gute Kunde in ganz Westindien zu verbreiten.

Die Tainos und andere Arawak-Stämme widersetzten sich nicht der Bekehrung zur Religion der Europäer, doch sie leisteten heftigen Widerstand, als Horden dieser bärtigen Fremdlinge ihre Inseln nach Gold und kostbaren Steinen abzusuchen begannen. Die Spanier plünderten und brannten Dörfer nieder; sie nahmen Hunderte von Männern, Frauen und Kindern gefangen und verschifften sie nach Europa, wo sie sie als Sklaven verkauften. Man brach den Widerstand der Arawaks mit Gewehren und Säbeln, und ganze Stämme wurden ausgerottet – in dem Jahrzehnt, nachdem Kolumbus am 12. Oktober 1492 seinen Fuß auf den Strand von San Salvador setzte, Hunderttausende von Menschen.

Die Nachrichtenübermittlung zwischen den Stämmen der Neuen Welt dauerte lange, und die Meldungen von den barbarischen Taten der Europäer wurden von neuen Eroberungen und Ansiedlungen rasch überholt. Doch lange bevor die englischsprechenden Weißen Männer 1607 in Virginia eintrafen, hatten die Powhatans Gerüchte über die Zivilisationsmethoden der Spanier gehört. Die Engländer wandten subtilere Methoden an. Um den Frieden so lange zu sichern, bis sie eine Siedlung bei Jamestown gegründet hatten, setzten sie dem Häuptling Wahunsonacook eine goldene Krone auf den Kopf, verliehen ihm den Titel König Powhatan und überredeten ihn dazu, seine Leute zur Arbeit anzuhalten, damit sie die weißen Siedler mit Lebensmitteln versorgen konnten. Wahunsonacook schwankte, ob er zu seinen rebellischen Untertanen oder zu den Engländern halten sollte, doch nachdem John Rolfe seine Tochter Pocahontas geheiratet hatte, kam er offenbar zu dem Schluß, daß er mehr Engländer als Indianer war. Nach Wahunsonacooks Tod erhoben sich die Powhatans, um die Engländer ins Meer zurückzutreiben, aus dem sie gekommen waren, doch die Indianer unterschätzten die englischen Waffen. In kurzer Zeit wurden die achttausend Powhatans auf weniger als tausend dezimiert.

In Massachusetts begann das Ganze etwas anders, endete aber praktisch genauso wie in Virginia. Nachdem die Engländer 1620 bei Plymouth gelandet waren, wären die meisten wahrscheinlich verhungert, hätten die freundlichen Eingeborenen ihnen nicht geholfen. Ein Pemaquid namens Samoset und drei Wampanoags namens Massasoit, Squanto und Hobomah stellten sich den »Pilgrims« freiwillig als Helfer zur Verfügung. Sie sprachen ein wenig Englisch, das sie von Forschungsreisenden, die in den vergangenen Jahren an ihrer Küste gelandet waren, gelernt hatten. Squanto war von einem englischen Seemann gefangengenommen worden, der ihn nach Spanien als Sklaven verkaufte, doch er war mit Hilfe eines anderen Engländers entkommen und hatte schließlich in seine Heimat zurückkehren können. Er und die anderen Indianer betrachteten die Kolonisten von Plymouth als hilflose Kinder; sie teilten die Maisvorräte ihres Stammes mit ihnen, zeigten ihnen, wie und wo man Fische fangen konnte, und brachten sie über den ersten Winter. Als das Frühjahr kam, gaben sie ihnen Mais zur Aussaat und zeigten ihnen, wie man ihn pflanzte und kultivierte.

Mehrere Jahre lebten diese Engländer und ihre indianischen Nachbarn in Frieden miteinander, doch es trafen ständig Schiffe ein, die viele weitere Weiße Männer brachten. Das Krachen von Äxten und stürzenden Bäumen hallte die Küsten des Landes auf und nieder, das die Weißen Männer New England nannten. Eine Siedlung nach der anderen entstand. 1625 baten einige Kolonisten Samoset, ihnen weitere 12000 Morgen Pemaquid-Land zu geben. Samoset wußte, daß das Land vom Großen Geist stammte, endlos wie der Himmel war und keinem Menschen gehörte. Um sich das Wohlwollen der Fremden zu erhalten, übergab er ihnen das Land jedoch in aller Form und setzte sein Zeichen auf ein Dokument. Es war der erste Vertrag, mit dem indianisches Land an englische Kolonisten übertragen wurde.

Die meisten anderen Siedler, die jetzt zu Tausenden eintrafen, kümmerten sich nicht um solche Förmlichkeiten. Als Massasoit, der Häuptling der Wampanoags, 1662 starb, wurde sein Volk in die Wildnis getrieben. Sein Sohn Metacom sah den Untergang aller Indianer voraus, wenn sie sich nicht vereinigten und den Weißen Widerstand leisteten. Obwohl ihn die Neu-Engländer zu beschwichtigen suchten, indem sie ihm den Titel König Philip von Pokanoket verliehen, schloß er Bündnisse mit den Narragansetts und anderen Stämmen der Region.

Nach verschiedenen unrechtmäßigen Aktionen der Kolonisten erklärten König Philip und seine Verbündeten ihnen den Krieg, um die Stämme vor der Vernichtung zu retten. Die Indianer griffen zweiundfünfzig Siedlungen an und zerstörten zwölf davon völlig, doch nach monatelangem Kampf wurden die Wampanoags und Narragansetts von den Kolonisten, die ihnen mit ihren

Feuerwaffen weit überlegen waren, praktisch ausgerottet. König Philip fiel, und sein Kopf wurde in Plymouth zwanzig Jahre lang öffentlich zur Schau gestellt. Zusammen mit anderen gefangengenommenen indianischen Frauen und Kindern wurden seine Frau und sein junger Sohn als Sklaven nach Westindien verkauft.

Als die Holländer nach Manhattan kamen, kaufte Peter Minuit die Insel für Angelhaken und Glasperlen im Wert von sechzig Gulden, forderte die Indianer jedoch auf, zu bleiben und weiterhin ihre kostbaren Felle gegen solchen Talmi einzutauschen. 1641 belegte Willem Kieft die Mohicans mit einem hohen Tribut und schickte Soldaten nach Staten Island, um die Raritans für Vergehen zu bestrafen, die nicht sie, sondern weiße Siedler begangen hatten. Als die Raritans sich der Festnahme widersetzten, erschossen die Soldaten vier von ihnen. Als die Indianer zur Vergeltung vier Holländer töteten, befahl Kieft, die Bewohner zweier Dörfer zu massakrieren. Die Soldaten überfielen die Indianer, während sie schliefen, durchbohrten Männer, Frauen und Kinder mit ihren Bajonetten, hackten ihre Leichen in Stücke und brannten dann die Dörfer nieder.

Immer wieder kam es in den nächsten zwei Jahrhunderten zu solchen Vorfällen, als die europäischen Kolonisten über die Pässe der Alleghanies landeinwärts und die nach Westen fließenden Flüsse hinunter zu den Great Waters (dem Mississippi) und dann den Great Muddy (den Missouri) hinauf zogen.

Die fünf Völker der Iroquois, des mächtigsten und höchstentwickelten aller östlichen Stämme, bemühten sich vergeblich um Frieden. Um nach Jahren des Blutvergießens ihre politische Unabhängigkeit zu bewahren, ergaben sie sich schließlich. Einige entkamen nach Kanada, ein Teil floh nach Westen, andere verbrachten ihr restliches Leben in Reservaten.

In den sechziger Jahren des 18. Jahrhunderts vereinigte Pontiac von den Ottawas mehrere Stämme im Gebiet der Großen Seen, um die Briten über die Alleghanies zurückzutreiben, doch es gelang ihm nicht. Sein Hauptfehler war ein Bündnis mit französischsprechenden Weißen Männern, die den *peaux-rouges* während der entscheidenden Belagerung von Detroit die Unterstützung versagten. Eine Generation später schloß Tecumseh von den Shawnees Stämme des Mittelwestens und Südens zu einem großen Bündnis zusammen, um ihre Länder vor der Invasion zu schützen. Der Traum endete mit Tecumsehs Tod während einer Schlacht des Krieges von 1812.

Zwischen 1795 und 1840 setzten sich die Miamis in zahlreichen Schlachten zur Wehr und schlossen einen Vertrag nach dem anderen, in denen sie ihr fruchtbares Land am Ohio Valley Stück um Stück an die Weißen abtraten, bis es nichts mehr an sie abzutreten gab.

Als die weißen Siedler nach dem Krieg von 1812 Illinois überschwemmten, flohen die Sauks und Foxes über den Mississippi. Black Hawk, ein Unterhäuptling, lehnte es ab, sich zurückzuziehen. Er schloß ein Bündnis mit den Winnebagos, Pottawotamies und Kickapoos und erklärte den neuen Siedlungen den Krieg. Eine Gruppe Winnebagos ließ sich von einem weißen Offizier mit zwanzig Pferden und hundert Dollar bestechen und verriet Black Hawk. Er wurde 1832 gefangengenommen, in den Osten gebracht und öffentlich zur Schau gestellt. Als er 1838 starb, stellte der Gouverneur des vor kurzem gegründeten Iowa-Territoriums Black Hawks Skelett in seinem Büro auf.
1829 wurde Andrew Jackson, den die Indianer Sharp Knife nannten, Präsident der Vereinigten Staaten. Während seiner Militärzeit hatten Sharp Knife und seine Soldaten Tausende von Cherokees, Chickasaws, Choctaws, Creeks und Seminoles getötet, doch diese südlichen Stämme waren immer noch stark und klammerten sich hartnäckig an ihr Land, das ihnen von den Weißen Männern vertraglich für immer zugesprochen worden war. In seiner ersten Botschaft an den Kongreß empfahl Sharp Knife, alle diese Indianer auf die westliche Seite des Mississippi umzusiedeln und ihnen dort ein genügend großes Gebiet zur Verfügung zu stellen.
Der Erlaß eines solchen Gesetzes sollte die umfangreiche Liste von Versprechungen, die man gegenüber den östlichen Indianern gebrochen hatte, nur verlängern, doch Sharp Knife war überzeugt, daß Indianer und Weiße nicht in Frieden zusammen leben konnten und daß sein Plan ein endgültiges Versprechen ermöglichte, das man ewig halten würde. Am 28. Mai 1830 wurden Sharp Knifes Empfehlungen Gesetz.
Zwei Jahre später ernannte er einen dem Kriegsministerium unterstellten Kommissar für Indianerangelegenheiten, der für die ordnungsgemäße Durchführung des neuen Gesetzes sorgen sollte. Am 30. Juni 1834 erließ der Kongreß ein *Gesetz zur Regelung des Handels und der Beziehungen mit den Indianerstämmen und zur Erhaltung des Friedens in den neuen Siedlungsgebieten*. Der gesamte Teil der Vereinigten Staaten westlich des Mississippi »mit Ausnahme der Staaten Missouri und Louisiana sowie des Territoriums Arkansas« wurde darin zu Indianerland erklärt. Keinem Weißen sollte es gestattet sein, im Indianerland ohne Lizenz Handel zu treiben. Kein weißer Händler von schlechtem Ruf sollte die Erlaubnis erhalten, sich im Indianerland niederzulassen. Kein Weißer sollte sich im Indianerland ansiedeln dürfen. Die militärischen Streitkräfte der Vereinigten Staaten sollten jeden Weißen, der sich eine Verletzung des Gesetzes zuschulden kommen ließ, festnehmen.
Bevor diese Gesetze in Kraft traten, zog ein neuer Strom weißer Siedler west-

wärts und gründete die Territorien Wisconsin und Iowa. Die Politiker in Washington waren deshalb gezwungen, die »ewige Indianergrenze« vom Mississippi-Fluß zum 95. Meridian zu verschieben. (Diese Linie verlief vom Lake of the Woods entlang der heutigen Grenze zwischen Minnesota und Kanada, dann südwärts durch die heutigen Staaten Minnesota und Iowa und an der westlichen Grenze von Missouri, Arkansas und Louisiana zur Galveston Bay in Texas.) Um die Indianer hinter dem 95. Meridian zu halten und zu verhindern, daß unbefugte Weiße ihn überschritten, stationierte man Soldaten in einer Reihe von Militärposten, die sich von Fort Snelling am Mississippi südwärts zu den Forts Atkinson und Leavenworth am Missouri, den Forts Gibson und Smith am Arkansas, Fort Towson am Red River und Fort Jesup in Louisiana erstreckten.

Über drei Jahrhunderte waren indessen seit Christoph Kolumbus' Landung auf San Salvador vergangen, über zwei Jahrhunderte, seit die englischen Kolonisten nach Virginia und New England kamen. In dieser Zeit hatte man die Tainos, die Kolumbus so freundlich empfingen, völlig ausgerottet. Lange bevor der letzte Taino starb, war ihre einfache Landwirtschafts- und Handwerkskultur zerstört worden; an ihre Stelle waren Baumwollplantagen getreten, auf denen Sklaven arbeiteten. Die weißen Kolonisten rodeten die tropischen Wälder, um ihre Felder zu vergrößern; die Baumwolle erschöpfte den Boden; Winde, die nicht mehr durch Wälder abgehalten wurden, bedeckten die Felder mit Sand. Als Kolumbus die Insel zum ersten Mal sah, war sie nach seinen Worten »sehr groß und sehr eben und voller üppig grüner Bäume ... das Ganze so grün, daß es eine Lust ist, es anzusehen«. Die Europäer, die nach ihm kamen, zerstörten ihre Vegetation und vernichteten ihre Bewohner – Menschen, Wild, Tiere und Vögel –, und nachdem sie sie in eine Ödnis verwandelt hatten, verließen sie die Insel.

Auf dem amerikanischen Festland waren die Wampanoags von Massasoit und König Philip verschwunden; ebenso die Chesapeakes, die Chickahominys und die Potomacs des großen Powhatan-Bundes. (Nur die Erinnerung an Pocahontas blieb erhalten.) Verstreut oder auf kleine Überreste dezimiert waren die Pequots, Montauks, Nanticokes, Machapungas, Catawbas, Cheraws, Miamis, Hurons, Eries, Mohawks, Senecas und Mohegans. Ihre klangvollen Namen blieben in Amerika für immer erhalten, doch ihre Knochen verrotteten in Tausenden niedergebrannten Dörfern und Wäldern, die unter den Äxten von zwanzig Millionen Eindringlingen rasch dahinschwanden. Die einst klaren Flüsse, von denen die meisten indianische Namen trugen, waren trüb von Schlamm und den Abfällen der Weißen; die Erde wurde geplündert und verwüstet. Den Indianern schien es, als ob diese Europäer die Natur haßten – die Wälder und ihre Vögel und ihr Wild, die grasigen Lichtungen, das Wasser, die Erde und die Luft.

Das Jahrzehnt nach der Errichtung der »ewigen Indianergrenze« war für die östlichen Stämme eine schlimme Zeit. Das große Volk der Cherokees hatte über hundert Jahre die Kriege, die Krankheiten und den Whisky des Weißen Mannes überlebt, doch jetzt war sein Ende gekommen. Da die Cherokees mehrere tausend Menschen umfaßten, sollte ihre Umsiedlung in den Westen in mehreren Stadien erfolgen, doch als man in den zu ihrem Territorium gehörenden Appalachen Gold fand, beschloß man, sie sofort alle auf einmal zu vertreiben. Im Herbst 1838 trieben General Winfield Scotts Soldaten sie zusammen und brachten sie in Lagern unter. (Ein paar hundert entkamen in die Smoky Mountains und erhielten viele Jahre später ein kleines Reservat in North Carolina.) Aus den Gefangenenlagern brachte man sie nach Westen ins Indianer-Territorium. Während des langen winterlichen Trecks kam ein Viertel der Cherokees durch Kälte, Hunger oder Krankheit um. Sie nannten den Marsch »Weg der Tränen«. Die Choctaws, Chickasaws, Creeks und Seminoles verließen ebenfalls ihr Heimatland im Süden. Im Norden zogen die wenigen Überlebenden der Shawnees, Miamis, Ottawas, Hurons, Delawares und vieler anderer einst mächtiger Stämme zu Fuß, zu Pferd oder mit dem Wagen über den Mississippi und nahmen ihre schäbigen Habseligkeiten, ihre rostigen Ackerbaugeräte und Säcke mit Saatmais mit. Als Flüchtlinge, als arme Verwandte kamen sie ins Land der stolzen und freien Prärieindianer.

Kaum befanden sich die Flüchtlinge hinter der sicheren »ewigen Indianergrenze«, da setzten sich die Soldaten westwärts durch das Indianerland in Marsch. Die Weißen der Vereinigten Staaten – die soviel von Frieden sprachen und ihn so selten hielten – marschierten in den Krieg gegen die Weißen, die die Indianer von Mexiko unterworfen hatten. 1847, nach dem Ende des Krieges gegen Mexiko, nahmen die Vereinigten Staaten ein riesiges, von Texas bis Kalifornien reichendes Gebiet in Besitz, das zu 100 Prozent westlich der »ewigen Indianergrenze« lag.

Im Jahr 1848 wurde in Kalifornien Gold gefunden. In den nächsten Monaten zogen Tausende goldgieriger Weißer aus dem Osten durch das Indianer-Territorium. Die Indianer, die an den durch Oregon und Santa Fé führenden Straßen lebten und jagten, hatten sich daran gewöhnt, gelegentlich Wagenkolonnen von Händlern, Trappern und Missionaren zu sehen, die mit Erlaubnis der Behörden durch ihr Gebiet fuhren. Jetzt waren die Straßen plötzlich voller Wagen und die Wagen waren voller Weißer. Die meisten wollten nach Kalifornien, um Gold zu suchen, doch manche bogen nach Südwesten in Richtung New Mexico oder nach Nordwesten in Richtung Oregon ab.

Um diese Verletzungen der »ewigen Indianergrenze« zu rechtfertigen, erfanden die Politiker in Washington die *Manifest Destiny*. Nach dieser Doktrin waren die Europäer und ihre Abkömmlinge von der Vorsehung dazu bestimmt, ganz Amerika zu beherrschen. Sie waren die überlegene Rasse und deshalb verantwortlich für die Indianer, für ihr Land, ihre Wälder und ihre Bodenschätze. Nur diejenigen Engländer, die alle ihre Indianer ausgerottet oder vertrieben hatten, sprachen sich gegen die *Manifest Destiny* aus.

Ohne die Modocs, Mohaves, Paiutes, Shastas, Yumas oder die hundert anderen, weniger bekannten Stämme an der Pazifikküste um ihre Meinung zu fragen, machte man 1850 Kalifornien zum einunddreißigsten Staat der Union. In den Bergen von Colorado wurde Gold gefunden, und weitere Horden von Prospektoren strömten durch die Prärien. Zwei riesige neue Territorien – Kansas und Nebraska – wurden gegründet; sie umfaßten praktisch das gesamte Land der Präriestämme. 1858 wurde Minnesota, dessen Grenzen hundertfünfzig Kilometer über den 95. Meridian, die »ewige Indianergrenze«, reichten, zum Staat erklärt.

So waren die Weißen nur ein Vierteljahrhundert nach dem Erlaß von Andrew Jacksons »Gesetz zur Regelung des Handels und der Beziehungen mit den Indianern« im Norden und Süden weit über den 95. Meridian vorgedrungen, und Voraustrupps weißer Goldgräber und Händler stießen ins Zentrum des Indianerlandes vor.

Damals, zu Beginn der sechziger Jahre des 19. Jahrhunderts, zogen die Weißen der Vereinigten Staaten gegeneinander in den Krieg – die Blauröcke gegen die Grauröcke: der große Bürgerkrieg brach aus. 1860 lebten in den Vereinigten Staaten und in den Territorien etwa 300 000 Indianer, die meisten westlich des Mississippi. Nach unterschiedlichen Schätzungen war ihre Zahl seit der Ankunft der ersten Siedler in Virginia und New England um die Hälfte bis zwei Drittel dezimiert worden. Die Überlebenden wurden jetzt zwischen der sich ausdehnenden weißen Bevölkerung im Osten und an der Pazifikküste – über dreißig Millionen Europäern und ihren Abkömmlingen – zusammengedrängt. Wenn die noch freien Stämme glaubten, der Bürgerkrieg der Weißen würde ihren Landhunger vermindern, so wurden sie in dieser Hoffnung bald enttäuscht.

Der größte und mächtigste Stamm im Westen waren die Sioux (sprich: Siú) oder Dakota, die aus mehreren Unterabteilungen bestanden. Die im Waldland von Minnesota lebenden Santee-Sioux hatten sich im Lauf der Jahre vor den sich ausbreitenden Siedlungen immer weiter zurückgezogen. Little Crow von den Mdewkanton-Santees war auf einer Rundreise durch die Städte des Ostens zu der Überzeugung gelangt, daß es unmöglich war, der Macht der

Vereinigten Staaten Widerstand zu leisten. Zögernd bemühte er sich, mit den Weißen Kompromisse zu schließen. Wabasha, ein anderer Santee-Häuptling, hatte sich ebenfalls ins Unvermeidliche gefügt, doch er und Little Crow waren entschlossen, sich kein weiteres Land wegnehmen zu lassen.

Weiter westlich in der Großen Prärie lebten die Teton-Sioux, völlig freie Pferdeindianer, die die Santee, die vor den Siedlern kapituliert hatten, verachteten. Voll Zuversicht, daß sie ihr Territorium würden verteidigen können, waren die zahlenmäßig sehr starken Oglala-Tetons. Zur Zeit, als der Bürgerkrieg der Weißen begann, war Red Cloud ihr Führer, ein achtunddreißig Jahre alter kluger Kriegerhäuptling. Noch zu jung zum Krieger war Crazy Horse, ein intelligenter und furchtloser junger Oglala.

Bei den Hunkpapas, einer Untergruppe der Teton-Sioux, hatte sich ein junger Mann von Mitte Zwanzig bereits Ansehen als Jäger und Krieger erworben. Bei Stammesversammlungen war er dafür eingetreten, dem weiteren Vordringen der Weißen unnachgiebigen Widerstand entgegenzusetzen. Er hieß Tatanka Yotanka: Sitting Bull. Ein Waisenjunge namens Gall war sein Schützling. Zusammen mit Crazy Horse sollten die beiden sechzehn Jahre später – 1876 – Geschichte machen.

Spotted Tail war noch keine vierzig Jahre alt, doch bereits oberster Wortführer der Brulé-Tetons, die weit im Westen der Prärie lebten. Er war ein gutaussehender, stets lächelnder Indianer, der Feste und schöne Frauen liebte. Er genoß sein Leben und hing an dem Land, in dem er lebte, war aber bereit, Kompromisse zu schließen, um den Krieg zu vermeiden.

Eng verbündet mit den Teton-Sioux waren die Cheyennes. In den alten Zeiten hatten die Cheyennes im Minnesota-Land der Santee-Sioux gelebt, doch nach und nach waren sie westwärts gezogen und hatten sich Pferde zugelegt. Jetzt teilten sich die Cheyennes mit den Sioux den Powder River und das Bighorn-Land und lagerten häufig in ihrer Nähe. Der etwa vierzig Jahre alte Dull Knife war ein berühmter Führer des nördlichen Zweiges dieses Stammes. (Bei seinen eigenen Leuten hieß Dull Knife Morning Star, doch die Sioux nannten ihn Dull Knife, und in den meisten Berichten aus jener Zeit wird er unter diesem Namen erwähnt.)

Die Southern Cheyennes waren über den Platte River gezogen und hatten in den Prärien von Colorado und Kansas Dörfer errichtet. Black Kettle vom südlichen Zweig, ein Mann mittleren Alters, war in seiner Jugend ein großer Krieger gewesen. Er war der anerkannte Häuptling, doch die jüngeren Männer und die Hotamitaneos (die jungen Krieger) der Southern Cheyennes folgten lieber Führern wie Tall Bull und Roman Nose, die im besten Mannesalter standen.

Im gleichen Gebiet lebten die Arapahos, alte Verbündete der Cheyennes. Ein Teil blieb bei den Northern Cheyennes, andere folgten dem südlichen Zweig. Ihr bekanntester Häuptling war zu jener Zeit Little Raven, ein Mann in den Vierzigern.

Südlich der Büffelreviere von Kansas und Nebraska befand sich das Gebiet der Kiowas. Einige der älteren Kiowas erinnerten sich noch an die Black Hills, doch der Stamm war von den vereinigten Sioux, Cheyennes und Arapahos nach Süden zurückgedrängt worden. 1860 hatten die Kiowas jedoch Frieden mit den nördlichen Stämmen geschlossen und waren Verbündete der Comanchen geworden, in deren südliches Gebiet sie eingedrungen waren. Die Kiowas hatten mehrere große Führer – den alten Häuptling Satank; Satanta und Lone Wolf, zwei energische, tapfere Krieger; und Kicking Bird, einen intelligenten Politiker.

Den Comanchen, die ständig umherzogen und in viele kleine Gruppen aufgeteilt waren, mangelte es an begabten Führern. Ten Bears, ein sehr alter Mann, war eher ein Dichter als ein Kriegerhäuptling. Quanah Parker, ein Halbblut, der die Comanchen in ihren letzten großen Kampf zur Rettung ihrer Büffelweiden führen sollte, war 1860 noch keine zwanzig Jahre alt.

Im unfruchtbaren Südwesten lebten die Apachen, die eine zweihundertfünfzigjährige Erfahrung in der Guerillakriegführung gegen die Spanier besaßen; sie lehrten sie die Kunst der Folterung und Verstümmelung, unterdrückten sie aber nie. Obwohl sie nicht sehr zahlreich waren – wahrscheinlich nicht mehr als sechstausend und in mehrere Gruppen aufgeteilt –, hatten sie als hartnäckige Verteidiger ihres rauhen, unwirtlichen Landes Berühmtheit erlangt.

Mangas Colorado, der Ende Sechzig war, hatte einen Freundschaftsvertrag mit den Vereinigten Staaten geschlossen, doch das Eindringen von Goldsuchern und Soldaten in sein Territorium hatte ihn verbittert. Cochise, sein Schwiegersohn, glaubte noch, daß es möglich sei, mit den weißen Amerikanern auszukommen. Victorio und Delshay mißtrauten den weißen Eindringlingen und gingen ihnen aus dem Weg. Nana, der schon über fünfzig, doch zäh wie eine Büffelhaut war, sah keinen Unterschied zwischen den englischsprechenden Weißen Männern und den spanischsprechenden Mexikanern, gegen die er sein Leben lang gekämpft hatte. Geronimo war Anfang Zwanzig und hatte sich noch nicht besonders hervorgetan.

Die Navajos waren mit den Apachen verwandt, doch die meisten Navajos hatten sich den Spaniern unterworfen und züchteten Schafe und Ziegen und bauten Getreide und Obst an. Einige Gruppen des Stammes hatten als Viehzüchter und Weber Reichtum erlangt. Andere Navajos führten ihr Nomadenleben weiter und überfielen ihre alten Feinde, die Pueblos, die weißen Siedler oder wohlhabende Angehörige ihres eigenen Stammes. Manuelito, ein kräftiger, schnurrbärtiger Viehzüchter, war 1855 von den Navajos zum obersten Häuptling gewählt worden. Als 1859 einige wilde Navajos Bürger der Vereinigten Staaten in ihrem Territorium überfielen, verfolgte die U.S. Army nicht die Schuldigen, sondern erschoß zur Vergeltung das gesamte Vieh Manuelitos und seiner Leute. 1860 wurden Manuelito und ein Teil der Navajos im nördlichen New Mexico und Arizona in einen inoffiziellen Krieg mit den Vereinigten Staaten verwickelt.

In den Rocky Mountains, nördlich von den Apaches und Navajos, lebten die Utes, ein angriffslustiger Bergstamm, der seine friedlicheren Nachbarn im Süden häufig überfiel. Ouray, ihr bekanntester Führer, legte so großen Wert darauf, mit den Weißen in Frieden zu leben, daß er ihnen sogar seine Krieger als Söldner zum Kampf gegen andere Indianerstämme zur Verfügung stellte.

Im äußersten Westen waren die meisten Stämme zu klein, in zu viele Gruppen geteilt oder zu schwach, um viel Widerstand zu leisten. Die Modocs im nördlichen Kalifornien und südlichen Oregon, die weniger als tausend Köpfe zählten, führten einen Guerillakrieg um ihr Land. Kintpuash, den die kalifornischen Siedler Captain Jack nannten, war 1860 noch ein junger Mann; seine schwere Zeit als Führer seines Stammes sollte er erst ein Dutzend Jahre später erleben.

Nordwestlich von den Modocs lebten die Nez Percés in Frieden mit den Weißen, seit Lewis und Clark 1805 durch ihr Territorium gezogen waren. 1855 trat ein Zweig des Stammes den Vereinigten Staaten Land zur Besiedlung ab und erklärte sich bereit, innerhalb eines großen Reservats zu leben. Andere Gruppen des Stammes streiften weiterhin zwischen den Blue Mountains von Oregon und den Bitterroots von Idaho umher. Da das Land im Nordwesten ungeheuer groß war, glaubten die Nez Percés, daß sowohl die Weißen wie die Indianer stets genug Platz haben würden, um nach ihrer Fasson zu leben. Heinmot Tooyalaket, später als Häuptling Joseph bekannt, würde 1877 eine schicksalhafte Entscheidung zwischen Krieg und Frieden treffen müssen. 1860 war er zwanzig Jahre alt, der Sohn eines Häuptlings.

Im Nevada-Land der Paiutes wuchs ein künftiger Messias namens Wovoka heran, der später für kurze Zeit mächtigen Einfluß über die Indianer des Westens gewinnen sollte; er war erst vier Jahre alt.

In den folgenden dreißig Jahren sollten diese und viele andere Häuptlinge geschichtliche und legendäre Gestalten werden. Ihre Namen sollten ebenso berühmt werden wie die der Männer, die sie zu vernichten suchten. Lange bevor die Freiheit der Indianer im Dezember 1890 am Wounded Knee ihr symbolisches Ende fand, sollten die meisten von ihnen untergehen. Heute, ein Jahrhundert später, in einer Zeit ohne Helden, sind sie vielleicht die größten amerikanischen Heroen.

2

Der lange Marsch der Navajos

1860 – 12. März US-Kongreß beschließt »Pre-emption Bill« und stellt damit den Siedlern in den westlichen Territorien kostenlos Land zur Verfügung. *3. April* – Erster Pony-Expreß verläßt mit Post St. Joseph, Missouri, und trifft am 13. April in Sacramento, Kalifornien, ein. *23. April* – Demokratischer Nationalkonvent in Charleston, South Carolina, spaltet sich wegen der Sklavenfrage. *16.–18. Mai* – Republikanischer Nationalkonvent in Chikago nominiert Abraham Lincoln als Präsidentschaftskandidaten. *Juni* – Bevölkerungszahl der Vereinigten Staaten erreicht 31 443 321. *Juli* – Spencersches Repetiergewehr erfunden. *6. November* – Abraham Lincoln wird zum Präsidenten gewählt, obwohl er nur 40 Prozent der Stimmen erhält. *20. Dezember* – South Carolina tritt aus der Union aus.
1861 – 4. Februar – In Montgomery, Alabama, Konföderations-Kongreß konstituiert. *9. Februar* – Jefferson Davis wird zum Präsidenten der Konföderierten Staaten gewählt. *11. Februar* – Abraham Lincoln verabschiedet sich in Springfield, Illinois, von Freunden und Nachbarn und fährt mit dem Zug nach Washington. *März* – Präsident Davis fordert 100 000 Soldaten zur Verteidigung der Konföderation. *12. April* – Konföderierte eröffnen Feuer auf Fort Sumter. *14. April* – Fort Sumter fällt. *15. April* – Präsident Lincoln ruft 75 000 Freiwillige zu den Waffen. *21. Juli* – Erste Schlacht von Bull Run; Unions-Armee zieht sich nach Washington zurück. *6. Oktober* – Rebellierende Studenten besetzen die Universität von St. Petersburg. *25. Oktober* – Telegraphenleitung zwischen St. Louis und San Francisco fertiggestellt. *5. Dezember* – Gatling-Revolvergeschütz wird patentiert. *14. Dezember* – Die Engländer trauern um Albert, Prinzgemahl von Königin Victoria. *30. Dezember* – US-Banken stellen den Handel mit Gold ein.

Als unsere Väter lebten, hörten sie, daß die Amerikaner über den großen Fluß westwärts zogen ... Wir hörten von Gewehren und Pulver und Blei – zuerst von Gewehren mit Steinschlössern, dann von solchen mit Zündhütchen, jetzt von Repetiergewehren. Zum ersten Mal sahen wir die Amerikaner bei Cottonwood Wash. Wir führten Kriege mit den Mexikanern und den Pueblos. Wir erbeuteten Maultiere von den Mexikanern und hatten viele Maultiere. Die Amerikaner kamen, um mit uns Handel zu treiben. Als die ersten Amerikaner kamen, veranstalteten wir ein großes Tanzfest, und sie tanzten mit unseren Frauen. Wir machten auch Geschäfte.

MANUELITO VON DEN NAVAJOS

Manuelito und andere Führer der Navajos schlossen Verträge mit den Amerikanern. »Dann bauten die Soldaten hier ein Fort«, erinnerte sich Manuelito, »und schickten uns einen Unterhändler, der uns riet, uns gut zu betragen. Er sagte, wir sollen in Frieden mit den Weißen leben und unsere Versprechen halten. Sie schrieben die Versprechen nieder, damit wir stets an sie dachten.«
Manuelito bemühte sich, die Vereinbarungen des Vertrags zu halten, doch als die Soldaten kamen und seine Hogans* niederbrannten und sein Vieh töteten, weil ein paar wilde junge Navajos irgendwelche Verstöße begangen hatten, wurde er wütend auf die Amerikaner. Er und seine Leute waren reich gewesen, doch die Soldaten hatten sie arm gemacht. Um wieder *ricos* zu werden, mußten sie die Mexikaner im Süden überfallen und berauben, und deshalb nannten die Mexikaner sie *ladrones* oder Diebe. Schon seit ewigen Zeiten hatten die Mexikaner die Navajos überfallen, ihre kleinen Kinder geraubt und sie zu Sklaven gemacht, und seit ewigen Zeiten hatten die Navajos Vergeltung geübt, indem sie die Mexikaner überfielen.
Seit die Amerikaner nach Santa Fé gekommen waren und das Land New Mexico genannt hatten, schützten sie die Mexikaner, weil sie amerikanische Staatsbürger waren. Die Navajos waren keine Staatsbürger, weil sie Indianer waren, und wenn sie die Mexikaner überfielen, stürmten Soldaten ins Navajoland und bestraften sie wie Verbrecher. Manuelito und seine Leute begriffen das nicht, denn sie wußten, daß viele Mexikaner indianisches Blut in sich hat-

---

* Die typischen Lehmhäuser der Navajos

ten, und die Soldaten bestraften die Mexikaner nie, wenn sie Navajokinder stahlen.

Das erste Fort im Navajo-Land bauten die Amerikaner in einem grasbewachsenen Tal an der Öffnung des Canyon Bonito. Sie nannten es Fort Defiance und ließen ihre Pferde auf Weideland grasen, das seit langem Manuelito und seinen Leuten gehörte. Der Soldatenhäuptling sagte den Navajos, die Weiden gehörten zum Fort, und sie sollten ihre Tiere davon fernhalten. Da es keine Zäune gab, konnten die Navajos nicht verhindern, daß ihre Tiere auf die verbotenen Wiesen liefen. Eines Morgens ritt eine Kompanie Soldaten aus dem Fort und erschoß sämtliche Tiere der Navajos.

Um sich neue Pferde und Maultiere zu beschaffen, überfielen die Navajos die Herden der Soldaten und Versorgungskolonnen. Die Soldaten griffen daraufhin Gruppen von Navajos an. Im Februar 1860 rückte Manuelito mit fünfhundert Kriegern gegen die Pferdeherde der Armee vor, die ein paar Meilen nördlich von Fort Defiance graste. Mit ihren Speeren und Pfeilen konnten die Navajos wenig gegen die gutbewaffneten Posten ausrichten. Sie verloren über dreißig Mann, erbeuteten aber nur ein paar Pferde. In den folgenden Wochen stellten Manuelito und sein Verbündeter Barboncito eine Streitmacht von über tausend Kriegern auf, und in der Nacht des 30. April umzingelten sie Fort Defiance. Zwei Stunden vor Tagesanbruch griffen die Navajos das Fort von drei Seiten an. Sie waren entschlossen, es dem Boden gleichzumachen. Beinahe wäre es ihnen gelungen. Mit einem Feuerhagel aus ihren paar alten spanischen Gewehren vertrieben sie die Wachtposten und stürmten mehrere Gebäude. Als die erschrockenen Soldaten aus ihren Unterkünften stürzten, wurden sie mit Pfeilen überschüttet, doch nach einigen Minuten der Verwirrung gruppierten sich die Soldaten zu Reihen und eröffneten mit ihren Musketen das Feuer. Als es hell wurde, zogen sich die Navajos voll Befriedigung, den Soldaten eine Lektion erteilt zu haben, in die Berge zurück.

Die Armee jedoch betrachtete den Angriff als eine Schmähung der über Fort Defiance flatternden Fahne und als kriegerischen Akt. Ein paar Wochen später suchte Colonel Edward Richard Sprigg Canby mit sechs Kompanien Kavallerie und neun Kompanien Infanterie die Chuska Mountains nach Manuelito und seinen Kriegern ab. Die Truppen marschierten durch das felsige Land, bis ihre Pferde erschöpft und dem Verdursten nahe waren. Sie bekamen nur selten einen Navajo zu Gesicht, doch die Indianer waren da; sie belästigten die Flanken der Kolonne, unternahmen aber keine direkten Angriffe. Ende des Jahres waren beide Seiten des sinnlosen Spiels müde. Die Soldaten waren nicht imstande, die Navajos zu bestrafen, und diese konnten sich nicht um ihr Getreide und ihr Vieh kümmern.

Im Januar 1861 erklärten sich Manuelito, Barboncito, Herrero Grande, Armijo, Delgadito und andere Führer bereit, sich mit Colonel Canby in einem neuen Fort, das die Soldaten sechzig Kilometer südwestlich von Fort Defiance bauten, zu treffen. Das neue Fort wurde zu Ehren eines Soldatenhäuptlings Fort Fauntleroy genannt. Am Schluß der Unterhandlungen mit Canby wählten die Navajos Herrero Grande zum obersten Häuptling. Die Führer kamen überein, daß es am besten sei, in Frieden zu leben, und Herrero Grande versprach, alle *ladrones* aus dem Stamm auszustoßen. Manuelito war sich nicht sicher, ob dieses Versprechen gehalten werden konnte, doch er setzte seinen Namen auf Canbys Dokument. Er war wieder ein wohlhabender Viehzüchter und glaubte an die Vorzüge von Frieden und Ehrbarkeit.

Nach dem winterlichen Treffen in Fort Fauntleroy herrschte zwischen den Soldaten und den Navajos mehrere Monate Freundschaft. Zu den Indianern drangen Gerüchte von einem großen Krieg irgendwo weit im Osten, einem Krieg zwischen den weißen Amerikanern des Nordens und des Südens. Sie erfuhren, daß einige von Canbys ihre blauen Röcke gegen graue Röcke ausgetauscht hatten und in den Osten gegangen waren, um dort gegen die Soldaten mit den blauen Röcken zu kämpfen. Einer von ihnen war Colonel Thomas Fauntleroy, den sie Eagle Chief nannten; sein Name wurde getilgt, und das Fort hieß jetzt Wingate.

In dieser Zeit der Freundschaft kamen die Navajos oft nach Fort Fauntleroy (Wingate), um Tauschgeschäfte zu machen. Sie verstanden sich mit den meisten Soldaten gut, und häufig wurden Pferderennen zwischen den Navajos und ihnen veranstaltet. Die Navajos freuten sich auf diese Wettkämpfe, und an den Renntagen zogen Hunderte von Männern, Frauen und Kindern ihre besten Kleider an und ritten auf ihren schönsten Ponys nach Fort Wingate. An einem frischen, sonnigen Septembermorgen fanden mehrere Rennen statt, doch das Hauptrennen des Tages war für Mittag angesetzt. Pistol Bullett – so nannten die Soldaten Manuelito – sollte auf einem Pony gegen einen Leutnant auf einem Pferd antreten. Viele Wetten wurden abgeschlossen, und man setzte Geld, Decken, Vieh und Perlen. Die Pferde liefen gleichzeitig los, doch nach ein paar Sekunden sahen alle, daß Pistol Bullet (Manuelito) Schwierigkeiten hatte. Er verlor die Herrschaft über sein Pony, und es lief von der Rennbahn. Bald wußten alle, daß Pistol Bullets Zügel mit einem Messer durchschnitten worden war. Die Navajos gingen zu den Schiedsrichtern – die alle Soldaten waren – und forderten eine Wiederholung des Rennens. Die Schiedsrichter lehnten ab und erklärten den Leutnant zum Sieger. Die Soldaten marschierten sofort triumphierend zum Fort, um ihre Wettgewinne zu holen.

Mannelito, Häuptling der Navajos, 1891 von Julian Scott für das United States Census Bureau gemalt.

Empört über diesen Betrug, stürmten die Navajos ihnen nach, doch man schlug ihnen die Tore des Forts vor der Nase zu. Als ein Navajo mit Gewalt eindringen wollte, erschoß ihn ein Wachtposten.

Captain Nicholas Hodt, ein weißer Offizier, hat niedergeschrieben, was daraufhin geschah:

> Die Navajos, ihre Squaws und Kinder rannten in alle Richtungen davon und wurden erschossen und mit Bajonetten durchbohrt. Es gelang mir, etwa zwanzig Mann zusammenzutrommeln... Dann marschierte ich zur Ostseite des Forts und sah dort, wie ein Soldat zwei kleine Kinder und eine Frau ermordete. Ich rief ihm sofort zu, er solle aufhören. Er blickte auf, gehorchte meinem Befehl jedoch nicht. Ich lief, so schnell ich konnte, zu ihm, konnte aber nicht mehr verhindern, daß er die zwei unschuldigen Kinder tötete und die Squaw schwer verletzte. Ich befahl, ihn zu entwaffnen, festzunehmen und ins Fort zu bringen... Inzwischen hatte der Colonel dem diensthabenden Offizier den Befehl erteilt, mit der Artillerie (Berghaubitzen) das Feuer auf die Indianer zu eröffnen. Der für die Berghaubitzen verantwortliche Sergeant tat, als ob er den Befehl nicht verstand, denn er betrachtete ihn als unrechtmäßig; doch der diensthabende Offizier beschimpfte und bedrohte ihn, und so mußte er den Befehl ausführen, da er sonst in Schwierigkeiten geraten wäre. Die Indianer verstreuten sich über das ganze Tal unterhalb des Forts, griffen die Viehherde an und verwundeten den mexikanischen Hirten, doch es gelang ihnen nicht, Vieh zu entwenden; außerdem überfielen sie fünfzehn Kilometer vom Fort den Postbeamten, stahlen sein Pferd und den Postsack und verletzten ihn am Arm. Nach dem Massaker waren in der Umgebung des Forts keine Indianer mehr zu sehen – ausgenommen einige Squaws, die Offiziersliebchen waren. Der kommandierende Offizier bemühte sich um Frieden mit den Navajos, indem er einige der Squaws bat, mit den Häuptlingen zu reden, doch die Squaws erhielten nur eine tüchtige Tracht Prügel.

Nach diesem Tag – dem 22. September 1861 – dauerte es lange, bis wieder Freundschaft zwischen den Weißen und den Navajos herrschte.

Inzwischen war eine Armee konföderierter Grauröcke in New Mexico einmarschiert und verwickelte die Blauröcke am Rio Grande in große Schlachten. Ein Führer der Blauröcke war Kit Carson, von den Indianern Rope Thrower genannt. Die meisten Navajos vertrauten Rope Thrower Carson, denn er war den Indianern immer gut gesonnen gewesen, und sie hofften, daß er mit ihnen Frieden schließen würde, sobald er die Grauröcke besiegt hatte.

Im Frühjahr 1862 marschierten jedoch viele weitere Blauröcke von Westen her in New Mexico ein. Sie nannten sich die California Column. James Carleton,

Juanita, die Ehefrau Mannelitos, als Teilnehmerin der Navajo-Delegation, die 1874 Washington besuchte.

ihr General, trug Sterne auf den Achseln und war mächtiger als Eagle Chief Carson. Die Kalifornier kampierten im Rio-Grande-Tal, hatten aber nichts zu tun, weil die Grauröcke alle nach Texas geflüchtet waren.

Die Navajos erfuhren bald, daß Star Chief Carleton von Gier nach ihrem Land und den darunter verborgenen wertvollen Metallen besessen war. »Ein königliches Reich«, nannte er es, »ein Land voller prachtvoller Weiden und Bodenschätze.« Da seine vielen Soldaten nichts zu tun hatten, als auf ihren Exerzierplätzen herumzumarschieren und mit ihren Gewehren Griffe zu klopfen, sah Carleton sich nach Indianern um, gegen die sie kämpfen konnten. Er sagte, die Navajos seien »Wölfe, die durch die Berge streiften« und gezähmt werden müßten.

Zuerst richtete Carleton seine Aufmerksamkeit auf die Mescalero-Apachen, die weniger als tausend zählten und in zerstreuten Gruppen zwischen dem Rio Grande und dem Rio Pecos lebten. Er beschloß, sämtliche Mescaleros zu töten oder gefangenzunehmen und die Überlebenden in ein unfruchtbares Reservat am Pecos zu sperren. Dann würden amerikanische Bürger das reiche Rio-Grande-Tal besiedeln können. Im September 1862 erließ er einen Befehl:

> Mit den Indianern sind weder Verhandlungen noch irgendwelche Gespräche zu führen. Die Männer sind umzubringen, wann und wo immer sie angetroffen werden. Die Frauen und Kinder sind natürlich nicht zu töten, sondern können gefangengenommen werden.

Kit Carson ging nicht auf diese Weise mit den Indianern um, von denen viele aus der Zeit, da er mit ihnen Handel getrieben hatte, seine Freunde waren. Er schickte seine Soldaten in die Berge und nahm Verbindung mit den Mescalerofführern auf. Im Spätherbst hatte er fünf Häuptlinge dazu gebracht, Santa Fé zu besuchen und mit General Carleton zu verhandeln. Auf dem Weg nach Santa Fé trafen zwei der Häuptlinge und ihre Begleiter einen Trupp Soldaten, den Captain James (Paddy) Graydon, ein ehemaliger Kneipenbesitzer, befehligte. Graydon heuchelte den Mescaleros gegenüber Freundschaft und gab ihnen Mehl und Rindfleisch für ihren langen Marsch. Bald darauf stieß Graydons Spähtrupp in der Nähe von Gallina Springs wieder auf die Indianer. Man weiß nicht genau, was geschah, denn kein Mescalero blieb am Leben. Ein weißer Offizier, Major Arthur Morrison, berichtete kurz: »Captain Graydon verhielt sich überaus seltsam ... Soviel ich weiß, täuschte er die Indianer, indem er in ihr Lager ging und ihnen Schnaps gab, und danach erschoß er sie. Die Indianer dachten natürlich, er käme mit freundlichen Absichten, da er ihnen Mehl, Rindfleisch und anderen Proviant gegeben hatte.«

Die anderen drei Häuptlinge, Cadette, Chato und Estrella, erreichten Santa Fé und versicherten General Carleton, ihre Leute seien den Weißen friedlich gesonnen und wollten nur in ihren Bergen in Ruhe gelassen werden. »Ihr seid stärker als wir«, sagte Cadette. »Wir haben gegen euch gekämpft, solange wir Gewehre und Pulver hatten; doch eure Waffen sind besser als unsere. Wenn ihr uns gute Waffen gebt und uns freilaßt, werden wir wieder gegen euch kämpfen; doch wir sind erschöpft; wir haben keinen Mut mehr; wir haben keine Nahrungsmittel; eure Truppen sind überall; unsere Brunnen und Wasserlöcher sind von euren jungen Männern besetzt oder werden von ihnen beobachtet. Ihr habt uns von unserem letzten und besten Stützpunkt vertrieben, und wir haben keinen Mut mehr. Tut mit uns, was euch richtig erscheint, aber vergeßt nicht, daß wir Männer und Krieger sind.«

Carleton erwiderte hochmütig, daß die Mescaleros nur in Frieden leben könnten, wenn sie ihr Land verließen und nach Bosque Redondo gingen, das für sie vorgesehene Reservat am Pecos. Dort würden sie die Soldaten eines neuen Militärpostens namens Fort Sumner bewachen.

Die Mescaleros, die den Soldaten zahlenmäßig weit unterlegen und nicht imstande waren, ihre Frauen und Kinder zu schützen, fügten sich Carletons Forderungen und führten ihre Leute nach Bosque Redondo in die Gefangenschaft.

Voll Unbehagen hatten die Navajos beobachtet, wie Carleton ihre Vettern, die Mescalero-Apachen, rasch und brutal unterwarf. Im Dezember begaben sich achtzehn ihrer Führer – darunter Delgadito und Barboncito, doch nicht Manuelito – nach Santa Fé, um mit dem General zu sprechen. Sie sagten ihm, daß sie die Vertreter friedlicher Viehzüchter und Farmer seien, die keinen Krieg wünschen. Es war das erste Mal, daß sie Star Chief Carleton sahen. Sein Gesicht war behaart, und er hatte böse Augen und den Mund eines Mannes ohne Humor. Ohne zu lächeln, sagte er zu Delgadito und den andern: »Ihr könnt keinen Frieden haben, wenn ihr uns außer eurem Wort keine andern Garantien gebt, daß ihr Frieden halten werdet. Geht heim und sagt das euren Leuten. Auf eure Versprechungen gebe ich nichts.«

Im Frühjahr 1863 waren die meisten Mescaleros nach Mexiko geflohen oder nach Bosque Redondo getrieben worden. Im April besuchte Carleton Fort Wingate, »um Besprechungen wegen eines Feldzugs gegen die Navajos zu führen, sobald das Gras hoch genug steht, um den Pferden als Futter zu dienen«. Er traf sich in der Nähe von Cubero mit Delgadito und Barboncito und sagte den Häuptlingen unumwunden, sie könnten ihre friedlichen Absichten nur dadurch beweisen, daß sie mit ihren Leuten das Navajo-Land verließen und sich den »zufriedenen« Mescaleros in Bosque Redondo anschlössen. Darauf erwiderte Barboncito: »Ich gehe nicht nach Bosque. Ich werde niemals mein Land verlassen, und sollte das meinen Tod bedeuten.«

Am 23. Juni setzte Carleton den Navajos ein letztes Ultimatum für ihre Übersiedlung nach Bosque Redondo. »Bestellen Sie Delgadito und Barboncito noch einmal zu sich«, wies er den kommandierenden Offizier von Fort Wingate an, »und wiederholen Sie, was ich Ihnen bereits gesagt habe. Sagen Sie ihnen, daß es mir sehr leid täte, wenn sie sich weigern würden ... Erklären Sie ihnen, daß ich Ihnen noch bis zum 20. Juli Zeit lasse; daß nach diesem Tag jeder Navajo, den meine Soldaten antreffen, als Feind betrachtet und entsprechend behandelt werden wird, daß nach diesem Tag die noch offene Tür zu sein wird.« Der 20. Juli kam, doch kein Navajo ergab sich freiwillig.

Inzwischen hatte Carleton Kit Carson befohlen, mit seinen Truppen vom Mescalero-Land nach Fort Wingate zu marschieren und sich auf einen Krieg gegen die Navajos vorzubereiten. Carson paßte das nicht; er beschwerte sich, daß er sich freiwillig zum Kampf gegen die Konföderationssoldaten und nicht gegen die Indianer gemeldet habe, und übersandte Carleton ein Abschiedsgesuch.

Kit Carson mochte die Indianer. In den alten Zeiten hatte er monatelang mit ihnen zusammengelebt, ohne einen Weißen zu sehen. Er hatte ein Kind mit einer Arapahofrau, und eine Zeitlang hatte er mit einer Cheyennefrau zusammen gelebt. Doch nachdem er Josefa, die Tochter von Don Francisco Jaramillo aus Taos, geheiratet hatte, begann er ein neues Leben, wurde reich und erwarb Land für eine Ranch. Er stellte fest, daß es in New Mexico selbst ein ungehobelter, abergläubischer, ungebildeter Mann aus den Bergen zu etwas bringen konnte. Er lernte ein wenig lesen und schreiben, und obwohl er nur einen Meter sechzig maß, wurde er ein großer Mann. So berühmt er war, überwand Rope Thrower jedoch nie seine Ehrfurcht vor den gutgekleideten, gewandt sprechenden hohen Herren. Und der allerhöchste Herr in New Mexico war damals Star Chief Carleton. Deshalb zog Kit Carson im Sommer jenes Jahres sein Abschiedsgesuch zurück und ging nach Fort Wingate, um gegen die Indianer Krieg zu führen. Noch vor dem Ende des Feldzuges waren seine Berichte an Carleton vom gleichen anmaßenden Geist der Manifest Destiny erfüllt wie der arrogante Mann, der sein Vorgesetzter war.

Die Navajos respektierten Carson als Kämpfer, doch seine Soldaten – die New Mexico Volunteers – haßten sie. Viele von ihnen waren Mexikaner, und die Navajos hatten sie aus ihrem Land gejagt, solange sie zurückdenken konnten. Es gab zehnmal so viele Navajos wie Mescaleros, und sie hatten den Vorteil eines riesigen gebirgigen Landes voller tiefer Canyons, steiler Arroyos und von Schluchten gesäumter Mesas. Ihr Hauptstützpunkt war der Canyon de Chelly, der sich von den Chuska Mountains fünfzig Kilometer weit westwärts erstreckte. Die roten Felswände des Canyon, der sich an manchen Stellen auf fünfzig Meter verengte, stiegen über dreihundert Meter hoch an und hatten Vorsprünge, die ausgezeichnete Verteidigungsstellungen gegen Angreifer boten. An Stellen, wo der Canyon mehrere hundert Meter breit war, ließen die Navajos Schafe und Ziegen auf Weiden grasen oder bauten auf kultiviertem Boden Mais, Weizen, Obst und Melonen an. Besonders stolz waren sie auf ihre Pfirsichplantagen, die sie seit den Zeiten der Spanier sorgsam pflegten. Den größten Teil des Jahres floß genügend Wasser durch den Canyon, und es gab so viele Baumwoll- und Fliederbäume, daß sie ausreichend mit Brennholz versorgt waren.

Selbst als die Navajos erfuhren, daß Carson mit tausend Soldaten nach Pueblo Colorado marschiert war und seine alten Freunde, die Utes, als Fährtensucher gewonnen hatte, lachten sie nur verächtlich. Die Häuptlinge erinnerten ihre Leute daran, wie sie in den alten Zeiten die Spanier aus ihrem Land vertrieben hatten. »Wenn die Amerikaner kommen, werden wir sie töten«, versprachen die Häuptlinge, doch sie trafen trotzdem Vorkehrungen zum Schutz ihrer Frauen und Kinder. Sie wußten, daß die Ute-Söldner versuchen würden, sie gefangenzunehmen, um sie an reiche Mexikaner zu verkaufen.

Ende Juli erreichte Carson Fort Defiance, taufte es nach dem alten Indianergegner in Fort Canby um und sandte Spähtrupps aus. Vermutlich überraschte es ihn nicht, daß sie nur auf wenige Navajos stießen. Er wußte, daß er sie nur besiegen konnte, wenn er ihre Ernte und ihr Vieh vernichtete, und so beauftragte er am 25. Juli Major Joseph Cummings, sämtliches Vieh, das er fand, einzufangen und allen Mais und Weizen entlang dem Bonito zu ernten oder niederzubrennen. Als die Navajos merkten, daß Cummings ihre Nahrungsmittelvorräte für den Winter zerstörte, wurde er ein Gebrandmarkter. Bald darauf schoß ihn ein Navajo-Scharfschütze aus seinem Sattel; er war auf der Stelle tot. Außerdem überfielen sie Carsons Corral bei Fort Canby, holten sich einige Schafe und Ziegen zurück und stahlen Rope Throwers Lieblingspferd.

General Carleton ärgerten solche Vorfälle weit mehr als Carson, der lange genug unter Indianern gelebt hatte, um kühne Vergeltungsaktionen zu würdigen. Am 18. August beschloß der General, »den Eifer seiner Soldaten anzustacheln«, indem er Geldpreise für gefangene Navajotiere aussetzte. Er bot zwanzig Dollar für »jedes gesunde, verwendbare Pferd oder Maultier«, das bei der Furierstelle von Fort Canby abgeliefert wurde.

Da die Soldaten weniger als zwanzig Dollar Sold pro Monat erhielten, spornte das Angebot sie an, und einige der Männer bemühten sich auch, so viele Navajos wie möglich zu töten. Um ihre soldatischen Fähigkeiten zu beweisen, schnitten sie den mit einem roten Band befestigten Haarknoten ab, den die

Navajos auf dem Kopf trugen. Die Navajos konnten nicht glauben, daß Kit Carson das Skalpieren, das sie als einen barbarischen, von den Spaniern eingeführten Brauch betrachteten, guthieß. (Es ist umstritten, ob die Europäer das Skalpieren in der Neuen Welt einführten, doch die spanischen, französischen, holländischen und englischen Kolonisten trugen zweifellos zu seiner Verbreitung bei, indem sie Prämien für die Skalps ihrer Feinde aussetzten.)

Obwohl Carson die Zerstörung von Getreidefeldern und von Bohnen- und Kürbisanpflanzungen fortsetzte, fand General Carleton, daß er zu langsam vorankam. Im September befahl Carleton, von nun an jeden männlichen Navajo auf der Stelle zu töten oder gefangenzunehmen. Er schrieb genau die Worte vor, die Carsons Soldaten gegenüber gefangenen Navajos verwenden sollten: »Sagt zu ihnen ›Geht nach Bosque Redondo oder wir werden euch verfolgen und vernichten. Wir werden unter keinerlei anderen Bedingungen mit euch Frieden schließen ... Und wenn dieser Krieg gegen euch Jahre dauern sollte, er wird fortgesetzt, bis ihr ausgerottet seid. Es gibt über dieses Thema keine weiteren Verhandlungen‹.«

Etwa um diese Zeit schrieb der General an das Kriegsministerium in Washington und verlangte ein zusätzliches Regiment Kavallerie. Man brauche mehr Soldaten, meinte er, weil nicht weit westlich vom Navajoland neues Gold gefunden worden sei und deshalb »die Indianer vertrieben und die Menschen, die zu den Gruben unterwegs sind, geschützt werden müssen ... Die Vorsehung ist uns in der Tat gnädig gewesen ... Das Gold liegt hier zu unseren Füßen und braucht bloß aufgesammelt zu werden!«

Auf Carletons Drängen hin beschleunigte Kit Carson seine »Politik der Verbrannten Erde«, und bis zum Herbst hatte er die meisten Herden und Getreidefelder zwischen Fort Canby und dem Canyon de Chelly vernichtet. Am 17. Oktober erschienen zwei Navajos mit einer Unterhändlerfahne in Fort Wingate. Der eine war El Sordo; er kam als Abgesandter seiner Brüder Delgadito und Barboncito und ihrer fünfhundert Leute. Ihre Nahrungsmittelvorräte seien erschöpft, sagte El Sordo; sie hätten nur noch Piñonnüsse zu essen. Auch hätten sie kaum noch Kleidung und Decken und trauten sich wegen der amerikanischen Spähtrupps keine Feuer anzuzünden, um sich zu wärmen. Sie wollten nicht nach Bosque gehen, sondern in der Nähe von Fort Wingate Hogans bauen und dort unter den Augen der Soldaten friedlich leben. In neun Tagen würden Delgadito und Barboncito mit ihren fünfhundert Leuten kommen. Die Häuptlinge seien bereit, den Star Chief in Santa Fé aufzusuchen und mit ihm Friedensverhandlungen zu führen.

Captain Rafael Chacon, der Kommandant von Fort Wingate, übermittelte das Kompromißangebot an General Carleton, und dieser antwortete: »Die

Navajoindianer haben keine Wahl; sie müssen sich ergeben und nach Bosque Redondo gehen oder in ihrem Land bleiben und weiter Krieg führen.«
Da man ihnen keine andere Wahl ließ und ihre Frauen und Kinder froren und hungerten, kapitulierte Delgadito. Barboncito, El Sordo und viele Krieger blieben in den Bergen und warteten ab, was mit ihrem Volk geschehen würde.
Die Indianer, die sich ergeben hatten, wurden nach Bosque Redondo gebracht, doch Carleton sorgte dafür, daß die ersten Gefangenen besonders gut behandelt wurden – sie erhielten während des Transports und bei ihrer Ankunft in Bosque die beste Verpflegung und die besten Quartiere. Obwohl das öde Land am Pecos trostlos war, beeindruckte Delgadito die Freundlichkeit der Amerikaner. Als der Star Chief ihm mitteilte, er könne mit seiner Familie nach Fort Wingate zurückkehren, wenn er andere Navajoführer davon überzeuge, daß das Leben in Bosque besser sei als Verhungern und Erfrieren, erklärte Delgadito sich dazu bereit. Gleichzeitig befahl der General Kit Carson, den Canyon de Chelly anzugreifen, Nahrungsmittel und Tiere zu vernichten und die Navajos in diesem letzten Stützpunkt zu töten oder gefangenzunehmen.
Carson traf die nötigen Vorbereitungen für diese Aktion und stellte eine Tragtierherde für den Transport von Versorgungsgütern zusammen, doch am 13. Dezember überfielen Barboncito und seine Krieger die Herde und trieben die Maultiere zum Canyon, um sie zu schlachten und Fleischvorräte für den Winter anzulegen. Carson ließ sie durch zwei Trupps Soldaten verfolgen, doch die Navajos teilten sich in mehrere Gruppen und entkamen im Schutz eines schweren Schneesturms. Leutnant Donaciano Montoyas Kavalleristen stießen auf ein kleines Lager, griffen es an, trieben die Navajos in einen Zedernwald und nahmen dreizehn Frauen und Kinder gefangen. Der Leutnant meldete: »Ein Indianer wurde in die rechte Hüfte getroffen, konnte aber durch das dichte Unterholz entkommen. Sein Sohn, ein zehn Jahre alter und für einen Indianer sehr intelligenter Junge, wurde kurz darauf erwischt. Er berichtete, daß sein Vater zwischen den Felsen eines nahegelegenen Arroyo gestorben sei.«
Da Kit Carson nun keine Tragtiere besaß, teilte er General Carleton mit, daß die Aktion gegen den Canyon de Chelly verschoben werden müsse. Der General antwortete sofort: »Sie werden die Aktion wegen mangelnder Transportmittel nicht verschieben. Die Männer sollen ihre Decken selbst tragen und, wenn nötig, Rationen für drei oder vier Tage in ihre Tornister packen.«
Am 6. Januar 1864 verließen die Soldaten Fort Canby. Eine kleine Gruppe, die von Osten her in den Canyon de Chelly eindringen sollte, wurde von

Captain Albert Pfeiffer angeführt. Kit Carson befehligte eine größere Gruppe, die von Westen eindringen sollte. Es lag fünfzehn Zentimeter hoher Schnee, und die Soldaten kamen nur langsam voran.

Eine Woche später drang Pfeiffer in den Canyon vor. Von Felsvorsprüngen schleuderten Hunderte halbverhungerter Navajos Steine und Holzstücke auf die Soldaten und überschütteten sie mit spanischen Flüchen. Doch sie konnten sie nicht aufhalten. Pfeiffers Männer zerstörten ihre Hogans und Lebensmittellager und töteten ihre Tiere; sie erschossen drei Navajos, die in Reichweite ihrer Musketen kamen, fanden zwei erfrorene ältere Navajos und nahmen neunzehn Frauen und Kinder gefangen.

Carson hatte inzwischen auf der westlichen Seite des Canyon ein Lager errichtet und ließ ihn durch Spähtrupps erkunden. Am 12. Januar stieß einer davon auf eine Gruppe Navajos und tötete elf von ihnen. Zwei Tage später vereinigten sich die beiden amerikanischen Gruppen. Sie hatten den gesamten Canyon ohne größeres Gefecht durchquert.

Am Abend näherten sich drei Navajos mit einer weißen Fahne dem Soldatenlager. Ihre Leute seien nahe am Verhungern und Erfrieren, sagten sie Carson. Sie seien bereit, sich zu ergeben. »Ihr habt bis morgen früh Zeit«, erwiderte Carson. »Dann werden meine Soldaten euch niedermachen.« Am nächsten Morgen erschienen sechzig zerlumpte und abgemagerte Navajos im Lager und ergaben sich.

Bevor Carson nach Fort Canby zurückkehrte, befahl er, den gesamten Besitz der Navajos im Canyon zu zerstören – darunter die schönen Pfirsichplantagen, über fünftausend Bäume. Die Navajos verziehen Rope Thrower, daß er als Soldat gegen sie gekämpft hatte, daß er sie gefangengenommen hatte, ja sogar, daß er ihre Nahrungsmittelvorräte vernichtete hatte, doch daß er ihre geliebten Pfirsichbäume umhauen ließ, vergaben sie ihm nie.

Als sich in den nächsten Wochen in den versteckten Lagern der Navajos die Nachricht verbreitete, daß die Soldaten den Canyon de Chelly erobert hatten, verloren sie den Mut. »Wir haben um dieses Land gekämpft, weil wir es nicht verlieren wollten«, sagte Manuelito später. »Wir haben alles verloren ... Es hat keinen Sinn, gegen das amerikanische Volk zu kämpfen – es ist zu mächtig. Wenn wir nur ein paar Tage kämpfen mußten, fühlten wir uns frisch, doch nach kurzer Zeit waren wir erschöpft, und die Soldaten hungerten uns aus.«

Am 31. Januar konnte Delgadito mit seiner Schilderung der günstigen Bedingungen in Bosque Redondo 680 weitere Navajos dazu überreden, sich bei Fort Wingate zu ergeben. Das strenge Winterwetter und der Mangel an Lebensmitteln zwangen andere, sich in Fort Canby einzufinden. Bis Mitte Februar waren es 1200. Die Armee versorgte sie mit kärglichen Rationen, und immer

mehr von den sehr Jungen und sehr Alten starben. Am 21. Februar kam Herrero Grande mit seiner Gruppe, und ihre Zahl wuchs auf 1500 an. Anfang März hatten sich bei beiden Forts dreitausend ergeben, und die Straßen im Norden waren voller furchtsamer Navajos, die sich auf dem gefrorenen Schnee näherten. Doch die reichen Häuptlinge, Manuelito, Barboncito und Armijo, lehnten es ab zu kapitulieren und blieben mit ihren Leuten in den Bergen.
Im März begann der lange Marsch der Navajos nach Fort Sumner und Bosque Redondo. Das erste Kontingent von 1430 Indianern erreichte Fort Sumner am 13. März; zehn starben unterwegs, drei Kinder wurden entführt, wahrscheinlich von mexikanischen Soldaten des Begleitkommandos.
Inzwischen hatte eine zweite Gruppe von 2400 Navajos Fort Canby verlassen; 126 von ihnen waren bereits beim Fort gestorben. Die Navajos hatten die Kraft, die Kälte, den Hunger, die Ruhr, den Spott der Soldaten und den schweren, fünfhundert Kilometer weiten Marsch zu ertragen, doch was sie nicht ertrugen, war das Heimweh, der Verlust ihres Landes. Sie weinten, und 197 starben, bevor sie ihr Ziel erreichten.
Am 20. März verließen achthundert weitere Navajos Fort Canby, vor allem Frauen, Kinder und alte Männer. »Am zweiten Tag des Marsches«, berichtete der kommandierende Offizier, »setzte ein sehr schwerer Schneesturm ein, der vier Tage mit ungewöhnlicher Heftigkeit anhielt und unter dem die Indianer sehr litten, denn viele von ihnen waren fast nackt ...« Als sie Los Pinos unterhalb Albuquerque erreichten, nahm ihnen die Armee die Planwagen, weil sie sie für andere Zwecke benötigte, und die Navajos mußten im Freien kampieren. Als der Marsch fortgesetzt werden konnte, waren mehrere Kinder verschwunden. »In dieser Gegend«, äußerte ein Leutnant, »müssen Offiziere, denen Indianer anvertraut sind, äußerst wachsam sein, denn sonst werden die Kinder der Indianer gestohlen und verkauft.« Dieses Kontingent traf am 11. Mai 1864 in Bosque ein. »Ich verließ Fort Canby mit 800 und übernahm auf dem Weg nach Fort Sumner weitere 146, was insgesamt 946 ausmacht. Davon starben etwa 110.«
Ende April erschien Armijo, einer der noch Widerstand leistenden Häuptlinge, in Fort Canby und teilte dem Postenkommandanten Captain Asa Carey mit, daß in ein paar Tagen Manuelito mit Navajos eintreffen würde, die den Winter weit im Norden am Little Colorado und San Juan verbracht hatten. Armijos Gruppe von über fünfhundert Indianern stellte sich ein paar Tage später, doch Manuelito machte mit seinen Leuten an einem einige Kilometer entfernten Ort namens Quelitas halt und ließ dem amerikanischen Offizier durch einen Kurier ausrichten, daß er ihn zu sprechen wünsche. Während der

Unterredung sagte ihm Manuelito, daß seine Leute in der Nähe des Forts bleiben, ihr Getreide anpflanzen und ihre Schafe weiden lassen wollten, wie sie es immer getan hätten.
»Es gibt für euch nur einen Ort«, erwiderte Captain Carey. »Ihr müßt nach Bosque gehen.«
»Warum müssen wir nach Bosque gehen?« fragte Manuelito. »Wir haben niemals gestohlen oder gemordet und stets Frieden gehalten, wie wir es General Canby versprachen.« Seine Leute, fügte er hinzu, fürchteten, daß die Soldaten sie in Bosque zusammentreiben und erschießen würden, so wie sie es 1861 bei Fort Fauntleroy getan hätten. Carey versicherte ihm, daß dies nicht geschehen werde, doch Manuelito meinte, er könne sich mit seinen Leuten nicht ergeben, bevor er mit seinem alten Freund Herrero Grande oder einem der anderen Navajoführer gesprochen habe, die in Bosque gewesen seien.
Als General Carleton erfuhr, daß Manuelito erwog, sich zu ergeben, schickte er sorgfältig ausgewählte Navajos aus Bosque (doch nicht Herrero Grande) mit dem Auftrag zu Manuelito, ihn zu überreden, doch es gelang ihnen nicht. In der Juninacht, nachdem sie miteinander gesprochen hatten, verschwanden Manuelito und seine Leute aus Quelitas und kehrten in ihre Verstecke am Little Colorado zurück.
Im September erfuhr er, daß sein alter Verbündeter Barboncito im Canyon de Chelly gefangengenommen worden war. Jetzt war er der letzte *Rico*, der Widerstand leistete, und er wußte, daß die Soldaten ihn überall suchten.
Im Herbst begannen Navajos, die aus Bosque Redondo geflüchtet waren, in ihr Heimatland zurückzukehren, und erzählten, was dort Schreckliches mit ihren Leuten geschah. Die Soldaten, so berichteten sie, trieben sie mit Bajonetten in mit Lehmmauern eingefriedete Gehege, wo die weißen Offiziere sie immer wieder zählten und die Zahlen in kleine Bücher eintrugen. Die Soldaten versprachen ihnen Kleidung und Decken und bessere Verpflegung, hielten aber ihre Versprechungen nie. Sämtliche Baumwollbäume und Mesquitesträucher seien abgeholzt, und so könnten sie nur die Wurzeln zum Feuermachen verwenden. Um sich vor dem Regen und der Sonne zu schützen, müßten sie Löcher in den sandigen Boden graben und mit Matten aus geflochtenem Gras bedecken. Sie lebten wie Präriehunde in Höhlen. Mit ein paar Geräten, die die Soldaten ihnen gegeben hätten, wühlten sie die Erde im Tal des Pecos auf und pflanzten Getreide an, doch Überschwemmungen und Trockenheit und Insekten vernichteten es immer wieder, und ihre Rationen seien auf die Hälfte herabgesetzt worden. Da sie so dicht zusammengedrängt lebten, würden die Schwächeren von Krankheiten hinweggerafft. Es sei ein böses Land, und obwohl es unter den wachsamen Augen der Soldaten schwierig und

gefährlich sei zu flüchten, setzten viele ihr Leben aufs Spiel, um zu entkommen.

Inzwischen hatte Star Chief Carleton den Vikar von Santa Fé gebeten, zum Dank dafür, daß es der Armee gelungen war, die Navajos nach Bosque umzusiedeln, ein Tedeum zu singen. Seinen Vorgesetzten in Washington schilderte der General das Land als »ein schönes Reservat ... Es gibt keinen Grund, weshalb sie (die Navajos) nicht die glücklichsten und am besten versorgten Indianer der Vereinigten Staaten werden sollten ... Auf jeden Fall ... kommt es uns billiger, sie zu ernähren, als gegen sie zu kämpfen«.

Der Star Chief betrachtete seine Gefangenen nur als Münder und Körper. »Diese sechstausend Münder müssen essen, und diese sechstausend Körper müssen bekleidet werden. Wenn man bedenkt, welch herrliches Land voller Weiden und Bodenschätze sie uns überlassen haben – ein Land, dessen Wert kaum geschätzt werden kann –, so ist der Umstand, daß wir sie im Moment versorgen müssen, wenn man ihn als Preis für ihr natürliches Erbe betrachtet, völlig unbedeutend.«

Und kein Verfechter der *Manifest Destiny* hat den Inhalt dieser Doktrin pathetischer zum Ausdruck gebracht: »Die Vertreibung dieses ganzen Volkes aus dem Land seiner Väter ist nicht nur ein interessantes, sondern auch ein ergreifendes Schauspiel. Viele Jahre haben sie tapfer gegen uns gekämpft; sie haben ihre Berge und ihre riesigen Canyons mit einem Heroismus verteidigt, auf den jedes Volk stolz sein könnte; doch als sie schließlich erkannten, daß es auch ihr Geschick war, gleich ihren Brüdern ... dem unaufhaltsamen Fortschritt unserer Rasse zu weichen, da warfen sie ihre Waffen fort und kamen als tapfere Männer, die unsere Bewunderung und unseren Respekt verdienen, im Vertrauen auf unseren Großmut und in der Überzeugung, daß wir ein zu mächtiges und zu redliches Volk sind, um dieses Vertrauen mit Schlechtigkeit oder Geringschätzung zu vergelten, zu uns – im Vertrauen darauf, daß wir ihnen, die uns ihr schönes Land, ihre Heime, ihre Erinnerungen, alles, was ihnen ihrer Tradition gemäß lieb und teuer ist, geopfert haben, nicht ein schäbiges Almosen hinwerfen werden für ein, wie sie und auch wir wissen, königliches Reich.«

Manuelito jedoch hatte seine Waffen nicht weggeworfen, und General Carleton betrachtete ihn als einen zu bedeutenden Häuptling, als daß er das hingenommen hätte. Im Februar 1865 überbrachten Navajokuriere aus Fort Wingate Manuelito eine Botschaft des Star Chief, in der er ihm mitteilte, daß man ihn und seine Gruppe zu Tode hetzen würde, wenn sie sich nicht vor dem Frühjahr stelle. »Ich tue niemandem etwas Böses«, sagte Manuelito den Kurieren. »Ich werde mein Land nicht verlassen. Ich habe die Absicht, hier zu sterben.« Doch schließlich erklärte er sich bereit, noch einmal mit einigen der Häuptlinge, die sich in Bosque Redondo befanden, zu reden.

Ende Februar trafen sich Herrero Grande und fünf andere Navajoführer aus Bosque mit Manuelito in der Nähe des Handelsplatzes Zuni. Es war kalt, und das Land war mit tiefem Schnee bedeckt. Nachdem Manuelito seine alten Freunde umarmt hatte, führte er sie in die Berge, wo seine Leute versteckt waren. Nur etwa hundert Männer, Frauen und Kinder waren von Manuelitos Gruppe übrig; sie besaßen ein paar Pferde und Schafe. »Dies ist alles, was ich auf der Welt besitze«, sagte Manuelito. »Seht, wie arm wir sind. Meine Kinder essen Palmillawurzeln.« Nach kurzem Schweigen fügte er hinzu, seine Pferde seien für einen Marsch nach Bosque in zu schlechtem Zustand. Herrero erwiderte, er sei nicht befugt, die für die Kapitulation festgesetzte Frist zu verlängern; in freundlichem Ton warnte er Manuelito, daß er das Leben seines Volkes aufs Spiel setze, wenn er sich nicht ergebe. Manuelito schwankte. Er sagte, er werde sich um der Frauen und Kinder willen ergeben, doch er brauche drei Monate, um seine Tiere in Ordnung zu bringen. Schließlich erklärte er unumwunden, daß er sein Land nicht verlassen könne.

»Mein Gott und meine Mutter leben im Westen, und ich werde sie nicht verlassen. Es ist eine Tradition meines Volkes, daß wir niemals die drei Flüsse überschreiten dürfen – den Grande, den San Juan, den Colorado. Und auch die Chuska Mountains kann ich nicht verlassen. Ich bin dort geboren. Ich werde bleiben. Ich habe nichts zu verlieren als mein Leben, und sie können kommen und es mir nehmen, wann immer sie wollen, aber ich werde nicht von hier fortgehen. Ich habe den Amerikanern und den Mexikanern nie etwas Böses getan. Ich habe nie geraubt. Wenn man mich tötet, wird das Blut eines Unschuldigen vergossen werden.«

Herrero sagte: »Ich habe für dich alles getan, was ich konnte; ich habe dir den besten Rat gegeben; jetzt verlasse ich dich, als sei dein Grab bereits geschaufelt.«

Ein paar Tage später informierte Herrero Grande General Carleton von Manuelitos trotziger Haltung. Carletons Antwort war ein schroffer Befehl an den Kommandanten von Fort Wingate: »Ich bin überzeugt, wenn man Manuelito gefangennehmen könnte, würde seine Gruppe sich zweifellos stellen; und wenn Sie gewisse Abmachungen mit den Indianern des Dorfes Zuni träfen, das er häufig aufsucht, um Tauschgeschäfte zu machen, würden Ihnen diese bestimmt bei seiner Gefangennahme helfen ... Setzen Sie alles daran, Manuelito dingfest zu machen. Lassen Sie ihn in Eisen legen und sorgfältig bewachen. Es wäre für jene, die er beherrscht, ein Segen, wenn er gefangengenommen oder auf der Stelle getötet würde. Mir wäre es lieber, wenn er gefangengenommen würde. Wenn er zu fliehen versucht ... ist er niederzuschießen.«

Doch Manuelito war zu raffiniert, um in Carletons Falle zu gehen, und während des Frühlings und Sommers des Jahres 1865 gelang es ihm, der Gefangennahme zu entgehen. Im Spätsommer flüchteten Barboncito und einige seiner Krieger aus Bosque Redondo; es hieß, daß sie sich im Apachenland von Sierra del Escadello aufhielten. Aus dem Reservat verschwanden so viele Navajos, daß Carleton in einem Umkreis von fünfundsechzig Kilometern um Fort Sumner ständige Posten aufstellte. Im August wies der General den Fortkommandanten an, jeden Navajo, der außerhalb des Reservats ohne Passierschein angetroffen wurde, zu erschießen.

Als es im Herbst 1865 in Bosque wieder eine schlechte Getreideernte gab, verteilte die Armee Mehl und Speck an die Navajos: Nahrungsmittel, die man für die Soldaten als ungenießbar erklärt hatte. Wieder starben viele Navajos, und die Zahl der Fluchtversuche stieg an.

Obwohl General Carleton jetzt von einflußreichen Männern New Mexicos wegen der Zustände in Bosque Redondo offen kritisiert wurde, setzte er seine Jagd auf die Navajos fort. Am 1. September 1866 erschien endlich Manuelito mit dreiundzwanzig erschöpften Kriegern in Fort Wingate und ergab sich. Sie waren nur noch Haut und Knochen, ihre Kleider zerlumpt. Sie trugen zum Schutz vor dem Rückschlag der Bogensehnen noch immer Ledergurte um die Handgelenke, doch sie besaßen keine Bogen und Pfeile mehr. Manuelitos einer Arm war verletzt und hing schlaff herab. Kurz darauf kam Barboncito mit einundzwanzig Gefolgsleuten und ergab sich zum zweiten Mal. Sie waren jetzt keine Kriegshäuptlinge mehr.

Es scheint wie eine Ironie, daß General Carleton achtzehn Tage nach Manuelitos Kapitulation von seinem Posten als Armeekommandant von New Mexico entbunden wurde. Der Bürgerkrieg, der Star Chief Carleton an die Macht gebracht hatte, war seit über einem Jahr zu Ende, und die Bewohner von New Mexico hatten genug von ihm und seiner überheblichen Art.

Als Manuelito in Bosque eintraf, amtierte dort ein neuer Superintendent namens A. B. Norton. Der Superintendent untersuchte den Boden des Reservats und er erklärte ihn wegen seines Gehalts an Alkali als ungeeignet für den Anbau von Getreide. »Das Wasser ist schwarz und faulig und wegen seines schlechten Geschmacks fast ungenießbar; die Indianer behaupten, es sei ungesund, denn ein Viertel ihrer Bevölkerung ist von Krankheit dahingerafft worden.« Das Reservat, fügte Norton hinzu, habe die Regierung Millionen von Dollar gekostet. »Je früher man es aufgibt und die Indianer umsiedelt, desto besser ... Erwartet man, daß ein Indianer, den man der primitivsten Lebensgrundlagen, ohne die ein Weißer nie auskommen würde, beraubt, zufrieden ist? Wie kann ein vernünftiger Mensch einen Platz als Reservat für 8000 Indianer auswählen, wo die Erde unfruchtbar und kalt ist, wo siebzehn Kilometer entfernte Mesquitewurzeln das einzige Holz sind, das den Indianern zur Verfügung steht? ... Wenn man sie in diesem Reservat läßt, wird man sie immer mit Gewalt dort festhalten müssen – aus freier Entscheidung werden sie nie bleiben. O laßt sie zurück, oder bringt sie an einen Ort, wo sie gutes, kaltes Wasser zum Trinken haben, genügend Holz, damit sie nicht erfrieren, wo die Erde genug hervorbringt, damit sie sich ernähren können ...«

Zwei Jahre lang zog ein ständiger Strom von Untersuchungsbeamten aus Washington durch das Reservat. Manche zeigten echtes Mitgefühl; andere interessierte es nur, wie man die Kosten senken konnte.

»Wir waren einige Jahre dort«, erinnerte sich Manuelito. »Viele unserer Leute starben in dem Klima ... Männer aus Washington hatten eine Unterredung mit uns. Einer erklärte uns, daß die Weißen jene, die das Gesetz verletzen, bestrafen. Wir versprachen, den Gesetzen zu gehorchen, wenn man uns erlauben würde, in unser eigenes Land zurückzukehren. Wir versprachen, den Vertrag einzuhalten ... Wir versprachen es viermal. Wir alle sagten ›ja‹ zu dem Vertrag, und er erteilte uns guten Rat. Es war General Sherman.«

Als die Navajos Great Warrior Sherman zum ersten Mal sahen, hatten sie Furcht vor ihm, denn er ähnelte Star Chief Carleton – er hatte ein finsteres, behaartes Gesicht und einen grausamen Mund –, doch seine Augen waren anders, die Augen eines Mannes, der gelitten hatte und Verständnis für das Leid anderer hatte.

»Wir sagten ihm, daß wir uns bemühen würden, stets an seine Worte zu denken«, berichtet Manuelito. »Er sagte: ›Ich möchte, daß ihr mich alle anseht.‹ Er stand auf, damit wir ihn alle sehen konnten. Er sagte, wenn wir das Rechte täten, könnten wir allen Menschen ins Gesicht blicken. Dann sagte er: ›Meine Kinder, ich werde euch in eure Heimat zurückschicken.‹«

Bevor sie das Reservat verlassen durften, mußten die Häuptlinge am 1. Juni 1868 einen neuen Vertrag unterzeichnen, der mit folgenden Worten begann: »Von diesem Tage an soll es zwischen den Parteien dieses Abkommens nie wieder Krieg geben.« Barboncito unterschrieb als erster, dann Armijo, Delgadito, Manuelito, Herrero Grande und sieben andere.

»Die Nächte und Tage waren lang, bis es so weit war, daß wir in unsere Heimat durften«, sagte Manuelito. »Am Tag vor unserem Aufbruch gingen wir ein kleines Stück in Richtung Heimat, weil wir es kaum erwarten konnten loszuziehen. Als wir zurückkamen, gaben uns die Amerikaner ein paar Tiere,

Ein Navajokrieger um 1860

und wir dankten ihnen dafür. Wir sagten den Treibern, sie sollen die Maultiere mit der Peitsche antreiben, so ungeduldig waren wir. Als wir von Albuquerque aus den Gipfel des Berges sahen, fragten wir uns, ob es unser Berg sei, und es drängte uns, mit der Erde zu sprechen, so sehr liebten wir sie, und einige der alten Männer und Frauen weinten vor Freude, als sie heimkamen.«
So kehrten die Navajos in ihre Heimat zurück. Als die neuen Reservatsgrenzen festgelegt wurden, nahm man ihnen einen großen Teil ihres besten Weidelandes weg und gab es den weißen Siedlern. Ihr Leben würde nicht leicht sein. Sie würden schwer um ihre Existenz kämpfen müssen. Doch die Navajos sollten bald erfahren, daß sie von allen westlichen Indianern die am wenigsten unglücklichen waren. Für die anderen hatte die Zeit der Heimsuchung kaum begonnen.

IN A SACRED MANNER I LIVE

In a sacred manner
I live.
To the heavens
I gazed.
In a sacred manner I live.
My horses
Are many.

Die Weißen haben immer versucht, die Indianer dazu zu bringen, ihr Leben aufzugeben und wie die Weißen Männer zu leben – Land zu bebauen, schwer zu arbeiten und zu tun, was sie taten –, doch die Indianer wußten nicht, wie man das tut und wollten es auch nicht ... Hätten die Indianer versucht, die Weißen dazu zu bringen, so zu leben wie sie, dann hätten die Weißen sich gewehrt, und das taten auch viele Indianer.

WAMDITANKA (BIG EAGLE) VON DEN SANTEE-SIOUX

Über tausendfünfhundert Kilometer nördlich des Navajolandes verloren zur Zeit des großen Bürgerkrieges der Weißen die Santee-Sioux für immer ihre Heimat. Die Santees bestanden aus vier Gruppen – den Mdewkantons, den Wahpetons, den Wahpekutes und den Sissetons. Sie waren Waldlandindianer, doch mit ihren Blutsbrüdern in der Prärie, den Yanktons und Tetons, vereinten sie enge Bande und ein starker Stammesstolz. Die Santees waren »das Volk vom äußersten Ende«, die Grenzwächter des Siouxgebietes.

In den zehn Jahren vor dem Bürgerkrieg drangen über 150000 weiße Siedler ins Land der Santees ein und überrannten so die linke Flanke der einst »ewigen Indianergrenze«. Gemäß zwei unreellen Verträgen traten die Waldland-Sioux neun Zehntel ihres Gebietes ab und wurden auf einem schmalen Landstreifen am Minnesota River zusammengedrängt. Agenten und Händler hatten sich gleich zu Beginn auf sie gestürzt wie Bussarde auf die Kadaver erlegter Büffel und sie um den größten Teil der Lebensrenten, für die sie ihr Land aufgegeben hatten, betrogen.

»Viele der Weißen Männer täuschten die Indianer und behandelten sie unfreundlich«, sagte Big Eagle. »Viele schienen, wenn sie einen Indianer sahen, durch ihr Benehmen zu sagen ›Ich bin besser als du‹, und den Indianern gefiel das nicht ... Die Dakotas (Sioux) glaubten nicht, daß es bessere Menschen auf der Welt gibt als sie. Dann mißbrauchten die Weißen Männer die Indianerfrauen auf gewisse Weise und entehrten sie ... All dies erfüllte viele Indianer mit Haß gegen die Weißen.«

Im Sommer 1862 spitzte sich die Lage zu. Im Reservat gab es fast kein Wild mehr, und wenn die Indianer in ihre alten Jagdgründe vordrangen, die sich jetzt im Besitz der weißen Siedler befanden, gab es oft Streit. Die Indianer hatten, wie im vergangenen Jahr, eine schlechte Ernte, und viele von ihnen mußten bei den weißen Händlern Lebensmittel auf Kredit kaufen. Die Santees er-

3

Little Crows Krieg

1862 – 6. April – General Grant schlägt die Konföderierten in der Schlacht bei Shiloh. *6. Mai* – Henry D. Thoreau stirbt im Alter von 45 Jahren. *20. Mai* – Der Kongreß erläßt den »Homestead Act«, durch den Siedlern im Westen 160 Morgen Land zum Preis von 1,25 Dollar pro Morgen gewährt wird. *10. Juli* – Der Bau der Central-Pacific-Eisenbahn beginnt. *30. August* – Die Unionsarmee wird in der zweiten Schlacht von Bull Run geschlagen. *17. September* – Die Konföderationsarmee wird bei Antietam geschlagen. *22. September* – Lincoln gewährt allen Sklaven ab 1. Januar 1863 die Freiheit. *13. Oktober* – Bismarck hält in Deutschland die »Blut-und-Eisen«-Rede. *13. Dezember* – Die Unionsarmee erleidet schwere Verluste und Niederlage bei Fredericksburg; einige Armee-Einheiten meutern fast, als sie ihre Winterquartiere beziehen. *29. Dezember* – General Sherman wird bei Chickasaw Bayou geschlagen. Victor Hugos *Die Elenden* und Turgenjews *Väter und Söhne* erscheinen.

1863 – 2. April – »Brotaufstand« in Richmond, Virginia. *2.–4. Mai* – Sieg der Konföderierten bei Chancellorsville. *1.–3. Juli* – Die Unionsarmee schlägt Konföderierte bei Gettysburg. *4. Juli* – Grants Armee erobert Vicksburg. *11. Juli* – Zwangsaushebung von Soldaten für die Unionsarmee beginnt. *13.–17. Juli* – Bei gegen die Aushebung gerichteten Tumulten in New York gibt es mehrere hundert Tote; Tumulte auch in vielen anderen Städten. *15. Juli* – Präsident Davis ordnet erste Aushebungen für die Konföderationsarmee an. *5. September* – Fünf russische Kriegsschiffe laufen in den New Yorker Hafen ein und werden herzlich empfangen. *24.–25. November* – Die Konföderierten werden bei Chattanooga geschlagen. *8. Dezember* – Präsident Lincoln bietet den Konföderierten, die sich wieder den Gesetzen der Union unterwerfen, eine Amnestie an.

Little Crow (Tshe-ton Wa-Ka-wa Ma-ni: »Der Habicht, der im Gehen jagt«)

füllte eine tiefe Abneigung gegen das Kreditsystem, denn sie hatten keine Kontrolle über die Konten. Wenn ihre Renten aus Washington kamen, erhoben die Händler Anspruch auf das Geld, und die Regierungsstellen zahlten ihnen die Summen aus, die die Händler in ihre Kontobücher eingetragen hatten. Einige Santees hatten gelernt, Kontobücher zu führen, doch wenn die darinstehenden Beträge viel niedriger waren als in den Büchern der Händler, erkannten die Regierungsstellen dies nicht an.

Im Sommer 1862 erfüllte Little Crow große Wut auf die Händler. Little Crow war, wie vor ihm sein Vater und sein Großvater, ein Häuptling der Mdewkantons. Er war sechzig Jahre alt und trug stets langärmelige Kleider, die seine Unterarme und Handgelenke bedeckten, denn sie waren voller Narben von schlecht verheilten Wunden, die er in seiner Jugend im Kampf davongetragen hatte. Little Crow hatte die beiden Verträge unterzeichnet, die sein Volk um sein Land und das dafür versprochene Geld brachten. Er war in Washington gewesen und hatte den Großen Vater, Präsident Buchanan, besucht; er hatte seine indianischen Kleider abgelegt und trug statt dessen Hosen und Jacken mit Messingknöpfen; er war der Episkopalkirche beigetreten, hatte ein Haus gebaut und war Farmer geworden. Doch im Sommer 1862 verwandelte sich Little Crows Ernüchterung in Zorn.

Im Juli versammelten sich mehrere tausend Santees bei der Oberen Regierungsagentur am Yellow Medicine River, um ihre ihnen den Verträgen nach zustehenden Renten abzuholen und dafür Lebensmittel zu kaufen. Das Geld traf nicht ein, und es gingen Gerüchte um, daß der Große Rat (Kongreß) in Washington sein ganzes Gold für den Bürgerkrieg ausgegeben habe und den Indianern kein Geld schicken könne. Da ihre Leute hungerten, gingen Little Crow und einige andere Häuptlinge zu Thomas Galbraith, ihrem Agenten, und fragten, ob man ihnen nicht Lebensmittel aus dem Lagerhaus der Agentur geben könne, das voller Vorräte war. Das könne er nicht, bevor das Geld da sei, sagte Galbraith und ließ hundert Soldaten zur Bewachung des Lagerhauses holen. Am 4. August umzingelten fünfhundert Santees das Lagerhaus, und andere brachen ein und trugen Mehlsäcke heraus. Timothy Sheehan, der Offizier, der die Soldaten befehligte, hatte Mitleid mit den Indianern. Statt auf sie zu schießen, überredete er Galbraith dazu, Schweinefleisch und Mehl an die Indianer zu verteilen und sie bezahlen zu lassen, wenn das Geld eintraf. Nachdem Galbraith dies getan hatte, gingen die Indianer friedlich fort. Little Crow ließ sich jedoch von Galbraith versprechen, daß man in der Unteren Agentur, die sich fünfzig Kilometer flußabwärts bei Redwood befand, weitere Lebensmittelrationen an die Santees ausgeben werde.

Obwohl Little Crows Dorf in der Nähe der Unteren Agentur lag, ließ Galbraith ihn mehrere Tage warten, bis er für den 15. August ein Treffen in Redwood vereinbarte. Früh am Morgen versammelten sich Little Crow und mehrere hundert hungrige Mdewkantons, doch es war von Anfang an klar, daß Galbraith und die vier Händler der Unteren Agentur nicht die Absicht hatten, Lebensmittel aus ihren Vorräten abzugeben, bevor das Geld eintraf.

Voll Ärger, daß wieder einmal ein Versprechen gebrochen worden war, erhob sich Little Crow, trat vor Galbraith und sagte: »Wir haben lange Zeit gewartet. Das Geld steht uns zu, doch wir bekommen es nicht. Wir haben nichts zu essen, und diese Lager hier sind voller Lebensmittel. Wir bitten Sie, den Agenten, irgendwie dafür zu sorgen, daß wir Lebensmittel aus den Lagern bekommen, damit wir nicht verhungern. Menschen, die hungrig sind, wissen sich zu helfen.«

Galbraith gab keine Antwort, sondern wandte sich an die Händler und fragte sie, was sie zu tun gedächten. Einer von ihnen, Andrew Myrick, erklärte verächtlich: »Wenn die Indianer hungrig sind, dann sollen sie Gras oder ihre eigene Scheiße fressen.«

Einen Moment schwiegen die Indianer. Dann brachen sie in wütende Rufe aus, erhoben sich wie ein Mann und verließen die Versammlung.

Alle Santees waren über Andrew Myricks Worte erzürnt, doch Little Crow verletzten sie zutiefst. Jahrelang hatte er sich bemüht, die Verträge einzuhalten und für Frieden zwischen seinen Leuten und den Weißen zu sorgen. Jetzt schien es, als habe er alles verloren. Seine eigenen Leute vertrauten ihm nicht mehr und gaben ihm die Schuld an ihrem Elend, und nun hatten sich auch die Händler und Agenten gegen ihn gewandt. Früher im Sommer hatten ihn die Mdewkantons, die in der Nähe der Unteren Agentur lebten, beschuldigt, sie zu verraten, als er Verträge schloß, in denen ihr Land an die Weißen abgetreten wurde. Sie hatten an Stelle Little Crows Traveling Hail zu ihrem Sprecher gewählt. Hätte Little Crow Agent Galbraith und die Händler dazu überreden können, seinen Leuten Lebensmittel zu geben, so hätten sie ihn wieder respektiert, doch es war ihm nicht gelungen.

In den alten Zeiten hätte er die Führerschaft wiedererlangen können, indem er in den Krieg zog, doch die Verträge verpflichteten ihn, alle feindseligen Handlungen gegenüber den Weißen und anderen Stämmen zu unterlassen. Wie war es möglich, fragte er sich, daß die Amerikaner soviel von Frieden zwischen ihnen und den Indianern und zwischen den verschiedenen Indianerstämmen redeten und dennoch selbst einen so erbitterten Krieg gegen die Graurücke führten, daß sie nicht genug Geld hatten, um den Santees ihre kleinen Renten zu bezahlen? Er wußte, daß einige junge Männer seines Stammes offen von Krieg gegen die Weißen sprachen – einem Krieg, mit dem sie sie aus dem Minnesota-Tal vertreiben wollten. Es sei eine günstige Zeit, sich gegen die Weißen zu erheben, meinten sie, weil so viele Blauröcke fort waren und gegen die Grauröcke kämpften. Little Crow fand solches Gerede töricht; er war im Osten gewesen und hatte die Macht der Amerikaner gesehen. Sie waren zahlreich wie Heuschrecken und vernichteten ihre Feinde mit großen donnernden Kanonen. Ein Krieg gegen die Weißen war undenkbar.

Am Sonntag, dem 17. August, besuchte Little Crow die Episkopalkirche bei der Unteren Agentur und hörte sich Reverend Samuel Hinmans Predigt an. Nach dem Gottesdienst gab er den anderen Kirchgängern die Hand und kehrte zu seinem Haus zurück, das drei Kilometer flußaufwärts von der Agentur stand.

Spät in der nächsten Nacht wurde Little Crow von lauten Stimmen geweckt, und mehrere Santees drangen lärmend in sein Schlafzimmer ein. Er erkannte die Stimme von Shakopee. Etwas sehr Wichtiges, sehr Schlimmes war passiert. Shakopee, Mankato, Medicine Bottle und Big Eagle waren erschienen, und sie sagten, Wabasha würde bald zu einer Besprechung kommen.

Vier hungrige junge Männer von Shakopees Gruppe hatten am Nachmittag den Fluß überquert, um in den großen Wäldern zu jagen, und es war etwas sehr Böses geschehen. Big Eagle berichtete: »Sie kamen zum Zaun eines Siedlers und fanden ein Hühnernest mit Eiern. Einer von ihnen nahm die Eier, doch ein anderer sagte: ›Nimm sie nicht, denn sie gehören einem Weißen Mann, und wir könnten Ärger bekommen.‹ Der andere wurde wütend, denn er war sehr hungrig und wollte die Eier essen. Er warf sie auf den Boden und antwortete: ›Du bist ein Feigling. Du hast Angst vor dem Weißen Mann. Du traust dich nicht einmal, ihm ein Ei wegzunehmen, obwohl du halb verhungert bist. Ja, du bist ein Feigling, und ich werde das allen sagen.‹ Der andere erwiderte: ›Ich bin kein Feigling. Ich habe keine Angst vor dem Weißen Mann, und um dir das zu beweisen, werde ich zum Haus gehen und ihn erschießen. Bist du tapfer genug, um mit mir zu gehen?‹ Jener, der ihn einen Feigling genannt hatte, sagte: ›Ja, ich werde mit dir gehen, und wir werden sehen, wer von uns beiden tapferer ist.‹ Und ihre zwei Gefährten sagten: ›Wir gehen mit euch, und wir werden auch tapfer sein.‹ Sie gingen alle zum Haus des Weißen Mannes, doch er erschrak und lief zu einem anderen Haus, in dem einige andere Weiße Männer und Frauen waren. Die vier Indianer verfolgten ihn und töteten drei Männer und zwei Frauen. Dann spannten sie zwei Pferde, die einem anderen Siedler gehörten, vor einen Wagen und fuhren zu Shakopees Lager ... und erzählten ihm, was sie getan hatten.«

Nachdem Little Crow sich den Bericht angehört hatte, fragte er Shakopee und die anderen spöttisch, warum sie zu ihm um Rat kämen, obwohl sie doch Traveling Hail zu ihrem Sprecher gewählt hätten. Sie versicherten Little Crow, daß er noch immer ihr Kriegshäuptling sei. Nach diesem Morden, sagten sie, sei kein Santee mehr seines Lebens sicher. Die Weißen pflegten alle Indianer zu bestrafen, wenn einer oder mehrere von ihnen ein Verbrechen begangen hätten; es wäre sicher am besten, die Santees schlügen zuerst zu, statt zu warten, bis die Soldaten kamen und sie töteten. Es sei eine gute Gelegenheit, jetzt gegen die Weißen zu kämpfen, während sie weit im Süden gegeneinander kämpften.

Little Crow widersprach ihnen. Die Weißen seien zu mächtig, sagte er. Doch in einem gab er ihnen recht: da Frauen getötet worden seien, würden die Siedler sich grausam rächen. Little Crows Sohn, der bei der Unterredung anwesend war, berichtete später, sein Vater sei ganz blaß gewesen, und große Schweißperlen hätten ihm auf der Stirn gestanden.

Schließlich rief einer der jungen Männer: »Ta-oya-te-duta (Little Crow) ist ein Feigling!«

Das Wort »Feigling« hatte zu den Morden geführt; mit ihm war der junge Mann, der sich trotz seines Hungers nicht traute, die Eier des Weißen Mannes zu nehmen, herausgefordert worden. Und »Feigling« war ein Wort, das ein Sioux-Häuptling nicht einfach hinnehmen konnte.

Little Crows Antwort lautete (nach dem Bericht seines Sohnes): »Ta-oya-te-duta ist kein Feigling, und er ist kein Narr! Wann ist er vor seinen Feinden davongelaufen? Wann hat er seine Leute auf dem Kriegspfad verlassen und ist zu seiner Hütte zurückgekehrt? Wann ist er vor euren Feinden davongelaufen – er ging auf eurem Pfad hinter euch, das Gesicht den Ojibways zugewandt, und schützte euch wie eine Bärin ihre Jungen! Besitzt Ta-oya-te-duta keine Skalps? Schaut seine Kriegsfedern an! Seht, dort an den Pfosten seiner Hütte hängen die Skalplocken eurer Feinde! Ihr nennt ihn einen Feigling? Ta-oya-te-duta ist kein Feigling, und er ist kein Narr. Krieger, ihr seid wie kleine Kinder, ihr wißt nicht, was ihr tut.

Ihr seid voll vom Teufelswasser des Weißen Mannes. Ihr seid wie Hunde bei Vollmond, die toll werden und nach ihren eigenen Schatten schnappen. Wir sind nur kleine verstreute Büffelherden; die großen Herden, die einst die Prärien beherrschten, sind verschwunden. Hört! – die Weißen Männer sind wie Heuschrecken, wenn sie so dicht fliegen, daß der ganze Himmel ein Schneesturm ist. Ihr mögt einen töten – zwei – zehn; ja, so viele, wie Blätter im Wald sind, und ihre Brüder werden sie nicht vermissen. Tötet einen – zwei – zehn, und zehnmal zehn werden kommen, euch zu töten! Zählt den ganzen Tag lang eure Finger, und Weiße Männer mit Gewehren in den Händen werden schneller kommen, als ihr zählen könnt.

Ja, sie mögen gegeneinander kämpfen – weit von hier. Hört ihr den Donner ihrer großen Kanonen? Nein; ihr würdet zwei Monde brauchen, dort hin zu laufen, wo sie kämpfen, und die ganze Strecke würden weiße Soldaten euren Weg säumen, dicht wie die Lärchen in den Sümpfen der Ojibways. Ja; sie mögen gegeneinander kämpfen, doch wenn ihr sie angreift, werden sie sich alle gegen euch wenden und euch und eure Frauen und kleinen Kinder verschlingen, genau wie die Heuschrecken zu ihrer Zeit über die Bäume herfallen und alle Blätter an einem Tag verschlingen.

Ihr seid Narren. Ihr könnt das Gesicht eures Häuptlings nicht sehen; eure Augen sind voll Rauch. Ihr könnt seine Stimme nicht hören; eure Ohren sind voll rauschendem Wasser. Krieger, ihr seid kleine Kinder – ihr seid Narren. Ihr werdet sterben wie die Kaninchen, wenn die hungrigen Wölfe sie im Januar jagen.

Ta-oya-te-duta ist kein Feigling; er wird mit euch sterben.«

Darauf trat Big Eagle dafür ein, Frieden zu halten, doch er wurde niedergeschrien. Zehn Jahre Demütigung durch den Weißen Mann – die gebrochenen Verträge, die verlorenen Jagdgründe, die nicht eingehaltenen Versprechungen, die nicht gezahlten Renten, ihr Hunger, während die Lagerhäuser voller Lebensmittel waren, die beleidigenden Worte Andrew Myricks – was war dagegen die Ermordung der weißen Siedler?

Little Crow sandte Boten stromaufwärts und forderte die Wahpetons und Sissetons auf, sich am Krieg zu beteiligen. Man weckte die Frauen, und sie gossen Kugeln, während die Krieger ihre Gewehre reinigten.

»Little Crow erteilte den Befehl, die Agentur früh am nächsten Morgen anzugreifen und sämtliche Händler zu töten«, sagte Big Eagle später. »Als am nächsten Morgen die Krieger zum Angriff auf die Agentur aufbrachen, ging ich mit. Ich führte meine Gruppe nicht, und ich beteiligte mich nicht am Töten. Ich ging mit, um, wenn möglich, zwei guten Freunden das Leben zu retten. Ich glaube, auch andere gingen aus dem gleichen Grund mit, denn fast jeder Indianer hatte einen Freund, dessen Ermordung er verhindern wollte ... Als ich hinkam, war das Töten fast vorbei. Little Crow war da und leitete die Aktion ... Mr. Andrew Myrick, ein Händler mit einer indianischen Frau, hatte kurze Zeit zuvor einigen hungrigen Indianern, als sie ihn um ein paar Lebensmittel baten, einen Kredit verweigert. Er sagte zu ihnen: ›Geht und freßt Gras.‹ Jetzt lag er tot auf dem Boden, den Mund mit Gras vollgestopft, und die Indianer sagten spöttisch: ›Myrick frißt selber Gras.‹«

Die Santees töteten zwanzig Männer, nahmen zehn Frauen und Kinder gefangen, räumten die Lebensmittel aus den Lagerhäusern und steckten andere Gebäude in Brand. Die restlichen siebenundvierzig Einwohner flohen (zum

Teil mit Hilfe befreundeter Santees) über den Fluß zu dem zwanzig Kilometer stromabwärts gelegenen Fort Ridgely.

Auf dem Weg nach Fort Ridgely trafen die Überlebenden eine fünfundvierzig Mann starke amerikanische Kompanie, die zur Agentur marschierte. Reverend Hinman, der am Tag zuvor die letzte Predigt gehalten hatte, die Little Crow in seinem Leben hörte, forderte die Soldaten auf, umzukehren. Doch John Marsh, ihr Offizier, schlug die Warnung in den Wind und marschierte in einen Hinterhalt der Santees. Nur vierundzwanzig seiner Männer entkamen und kehrten zum Fort zurück.

Ermutigt durch seine ersten Erfolge, beschloß Little Crow, Fort Ridgely selbst anzugreifen. Wabasha und seine Leute waren eingetroffen, Mankatos Gruppe war durch weitere Krieger verstärkt worden, er hatte die Meldung erhalten, daß neue Verbündete von der Oberen Agentur her unterwegs waren, und Big Eagle konnte nicht neutral bleiben, wenn sein Volk sich im Krieg befand.

Während der Nacht zogen die Häuptlinge mit ihren Hunderten von Kriegern durch das Minnesota-Tal, und früh am Morgen des 19. August sammelten sie sich westlich des Forts in der Prärie. »Die jungen Männer konnten es kaum erwarten anzugreifen«, sagte Lightning Blanket, einer der Teilnehmer, »und wir trugen Kriegsbemalung auf, legten Lendenschurze und Beinschützer an und hängten uns große Schärpen um, in die wir Lebensmittel und Munition taten.«

Als einige der unerfahrenen jungen Männer die mächtigen Steinbauten des Forts und die bewaffneten Blauröcke sahen, die sie erwarteten, kamen ihnen Bedenken, die Festung anzugreifen. Unterwegs hatten sie sich ausgemalt, wie leicht es sein würde, New Ulm, das Dorf am Cottonwood, zu überfallen. Der Ort jenseits des Flusses war voller Läden, die man plündern konnte, und es gab dort keine Soldaten. Warum sollten sie nicht lieber New Ulm angreifen? Little Crow sagte ihnen, die Santees führten einen Krieg, und um ihn zu gewinnen, müßten sie die Soldaten mit den blauen Röcken schlagen. Wenn sie die Soldaten aus dem Tal vertreiben könnten, dann würden alle weißen Siedler fortgehen. Die Santees könnten nichts gewinnen, indem sie ein paar Weiße in New Ulm töteten.

Doch trotz Little Crows Ermahnungen liefen die jungen Männer zum Fluß. Little Crow beriet sich mit den anderen Häuptlingen, und sie beschlossen, den Angriff auf das Fort bis zum nächsten Tag zu verschieben.

Am Abend kamen die jungen Männer von New Ulm zurück. Sie hätten den Leuten dort Angst eingejagt, sagten sie, doch die Verteidigungsanlagen des Ortes seien zu stark, und außerdem habe es am Nachmittag ein schweres

Gewitter gegeben. Big Eagle nannte die jungen Männer, die kein Häuptling anführte, »marodierende Indianer«, und am Abend kamen sie überein, zusammenzubleiben und Fort Ridgely am nächsten Morgen anzugreifen.
»Bei Sonnenaufgang«, sagte Lightning Blanket, »brachen wir auf, überquerten den Fluß bei der Agentur auf der Fähre und marschierten auf der Straße zum Gipfel des Hügels unterhalb Faribault's Creek, wo wir kurz rasteten und Little Crow die Anweisungen für den Angriff auf das Fort erteilte . . .
Wenn wir das Fort erreichten, sollten Medicine Bottles Männer das Signal, drei Salven, geben und damit die Aufmerksamkeit und das Feuer der Soldaten ablenken, so daß die Männer im Osten (unter Big Eagle) und jene im Westen und Süden (unter Little Crow und Shakopee) vorstürmen und das Fort nehmen konnten.
Vor Mittag erreichten wir den Three Mile Creek und kochten uns etwas zu essen. Nach dem Essen trennten wir uns. Ich ging mit meinen Leuten nach Süden, und nachdem wir Little Crow verlassen hatten, kümmerten wir uns nicht mehr um die Häuptlinge; jeder tat, was ihm paßte. Beide Gruppen erreichten etwa zur gleichen Zeit das Fort, und wir sahen die anderen in westlicher Richtung daran vorbeiziehen, Little Crow auf einem schwarzen Pony. Das Signal, drei Schüsse, wurde auf unserer Seite gegeben von Medicine Bottles Männern. Nach dem Signal kamen die Männer im Osten, Süden und Westen langsam herauf. Schießend rannten sie zu dem Gebäude neben dem großen Steinbau hinauf. Während wir darauf zuliefen, sahen wir den Mann mit den großen Kanonen, den wir alle kannten, und da wir die einzigen waren, die er sah, schoß er auf uns, denn er hatte sich vorbereitet, als er die Schüsse aus unserer Richtung hörte. Hätten Little Crows Männer geschossen, nachdem wir das Signal abgefeuert hatten, wären die Soldaten, die auf uns schossen, getötet worden. Zwei unserer Männer wurden getötet und drei verwundet; zwei starben später. Wir liefen zum Fluß zurück und wußten nicht, ob die andern Männer uns folgen würden oder nicht, doch sie taten es, und die großen Kanonen trieben sie aus dieser Richtung zurück. Wenn wir gewußt hätten, daß sie uns folgten, hätten wir schießen und alle töten können, denn die Soldaten waren auf dem großen freien Platz zwischen den Gebäuden. Wir kämpften nicht wie Weiße Männer unter dem Befehl eines Offiziers; jeder schoß, wie er wollte. Der Plan, die Gebäude zu stürmen, wurde aufgegeben, und wir schossen auf die Fenster, vor allem auf den großen Steinbau, denn wir dachten, es sind viele von den Weißen darin.
Wir konnten sie nicht sehen, und so waren wir nicht sicher, ob wir welche töteten. Während des Schießens versuchten wir, die Gebäude mit Feuerpfeilen in Brand zu setzen, doch die Gebäude brannten nicht, und so mußten wir

mehr Pulver und Kugeln holen. Die Sonne stand etwa zwei Stunden hoch, als wir zur westlichen Seite des Forts liefen, und wir beschlossen, zu Little Crows Dorf zurückzukehren und am nächsten Tag weiterzukämpfen . . .
An diesem Angriff nahmen etwa vierhundert Indianer teil. Frauen kamen nicht mit; sie blieben alle in Little Crows Dorf. Gekocht haben zehn bis fünfzehn Jahre alte Jungen, die zu jung zum Kämpfen waren.«
Am Abend im Dorf waren Little Crow und Big Eagle bedrückt, weil es ihnen nicht gelungen war, das Fort zu nehmen. Big Eagle war gegen einen weiteren Angriff. Die Santees hätten nicht genug Krieger, um die großen Kanonen der Soldaten zu stürmen. Sie würden zu viele Männer verlieren, wenn sie einen weiteren Angriff unternähmen. Little Crow sagte, er würde später entscheiden, was geschehen solle. Inzwischen sollten alle so viele Kugeln wie möglich machen; Pulver hatten sie genug aus dem Lagerhaus der Agentur.
Später am Abend änderte sich die Lage. Vierhundert Wahpeton- und Sissetonkrieger kamen von der Oberen Agentur und erboten sich, zusammen mit den Mdewkantons gegen die Weißen zu kämpfen. Little Crow faßte neuen Mut. Die Santee-Sioux waren wieder vereint und jetzt achthundert Mann stark; gewiß genügend Krieger, um Fort Ridgely zu nehmen. Er berief einen Kriegsrat ein und erteilte strenge Befehle für den Angriff des nächsten Tages.
»Früh am 22. August brachen wir auf«, sagte Lightning Blanket, »doch das Gras war naß von Tau, mehr als am Tag des ersten Angriffs . . . und so erreichten wir das Fort erst kurz vor Mitte des Tages . . . Wir machten diesmal nicht halt, um zu essen, doch jeder hatte etwas zu essen bei sich, und wir aßen, während wir kämpften.«
»Wir waren fest entschlossen, das Fort zu nehmen«, berichtete Big Eagle, »denn wir wußten, es war von größter Bedeutung für uns. Wenn wir es eroberten, würden wir bald das ganze Minnesota-Tal beherrschen.«
Diesmal näherten sich die Santeekrieger dem Fort nicht offen, sondern befestigten zur Tarnung Präriegras und Blumen an ihren Kopfbändern, krochen durch die Gräben hinauf und schlichen durchs Gestrüch, bis sie nahe genug heran waren, um auf die Verteidiger schießen zu können. Ein Hagel von Feuerpfeilen setzte die Dächer in Brand; dann stürmten die Santees die Ställe. »Ich drang von Süden her in die Stallungen ein und nahm mir ein Pferd«, sagte Wakondayamanne. »Als ich es hinausführte, explodierte neben mir im Stall eine Granate, und das Pferd sprang über mich, stieß mich nieder und rannte fort. Als ich aufstand, sah ich ein Maultier vorbeilaufen. Ich war so wütend, daß ich es erschoß.« Es kam zu einem mehrere Minuten dauernden Handgemenge um die Ställe, doch wieder mußten sich die Santees vor dem schweren Artilleriebeschuß zurückziehen.

Little Crow wurde verwundet – nicht schwer, doch der Blutverlust schwächte ihn. Während er Kraft sammelte, griffen die Indianer unter Mankatos Führung ein zweites Mal an. Kartätschengeschosse mähten die voranstürmenden Krieger nieder, und der Angriff schlug fehl.

»Wären die Kanonen nicht gewesen, so hätten wir, glaube ich, das Fort genommen«, sagte Big Eagle. »Die Soldaten kämpften so tapfer, daß wir ihre Zahl viel höher schätzten, als sie es tatsächlich war.« (Etwa einhundertfünfzig Soldaten und fünfundzwanzig bewaffnete Zivilisten verteidigten am 22. August Fort Ridgely.) Die meisten Männer verlor an diesem Tag Big Eagle. Spätnachmittags bliesen die Santeeführer den Angriff ab. »Die Sonne stand schon tief am Himmel«, sagte Lightning Blanket, »und als wir sahen, daß die Männer im Süden und Westen von den großen Kanonen zurückgetrieben wurden und daß Little Crow und seine Leute nach Nordwesten liefen, beschlossen wir, uns ihnen anzuschließen und uns zu beraten ... Wir schlugen vor, zu Little Crows Dorf zurückzugehen und mehr Krieger zu holen ... Little Crow sagte uns, es gebe nicht mehr Krieger, und es kam zu einer Debatte. Einige wollten das Fort am nächsten Morgen noch einmal angreifen und danach New Ulm; andere wollten früh am nächsten Morgen New Ulm angreifen und dann zurückkommen und das Fort nehmen. Wir fürchteten, daß die Soldaten zuerst in New Ulm sein würden.«

Die Soldaten, die Lightning Blanket erwähnt, waren 1400 Mann des Sixth Minnesota Regiment, die von St. Paul im Anmarsch waren. Sie wurden von einem Offizier befehligt, den die Santee-Sioux gut kannten: Colonel Henry H. Sibley, genannt Long Trader. Von den 475 000 Dollar, die man den Santees in ihrem ersten Vertrag versprochen hatte, hatte Long Trader Sibley mit der Begründung, seine American Fur Company habe ihnen zu hohe Preise bezahlt, 145 000 für sich beansprucht. Die Santees waren der Meinung, die Pelzgesellschaft habe ihnen zu niedrige Preise bezahlt, doch Alexander Ramsey, ihr Agent, hatte Sibleys Anspruch anerkannt, und ebenso die Ansprüche anderer Händler, so daß die Santees so gut wie nichts für ihr Land bekamen. (Ramsey war jetzt Gouverneur von Minnesota und hatte Long Trader zum Kommandeur des Minnesota-Regiments ernannt.)

Am Vormittag des 23. August griffen die Santees New Ulm an. Sie strömten aus den Wäldern ins helle Sonnenlicht, formierten sich in der Prärie zu einem Bogen und stürmten auf die Stadt zu. Die Bewohner von New Ulm waren auf sie vorbereitet. Nach dem mißglückten Angriff der jungen Krieger am 19. August hatten sie Barrikaden errichtet, sich weitere Waffen beschafft und die Miliz anderer im Tal gelegener Städte um Hilfe gebeten. Als die Santees zweieinhalb Kilometer von der vordersten Linie der Verteidiger entfernt waren,

Big Eagle

fächerten sie sich auf. Zugleich begannen sie schneller zu laufen und Kriegsrufe auszustoßen, um die Weißen mit Angst zu erfüllen. Mankato war an diesem Tag ihr Kriegshäuptling (Little Crow lag verwundet in seinem Dorf), und er plante, die Stadt zu umzingeln.

Beide Seiten feuerten heftig, doch der Ansturm der Indianer wurde von den Einwohnern, die mit Schießscharten versehene Gebäude als Verteidigungsstellungen benutzten, verlangsamt. Am frühen Nachmittag zündeten die Indianer mehrere Häuser an der windwärts gelegenen Seite von New Ulm an, um im Schutz des Rauches vorzurücken. Sechzig Krieger griffen eine Barrikade an, wurden aber von schweren Salven zurückgetrieben. In den Straßen, in Wohnhäusern, Nebengebäuden und Lagerhäusern wurde lange und erbittert gekämpft. Als es finster wurde, setzten sich die Santees ohne Sieg ab, doch hinter sich ließen sie die rauchenden Ruinen von 190 Gebäuden und über hundert tote Verteidiger.

Drei Tage später erreichte die Vorhut von Long Trader Sibleys Regiment Fort Ridgely, und die Santees zogen sich durch das Minnesota-Tal zurück. Sie hatten über zweihundert Gefangene bei sich, hauptsächlich weiße Frauen und Kinder sowie eine ansehnliche Zahl von Mischlingen, von denen bekannt war, daß sie mit den Weißen sympathisierten. Nachdem sie etwa fünfundsechzig Kilometer von der Oberen Agentur ein provisorisches Dorf errichtet hatten, begann Little Crow mit anderen Siouxführern der Gegend, deren Unterstützung er erhoffte, Verhandlungen zu führen. Er hatte wenig Erfolg. Ein Grund für ihre mangelnde Begeisterung war, daß es Little Crow nicht gelungen war, die Soldaten aus Fort Ridgely zu vertreiben; ein anderer die wahllose Ermordung weißer Siedler auf der Nordseite des Minnesota River, ein blutiges Gemetzel, das marodierende Banden undisziplinierter junger Männer durchgeführt hatten, während Little Crow Fort Ridgely belagerte. Mehrere hundert Siedler waren in ihren Blockhütten überfallen worden, und viele hatte man brutal ermordet. Ein Teil war geflüchtet, einige in die Dörfer jener Sioux, mit deren Unterstützung Little Crow rechnete.

Little Crow verachtete Indianer, die wehrlose Siedler angriffen, doch er wußte, daß seine Entscheidung, den Krieg zu beginnen, an den Überfällen schuld war. Zur Umkehr war es jedoch zu spät. Er mußte den Krieg gegen die Soldaten fortsetzen, solange er noch Krieger hatte.

Am 1. September beschloß er, die Stärke von Long Trader Sibleys Armee zu erkunden. Die Santees teilten sich in zwei Gruppen; Little Crow führte 110 Krieger die Nordseite des Minnesota entlang, während Big Eagle und Mankato mit einer größeren Gruppe das südliche Ufer erkundeten.

Little Crow wollte einen frontalen Zusammenstoß mit den Soldaten vermeiden. Sein Plan war, Sibleys Linien zu umgehen und den Nachschubtrupp der Armee anzugreifen. Deshalb marschierte er in einem weiten Bogen nach Norden, wobei er mit seinen Kriegern in die Nähe verschiedener Siedlungen kam, die in den letzten zwei Wochen die Angriffe von Marodeuren abgewehrt hatten. Die Versuchung, einige der kleineren Siedlungen zu überfallen, war groß, und Little Crows Leute gerieten deshalb in Streit. Am zweiten Tag des Erkundungsmarsches berief einer der Unterhäuptlinge einen Kriegsrat ein und schlug vor, die Siedlungen anzugreifen und zu plündern. Little Crow war dagegen. Ihre Feinde seien die Soldaten, sagte er; sie müßten gegen die Soldaten kämpfen. Am Ende der Versammlung schlossen sich fünfundsiebzig Krieger dem Unterhäuptling an, um zu plündern. Nur fünfunddreißig treue Gefolgsleute blieben bei Little Crow.

Am nächsten Morgen stieß Little Crow unerwartet auf eine Kompanie von fünfundsiebzig Soldaten. Es kam zu einem Gefecht, und als die abtrünnigen Santees das Donnern der Musketen hörten, eilten sie Little Crow zu Hilfe. Die Soldaten benutzten im erbitterten Nahkampf ihre Bajonette, doch die Santees konnten sechs ihrer Feinde töten und fünfzehn verwunden, bevor diese sich überstürzt nach Hutchinson zurückzogen.

In den nächsten zwei Tagen erkundeten die Santees das Gebiet um Hutchinson und Fores City, doch die Soldaten blieben innerhalb der Palisaden. Am 5. September brachten Boten die Meldung von einer neuen Schlacht ein paar Kilometer südwestlich. Big Eagle und Mankato hatten bei Birch Coulee Soldaten gestellt.

In der Nacht vor der Schlacht bei Birch Coulee hatten Big Eagle und Mankato die Soldaten leise umzingelt, so daß sie nicht entkommen konnten. »Kurz vor Tagesanbruch begann der Kampf«, sagte Big Eagle. »Er dauerte den ganzen Tag und die folgende Nacht bis zum nächsten Morgen. Beide Seiten kämpften gut. Die Art der Weißen zu kämpfen, kostete sie viele Männer. Die Indianer verloren infolge ihrer Art zu kämpfen nur wenige ... Um die Mitte des Nachmittags erfüllten die Langsamkeit des Kampfes und die Hartnäckigkeit der Weißen unsere Männer mit Ungeduld, und ich befahl ihnen, sich zum Angriff auf das Lager vorzubereiten. Der tapfere Mankato wollte schon nach der ersten Stunde angreifen ...

Als wir eben angreifen wollten, erfuhren wir, daß eine große Zahl berittener Soldaten sich von Osten näherte. Das rief einige Aufregung hervor, und wir verschoben den Angriff. Mankato verließ sofort mit einigen Männern die Schlucht und marschierte ihnen entgegen ... Mankato und seine Männer und die Indianer in der Schlucht machten großen Lärm, und so zogen die Weißen sich schließlich etwa drei Kilometer zurück und hoben Gräben aus. Mankato

verfolgte sie, ließ dreißig Männer mit dem Auftrag zurück, sie zu beobachten, und kehrte mit den übrigen zur Schlucht zurück. Als die Indianer zurückkamen, erzählten sie uns lachend, wie sie die Weißen getäuscht hatten, und wir freuten uns alle, daß die Weißen nicht vorgestoßen waren und uns vertrieben hatten ...
Am nächsten Morgen erschien General Sibley mit einer sehr großen Streitmacht, und wir zogen uns zurück. Einige unserer Männer sagten, sie wären geblieben, bis Sibley auftauchte, und hätten auf seine Leute geschossen, während sie und die Männer des Lagers sich die Hände schüttelten. Jene von uns, die in der Prärie waren, zogen sich nach Westen und durch das Tal zurück ...
Die Weißen verfolgten uns nicht. Sie schossen mit Kanonen auf uns, als wir die Prärie verließen, richteten aber keinen Schaden an. Es war, als ob sie auf eine große Trommel schlugen – sie machten nur Lärm. Wir gingen über den Fluß zu unseren Lagern im alten Dorf zurück und dann flußaufwärts zum Yellow Medicine und zur Mündung des Chippewa, wo Little Crow zu uns stieß ... Schließlich erfuhren wir, daß Sibley uns mit seiner Armee wieder nachmarschierte ... Er hatte auf dem Schlachtfeld von Birch Coulee in einem gespaltenen Stock einen Brief für Little Crow hinterlassen, den einige unserer Männer fanden und brachten ...«
Die von Long Trader hinterlassene Botschaft war kurz und nichtssagend:
Wenn Little Crow einen Vorschlag zu machen hat, soll er ein Halbblut zu mir schicken, das unbehelligt das Lager betreten und verlassen darf.

H. H. Sibley, Col. Com'd Mil. Ex'n.

Little Crow traute natürlich nicht dem Mann, der sie auf so gerissene Weise um ihr Geld gebracht hatte. Doch er beschloß, ihm eine Antwort zu schicken. Vielleicht, dachte er, wußte Long Trader, der oben in White Rock (St. Paul) gewesen war, nicht, warum die Indianer in den Krieg gezogen waren. Außerdem wollte Little Crow, daß der Gouverneur die Gründe des Krieges erfuhr. Viele der neutralen Santees hatten Angst, denn Ramsey hatte zu den Weißen von Minnesota gesagt: »Die Sioux-Indianer müssen ausgerottet oder für immer aus dem Staat vertrieben werden.«
Am 7. September richtete Little Crow die folgende Botschaft an General Sibley:
Ich möchte Dir sagen, aus welchem Grund wir diesen Krieg begonnen haben. Major Galbraith ist daran schuld. Wir haben einen Vertrag mit der Regierung geschlossen, bekommen aber nicht, was uns zusteht, so daß unsere Kinder verhungern. Die Händler haben den Krieg begonnen. Mr. A. J. Myrick sagte den Indianern, sie sollen Gras oder Dreck fressen. Und Mr. Forbes sagte zu den Lower Sioux, sie seien keine Männer. Und Roberts

und seine Freunde haben uns um unser Geld betrogen*. Wenn die jungen Krieger weiße Männer behelligt haben, so habe ich das selbst getan. Ich möchte, daß Du Gouverneur Ramsey das mitteilst. Ich habe sehr viele Gefangene, Frauen und Kinder ... Gib dem Überbringer eine Antwort mit.

General Sibleys Antwort lautete:

LITTLE CROW – Du hast viele unserer Leute ohne wirklichen Grund ermordet. Schicke mir die Gefangenen mit einer weißen Fahne zurück, dann werde ich mit Dir wie mit einem Mann reden.

Little Crow dachte nicht daran, die Gefangenen zurückzuschicken, bevor Long Trader zu erkennen gegeben hatte, ob er beabsichtigte, Gouverneur Ramseys Drohung, die Santees auszurotten oder zu vertreiben, wahrzumachen. Er wollte die Gefangenen als Druckmittel verwenden. Bei den Beratungen der verschiedenen Indianergruppen gab es jedoch Uneinigkeit darüber, was die Santees unternehmen sollten, bevor Sibleys Armee den Yellow Medicine erreichte. Paul Mazakootemane von den bei der Oberen Agentur lebenden Sissetons verurteilte Little Crow, weil er den Krieg begonnen hatte. »Gib mir diese weißen Gefangenen«, forderte er. »Ich werde sie ihren Freunden übergeben ... Höre auf zu kämpfen. Niemand, der gegen die Weißen kämpft, wird reich. Er kann keine zwei Tage an einem Ort bleiben, sondern muß ständig fliehen und hungern.«

Wabasha, der an den Schlachten bei Fort Ridgely und New Ulm teilgenommen hatte, trat ebenfalls dafür ein, Frieden anzustreben und die Gefangenen freizulassen, doch sein Schwiegersohn Rda-in-yan-ka schloß sich Little Crow und der Mehrheit der Krieger an: »Ich bin für die Fortsetzung des Krieges und gegen die Auslieferung der Gefangenen. Ich glaube nicht, daß die Weißen ein Abkommen, das sie schließen, wenn wir sie ihnen übergeben, halten werden. Seit wir Verträge mit ihnen geschlossen haben, haben ihre Agenten und Händler uns beraubt und betrogen. Viele unserer Leute sind erschossen oder aufgehängt worden; andere hat man auf Eisschollen gesetzt, so daß sie ertranken, und viele sind in ihren Gefängnissen verhungert. Es war nicht die Absicht unseres Volkes, irgendwelche Weißen zu töten. Erst als die vier Männer von Acton zurückkamen und berichteten, was sie getan hatten, gerieten all die jungen Männer in Aufregung und begannen mit dem Massaker. Die Älteren hätten es verhindert, wenn sie gekonnt hätten, doch durch die Verträge haben sie jeden Einfluß verloren. Wir bedauern, was geschehen ist, doch das Ganze ist so weit fortgeschritten, daß es nicht mehr friedlich beigelegt werden kann.

---

* Thomas J. Galbraith war der Agent des Reservats, A. J. Myrick, William Forbes und Louis Roberts Händler der Unteren Agentur.

Wir müssen sterben. Laßt uns also so viele Weiße wie möglich töten und laßt die Gefangenen mit uns sterben.«

Am 12. September bot Little Crow Long Trader eine letzte Gelegenheit, den Krieg ohne weiteres Blutvergießen zu beenden. In einer Botschaft versicherte er Sibley, daß die Gefangenen gut behandelt würden. »Ich möchte, daß Sie mir als Freund sagen«, fügte er hinzu, »auf welche Weise ich Frieden für mein Volk machen kann.«

Little Crow wußte nicht, daß Wabasha am gleichen Tag Sibley eine geheime Botschaft schickte, in der er Little Crow beschuldigte, den Krieg begonnen zu haben, und sich selbst einen Freund der »guten Weißen« nannte. Er erwähnte nicht, daß er einige Wochen zuvor bei Fort Ridgely und New Ulm gegen sie gekämpft hatte. »Ich konnte nichts tun, weil man mir gedroht hat, mich zu töten, wenn ich den Weißen auf irgendeine Weise helfe«, erklärte er, »doch wenn Du mir jetzt einen Ort nennst, an dem ich Dich treffen kann, werden ich und die wenigen Freunde, die ich habe, mit möglichst vielen Gefangenen und unseren Familien ... dorthin kommen.«

Sibley antwortete sofort auf beide Botschaften. Er machte Little Crow Vorwürfe, weil er nicht bereit sei, die Gefangenen freizulassen, und schrieb ihm, so könne es keinen Frieden geben, doch auf seine Frage, auf welche Weise der Krieg beendet werden könne, ging er nicht ein. An den Verräter Wabasha schrieb Sibley einen langen Brief, in dem er ihn genau instruierte, wie die Gefangenen mit einer weißen Fahne auszuliefern seien. »Ich werde mit Freuden alle wahren Freunde der Weißen und die Gefangenen, die sie bringen, empfangen«, versprach Sibley, »und ich bin mächtig genug, alle, die sich mir in den Weg zu stellen versuchen, zu zerschmettern, und jene, die ihre Hände mit dem Blut Unschuldiger befleckt haben, zu bestrafen.«

Als Little Crow Long Traders kühle Antwort erhielt, wußte er, daß die einzige Möglichkeit, Frieden zu erreichen, in schmählicher Kapitulation bestand. Wenn die Soldaten nicht geschlagen werden konnten, gab es für die Santees nur den Tod oder die Vertreibung. Am 22. September meldeten Späher, daß Sibleys Soldaten am Wood Lake ein Lager errichtet hatten. Little Crow beschloß, sie anzugreifen, bevor sie den Yellow Medicine erreichten.

»All unsere Kriegshäuptlinge und unsere besten Kämpfer waren versammelt«, sagte Big Eagle. »Wir wußten, dies würde die entscheidende Schlacht des Krieges sein.« Wie bei Birch Coulee legten die Santees den Soldaten in aller Stille einen Hinterhalt. »Wir hörten sie lachen und singen. Als wir mit unseren Vorbereitungen fertig waren, gingen Little Crow, ich und einige andere Häuptlinge zu dem Hügel im Westen, um die Schlacht besser beobachten zu können, wenn sie begann ...

Doch als der Morgen kam, durchkreuzte ein Zwischenfall unseren Plan. Aus irgendeinem Grund brach Sibley nicht so früh auf, wie wir erwartet hatten. Unsere Männer lagen in ihren Verstecken und warteten geduldig. Einige lagen ganz in der Nähe des Lagers in einer Schlucht, doch die Weißen konnten keinen von ihnen sehen. Ich glaube nicht, daß sie unseren Hinterhalt entdeckt hätten. Ziemlich lange nach Sonnenaufgang verließen vier oder fünf Wagen mit einer Anzahl Soldaten das Lager und fuhren in Richtung der alten Yellow-Medicine-Agentur. Später erfuhren wir, daß sie ohne Erlaubnis zu der acht Kilometer entfernten Agentur fuhren, um dort Kartoffeln auszugraben. Sie kamen über die Prärie, wo sich ein Teil unserer Linie befand. Einige der Wagen fuhren nicht auf der Straße, und wären sie geradeaus weitergefahren, so hätten sie unsere Männer, die dort im Gras lagen, überrollt. Schließlich kamen sie so nahe, daß unsere Männer aufspringen und schießen mußten. Natürlich kam es zu einem Gefecht, aber nicht so, wie wir es geplant hatten. Little Crow sah es und war verzweifelt ...

Die Indianer, die in das Gefecht verwickelt wurden, schlugen sich gut, doch Hunderte unserer Leute konnten nicht eingreifen und gaben keinen Schuß ab. Sie waren zu weit weg. Am schwersten kämpften die Männer in der Schlucht und die Linie, die sie mit jenen an der Straße verband. Wir auf dem Hügel taten unser Bestes, wurden aber bald vertrieben. Mankato fiel, und wir verloren in ihm einen sehr guten und sehr tapferen Kriegshäuptling. Er wurde von einer Kanonenkugel getroffen, die von so nahe abgeschossen wurde, daß er keine Angst vor ihr hatte. Sie traf ihn in den Rücken, während er auf dem Boden lag, und tötete ihn. Die Weißen trieben unsere Leute mit einem Angriff aus der Schlucht, und damit war die Schlacht zu Ende. Obwohl die Weißen keine Anstalten trafen, uns zu verfolgen, zogen wir uns in ziemlicher Unordnung zurück. Wir überquerten eine weite Prärie, doch ihre Reiter folgten uns nicht. Vierzehn oder fünfzehn unserer Männer fielen, und eine ziemlich große Zahl wurde verwundet. Einige der Verwundeten starben später, doch ich weiß nicht, wie viele. Wir ließen die Toten liegen, trugen aber alle Verwundeten weg. Wie ich gehört habe, haben die Weißen alle unsere Toten skalpiert. (Nachdem die Soldaten die toten Santees verstümmelt hatten, erließ Sibley einen Befehl, in dem er derartige Handlungen verbot: »Die Körper von Toten, und seien es Barbaren, dürfen von zivilisierten Christenmenschen nicht auf solch schmähliche Weise behandelt werden.«) An jenem Abend hielten die Häuptlinge in dem zwanzig Kilometer oberhalb des Yellow Medicine gelegenen Lager der Santees eine letzte Beratung. Die meisten waren jetzt überzeugt, daß Long Trader zu stark für sie war. Man kam zu dem Schluß, daß die Waldland-Sioux sich ergeben oder fliehen und sich ihren Vettern, den Prärie-Sioux im Dakota-Land, anschließen sollten. Jene, die am Kampf nicht teilgenommen hatten, beschlossen zu bleiben und zu kapitulieren; sie waren überzeugt, daß sie durch die Übergabe der weißen Gefangenen für immer Long Traders Freundschaft gewinnen würden. Wabasha schloß sich ihnen an und überredete seinen Schwiegersohn Rda-in-yan-ka zu bleiben. In letzter Minute entschloß sich auch Big Eagle zu bleiben. Einige der Mischlinge versicherten ihm, wenn er sich ergebe, werde er nur kurze Zeit in Kriegsgefangenschaft kommen. Er sollte seine Entscheidung bedauern.

Am nächsten Morgen hielt Little Crow, erbittert über die Niederlage und niedergedrückt von der Last seiner sechzig Jahre, eine letzte Rede an seine Gefolgsleute. »Ich schäme mich, ein Sioux zu sein. Gestern wurden siebenhundert unserer besten Krieger von den Weißen besiegt. Es wäre besser, wir würden alle fortlaufen und uns wie Büffel und Wölfe über die Prärie verstreuen. Gewiß, die Weißen hatten fahrbare Kanonen und bessere Waffen als wir, und ihre Zahl war größer als die unsere. Doch das ist kein Grund, warum wir nicht sie besiegt haben, denn wir sind tapfere Sioux, und die Weißen sind Feiglinge. Ich kann mir unsere schmähliche Niederlage nicht erklären. Unter uns müssen Verräter sein, die daran schuld sind.« Dann befahlen er und Shakopee und Medicine Bottle ihren Leuten, ihre Zelte abzubauen. Auf ein paar Wagen, die sie von der Agentur mitgenommen hatten, verluden sie ihre Habseligkeiten und Lebensmittel, ihre Frauen und Kinder und brachen nach Westen auf. Der Mond des Wilden Reises (September) ging zu Ende, und die kalten Monde standen bevor.

Am 26. September marschierte Sibley mit Unterstützung Wabashas und Paul Mazakootemanes, die weiße Fahnen zeigten, ins Lager und verlangte die sofortige Auslieferung der Gefangenen; 107 Weiße und 162 Mischlinge wurden den Soldaten übergeben. Anschließend fand eine Besprechung statt, in der Sibley verkündete, die Santees müßten sich als Kriegsgefangene betrachten, bis er die Schuldigen unter ihnen herausgefunden und gehängt habe. Einige Häuptlinge protestierten mit unterwürfigen Freundschaftsbeteuerungen, darunter Paul Mazakootemane: »Ich bin wie ein Kind von euch aufgewachsen ... und jetzt nehme ich eure Hand wie ein Kind die Hand seines Vaters nimmt ... Ich habe alle Weißen als meine Freunde betrachtet, und ich dachte, sie bringen uns Frieden und Wohlstand.«

Sibley antwortete, indem er einen Kordon Artillerie um das Lager aufstellen ließ. Dann schickte er halbblütige Boten aus und ließ alle Santees im Minnesota-Tal auffordern, in das Lager, das er Camp Release genannt hatte, zu kommen. Wer sich weigerte, freiwillig zu kommen, würde mit Gewalt gefangengenommen oder getötet werden. Während die Santees zusammengetrieben und entwaffnet wurden, fällten die Soldaten Bäume und errichteten einen riesigen Holzbau. Sein Zweck stellte sich bald heraus: die meisten männlichen Santees – etwa 600 von den 2000 im Lager befindlichen – wurden paarweise aneinandergekettet und darin eingesperrt.

Inzwischen hatte Sibley aus fünf Offizieren ein Militärgericht zusammengestellt, das alle Santees, die im Verdacht standen, sich an dem Aufstand beteiligt zu haben, aburteilen sollte. Da die Indianer keine gesetzlichen Rechte besaßen, sah er keinen Grund, ihnen einen Verteidiger zu stellen.

Der erste Verdächtige, der dem Gericht vorgeführt wurde, war ein Mulatte namens Godfrey; er war mit einer Frau von Wabashas Gruppe verheiratet und hatte seit vier Jahren in der Nähe der Unteren Agentur gelebt. Zeuginnen waren drei weiße Frauen, die sich unter den Gefangenen befunden hatten. Keine beschuldigte ihn einer Vergewaltigung, keine hatte gesehen, daß er einen Mord beging, doch sie behaupteten, Godfrey hätte geprahlt, bei New Ulm sieben Weiße getötet zu haben. Auf diese Aussage hin befand das Militärgericht Godfrey des Mordes schuldig und verurteilte ihn zum Tod durch Erhängen.

Als Godfrey später erfuhr, daß das Gericht bereit sei, das Urteil zu mildern, wenn er Santees identifizierte, die an den Angriffen teilgenommen hatten, wurde er ein williger Denunziant, und die Prozesse gingen zügig voran; bis zu vierzig Indianer wurden täglich zu Haftstrafen oder zum Tode verurteilt. Als am 5. November die Prozesse zu Ende waren, hatte man 303 Santees zum Tode und sechzehn zu langen Haftstrafen verurteilt.

Die Verantwortung, das Leben so vieler Menschen – selbst wenn es nur »Teufel in Menschengestalt« waren – auszulöschen, wollte Long Trader Sibley nicht allein tragen. Er wälzte die Bürde auf General John Pope ab, den Kommandeur des Militär-Departments Nordwest. General Pope überließ die endgültige Entscheidung Abraham Lincoln, dem Präsidenten der Vereinigten Staaten. »Die gefangenen Sioux werden hingerichtet, es sei denn, der Präsident verbietet es«, teilte General Pope Gouverneur Ramsey mit, »was er gewiß nicht tun wird.«

Da Abraham Lincoln jedoch ein gewissenhafter Mann war, verlangte er »die vollständigen und kompletten Prozeßprotokolle; falls aus ihnen nicht deutlich hervorgeht, wer die Hauptschuldigen und einflußreichsten Angeklagten waren, so erbitte ich über diese Punkte einen sorgfältigen Bericht.« Nach Erhalt der Prozeßprotokolle beauftragte der Präsident zwei Richter, sie zu überprüfen und festzustellen, welche der Angeklagten Mörder waren und welche nur an den Kämpfen teilgenommen hatten.

Lincolns Weigerung, die 303 verurteilten Santees sofort hängen zu lassen, ärgerte General Pope und Gouverneur Ramsey. Pope protestierte, »die verurteilten Verbrecher sollten unbedingt ohne Ausnahme sofort exekutiert werden... Die Menschlichkeit erfordert eine umgehende Erledigung der Angelegenheit.« Ramsey verlangte vom Präsidenten die Ermächtigung, die 303 Verurteilten schnellstens exekutieren zu lassen; er warnte Lincoln, daß die Weißen von Minnesota sich »auf eigene Faust« an den Gefangenen »rächen« würden, wenn er nicht rasch handle.

Während Präsident Lincoln die Prozeßprotokolle überprüfte, ließ Sibley die verurteilten Indianer in ein Gefangenenlager bei South Bend am Minnesota River verlegen. Als sie unter Bewachung an New Ulm vorbeimarschierten, versuchte eine Schar Einwohner, darunter viele Frauen, sich an den Gefangenen mit Mistgabeln, kochendheißem Wasser und Steinen »auf eigene Faust zu rächen«. Fünfzehn Gefangene wurden verletzt. In der Nacht des 4. Dezember stürmte eine Horde Weißer das Gefangenenlager, um die Indianer zu lynchen. Die Soldaten hielten die Menge in Schach und brachten die Indianer am nächsten Tag in ein besser befestigtes Lager in der Nähe der Stadt Mankato. Sibley beschloß inzwischen, die übrigen 1700 Santees – hauptsächlich Frauen und Kinder – weiter gefangenzuhalten, obwohl sie keiner Verbrechen beschuldigt wurden. Er befahl, sie nach Fort Snelling zu bringen, und unterwegs wurden sie von aufgebrachten Weißen angegriffen. Viele wurden mit Steinen und Knüppeln mißhandelt; ein Kind wurde seiner Mutter aus den Armen gerissen und erschlagen. Bei Fort Snelling wurde die fast sieben Kilometer lange Kolonne auf einem umzäunten Platz mit feuchtem Boden zusammengepfercht. Dort warteten die Überreste der einst stolzen Waldland-Sioux, bewacht von Soldaten, hungernd und in primitiven Unterkünften auf ihr Schicksal.

Am 6. Dezember verständigte Lincoln Sibley, daß er neununddreißig der 303 verurteilten Santees hinrichten lassen solle. »Die anderen verurteilten Gefangenen sind bis zur Erteilung weiterer Anordnungen festzuhalten; es ist dafür Sorge zu tragen, daß sie nicht entkommen oder irgendwelche ungesetzlichen Gewalttätigkeiten an ihnen verübt werden.«

Die Hinrichtungen wurden für den 26. Dezember angesetzt. Am Morgen dieses Tages strömten Scharen rachsüchtiger und krankhaft neugieriger Weißer in die Stadt Mankato. Ein Regiment Soldaten wurde eingesetzt, um die Ordnung aufrechtzuerhalten. In letzter Minute wurde einer der Indianer begnadigt. Gegen zehn Uhr wurden die achtunddreißig Verurteilten vom Gefängnis zum Galgen gebracht. Sie sangen das Todeslied der Sioux, bis die Soldaten weiße Kapuzen über ihre Köpfe streiften und Schlingen um ihre Hälse legten. Auf den Befehl eines Armeeoffiziers wurde das Sicherungsseil durchschnitten, und achtunddreißig Santees baumelten leblos in der Luft. Ohne Abraham

Lincolns Intervention wären es dreihundert gewesen; trotzdem prahlte ein Beobachter, es sei »Amerikas größte Massenexekution« gewesen.
Einige Stunden später entdeckten Beamte, daß zwei der Gehängten nicht auf Lincolns Liste standen, doch dies wurde erst neun Jahre später offiziell bekanntgegeben. »Es ist sehr bedauerlich, daß es zu solchen Irrtümern kam«, erklärte einer der Verantwortlichen. »Ich bin sicher, es ist nicht absichtlich geschehen.« Einer der unschuldig Gehängten hatte bei einem Überfall einer weißen Frau das Leben gerettet.
Mehrere andere, die an jenem Tag gehängt wurden, beteuerten bis zuletzt ihre Unschuld. Einer von ihnen war Rda-in-yan-ka, der von Anfang an den Krieg zu verhindern versucht hatte, sich aber später Little Crow anschloß. Als Little Crow mit seinen Leuten nach Dakota zog, hatte Wabasha ihn überredet, nicht mitzugehen.
Kurz vor seiner Hinrichtung diktierte Rda-in-ya-ka einen Abschiedsbrief an seinen Häuptling:

Wabasha – Du hast mich getäuscht. Du hast mir gesagt, wenn wir den Rat General Sibleys befolgen und uns den Weißen ergeben, wird alles gut sein, und keinem Unschuldigen wird etwas geschehen. Ich habe keinen Weißen Mann oder andere Weiße getötet oder verwundet; ich habe niemandem Unrecht getan. Ich habe mich nicht an der Plünderung ihres Besitzes beteiligt; und dennoch wurde ich heute zur Hinrichtung bestimmt und muß in ein paar Tagen sterben, während andere Männer, die schuldig sind, in Haft bleiben. Meine Frau ist Deine Tochter, meine Kinder sind Deine Enkel. Ich überlasse sie alle Deiner Obhut und stelle sie unter Deinen Schutz. Sorge dafür, daß ihnen nichts Böses geschieht, und wenn meine Kinder erwachsen sind, sage ihnen, daß ihr Vater starb, weil er den Rat seines Häuptlings befolgte, und daß er sich nicht vor dem Großen Geist verantworten muß, denn an seinen Händen klebt nicht das Blut eines Weißen Mannes.
Meine Frau und meine Kinder sind mir teuer. Lasse sie nicht um mich trauern. Sage ihnen, daß ein tapferer Krieger stets bereit sein muß zu sterben; und ich werde dies tun, wie es einem Dakota geziemt.

Dein Schwiegersohn
Rda-in-yan-ka

Die Indianer, die der Hinrichtung entgingen, wurden zu Haftstrafen verurteilt. Zu ihnen gehörte Big Eagle, der offen zugab, an den Kämpfen teilgenommen zu haben. »Hätte ich gewußt, daß man mich ins Zuchthaus schicken wird«, sagte er, »dann hätte ich mich nicht ergeben, doch als ich drei Jahre im Zuchthaus war und sie mich freilassen wollten, sagte ich ihnen, sie sollten mich noch ein Jahr behalten, wenn sie wollten, und ich meinte es ehrlich. Es war nicht recht, wie man mich behandelt hat. Ich habe mich in gutem Glauben ergeben, im Bewußtsein, daß viele Weiße mit mir bekannt waren und daß ich kein Mörder war und nicht dabei war, als ein Mord begangen wurde, und wenn ich einen Mann getötet oder verwundet hätte, dann in fairem, offenem Kampf.« Viele andere bedauerten, daß sie nicht mit den Kriegern aus Minnesota geflohen waren.

Zur Zeit der Hinrichtungen kampierten Little Crow und seine Leute am Devil's Lake, wo verschiedene Sioux-Stämme überwinterten. Während des Winters bemühte er sich, die Häuptlinge dazu zu bringen, ein militärisches Bündnis zu schließen; wenn sie nicht bereit seien zu kämpfen, sagte er ihnen, dann würden die vordringenden Weißen sie alle vernichten. Er gewann ihre Sympathie, doch nur wenige der Prärie-Indianer glaubten, daß sie in Gefahr seien. Wenn die Weißen in Dakota eindrangen, dann wollten sie einfach weiter nach Westen ziehen. Das Land, meinten sie, sei groß genug für alle.

Im Frühjahr zogen Little Crow, Shakopee und Medicine Bottle mit ihren Leuten nordwärts nach Kanada. In Fort Garry (Winnipeg) versuchte Little Crow die Engländer dazu zu überreden, den Santees zu helfen. Zu seiner ersten Besprechung mit ihnen zog er seine besten Sachen an – eine schwarze Jacke mit einem Samtkragen, einen Lendenschurz aus blauem Stoff und eine Hose aus Rehleder. Er erinnerte die Engländer daran, daß sein Großvater in früheren Kriegen gegen die Amerikaner ihr Verbündeter gewesen war, und daß die Santees im Krieg von 1812 eine amerikanische Kanone erobert und den Engländern geschenkt hatten. Little Crow sagte, die Engländer hätten den Santees versprochen, ihnen, wenn sie einmal in Schwierigkeiten seien, die Kanone zurückzugeben und Männer zur Verfügung zu stellen, die sie bedienen konnten. Jetzt seien die Santees in Schwierigkeiten und brauchten die Kanone. Das einzige, was Little Crow von den Britisch-Kanadiern erhielt, war jedoch Proviant. Sie hatten keine Kanone, die sie den Santees geben konnten, nicht einmal Munition für ihre eigenen Waffen.

Im Juni 1863 kam Little Crow zu einem Entschluß. Wenn er und seine Familie gezwungen waren, Prärie-Indianer zu werden, dann brauchten sie Pferde. Die Weißen, von denen sie aus ihrem Land vertrieben worden waren, hatten Pferde; er würde ihre Pferde als Entschädigung für das Land nehmen. Er beschloß, mit einer kleinen Gruppe nach Minnesota zurückzukehren und die Pferde einzufangen.

Sein sechzehn Jahre alter Sohn Wowinapa berichtete später darüber: »Vater sagte, er könne nicht gegen die Weißen kämpfen, doch er werde ihnen Pferde stehlen und sie seinen Kindern geben, damit sie es bequem hätten ...

Vater sagte, er werde alt, und deshalb solle ich mitkommen und seine Bündel tragen. Seine Frauen und seine anderen Kinder ließ er zurück. Die Gruppe, die mit uns ging, bestand aus sechzehn Männern und einer Squaw. Wir hatten keine Pferde und mußten den ganzen Weg bis zu den Siedlungen zu Fuß gehen.«

Im Juli erreichten sie die Big Woods, die noch vor einigen Jahren Santee-Land gewesen waren und in denen jetzt eine Farm und Siedlung nach der anderen errichtet wurde. Am Nachmittag des 3. Juli verließen Little Crow und Wowinapa ihren versteckten Lagerplatz und gingen in die Nähe der Siedlung Hutchinson, um Himbeeren zu pflücken. Bei Sonnenuntergang wurden sie von zwei Siedlern entdeckt, die von der Jagd heimkehrten. Da der Staat Minnesota seit kurzem fünfundzwanzig Dollar für jeden Siouxskalp zahlte, eröffneten die Siedler sofort das Feuer.

Little Crow wurde in die Seite getroffen, kurz oberhalb der Hüfte. »Sein und mein Gewehr lagen auf dem Boden«, sagte Wowinapa. »Er hob mein Gewehr auf und feuerte zuerst mit ihm, dann mit seinem eigenen. Eine Kugel streifte den Schaft seines Gewehrs und traf ihn dann nahe der Schulter in die Seite. Dies war der Schuß, der ihn tötete ... Er bat mich um Wasser, und ich gab es ihm. Gleich darauf starb er. Als ich den ersten Schuß hörte, warf ich mich auf den Boden, und die Männer sahen mich erst, als mein Vater tot war.«

Wowinapa zog seinem Vater für die weite Reise ins Land der Geister rasch neue Mokassins an. Er bedeckte den Toten mit einer Jacke und floh zum Lager. Nachdem er die anderen Angehörigen der Gruppe gewarnt und sie aufgefordert hatte, sich zu zerstreuen, kehrte er zum Devil's Lake zurück. »Ich marschierte nur bei Nacht, und da ich keine Munition hatte, um mir etwas zum Essen zu schießen, hatte ich nicht genug Kraft, um schnell zu marschieren.« In einem verlassenen Dorf am Big Stone Lake fand er eine einzelne Patrone und erlegte damit einen Wolf. »Ich aß ein wenig von seinem Fleisch; es gab mir Kraft, weiterzumarschieren, und ich ging weiter den See entlang bis zu dem Tag, an dem ich gefangengenommen wurde.«

Wowinapa wurde von einigen Soldaten Sibleys gefangengenommen, die in jenem Sommer ins Dakota-Land marschiert waren, um Sioux zu töten. Die Soldaten brachten den sechzehnjährigen Jungen nach Minnesota zurück, wo er vor ein Militärgericht gestellt und zum Tod durch Erhängen verurteilt wurde. Er erfuhr, daß der Skalp und der Schädel seines Vaters konserviert worden waren und in St. Paul öffentlich ausgestellt wurden. Die Siedler, die Little Crow erschossen hatten, erhielten vom Staat Minnesota die Skalpprämie und eine zusätzliche Belohnung von fünfhundert Dollar.

Als Wowinapas Prozeßprotokoll nach Washington geschickt wurde, bemän-

gelten die Militärbehörden das Verfahren und wandelten das Todesurteil in eine Haftstrafe um. (Einige Jahre später, nach seiner Entlassung, änderte Wowinapa seinen Namen in Thomas Wakeman, wurde Diakon und gründete bei den Sioux den ersten Christlichen Verein Junger Männer.)
Shakopee und Medicine Bottle blieben inzwischen in Kanada und glaubten sich außer Reichweite der rachsüchtigen Bewohner von Minnesota. Im Dezember 1863 zog jedoch Major Edwin Hatch, einer von Long Traders Offizieren, mit einem Bataillon Kavallerie nach Pembina an der kanadischen Grenze. Von dort schickte Hatch einen Leutnant nach Fort Garry, wo sich dieser heimlich mit dem Amerikaner John McKenzie traf. Mit Hilfe McKenzies und zweier Kanadier konnte der Leutnant Shakopee und Medicine Bottle gefangennehmen. Bei einem freundschaftlichen Treffen mit den beiden Santee-Häuptlingen gaben sie ihnen mit Laudanum vermischten Wein, chloroformierten sie, als sie eingeschlafen waren, fesselten ihre Hände und Füße und banden sie auf einen Hundeschlitten. Unter völliger Mißachtung der internationalen Gesetze brachte der Leutnant die Gefangenen über die Grenze und lieferte sie bei Major Hatch in Pembina ab. Ein paar Monate später inszenierte Sibley einen weiteren aufsehenerregenden Prozeß, bei dem Shakopee und Medicine Bottle zum Tod durch Erhängen verurteilt wurden. Der *St. Paul Pioneer* schrieb über das Urteil: »Wir sind nicht der Ansicht, daß die morgigen Hinrichtungen schweres Unrecht darstellen, doch es wäre imponierender gewesen, wenn ein eindeutiger Schuldbeweis erbracht worden wäre ... Kein Weißer wäre von einem aus Weißen bestehenden Gericht auf Grund des vorliegenden Beweismaterials verurteilt worden.« Nach der Hinrichtung erhielt John McKenzie von den Behörden Minnesotas eine Belohnung von tausend Dollar.
Die Tage der Santee-Sioux in Minnesota waren jetzt gezählt. Die meisten Häuptlinge und Krieger waren tot, saßen im Gefängnis oder befanden sich außerhalb des Landes, doch der Aufstand hatte den Weißen eine willkommene Gelegenheit geboten, sich des restlichen Landes der Santees zu bemächtigen, ohne auch nur das mindeste dafür zu bezahlen. Frühere Verträge wurden für ungültig erklärt, und man teilte den überlebenden Indianern mit, daß man sie in ein Reservat im Territorium Dakota bringen werde. Selbst jene Führer, die mit den Weißen kollaboriert hatten, mußten ihr Land verlassen. »Ausrotten oder vertreiben« lautete der Ruf der landhungrigen Siedler. Die erste Gruppe von 770 Santees verließ am 4. Mai 1863 mit einem Dampfboot St. Paul. Am Kai drängten sich Weiße, die sie mit spöttischen Zurufen überschütteten und mit Steinen bewarfen.
Als Reservat für die Santees hatte man Crow Creek am Missouri River be-

stimmt. Die Erde war unfruchtbar, Regen war eine Seltenheit, es gab wenig Wild, und das alkalihaltige Wasser eignete sich nicht zum Trinken. Bald waren die Hügel der Umgebung mit Gräbern bedeckt; von den 1300 Santees, die man 1863 in das Reservat brachte, überlebten weniger als tausend den ersten Winter.

Unter den Besuchern von Crow Creek befand sich in jenem Jahr ein junger Teton-Sioux. Er war voll Mitleid für seine Santee-Vettern und ließ sich von ihnen erzählen, wie die Amerikaner ihnen ihr Land genommen und sie vertrieben hatten. Wahrhaftig, dachte er, dieses Volk der Weißen ist wie ein Fluß, der im Frühjahr über seine Ufer tritt und alles zerstört, was in seinem Weg steht. Bald würden sie das Büffelland nehmen, wenn die Herzen der Indianer nicht stark genug waren, es zu verteidigen. Sein Name war Tatanka Yotanka: Sitting Bull.

4

Krieg kommt zu den Cheyennes

1864 – 13. Januar – Stephan Foster, Komponist von Liedern und Balladen, stirbt im Alter von 38 Jahren. 10. April – Erzherzog Maximilian wird, unterstützt von einer französischen Armee, Kaiser von Mexiko. 17. April – »Brotaufstand« in Savannah, Georgia. 19. Mai – Nathaniel Hawthorne stirbt im Alter von 60 Jahren. 30. Juni – Finanzminister Chase tritt zurück; er beschuldigt Spekulanten eines Komplotts zur Verlängerung des Krieges aus finanziellen Gründen. Der Historiker Robert C. Winthrop sagt: »Angeblicher Patriotismus gibt den Deckmantel für zahlreiche Sünden ab.« 2. September – Atlanta, Georgia, wird von der Unionsarmee genommen. 8. November – Lincoln wird wieder zum Präsidenten gewählt. 8. Dezember – Pius XI. verkündet in Rom *Syllabus Errorum*, in der Liberalismus, Sozialismus und Rationalismus verdammt werden. 21. Dezember – Shermans Armee erobert Savannah. Dezember – Edwin Booth spielt im New Yorker Winter Garden Theater den Hamlet.

Obwohl mir Unrecht geschehen ist, bin ich voll Hoffnung. Ich habe nicht zwei Herzen ... Wir sind wieder zusammengekommen, um Frieden zu machen. Meine Scham ist groß wie die Erde; trotzdem will ich tun, was meine Freunde mir raten. Einst dachte ich, ich sei der einzige, der darauf beharrt, ein Freund der Weißen zu sein, doch seit sie gekommen sind und unsere Wigwams, Pferde und alles andere genommen haben, fällt es mir schwer, den Weißen Männern noch zu glauben.

MOTAVATO (BLACK KETTLE) VON DEN SOUTHERN CHEYENNES

Im Jahr 1851 trafen sich die Cheyennes, Arapahos, Sioux, Crows und andere Stämme in Fort Laramie mit Vertretern der Vereinigten Staaten und erklärten sich bereit, den Amerikanern den Bau von Straßen und die Errichtung von Militärposten in ihrem Territorium zu gestatten. Beide Seiten gelobten, »in allen ihren Beziehungen Redlichkeit und Freundschaft zu bewahren, um zu einem nutzbringenden und dauerhaften Frieden zu gelangen«. In den zehn Jahren nach Unterzeichnung des Vertrages trieben die Weißen entlang dem Tal des Platte River ein Loch in das Indianerland. Sie errichteten eine Kette von Forts, die immer dichter wurde, und zuerst kamen die Wagenkolonnen, dann die Postkutschen, die Ponyexpreßreiter und schließlich die sprechenden Drähte der Telegraphie.

In dem Vertrag von 1851 traten die Indianer keine Rechte oder Ansprüche auf ihr Land ab, und sie »gaben auch nicht das Privileg auf, zu jagen, zu fischen oder irgendwelche Wege des zuvor beschriebenen Landes zu benutzen«. Als 1858 am Pike Peak Gold gefunden wurde, strömten Tausende von Weißen herbei, um das gelbe Metall aus der Erde der Indianer zu graben. Die Goldsucher errichteten überall kleine Dörfer aus Holzhäusern, und 1859 bauten sie ein großes Dorf, das sie Denver City nannten. Little Raven, ein Arapahohäuptling, stattete Denver einen Besuch ab; er lernte Zigarren rauchen und Fleisch mit Messer und Gabel zu essen. Er sagte den Weißen, es freue ihn, daß sie Gold fänden, doch er erinnerte sie daran, daß das Land den Indianern gehörte, und äußerte die Hoffnung, daß sie wieder fortgehen würden, wenn sie genug von dem gelben Metall hätten.

Die Goldgräber blieben jedoch, und es kamen immer mehr. Das Platte Valley, das einst voller Büffel gewesen war, füllte sich mit Siedlern, die in dem Territorium, das im Vertrag von Laramie den Southern Cheyennes und Arapahos zugesprochen worden war, Ranches und Grundstücke absteckten. Nur zehn Jahre nach Unterzeichnung des Vertrags gründete der Große Rat in Washington das Territorium Colorado. Der Große Vater schickte einen Gouverneur, und die Politiker versuchten die Indianer dazu zu bewegen, Land abzutreten.

Die ganze Zeit über hielten die Cheyennes und Arapahos Frieden, und als die Regierungsbeamten sie nach Fort Wise am Arkansas River zu Verhandlungen über einen neuen Vertrag einluden, erschienen mehrere Häuptlinge. Gemäß späteren Berichten von Häuptlingen beider Stämme lauteten die Verträge völlig anders als die mündlich getroffenen Abmachungen. Die Häuptlinge waren der Meinung, daß die Cheyennes und Arapahos ihre Landrechte, ihre Bewegungsfreiheit und das Privileg, Büffel zu jagen, behalten würden, daß sie sich jedoch einverstanden erklärten, innerhalb eines dreieckigen Teils des Territoriums, der vom Sand Creek und Arkansas River begrenzt wurde, zu leben.

Die Bewegungsfreiheit war für sie besonders wichtig, denn in dem den zwei Stämmen zugeteilten Reservat gab es fast kein Wild, und um Landwirtschaft zu treiben, hätte man es erst bewässern müssen.
Die Vertragsunterzeichnung in Fort Wise war eine festliche Sache. Wegen ihrer Wichtigkeit erschien Colonel A. B. Greenwood, der Regierungsbevollmächtigte für Indianerangelegenheiten, und verteilte Orden, Decken, Zucker und Tabak. Little White Man (William Bent), der mit einer Cheyennefrau verheiratet war, nahm an den Verhandlungen teil, um die Interessen der Indianer zu vertreten. Als die Cheyennes darauf hinwiesen, daß nur sechs ihrer vierundvierzig Häuptlinge anwesend seien, erwiderten die amerikanischen Beamten, die anderen könnten den Vertrag später unterzeichnen. Keiner tat dies jedoch, und deshalb blieb die rechtliche Gültigkeit des Vertrags umstritten. Black Kettle, White Antelope und Lean Bear unterzeichneten für die Cheyennes, Little Raven, Storm und Big Mouth für die Arapahos. Beglaubigt wurden die Unterschriften durch zwei Offiziere der US-Kavallerie, John Sedgwick und J. E. B. Stuart. (Ein paar Monate später kämpften Sedgwick und Stuart, die die Indianer ermahnt hatten, Frieden zu halten, auf verschiedenen Seiten im Bürgerkrieg, und es mutet wie eine Ironie an, daß beide etwa zur gleichen Stunde fielen.)
Während der ersten Jahre des Bürgerkrieges stießen jagende Cheyennes und Arapahos immer häufiger auf blauberockte Soldaten, die auf der Suche nach Grauröcken den Süden des Gebiets durchstreiften. Sie hörten von dem Unglück, das über die Navajos gekommen war, und befreundete Sioux berichteten ihnen von dem schrecklichen Schicksal der Santees, die es gewagt hatten, die Soldaten in Minnesota herauszufordern. Die Häuptlinge der Cheyennes und Arapahos bemühten sich, ihre Büffel jagenden jungen Männer von den Routen der Weißen fernzuhalten. Die Zahl und die Unverschämtheit der Blauröcke wuchs jedoch von Sommer zu Sommer. Im Frühjahr 1864 drangen Soldaten bis in die abgelegenen Jagdgründe am Smoky Hill vor.
Als das Gras in jenem Jahr hoch stand, zogen Roman Nose und eine ziemlich große Zahl Cheyennekrieger nach Norden ins Land am Powder River, um dort zusammen mit ihren Vettern, den Northern Cheyennes, zu jagen. Black Kettle, White Antelope und Lean Bear blieben hingegen mit ihren Gruppen unterhalb des Platte; ebenso Little Raven von den Arapahos. Sie gingen den Soldaten und den weißen Büffeljägern sorgsam aus dem Weg und achteten darauf, Forts, Wegen und Siedlungen nicht in die Nähe zu kommen.
Black Kettle und Lean Bear gingen in jenem Frühjahr nach Fort Larned (Kansas), um Waren zu tauschen. Ein Jahr zuvor waren die beiden Häuptlinge zu einem Besuch bei Abraham Lincoln, dem Großen Vater, nach Washington

eingeladen worden, und sie waren überzeugt, daß die Soldaten des Großen Vaters in Fort Larned sie gut behandeln würden. Präsident Lincoln hatte ihnen Orden an die Brust geheftet, und Colonel Greenwood hatte Black Kettle eine Fahne der Vereinigten Staaten geschenkt, eine riesige Garnisonsfahne mit Sternen für die vierunddreißig Staaten, die größer waren als die glitzernden Sterne am Himmel in einer klaren Nacht. Colonel Greenwood hatte ihm gesagt, so lange diese Fahne über ihm wehe, würden Soldaten nie auf ihn schießen. Black Kettle war sehr stolz auf seine Fahne, und wenn er irgendwo für längere Zeit sein Lager aufschlug, befestigte er sie stets an einer Stange über seinem Wigwam.

Mitte Mai erfuhren Black Kettle und Lean Bear, daß Soldaten einige Cheyennes am South Platte River angegriffen hatten. Sie beschlossen, ihr Lager abzubrechen, nach Norden zu ziehen und sich dem restlichen Stamm anzuschließen, damit sie stärker waren und sich besser verteidigen konnten. Nachdem sie einen Tag marschiert waren, kampierten sie am Ash Creek. Am nächsten Morgen machten sich die Jäger auf die Suche nach Wild, kamen aber schnell zurück. Sie hatten Soldaten gesehen, die sich mit Kanonen dem Lager näherten.

Lean Bear sagte Black Kettle, er werde den Soldaten entgegenreiten, um festzustellen, was sie wollten. Er steckte den ihm vom Großen Vater Lincoln verliehenen Orden an seine Jacke und nahm einige Papiere mit, die man ihm in Washington gegeben hatte und in denen stand, daß er ein guter Freund der Vereinigten Staaten sei. Dann ritt er mit einer Eskorte von Kriegern los. Von einem Hügel in der Nähe des Lagers sah er die nahenden Soldaten. Es waren vier Gruppen Kavallerie. In ihrer Mitte hatten sie zwei Kanonen, und hinter ihnen fuhren mehrere Wagen her.

Wolf Chief, einer der jungen Krieger, die Lean Bear begleiteten, sagte später, die Soldaten hätten sich, sowie sie die Cheyennes erblickten, zu einer Linie formiert. »Lean Bear befahl uns Kriegern zu bleiben, wo wir waren, um die Soldaten nicht zu erschrecken«, sagte Wolf Chief. »Dann ritt er zu den Soldaten, um dem Offizier die Hand zu schütteln und ihm seine Papiere zu zeigen ... Als der Häuptling zwanzig oder dreißig Meter vor der Linie war, rief der Offizier etwas mit lauter Stimme, und die Soldaten eröffneten das Feuer auf Lean Bear und uns. Lean Bear fiel dicht vor den Soldaten von seinem Pferd, und Star, ein anderer Cheyenne, fiel ebenfalls von seinem Pferd. Dann ritten die Soldaten auf sie zu und schossen noch einmal auf Lean Bear und Star, während sie hilflos auf dem Boden lagen. Ich stand mit einer Gruppe junger Männer auf der einen Seite. Vor uns war eine Kompanie Soldaten, doch sie schossen alle auf Lean Bear und die anderen Cheyennes in ihrer Nähe. Um uns kümmerten sie sich nicht, bis wir mit Bogen und Pfeilen auf sie zu schießen begannen. Sie waren so nahe, daß wir einige von ihnen mit unseren Pfeilen trafen. Zwei von ihnen stürzten rücklings von ihren Pferden. Es herrschte ein großes Durcheinander. Weitere Cheyennes näherten sich in kleinen Gruppen, und die Soldaten drängten sich zusammen und schienen große Angst zu haben. Sie schossen mit der Kanone auf uns. Doch sie zielten schlecht, und die Kartätschen schlugen um uns herum in den Boden.«

Mitten während des Kampfes erschien Black Kettle auf seinem Pferd und ritt zwischen den Kriegern hin und her. »Hört zu kämpfen auf!« rief er. »Macht keinen Krieg!« Es dauerte lange, bis die Cheyennes auf ihn hörten. »Wir waren sehr wütend«, sagte Wolf Chief, »aber schließlich brachte er uns dazu, den Kampf einzustellen. Die Soldaten flüchteten. Wir eroberten fünfzehn Kavalleriepferde mit Sätteln, Zaumzeug und Satteltaschen. Mehrere Soldaten waren gefallen; Lean Bear, Star und noch ein Cheyenne waren tot und viele verwundet.«

Die Cheyennes waren überzeugt, daß sie alle Soldaten hätten töten und ihre Berghaubitzen erobern können, denn in dem Lager waren fünfhundert Cheyennekrieger, und die Soldaten waren nur hundert Mann. Viele der jungen Männer waren über die kaltblütige Ermordung Lean Bears so erzürnt, daß sie die flüchtenden Soldaten bis Fort Larned verfolgten.

Black Kettle war über diesen plötzlichen Angriff bestürzt. Er trauerte um Lean Bear, denn sie waren seit fast einem halben Jahrhundert Freunde gewesen. Er dachte daran, wie Lean Bear durch seine Neugier immer wieder in Schwierigkeiten geraten war. Vor einiger Zeit, als die Cheyennes Fort Atkinson am Arkansas River einen freundschaftlichen Besuch abstatteten, hatte Lean Bear bemerkt, daß die Frau eines Offiziers einen glitzernden Ring trug. Impulsiv ergriff er die Hand der Frau, um den Ring anzusehen. Ihr Mann eilte herbei und schlug Lean Bear mit einer großen Peitsche. Lean Bear sprang auf sein Pferd und ritt zum Cheyennelager zurück. Er bemalte sein Gesicht, ritt durchs Lager und versuchte die Krieger zu einem Angriff auf das Fort aufzuhetzen. Ein Cheyennehäuptling sei beleidigt worden, rief er. Black Kettle und die anderen hatten Mühe, ihn zu beruhigen. Jetzt war Lean Bear tot, und sein Tod erfüllte die Krieger mit viel größerem Zorn als der Vorfall in Fort Atkinson.

Black Kettle begriff nicht, warum die Soldaten ein friedliches Cheyennelager plötzlich angegriffen hatten. Wenn jemand den Grund wußte, so vermutete er, dann sicher sein alter Freund Little White Man (William Bent). Über dreißig Jahre waren es her, seit Little White Man und seine Brüder an den Arkansas River gekommen waren und Bent's Fort gebaut hatten. William hatte Owl

Woman geheiratet, und nach ihrem Tod ihre Schwester Yellow Woman. All die Jahre waren die Bents und die Cheyennes gut befreundet gewesen. Little White Man hatte drei Söhne und zwei Töchter, die die meiste Zeit beim Volk ihrer Mutter lebten. In jenem Sommer jagten zwei von Bents Söhnen, George und Charlie, zusammen mit den Cheyennes am Smoky Hill River Büffel.

Nachdem er eine Weile nachgedacht hatte, schickte Black Kettle einen Boten auf einem schnellen Pony zu Little White Man. »Sag ihm, wir haben mit den Soldaten gekämpft und einige von ihnen getötet«, befahl er ihm. »Sag ihm, wir wissen nicht, weshalb es zu dem Kampf gekommen ist, und daß wir ihn gern sehen und mit ihm darüber sprechen möchten.«

Zufällig traf Black Kettles Bote William Bent auf der Straße zwischen Fort Larned und Fort Lyon. Bent schickte den Boten zu Black Kettle zurück und ließ ihm ausrichten, er möge sich mit ihm am Coon Creek treffen. Eine Woche später trafen sich die alten Freunde; beide machten sich Sorgen um die Zukunft der Cheyennes, Bent jedoch vor allem um seine Söhne. Er war erleichtert, als er erfuhr, daß sie am Smoky Hill jagten. Von dort waren keine Zusammenstöße gemeldet worden, doch er wußte, daß es an zwei anderen Stellen zu Gefechten gekommen war. Bei Fremont's Orchard, nördlich von Denver, war eine Gruppe indianischer Krieger von einer Patrouille der Colorado Volunteers unter Colonel John M. Chivington angegriffen worden, die gestohlene Pferde suchte. Die Krieger hatten ein Pferd und ein Maultier bei sich, die sie herrenlos aufgegriffen hatten, doch Chivingtons Soldaten eröffneten das Feuer, ohne den Cheyennes Gelegenheit zu geben, ihnen zu erklären, woher die Tiere stammten. Nach diesem Gefecht schickte Chivington eine größere Streitmacht aus, die ein Cheyennelager bei Cedar Bluffs angriff und zwei Frauen und zwei Kinder tötete. Die Artilleristen, die am 16. Mai Black Kettles Lager angegriffen hatten, unterstanden ebenfalls Chivington; sie waren von Denver ausgeschickt worden und hatten keine Erlaubnis gehabt, in Kansas zu operieren. Der kommandierende Offizier, Leutnant George S. Eayre, hatte von Colonel Chivington den Befehl erhalten, »Cheyennes zu töten, wann und wo immer er auf welche stoßen würde«.

William Bent und Black Kettle waren sich einig, daß in den Prärien ein großer Krieg ausbrechen würde, wenn es zu weiteren derartigen Zwischenfällen kam. »Es ist nicht meine Absicht oder mein Wunsch, gegen die Weißen zu kämpfen«, sagte Black Kettle. »Ich und mein Stamm möchten Freundschaft und Frieden. Ich bin nicht willens, gegen die Weißen zu kämpfen. Ich möchte in Frieden leben.«

Bent sagte Black Kettle, er solle seine jungen Männer davon abhalten, zur Vergeltung Überfälle zu verüben. Er versprach, nach Colorado zurückzukehren und zu versuchen, die Militärbehörden von ihrem gefährlichen Weg abzubringen. Dann brach er nach Fort Lyon auf.

»Als ich dort ankam«, sagte er später unter Eid aus, »suchte ich Colonel Chivington auf, berichtete ihm von meinem Gespräch mit den Indianern und sagte ihm, daß den Häuptlingen an freundschaftlichen Beziehungen gelegen sei. Er erwiderte, daß er nicht bevollmächtigt sei, Frieden zu schließen, und daß er sich auf dem Kriegspfad befinde – ich glaube, das waren die Worte, die er verwendete. Ich erklärte ihm daraufhin, daß es sehr riskant sei, den Krieg weiterzuführen; es führen sehr viele Regierungszüge nach New Mexico, und mit ihnen reisten viele Bürger; nach meiner Meinung sei das Militär nicht stark genug, ihre Sicherheit zu gewährleisten, und die Bürger und Siedler des Landes seien in Gefahr. Er erwiderte, die Bürger müßten sich selbst schützen. Darauf sagte ich nichts weiter.«

Ende Juni richtete der Gouverneur des Territoriums Colorado, John Evans, an die »freundlich gesinnten Indianer der Prärie« ein Rundschreiben, in dem er sie informierte, daß einige Angehörige ihrer Stämme einen Krieg gegen die Weißen begonnen hätten. In einigen Fällen hätten sie »Soldaten angegriffen und getötet«. Daß Soldaten Indianer angegriffen hatten, erwähnte er nicht, obwohl es auf diese Weise zu den drei Gefechten mit den Cheyennes gekommen war. »Der Große Vater ist deshalb zornig«, fuhr er fort, »und wird sie gewiß einfangen und bestrafen, doch möchte er jenen Indianern, die den Weißen freundlich gesinnt sind, nicht Unrecht tun, sondern er wünscht, sie zu beschützen. Aus diesem Grund weise ich alle freundlich gesinnten Indianer an, sich von den Kriegführenden fernzuhalten und sich an sichere Orte zu begeben.« Evans befahl den freundlichen Cheyennes und Arapahos, sich in Fort Lyon zu melden, wo Samuel G. Colley, ihr Agent, sie mit Proviant versorgen und ihnen einen sicheren Ort zeigen werde. »Wir wollen auf diese Weise verhindern, daß freundliche Indianer irrtümlich getötet werden ... Der Krieg gegen die feindseligen Indianer wird weitergeführt, bis alle unterworfen sind.«

Als William Bent von Gouverneur Evans' Dekret erfuhr, forderte er die Cheyennes und Arapahos sofort auf, sich in Fort Lyon einzufinden. Da die verschiedenen Gruppen auf der Jagd und über das ganze westliche Kansas verstreut waren, dauerte es mehrere Wochen, bis Läufer sie alle erreichten. Inzwischen kam es immer häufiger zu Zusammenstößen zwischen Soldaten und Indianern. Siouxkrieger, die über die Strafexpeditionen empört waren, die General Sully 1863 und 1864 in Dakota durchführte, strömten aus dem Norden herbei und überfielen Wagenkolonnen, Postkutschenstationen und Siedler am Platte River. Für viele dieser Aktionen gaben die Soldaten den

Southern Cheyennes und den Arapahos die Schuld und rächten sich an ihnen. William Bents halbblütiger Sohn George, der sich im Juli mit einer großen Gruppe Cheyennes am Salomon River befand, sagte, sie würden von den Soldaten ohne jeden Grund immer und immer wieder angegriffen. Schließlich schlugen die Indianer zurück; sie zündeten Poststationen an, überfielen Postkutschen, trieben Vieh weg und zwangen Frächter, ihre Wagenkolonnen zu einem Ring zusammenzustellen und zu kämpfen.

Black Kettle und die älteren Häuptlinge versuchten, diese Überfälle zu verhindern, doch gegen den Einfluß der jungen Führer wie Roman Nose und der Mitglieder der *Hotamitanio* (einer Kriegervereinigung) kamen sie nicht auf. Als Black Kettle erfuhr, daß die Aufständischen sieben weiße Gefangene – zwei Frauen und fünf Kinder – in die Lager am Smoky Hill gebracht hatten, kaufte er vier von ihnen mit einigen seiner eigenen Ponys los und gab sie ihren Angehörigen zurück. Etwa zu dieser Zeit erhielt er endlich William Bents Botschaft, in der ihn dieser von Gouverneur Evans' Anordnung informierte, sich in Fort Lyon zu melden.

Es war jetzt Ende August, und Evans hatte eine zweite Proklamation erlassen. In ihr wurden »alle Bürger von Colorado ermächtigt, einzeln oder in Gruppen zusammengeschlossen, sämtliche feindseligen Indianer der Prärie zu verfolgen, wobei jedoch gewissenhaft zu vermeiden ist, jene zu behelligen, die meinem Aufruf, sich an den angegebenen Orten einzufinden, Folge geleistet haben; alle feindseligen Indianer sind hingegen, wo sie auch angetroffen werden, zu töten und zu vernichten«. Die Jagd auf alle Indianer, die sich nicht in eins der zugewiesenen Reservate begeben hatten, war damit freigegeben.

Black Kettle berief sofort eine Versammlung ein, und sämtliche Häuptlinge des Lagers kamen überein, die Bedingungen des Gouverneurs zu erfüllen. George Bent, der im Webster College von St. Louis studiert hatte, wurde gebeten, Agent Samuel Colley in Fort Lyon zu schreiben, daß sie Frieden wollten. »Wir haben gehört, daß Sie einige unserer Leute in Denver gefangenhalten. Wir haben sieben weiße Gefangene, die auszuliefern wir bereit sind, vorausgesetzt, daß Sie die Ihren ausliefern ... Wir erwarten Ihre aufrichtige Antwort.« Black Kettle hoffte, daß Colley ihm Anweisungen erteilen würde, wie er seine Cheyennes durch Colorado bringen konnte, ohne daß sie von Soldaten oder herumstreifenden Banden bewaffneter Bürger angegriffen wurden. Er hatte kein volles Vertrauen zu Colley; er hatte den Agenten im Verdacht, daß er einen Teil der den Indianern zustehenden Waren verkaufte und selbst den Erlös einsteckte. (Black Kettle wußte noch nicht, daß Colley voll hinter Gouverneur Evans' und Colonel Chivingtons Plan stand, die Prärie-Indianer aus Colorado zu vertreiben.) Am 26. Juli hatte der Agent an

Evans geschrieben, man könne keinem Indianer trauen, daß er Frieden halten werde. »Ich glaube, ein wenig Pulver und Blei wären das Bekömmlichste für sie«, schloß er seinen Brief.
Da Black Kettle Colley mißtraute, hatte er eine Kopie des Briefes anfertigen lassen und an William Bent geschickt. Weitere Kopien gab er Ochinee (One-Eye) und Eagle Head und befahl ihnen, nach Fort Lyon zu reiten. Als sich One-Eye und Eagle Head sechs Tage später dem Fort näherten, traten ihnen plötzlich drei Soldaten entgegen. Die Soldaten legten ihre Gewehre auf sie an, doch One-Eye machte rasch Friedenszeichen und hielt Black Kettles Brief hoch. Die Indianer wurden als Gefangene nach Fort Lyon gebracht und dem kommandierenden Offizier, Major Edward W. Wynkoop, übergeben.
Wynkoop war den Indianern gegenüber voller Argwohn. Als One-Eye ihm mitteilte, Black Kettle wünsche, daß er zu dem Lager am Smoky Hill komme und die Indianer ins Reservat zurück geleite, fragte er, wie viele Indianer sich dort befänden. Zweitausend Cheyennes und Arapahos, erwiderte One-Eye, sowie etwa zweihundert ihrer Sioux-Freunde aus dem Norden, die es müde seien, von den Soldaten gejagt zu werden. Wynkoop gab darauf keine Antwort. Er hatte knapp hundert berittene Soldaten und wußte, daß die Indianer die Stärke seiner Truppe kannten. Da er vermutete, daß man sie in eine Falle locken wollte, ließ er die Cheyenneboten ins Wachhaus sperren und hielt mit seinen Offizieren eine Besprechung. Wynkoop, den die Indianer Tall Chief nannten, war erst Mitte zwanzig, und seine einzige militärische Erfahrung war eine Schlacht gegen texanische Konföderierte in New Mexico. Zum ersten Mal in seiner Laufbahn stand er vor einer Entscheidung, die katastrophale Folgen für ihn und seine Leute haben konnte.
Am nächsten Tag kam Wynkoop endlich zu dem Entschluß, zum Smoky Hill zu gehen – nicht um der Indianer willen, sondern um die weißen Gefangenen zu befreien. Dies war zweifellos der Grund, warum Black Kettle die Gefangenen in seinem Brief erwähnt hatte – er wußte, daß den Weißen der Gedanke, daß weiße Frauen und Kinder mit Indianern zusammenlebten, unerträglich war.
Am 6. September waren Wynkoop und 127 berittene Soldaten zum Aufbruch bereit. Er ließ One-Eye und Eagle Head aus dem Wachhaus holen und sagte ihnen, daß sie sowohl als Führer wie als Geiseln dienen würden. »Beim ersten Anzeichen von Verrat durch eure Leute werde ich euch töten«, sagte er.
»Die Cheyennes brechen ihr Wort nicht«, erwiderte One-Eye. »Sollten sie es tun, dann liegt mir nichts mehr an meinem Leben.«
Wynkoop äußerte später, seine Gespräche mit den zwei Cheyennes während des Marsches hätten ihn veranlaßt, seine Meinung über die Indianer zu än-

dern. »Ich hatte das Gefühl, daß es vortreffliche Menschen waren; und sie waren die Angehörigen einer Rasse, die ich bisher ohne Ausnahme für grausam, heimtückisch und blutrünstig gehalten hatte, von denen ich dachte, sie hätten keinerlei Gefühl oder Zuneigung für Freunde oder Verwandte.«

Fünf Tage später sichteten Wynkoops vorausgesandte Spähtrupps im Quellgebiet des Smoky Hill eine Streitmacht von mehreren hundert Kriegern, die zur Schlacht formiert schienen.

George Bent, der sich immer noch bei Black Kettle befand, sagte: »Als Wynkoops Soldaten auftauchten, machten sich die Krieger zum Kampf bereit und ritten den Truppen mit gespannten Bogen und angelegten Pfeilen entgegen, doch Black Kettle und einige andere Häuptlinge griffen ein. Sie baten Major Wynkoop, sich mit seinen Truppen ein wenig zurückzuziehen, und verhinderten dadurch ein Gefecht.«

Am nächsten Morgen trafen sich Black Kettle und die anderen Häuptlinge mit Wynkoop und seinen Offizieren zu einer Beratung. Black Kettle ließ die anderen zuerst sprechen. Bull Bear, ein Kriegerhäuptling, sagte, er und sein Bruder Lean Bear hätten sich bemüht, mit den Weißen in Frieden zu leben, doch die Soldaten seien ohne jeden Anlaß oder Grund gekommen und hätten Lean Bear getötet. »Die Indianer sind nicht schuld an den Kämpfen«, fügte er hinzu. »Die Weißen Männer sind Füchse, und es kann mit ihnen keinen Frieden geben; das einzige, was die Indianer tun können, ist kämpfen.«

Little Raven von den Arapahos stimmte Bull Bear zu. »Ich würde den Weißen Männern gern die Hand reichen«, sagte er, »doch ich fürchte, sie wollen keinen Frieden mit uns.« Darauf bat One-Eye ums Wort und sagte, er schäme sich, solche Worte zu hören. Er sei unter Einsatz seines Lebens nach Fort Lyon gegangen, sagte er, und habe Tall Chief Wynkoop versprochen, daß die Cheyennes und Arapahos sich friedlich in ihr Reservat begeben würden. »Ich habe Tall Chief mein Wort und mein Leben verpfändet«, erklärte One-Eye. »Wenn mein Volk nicht gutwillig ist, werde ich mit den Weißen gehen und mit ihnen kämpfen, und ich habe sehr viele Freunde, die mir folgen werden.«

Wynkoop versprach, sein möglichstes zu tun, die Soldaten vom Kampf gegen die Indianer abzuhalten. Er sagte, er sei kein großer Häuptling und könne nicht für alle Soldaten sprechen, denn wenn die Indianer ihm die weißen Gefangenen auslieferten, würde er mit den Indianerführern nach Denver gehen und ihnen helfen, mit den größeren Häuptlingen Frieden zu schließen.

Black Kettle, der schweigend zugehört hatte (»regungslos und mit einem leisen Lächeln«, wie Wynkoop berichtet), erhob sich und sagte, er freue sich, Tall Chief Wynkoop so sprechen zu hören. »Es gibt schlechte Weiße und schlechte Indianer«, sagte er. »Die Schlechten auf beiden Seiten sind schuld, daß es so weit gekommen ist. Einige meiner jungen Männer gehören zu ihnen. Ich bin gegen den Krieg und habe alles in meiner Macht Stehende getan, um ihn zu verhindern. Ich glaube, die Hauptschuld liegt bei den Weißen. Sie haben den Krieg begonnen und die Indianer gezwungen zu kämpfen.« Darauf versprach er, die vier weißen Gefangenen zu übergeben; die übrigen drei seien in einem weiter nördlich gelegenen Lager, und man werde einige Zeit brauchen, um ihretwegen zu verhandeln.

Die vier Gefangenen, alles Kinder, schienen wohlauf; als ein Soldat den achtjährigen Ambrose Archer fragte, wie die Indianer ihn behandelt hätten, antwortete der Junge, »er würde am liebsten bei den Indianern bleiben«.

Nach weiteren Verhandlungen kam man schließlich überein, daß die Indianer im Lager am Smoky Hill bleiben würden, während sieben Häuptlinge sich mit Wynkoop nach Denver begaben, um mit Gouverneur Evans und Colonel Chivington Frieden zu schließen. Black Kettle, White Antelope, Bull Bear und One-Eye vertraten die Cheyennes, Neva, Bosse, Heaps-of-Buffalo und Notanee die Arapahos. Little Raven und Left Hand, die gegenüber Evans' und Chivingtons Versprechungen skeptisch waren, blieben zurück, um aufzupassen, daß die jungen Arapahos nichts anstellten. War Bonnet wollte auf die Cheyennes im Lager aufpassen.

Die aus Tall Chief Wynkoop, seinen berittenen Soldaten, den vier weißen Kindern und den sieben Indianerhäuptlingen bestehende Kolonne erreichte am 28. September Denver. Die Indianer saßen in einem von Maultieren gezogenen Wagen. Black Kettle hatte seine große Garnisonsfahne auf dem Wagen befestigt, und als sie durch die staubigen Straßen von Denver fuhren, wehten die Stars and Stripes schützend über den Köpfen der Häuptlinge. Sämtliche Einwohner von Denver sahen sich die Prozession an.

Bevor die Verhandlungen begannen, hatte Wynkoop eine Besprechung mit Gouverneur Evans. Der Gouverneur wollte von einem Gespräch mit den Indianern nichts wissen. Er meinte, die Cheyennes und Arapahos müßten bestraft werden, bevor man mit ihnen Frieden schließe. Dieser Ansicht war auch Department Commander General Samuel R. Curtis, der Colonel Chivington am gleichen Tag aus Fort Leavenworth telegraphiert hatte: »Ich will keinen Frieden, bevor die Indianer nicht noch mehr gelitten haben.«

Schließlich mußte Wynkoop den Gouverneur bitten, sich mit den Indianern zu treffen. »Aber was soll ich mit dem Dritten Colorado-Regiment machen, wenn ich Frieden schließe?« fragte Evans. »Es ist aufgestellt worden, um Indianer zu töten, und es muß Indianer töten.« Er erklärte Wynkoop, daß Washington ihm die Erlaubnis erteilt habe, das neue Regiment aufzustellen, weil er darauf gedrungen hatte, daß er es zum Schutz gegen feindliche Indianer brauche, und wenn er jetzt Frieden schließe, würden die Politiker in Washington ihn beschuldigen, er habe sie falsch unterrichtet. Außerdem stand Evans unter dem Druck der Bürger von Colorado, die lieber gegen die schlecht bewaffneten Indianer als im Osten gegen die Konföderierten kämpfen wollten. Endlich gab Evans Major Wynkoops eindringlichen Bitten nach; schließlich hatten die Indianer ja seinen Aufruf befolgt und einen 650 Kilometer weiten Marsch gemacht, um mit ihm zu verhandeln.

Die Besprechung fand in Camp Weld in der Nähe von Denver zwischen den Häuptlingen Evans, Chivington, Wynkoop, mehreren anderen Armeeoffizieren und Simeon Whitely statt, der auf Anordnung der Regierung daran teilnahm, um jedes Wort, das von den Teilnehmern gesprochen wurde, aufzuzeichnen. Gouverneur Evans eröffnete die Verhandlungen in schroffem Ton und fragte die Häuptlinge, was sie zu sagen hätten. Black Kettle antwortete in der Cheyennesprache, und ein alter Freund des Stammes, der Händler John S. Smith, übersetzte:

»Ich habe durch dein Rundschreiben vom 27. Juni 1864 von der Sache erfahren und bin gekommen, um mit dir darüber zu sprechen. Major Wynkoop hat uns geraten, dich aufzusuchen. Wir sind mit geschlossenen Augen gekommen und dieser Handvoll Männer gefolgt, als gingen wir durch Feuer. Wir haben keinen anderen Wunsch, als Frieden mit den Weißen zu schließen. Wir möchten deine Hand ergreifen. Du bist unser Vater. Wir sind durch eine Wolke gewandert. Der Himmel ist finster, seit der Krieg begonnen hat. Meine Krieger sind bereit zu tun, was ich sage. Wir möchten unseren Leuten daheim gute Botschaft bringen, damit sie in Ruhe schlafen können. Ich möchte, daß du allen Häuptlingen deiner Soldaten sagst, daß wir Frieden möchten und daß wir Frieden geschlossen haben, damit sie uns nicht für Feinde halten. Ich bin ohne Hintergedanken gekommen. Ich will nur offen mit euch reden. Wir müssen in der Nähe der Büffel leben, um nicht zu verhungern. Wir sind freiwillig und ohne Furcht gekommen, um mit dir zu sprechen, und wenn ich heimkomme und meinen Leuten sage, daß ich deine Hand gedrückt habe und die Hände deiner Häuptlinge hier in Denver, werden sie froh sein, und ebenso alle anderen Indianerstämme der Prärie . . .«

Evans erwiderte: »Ich bedaure, daß ihr meinen Aufruf nicht sofort befolgt habt. Ihr habt ein Bündnis mit den Sioux geschlossen, die Krieg gegen uns führen.«

Black Kettle war überrascht. »Ich verstehe nicht, wie dir das jemand sagen konnte.«

»Das ist nicht von Bedeutung«, antwortete Evans. »Euer Verhalten hat mich davon überzeugt, daß es stimmt.«

Cheyenne- und Arapaho-Häuptlinge im Camp Weld am 28. September 1864. Stehend, 3. v. links: John Smith, Dolmetscher; links daneben White Wing und Bosse. Sitzend v. links n. rechts: Neva, Bull Bear, Black Kettle, One-Eye sowie ein unbekannter Indianer. Kniend v. links n. rechts: Major Edward Wynkoop, Captain Silas Soule.

Mehrere Häuptlinge riefen zugleich: »Das ist nicht wahr; wir haben weder mit den Sioux noch mit anderen ein Bündnis geschlossen.«
Evans wechselte das Thema und erklärte, daß er keine Lust habe, einen Friedensvertrag zu schließen. Er fuhr fort: »Wie ich gehört habe, seid ihr der Meinung, ihr könnt die Weißen, da sie gegeneinander Krieg führen, aus diesem Land vertreiben, doch da täuscht ihr euch. Der Große Vater in Washington hat genug Männer, um alle Indianer aus den Prärien zu vertreiben und zugleich die Rebellen zu schlagen... Ich gebe euch den Rat, euch auf die Seite der Regierung zu stellen und durch euer Verhalten die freundliche Einstellung, die ihr vorgebt, zu beweisen. Es ist völlig unmöglich, daß ihr mit uns in Frieden lebt und zugleich mit unseren Feinden auf freundschaftlichem Fuße steht.«
Darauf sagte White Antelope, der älteste Häuptling: »Ich habe alles vernommen, was du sagtest, und will darauf antworten... Alle Cheyennes haben ihren Blick auf uns gerichtet, und sie werden erfahren, was du sagst. White Antelope ist stolz, daß er den Häuptling aller Weißen dieses Landes gesehen hat. Er wird seinem Volk davon berichten. Seit ich in Washington war und diesen Orden bekam, habe ich die Weißen als meine Brüder betrachtet. Doch auch andere Indianer waren in Washington und haben Orden bekommen, und jetzt reichen uns die Soldaten nicht die Hand, sondern versuchen, mich zu töten... Ich fürchte, diese neuen Soldaten, die ausgezogen sind, werden einige meiner Leute töten, während ich hier bin.«
Evans sagte offen: »Die Gefahr besteht in der Tat.«
»Als wir Major Wynkoop unseren Brief schickten«, fuhr White Antelope fort, »war es, als ob Major Wynkoops Männer, die zu unserem Lager kamen, durch ein großes Feuer oder einen Sturm gingen; und ebenso war es für uns, als wir zu euch gingen, um euch zu sprechen.«
Gouverneur Evans fragte daraufhin die Häuptlinge nach bestimmten Zwischenfällen am Platte River und versuchte, ihnen das Geständnis zu entlocken, an Überfällen teilgenommen zu haben. »Wer hat das Vieh bei Fremont's Orchard fortgetrieben«, fragte er, »und hatte im Frühjahr nördlich davon das erste Gefecht mit den Soldaten?«
»Bevor ich diese Frage beantworte«, erwiderte White Antelope mutig, »möchte ich darauf hinweisen, daß dies der Beginn des Krieges war, und ich wüßte gern, warum es dazu gekommen ist. Ein Soldat hat als erster geschossen.«
»Die Indianer hatten etwa vierzig Pferde gestohlen«, sagte Evans. »Als die Soldaten sie zurückholen wollten, feuerten die Indianer eine Salve auf sie ab.«
White Antelope bestritt dies. »Als sie den Bijou herunterkamen«, sagte er,

»fanden sie ein Pferd und ein Maultier. Sie gaben das Pferd zurück, bevor sie nach Gerry's kamen, und dann zogen sie nach Gerry's, um das Maultier jemand anderem zu übergeben. Dann hörten sie, daß die Soldaten und Indianer weiter unten am Platte kämpften, und sie bekamen Angst und flohen alle.«
»Wer hat die Plünderungen in Cottonwood begangen?« fragte Evans.
»Die Sioux; welche Gruppe, wissen wir nicht.«
»Was haben die Sioux als nächstes vor?«
Bull Bear beantwortete seine Frage: »Sie haben die Absicht, dieses ganze Land zu verwüsten. Sie sind zornig und werden den Weißen Schaden zufügen, wo sie nur können. Ich werde mit dir und den Soldaten gegen alle kämpfen, die nicht auf eure Worte hören ... Ich habe nie einem Weißen Mann etwas getan. Ich habe nur Gutes im Sinn. Ich werde stets ein Freund der Weißen sein; sie können mir vertrauen ... Mein Bruder Lean Bear starb, obwohl er mit den Weißen Frieden halten wollte. Ich bin bereit, ebenso zu sterben, und wahrscheinlich werde ich das auch.«
Da es offenbar nichts mehr zu diskutieren gab, fragte der Gouverneur Colonel Chivington, ob er den Häuptlingen etwas zu sagen habe. Chivington erhob sich. Er war ein Hüne mit einer mächtigen Brust und einem dicken Hals, ein ehemaliger Methodistenprediger, der in den Goldgräbercamps zahlreiche Sonntagsschulen gegründet hatte. Den Indianern erschien er wie ein großer bärtiger Büffelbulle mit wütend funkelnden Augen. »Ich bin kein großer Kriegerhäuptling«, sagte Chivington, »doch mir unterstehen alle Soldaten in diesem Land. Ob ich gegen Weiße oder gegen Indianer kämpfe, mein Grundsatz ist, gegen sie zu kämpfen, bis sie ihre Waffen niederlegen und sich der militärischen Gewalt unterwerfen. Major Wynkoop ist ihnen (den Indianern) am nächsten, und sie mögen zu ihm gehen, wenn sie dazu bereit sind.«
Und so endete die Besprechung, ohne daß die Häuptlinge sich klar darüber waren, ob sie Frieden geschlossen hatten oder nicht. Sie wußten nur eins – der einzige wahre Freund unter den Soldaten, auf den sie zählen konnten, war Tall Chief Wynkoop. Eagle Chivington hatte gesagt, sie sollten zu Wynkoop nach Fort Lyon gehen, und sie beschlossen, das zu tun.
»So brachen wir unser Lager am Smoky Hill ab und zogen zum Sand Creek, etwa fünfundsechzig Kilometer nordöstlich von Fort Lyon«, sagte George Bent. »Von diesem neuen Lager aus besuchten die Indianer Major Wynkoop, und die Leute in der Nähe des Forts schienen so freundlich, daß uns die Arapahos bald verließen und direkt zum Fort gingen, wo sie ein Lager aufschlugen und Proviant erhielten.«
Wynkoop ließ den Proviant ausgeben, nachdem Little Raven und Left Hand ihm gesagt hatten, die Arapahos fänden im Reservat weder Büffel noch ande-

res Wild, und sie trauten sich nicht, Jäger zu den Herden in Kansas zu schikken, da Chivington seinen Soldaten den Befehl erteilt habe: »Tötet alle Indianer, die ihr antrefft.«

Wynkoops freundliche Haltung gegenüber den Indianern erregte bei den Militärbehörden von Colorado und Kansas bald Mißfallen. Man tadelte ihn, weil er ohne Erlaubnis die Häuptlinge nach Denver gebracht hatte und die Indianer in Fort Lyon mit Vorräten versorgte. Am 5. November traf Major Scott J. Anthony, ein Offizier von Chivingtons Colorado Volunteers, in Fort Lyon ein, um Wynkoop als Kommandant abzulösen. Eine von Anthonys ersten Anordnungen war, die Rationen der Arapahos zu kürzen; außerdem verlangte er von ihnen die Ablieferung ihrer Waffen. Sie übergaben ihm drei Gewehre, eine Pistole und sechzig Bogen mit Pfeilen. Als sich einige Tage später eine Gruppe unbewaffneter Arapahos dem Fort näherte, um Büffelhäute gegen Proviant zu tauschen, befahl Anthony seinen Wachen, auf sie zu schießen. Als die Indianer davonliefen, lachte Anthony. Gegenüber einem Soldaten äußerte er, »sie hätten ihn genug geärgert, und dies sei die einzige Möglichkeit, sie loszuwerden«.

Die Cheyennes, die am Sand Creek kampierten, erfuhren von den Arapahos, daß ein kleiner, unfreundlicher rotäugiger Soldatenhäuptling ihren Freund Wynkoop abgelöst hatte. Mitte November begaben sich Black Kettle und eine Gruppe Cheyennes zum Fort und suchten diesen neuen Soldatenhäuptling auf. Seine Augen waren in der Tat rot – er litt an Skorbut –, doch er gab sich ihnen gegenüber freundlich. Mehrere Offiziere, die an der Besprechung zwischen Black Kettle und Anthony teilnahmen, sagten später aus, Anthony habe den Cheyennes versichert, wenn sie zu ihrem Lager am Sand Creek zurückkehrten, stünden sie unter dem Schutz von Fort Lyon. Außerdem sagte er ihnen, ihre jungen Männer könnten im Osten am Smoky Hill Büffel jagen, bis er von der Armee die Erlaubnis erhalten habe, die Winterrationen an sie auszugeben.

Black Kettle war über Anthonys Zusicherungen befriedigt und sagte, er und die anderen Cheyenneführer hätten beabsichtigt, in den Süden von Arkansas zu gehen, damit sie vor den Soldaten sicher seien, doch nach Major Anthonys Worten fühlten sie sich jetzt am Sand Creek sicher und würden dort den Winter über bleiben.

Nachdem die Cheyenne-Delegation aufgebrochen war, befahl Anthony Left Hand und Little Raven, das Arapaholager bei Fort Lyon abzubrechen. »Geht und jagt Büffel, um euch zu ernähren«, sagte er ihnen. Bestürzt über Anthonys Unfreundlichkeit packten die Arapahos ihre Sachen und zogen fort. Als sie außer Sichtweite des Forts waren, trennten sich die zwei Arapahogruppen.

Little Raven, Häuptling der Arapahos (vor 1877 aufgenommen)

Left Hand marschierte mit seinen Leuten zum Sand Creek, um sich den Cheyennes anzuschließen. Little Raven führte seine Gruppe über den Arkansas River und zog nach Süden; er traute dem rotäugigen Soldatenhäuptling nicht.
Anthony teilte seinen Vorgesetzten mit, daß »sich eine Gruppe Indianer fünfundsechzig Kilometer vom Fort befindet ... Ich werde dafür sorgen, daß die Indianer sich ruhig verhalten, bis Verstärkungen eintreffen«.
Als Gray Blanket John Smith, ein Händler des Militärpostens, am 26. November um die Erlaubnis bat, sich zum Sand Creek zu begeben, um Häute einzutauschen, war Major Anthony ungewöhnlich entgegenkommend. Er stellte Smith einen Ambulanzwagen zum Transport seiner Waren zur Verfügung, und dazu einen Kutscher – Private David Louderback von der Colorado-Kavallerie. Der Händler und der friedliche Vertreter der Armee würden die Indianer bestimmt in Sicherheit wiegen und veranlassen, zu bleiben, wo sie waren.
Vierundzwanzig Stunden später näherten sich die Verstärkungen, die Anthony zum Angriff gegen die Indianer angefordert hatte, Fort Lyon. Sie bestanden aus sechshundert Mann von Colonel Chivingtons Colorado-Regimentern, darunter dem größten Teil des Dritten, das Gouverneur John Evans eigens zum Kampf gegen die Indianer aufgestellt hatte. Als die Vorhut das Fort erreichte, umzingelte sie es, und es wurde allen unter Androhung der Todesstrafe verboten, es zu verlassen. Etwa zur gleichen Zeit traf eine Gruppe von zwanzig Kavalleristen bei William Bents östlich gelegener Ranch ein; sie umzingelten Bents Haus und sorgten dafür, daß niemand es verließ oder betrat. Bents halbblütige Söhne George und Charlie und sein halbblütiger Schwiegersohn Edmond Guerrier kampierten mit den Cheyennes am Sand Creek.
Chivington wurde in Fort Lyon von Major Anthony herzlich empfangen. Chivington sprach von »Skalps sammeln« und »in Blut waten«, und Anthony sagte, er habe »schon lange auf eine Gelegenheit gewartet, es ihnen richtig zu zeigen«, und seine Soldaten brannten darauf, sich an Chivingtons Expedition gegen die Indianer zu beteiligen.
Doch nicht alle Offiziere Anthonys waren bereit, bei Chivingtons wohlvorbereitetem Massaker mitzumachen. Captain Silas Sole, Leutnant Joseph Cramer und Leutnant James Connor wandten ein, daß ein Angriff auf Black Kettles friedliches Lager die Sicherheitsgarantie verletzten würde, die sowohl Wynkoop als auch Anthony den Indianern gegeben hatten, »daß es Mord im wahrsten Sinne des Wortes wäre« und jeder Offizier, der daran teilnähme, die Uniform der Armee entehren würde.

Chivington bekam einen Wutanfall und hielt Leutnant Cramer die Faust vors Gesicht. »Der Teufel soll alle holen, die mit den Indianern sympathisieren!« schrie er. »Ich bin hier, um Indianer zu töten, und ich glaube, es ist richtig und ehrenhaft, sich aller Methoden, die es unter Gottes Himmel gibt, zu bedienen, um Indianer zu töten.«
Soule, Cramer und Connor mußten an der Expedition teilnehmen, um nicht vor ein Kriegsgericht gestellt zu werden, doch sie beschlossen insgeheim, ihren Männern nicht zu befehlen, auf die Indianer zu schießen, es sei denn, in Notwehr.
Am 28. November um acht Uhr abends brach Chivingtons Kolonne, die nun aus über siebenhundert Mann sowie Anthonys Truppen bestand, auf. Vier Zwölf-Pfund-Haubitzen begleiteten die Kavallerie. Sterne funkelten am klaren Himmel; die Nachtluft war beißend kalt.
Zum Führer hatte Chivington den neunundsechzig Jahre alten James Beckwourth bestimmt, einen Mulatten, der seit einem halben Jahrhundert unter Indianern lebte. Medicine Calf Beckwourth versuchte, sich dem Auftrag zu entziehen, doch Chivington drohte dem alten Mann, ihn zu hängen, wenn er sich weigerte, die Soldaten zu dem Indianerlager zu führen.
Bald stellte sich jedoch heraus, daß Beckwourth wegen seiner schlechten Augen und seines Rheumatismus als Führer nicht geeignet war. Bei einem Ranchhaus in der Nähe von Spring Bottom ließ Chivington anhalten, holte den Rancher aus dem Bett und befahl ihm, Beckwourth' Platz als Führer einzunehmen. Der Rancher war Robert Bent, der älteste Sohn William Bents; alle drei Söhne Bents, die halbe Cheyennes waren, sollten bald am Sand Creek vereint sein.

Das Cheyennelager befand sich an einer hufeisenförmigen Biegung des fast ausgetrockneten Sand Creek. Black Kettles Wigwam stand in der Mitte des Dorfes; westlich davon kampierten White Antelopes und War Bonnets Leute. Im Osten, ein wenig abseits von den Cheyennes, war Left Hands Arapaholager. Zusammen kampierten etwa sechshundert Indianer an der Flußbiegung; zwei Drittel davon waren Frauen und Kinder. Die meisten Krieger waren mehrere Kilometer östlich und jagten Büffel, wie Major Anthony es ihnen gesagt hatte.
Die Indianer waren so überzeugt, völlig sicher zu sein, daß sie keine Nachtwachen aufgestellt hatten – außer an der Ponyherde, die in einem Corral unterhalb des Flusses zusammengetrieben war. Das erste Anzeichen eines Angriffs bemerkten sie gegen Sonnenaufgang – das Poltern von Hufen auf dem Sandboden. »Ich schlief in einem Wigwam«, sagte Edmond Guerrier. »Zuerst

hörte ich, wie draußen ein paar Squaws sagten, ein Haufen Büffel käme auf das Lager zu; andere sagten, es sei ein Haufen Soldaten.« Guerrier ging sofort hinaus und lief zu Blanket Smiths Zelt.

George Bent, der nicht weit davon schlief, wurde von Rufen und dem Lärm umherlaufender Menschen geweckt. »Vom Fluß her näherte sich in schnellem Trab eine große Schar Kavallerie ... Andere Soldaten ritten zu den Ponyherden südlich der Lager; in den Lagern herrschten Verwirrung und Lärm – Männer, Frauen und Kinder stürzten, nur teilweise bekleidet, aus den Wigwams; Frauen und Kinder begannen zu schreien, als sie die Soldaten erblickten; Männer rannten zurück in die Wigwams, um ihre Waffen zu holen ... Ich blickte zum Wigwam des Häuptlings und sah, daß Black Kettle eine große amerikanische Fahne an das Ende eines langen Pfostens gebunden hatte und vor dem Wigwam stand, den Pfosten umklammernd, an dem im grauen Licht des Wintermorgens die Fahne flatterte. Ich hörte, wie er den Leuten zurief, sie brauchten keine Angst zu haben, die Soldaten würden ihnen nichts tun; dann eröffneten die Soldaten von zwei Seiten das Feuer auf das Lager.«

Inzwischen war der junge Guerrier in Gray Blanket Smiths Zelt getreten, wo er den Händler und Private Louderback antraf. »Louderback meinte, wir sollten hinaus – und den Truppen entgegen gehen. Wir brachen auf. Bevor wir um die Ecke des Zeltes bogen, sah ich, wie die Soldaten von ihren Pferden stiegen. Ich hielt sie für Artilleristen und dachte, sie wollten das Lager mit Granaten beschießen. Gleich darauf begannen sie mit ihren Gewehren und Pistolen zu feuern. Als ich sah, daß ich nicht zu ihnen konnte, lief ich weg und ließ den Soldaten und Smith zurück.«

Louderback zögerte einen Moment, doch Smith ging weiter auf die Kavalleristen zu. »Knallt den verdammten Hundesohn ab!« rief einer der Soldaten. »Er ist nicht besser als ein Indianer.« Als die ersten Schüsse krachten, kehrten Smith und Louderback um und rannten zu ihrem Zelt. Smiths halbblütiger Sohn Jack und Charlie Bent hatten dort bereits Deckung gesucht. Inzwischen versammelten sich Hunderte von Frauen und Kindern um Black Kettles Fahne. Durch das trockene Flußbett kamen weitere von White Antelopes Lager. Hatte Colonel Greenwood Black Kettle nicht versichert, kein Soldat würde auf ihn schießen, wenn die Fahne der Vereinigten Staaten über ihm wehte? White Antelope, ein Mann von fünfundsiebzig Jahren, ging den Soldaten unbewaffnet entgegen. Er war immer noch überzeugt, daß die Soldaten das Feuer einstellen würden, wenn sie die amerikanische Fahne und die weiße Fahne, die Black Kettle inzwischen gehißt hatte, sahen.

Medicine Calf Beckwourth, der neben Colonel Chivington ritt, sah White Antelope. »Er lief auf den Kommandeur zu«, sagte Beckwourth später aus,

»und streckte die Arme hoch und rief ›Halt! Halt!‹ Er rief es in ganz deutlichem Englisch. Dann blieb er stehen und verschränkte die Arme, bis er niedergeschossen wurde.« Überlebende Cheyennes sagten, White Antelope habe, bevor er starb, das Todeslied gesungen:

>Nichts lebt lang,
>
>Nur die Erde und die Berge.

Vom Arapaholager versuchten Left Hand und seine Leute ebenfalls, zu Black Kettles Fahne zu kommen. Als Left Hand die Soldaten erblickte, blieb er stehen, verschränkte die Arme und sagte, er werde nicht gegen die Weißen kämpfen, denn sie seien seine Freunde. Er wurde niedergeschossen.

Robert Bent, der widerstrebend mit Colonel Chivington ritt, sagte: »Als wir in Sichtweite des Lagers kamen, sah ich die wehende amerikanische Fahne und hörte, wie Black Kettle den Indianern sagte, sie sollten sich um die Fahne scharen, und da standen sie zusammengedrängt – Männer, Frauen und Kinder. Wir waren etwa fünfzig Meter von den Indianern entfernt. Ich sah auch eine hochgezogene weiße Fahne. Diese Fahnen waren so auffällig, daß sie jeder gesehen haben muß. Als die Soldaten feuerten, liefen die Indianer weg, einige der Männer in ihre Wigwams, wahrscheinlich, um ihre Waffen zu holen... Ich glaube, es waren insgesamt etwa sechshundert Indianer. Darunter dürften fünfunddreißig Krieger gewesen sein, und einige alte Männer, etwa sechzig... die übrigen Männer waren auf der Jagd... Nach Eröffnung des Feuers trieben die Krieger die Frauen und Kinder zusammen und stellten sich vor sie, um sie zu schützen. Ich sah, wie fünf Squaws hinter einem Erdwall Schutz suchten. Als die Truppen näherrückten, rannten sie hervor und zeigten sich, damit die Soldaten sahen, daß sie Squaws waren, und sie baten um Gnade, doch die Soldaten erschossen sie alle. Eine Squaw, deren Bein von einem Schuß zerschmettert war, sah ich auf dem Erdwall liegen; ein Soldat lief mit gezogenem Säbel zu ihr; sie hob den Arm, um sich zu schützen, doch er hieb zu und zerschmetterte ihren Arm; sie rollte sich herum und hob den anderen Arm, und er schlug zu und zerschmetterte auch ihn, und dann ließ er sie liegen, ohne sie zu töten. Männer, Frauen und Kinder wurden unterschiedslos niedergemetzelt. Etwa dreißig oder vierzig Frauen hatten in einer Erdhöhle Schutz gesucht; sie schickten ein kleines Mädchen von etwa sechs Jahren mit einer weißen Fahne an einem Stock heraus, doch sie kam nur ein paar Schritte weit, dann wurde sie erschossen. Alle Squaws in der Erdhöhle wurden danach getötet, und vier oder fünf Indianer davor. Die Squaws leisteten keinen Widerstand. Alle Toten, die ich sah, waren skalpiert. Ich sah eine aufgeschlitzte Frau; neben ihr lag, wie mir schien, ein ungeborenes Kind. Captain Soule sagte mir später, daß es stimmte. Ich sah die Leiche von White Antelope; seine

Geschlechtsteile waren abgeschnitten, und ich hörte, wie ein Soldat sagte, er werde einen Tabaksbeutel daraus machen. Ich sah eine Frau, deren Geschlechtsteile aufgeschlitzt waren ... Ich sah ein kleines Mädchen von etwa fünf Jahren, das sich im Sand versteckt hatte; zwei Soldaten entdeckten es, zogen ihre Pistolen und erschossen es, und dann zerrten sie es am Arm aus dem Sand. Ich sah eine Menge tote Mütter mit ihren Kindern in den Armen.«
(In einer öffentlichen Rede, die Colonel Chivington kurz vor dem Massaker in Denver gehalten hatte, war er dafür eingetreten, sämtliche Indianer zu töten und zu skalpieren, auch die Kinder. »Aus Nissen werden Läuse!« erklärte er.)
Leutnant James Connor bestätigte Robert Bents Schilderung der von den Soldaten begangenen Grausamkeiten: »Als ich am nächsten Tag über das Schlachtfeld ging, sah ich keine Leiche eines Mannes, einer Frau oder eines Kindes, die nicht skalpiert war, und in vielen Fällen waren die Leichen auf gräßlichste Weise verstümmelt – Männern, Frauen und Kindern hatte man die Geschlechtsteile zerschnitten usw.; ich hörte, wie ein Mann sagte, er habe einer Frau die Geschlechtsteile herausgeschnitten und zur Schaustellung auf einen Stock gehängt; ein anderer sagte, er habe einem Indianer die Finger abgeschnitten, um sich der Ringe, die er an der Hand trug, zu bemächtigen; nach meinem besten Wissen und Glauben wurden diese Grausamkeiten mit dem Wissen J. M. Chivingtons begangen, und ich habe nicht gehört, daß er irgend etwas unternahm, um sie zu verhindern; ich hörte von einem wenige Monate alten Kind, das man in den Futterkasten eines Wagens warf, ein Stück mitnahm und dann auf die Erde legte und umkommen ließ; außerdem hörte ich von zahlreichen Fällen, in denen Männer Frauen die Geschlechtsteile herausschnitten und sie über die Sattelknäufe spannten oder sie an ihren Hüten trugen, als sie weiterritten.«
Ein gut ausgebildetes und diszipliniertes Regiment hätte zweifellos die wehrlosen Indianer am Sand Creek alle töten können. Mangel an Disziplin, der Umstand, daß die Soldaten während des nächtlichen Ritts viel Whisky getrunken hatten, Feigheit und schlechte Treffsicherheit ermöglichten es jedoch vielen Indianern zu entkommen. Eine Anzahl Cheyennes hoben unter den hohen Uferbänken des ausgetrockneten Flusses Schützenlöcher aus und verteidigten sich bis zum Einbruch der Nacht. Andere flohen einzeln oder in kleinen Gruppen durch die Prärie. Nach Einstellung des Feuers waren 105 indianische Frauen und Kinder und 28 Männer tot. In seinem offiziellen Bericht sprach Chivington von vier- bis fünfhundert toten Kriegern. Neun seiner Soldaten waren gefallen, 38 verwundet; viele Verluste entstanden dadurch, daß die Soldaten achtlos aufeinander feuerten. Unter den toten Häuptlingen wa-

ren White Antelope, One-Eye und War Bonnet. Black Kettle entkam wie durch ein Wunder, indem er einen Hohlweg hinaufrannte, doch seine Frau wurde schwer verwundet. Auch Left Hand blieb, obwohl er niedergeschossen wurde, am Leben.
Die Soldaten machten sieben Gefangene – John Smiths Cheyennefrau, die Frau eines anderen bei Fort Lyon lebenden weißen Zivilisten und ihre drei Kinder, und die zwei halbblütigen Jungen Jack Smith und Charlie Bent. Die Soldaten wollten die Halbblutjungen töten, weil sie Indianerkleidung trugen. Medicine Calf Beckwourth rettete Charlie Bent, indem er ihn in einem Wagen bei einem verwundeten Offizier versteckte und später seinem Bruder Robert übergab. Jack Smith hingegen konnte Beckwourth nicht das Leben retten; ein Soldat erschoß den Sohn des Händlers, indem er durch ein Loch in das Zelt feuerte, in dem der Junge gefangengehalten wurde.
George, Bents dritter Sohn, wurde zu Beginn des Gemetzels von Charlie getrennt. Er schloß sich den Cheyennes an, die unter den hohen Uferbänken des Flusses Schützenlöcher aushoben. »Im gleichen Moment, als unsere Gruppe diese Stelle erreichte«, sagte er, »wurde ich von einer Kugel in die Hüfte getroffen und stürzte zu Boden; es gelang mir jedoch, in eins der Löcher zu kriechen und dort lag ich zwischen Kriegern, Frauen und Kindern.« Nach Einbruch der Nacht krochen die Überlebenden aus den Löchern. Es war bitterkalt, und das Blut auf ihren Wunden war gefroren, doch sie trauten sich nicht, Feuer zu machen. Sie hatten nur einen Gedanken – ostwärts zum Smoky Hill zu flüchten und sich ihren Kriegern anzuschließen. »Es war ein furchtbarer Marsch«, berichtete George Bent, »die meisten von uns gingen zu Fuß, ohne Nahrung, dürftig bekleidet und belastet mit den Frauen und Kindern.« Achtzig Kilometer weit schleppten sie sich dahin und ertrugen eisige Winde, Hunger und den Schmerz ihrer Wunden, doch schließlich erreichten sie das Jagdlager. »Als wir in das Lager marschierten, kam es zu schrecklichen Szenen. Alle weinten, auch die Krieger, und die Frauen und Kinder heulten und jammerten. Fast alle hatten Verwandte oder Freunde verloren, und viele schnitten sich in ihrem Schmerz mit ihren Messern ins Fleisch, bis das Blut in Strömen floß.«
Sobald seine Wunde verheilt war, kehrte George zur Ranch seines Vaters zurück. Von seinem Bruder Charlie erfuhr er weitere Einzelheiten über die Grausamkeiten der Soldaten am Sand Creek – die Skalpierungen und Verstümmelungen, die Abschlachtung von Kindern und Säuglingen. Nach ein paar Tagen kamen die beiden halbblütigen Brüder zu dem Schluß, daß sie mit der Zivilisation der Weißen nichts mehr zu tun haben wollten. Sie sagten sich vom Blut ihres Vaters los und verließen heimlich seine Ranch. Charlies Mut-

ter, Yellow Woman, ging mit ihnen; sie wollte nicht mehr mit einem Weißen zusammenleben. Sie wanderten nach Norden zu den Cheyennes.

Es war jetzt Januar, der Monat, in dem es bei den Prärieindianern Brauch war, abends in ihren Wigwams ums Feuer zu sitzen und sich Geschichten zu erzählen und morgens lange zu schlafen. Doch dies war eine schlimme Zeit, und als sich die Nachricht vom Massaker am Sand Creek in der Prärie verbreitete, schickten die Cheyennes, Arapahos und Sioux einander Läufer mit Botschaften, in denen sie zu einem Vergeltungskrieg gegen die weißen Mörder aufriefen.

Zu der Zeit, als Yellow Woman und die Bent-Brüder bei ihren Verwandten am Republican River eintrafen, wurden die Cheyennes von Tausenden Verbündeten unterstützt – von Spotted Tails Brulé-Sioux, Pawnee Killers Oglala-Sioux und großen Gruppen der Northern Arapahos. Von Tall Bull angeführte Cheyennekrieger, die sich geweigert hatten, zum Sand Creek zu gehen, und Roman Nose und seine jungen Männer hatten sich ihnen angeschlossen. Während die Cheyennes ihre Toten beklagten, rauchten die Führer der Stämme Kriegspfeifen und machten strategische Pläne.

Nachdem die Überlebenden vom Sand Creek geflohen waren, wandten sich die Indianer von Black Kettle und Left Hand ab und setzten ihre Hoffnung darauf, daß ihre Kriegshäuptlinge sie vor der Ausrottung retten würden. Zur gleichen Zeit forderten Beamte der amerikanischen Regierung die Einleitung einer Untersuchung gegen Gouverneur Evans und Colonel Chivington. Obwohl sie gewußt haben müssen, daß es zu spät war, einen allgemeinen Indianerkrieg zu vermeiden, schickten sie Medicine Calf Beckwourth mit dem Auftrag zu Black Kettle, herauszufinden, ob noch eine Möglichkeit bestand, den Frieden zu erhalten.

Beckwourth fand die Cheyennes, erfuhr jedoch, daß Black Kettle sich mit ein paar Verwandten und alten Männern an einen unbekannten Ort zurückgezogen hatte. Der oberste Häuptling war jetzt Leg-in-the-Water.

»Ich ging in Leg-in-the-Waters Wigwam«, sagte Beckwourth. »Als ich eintrat, erhob er sich und sagte: ›Medicine Calf, weshalb kommst du? Hast du die Weißen hierhergebracht, damit sie uns und unsere Familien umbringen können?‹ Ich sagte, ich sei gekommen, um mit ihm zu reden, und er solle den Häuptlingsrat einberufen. Bald kamen sie und fragten, was ich wolle. Ich sagte, ich sei gekommen, um sie zu überreden, Frieden mit den Weißen zu machen, denn sie seien nicht zahlreich genug, um gegen sie zu kämpfen, während die Weißen zahlreich seien wie die Blätter an den Bäumen. ›Das wissen wir‹, antworteten die Häuptlinge. ›Aber welchen Sinn hat das Leben noch für

George Bent und seine Frau Magpie im Jahre 1867

uns? Der Weiße Mann hat uns unser Land genommen und all unser Wild getötet; er war damit nicht zufrieden und hat auch unsere Frauen und Kinder getötet. Wir wollen keinen Frieden. Wir wollen ins Geisterland zu unseren Familien. Wir haben die Weißen geliebt, bis wir merkten, daß sie uns anlogen und uns alles raubten. Wir haben das Kampfbeil erhoben und werden damit sterben.‹ Sie fragten mich, warum ich mit den Soldaten zum Sand Creek gekommen sei, um ihnen das Land zu zeigen.

Ich sagte, wenn ich nicht gekommen wäre, hätte der weiße Häuptling mich gehängt. ›Geh zu deinen weißen Brüdern und bleibe bei ihnen – wir werden bis zum Tod kämpfen.‹ Ich gehorchte und ging zurück; ich wollte mit dem Ganzen nichts mehr zu tun haben.«

Im Januar 1865 unternahmen die verbündeten Cheyennes, Arapahos und Sioux entlang dem South Platte eine Reihe von Überfällen. Sie griffen Wagenkolonnen, Poststationen und kleine militärische Außenposten an. Sie zündeten die Stadt Julesburg an und skalpierten die weißen Verteidiger, um sich für die Skalpierung der Indianer am Sand Creek zu rächen. Sie zerstörten viele Kilometer Telegraphenleitungen. Sie führten Überfälle und Plünderungen am ganzen Platte River durch und unterbrachen sämtliche Nachrichten- und Versorgungsverbindungen. In Denver wurden die Lebensmittel immer knapper, und eine Panik brach aus.

Als die Krieger zu ihrem Winterlager in den Big Timbers am Republican River zurückkehrten, veranstalteten sie zur Feier ihrer ersten Vergeltungsschläge einen großen Tanz. Schnee bedeckte die Prärie, doch die Häuptlinge wußten, bald würden die Soldaten aus allen Richtungen mit ihren Kanonen anmarschieren. Noch während der Tänze hielten die Häuptlinge einen Rat ab, um zu entscheiden, wohin sie sich vor den Soldaten zurückziehen sollten. Black Kettle, der daran teilnahm, war dafür, nach Süden, auf die andere Seite des Arkansas zu gehen, wo die Sommer lang waren und es genug Büffel gab. Die meisten anderen Häuptlinge waren dafür, nach Norden über den Platte zu gehen und sich ihren Verwandten am Powder River anzuschließen. Die Soldaten würden es nicht wagen, in diesen großen Stützpunkt der Teton-Sioux und Northern Cheyennes zu marschieren. Noch vor Ende der Beratungen beschlossen die Verbündeten, Läufer zum Powder River zu schicken und den dortigen Stämmen mitteilen zu lassen, daß sie kommen würden.

Black Kettle war jedoch dagegen, und etwa vierhundert Cheyennes – vor allem alte Männer und Frauen und einige schwerverwundete Krieger – kamen überein, mit ihm nach Süden zu gehen. Einen Tag bevor das Lager abgebrochen wurde, verabschiedete sich George Bent von den letzten Überlebenden des Volkes seiner Mutter. »Ich ging zwischen den Wigwams herum und

Der Dolmetscher Edmond Guerrier (vor 1877 aufgenommen)

drückte Black Kettle und allen meinen Freunden die Hand. Black Kettle und seine Anhänger zogen in das Land südlich des Arkansas zu den Southern Arapahos, Kiowas und Comanchen.«

Die übrigen Cheyennes (darunter Yellow Woman und die Bent-Brüder) zogen mit etwa dreitausend Sioux und Arapahos nordwärts, in ein Land, das nur wenige von ihnen kannten. Unterwegs hatten sie ständig Gefechte mit Soldaten, die sie von Fort Laramie aus angriffen, doch die verbündeten Stämme waren zu stark für die Soldaten, und die Indianer vertrieben sie wie Coyoten, die eine mächtige Büffelherde anfallen.

Als die Southern Cheyennes das Land am Powder River erreichten, wurden sie von ihren Verwandten, den Northern Cheyennes, willkommen geheißen. Die Southerners, die von den Weißen eingetauschte Decken und Hosen aus Stoff trugen, fanden, daß die Notherners in ihren Büffelfellumhängen und Rehlederhosen sehr wild aussahen. Die Northern Cheyennes hatten in ihr Haar Streifen aus rotbemaltem Rehleder geflochten, trugen Krähenfedern auf den Köpfen und verwendeten so viele Siouxworte, daß die Southern Cheyennes sie nur schwer verstanden. Morning Star, ein hoher Häuptling der Northern Cheyennes, lebte schon so lange mit den Sioux zusammen, daß fast alle ihn bei seinem Siouxnamen – Dull Knife – nannten.

Zuerst kampierten die Southerners etwa einen Kilometer von den Northerners entfernt am Powder River, doch sie besuchten einander so häufig, daß sie bald beschlossen, die Lager zusammenzulegen und ihre Wigwams nach altem Brauch im Kreis aufzustellen. Von da an machten diese Cheyennes nicht mehr viel Unterschied zwischen Southerners und Northerners.

Als sie im Frühjahr 1865 ihre Ponys zum Tongue River trieben, weil es dort bessere Weiden gab, kampierten sie nicht weit von Red Clouds Oglala-Sioux. Die Cheyennes aus dem Süden hatten noch nie so viele Indianer – über achttausend – zusammen in einem Lager gesehen, und die Tage und Nächte waren mit Jagen und Feiern und Festen und Tänzen ausgefüllt. George Bent erzählte später, wie er Young-Man-Afraid-of-His-Horses, einen Sioux, in seinen Cheyenne-Clan, die Crooked Lances, einführte. Das beweist, wie nahe die Sioux und Cheyennes einander damals standen.

Obwohl jeder Stamm seine eigenen Gesetze und Bräuche behielt, betrachteten sich diese Indianer immer mehr als ein Volk, das sich seiner Macht bewußt war und das Recht beanspruchte zu leben, wie es ihm paßte. Die weißen Eindringlinge griffen sie im Osten in Dakota und im Süden entlang des Platte an, doch sie fühlten sich gegen alle Angriffe gewappnet. »Der Große Geist hat sowohl den Weißen Mann als auch den Indianer geschaffen«, sagte Red Cloud. »Ich glaube, den Indianer hat er zuerst geschaffen. Er hat mich in diesem Land geschaffen, und es gehört mir. Der Weiße Mann wurde jenseits des großen Wassers geschaffen, und sein Land ist dort. Seit sie über das Meer gekommen sind, habe ich ihnen immer mehr Platz gemacht. Jetzt sind überall um mich Weiße. Mir ist nur noch ein kleines Stück Land geblieben. Der Große Geist hat mir gesagt, ich soll es behalten.«

Im Frühjahr sandten die Indianer Spähtrupps aus, um die Soldaten, die die Straßen und Telegraphenleitungen entlang des Platte bewachten, zu beobachten. Die Späher meldeten, daß sie viel mehr Soldaten als sonst gesichtet hatten; ein Teil ziehe auf dem Bozeman's Trail durch das Land am Powder River. Red Cloud und die anderen Häuptlinge kamen zu dem Schluß, daß es an der Zeit war, den Soldaten eine Lektion zu erteilen und sie an ihrem nördlichsten Stützpunkt, den die Weißen Platte Bridge Station nannten, anzugreifen.

Da die Cheyennekrieger sich für das an ihren Verwandten am Sand Creek begangene Massaker rächen wollten, wurden die meisten aufgefordert, an der Expedition teilzunehmen. Roman Nose von den Crooked Lances war ihr Anführer; er ritt mit Red Cloud, Dull Knife und Old-Man-Afraid-of-His-Horses. Die Streitmacht bestand aus etwa dreitausend Kriegern. Unter ihnen befanden sich die Bent-Brüder, beide in Kriegsbemalung und -kleidung.

Am 24. Juli erreichten sie die Berge oberhalb der den North Platte überspannenden Brücke. Auf der anderen Seite der Brücke befand sich der Militärposten – eine Palisadenbefestigung, eine Poststation und ein Telegraphenbüro. Innerhalb der Palisaden waren etwa hundert Soldaten. Nachdem die Häuptlinge sich den Militärposten durch ihre Feldstecher angesehen hatten, beschlossen sie, die Brücke niederzubrennen, den Fluß an einer stromabwärts gelegenen Furt zu überqueren und dann den Posten zu belagern. Doch zuerst wollten sie versuchen, die Soldaten hervorzulocken und so viele wie möglich zu töten.

Zehn Krieger gingen am Nachmittag hinunter, doch die Soldaten kamen nicht heraus. Am nächsten Morgen lockte eine andere Gruppe Indianer die Soldaten zur Brücke, doch dort machten sie halt. Am dritten Morgen verließ zur Überraschung der Indianer ein Zug Kavallerie das Fort, überquerte die Brücke und trabte nach Westen. Innerhalb weniger Sekunden hatten mehrere hundert Cheyennes und Sioux ihre Ponys bestiegen und schwärmten die Berge hinunter auf die Blauröcke zu. »Als wir zwischen die Soldaten ritten«, sagte George Bent, »sah ich einen Offizier auf einem braunen Pferd durch die dichten Staub- und Rauchwolken an mir vorbeirasen. Sein Pferd war ihm durchgegangen . . . in der Stirn des Leutnant steckte ein Pfeil, und sein Gesicht war blutüberströmt.« (Der tödlich verwundete Offizier war Leutnant Caspar Collins.) Einige Kavalleristen entkamen und erreichten einen zu ihrem Entsatz ausgesandten Zug Infanterie an der Brücke. Geschützfeuer vom Fort machte es den Indianern unmöglich, sie weiter zu verfolgen.

Während des Gefechts entdeckten einige Indianer, die auf den Bergen geblieben waren, warum die Kavalleristen das Fort verlassen hatten. Sie wollten einer Wagenkolonne entgegenreiten, die sich von Westen näherte. Innerhalb weniger Minuten hatten die Indianer die Wagenkolonne umzingelt, doch die Soldaten gruben sich unter den Wagen ein und leisteten verbissenen Widerstand. Während der ersten Minuten des Gefechts fiel Roman Noses Bruder. Als Roman Nose davon erfuhr, schwor er Rache und forderte die Cheyennes auf, sich auf einen Angriff vorzubereiten. Roman Nose trug sein Amulett und seinen Schild und wußte, daß ihn keine Kugeln treffen konnten. Er umkreiste mit den Cheyennes die Wagen, und sie trieben ihre Ponys an. Als sie auf die Wagen zuritten, schossen die Soldaten alle auf einmal ihre Gewehre leer, und dann stürmten die Indianer auf die Wagen zu und töteten sämtliche Soldaten. Zu ihrer Enttäuschung fanden sie nicht viel in den Wagen; nur das Bettzeug der Soldaten und Kisten mit Proviant.

Am Abend im Lager kamen Red Cloud und die anderen Häuptlinge zu dem Schluß, daß sie die Soldaten gelehrt hatten, die Indianer zu fürchten. Und so kehrten sie in das Land am Powder River zurück – voll Hoffnung, daß die Weißen sich nun an den Vertrag von Laramie halten und aufhören würden, ohne Erlaubnis in das Indianerland nördlich des Platte River einzudringen.

Inzwischen waren Black Kettle und seine Leute nach Süden über den Arkansas River gezogen. Sie schlossen sich Little Ravens Arapahos an, die von dem Massaker am Sand Creek erfahren hatten und um ihre dort ermordeten Freunde und Verwandten trauerten. Im Sommer 1865 fanden ihre Jäger unterhalb des Arkansas nur einen Büffel, doch sie trauten sich nicht, zurück in den Norden zu gehen, wo zwischen dem Smoky Hill und dem Republican River die großen Herden grasten.

Ende des Sommers kamen aus allen Richtungen Boten und Läufer, die Black Kettle und Little Raven suchten. Plötzlich hatten sie große Bedeutung erlangt. Einige weiße Beamte waren aus Washington gekommen, um den Cheyennes und Arapahos zu sagen, daß der Große Vater und sein Rat voll Mitleid für sie seien. Die Regierungsbeamten wollten einen neuen Vertrag schließen. Obwohl die Cheyennes und Arapahos aus Colorado vertrieben worden waren und Siedler ihr Land in Beschlag genommen hatten, schienen die Eigentumsverhältnisse nicht klar. Auf Grund der alten Verträge stand sogar Denver

City auf Cheyenne- und Arapaholand. Die Regierung wollte alle Landansprüche der Indianer in Colorado für ungültig erklären, damit die weißen Siedler sicher sein konnten, daß das Land ihnen gehörte, sobald es ihnen zugeteilt worden war.

Black Kettle und Little Raven wollten mit den Beamten nicht verhandeln, bevor sie Little White Mans (William Bents) Meinung gehört hatten. Er sagte ihnen, er habe die Vereinigten Staaten zu überreden versucht, den Indianern ständige Rechte auf das Büffelland zwischen dem Smoky Hill und dem Republican River zu geben, doch die Regierung habe das abgelehnt, weil sie eine Postkutschenlinie und später eine Eisenbahnstrecke durch das Land legen wolle, die weitere weiße Siedler bringen würden. Die Cheyennes und Arapahos würden südlich des Arkansas River leben müssen.

Daraufhin trafen sich Black Kettle und Little Raven mit den Regierungsbeauftragten an der Mündung des Little Arkansas. Zwei von diesen Beamten kannten die Indianer bereits – Black Whiskers Sanborn und White Whiskers Harney. Sanborn hielten sie für einen Freund, doch sie erinnerten sich, daß Harney an dem Massaker der Brulé-Sioux am Blue Water in Nebraska im Jahr 1855 teilgenommen hatte. Außerdem waren die Agenten Murphy und Leavenworth anwesend sowie ein aufrichtig wirkender Mann namens James Steele und Rope Thrower Carson, der geholfen hatte, den Navajos ihr Stammesland wegzunehmen. Gray Blanket Smith, der am Sand Creek dabeigewesen war, dolmetschte, und Little White Man setzte sich für die Interessen der Indianer ein.

»Wir sind gemeinsam gekommen, die Arapahos und Cheyennes«, sagte Black Kettle, »denn wir sind ein Volk. Doch wir sind nur wenige ... All die anderen Indianer hatten Angst zu kommen; sie fürchten, daß man sie betrügen wird, wie es schon einmal geschehen ist.«

»Es wird sehr schwer für uns sein, das Land zu verlassen, das Gott uns gegeben hat«, sagte Little Raven. »Unsere Freunde sind dort begraben, und es ist furchtbar für uns, diese Gründe zu verlassen ... Es hat uns mit großem Schmerz erfüllt, daß diese Horde Soldaten unsere Wigwams überfiel und unsere Frauen und Kinder tötete. Am Sand Creek ... liegen White Antelope und viele andere Häuptlinge; unsere Frauen und Kinder liegen dort. Man hat dort unsere Wigwams zerstört und uns unsere Pferde weggenommen, und ich mag sie nicht verlassen und in ein neues Land gehen.«

James Steele erwiderte: »Wir können gut verstehen, daß es für ein Volk schwer ist, seine Heimat und die Gräber seiner Vorfahren zu verlassen, doch zu eurem Unglück wurde in eurem Land Gold gefunden, und ein Haufen Weißer ist dorthin gegangen, um dort zu leben, und sehr viele dieser Leute sind die schlimmsten Feinde der Indianer – Menschen, die eure Belange nicht interessieren und die vor keinem Verbrechen zurückschrecken würden, um sich zu bereichern. Diese Menschen sind jetzt überall in eurem Land, und es gibt keinen Teil, in dem ihr leben und euch behaupten könnt, ohne mit ihnen in Berührung zu kommen. Infolgedessen seid ihr in ständiger Gefahr, behelligt zu werden und, um euch zu verteidigen, zu euren Waffen greifen zu müssen. Unter diesen Umständen gibt es nach Ansicht der Kommission keinen Teil eures früheren Landes, der groß genug ist, daß ihr in Frieden darin leben könnt.«

Black Kettle sagte: »Unsere Vorväter haben zu ihrer Zeit in diesem ganzen Land gelebt; sie haben nichts Böses getan; sie sind gestorben und fortgegangen, wohin, weiß ich nicht. Wir haben alles verloren ... Unser Großer Vater hat euch mit seiner Botschaft zu uns gesandt, und wir glauben seinen Worten. Obwohl die Soldaten uns geschlagen haben, sind wir bereit, alles zu vergessen und in Frieden und Freundschaft mit euch zu sprechen. Ich stelle mich nicht gegen euch und gegen das, was der Präsident will, sondern sage ja dazu ... Die Weißen können gehen, wohin sie wollen; wir werden sie nicht belästigen, und ich möchte, daß ihr sie das wissen laßt ... Wir sind verschiedene Rassen, doch es scheint, als seien wir ein Volk, die Weißen und wir ... Ich reiche euch wieder die Hand, und ich tue es mit Freuden. Die Männer, die mit mir gekommen sind, sind froh, daß wir wieder Frieden haben und ruhig schlafen können, und daß wir leben können.«

Und so erklärten sie sich einverstanden, südlich des Arkansas zu leben und mit den Kiowas das Land, das diesen gehörte, zu teilen. Am 14. Oktober 1865 unterzeichneten die Häuptlinge und Führer der restlichen Southern Cheyennes und Arapahos den neuen Vertrag, der »ewigen Frieden« verhieß. Artikel 2 des Vertrages lautete: »Die indianischen Vertragspartner erklären sich überdies damit einverstanden ... hiermit alle Rechte und Ansprüche an dem Land aufzugeben, dessen Grenzen wie folgt verlaufen: beginnend am Zusammenfluß des nördlichen und südlichen Arms des Platte River; dann den nördlichen Arm aufwärts zum Gipfel der Hauptkette der Rocky Mountains oder der Red Buttes; dann südwärts entlang den Gipfeln der Rocky Mountains zum Quellgebiet des Arkansas River; von dort den Arkansas River hinab zur Mündung des Cimarone in denselben; von dort zur zuerst erwähnten Stelle; welches Land sie ursprünglich als ihr Eigentum beanspruchten und auf das sie nie Verzicht geleistet haben.«

So gaben die Cheyennes und Arapahos sämtliche Rechte im Territorium Colorado auf. Der wahre Grund dafür war natürlich das Massaker am Sand Creek.

PRANCING THEY COME

See them	See them
prancing.	prancing.
They come	They come
neighing,	neighing,
they come	they come.
a Horse Nation.	

5

Invasion am Powder River

1865 – 2. April – Die Konförderierten geben Richmond auf. 9. April – Lee kapituliert vor Grant bei Appomatox; Ende des Bürgerkrieges. 14. April – John Wilkes Booth ermordet Präsident Lincoln; Andrew Johnson wird Präsident. 13. Juni – Präsident Johnson proklamiert Rekonstruktion der ehemaligen Konföderierten Staaten. Oktober – Die Vereinigten Staaten ersuchen Frankreich, seine Truppen aus Mexiko abzuziehen. 18. Dezember – Durch das Dreizehnte Amendment zur Verfassung wird die Sklaverei abgeschafft. Lewis Carrolls »Alice im Wunderland« und Tolstois »Krieg und Frieden« erscheinen.

Wessen Stimme ertönte als erste in diesem Land? Die Stimme des roten Volkes, das nichts als Bogen und Pfeile besaß ... Was in meinem Land geschehen ist, habe ich nicht gewollt, habe ich nicht gewünscht; weiße Menschen ziehen durch mein Land ... Wenn der Weiße Mann in mein Land kommt, läßt er eine Spur von Blut hinter sich ... Es gibt zwei Gebirge in meinem Land – die Black Hills und den Big Horn Mountain. Ich will nicht, daß der Große Vater Straßen durch sie baut. Ich habe diese Dinge dreimal gesagt; jetzt bin ich gekommen, um sie zum vierten Mal zu sagen.

MAHPIUA LUTA (RED CLOUD) VON DEN OGLALA-SIOUX

Als die Prärieindianer nach der Schlacht am Platte River ins Land am Powder River zurückgekehrt waren, bereiteten sie ihre üblichen sommerlichen Kultfeierlichkeiten vor. Die Stämme kampierten nicht weit voneinander an der Mündung des Crazy Woman, eines Seitenarms des Powder. Weiter nördlich am Powder und am Little Missouri lagerten einige Teton-Sioux, die sich in jenem Jahr aus Dakota vor General Sullys Soldaten nach Westen zurückgezogen hatten. Unter ihnen befanden sich Sitting Bull und seine Hunkpapas, und diese Vettern der Oglalas sandten Boten aus und luden zu einem großen Sonnentanz ein, der alljährlichen religiösen Feierlichkeit der Tetons. Während des Sonnentanzes veranstalteten die Cheyennes ihre Zauberpfeil-Zeremonie, die vier Tage dauerte. Der Pfeilhüter nahm die vier geheimen Pfeile aus ihrer Tasche aus Coyotenfell, und sämtliche Männer des Stammes zogen daran vorbei, brachten den Pfeilen ein Opfer dar und beteten sie an.

Black Bear, einer der obersten Häuptlinge der Northern Arapahos, beschloß, mit seinen Leuten nach Westen zum Tongue River zu ziehen; er forderte einige der Southern Arapahos, die vom Sand Creek nach Norden gekommen waren, auf, sich ihm anzuschließen. Sie würden am Tongue ein Dorf errichten, sagte er, und viel jagen und tanzen, bis die kalten Monde kamen.

So waren Ende August 1865 die Indianerstämme im Land am Powder River von den Bighorns im Westen bis zu den Black Hills im Osten verstreut. Sie waren von der Uneinnehmbarkeit des Landes so überzeugt, daß die meisten zu ihnen dringende Gerüchte, daß sich ihnen aus vier Richtungen Soldaten näherten, nicht glauben wollten.

Drei der Soldatenkolonnen standen unter dem Kommando von General Patrick E. Connor, den man im Mai aus Utah geholt und beauftragt hatte, gegen die Indianer am Platte River zu kämpfen. 1863 hatte Star Chief Connor ein Lager der Paiutes am Bear River umzingelt und 278 von ihnen niedergemetzelt. Deshalb priesen ihn die Weißen als einen tapferen Verteidiger des Pioniergebiets vor dem »roten Feind«.

Im Juli 1865 äußerte Connor, die Indianer nördlich des Platte müßten »gejagt werden wie Wölfe«, und stellte drei Kolonnen Soldaten zur Eroberung des Landes am Powder River zusammen. Eine Kolonne unter Colonel Nelson Cole sollte von Nebraska zu den Black Hills in Dakota marschieren. Die zweite Kolonne unter Colonel Samuel Walker erhielt den Befehl, von Fort Laramie direkt nach Norden vorzustoßen und sich mit Cole an den Black Hills zu vereinigen. Die dritte, die Connor selbst kommandierte, wollte auf dem Bozeman Trail in nordwestlicher Richtung nach Montana marschieren. Auf diese Weise sollten die Indianer von Connors Kolonne und den vereinigten Streitkräften Coles und Walkers in die Zange genommen werden. Er untersagte seinen Offizieren, auf Friedensangebote der Indianer einzugehen, und befahl ihnen: »Jeder über zwölf Jahre alte Indianer ist anzugreifen und zu töten.«

Anfang August brachen die drei Kolonnen auf. Wenn alles plangemäß verlief, würden sie sich um den 1. September am Rosebud River inmitten des Indianerlandes treffen. Eine vierte Kolonne, die mit Connors Expedition nicht in Verbindung stand, näherte sich ebenfalls von Osten her dem Land am Powder River. James A. Sawyers, ein Zivilist, hatte sie aufgestellt; sein einziges Ziel war, zu den Goldfeldern von Montana vorzustoßen. Sawyers wußte, daß er unbefugt Land betreten würde, das vertragsgemäß den Indianern gehörte, und da er mit Widerstand rechnete, hatte er zwei Kompanien Infanterie angefordert, die seine aus dreiundsiebzig Goldgräbern und achtzig Wagen bestehende Gruppe begleiteten.

Am 14. oder 15. August erfuhren die am Powder kampierenden Sioux und Cheyennes, daß Sawyers Kolonne sich ihnen näherte. »Unsere Jäger ritten aufgeregt ins Lager«, erinnerte sich später George Bent, »und sagten, flußaufwärts seien Soldaten. Unser Ausrufer, ein Mann namens Bull Bear, stieg auf sein Pferd, ritt durch das Lager und rief aus, daß Soldaten kämen. Das gleiche tat Red Cloud bei den Sioux. Alle liefen zu den Ponys. In solchen Momenten nahm sich jeder irgendein Pony; wenn das Pony im Kampf getötet wurde, brauchte es der Reiter seinem Besitzer nicht zu bezahlen, doch alles, was der Reiter in der Schlacht erbeutet hatte, gehörte dem Besitzer des Ponys. Als wir alle aufgesessen waren, ritten wir etwa fünfundzwanzig Kilometer den Powder hinauf, wo wir auf Sawyers ›Straßenbautrupp‹ stießen, der auf beiden Seiten von Soldaten eskortiert wurde.

Im Gefecht an der Platte-Brücke hatten die Indianer unter anderem einige Armeeuniformen und Signalhörner erbeutet. Als sie das Lager verließen, hatte George Bent schnell eine Offiziersbluse angezogen, und sein Bruder Charlie hatte ein Horn mitgenommen, um die Soldaten zu verwirren und nervös zu machen. Die Streitmacht der Indianer bestand aus etwa fünfhundert Sioux und Cheyennes, und sowohl Red Cloud als auch Dull Knife waren mitgekommen. Die Häuptlinge waren sehr empört, daß die Soldaten in ihr Land eingedrungen waren, ohne um Erlaubnis zu bitten.

Als sie die Wagenkolonne sichteten, zog sie zwischen zwei Bergen hindurch, gefolgt von einer aus etwa dreihundert Rindern bestehenden Herde. Die Indianer teilten sich in zwei Gruppen und beschossen auf ein Signal hin von den zwei gegenüberliegenden Bergen aus die Soldaten. Innerhalb weniger Minuten bildeten die Wagen einen Kreis, in dessen Mitte die Herde getrieben wurde.

Zwei oder drei Stunden lang amüsierten sich die Krieger damit, durch Gräben die Berge herunterzukriechen und plötzlich aus naher Entfernung das Feuer zu eröffnen. Einige wagemutige Reiter galoppierten dicht heran, umkreisten die Wagen und verschwanden dann außer Schußweite. Als die Soldaten mit ihren zwei Haubitzen zu schießen begannen, versteckten sich die Krieger hinter kleinen Hügeln, stießen Kriegsrufe aus und beschimpften die Soldaten. Charlie Bent stieß ein paarmal in sein Signalhorn und überhäufte die Soldaten mit englischen Flüchen, die er im Handelsposten seines Vaters gelernt hatte. (»Sie verspotteten uns auf schlimmste Weise«, sagte einer der Goldsucher später. »Einige von ihnen konnten genug Englisch, um uns mit den gemeinsten Namen zu belegen.«)

Die Wagenkolonne konnte nicht weiterziehen, doch die Indianer konnten auch nicht an sie heran. Um der verfahrenen Situation ein Ende zu bereiten, befahlen die Häuptlinge gegen Mittag, eine weiße Fahne zu schwenken. Einige Minuten später ritt ein Mann in einem Wildlederanzug aus dem Wagenring heraus. Da die Bent-Brüder Englisch sprechen konnten, schickte man sie zu dem Unterhändler. Der Mann, ein umgänglicher Mexikaner namens Juan Suse, war über Bents Englisch und Georges blaue Uniformbluse sehr erstaunt. Suse, der kaum Englisch konnte, mußte sich der Zeichensprache bedienen, doch es gelang ihm, ihnen klarzumachen, daß der Kommandeur der Wagenkolonne bereit war, mit den Indianerhäuptlingen zu verhandeln.

Rasch wurde ein Treffen arrangiert, bei dem die Bents für Red Cloud und Dull Knife dolmetschten. Colonel Sawyers und Captain George Williford kamen mit einer kleinen Eskorte aus der Wagenburg hervor. Colonel Sawyers trug seinen Titel nur ehrenhalber, doch er betrachtete sich als Kommandeur der Wagenkolonne. Captain Willifords Titel war echt; seine zwei Kompanien gehörten zu den *Galvanized Yankees*, einstigen kriegsgefangenen Konföderierten. Willifords Nerven waren aufs äußerste angespannt. Er war sich seiner Männer nicht sicher und wußte nicht recht, ob er zu der Expedition befugt war. Er starrte auf die blaue Uniformbluse, die George Bent, der halbblütige Dolmetscher der Cheyennes, trug.

Als Red Cloud eine Erklärung für die Anwesenheit der Soldaten im Indianerland verlangte, stellte Captain Williford die Gegenfrage, warum die Indianer friedliche Weiße angegriffen hätten. Charlie Bent, der immer noch voll Bitterkeit an Sand Creek dachte, sagte, die Cheyennes würden so lange gegen alle Weißen kämpfen, bis die Regierung Colonel Chivington gehängt habe. Sawyers erwiderte, daß er nicht gekommen sei, um gegen die Indianer zu kämpfen; er suche einen Abkürzungsweg zu den Goldfeldern von Montana und wolle nur durch das Land marschieren.

»Ich übersetzte dies den Häuptlingen«, sagte George Bent später, »und Red Cloud antwortete, wenn die Weißen aus seinem Land verschwinden und keine Straßen bauen würden, wäre alles in Ordnung. Dull Knife erklärte das gleiche im Namen der Cheyennes; dann sagten die Häuptlinge dem Offizier (Williford), er solle von hier aus nach Westen marschieren und sich dann nach Norden wenden, und wenn er an den Bighorn Mountains vorbei sei, würde er ihr Land hinter sich haben.«

Sawyers protestierte. Auf diese Weise würde er zu weit von seinem Weg abkommen; er wolle entlang dem Powder River nach Norden zu einem Fort marschieren, das General Connor dort baue.

Auf diese Weise erfuhren Red Cloud und Dull Knife zum ersten Mal, daß General Connor in ihr Land eingedrungen war. Sie äußerten Überraschung und Wut darüber, daß die Soldaten es wagten, mitten in ihren Jagdgründen ein Fort zu bauen. Als Sawyer die Empörung der Häuptlinge bemerkte, bot er ihnen schnell eine Wagenladung Mehl, Zucker, Kaffee und Tabak an. Red Cloud verlangte außerdem Pulver, Blei und Zündhütchen, wogegen Captain Williford jedoch energisch Einwand erhob; er wollte den Indianern überhaupt nichts geben.

Schließlich erklärten die Häuptlinge sich einverstanden, eine Wagenladung Mehl, Zucker, Kaffee und Tabak anzunehmen und dafür der Kolonne die Erlaubnis zu erteilen, zum Powder River zu marschieren. George Bent berichtete später: »Der Offizier sagte mir, ich solle die Indianer von der Kolonne fernhalten, dann werde man die Waren abladen. Er wolle zum Fluß weiterziehen und dort kampieren. Das war um die Mittagszeit. Als er den Fluß erreichte und dort seine Wagen im Kreis aufstellte, kam eine Schar Sioux vom Dorf herauf. Die Wagenladung Waren war bereits unter die erste Gruppe Indianer aufgeteilt worden, und so lehnte der Offizier, als diese Sioux weitere Waren verlangten, ab, und sie begannen auf die Wagenburg zu feuern.«

Diese zweite Gruppe Sioux belästigte Sawyers und Williford mehrere Tage, doch Red Cloud und Dull Knife nahmen an ihren Aktionen nicht teil. Sie zogen das Tal hinauf, um nachzusehen, ob es stimmte, daß die Soldaten am Powder River ein Fort bauten.

Inzwischen hatte Star Chief Connor etwa hundert Kilometer südlich des Crazy Woman, eines Seitenarms des Powder, mit dem Bau einer Befestigung begonnen und sie nach sich selbst Fort Connor genannt. Unter Connors Leuten befand sich eine Kompanie Pawnee-Kundschafter, die von Captain Frank North befehligt wurde. Die Pawnees waren alte Feinde der Sioux, Cheyennes und Arapahos, und man hatte sie zum regulären Kavalleristensold angeworben. Während die Soldaten Bäume für Connors Palisaden fällten, suchten die

Pawnees das Gebiet nach ihren Feinden ab. Am 16. August sichteten sie eine kleine, sich von Süden nähernde Gruppe Cheyennes. Unter ihnen befand sich Yellow Woman, Charlie Bents Mutter.

Sie ritt mit vier Männern der Hauptgruppe ein Stück voraus, und als sie die Pawnees auf einem niedrigen Hügel erblickte, hielt sie sie für Cheyennes oder Sioux. Die Pawnees signalisierten mit ihren Decken, daß sie Freunde seien, und die Cheyennes zogen ihnen, ohne Gefahr zu wittern, entgegen. Als die Cheyennes kurz vor dem Hügel waren, griffen die Pawnees sie plötzlich an. Und so wurde Yellow Woman, die William Bent verlassen hatte, weil er ein Angehöriger der weißen Rasse war, von einem Söldner ihrer eigenen Rasse getötet. An diesem Tag befand sich ihr Sohn Charlie mit Dull Knifes Kriegern nur einige Meilen weiter östlich auf dem Rückweg von Sawyers Wagenkolonne.

Am 22. August entschied General Connor, daß die Befestigung am Powder stark genug war, um von einer Kavalleriekompanie gehalten zu werden. Er ließ den größten Teil seiner Vorräte zurück und brach mit seinen übrigen Soldaten zum Tal des Tongue River auf, um es nach größeren Ansammlungen von Indianerwigwams abzusuchen. Wäre er den Powder entlang nach Norden marschiert, so wäre er auf Tausende von kampflustigen Indianern gestoßen – Red Clouds und Dull Knifes Krieger, die ihrerseits Connors Soldaten suchten.

Etwa eine Woche, nachdem Connors Kolonne den Powder verlassen hatte, zog ein Cheyennekrieger namens Little Horse mit seiner Frau und seinem kleinen Sohn durch dieses Gebiet. Little Horses Frau war eine Arapaho, und sie wollten ihre Verwandten in Black Bears Arapaholager am Tongue River besuchen. Eines Tages lockerte sich ein Bündel auf dem Pferd seiner Frau. Als sie abstieg, um es zu befestigen, wandte sie sich um, und ihr Blick fiel zufällig auf einen Bergkamm. Weit hinter ihnen kam eine Gruppe Reiter den Weg entlang.

Sie machte Little Horse auf sie aufmerksam. »Das sind Soldaten!« schrie Little Horse. »Schnell weg!«

Als sie über den nächsten Hügel und außer Sicht der Soldaten waren, bogen sie vom Weg ab. Little Horse machte den Schlitten los, auf dem sein kleiner Sohn saß, setzte den Jungen hinter sich, und sie ritten schnell quer über Land zu Black Bears Lager. Sie galoppierten hinein und rissen das friedliche, aus 250 Wigwams bestehende Dorf, das auf einem Hochplateau über dem Fluß stand, aus seiner Ruhe. Die Arapahos besaßen in jenem Jahr viele Ponys; etwa dreitausend waren am Fluß zusammengetrieben.

Die Arapahos wollten nicht glauben, daß sich Soldaten in der Nähe befanden,

Red Cloud (Machpiya-luta, Häuptling der Oglala-Dakotas (1880)

und als Little Horse dem Ausrufer sagte, er solle die Leute warnen, erwiderte er: »Little Horse hat sich getäuscht; er hat nur ein paar Indianer auf dem Weg gesehen, sonst nichts.« Überzeugt, daß die Reiter, die sie gesehen hatten, Soldaten waren, eilten Little Horse und seine Frau zu ihren Verwandten. Ihr Bruder Panther saß vor seinem Wigwam. Sie sagten ihm, daß Soldaten kämen, und er solle schnellstens verschwinden. »Pack zusammen, was du mitnehmen willst«, sagte Little Horse. »Wir müssen noch heute abend weg.«
Panther lachte seinen Schwager aus. »Du hast immer Angst und siehst alles mögliche«, sagte er. »Das waren nur ein paar Büffel.«
»Schön«, erwiderte Little Horse, »wenn du willst, kannst du ja bleiben, aber wir brechen heute abend auf.« Seine Frau überredete einige andere Verwandte zu packen, und vor Einbruch der Nacht verließen sie das Dorf und zogen ein paar Kilometer den Tongue hinunter.
Früh am nächsten Morgen griffen Star Chief Connors Soldaten das Arapaholager an. Zufällig entdeckte ein Krieger, der mit seinem Rennpferd einen Ausritt machte, wie die Truppen sich hinter einem Bergkamm versammelten. So schnell er konnte, galoppierte er zum Lager zurück und warnte die Arapahos, so daß einige von ihnen flußabwärts fliehen konnten.
Ein paar Minuten später ertönte ein Signalhorn, eine Haubitze krachte, und achtzig Pawnee-Kundschafter und 250 von Connors Kavalleristen griffen das Dorf von zwei Seiten an. Die Pawnees schwenkten zu den dreitausend Ponys ab, die die Arapahohirten verzweifelt durch das Flußtal zu treiben versuchten. In dem Dorf, das noch vor ein paar Minuten friedlich und ruhig gewesen war, herrschte plötzlich ein schrecklicher Tumult – Pferde bäumten sich wiehernd auf, Hunde kläfften, Frauen schrien, Kinder weinten, Krieger und Soldaten brüllten und fluchten.
Die Arapahos versuchten, eine Verteidigungslinie zu bilden, um Frauen und Kindern die Flucht zu ermöglichen, doch diese gerieten während der wilden Schießerei zwischen die Krieger und die Kavalleristen. »Die Soldaten«, sagte einer von Connors Offizieren, »töteten einen Krieger, der vom Pferd stürzte, und zwei Kinder, die er trug, fallen ließ. Als die Indianer sich zurückzogen, ließen sie die Kinder etwa in der Mitte zwischen den beiden Linien liegen.« Sie wurden erschossen.
»Ich wurde im Dorf in ein Handgemenge mit Kriegern und ihren Squaws verwickelt«, berichtete ein anderer Soldat, »denn viele weibliche Angehörige dieser Gruppe kämpften ebenso tapfer wie die Männer. Unglücklicherweise hatten unsere Männer keine Zeit, genau zu zielen ... und so wurden nicht nur Krieger, sondern auch Frauen und Kinder getötet und verwundet.«
Die Arapahos fingen schnell Ponys ein, bestiegen sie und zogen sich, verfolgt

von den Soldaten, entlang dem Wolf Creek zurück. Unter den Soldaten befand sich ein Kundschafter, der einen Rehlederanzug trug. Einige der älteren Arapahos erkannten ihn – er hatte vor Jahren am Tongue und Powder Fallen gestellt und eine ihrer Frauen geheiratet. Sie hatten ihn für einen Freund gehalten. Blanket nannten sie ihn, Blanket Jim Bridger. Jetzt war er ein Söldner wie die Pawnees.

Die Arapahos zogen sich an diesem Tag fünfzehn Kilometer weit zurück, und als die Pferde der Soldaten müde wurden, griffen die Krieger sie an und beschossen die Blauröcke mit ihren alten eingetauschten Gewehren und mit Pfeilen. Am frühen Nachmittag hatten Black Bear und seine Krieger Connors Kavalleristen bis zum Dorf zurückgetrieben, doch dort hatten Artilleristen zwei große Haubitzen in Stellung gebracht, und die laut sprechenden Kanonen füllten die Luft mit pfeifenden Metallstücken. Die Arapahos konnten nicht weiter vorstoßen.

Von den Bergen aus sahen die Arapahos, wie die Soldaten sämtliche Wigwams niederrissen und Pfähle, Planen, Büffelhäute, Decken, Pelze und dreißig Tonnen Dörrfleisch zu großen Bergen aufhäuften und sie anzündeten. Alles, was die Arapahos besaßen – ihre Behausungen, ihre Kleidung und ihre Lebensmittelvorräte für den Winter –, verbrannte. Dann bestiegen die Soldaten und die Pawnees ihre Pferde und verschwanden mit den Ponys, die sie eingefangen hatten – tausend Tieren, einem Drittel der Ponyherde des Stammes.

Am Nachmittag hörte Little Horse, der Cheyenne, der die Arapahos vor den Soldaten gewarnt hatte, das Donnern der großen Kanonen. Sowie die Soldaten fort waren, kehrten er, seine Frau und deren Verwandte, die auf seine Warnung gehört hatten, in das brennende Dorf zurück. Sie fanden über fünfzig tote Indianer. Panther, Little Horses Schwager, lag an der Stelle, wo am Morgen noch sein Wigwam gestanden hatte, neben einem runden Fleck vergilbten Grases. Viele andere, darunter Black Bears Sohn, waren schwer verwundet und würden bald sterben. Die Arapahos besaßen nichts mehr als die Ponys, die den Soldaten entgangen waren, ein paar alte Gewehre, ihre Bogen und Pfeile und die Kleider, die sie getragen hatten, als die Soldaten das Dorf angriffen.

Am nächsten Morgen verfolgten einige Krieger Connors Kavalleristen, die nordwärts zum Rosebud zogen. Am gleichen Tag rollte Sawyers Wagenkolonne, die die Sioux und Cheyennes vor zwei Wochen belagert hatten, durch das Land der Arapahos. Empört über die vielen Eindringlinge, überfielen die Indianer Kundschafter, die der Kolonne vorausritten, trieben das Vieh, das ihr folgte, auseinander, und erschossen mehrere Kutscher. Da sie im Kampf gegen Connors Kavalleristen den größten Teil ihrer Munition verbraucht hatten, waren die Arapahos nicht stark genug, um Sawyers Wagen zu umzingeln und anzugreifen. Sie belästigten die Goldsucher jedoch ununterbrochen, bis sie aus dem Bighorn-Land nach Montana überwechselten.

Star Chief Connor marschierte indessen zum Rosebud und hielt gierig nach weiteren Indianerdörfern Ausschau, die er zerstören konnte. Als er sich dem Treffpunkt am Rosebud näherte, schickte er nach allen Richtungen Kundschafter mit dem Auftrag aus, die zwei anderen Kolonnen seiner Expedition unter Cole und Walker zu suchen. Sie konnten sie nirgends entdecken, obwohl sie bereits eine Woche überfällig waren. Am 9. September befahl Connor Captain North, schnellstens mit seinen Pawnees zum Powder River zu marschieren; er hoffte, daß sie dort auf die Kolonnen stoßen würden. Am zweiten Tag gerieten die Pawneesöldner in einen schweren Schneesturm, und zwei Tage später fanden sie die Stelle, an der Cole und Walker nicht lange zuvor kampiert hatten. Die Erde war mit toten Pferden übersät, insgesamt neunhundert. Die Pawnees »waren erstaunt und verwundert, denn sie konnten sich nicht denken, wie die Tiere umgekommen waren. Viele der Pferde waren durch den Kopf geschossen worden«. In der Nähe entdeckten sie rußgeschwärzte Metallspangen, Steigbügel und Ringe – die Überreste verbrannter Sättel und Geschirre. Captain North kehrte sofort zum Rosebud zurück, um General Connor Meldung zu erstatten.

Am 18. August hatten sich die zwei Kolonnen unter Cole und Walker am Belle Fourche River in den Black Hills vereinigt. Die Moral der zweitausend Soldaten war schlecht; es waren Bürgerkriegsfreiwillige, die gehofft hatten, bei Ende des Krieges im April entlassen zu werden. Bevor sie Fort Laramie verließen, hatten die Soldaten des einen Kansas-Regiments von Walker gemeutert und sich geweigert aufzubrechen, wenn sie nicht durch Artillerie verstärkt würden. Ende August waren die Proviantvorräte beider Kolonnen so zusammengeschmolzen, daß die Soldaten Maultiere zu schlachten begannen. Viele Männer erkrankten an Skorbut. Infolge des Mangels an Gras und Wasser wurden ihre Pferde immer schwächer. Da sich Männer und Pferde in so schlechtem Zustand befanden, hatten weder Cole noch Walker Lust, sich auf einen Kampf mit den Indianern einzulassen. Sie waren nur bestrebt, den Rosebud zu erreichen und sich mit General Connor zu vereinigen.

Von den Indianern befanden sich Tausende an den heiligen Orten von Paha-Sapa, den Black Hills. Es war Sommer, die Zeit, den Großen Geist anzurufen, seine Gnade zu erflehen und Visionen zu suchen. Angehöriger aller Stämme hatten sich einzeln oder in kleinen Gruppen dort am Mittelpunkt der Welt eingefunden und nahmen an den religiösen Zeremonien teil. Sie sahen die Staubwolken, die zweitausend Soldaten und ihre Pferde und Wagen aufwühlten, und haßten sie, weil sie Paha-Sapa, von wo die Reifen, welche die Welt zusammenhielten, in alle vier Himmelsrichtungen ausgingen, entweihten. Doch die Indianer schickten keine Streitkräfte aus und hielten sich von der lärmenden, staubigen Kolonne fern.

Als Cole und Walker am 28. August den Powder erreichten, entsandten sie Kundschafter, die General Connor am Tongue und Rosebud suchen sollten, doch dieser befand sich an jenem Tag noch weit im Süden und traf Vorbereitungen für den Angriff auf Black Bears Arapahodorf. Als die Kundschafter ins Lager zurückkehrten und meldeten, daß sie Connor nicht gefunden hätten, setzten die beiden Kommandeure ihre Männer auf halbe Rationen und beschlossen, nach Süden zu ziehen, um nicht zu verhungern.

Als die Soldaten das Lager am Powder abbrachen und die Black Hills verließen, folgten ihnen Gruppen von Hunkpapas und Minneconjou-Sioux. Bis zum 1. September war die Zahl der Verfolger auf etwa vierhundert angewachsen. Unter den Kriegern befand sich Sitting Bull, der Hunkpapahäuptling, der vor zwei Jahren am Crow Creek im Lager der aus Minnesota vertriebenen Santees geschworen hatte, wenn nötig, zu kämpfen, um das Büffelland vor den landgierigen Weißen zu retten.

Als die Sioux entdeckten, daß die Soldaten am Powder kampierten, wollten einige junge Männer mit einer weißen Fahne zu ihnen reiten und die Blauröcke zu überreden versuchen, ihnen Tabak und Zucker als Friedensgeschenke zu geben. Sitting Bull traute den Weißen nicht und war dagegen, doch er hielt sich zurück und ließ die andern eine Verhandlungsdelegation zum Lager schicken.

Die Soldaten warteten, bis die Indianer in die Reichweite ihrer Gewehre kamen. Dann feuerten sie auf sie und töteten und verwundeten mehrere, bevor sie entkommen konnten. Auf dem Rückweg stahlen die Überlebenden mehrere Pferde aus der Herde der Soldaten.

Sitting Bull überraschte es nicht, wie die Soldaten die friedlichen Indianer behandelt hatten. Als er sich die mageren Pferde ansah, kam er zu dem Schluß, daß vierhundert Sioux auf schnellen Mustangs zweitausend Soldaten auf solchen halbverhungerten Kleppern gewachsen sein müßten. Black Moon, Swift Bear, Red Leaf, Stands-Looking-Back und die meisten anderen Krieger waren der gleichen Meinung. Stands-Looking-Back besaß einen Säbel, den er in Dakota einem von General Sullys Männern abgenommen hatte, und er brannte darauf, ihn im Kampf gegen die Soldaten zu erproben.

In seiner Autobiographie, die Sitting Bull später in Bilderschrift verfaßte, stellte er sich an diesem Tag mit perlengeschmückten Hosen und einer Pelzmütze mit Ohrenklappen dar. Bewaffnet war er mit einem einschüssigen Vorderlader, einem Bogen und einem Köcher, und er trug seinen Donnervogelschild.

Die Indianer ritten in einer Reihe zum Lager hinunter, umzingelten die Soldaten, welche die Pferdeherde bewachten, und erschossen einen nach dem andern, bis eine Kompanie Kavalleristen die Uferböschung des Powder heraufstürmte. Die Sioux zogen sich auf ihren schnellen Ponys rasch zurück und hielten sich außer Schußweite, bis die mageren Pferde der Blauröcke erschöpft waren. Dann griffen sie ihre Verfolger an, geführt von Stands-Looking-Back, der, seinen Säbel schwenkend, mitten zwischen die Soldaten ritt und einen von seinem Pferd stieß. Jubelnd über seine Heldentat, galoppierte er davon.

Nach ein paar Minuten hatten sich die Soldaten neu formiert. Ein Signalhorn ertönte, und sie stürmten den Sioux erneut nach. Wieder brachten die schnellen Ponys die Indianer außer Schußweite. Sie zerstreuten sich, bis die Soldaten anhielten. Diesmal griffen die Sioux von allen Seiten an, ritten zwischen die Soldaten und schossen sie von ihren Pferden. Sitting Bull erbeutete einen schwarzen Hengst, von dem er später eine Zeichnung für seine Autobiographie anfertigte.

Alarmiert durch den Angriff der Indianer, trieben Cole und Walker ihre Kolonnen zu einem Gewaltmarsch südwärts entlang dem Powder an. Ein paar Tage verfolgten die Sioux die Soldaten und erschreckten sie, indem sie plötzlich auf Bergrücken auftauchten oder kleine Überfälle auf die Nachhuten unternahmen. Sitting Bull und die anderen Häuptlinge lachten über die Angst der Blauröcke; sie drängten sich ständig zusammen, blickten über ihre Schultern und trieben ihre Pferde an, um von ihnen wegzukommen.

Als der große Schneesturm kam, suchten die Indianer zwei Tage Schutz. Dann hörten sie eines Morgens aus der Richtung, in die die Soldaten gezogen waren, Schüsse. Am nächsten Tag fanden sie das verlassene Lager mit den überall herumliegenden toten Pferden. Die Soldaten hatten sie offenbar erschossen, weil sie nicht mehr weiterkonnten.

Da viele der verängstigten Blauröcke jetzt zu Fuß marschierten, beschlossen die Sioux, ihnen zu folgen und ihnen solche Angst einzujagen, daß sie sich nie wieder in die Black Hills wagen würden. Unterwegs trafen die Hunkpapas und Minneconjous kleine Spähtrupps von Oglala-Sioux und Cheyennes, die immer noch Star Chief Connors Kolonne suchten. Nur ein paar Kilometer südlich lag ein großes Cheyennedorf, und als Läufer die Anführer der Gruppen zusammenbrachten, beschlossen sie, den Soldaten einen großen Hinterhalt zu legen.

Während dieses Sommers hatte Roman Nose häufig gefastet, um besonderen Schutz gegenüber Feinden zu erlangen. Wie Red Cloud und Sitting Bull war er entschlossen, um sein Land zu kämpfen, und von dem festen Vorsatz erfüllt zu siegen. White Bull, ein alter Medizinmann der Cheyennes, riet ihm, allein zu einem Zaubersee in der Nähe zu gehen und mit den Wassergeistern zu leben. Vier Tage lang hat Roman Nose ohne Nahrung und Wasser auf einem Floß auf dem See verbracht und ertrug bei Tag die heiße Sonne und bei Nacht die Gewitter. Er betete zum Großen Medizinmann und zu den Wassergeistern. Als Roman Nose ins Lager zurückkehrte, machte White Bull ihm einen Kopfschmuck mit so vielen Adlerfedern, daß er fast bis zum Boden herabhing, als er ihn aufsetzte.

Als man im September im Cheyennelager von den südwärts den Powder entlangfliehenden Soldaten erfuhr, bat Roman Nose darum, einen Angriff gegen die Blauröcke unternehmen zu dürfen. Einen oder zwei Tage später kampierten die Soldaten in einer Flußbiegung mit hohen Felsklippen und dichtem Wald zu beiden Seiten. Die Häuptlinge kamen zu dem Schluß, daß diese Stelle sich zu einem Angriff ausgezeichnet eignete, brachten um das ganze Lager herum mehrere hundert Krieger in Stellung und schickten ein paar kleine Gruppen vor, um die Soldaten aus ihrer Wagenburg zu locken. Doch die Soldaten kamen nicht heraus.

Daraufhin ritt Roman Nose auf seinem weißen Pony vor, geschmückt mit dem Kopfputz, das Gesicht bemalt. Er rief den Kriegern zu, nicht einzeln zu kämpfen, wie sie es immer getan hatten, sondern gemeinsam wie die Soldaten. Dann befahl er ihnen, sich zwischen dem Fluß und den Klippen zu einer Linie zu formieren. Die Krieger stellten sich mit den Ponys in einer Reihe gegenüber den Soldaten auf, die vor ihren Wagen standen. Roman Nose ritt auf seinem weißen Pony an seinen Kriegern entlang und forderte sie auf, standzuhalten, bis die Soldaten ihre Gewehre leergeschossen hatten. Dann trieb er das Pony an und ritt direkt auf das eine Ende der Soldatenreihe zu. Als er so nahe heran war, daß er deutlich ihre Gesichter sehen konnte, wendete er und ritt an den Soldaten vorbei, und sie schossen ihre Gewehre auf ihn ab. Am Ende der Reihe kehrte er um und ritt wieder die Soldatenreihe entlang zurück.

»Drei- oder viermal ritt er von einem Ende der Reihe zum andern«, sagte George Bent. »Dann wurde sein Pony erschossen und brach unter ihm zusammen. Als die Krieger dies sahen, stürmten sie laut schreiend vor. Sie griffen die Soldaten an der ganzen Linie an, konnten sie aber nirgends durchbrechen.«

Roman Nose hatte sein Pferd verloren, doch sein Schutzzauber rettete ihm das Leben. An diesem Tag sammelte er einige Erfahrungen im Kampf gegen die Blauröcke – ebenso Red Cloud, Sitting Bull, Dull Knife und die anderen Häuptlinge. Tapferkeit, zahlenmäßige Stärke, massive Angriffe – all dies nützte nichts, wenn die Krieger nur mit Bogen, Speeren, Keulen und alten Gewehren aus den Trapperzeiten bewaffnet waren. (»Wir wurden jetzt von allen Seiten angegriffen, von vorn, von hinten und an den Flanken«, berichtete Colonel Walker, »doch die Indianer schienen nur wenige Feuerwaffen zu besitzen.«) Die Soldaten hingegen waren mit modernen Waffen aus dem Bürgerkrieg ausgerüstet und wurden von Haubitzen unterstützt.

Nach dem Gefecht setzten die Cheyennes und Sioux den Soldaten mehrere Tage lang zu. Die Blauröcke waren jetzt barfuß und zerlumpt und hatten nichts mehr zu essen als ihre mageren Pferde, deren Fleisch sie roh verschlangen, weil sie sich kein Feuer zu machen trauten. Ende September kam Star Chief Connors zurückkehrende Kolonne Coles und Walkers erschöpften Soldaten zu Hilfe. Die Soldaten kampierten alle zusammen an den Palisaden von Fort Connor am Powder River, bis Kuriere von Fort Laramie mit einem Befehl eintrafen, der die Truppen zurückbeorderte (außer zwei Kompanien, die in Fort Connor bleiben sollten).

Die zwei Kompanien, die den Winter über Fort Connor (das bald darauf in Fort Reno umbenannt wurde) halten sollten, waren die Galvanized Yankees, die Sawyers Wagenkolonne zu den Goldfeldern eskortiert hatten. General Connor überließ diesen ehemaligen Konföderationssoldaten sechs Haubitzen zur Verteidigung der Befestigungen. Red Cloud und die anderen Häuptlinge beobachteten das Fort aus der Ferne. Sie wußten, daß sie über genug Krieger verfügten, um das Fort zu stürmen, doch im Kugelhagel der großen Kanonen würden zu viele fallen. Schließlich beschlossen sie, das Fort und den Nachschubweg von Fort Laramie ständig zu bewachen. Sie würden die Soldaten den ganzen Winter über in ihrem Fort gefangenhalten und verhindern, daß sie von Fort Laramie aus versorgt wurden.

Noch vor Ende des Winters war die Hälfte der unglücklichen Galvanized Yankees an Skorbut, Unterernährung und Lungenentzündung gestorben. Viele Soldaten desertierten und flüchteten.

Die Indianer zogen inzwischen alle – außer den kleinen Gruppen von Kriegern, die das Fort beobachteten – zu den Black Hills, wo ihnen große Antilopen- und Büffelherden genug Nahrung boten, und überwinterten in ihren warmen Wigwams. An den langen Winterabenden diskutierten die Häuptlinge über Star Chief Connors Invasion. Die Arapahos waren zu vertrauensvoll und unbekümmert gewesen und hatten ein Dorf, mehrere Angehörige ihres Stammes und einen Teil ihrer großen Ponyherde verloren. Die anderen Stämme hatten einige Tote zu beklagen, doch keine Pferde und Wigwams verloren. Sie hatten viele Pferde und Maultiere mit amerikanischen Brandzeichen erbeutet sowie zahlreiche Karabiner, Sättel und andere Ausrüstungsgegenstände der Soldaten. Und vor allem glaubten sie jetzt wieder daran, daß es ihnen gelingen würde, die Blauröcke aus ihrem Land zu vertreiben.

»Wenn die Weißen wieder in mein Land kommen, werde ich sie wieder schlagen«, sagte Red Cloud, doch er wußte, wenn sie nicht viele neue Gewehre – wie die von den Soldaten – erbeuteten und genug Munition dafür beschaffen konnten, würden die Indianer den Soldaten nicht ewig standhalten können.

6

Red Clouds Krieg

1866 – 27. März – Präsident Johnson legt Veto gegen die Civil Rights Bill ein. 1. April – Der Kongreß setzt sich über das Veto des Präsidenten hinweg und verleiht sämtlichen in den Vereinigten Staaten geborenen Personen (ausgenommen Indianer) gleiche Rechte. 13. Juni – Vierzehntes Amendment zur Verfassung, das den Negern Bürgerrechte verleiht, wird den Staaten zur Ratifikation übermittelt. 21. Juli – Mehrere hundert Tote durch Choleraepidemie in London. 30. Juli – Rassentumulte in New Orleans. Werner von Siemens erfindet die Dynamomaschine. Dostojewskis »Schuld und Sühne« und Whittiers »Snowbound« erscheinen.

1867 – 9. Februar – Nebraska wird als siebenunddreißigster Staat in die Union aufgenommen. 17. Februar – Das erste Schiff durchfährt den Suezkanal. 12. März – Die letzten französischen Truppen verlassen Mexiko. 30. März – Die USA erwerben von Rußland Alaska für 7 200 000 Dollar. 20. Mai – In London wird John Stuart Mills Gesetzesantrag, den Frauen das Wahlrecht zu verleihen, vom Parlament abgelehnt. 19. Juni – Mexikaner richten Kaiser Maximilian hin. 1. Juli – Gründung des Dominions Kanada. 27. Oktober – Marsch Garibaldis auf Rom. 25. November – Ein Kongreßausschuß entscheidet, daß Präsident Johnson »schwerer Verbrechen und Vergehen angeklagt werden soll«. Alfred Nobel erfindet das Dynamit. Christopher L. Sholes baut die erste verwendbare Schreibmaschine. Johann Strauß komponiert den Donau-Walzer. Karl Marx veröffentlicht den ersten Teil von »Das Kapital«.

Dieser Krieg hat nicht hier in unserem Land begonnen; diesen Krieg haben die Kinder des Großen Vaters über uns gebracht, die gekommen sind und uns unser Land ohne Bezahlung wegnahmen und die in unserem Land viele böse Dinge tun. Der Große Vater und seine Kinder sind an diesem Unheil schuld ... Es ist unser Wunsch gewesen, friedlich in unserem Land zu leben und Dinge zu tun, die zum Wohl und Nutzen unseres Volkes sind, doch der Große Vater hat es mit Soldaten besetzt, die nur unseren Tod wollen. Manche von unseren Leuten, die von hier fortgingen, weil sie woanders besser zu leben hofften, und andere, die nach Norden gingen, um zu jagen, wurden von den Soldaten aus dieser Richtung angegriffen, und als sie in den Norden kamen, wurden sie von der anderen Seite von Soldaten angegriffen, und jetzt, da sie zurückkommen möchten, stellen sich die Soldaten ihnen entgegen und hindern sie daran, heimzukommen. Ich glaube, daß es einen besseren Weg gibt. Wenn Menschen in Streit geraten, ist es für beide Parteien besser, ohne Waffen zusammenzukommen und zu verhandeln und eine friedliche Lösung zu finden.

SINTE-GALESHKA (SPOTTED TAIL) VON DEN BRULE-SIOUX

Im Spätsommer und im Herbst 1865, als die Indianer im Land am Powder River ihre militärische Stärke bewiesen, reiste eine Regierungskommission den oberen Missouri River entlang. Die Beamten machten bei jedem am Fluß gelegenen Siouxdorf halt, um mit den Häuptlingen zu verhandeln. Newton Edmunds, seit kurzem Gouverneur des Territoriums Dakota, war der Leiter dieser Kommission. Ein anderes Mitglied war Long Trader Henry Sibley, der vor drei Jahren die Santee-Sioux aus Minnesota vertrieben hatte. Edmunds und Sibley verteilten an die Indianer, die sie besuchten, Decken, Sirup, Kekse und andere Geschenke, und es fiel ihnen nicht schwer, ihre Gastgeber zur Unterzeichnung neuer Verträge zu überreden. Sie schickten auch Kuriere in die Black Hills und an den Powder River und luden die Kriegshäuptlinge ein, zu kommen und sie zu unterzeichnen, doch die Häuptlinge nahm der Kampf gegen General Connors Eindringlinge zu sehr in Anspruch, und keiner von ihnen folgte der Aufforderung.

Im Frühling dieses Jahres war der Bürgerkrieg der Weißen zu Ende gegangen, und der spärliche Strom weißer Einwanderer in den Westen schien zu einer Flut anzuschwellen. Die Kommission bemühte sich, den Indianern das Recht abzuhandeln, Wege, Straßen und schließlich Eisenbahnlinien durch ihr Land zu bauen.

Vor Ende des Herbstes schloß die Kommission neun Verträge mit den Sioux – unter anderem mit den Brulés, den Hunkpapas, den Oglalas und den Minneconjous, deren Kriegshäuptlinge sich zum größten Teil nicht in den Dörfern am Missouri befanden. Die Regierungsstellen in Washington begrüßten den Abschluß der Verträge; sie waren der Meinung, die Indianer würden nun ihre Feindseligkeiten einstellen. Endlich seien die Prärie-Indianer befriedet, sagten sie; nie wieder würden sich kostspielige Unternehmungen wie Connors Expedition an den Powder River als nötig erweisen, die man unternommen hatte, »um Indianer mit einem Aufwand von über einer Million Dollar pro Stück zu töten, und bei denen Hunderte unserer Soldaten ihr Leben verloren, viele unserer Siedler niedergemetzelt wurden und viel Besitz zerstört wurde«.

Gouverneur Edmunds und den anderen Mitgliedern der Kommission war völlig klar, daß die Verträge wertlos waren, da sie kein einziger Kriegshäuptling unterzeichnet hatte. Sie schickten Kopien nach Washington zur Ratifizierung durch den Kongreß und setzten ihre Bemühungen fort, Red Cloud und die anderen Häuptlinge am Powder River dazu zu bewegen, sich mit ihnen zu treffen und weitere Verträge zu unterzeichnen. Da der Bozeman Trail der wichtigste Verbindungsweg zwischen Fort Laramie und Montana war, taten die Offiziere des Forts unter dem Druck der Kommission ihr möglichstes, Red Cloud und die anderen Kriegshäuptlinge dazu zu überreden, die Blockade der Straße aufzugeben und möglichst bald nach Laramie zu kommen.

Colonel Henry Maynadier, der Kommandeur eines der in Fort Laramie stationierten Galvanized Yankee-Regimenter, versuchte vertrauenswürdige Grenzer wie Blanket Jim Bridger und Medicine Calf Beckwourth als Unterhändler zu Red Cloud zu schicken, doch keiner war bereit, so bald, nachdem Connor mit seiner Invasion die Stämme erzürnt hatte, ins Land am Powder River zu gehen. Schließlich beschloß Maynadier, fünf Sioux als Boten zu schicken, die sich viel in der Nähe des Forts aufhielten – Big Mouth, Big Ribs, Eagle Foot, Whirlwind und Little Crow. Diese Indianer, die verächtlich »Laramie-Bummler« genannt wurden, waren gerissene Händler. Wenn ein Weißer ein erstklassiges Büffelfell zu einem günstigen Preis wollte oder ein Indianer am Tongue River Proviant von der Furierstelle des Forts, dann vermittelten die »Laramie-Bummler« das Geschäft. Während Red Clouds Krieg sollten sie eine wichtige Rolle als Munitionslieferanten der Indianer spielen.

Big Mouth und seine Gruppe waren zwei Monate unterwegs und verbreiteten die Nachricht, daß alle Kriegshäuptlinge, die nach Fort Laramie kommen und neue Verträge unterzeichnen würden, schöne Geschenke erwarteten. Am 16.

Januar 1866 kehrten die Kuriere mit zwei heruntergekommenen Brulé-Gruppen unter Führung von Standing Elk und Swift Bear zurück. Standing Elk sagte, seine Leute hätten viele Ponys durch einen Schneesturm verloren, und am Republican gebe es nur sehr wenig Wild. Spotted Tail, der oberste Häuptling der Brulés, werde kommen, sobald seine Tochter zu der Reise imstande sei. Sie sei an Husten erkrankt. Standing Elk und Swift Bear konnten es kaum erwarten, den Vertrag zu unterzeichnen und Kleidung und Proviant für ihre Leute in Empfang zu nehmen.

»Aber was ist mit Red Cloud?« fragte Colonel Maynadier. »Wo sind Red Cloud, Man-Afraid-of-His-Horses, Dull Knife – die Häuptlinge, die gegen Connors Soldaten gekämpft haben?« Big Mouth und die anderen Laramiebummler versicherten ihm, daß die Kriegshäuptlinge bald kommen würden. Sie kämen im kalten Januar nur langsam voran.

Wochen vergingen. Anfang März traf ein Bote von Spotted Tail ein, der Colonel Maynadier mitteilte, daß der Brulé-Häuptling komme, um über den Vertrag zu verhandeln. Fleet Foot, Spotted Tails Tochter, sei sehr krank, und er hoffe, der Doktor der Soldaten werde sie wieder gesund machen. Als Maynadier ein paar Tage später erfuhr, daß Fleet Foot unterwegs gestorben war, ritt er mit einer Kompanie Soldaten und einem Ambulanzwagen dem Trauerzug der Brulés entgegen. Es war ein eiskalter Tag; die Flüsse waren zugefroren, Schnee bedeckte die braunen Hügel von Wyoming. Man hatte das tote Mädchen in eine Rehlederdecke gehüllt, mit Riemen umwickelt und zwischen ihre Lieblingsponys, zwei weiße Mustangs, gehängt.

Man legte sie in den Ambulanzwagen, befestigte ihre weißen Ponys daran, und die Prozession zog weiter nach Fort Laramie. Als sie das Fort erreichte, ließ Colonel Maynadier die gesamte Besatzung zu Ehren der trauernden Indianer davor antreten.

Der Colonel lud Spotted Tail in sein Hauptquartier ein und sprach ihm sein Beileid aus. Der Häuptling sagte, er sei in den Zeiten, da Weiße und Indianer in Frieden miteinander gelebt hatten, oft mit seiner Tochter in Fort Laramie gewesen, und sie habe das Fort gern gemocht. Ob sie auf dem Friedhof des Militärpostens aufgebahrt werden könne? Der Colonel erteilte sofort die Erlaubnis. Er war erstaunt, als er sah, daß Spotted Tail Tränen in die Augen stiegen; er hatte gedacht, ein Indianer könne nicht weinen. Ein wenig verlegen wechselte Maynadier das Thema. Der Große Vater in Washington werde im Frühjahr eine neue Friedenskommission schicken; er hoffe, daß Spotted Tail in der Nähe des Forts bleiben könne, bis die Beamten einträfen; man sei sehr an einem Abkommen interessiert, das die Sicherheit der Bozeman Road garantiere. »Man hat mich informiert«, sagte der Colonel, »daß der Verkehr zu

den Minen von Idaho und Montana im nächsten Frühjahr sehr stark sein wird.«
»Man hat uns viel Unrecht angetan«, erwiderte Spotted Tail, »und wir haben Anspruch auf Wiedergutmachung des Schadens, den man uns zufügte, indem man so viele Straßen durch unser Land gebaut und die Büffel und das Wild vertrieben und getötet hat. Mein Herz ist sehr traurig, und ich kann jetzt nicht über Geschäfte reden; ich werde warten und mit den Unterhändlern sprechen, die der Große Vater schickt.«
Maynadier sorgte dafür, daß Fleet Foot am nächsten Tag ein Militärbegräbnis bekam, und kurz vor Sonnenuntergang marschierte eine Prozession hinter dem mit einem roten Tuch bedeckten, auf einem Pulverwagen der Artillerie stehenden Sarg zum Friedhof des Forts. Gemäß dem Brauch der Brulés hoben die Frauen den Sarg auf das Gerüst, breiteten eine Büffelhaut darüber und befestigten ihn mit Riemen. Der Himmel war grau, es stürmte, und als es dunkel wurde, begann es zu schneien. Ein Kommando ertönte, und die Soldaten feuerten hintereinander drei Salven ab. Dann marschierten sie und die Indianer zurück zum Fort. Ein Zug Artilleristen blieb die ganze Nacht über bei dem Gerüst; sie machten ein großes Feuer aus Kiefernholz und feuerten bis Tagesanbruch alle halbe Stunde ihre Haubitzen ab.
Vier Tage später erschienen plötzlich Red Cloud und eine große Gruppe Oglalas vor dem Fort. Sie hielten zuerst bei Spotted Tails Lager, und die beiden Teton-Häuptlinge begrüßten einander herzlich. Dann kam Maynadier mit einer Soldateneskorte heraus und geleitete die beiden unter feierlichen Trommelwirbeln und Trompetensignalen in sein Hauptquartier.
Als Maynadier Red Cloud sagte, daß die Friedenskommission erst in einigen Wochen nach Fort Laramie kommen werde, wurde der Oglala-Häuptling wütend. Big Mouth und die anderen Boten hätten ihm gesagt, wenn er komme und einen Vertrag unterzeichne, werde er Geschenke bekommen. Er brauche Gewehre und Pulver und Proviant. Maynadier erwiderte, er könne an die Oglalas Proviant aus den Vorräten der Armee verteilen, doch sei er nicht befugt, Gewehre und Pulver auszugeben. Red Cloud fragte, welche Vorteile der Vertrag seinem Volk bringen werde; sie hätten schon andere Verträge abgeschlossen, und immer hätten die Indianer den Weißen etwas gegeben. Diesmal müßten die Weißen den Indianern etwas geben.
Maynadier wußte, daß der Vorsitzende der neuen Kommission, E. B. Taylor, in Omaha war, und so schlug er Red Cloud vor, ihm eine Botschaft über die Telegraphendrähte zu schicken. Red Cloud war mißtrauisch; er glaubte nicht recht an den Zauber der sprechenden Drähte. Doch nach einigem Zögern erklärte er sich bereit, mit dem Colonel in die Telegraphenstation des Forts zu

gehen, und er diktierte durch einen Dolmetscher eine Botschaft an den Vertreter des Großen Vaters in Omaha, in der er ihn seiner Bereitschaft versicherte, Frieden und Freundschaft zu schließen.

Bald kam Taylors Antwort: »Der Große Vater in Washington ... wünscht, daß ihr alle seine Freunde und die Freunde der Weißen seid. Wenn ihr einen Friedensvertrag schließt, möchte er dir und deinen Leuten als Beweis seiner Freundschaft Geschenke machen. Ein Zug mit Proviant und Geschenken kann erst um den 1. Juni vom Missouri River aus in Fort Laramie eintreffen, und er möchte, daß seine Beauftragten sich an diesem Tag mit euch treffen und einen Vertrag schließen.«

Red Cloud war beeindruckt. Auch Colonel Maynadiers offene, aufrichtige Art gefiel ihm. Er konnte mit der Unterzeichnung des Vertrages bis Juni warten. So würde er Zeit haben, zum Powder River zurückzugehen und Boten zu den verstreuten Gruppen von Sioux, Cheyennes und Arapahos zu schikken, und die Indianer hatten Gelegenheit, mehr Büffelhäute und Biberfelle zu sammeln, die sie eintauschen konnten, wenn sie nach Fort Laramie kamen.

Zum Beweis seines guten Willens ließ Maynadier kleine Mengen Pulver und Blei ausgeben, und die Oglalas brachen in guter Stimmung auf. Maynadier hatte nichts von der Bozeman Road gesagt; Red Cloud hatte Fort Reno nicht erwähnt, das immer noch belagert wurde. Die Beratungen darüber konnten bis zu den Friedensverhandlungen verschoben werden.

Doch Red Cloud wartete nicht bis zum Juni. Bereits im Mai kehrte er mit Man-Afraid-of-His-Horses, seinem Stellvertreter, und über tausend Oglalas nach Fort Laramie zurück. Dull Knife erschien mit mehreren Cheyenne-Gruppen und Red Leaf mit seinen Brulés. Zusammen mit Spotted Tails Leuten und den anderen Brulés errichteten sie am Platte River ein großes Lager. In den Handelsposten und Marketendereien herrschte bald hektischer Betrieb. Big Mouth und seine Laramie-Bummler hatten noch nie so viele Geschäfte vermittelt.

Ein paar Tage später traf die Friedenskommission ein, und am 5. Juni begannen die Verhandlungen, die, wie üblich, mit langen Reden der Kommissionsmitglieder und der verschiedenen Indianerhäuptlinge eröffnet wurden. Dann bat Red Cloud überraschend um einen Aufschub von mehreren Tagen, um die Ankunft weiterer Tetons, die an den Beratungen teilnehmen wollten, abzuwarten. Taylor erklärte sich mit einer Vertagung bis zum 13. Juni einverstanden.

Zufällig trafen am 13. Juni Colonel Henry B. Carrington und siebenhundert Offiziere und Soldaten des 18. Infanterieregiments in der Nähe von Fort Laramie ein. Das Regiment kam von Fort Kearney in Nebraska und hatte

Spotted Tail (Sinte-Galeshka), Häuptling der Brulé-Sioux. (Nach einem Gemälde von Henry Ulke aus dem Jahr 1877)

den Auftrag, eine Kette von Forts entlang der Bozeman Road zu errichten, die den für den Sommer erwarteten starken Verkehr nach Montana sichern sollten. Obwohl die Expedition bereits seit Wochen geplant gewesen war, hatte man den zur Vertragsunterzeichnung eingeladenen Indianern nichts von dieser militärischen Besetzung des Landes am Powder River gesagt.

Um Reibereien mit den zweitausend Indianern zu vermeiden, die um Fort Laramie kampierten, machte Carrington mit seinem Regiment sechs Kilometer östlich des Postens halt. Standing Elk, einer der Bruléhäuptlinge, sah von seinem Wigwam aus, wie die Soldaten in der Ferne ihre Wagen zu einem Viereck aufstellten. Er stieg auf sein Pony und ritt zu dem Lager, wo ihn die Wachtposten zu Colonel Carrington brachten. Carrington ließ einen seiner Führer als Dometscher holen, und nachdem sie feierlich eine Pfeife geraucht hatten, fragte Standing Elk schroff: »Wohin marschiert ihr?«

Carrington erwiderte offen, daß er mit seinen Truppen zum Powder River unterwegs sei, um die Straße nach Montana zu bewachen.

»In Laramie wird ein Vertrag mit den Sioux geschlossen, die in dem Land, in das ihr wollt, leben«, sagte Standing Elk. »Ihr werdet mit den Siouxkriegern kämpfen müssen, wenn ihr dorthin geht.«

Carrington sagte, er wolle keinen Krieg gegen die Sioux führen, sondern nur die Straße bewachen.

»Sie werden ihre Jagdgründe den Weißen nicht für eine Straße verkaufen«, entgegnete Standing Elk. »Wenn ihr die Straße wollt, werdet ihr sie besiegen müssen.« Er fügte rasch hinzu, er sei ein Brulé und er und Spotted Tail Freunde der Weißen, doch Red Clouds Oglalas und die Minneconjous würden gegen jeden Weißen, der den Platte nach Norden überschritt, kämpfen.

Bevor die Verhandlungen am nächsten Tag fortgesetzt wurden, wußten sämtliche Indianer von der Anwesenheit und den Absichten des Regiments. Als Carrington am nächsten Morgen ins Fort ritt, beschloß Taylor, ihn den Häuptlingen vorzustellen und ihnen in aller Ruhe mitzuteilen, was sie bereits wußten – daß nämlich die Regierung der Vereinigten Staaten ungeachtet des Vertrags eine Straße durch das Land am Powder River zu bauen beabsichtigte. Carringtons erste Worte gingen in dem empörten Stimmengewirr der Indianer unter. Während er weitersprach, flüsterten die Indianer miteinander und rutschten unruhig auf den Kiefernholzbänken herum, die man für die Beratungen auf dem Exerzierplatz des Forts aufgestellt hatte. Carringtons Dolmetscher sagte leise, vielleicht solle er die Häuptlinge zuerst sprechen lassen. Man-Afraid-of-His-Horses trat aufs Podium. Aufgeregt erklärte er, daß seine Leute gegen die Soldaten kämpfen würden, wenn sie ins Siouxland einmarschierten. »In zwei Monaten wird kein Soldat mehr am Leben sein«, sagte er.

Dann meldete sich Red Cloud zu Wort. Seine schlanke Gestalt, gekleidet in eine leichte Decke und Mokassins, begab sich aufs Podium. Sein glattes, schwarzes, in der Mitte gescheiteltes Haar hing über seine Schultern bis auf die Hüften herab. Der breite Mund unter der Adlernase war zusammengepreßt. Seine Augen funkelten, als er den Kommissionsmitgliedern vorwarf, die Indianer wie Kinder zu behandeln. Er beschuldigte sie, nur zum Schein zu verhandeln, während sie Vorbereitungen träfen, das Land zu erobern. »Die Weißen haben die Indianer Jahr um Jahr weiter zurückgedrängt«, sagte er, »so daß wir nun gezwungen sind, in einem kleinen Land nördlich des Platte zu leben, und jetzt soll uns unser letzter Jagdgrund, die Heimat unseres Volkes, genommen werden. Unsere Kinder und Frauen werden verhungern, doch ich für meinen Teil ziehe es vor, im Kampf zu sterben, statt zu verhungern ... Der Große Vater schickt uns Geschenke und will eine neue Straße. Aber der weiße Häuptling geht mit den Soldaten die Straße stehlen, bevor die Indianer ja oder nein sagen!« Während der Dolmetscher übersetzte, wurden die Indianer so unruhig, daß Taylor die Verhandlung für diesen Tag abrupt abbrach. Red Cloud ging an Carrington vorbei, als sei er nicht da, und schritt über den Exerzierplatz zum Oglalalager. Am nächsten Morgen waren die Oglalas verschwunden.«

Als Carringtons Wagenkolonne in den nächsten Wochen auf der Bozeman Road nach Norden zog, hatten die Indianer Gelegenheit, ihre Größe und Stärke abzuschätzen. Die zweihundert Wagen waren mit Mähdreschern und Brennöfen für Ziegel und Schindeln beladen, mit Holztüren, Fensterrahmen, Schlössern, Nägeln, Musikinstrumenten für eine fünfundzwanzig Mann starke Kapelle, Schaukelstühlen, Butterfässern, Konserven, Saatgut, Munition, Pulver und anderem militärischem Ausrüstungsmaterial. Die Blauröcke beabsichtigten offenbar, im Land am Powder River zu bleiben; viele von ihnen hatten ihre Frauen und Kinder, ihre Haustiere und Dienstboten bei sich. Sie waren mit veralteten Vorderladern und Spencer-Karabinern bewaffnet und führten vier Artilleriegeschütze mit sich. Als Führer hatten sie Blanket Jim Bridger und Medicine Beckwourth engagiert, die wußten, daß die Indianer sie täglich beobachteten.

Am 28. Juni erreichte das Regiment Fort Reno und löste die zwei Regimenter Galvanized Yankees ab, die den Winter über in ihren eigenen Befestigungen praktisch gefangengehalten worden waren. Carrington ließ etwa ein Viertel seines Regiments in Fort Reno und marschierte dann nach Norden, um einen geeigneten Platz für sein Hauptquartier zu suchen. Hunderte von Kriegern aus den Lagern am Powder und Tongue begannen sich jetzt an den Flanken der Militärkolonne zu sammeln.

Am 13. Juli machte die Kolonne zwischen dem Little Piney Creek und dem Big Piney Creek halt. Inmitten des üppigen Graslandes nahe den waldbedeckten Hängen der Bighorns, auf den besten Jagdgründen der Prärie-Indianer, begannen die Blauröcke mit dem Bau von Fort Phil Kearny.

Drei Tage später näherte sich eine große Gruppe Cheyennes dem Lager. Unter den Führern waren Two Moon, Black Horse und Dull Knife, doch Dull Knife hielt sich im Hintergrund, weil die anderen Häuptlinge ihm schwere Vorwürfe gemacht hatten, daß er in Fort Laramie geblieben war und das Dokument unterzeichnet hatte, das den Soldaten gestattete, Forts zu bauen und die Straße am Powder River zu bewachen. Dull Knife behauptete, er habe nur unterschrieben, um Decken und Munition als Geschenk zu erhalten, und er habe nicht gewußt, was in dem Dokument stand. Doch die anderen nahmen ihm übel, daß er das tat, nachdem Red Cloud sich von den Weißen abgewandt, ihre Geschenke ausgeschlagen und seine Krieger zum Kampf gegen sie versammelt hatte.

Die Cheyennes schickten Unterhändler mit weißen Fahnen zu Little White Chief Carrington und vereinbarten eine Zusammenkunft mit ihm. Vierzig Häuptlinge und Krieger erhielten die Erlaubnis, das Soldatenlager zu betreten. Carrington empfing sie mit der Militärkapelle, die er von Fort Kearney in Nebraska mitgebracht hatte, und unterhielt die Indianer mit schmetternder Marschmusik. Blanket Jim Bridger nahm an den Verhandlungen teil, und sie wußten, daß sie Blanket nicht zum Narren halten konnten, doch Carrington ließ sich von ihnen einreden, daß sie gekommen seien, weil sie Frieden wollten. Während man die Pfeife rauchte und Reden hielt, machten sich die Häuptlinge ein Bild von der Stärke der Soldaten.

Bevor sie aufbrachen, richtete der Little White Chief eine seiner Haubitzen auf einen Berg und ließ eine Kartätsche abfeuern. »Sie schießt zweimal«, sagte Black Horse mit gespieltem Ernst. »White Chief hat einmal geschossen. Und dann hat White Chiefs Großer Geist noch einmal für seine weißen Kinder geschossen.«

Wie Carrington gehofft hatte, beeindruckte die Stärke der großen Kanone die Indianer, doch er merkte nicht, daß Black Horse sich mit seiner Bemerkung über ihn lustig machte. Als sie aufbrachen, gab der Little White Chief ihnen Papiere mit, in denen stand, sie hätten sich einverstanden erklärt, »mit den Weißen und allen Reisenden auf der Straße dauerhaften Frieden zu schließen«. Innerhalb weniger Stunden informierten die Cheyennes die Indianer in den Dörfern am Tongue und Powder, daß das neue Fort zu stark war, um es ohne große Verluste erobern zu können. Man müsse die Soldaten ins Freie locken, wo sie leichter angegriffen werden könnten.

Früh am nächsten Morgen trieben Red Clouds Oglalas 175 Pferde und Maultiere von Carringtons Herde fort. Als die Soldaten sie verfolgten, erschöpften die Indianer sie mit einem fünfundzwanzig Kilometer weiten Ritt und fügten den Blauröcken die ersten Verluste zu.

Damit begann ein gnadenloser Guerillakrieg gegen Little White Chiefs Truppen, der den ganzen Sommer 1866 dauerte. Keine der zahlreichen zivilen oder militärischen Wagenkolonnen, die über die Bozeman Road zog, war vor Überraschungsangriffen sicher. Die berittenen Eskorten waren nur schwach, und die Soldaten merkten bald, daß sie ständig mit gefährlichen Hinterhalten rechnen mußten. Soldaten, die ein paar Kilometer von Fort Phil Kearny Bäume fällten, wurden immer wieder von den Indianern überfallen.

Im Lauf des Sommers errichteten die Indianer am oberen Powder eine Versorgungsbasis, und bald wurde klar, welche Strategie sie verfolgten – die Benützung der Straße schwierig und gefährlich zu machen, den Nachschub für Carringtons Truppen abzuschneiden, sie zu isolieren und anzugreifen.

Red Cloud war überall, und die Zahl seiner Verbündeten wuchs täglich. Black Bear, der Arapahohäuptling, dessen Dorf im vergangenen Sommer durch General Connor zerstört worden war, ließ Red Cloud mitteilen, daß seine Krieger es kaum erwarten könnten zu kämpfen. Auch Sorrel Horse, ein anderer Arapaho, trat mit seinen Kriegern dem Bündnis bei. Spotted Tail, der immer noch an Frieden glaubte, jagte am Republican Büffel, doch viele seiner Brulé-Krieger kamen in den Norden und schlossen sich Red Cloud an. Sitting Bull war den Sommer über dort; er fertigte später eine Zeichnung an, auf der zu sehen war, wie er den weißen Reisenden auf der Powder-River-Straße ein Pferd stahl. Gall, ein jüngerer Hunkpapa, dachte sich zusammen mit einem Minneconjou namens Hump und einem jungen Oglala namens Crazy Horse Täuschungsmanöver aus, mit denen sie Soldaten und Einwanderer reizten, in Wut brachten und in Hinterhalte lockten.

Anfang August kam Carrington zu dem Schluß, daß Fort Phil Kearny stark genug war, daß er es riskieren konnte, seine Truppen nochmals zu verringern. Er schickte 150 Mann 140 Kilometer nach Norden, wo sie ein drittes Fort an der Bozeman Road bauen sollten – Fort C. F. Smith. Zugleich beauftragte er die Kundschafter Bridger und Beckwourth, sich mit Red Cloud in Verbindung zu setzen. Dies war eine schwierige Aufgabe, doch die beiden alten Grenzer machten sich auf die Suche nach befreundeten Vermittlern.

In einem Crow-Dorf nördlich der Bighorns erhielt Bridger eine überraschende Information. Obwohl die Sioux Erbfeinde der Crows waren und sie von ihren reichen Jagdgründen vertrieben hatten, hatte Red Cloud sie vor kurzem besucht und sich bemüht, sie dazu zu bringen, sich dem Bündnis an-

zuschließen. »Wir möchten, daß ihr uns helft, die Weißen zu vernichten«, hatte Red Cloud angeblich gesagt. Der Siouxhäuptling hatte angekündigt, er werde, wenn die ersten Schneefälle einsetzten, die Versorgung der Soldaten mit Nachschub unterbinden und sie in ihren Forts aushungern. Bridger hörte Gerüchte, daß einige Crows sich bereit erklärt hatten, sich Red Clouds Kriegern anzuschließen, doch als er sich in einem anderen Crowdorf wieder mit Beckwourth traf, behauptete dieser, er habe Crows zum Kampf gegen die Sioux mit Carringtons Soldaten angeworben. (Medicine Calf Beckwourth kehrte nicht nach Fort Phil Kearny zurück. Er starb plötzlich in dem Crowdorf; möglicherweise hatte ihn ein eifersüchtiger Ehemann vergiftet.)
Im Spätsommer verfügte Red Cloud über eine Streitmacht von dreitausend Kriegern. Durch ihre Freunde, die Laramie-Bummler, konnten sie sich ein kleines Arsenal von Gewehren und Munition zulegen, doch der größte Teil der Krieger verfügte nur über Bogen und Pfeile. Zu Beginn des Herbstes kamen Red Cloud und die anderen Häuptlinge überein, daß sie ihre Schlagkraft auf den Little White Chief und das verhaßte Fort auf den Pineys konzentrieren mußten. Und so zogen sie vor Einbruch des Winters zu den Bighorns, wo sie im Quellgebiet des Tongue Lager errichteten. Von dort aus konnten sie Fort Phil Kearny leicht angreifen.

Bei den sommerlichen Überfällen hatten sich zwei Oglalas, High Back Bone und Yellow Eagle, mit der sorgfältigen Ausarbeitung von Plänen zur Überlistung der Soldaten und im Nahkampf besonders hervorgetan. Anfang Dezember begannen sie, die Holzfäller in den Wäldern und die Soldaten, welche die Wagen, die das Holz zum Fort Phil Kearny brachten, zu peinigen. Am 6. Dezember, als ein kalter Wind die Hänge der Bighorns herabwehte, verteilten High Back Bone und Yellow Eagle etwa hundert Krieger entlang dem Holzweg. Red Cloud nahm mit einer anderen Gruppe von Kriegern auf den Bergkämmen Aufstellung. Mit Hilfe von Spiegeln und Flaggen signalisierten sie High Back Bone und seinen Leuten die Truppenbewegungen. Bevor der Tag um war, hatten die Indianer die Blauröcke so weit, daß sie nach allen Richtungen um sich schlugen. Crazy Horse wartete den richtigen Moment ab, stieg von seinem Pferd und zeigte sich auf der Straße einem von Carringtons hitzköpfigen jungen Kavallerieoffizieren, der ihn sofort mit einer Gruppe Soldaten verfolgte. Sobald die Soldaten auf dem schmalen Weg zu einer langen Reihe auseinandergezogen waren, sprangen Yellow Eagle und seine Krieger hinter ihnen aus einem Versteck und überfielen die Soldaten. (Bei diesem Gefecht fielen Leutnant Horatio Bingham und Sergeant G. R. Bowers, und mehrere Soldaten wurden schwer verwundet.)

Am Abend und in den nächsten Tagen sprachen die Häuptlinge und Krieger in ihren Lagern über das törichte Verhalten der Soldaten. Red Cloud war überzeugt, wenn es ihnen gelang, eine große Zahl Soldaten aus dem Fort zu locken, dann würden tausend nur mit Bogen und Pfeilen bewaffnete Indianer sie töten können. In der nächsten Woche beschlossen die Häuptlinge, Little White Chief und seinen Soldaten nach dem nächsten Vollmond eine große Falle zu stellen.

In der dritten Dezemberwoche waren alle Vorbereitungen getroffen, und etwa zweitausend Krieger zogen von den Lagern am Tongue entlang südwärts. Es war sehr kalt, und sie trugen Büffelumhänge, Hosen aus dunklem Wollstoff, Mokassins aus Büffelfell und hatten rote Decken an ihre Sättel geschnallt. Die meisten ritten auf Packpferden und führten ihre schnellen Kriegsponys an Lassos. Einige hatten Gewehre, doch die meisten waren mit Bogen und Pfeilen, Messern und Speeren bewaffnet. Sie hatten Dörrfleisch für mehrere Tage bei sich, und wenn sich eine Gelegenheit bot, bogen kleine Gruppen vom Weg ab, erlegten ein Reh und packten möglichst viel Fleisch auf ihre Sättel.

Etwa fünfzehn Kilometer nördlich von Fort Phil Kearny errichteten die Sioux, Cheyennes und Arapahos drei provisorische kreisförmige Lager. Zwischen den Lagern und dem Fort lag die für den Hinterhalt ausgewählte Stelle – das kleine Tal des Peno Creek.

Am Morgen des 21. Dezember kamen die Häuptlinge und Medizinmänner zu dem Schluß, daß der Tag für einen Sieg günstig war. Im ersten grauen Dämmerlicht schlich eine Gruppe von Kriegern in einem weiten Bogen zum Holzweg, wo sie einen Ablenkungsangriff auf die Wagen unternehmen wollten. Zehn junge Männer waren für die gefährliche Aufgabe, die Soldaten zu täuschen, ausgewählt worden – zwei Cheyennes, zwei Arapahos und je zwei von den drei Siouxgruppen, den Oglalas, Minneconjous und Brulés. Während sie zum Lodge Tail Ridge ritten, zog die Hauptgruppe der Krieger die Bozeman Road hinunter. Auf den schattigen Hängen der Berge lagen Schnee und Eis, doch der Tag war klar, die Luft kalt und trocken. Etwa fünf Kilometer vom Fort, wo die Straße über einen kleinen Bergkamm und zum Peno Creek hinabführte, legten sie einen großen Hinterhalt. Die Cheyennes und Arapahos versteckten sich auf der westlichen, einige der Sioux in einer grasigen Senke auf der östlichen Seite. Andere blieben auf ihren Pferden und verbargen sich hinter zwei felsigen Bergrücken. Am Vormittag warteten fast zweitausend Krieger darauf, daß die zehn jungen Krieger die Soldaten in die Falle lockten.

Während die eine Gruppe ihren Ablenkungsangriff auf den Holzweg unternahm, stiegen Crazy Horse und seine zehn Krieger von ihren Pferden, versteckten sich hinter einem gegenüber dem Fort gelegenen Hang und warteten. Als die ersten Schüsse krachten, stürmte eine Kompanie Soldaten aus dem Fort und galoppierte zu den Holzfällern, um ihnen zu helfen. Sowie die Blauröcke außer Sicht waren, kamen die zehn Krieger hinter dem Hang hervor und näherten sich dem Fort. Crazy Horse schwenkte seine rote Decke. Nach ein paar Minuten ließ der Little Soldier Chief im Fort seine große zweischüssige Kanone abfeuern. Die Indianer verstreuten sich über den Hang, sprangen herum, liefen im Zickzack hin und her und schrien, um bei den Soldaten den Eindruck zu erwecken, als hätten sie Angst. Inzwischen hatte sich die Kriegergruppe von dem Holzweg zurückgezogen und eilte zum Lodge Trail Ridge. Die Soldaten verfolgten sie, teils zu Pferde, teils zu Fuß. (Sie wurden von Captain William J. Fetterman befehligt, der die ausdrückliche Anweisung hatte, sie nicht weiter als bis zum Lodge Trail Ridge zu verfolgen.)

Crazy Horse und seine zehn Krieger sprangen nun auf ihre Ponys, ritten auf dem Hang des Lodge Trail Ridge hin und her und brachten die Soldaten so in Wut, daß sie kopflos und unbesonnen schossen. Kugeln prallten von den Felsen ab. Langsam zogen sich die Indianer zurück. Wenn die Soldaten langsamer wurden oder anhielten, stieg Crazy Horse von seinem Pferd und tat, als ob er sein Zaumzeug richtete oder die Hufe seines Ponys untersuchte. Kugeln pfiffen an ihm vorbei, und schließlich rückten die Soldaten auf den Bergrücken vor und jagten die Indianer hinunter zum Peno Creek.

Als die zehn Indianer den Peno Creek durchquerten, waren alle einundachtzig Kavalleristen und Infanteristen in der Falle. Die zehn Krieger teilten sich jetzt in zwei Gruppen und ritten davon. Dies war das Signal zum Angriff.

Little Horse, der ein Jahr zuvor die Arapahos gewarnt hatte, daß General Connor im Anmarsch war, hatte die ehrenvolle Aufgabe, seinen Leuten, die in den Gräben auf der Westseite versteckt waren, das Signal zu geben. Er hob seinen Speer, und die berittenen Cheyennes und Arapahos griffen mit donnernden Hufen an.

Von der gegenüberliegenden Seite kamen die Sioux, und ein paar Minuten kam es zu einem wirren Handgemenge zwischen den Indianern und den nichtberittenen Soldaten. Die Infanteristen waren bald alle getötet, doch die Kavalleristen zogen sich zu einer felsigen Anhöhe am Ende des Bergkammes zurück. Sie ließen ihre Pferde frei und suchten zwischen den eisbedeckten Felsblöcken Deckung.

Little Horse zeichnete sich an diesem Tag besonders aus; er sprang über Felsen und kroch durch Gräben, bis er fünfzehn Meter vor den belagerten Kavalleristen war. Auch White Bull von den Minneconjous bewies in dem blutigen

Gefecht am Berghang großen Mut; nur mit einem Bogen und einem Speer bewaffnet, griff er einen Kavalleristen zu Pferde an, der mit einem Karabiner auf ihn feuerte. Auf einem Bild, das White Bull später zeichnete, ist er in einem roten Umhang zu sehen, wie er einen Pfeil ins Herz des Soldaten schießt und ihm seinen Speer auf den Kopf schmettert.

Am Ende des Gefechts kamen die Cheyennes und Arapahos auf der einen und die Sioux auf der anderen Seite einander so nahe, daß sie sich mit einem Hagel von Pfeilen überschütteten. Dann war alles vorbei. Kein Soldat war mehr am Leben. Zwischen den Toten kam ein Hund hervor, und ein Sioux wollte ihn fangen und mitnehmen, doch Big Rascal, ein Cheyenne, sagte: »Tötet den Hund«, und jemand erschoß ihn mit einem Pfeil. Die Weißen nannten dieses Gefecht das Fetterman-Massaker, die Indianer die Schlacht der Hundert Toten.

Die Indianer hatten schwere Verluste erlitten; fast hundert waren gefallen oder verwundet. Wegen der bitteren Kälte beschlossen sie, die Verwundeten in ihr provisorisches Lager zu bringen, damit sie nicht erfroren. Am nächsten Tag mußten die Krieger wegen eines heftigen Schneesturms in ihren primitiven Unterkünften bleiben, und erst als der Sturm nachließ, konnten sie in ihre Dörfer am Tongue zurückkehren.

Infolge der starken Kälte kam es in der nächsten Zeit nicht mehr zu weiteren Kämpfen. Die Soldaten im Fort erfüllte das bittere Gefühl der Niederlage. Wenn sie aus ihr keine Lehre zogen und noch da waren, wenn der Frühling kam, wollten die Indianer den Krieg fortsetzen.

Das Fetterman-Massaker beeindruckte Colonel Carrington tief. Er war entsetzt über die Verstümmelungen – die aufgeschlitzten Bäuche, die abgehackten Gliedmaßen und die abgeschnittenen Geschlechtsteile. Er grübelte über die Gründe für das barbarische Verhalten der Indianer nach und schrieb schließlich einen Aufsatz darüber, in dem er zu dem Schluß kam, daß die Indianer aus irgendeinem heidnischen Glauben heraus diese schrecklichen Taten begangen hatten. Wäre Colonel Carrington Zeuge des Massakers am Sand Creek gewesen, das nur zwei Jahre vor dem Fetterman-Massaker stattfand, so hätte er die gleichen Verstümmelungen gesehen – begangen von Colonel Chivingtons Soldaten an den Indianern.

Auch die Regierung der Vereinigten Staaten erfüllte das Fetterman-Massaker mit großer Besorgnis. Es war die schlimmste Niederlage, welche die Armee bisher im Krieg gegen die Indianer erlitten hatte, und die zweite in der amerikanischen Geschichte, bei der es keine Überlebenden gab. Man enthob Carrington seines Postens, schickte Verstärkungen zu den Forts am Powder

River, und eine neue Friedenskommission wurde von Washington nach Fort Laramie entsandt.

Die neue Kommission leitete Black Whiskers John Sanborn, der 1865 Black Kettles Southern Cheyennes überredet hatte, ihre Jagdgründe in Kansas aufzugeben und sich unterhalb des Arkansas River niederzulassen. Sanborn und General Alfred Sully trafen im April 1867 in Fort Laramie ein; sie hatten den Auftrag, Red Cloud und die Sioux zu bewegen, ihre Jagdgründe am Powder River zu verlassen und in einem Reservat zu leben. Wie im vergangenen Jahr fanden sich als erste die Brulés ein – Spotted Tail, Swift Bear, Standing Elk und Iron Shell.

Little Wound und Pawnee Killer, die mit ihren Oglalas in der Hoffnung, dort Büffel zu finden, zum Platte River gezogen waren, erschienen, um nachzusehen, was für Geschenke die Kommission verteilte. Man-Afraid-of-His-Horses kam als Vertreter Red Clouds. Als die Kommission ihn fragte, ob Red Cloud zu Friedensverhandlungen bereit sei, erwiderte Man-Afraid, der Oglalahäuptling werde keine Friedensgespräche führen, bevor nicht sämtliche Soldaten aus dem Land am Powder River verschwunden seien.

Während dieser Verhandlungen bat Sanborn Spotted Tail, einige vermittelnde Worte an die versammelten Indianer zu richten. Spotted Tail riet ihnen, den Krieg gegen die Weißen aufzugeben und in Ruhe und Frieden zu leben. Dafür erhielten er und die Brulés genügend Pulver und Blei, daß sie an den Republican River auf Büffeljagd gehen konnten. Die feindseligen Oglalas bekamen nichts. Man-Afraid kehrte zu Red Cloud zurück, der inzwischen wieder begonnen hatte, an der Bozeman Road Überfälle zu unternehmen. Little Wound und Pawnee Killer folgten den Brulés zu den Büffelweiden und schlossen sich ihrem alten Cheyennefreund Turkey Leg an. Black Whisker Sanborns Friedenskommission hatte nichts erreicht.

Noch während des Sommers bekamen es Pawnee Killer und Turkey Leg mit einem Offizier zu tun, den sie Hard Backsides nannten, weil er sie viele Stunden lang über weite Strecken verfolgte, ohne von seinem Sattel zu steigen. Später gaben sie ihm den Namen Long Hair Custer. Als General Custer sie aufforderte, zu einer Unterredung nach Fort McPherson zu kommen, nahmen sie die Einladung an und ließen sich Zucker und Kaffee schenken. Sie sagten Hard Backsides, daß sie Freunde der Weißen seien, jedoch das Eiserne Pferd nicht mochten, das auf einem eisernen Pfad lief und mit seinem Rauch und seinem Pfeifen und Schnaufen das ganze Wild aus dem Platte-Tal vertrieb. (Die Strecke der Union Pacific Railroad wurde 1867 durch das westliche Nebraska gelegt.)

Bei ihrer Suche nach Büffeln und Antilopen überquerten die Oglalas und

Cheyennes in diesem Sommer öfter die Eisenbahngleise. Manchmal sahen sie Eiserne Pferde, die mit großer Geschwindigkeit Holzhäuser auf Rädern zogen. Sie fragten sich, was wohl in den Häusern war, und eines Tages beschloß ein Cheyenne, ein Eisernes Pferd mit dem Lasso zu fangen und von den Schienen zu ziehen. Doch das Eiserne Pferd riß ihn von seinem Pony und zerrte ihn unbarmherzig hinter sich her, bis er sich von seinem Lasso befreien konnte.

Sleeping Rabbit schlug eine andere Methode vor, eins der Eisernen Pferde zu fangen. »Wenn wir die Schienen aufreißen und verbiegen, wird das Eiserne Pferd vielleicht herunterfallen«, sagte er. »Dann können wir sehen, was in den Holzhäusern auf Rädern ist.« Sie taten dies und warteten auf den Zug. Das Eiserne Pferd kippte tatsächlich um und stieß viel Rauch aus. Männer aus dem Zug kamen herbeigelaufen, und die Indianer töteten alle bis auf zwei und rannten weg. Dann brachen die Indianer die Holzhäuser auf und fanden Säcke mit Mehl, Zucker und Kaffee, Schachteln mit Schuhen und Fässer mit Whisky. Sie tranken von dem Whisky und banden die Enden von Stoffballen an die Schwänze ihrer Ponys. Die Ponys stürmten über die Prärie, und lange Stofffahnen flatterten hinter ihnen her. Nach einer Weile nahmen die Indianer die heißen Kohlen aus dem Kessel der Lokomotive und steckten die Waggons in Brand. Dann ritten sie weg, damit die Soldaten sie nicht erwischten.

Derartige Vorfälle sowie Red Clouds Krieg, der den zivilen Verkehr durch das Land am Powder River zum Erliegen gebracht hatte, waren von starker Wirkung auf die Regierung der Vereinigten Staaten und die hohen Militärbehörden. Die Regierung war entschlossen, die Strecke der Union Pacific Railroad zu schützen, doch selbst alte Soldaten wie General Sherman fragten sich allmählich, ob es nicht ratsam sei, den Indianern das Land am Powder River zu überlassen, wenn sie dafür im Platte-Tal Frieden hielten.

Ende Juli, nach dem Sonnentanz und den Pfeilzauber-Zeremonien, beschlossen die Sioux und Cheyennes, eines der Forts an der Bozeman Road zu zerstören. Red Cloud war dafür, Fort Phil Kearny anzugreifen, doch Dull Knife und Two Moon meinten, es würde leichter sein, Fort C. F. Smith zu erobern, da Cheyennekrieger dort bereits fast sämtliche Pferde der Soldaten getötet oder erbeutet hatten. Als die Häuptlinge sich nicht einigen konnten, sagten die Sioux schließlich, sie würden Fort Phil Kearny angreifen, und die Cheyennes zogen nach Norden zu Fort C. F. Smith.

Am 1. August stießen fünf- oder sechshundert Cheyennekrieger auf einem Heufeld drei Kilometer von Fort C. F. Smith auf dreißig Soldaten und Zivilisten. Die Cheyennes wußten nicht, daß die Weißen mit neuen Repetiergewehren bewaffnet waren, und als sie den aus Baumstämmen bestehenden

Corral der Soldaten angriffen, wurden sie mit einem derart heftigen Beschuß empfangen, daß nur ein Krieger in die Befestigungen eindringen konnte, und dieser wurde getötet. Daraufhin zündeten die Indianer das hohe trockene Gras um den Corral an. (Das Feuer kam in rollenden Wogen auf uns zu, wie die Wellen des Ozeans«, sagte später einer der Soldaten. »Etwa sechs Meter vor der Barrikade stoppte es plötzlich, wie durch eine übernatürliche Macht aufgehalten. Die Flammen schossen senkrecht mindestens zwölf Meter hoch empor, wogten ein oder zwei Mal auf und ab und verlöschten plötzlich mit einem klatschenden Geräusch, das wie das Flattern eines schweren Segels in einem schweren Sturm klang; im nächsten Moment wehte der Wind den angreifenden Indianern den Rauch in die Gesichter, und diese nützten die Gelegenheit, in seinem Schutz ihre Toten und Verwundeten wegzutragen.«)

Damit hatten die Cheyennes für diesen Tag genug. Viele Krieger waren durch die schnell schießenden Gewehre schwer verwundet worden, und etwa zwanzig waren gefallen. Sie zogen sich nach Süden zurück, um nachzusehen, ob die Sioux bei Fort Phil Kearny erfolgreicher gewesen waren.

Doch diese hatten ebensowenig Glück gehabt. Nachdem sie mehrere Scheinangriffe unternommen hatten, beschloß Red Cloud, das Täuschungsmanöver anzuwenden, das bei dem Gefecht gegen Captain Fetterman so gut geklappt hatte. Crazy Horse sollte das Holzfällerlager angreifen, und wenn die Soldaten aus dem Fort kamen, würde High Back Bone mit achthundert Kriegern über sie herfallen. Crazy Horse und seine Männer führten ihren Auftrag wie geplant durch, doch aus irgendeinem Grund stürmten einige hundert Krieger zu früh aus ihrem Versteck, um die Pferdeherde in der Nähe des Forts auseinanderzutreiben, und lenkten so die Aufmerksamkeit der Soldaten auf sich.

Um doch noch irgendeinen Erfolg zu erzielen, führte Red Cloud den Angriff gegen die Holzfäller durch, die hinter einer aus vierzehn Wagen bestehenden Barrikade Deckung suchten. Mehrere hundert berittene Krieger versuchten sie einzukreisen, doch wie in Fort C. F. Smith waren die Verteidiger mit Springfield-Hinterladern bewaffnet. Als ihnen das rasche, ununterbrochene Feuer der neuen Waffen entgegenschlug, zogen sich die Sioux mit ihren Ponys schnell außer Schußweite zurück. »Dann ließen wir unsere Pferde in einer Schlucht und griffen zu Fuß an«, berichtete ein Krieger namens Fire Thunder, »doch es war, als ob grünes Gras in einem Feuer verdorrt. So hoben wir unsere Verwundeten auf und liefen weg. Ich weiß nicht, wie viele unserer Leute getötet wurden, doch es waren sehr viele.«

Die beiden Gefechte wurden von den Weißen die Hayfield- und die Wagon-Box-Schlacht genannt, und es entstanden viele Legenden um sie. Ein phantasievoller Chronist berichtete, Haufen toter Indianer hätten um die Wagen gelegen; ein anderer behauptet, 1137 Indianer seien gefallen, obwohl weniger als tausend an dem Gefecht teilnahmen.

Die Indianer betrachteten keines der Gefechte als Niederlage, und im Gegensatz zu vielen Soldaten hielt die Regierung der Vereinigten Staaten die Hayfield- und die Wagon-Box-Schlachten nicht für Siege. Nur wenige Wochen später begab sich General Sherman persönlich mit einer neuen Friedenskommission in den Westen. Diesmal waren die Militärs fest entschlossen, Red Clouds Krieg ein Ende zu bereiten.

Im Spätsommer des Jahres 1867 erhielt Spotted Tail eine Botschaft von Nathaniel Taylor, dem neuen Indianerkommissar. Die Brulés waren friedlich unterhalb des Platte umhergestreift, und der Kommmissar bat Spotted Tail, möglichst viele Präriehäuptlinge davon zu unterrichten, daß man an alle freundlich gesinnten Indianer Munition ausgeben werde. Die Häuptlinge sollten sich am Ende der Union-Pacific-Strecke einfinden, das sich damals im westlichen Nebraska befand. Great Warrior Sherman und sechs neue Friedensunterhändler würden mit dem Eisernen Pferd dorthinkommen, um mit den Häuptlingen über die Beendigung von Red Clouds Krieg zu verhandeln. Spotted Tail schickte einen Boten zu Red Cloud, doch der Oglala lehnte wieder ab und sandte Man-Afraid als Vertreter. Pawnee Killer und Turkey Leg kamen, ebenso Big Mouth und die Laramie-Bummler. Auch Swift Bear, Standing Elk und mehrere andere Brulé-Häuptlinge folgten der Einladung.

Am 19. September traf ein glänzender Eisenbahnwaggon auf dem Bahnhof von Platte City ein, dem Great Warrior Sherman, Kommissar Taylor, White Whiskers Harney, Black Whiskers Sanborn, John Henderson, Samuel Tappen und General Alfred Terry entstiegen. Bis auf den langbeinigen, traurig dreinblickenden General Terry kannten die Indianer alle gut. Einige von ihnen sollten One Star Terry neun Jahre später am Little Bighorn von einer ganz anderen Seite kennenlernen.

Kommissar Taylor eröffnete die Besprechung: »Wir sind gekommen..., um aus eurem eigenen Mund eure Sorgen und Beschwerden zu hören. Meine Freunde, sprecht ganz frei und offen, und sprecht die volle Wahrheit... Krieg ist schlecht, Frieden ist gut. Wir müssen uns für das Gute entscheiden, nicht für das Schlechte... Was habt ihr zu sagen?«

Spotted Tail antwortete: »Der Große Vater hat Straßen gebaut, die sich nach Osten und Westen erstrecken. Diese Straßen sind der Grund all unserer Sorgen... Das Land, in dem wir leben, wird von Weißen überschwemmt. All unser Wild ist fort. Das macht uns großen Kummer. Ich war ein Freund der Weißen und bin es noch... Wenn ihr aufhört, eure Straßen zu bauen, wird unser Wild wiederkommen. Das Land am Powder River gehört den Sioux ... Meine Freunde, helft uns; habt Erbarmen mit uns.«

Die anderen Häuptlinge, die am ersten Verhandlungstag sprachen, wiederholten Spotted Tails Worte. Obwohl nur wenige dieser Indianer das Land am Powder River als ihre Heimat betrachteten (sie zogen die Prärien von Nebraska und Kansas vor), unterstützten alle Red Clouds Forderung, diesen letzten großen Jagdgrund unangetastet zu lassen. »Diese Straßen haben unser Wild verscheucht«, sagte einer. »Ihr müßt mit dem Bau der Powder-River-Straße aufhören.« »Wo ist unser Großer Vater?« fragte Pawnee Killer voll ehrlicher Verwunderung. »Ist es wahr, daß er euch geschickt hat, damit ihr uns in unserem Unglück helft? Die Ursache unseres Unglücks ist die Powder-River-Straße ... Wenn der Große Vater mit dem Bau der Powder-River-Straße aufhört, verspreche ich euch, daß eure Leute auf dieser Eisenstraße unbehelligt reisen können.«

Am nächsten Tag versicherte Great Warrior Sherman, daß er die ganze Nacht über ihre Worte nachgedacht habe. »Die Powder-River-Straße wurde zur Versorgung unserer Leute gebaut«, sagte er. »Der Große Vater dachte, ihr hättet letztes Frühjahr in Laramie eure Zustimmung zum Bau dieser Straße gegeben, doch einige Indianer sind nicht dagewesen und in den Krieg gezogen.« Zu Shermans Überraschung lachten die Häuptlinge leise, doch er fuhr in energischerem Ton fort: »Solange die Indianer weiter Krieg gegen die Straße führen, werden wir sie nicht aufgeben. Doch wenn eine Untersuchung in Laramie im November ergeben sollte, daß die Straße euch schadet, werden wir sie aufgeben oder dafür bezahlen. Wenn ihr irgendwelche Ansprüche habt, bringt sie uns in Laramie vor.«

Sherman begann eine Diskussion über das Bedürfnis der Indianer nach eigenem Land und riet ihnen, sich von Wild unabhängig zu machen. Dann gab er einen scharfen Schuß ab: »Wir schlagen deshalb vor, daß das gesamte Siouxvolk sich entschließt, das Gebiet am Missouri River zwischen dem White Earth und den Cheyenneflüssen zu seinem Land zu wählen, damit es, wie die Weißen, auf ewig ein eigenes Land hat, von dem wir alle Weißen fernhalten werden, ausgenommen Agenten und Händler, die euch genehm sind.«

Als diese Worte übersetzt wurden, zeigten sich die Indianer überrascht und flüsterten miteinander. Das wollten die neuen Kommissare also! Sie sollten ihre Sachen packen und weit fort an den Missouri River gehen? Jahrelang waren die Teton-Sioux von dort aus dem Wild nach Westen gefolgt; sollten sie nun zurück zum Missouri gehen und dort verhungern? Warum konnten sie nicht in Frieden leben, wo es noch Wild gab? Wollten die Weißen in ihrer Gier dieses reiche Land an sich reißen?

Während der weiteren Verhandlungen waren die Indianer unruhig. Swift Bear und Pawnee Killer hielten freundliche Reden, in denen sie um Pulver und Blei baten, doch das Treffen endete mit einem Krach, als Great Warrior Sherman erklärte, daß nur die Brulés Munition erhalten würden. Als Kommissar Taylor und White Whiskers Harney darauf hinwiesen, sämtliche Häuptlinge seien zu der Beratung mit dem Versprechen eingeladen worden, und man werde ihnen Jagdmunition geben, gab Great Warrior nach, und die Indianer erhielten kleine Mengen Pulver und Blei.

Man-Afraid kehrte sofort zu Red Clouds Lager am Powder River zurück. Falls Red Cloud die Absicht hatte, sich mit der neuen Friedenskommission im November zu treffen, so gab er sein Vorhaben auf, als Man-Afraid ihm von Great Warriors arrogantem Benehmen und seinem Vorschlag, die Sioux an den Missouri River umzusiedeln, berichtete.

Als die Kommission am 9. November in Fort Laramie eintraf, erwarteten sie nur einige Crow-Häuptlinge. Die Crows waren freundlich, doch einer von ihnen – Bear Tooth – hielt überraschenderweise eine Rede, in der er den Weißen wegen der rücksichtslosen Vernichtung des Wildes und der Natur heftige Vorwürfe machte: »Väter, Väter, Väter, hört mich gut an. Ruft eure jungen Männer von den Bighornbergen zurück. Sie haben unser Land überrannt; sie haben die wachsenden Bäume und das grüne Gras zerstört; sie haben unser Land angezündet. Väter, eure jungen Männer haben das Land verwüstet und meine Tiere getötet, den Elch, das Reh, die Antilope, meine Büffel. Sie töten sie nicht, um sie zu essen; sie lassen sie liegen und sie verwesen. Väter, was würdet ihr sagen, wenn ich in euer Land gehen und eure Tiere töten würde? Würde ich nicht Unrecht tun – würdet ihr nicht Krieg gegen mich führen?«

Einige Tage nach dem Treffen der Kommission mit den Crows trafen Boten von Red Cloud ein. Er teilte mit, daß er zu Friedensverhandlungen kommen werde, sobald man die Soldaten aus den Forts an der Powder-River-Straße zurückgezogen habe. Der Krieg, wiederholte er, werde nur aus einem Grund geführt – um das Vordringen der Weißen in das Tal des Powder, den einzigen Jagdgrund, den sein Volk noch besitze, zu verhindern. »Der Große Vater hat seine Soldaten hierhergeschickt, damit sie Blut vergießen. Ich habe nicht mit dem Blutvergießen begonnen ... Wenn der Große Vater sie von meinem Land fernhält, wird es ewigen Frieden geben, doch wenn sie mich belästigen, wird es keinen Frieden geben ... Der Große Geist hat mich in diesem Land erschaffen, und er hat euch in einem andern Land erschaffen. Es ist mein fester Wille, dieses Land zu behalten.«

Zum dritten Mal in zwei Jahren war eine Friedenskommission erfolglos geblieben. Bevor sie jedoch nach Washington zurückkehrte, schickte sie Red

Cloud eine Wagenladung Tabak und bat ihn nochmals, nach Laramie zu kommen, und zwar im Frühjahr bei der Schneeschmelze. Red Cloud antwortete höflich, er habe den Friedenstabak erhalten und werde ihn rauchen, doch er werde erst nach Laramie kommen, wenn die Soldaten sein Land verlassen hätten.

Im Frühjahr 1868 kamen Great Warrior Sherman und dieselbe Friedenskommission wieder nach Fort Laramie. Diesmal hatte die Regierung ihnen die strikte Anweisung erteilt, die Forts an der Powder-River-Straße zu räumen und mit Red Cloud einen Friedensvertrag zu schließen. Man schickte Red Cloud einen Agenten des Indian Bureau, der Red Cloud persönlich zu Friedensverhandlungen einlud. Red Cloud sagte dem Agenten, er brauche etwa zehn Tage, um sich mit seinen Verbündeten zu beraten, und werde wahrscheinlich im Mai nach Laramie kommen.

Doch wenige Tage nachdem der Agent nach Laramie zurückgekehrt war, traf eine Botschaft von Red Cloud ein: »Wir sind auf den Bergen und blicken auf die Soldaten und Forts herab. Wenn wir sehen, daß die Soldaten abziehen und die Forts geräumt sind, werden wir hinunterkommen und verhandeln.«

Für Great Warrior Sherman und die Kommissionäre war dies äußerst demütigend. Sie brachten einige kleinere Häuptlinge, die erschienen, um sich Geschenke zu holen, dazu, zu unterschreiben, doch im Lauf der nächsten Tage reisten die enttäuschten Kommissare einer nach dem andern in den Osten zurück. Als das Frühjahr zu Ende ging, waren nur noch Black Whiskers Sanborn und White Whiskers Harney da, doch Red Cloud und seine Verbündeten blieben den Sommer über am Powder und beobachteten genau die Forts und die Straße nach Montana.

Schließlich erteilte das Kriegsministerium widerstrebend die Anweisung, das Land am Powder River zu räumen. Am 29. Juli packten die Soldaten in Fort C. F. Smith ihre Ausrüstung und machten sich auf den Marsch nach Süden. Früh am nächsten Morgen zogen Red Cloud und eine Gruppe Krieger zu dem Militärposten und steckten sämtliche Gebäude in Brand. Einen Monat später wurde Fort Phil Kearny geräumt, und die Cheyennes unter Little Wolf erhielten den ehrenvollen Auftrag, es niederzubrennen. Einige Tage danach verließ der letzte Soldat Fort Reno, und die Powder-River-Straße wurde offiziell gesperrt.

Nach zweijährigem Widerstand hatte Red Cloud seinen Krieg gewonnen. Er ließ die Unterhändler noch einige Wochen warten und ritt dann am 6. November, umgeben von einer Schar triumphierender Krieger, in Fort Laramie ein. Nun, als siegreicher Held, war er zur Unterzeichnung des Vertrages bereit: »Von diesem Tage an endet jeglicher Krieg zwischen den vertragschließenden Parteien für immer. Die Regierung der Vereinigten Staaten wünscht den Frieden und verpflichtet sich hiermit bei ihrer Ehre, ihn zu halten. Die Indianer wünschen den Frieden und verpflichten sich bei ihrer Ehre, ihn zu bewahren.«

Der Inhalt der anderen sechzehn Artikel des Vertrages von 1868 sollte jedoch in den nächsten zwanzig Jahren immer wieder Anlaß zu Streitigkeiten zwischen den Indianern und der Regierung der Vereinigten Staaten geben. Was nach Meinung der Häuptlinge in dem Vertrag stand und was er tatsächlich enthielt, nachdem der Kongreß ihn ratifiziert hatte, wich erheblich voneinander ab.

(Spottet Tail äußerte neun Jahre später: »Die Versprechungen sind nicht gehalten worden ... Alle Worte haben sich als falsch erwiesen. General Sherman, General Sanborn und General Harney haben einen Vertrag geschlossen. Damals sagte uns der General, wir würden nach diesem Vertrag fünfundzwanzig Jahre lang Renten und Waren erhalten. Er hat dies gesagt, doch er sprach nicht die Wahrheit.«)

SUN DANCE CHANT

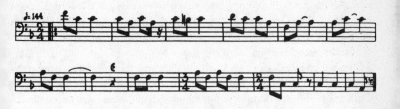

Look at that young man.
He is feeling good
Because his sweetheart
Is watching him.

7

»Nur ein toter Indianer ist ein guter Indianer«

1868 – 24. Februar – Das Repräsentantenhaus beschließt, Präsident Johnson anzuklagen. *5. März* – Der als Gericht eingesetzte Senat tritt zusammen; Präsident Johnson wird vorgeladen. *22. Mai* – In Indiana wird zum ersten Mal auf der Welt ein Überfall auf einen Eisenbahnzug unternommen. *26. Mai* – Der Senat lehnt es ab, Präsident Johnson für schuldig zu erklären. *28. Juli* – Vierzehntes Amendment (gleiche Rechte für alle mit Ausnahme der Indianer) wird ein Teil der amerikanischen Verfassung. *25. Juli* – Der Kongreß gründet aus Teilen von Dakota, Utah und Idaho das Territorium Wyoming. *11. Oktober* – Thomas Alva Edisons erste Erfindung, ein elektrischer Wahlstimmenzähler, wird patentiert. *3. November* – Ulysses Grant wird zum Präsidenten gewählt. *1. Dezember* – John D. Rockefeller beginnt seinen erbarmungslosen Krieg gegen die Konkurrenten in der Ölbranche.

Wir haben dem Weißen Mann nie etwas Böses getan, und wir wollen ihm nichts Böses tun... Wir wollen Freunde des Weißen Mannes sein... Die Büffel schwinden schnell. Antilopen, die vor einigen Jahren noch zahlreich waren, gibt es nur noch wenige. Wenn sie alle sterben, werden wir hungern; wir werden etwas zu essen brauchen und gezwungen sein, ins Fort zu kommen. Eure jungen Männer sollen nicht auf uns schießen; immer, wenn sie uns sehen, schießen sie, und wir schießen auf sie.

TONKAHASKA (TALL BULL) ZU GENERAL WINFIELD SCOTT HANCOCK

Sind Frauen und Kinder nicht furchtsamer als Männer? Die Cheyennekrieger haben keine Angst, doch habt ihr nie von Sand Creek gehört? Eure Soldaten sehen genauso aus wie jene, die dort die Frauen und Kinder niedergemetzelt haben.

WOQUINI (ROMAN NOSE) ZU GENERAL WINFIELD SCOTT HANCOCK

Wir waren einst Freunde der Weißen, doch ihr habt uns mit euren Machenschaften aus dem Weg gestoßen, und jetzt, da wir miteinander verhandeln, stoßt ihr einander dauernd an. Warum sprecht ihr nicht aufrichtig und laßt alles gut werden?

MOTAVATO (BLACK KETTLE) ZU DEN INDIANERN AM MEDICINE CREEK LODGE

Als Red Cloud im Frühjahr 1866 die Vorbereitungen für den Kampf um das Land am Powder River traf, beschloß eine beträchtliche Zahl von Southern Cheyennes, die Heimweh hatten, den Sommer über nach Süden zu gehen. Sie wollten wieder an ihrem geliebten Smoky Hill Büffel jagen und ihre alten Freunde und Verwandten wiedersehen, die mit Black Kettle über den Arkansas gezogen waren. Unter ihnen waren Tall Bull, White Horse, Gray Beard, Bull Bear und andere Kriegerhäuptlinge. Auch der große Kriegerhäuptling Roman Nose und die beiden Bent-Brüder gingen mit ihnen.

Im Tal des Smoky Hill fanden sie mehrere Gruppen junger Cheyennes und Arapahos, die sich heimlich aus den Lagern Black Kettles und Little Ravens unterhalb des Arkansas entfernt hatten. Gegen die Anordnungen ihrer Häuptlinge, die im Vertrag von 1865 die Stammesrechte auf die alten Jagdgründe aufgegeben hatten, waren sie nach Kansas gekommen, um zu jagen. Roman Nose und die Kriegerhäuptlinge kümmerten sich nicht um den Vertrag, denn sie hatten ihn beide nicht unterzeichnet.

Nicht viele der Zurückgekehrten gingen weiter nach Süden, um Black Kettle und seine Leute zu besuchen. Unter den wenigen, die es taten, war George Bent. Er wollte vor allem Magpie, Black Kettles Nichte, sehen, und bald darauf heiratete er sie. Als er zu Black Kettle stieß, stellte er fest, daß Edward Wynkoop, der alte Freund der Southern Cheyennes, jetzt Agent des Stammes war. »Es war eine schöne Zeit für uns«, sagte George Bent später. »Black Kettle war ein vortrefflicher Mann und bei allen, die ihn kannten, hochgeachtet.«

Als Agent Wynkoop erfuhr, daß die Krieger wieder am Smoky Hill jagten, suchte er die Häuptlinge auf und bemühte sich, sie zu überreden, den Vertrag zu unterzeichnen und sich Black Kettle anzuschließen. Sie lehnten empört ab und sagten, sie würden ihr Land nie wieder verlassen. Wynkoop warnte sie, daß die Soldaten sie wahrscheinlich angreifen würden, wenn sie in Kansas blieben, doch sie erwiderten, sie wollten »hier leben oder sterben«. Sie versprachen dem Agenten lediglich, daß sie ihre jungen Männer im Zaum halten würden.

Im Spätsommer hörten die Krieger Gerüchte von Red Clouds Erfolgen gegen die Soldaten im Land am Powder River. Wenn die Sioux und Northern Cheyennes um ihr Land kämpften, warum sollten dann nicht auch die Southern Cheyennes und Arapahos um ihr Land zwischen dem Smoky Hill und dem Republican River kämpfen?

Viele Gruppen schlossen sich unter Roman Nose als Führer zusammen, und die Häuptlinge beratschlagten, wie sie den Verkehr auf der Smoky-Hill-Straße unterbinden konnten. Während die Cheyennes im Norden gewesen waren, hatte man eine neue Postkutschenlinie eröffnet, die mitten durch ihre besten Büffelweiden führte. Überall entlang der Smoky-Hill-Route wurden Stationen errichtet, und die Indianer waren sich einig, daß diese Stationen zerstört werden mußten, wenn sie verhindern wollten, daß Postkutschen und Wagenkolonnen weiter die Straße benutzten.

Zu dieser Zeit kam es zu einem Zerwürfnis zwischen George und Charlie Bent. George beschloß, Black Kettle zu folgen, doch Charlie war ein begeisterter Anhänger von Roman Nose.

Im Oktober bekam Charlie während eines Treffens mit ihrem weißen Vater in Fort Zarah einen Wutanfall und beschuldigte seinen Bruder und seinen Vater, die Cheyennes zu verraten. Er drohte, sie beide umzubringen, und mußte gewaltsam entwaffnet werden. (Charlie schloß sich wieder den Kriegern an und führte mehrere Überfälle auf die Postkutschenstationen durch; 1868 wurde er verwundet, erkrankte an Malaria und starb in einem der Cheyennelager.)

Im Spätherbst des Jahres 1866 besuchten Roman Nose und eine Gruppe von Kriegern Fort Wallace und forderten den Agenten der Overland Stage Company auf, innerhalb von fünfzehn Tagen den Postkutschenverkehr einzustellen; sonst würden die Indianer sie angreifen. Infolge mehrerer früher Schneestürme kam der Verkehr jedoch zum Erliegen, bevor Roman Nose mit seinen Angriffen beginnen konnte, und die Indianer mußten sich damit begnügen, einige Überfälle auf die Viehherden an den Stationen zu unternehmen. Da der lange Winter bevorstand, beschlossen die Krieger, in den Big Timbers am

Republican ein festes Lager zu errichten, wo sie auf den Frühling des Jahres 1867 warteten.

Um während des Winters etwas Geld zu verdienen, verbrachte George Bent mehrere Wochen bei den Kiowas und kaufte Büffelhäute auf. Als er im Frühling in Black Kettles Dorf zurückkehrte, berichtete man ihm aufgeregt, eine starke Streitmacht von Blauröcken marschiere durch die Prärie von Kansas westwärts nach Fort Larned. Black Kettle berief eine Versammlung ein und sagte seinen Soldaten, daß Soldaten nur Unglück bedeuten konnten; dann befahl er ihnen zu packen und nach Süden zum Canadian River zu ziehen. Aus diesem Grund fanden von Wynkoop ausgesandte Boten Black Kettle erst, nachdem das Unglück, das er vorausgesehen hatte, bereits eingetroffen war. Hingegen fanden Wynkoops Boten die meisten Kriegerhäuptlinge, und vierzehn von ihnen erklärten sich bereit, nach Fort Larned zu kommen und sich anzuhören, was General Winfield Scott Hancock ihnen zu sagen hatte. Tall Bull, White Horse, Gray Beard und Bull Bear zogen mit etwa fünfhundert Wigwams zum Pawnee Creek, wo sie etwa sechzig Kilometer von Fort Larned ein großes Lager errichteten. Dann ritten sie, nachdem sie durch einen Schneesturm einige Tage aufgehalten worden waren, zum Fort. Einige von ihnen trugen die blauen Armeeröcke, die sie im Norden erbeutet hatten, und sie merkten, daß das General Hancock nicht paßte, denn er trug auch so einen Rock mit Schulterstücken und glänzenden Orden. Er empfing sie arrogant und unfreundlich und zeigte ihnen die Macht seiner 1400 Soldaten, darunter das neue Siebente Kavallerieregiment unter Hard Backsides Custer. Nachdem er, um sie zu beeindrucken, seinen Artilleristen befohlen hatte, einige Kanonen abzufeuern, beschlossen sie, ihn Old Man of the Thunder zu nennen.

Obgleich ihr Freund Tall Chief Wynkoop da war, mißtrauten sie Old Man of the Thunder von Anfang an. Er wartete nicht bis zum nächsten Tag, sondern berief eine nächtliche Versammlung ein, was sie als böses Omen betrachteten.

»Ich sehe, daß nicht viele Häuptlinge gekommen sind«, sagte Hancock vorwurfsvoll. »Was ist der Grund? Ich habe den Indianern viel zu sagen, doch ich möchte zu allen zusammen sprechen ... Ich werde morgen in euer Lager kommen.« Die Cheyennes hörten das gar nicht gern. Im Lager befanden sich ihre Frauen und Kinder und viele Überlebende des Massakers am Sand Creek vor drei Jahren. Würde Hancock mit seinen 1400 Soldaten kommen und wieder seine donnernden Kanonen auf sie richten? Das Licht des Lagerfeuers fiel auf die ernsten Gesichter der Häuptlinge, die schweigend dasaßen und warteten, daß Hancock fortfuhr. »Ich habe gehört, daß viele Indianer kämpfen wollen. Schön, wir sind da und für den Krieg bereit. Wenn ihr Frieden wollt, wißt ihr die Bedingungen. Wenn ihr Krieg wollt, denkt an die Folgen.« Dann sprach er von der Eisenbahn. Sie hatten Gerüchte gehört, daß der Schienenstrang an Fort Riley vorbei und direkt zum Land am Smoky Hill führte.

»Der Weiße Mann kommt so schnell hierher, daß ihn nichts aufhalten kann«, prahlte Hancock. »Er kommt aus dem Osten, und er kommt aus dem Westen, wie ein Präriefeuer bei starkem Wind. Nichts kann ihn aufhalten. Der Grund dafür ist, daß die Weißen ein sehr großes Volk sind und daß sie sich ausbreiten. Sie brauchen Platz. Jene am Meer im Westen möchten mit jenen, die an einem anderen Meer im Osten leben, in Verbindung sein, und deshalb bauen sie diese Straßen und Eisenbahnen und Telegraphenleitungen . . . Ihr dürft euren jungen Männern nicht erlauben, sie aufzuhalten; ihr müßt eure Leute von den Straßen fernhalten . . . Mehr habe ich nicht zu sagen. Ich werde warten, bis ihr eure Beratungen beendet habt, um zu sehen, ob ihr Krieg oder Frieden wollt.«

Hancock setzte sich und blickte erwartungsvoll drein, während der Dolmetscher seinen letzten Satz übersetzte, doch die Cheyennes schwiegen und blickten über das Lagerfeuer auf den General und seine Offiziere. Schließlich zündete Tall Bull eine Pfeife an, stieß den Rauch aus und reichte sie im Kreis herum. Er erhob sich, schlug seine rot und schwarz gemusterte Decke zurück und streckte Old Man of the Thunder seine rechte Hand hin.

»Du hast uns holen lassen, und wir sind gekommen«, sagte Tall Bull. »Wir haben den Weißen nie etwas Böses getan und haben nicht die Absicht, ihnen Böses zu tun. Unser Agent, Colonel Wynkoop, hat uns gesagt, wir sollen uns hier mit euch treffen. Wenn ihr zum Smoky Hill gehen wollt, so könnt ihr das tun, wann immer ihr wollt; ihr könnt jeden Weg benutzen. Wenn wir die Straße benutzen, sollen eure jungen Männer nicht auf uns schießen. Wir wollen Freunde des Weißen Mannes sein . . . Du sagst, du willst morgen in unser Dorf kommen. Wenn du kommst, werde ich dort nicht mehr zu sagen haben als hier. Ich habe alles gesagt, was ich sagen wollte.«

Old Man of the Thunder stand auf und setzte wieder seine arrogante Miene auf. »Warum ist Roman Nose nicht hier?« fragte er. Die Häuptlinge erklärten ihm, daß Roman Nose ein mächtiger Krieger, aber kein Häuptling sei, und daß nur die Häuptlinge eingeladen worden seien.

»Wenn Roman Nose nicht zu mir kommt, werde ich zu ihm gehen«, erwiderte Hancock. »Ich werde morgen mit meinen Soldaten zu eurem Dorf marschieren.«

Nach der Besprechung ging Tall Bull zu Wynkoop und bat ihn, Old Man of the Thunder davon abzubringen, mit seinen Soldaten zum Cheyennelager zu

marschieren. Tall Bull fürchtete, daß es zu Zusammenstößen zwischen ihnen und den hitzköpfigen jungen Kriegern kommen könnte.
Wynkoop erklärte sich bereit, mit Hancock zu sprechen. »Bevor General Hancock aufbrach«, berichtete er später, »sagte ich ihm, daß ich befürchtete, es könnte schlimme Folgen haben, wenn er mit seinen Truppen zum Indianerdorf marschiere, doch er beharrte darauf.« Hancocks Kolonne bestand aus Kavallerie, Infanterie und Artillerie, »und er wirkte so kriegerisch ..., als marschiere er einem Feind auf dem Schlachtfeld entgegen«.
Einige Häuptlinge ritten voraus, um die Cheyennekrieger zu unterrichten, daß Soldaten unterwegs seien. Andere ritten mit Wynkoop, der später sagte, sie hätten »auf verschiedene Weise ihre Furcht vor dem Ergebnis der Expedition ausgedrückt – sie fürchteten nicht um ihr Leben oder ihre Freiheit ... sondern daß das Erscheinen der Soldaten bei ihren Frauen und Kindern eine Panik auslösen könnte«.
Inzwischen hatte man im Cheyennelager erfahren, daß die Soldaten nahten. Boten berichteten, daß Old Man of the Thunder böse sei, weil Roman Nose nicht zu ihm nach Fort Laramie gekommen war. Roman Nose fühlte sich geschmeichelt, doch weder er noch Pawnee Killer (dessen Sioux in der Nähe lagerten) hatten die Absicht, Old Man of the Thunder mit seinen Soldaten in ihre Dörfer zu lassen. Roman Nose und Pawnee Killer riefen dreihundert Krieger zusammen und zogen mit ihnen der Kolonne entgegen. Rund um ihre Dörfer zündeten sie das Präriegras an, damit die Soldaten nicht in der Nähe kampieren konnten.
Pawnee Killer ritt voraus, um mit Hancock zu verhandeln. Er sagte dem General, wenn die Soldaten nicht zu nahe bei den Dörfern kampierten, würden er und Roman Nose sich am nächsten Morgen mit ihm zu einer Besprechung treffen. Bei Sonnenuntergang machten die Soldaten Halt und errichteten mehrere Kilometer von den Wigwams am Pawnee Fort ein Lager. Es war der 13. April.
Am Abend verließen Pawnee Killer und mehrere Cheyennehäuptlinge das Soldatenlager und ritten zu ihren Dörfern, um zu beraten, was sie tun sollten. Unter den Häuptlingen herrschte jedoch solche Uneinigkeit, daß nichts geschah. Roman Nose wollte die Wigwams abbrechen und nach Norden ziehen, doch die Häuptlinge, die gesehen hatten, wie stark Hancocks Soldaten waren, wollten sie nicht herausfordern, sie zu verfolgen.
Am nächsten Morgen versuchten die Häuptlinge Roman Nose zu überreden, mitzukommen und mit Hancock zu verhandeln, doch der Kriegerhäuptling witterte eine Falle.
Am Vormittag beschloß Bull Bear, zum Soldatenlager zu reiten. Arrogant

fragte ihn Hancock, wo Roman Nose sei. Bull Bear bemühte sich, diplomatisch zu sein; er sagte, Roman Nose und die anderen Häuptlinge seien durch eine Büffeljagd aufgehalten worden. Das brachte Hancock nur in Wut. Er sagte Bull Bear, daß er mit seinen Truppen zum Dorf marschieren und dort kampieren werde, bis Roman Nose auftauche. Bull Bear gab keine Antwort; er stieg gelassen auf sein Pferd, ritt langsam davon, bis er außer Sicht war, und galoppierte dann schnell zum Dorf zurück.

Die Nachricht, daß die Soldaten kamen, stürzte das Indianerlager in hektische Betriebsamkeit. »Ich reite allein los und bringe diesen Hancock um!« rief Roman Nose. Es war keine Zeit, die Wigwams abzubrechen oder zu packen. Man setzte Kinder und Frauen auf Ponys und schickte sie nach Norden. Dann bewaffneten sich die Krieger mit Bogen, Speeren, Gewehren, Messern und Keulen. Die Häuptlinge ernannten Roman Nose zu ihrem Anführer, doch sie beauftragten Bull Bear, neben ihm zu reiten, damit er in seinem Zorn keine Dummheit beging.

Roman Nose zog seinen Offiziersrock mit den goldenen Epauletten an. Er steckte einen Karabiner in die Scheide an seinem Sattel und zwei Pistolen unter seinen Gürtel, und da er nur wenig Munition hatte, nahm er auch seinen Bogen und seinen Köcher mit. Im letzten Moment beschloß er, eine weiße Fahne mitzunehmen. Er befahl seinen dreihundert Kriegern, sich in einer Linie aufzustellen, die sich eineinhalb Kilometer über die Prärie erstreckte. Mit wimpelgeschmückten Speeren, umgehängten Bogen und geladenen Gewehren und Pistolen führte er sie langsam über die Prärie den 1 400 Soldaten und ihren großen donnernden Kanonen entgegen.

»Dieser Hancock brennt darauf zu kämpfen«, sagte Roman Nose zu Bull Bear. »Ich werde ihn vor seinen eigenen Leuten töten und ihnen einen Grund geben zu kämpfen.«

Bull Bear erwiderte vorsichtig, die Soldaten seien etwa fünfmal so stark wie sie; sie seien mit schnell schießenden Gewehren und großen Kanonen ausgerüstet; außerdem seien die Ponys der Soldaten gut genährt, während die Ponys, auf denen ihre Frauen und Kinder flohen, nach einem Winter ohne Gras schwach seien. Wenn es zu einem Kampf käme, würden die Soldaten sie alle töten.

Nach ein paar Minuten sahen sie die Kolonne, und sie merkten, daß die Soldaten sie gesichtet hatten, denn sie formierten sich zu einer Linie. Hard Backsides Custer stellte seine Kavalleristen zum Kampf auf, und sie galoppierten mit gezogenen Säbeln auf sie zu.

Ruhig signalisierte Roman Nose den Kriegern anzuhalten. Er hob die weiße Fahne. Daraufhin verlangsamten die Soldaten ihr Tempo und hielten ungefähr hundertfünfzig Meter vor den Indianern ebenfalls an. Ein scharfer Wind ließ auf beiden Seiten die Fahnen und Wimpel flattern. Nach etwa einer Minute sahen die Indianer, wie Tall Chief Wynkoop ihnen allein entgegenritt. »Sie scharten sich um mein Pferd«, berichtete Wynkoop später, »und gaben ihrer Freude Ausdruck, mich zu sehen; sie sagten, jetzt wüßten sie, daß alles in Ordnung sei und daß man ihnen nichts tun werde ... Ich ritt mit ihren Anführern los, und wir trafen uns mit General Hancock und seinen Offizieren etwa in der Mitte zwischen den beiden Linien.

Roman Nose ritt nahe an die Offiziere heran, blieb mit seinem Pferd vor Old Man of the Thunder stehen und blickte ihm offen in die Augen.

»Wollt ihr Frieden oder Krieg?« fragte Hancock scharf.

»Wir wollen keinen Krieg«, erwiderte Roman Nose. »Wenn wir ihn wollten, würden wir euren großen Kanonen nicht so nahe kommen.«

»Warum bist du nicht zu der Beratung nach Fort Larned gekommen?« sagte Hancock.

»Meine Pferde sind schwach«, antwortete Roman Nose, »und jeder, der zu mir kommt, erzählt mir etwas anderes über eure Absichten.«

Tall Bull, Gray Beard und Bull Bear hatten sich neben Roman Nose gestellt. Sie machten sich Sorgen, weil Roman Nose sich so ruhig verhielt. Bull Bear ergriff das Wort und bat den General, mit seinen Soldaten nicht näher an das Indianerlager heranzukommen. »Wir konnten unsere Frauen und Kinder zurückhalten«, sagte er. »Sie haben Angst und sind geflohen und werden nicht wiederkommen. Sie fürchten die Soldaten.«

»Ihr müßt sie zurückholen«, befahl Hancock barsch.

Als Bull Bear sich mit resignierter Miene abwandte, sagte Roman Nose ihm leise, er solle mit den Häuptlingen zur indianischen Linie zurückreiten. »Ich werde Hancock töten«, flüsterte er. Bull Bear packte Roman Noses Pferd am Zügel, führte ihn beiseite und sagte ihm, daß dies den Tod für den ganzen Stamm bedeuten würde.

Der Wind war stärker geworden und machte die Verständigung schwierig. Nachdem Hancock den Häuptlingen befohlen hatte, sofort die Frauen und Kinder zurückzuholen, erklärte er das Gespräch für beendet.

Die Häuptlinge und Krieger ritten gehorsam in die Richtung, in die ihre Frauen und Kinder geflohen waren, doch sie holten sie nicht zurück. Hancock wartete einen oder zwei Tage, und sein Zorn wuchs. Dann befahl er Custer, mit den Kavalleristen die Indianer zu verfolgen, und marschierte mit der Infanterie in das verlassene Lager. Systematisch durchsuchte man die Zelte und verbrannte dann alles – 251 Wigwams, 962 Büffeldecken, 436 Sättel, Hunderte von Fellen, Lassos, Matten, Kochgeräte und Geschirr. Die Soldaten

Roman Nose, Häuptling der Southern Cheyennes (1868)

zerstörten alles, was die Indianer besaßen, und sie hatten nichts mehr als die Ponys, auf denen sie ritten und die Kleider, die sie trugen.

Die Zerstörung ihrer Dörfer erfüllte die Krieger und die mit ihnen verbündeten Sioux mit ohnmächtiger Wut. Sie überfielen Poststationen, rissen Telegraphenleitungen nieder, überfielen Lager von Eisenbahnarbeitern und brachten den gesamten Verkehr auf der Smoky-Hill-Straße zum Stillstand. Die Overland Express erließ eine Anweisung an ihre Angestellten: »Wenn Indianer in Schußweite kommen, dann erschießt sie. Zeigt kein Erbarmen, denn sie werden euch gegenüber auch keins zeigen. General Hancock wird euch und euer Eigentum schützen.« Den Krieg, den Hancock verhindern wollte, hatte er jetzt heraufbeschworen. Custer galoppierte mit seinen Kavalleristen von Fort zu Fort, fand aber keine Indianer.

»Zu meinem Bedauern muß ich sagen, daß General Hancocks Expedition zu nichts Gutem geführt hat, sondern im Gegenteil zu viel Bösem«, schrieb Thomas Murphy, der Superintendent für Indianerangelegenheiten, an Kommissar Taylor in Washington.

Und Black Whiskers Sanborn teilte dem Innenminister mit: »General Hancocks Aktionen haben sich im Hinblick auf das öffentliche Interesse als so verheerend erwiesen und erscheinen mir überdies als so unmenschlich, daß ich es für angebracht halte, Sie von meiner Ansicht darüber in Kenntnis zu setzen ... Daß eine mächtige Nation wie die unsere auf solche Weise einen Krieg gegen ein paar verstreute Nomaden führt, ist ein zutiefst beschämendes Schauspiel, ein beispielloses Unrecht, ein höchst widerliches nationales Verbrechen, das früher oder später ein himmlisches Strafgericht über uns oder unsere Nachkommen bringen muß.«

Great Warrior Sherman brachte in seinem Bericht an Kriegsminister Stanton eine andere Ansicht zum Ausdruck: »Wenn man nur fünfzig Indianern gestattet, zwischen dem Arkansas und dem Platte zu bleiben, werden wir jede Poststation, jeden Zug und sämtliche Gruppen von Eisenbahnarbeitern bewachen müssen. Mit anderen Worten, um fünfzig feindselige Indianer in Schach zu halten, werden wir dreitausend Soldaten benötigen. Man sollte sie so schnell wie möglich unschädlich machen, und es scheint mir unwesentlich, ob sie von Indianerkommissaren überredet werden, fortzugehen, oder ob man sie tötet.«

Sherman wurde von höheren Regierungsstellen angewiesen, zu versuchen, sie mit einer Friedenskommission zum Fortgehen zu bewegen, und so stellte er im Sommer 1867 aus Taylor, Henderson, Tappan, Sanborn, Harney und Terry eine Kommission zusammen – dieselbe, die später im Herbst mit Red Cloud in Fort Laramie Frieden zu schließen versuchte. (Siehe voriges Kapitel.)

Hancock wurde aus der Prärie zurückbeordert, und seine Soldaten verteilte man auf die verschiedenen Forts.

Der neue Friedensplan für die südliche Prärie betraf nicht nur die Cheyennes und Arapahos, sondern auch die Kiowas, Comanchen und Prärie-Apachen. Alle fünf Stämme sollten in einem großen Reservat südlich des Arkansas River untergebracht werden, und die Regierung wollte ihnen Viehherden zur Verfügung stellen und sie im Anbau von Getreide unterweisen.

Die Friedensverhandlungen sollten Anfang Oktober am Medicine Lodge Creek, hundert Kilometer südlich von Fort Larned, stattfinden. Um sicherzugehen, daß alle wichtigen Häuptlinge kamen, ließ das Amt für Indianerangelegenheit große Mengen Geschenke nach Fort Larned bringen und schickte mehrere sorgsam ausgewählte Boten aus. Einer von ihnen war George Bent, der jetzt für Tall Chief Wynkoop als Dolmetscher tätig war. Es fiel ihm nicht schwer, Black Kettle zum Kommen zu überreden. Auch Little Raven von den Arapahos und Ten Bears von den Comanchen erklärten sich bereit, an den Verhandlungen am Medicine Lodge Creek teilzunehmen. Doch als Bent in die Lager der Krieger kam, hörten ihn deren Führer nur widerwillig an. Old Man of the Thunder hatte sie mit Mißtrauen gegenüber Verhandlungen mit Offizieren erfüllt. Roman Nose sagte ganz offen, daß er nicht zum Medicine Lodge Creek kommen werde, wenn Great Warrior Sherman dort sei.

Bent und die Kommissare wußten, daß ein Friedensvertrag mit den Cheyennes von Roman Nose abhing. Er befehligte jetzt mehrere hundert Krieger von sämtlichen Cheyennegruppen. Wenn Roman Nose den Vertrag nicht unterzeichnete, würde es keinen Frieden in Kansas geben. Vermutlich auf Bents Vorschlag hin beauftragte man Edmond Guerrier, Roman Nose zu besuchen und ihn zu bewegen, wenigstens zu Vorverhandlungen an den Medicine Lodge Creek zu kommen. Guerrier, der das Massaker am Sand Creek überlebt hatte, war mit Bents Schwester verheiratet, Roman Nose mit Guerriers Cousine. Diese familiären Bande erleichterten Bent seinen Auftrag.

Am 27. September traf Guerrier mit Roman Nose und Gray Beard am Medicine Lodge Creek ein. Roman Nose hatte darauf bestanden, daß Gray Beard als sein Sprecher mitkam; Gray Beard verstand ein paar Worte Englisch und konnte von Dolmetschern nicht so leicht getäuscht werden. Superintendent Thomas Murphy, der die Vorbereitungen vor dem Eintreffen der Kommission durchführte, begrüßte die Cheyenneführer herzlich, sagte ihnen, daß die bevorstehenden Verhandlungen sehr wichtig für sie seien, und versprach, daß die Kommissare ihnen Proviant geben und »ihnen die Hand reichen und alles für den Frieden tun würden«.

»Der Proviant, den ihr uns gebt, macht uns krank«, erwiderte Gray Beard. »Wir können uns von Büffeln ernähren, aber die Dinge, die wir am dringendsten brauchen – Pulver, Blei und Zündhütchen –, bekommen wir nicht. Wenn ihr uns die gebt, werden wir glauben, daß ihr es aufrichtig meint.«

Murphy antwortete, daß die Vereinigten Staaten Munition nur befreundeten Indianern schenkten; er fragte, warum einige Cheyennes so unfreundlich seien, daß sie ihre Überfälle fortsetzten. »Weil Hancock unser Dorf niedergebrannt hat«, erwiderten Roman Nose und Gray Beard. »Dafür rächen wir uns.«

Murphy versicherte ihnen, daß der Große Vater nicht die Erlaubnis erteilt habe, ihr Dorf niederzubrennen; der Große Vater habe Hancock deshalb bereits woandershin versetzt. Auch Great Warrior Sherman, gegen dessen Teilnahme Roman Nose Einspruch erhob, habe der Große Vater zu sich nach Washington gerufen. Schließlich erklärte Roman Nose sich zu einem Kompromiß bereit. Er und seine Leute würden am hundert Kilometer entfernten Cimarron kampieren und von dort aus die Verhandlungen beobachten; wenn sie ihren Vorstellungen entsprächen, würden sie kommen und daran teilnehmen.

Am 16. Oktober begann die Konferenz in einem aus großen schönen Bäumen bestehenden Hain am Medicine Lodge Creek. Die Arapahos, Comanchen, Kiowas und Prärie-Apachen schlugen am bewaldeten Ufer neben dem Verhandlungsplatz ihr Lager auf, Black Kettle auf der anderen Seite des Flusses. Sollte es zu Auseinandersetzungen kommen, so würde wenigstens der Fluß zwischen ihm und den zweihundert Kavalleristen liegen, welche die Kommissare bewachten. Roman Nose und die Krieger ließen sich durch Boten, die sie in Black Kettles Lager schickten, über den Verlauf der Beratungen informieren. Diese Boten paßten auf Black Kettle ebenso gut auf wie auf die Kommissare; sie waren entschlossen zu verhindern, daß Black Kettle im Namen des Cheyennevolkes einen schlechten Vertrag unterzeichnete.

Am Medicine Lodge waren über viertausend Indianer versammelt, doch fast nur Kiowas, Comanchen und Arapahos. Es beunruhigte die Kommissare, daß fast keine Cheyennes darunter waren, denn ihr Hauptziel war es, Frieden mit den feindseligen Kriegern zu schließen und sie davon zu überzeugen, daß es das Beste für sie war, in das vorgesehene Reservat unterhalb des Arkansas zu gehen.

Am 21. Oktober unterzeichneten die Kiowas und Comanchen den Vertrag; sie erklärten sich darin bereit, mit den Cheyennes und Arapahos ein Reservat zu teilen, die Büffeljagd auf das Gebiet unterhalb des Arkansas zu beschränken und den Widerstand gegen den Bau der Eisenbahn am Smoky Hill aufzugeben. Black Kettle wollte jedoch nicht unterzeichnen, bevor weitere Cheyennehäuptlinge zum Medicine Lodge kamen, und Little Raven und die Arapahos wollten erst nach den Cheyennes unterzeichnen. Die enttäuschten Kommissare erklärten sich bereit, noch eine Woche zu warten, und Black Kettle und Little Robe ritten zum Kriegerlager, um ihre diplomatischen Bemühungen fortzusetzen. Fünf Tage vergingen, doch kein Cheyenne erschien. Am Nachmittag des 26. Oktober kam Little Robe vom Soldatenlager zurück.

Er berichtete, daß die Cheyennehäuptlinge mit etwa fünfhundert Kriegern kommen würden. Sie würden bewaffnet sein und wahrscheinlich ihre Gewehre abfeuern, um ihren Wunsch nach Munition auszudrücken, die sie für die herbstlichen Büffeljagden brauchten. Doch sie würden niemandem etwas tun und, wenn sie ihre Geschenke erhalten hatten, den Vertrag unterzeichnen.

Am nächsten Mittag in der warmen Herbstsonne kamen die Cheyennes angaloppiert. Auf einem Bergkamm südlich des Verhandlungsplatzes machten sie Halt und formierten sich wie Hard Backsides Kavalleristen zu einer Viererreihe. Sie trugen teils erbeutete Armeeblusen, teils rote Decken. Ihre Speere und ihr silberner Schmuck glitzerten in der Sonne. Gegenüber dem Verhandlungsplatz, auf der anderen Seite des Flusses, nahmen sie in einer Reihe Aufstellung. Einer der Cheyennes gab ein Hornsignal, und sie stürmten auf ihren Ponys vor, aus fünfhundert Kehlen »Hiya hi-i-iya!« schreiend. Sie schwenkten ihre Speere, hoben die gespannten Bogen, feuerten mit ihren Pistolen und Gewehren in die Luft und sprengten in den Fluß, so daß das Wasser hoch aufspritzte. Ihre Ponys antreibend, ritten sie die Uferböschung hinauf und hielten dicht vor White Whiskers Harney an, der regungslos dastand und sie empfing. Die anderen Kommissare rannten kopflos herum und suchten Deckung. Rasch sprangen die Häuptlinge und Krieger von ihren Pferden, umringten die erschrockenen Kommissare und schüttelten ihnen lachend und voll Befriedigung, daß sie ihnen die Kühnheit und Tapferkeit der Cheyennes demonstriert hatten, die Hände.

Nach den Begrüßungszeremonien begannen die Verhandlungen. Tall Bull, White Horse, Bull Bear und Buffalo Chief ergriffen das Wort. Sie wollten keinen Krieg, sagten sie, seien aber dazu bereit, wenn man ihnen keinen ehrenhaften Frieden gewähre.

Buffalo Chief bat noch einmal um die Erlaubnis, die Jagdgründe am Smoky Hill zu benutzen. Er versprach, daß die Cheyennes die Eisenbahn in Ruhe lassen würden und fügte dann in eindringlichem Ton hinzu: »Das Land soll uns gemeinsam gehören – laßt die Cheyennes weiter hier jagen.« Doch die

Weißen lehnten es ab, auch nur einen Teil des Landes nördlich des Arkansas mit den Indianern zu teilen. Am nächsten Morgen wurde den Cheyenne- und Arapahohäuptlingen der Vertrag vorgelesen, und George Bent übersetzte ihn. Zuerst weigerten sich Bull Bear und White Horse zu unterschreiben, doch Bent nahm sie beiseite und überzeugte sie, daß dies die einzige Möglichkeit war, ihre Macht und die Existenzgrundlage für ihre Stämme zu erhalten. Nach der Unterzeichnung verteilten die Kommissare Geschenke, darunter Munition für die Jagd. Die Verhandlungen waren beendet, und die meisten Cheyennes und Arapahos würden, wie sie versprochen hatten, nach Süden ziehen. Doch es gab andere, die es ablehnten, fortzugehen. Drei- oder vierhundert zogen bereits vom Cimarron nach Norden, angeführt von einem Krieger, der nicht kapituliert hatte. Roman Nose hatte seinen Namen nicht unter den Vertrag gesetzt.

Während des Winters 1867–68 lagerten die meisten Cheyennes und Arapahos südlich des Arkansas in der Nähe von Fort Larned. Von ihren Herbstjagden hatten sie genügend Fleisch, um den Winter zu überstehen, doch im Frühling wurde die Nahrungsmittelknappheit kritisch. Hin und wieder kam Tall Chief Wynkoop vom Fort zu ihnen und verteilte die kärglichen Rationen, die ihnen das Amt für Indianerangelegenheiten auf seine Intervention hin zur Verfügung stellte. Er sagte den Häuptlingen, der Große Rat in Washington diskutiere immer noch über den Vertrag und habe noch nicht, wie versprochen, Geld zum Kauf von Lebensmitteln und Kleidung für sie bewilligt. Die Häuptlinge erwiderten, wenn sie Waffen und Munition hätten, könnten sie zum Red River gehen und genügend Büffel zur Versorgung ihrer Leute schießen. Doch Wynkoop konnte ihnen weder Waffen noch Munition geben.
Als die warmen Frühlingstage länger wurden, wuchs die Unruhe der jungen Männer; sie murrten, weil es nicht genug zu essen gab, und verfluchten die Weißen, die ihre am Medicine Lodge gegebenen Versprechungen nicht hielten. In kleinen Gruppen zogen sie nach Norden zu ihren alten Jagdgründen am Smoky Hill. Tall Bull, White Horse und Bull Bear gaben den Forderungen ihrer stolzen Krieger nach und überschritten ebenfalls den Arkansas. Unterwegs überfielen einige der wütenden jungen Krieger in der Hoffnung, Gewehre und Lebensmittel zu erbeuten, abgelegene Siedlungen.
Agent Wynkoop eilte zu Black Kettles Dorf und bat die Häuptlinge, geduldig zu sein und ihre jungen Männer zurückzuhalten.
»Unsere weißen Brüder entziehen uns die Hand, die sie uns am Medicine Lodge gegeben haben«, sagte Black Kettle, »doch wir werden uns bemühen, sie festzuhalten. Wir hoffen, der Große Vater wird Erbarmen mit uns haben

und uns die Gewehre und Munition geben, die er uns versprochen hat, damit wir Büffel jagen können und unsere Familien nicht hungern müssen.«

Wynkoop hoffte, daß man jetzt bald Gewehre und Munition an die Indianer ausgeben würde, denn der Große Vater hatte die Forts von Kansas einem neuen Kommandanten, Star Chief General Philip Sheridan, unterstellt. Er arrangierte ein Treffen zwischen verschiedenen Häuptlingen, darunter Black Kettle und Stone Calf, und Sheridan in Fort Larned.

Als die Indianer Sheridan mit seinen kurzen Beinen, seinem dicken Hals und seinen langen, herabbaumelnden Armen sahen, fanden sie, daß er einem grimmigen Bären ähnelte. Während der Besprechung fragte Wynkoop den General, ob er nicht Waffen an die Indianer verteilen könne. »Ja, gebt ihnen Waffen«, brummte Sheridan, »und wenn sie in den Krieg ziehen, werden meine Soldaten sie töten wie Männer.«

Stone Calf erwiderte: »Laß deinen Soldaten lange Haare wachsen, damit es für uns ehrenvoll ist, *sie* zu töten.«

Obwohl Wynkoop durchsetzte, daß sie ein paar veraltete Gewehre erhielten, waren die Cheyennes und Arapahos, die unterhalb des Arkansas jagten, sehr unruhig. Zu viele ihrer jungen Männer und die meisten Kriegergruppen waren immer noch nördlich des Flusses und überfielen und töteten immer wieder Weiße.

Ende August versammelten sich die meisten Cheyennes im Norden am Arikaree, einem Nebenfluß des Republican, darunter Tall Bull, White Horse und Roman Nose mit etwa dreihundert Kriegern und ihren Familien. In der Nähe lagerten einige Arapahos und Pawnee Killers Sioux. Von Bull Bear, der mit seiner Gruppe am Salomon kampierte, erfuhren sie, daß General Sheridan eine Kompanie Kundschafter aufgestellt und beauftragt hatte, das Gebiet nach Indianerlagern abzusuchen, doch die Indianer waren so sehr damit beschäftigt, Fleisch für den Winter zu beschaffen, daß sie sich nicht darum kümmerten.

Am 16. September sah eine Gruppe jagender Sioux aus Pawnee Killers Lager, wie etwa fünfzig Weiße am Arikaree, etwa dreißig Kilometer südlich der Indianerlager, ein Camp errichteten. Nur drei oder vier von ihnen trugen blaue Uniformen, die anderen Grenzerkleidung. Es waren die Männer, die Sheridan beauftragt hatte, die Indianerlager zu suchen; sie wurden Forsyths Scouts genannt.

Die Sioux alarmierten ihre Leute, und Pawnee Killer sandte Boten zum Lager der Cheyennes und forderte sie auf, gemeinsam mit ihnen die weißen Kundschafter, die in ihre Jagdgründe eingedrungen waren, anzugreifen. Tall Bull und White Horse schickten sofort Ausrufer durch ihre Lager und forderten sie auf, sich bereitzumachen und Kriegsbemalung aufzutragen. Sie gingen zu Roman Nose, der in seinem Wigwam ein Reinigungszeremoniell durchführte. Vor ein paar Tagen, als die Cheyennes mit den Sioux ein Festmahl veranstalteten, hatte eine Siouxfrau beim Backen von Brot eine eiserne Gabel verwendet, was Roman Nose erst erfuhr, nachdem er das Brot gegessen hatte. Metall, das mit seiner Nahrung in Berührung kam, zerstörte seinen Zauber, und er konnte seine magische Kraft, den Kugeln der Weißen zu entrinnen, nur durch dieses Reinigungszeremoniell wiederherstellen.

Tall Bull bat Roman Nose, sich zu beeilen. Er war überzeugt, daß die Cheyennes und Sioux gemeinsam mit fünfzig weißen Kundschaftern fertigwerden konnten, doch möglicherweise waren Kompanien von Blauröcken in der Nähe, und in diesem Fall würden sie Roman Nose als Anführer bei ihren Angriffen brauchen. Roman Nose sagte ihnen, sie sollten vorausreiten; wenn er fertig sei, werde er nachkommen.

Da der Weg zu dem Soldatenlager so weit war, beschlossen die Häuptlinge, mit dem Angriff bis zum nächsten Morgen zu warten. Auf ihren besten Ponys, bewaffnet mit ihren besten Speeren, Bogen und Gewehren, zogen fünf- oder sechshundert Krieger durch das Arikaree-Tal. In der Nähe des Kundschafterlagers machten sie halt, und die Häuptlinge erteilten die strikte Anweisung, daß keine kleine Gruppe allein den Feind angreifen durfte. Alle würden, wie Roman Nose befohlen hatte, gemeinsam angreifen, das Lager stürmen und die Kundschafter töten.

Trotz des Verbots schlichen sechs Sioux und zwei Cheyennes – alles sehr junge Männer – vor Sonnenaufgang heimlich davon und versuchten die Pferdeherde der Weißen zu erbeuten. Schreiend und Decken schwenkend, um die Tiere fortzutreiben, griffen sie in der Dämmerung an. Sie fingen einige Pferde, doch die jungen Krieger hatten Forsyths Scouts alarmiert und auf die Indianer aufmerksam gemacht. Bevor die Hauptstreitmacht der Sioux und Cheyennes das Lager stürmen konnte, hatten die Kundschafter Zeit, sich auf eine kleine Insel im trockenen Bett des Arikaree zurückzuziehen und dort im Weidengesträuch und im hohen Gras Deckung zu suchen.

Die Indianer griffen in breiter Front durch das neblige Tal an; die Hufe ihrer Ponys polterten über die trockene Erde. Als sie so nahe heran waren, daß sie sehen konnten, wie die Kundschafter rasch auf die Insel flüchteten, gab ein Cheyennekrieger ein Hornsignal. Sie hatten die Absicht gehabt, das Lager zu stürmen. Nun mußten sie in das trockene Flußbett abschwenken. Eine Salve aus den Repetiergewehren der Kundschafter schlug ihnen entgegen, und die Indianer teilten sich in zwei Gruppen und ritten rechts und links um die Insel herum.

Fast den ganzen Vormittag umkreisten die Indianer die Insel. Die einzigen Ziele waren die im hohen Gras stehenden Pferde der Kundschafter, und als die Krieger sie niederschossen, benutzten die Kundschafter sie als Brustwehren. Einige Krieger griffen die Insel einzeln an; sie stiegen von ihren Pferden und versuchten, durch das Gesträuch zu den Kundschaftern zu kriechen. Doch das schnelle Gewehrfeuer zwang sie, sich wieder zurückzuziehen. Ein Cheyenne namens Wolf Belly versuchte zweimal, auf seinem Pferd den Verteidigungsring zu durchbrechen. Er trug ein Pantherfell, dessen Zauberkraft so stark war, daß ihn keine einzige Kugel traf.

Am frühen Nachmittag traf Roman Nose ein und nahm auf einem Hügel, von dem aus er die Insel überblicken konnte, Aufstellung. Die meisten Krieger hörten auf zu kämpfen und warteten ab, was Roman Nose tun würde. Tall Bull und White Horse gingen zu ihm, um mit ihm zu reden, doch sie baten ihn nicht, ihre Führung zu übernehmen. Dann erschien ein alter Mann namens White Contrary und sagte: »Da sitzt Roman Nose, der Mann, auf den wir angewiesen sind, hinter einem Hügel.«

Roman Nose lachte. Er hatte bereits entschieden, was er an diesem Tag tun würde, und er wußte, er würde sterben, doch er lachte über die Worte des alten Mannes.

»Alle diese Männer, die dort unten kämpfen, sind bereit zu tun, was du sagst«, fuhr White Contrary fort, »und du sitzt hier hinter diesem Hügel.«

Roman Nose ging ein Stück zur Seite und bereitete sich auf die Schlacht vor; er bemalte seine Stirn gelb, seine Nase rot, sein Kinn schwarz. Dann setzte er seinen Kopfputz mit den vierzig tief herabhängenden Federn auf. Als er fertig war, bestieg er sein Pferd und ritt zu dem trockenen Flußbett hinunter, wo die zum Kampf formierten Krieger darauf warteten, daß er sie zum Sieg führte.

In langsamem Trab ritten sie los, gingen in einen schnelleren Galopp über und trieben dann ihre Ponys erbarmungslos an, damit sie nichts davon abhalten konnte, die Insel zu stürmen. Doch wieder mähten die Gewehre von Forsyths Scouts die vorderste Reihe nieder und nahmen so dem verzweifelten Angriff seine Wucht. Als Roman Nose den Rand des Weidengestrüpps erreichte, traf ihn eine Kugel über den Hüften und drang durch sein Rückgrat. Er stürzte in das Gebüsch und lag dort, bis es finster wurde; dann gelang es ihm, zum Ufer zu kriechen. Einige junge Krieger, die auf der Suche nach ihm waren, trugen ihn auf den Hügel, wo Cheyenne- und Siouxfrauen die Verwundeten versorgten. In der Nacht starb Roman Nose.

Für die jungen Cheyennekrieger war Roman Noses Tod wie das Verlöschen eines großen Sterns am Himmel. Er hatte sie mit dem Glauben erfüllt, sie würden eines Tages siegen, wenn sie wie Red Cloud um ihr Land kämpften. Weder die Cheyennes noch die Sioux mochten weiterkämpfen, doch sie belagerten Forsyths Scouts auf der Insel. Die Kundschafter mußten ihre toten Pferde essen und im Sand nach Wasser graben. Als am achten Tag eine Kolonne Soldaten kam, um sie zu befreien, verließen die Indianer ohne Widerstand die stinkende Insel.

Die Weißen nannten das Gefecht nach dem jungen Leutnant Frederick Beecher, der dabei gefallen war, die Schlacht von Beecher's Island. Die Überlebenden prahlten, sie hätten »Hunderte von Rothäuten« getötet. In Wirklichkeit hatten die Indianer nur dreißig Mann verloren, doch Roman Nose war unersetzlich. Ihnen sollte das Ganze stets als die »Schlacht, in der Roman Nose fiel«, in Erinnerung bleiben.

Nachdem sie sich von der Belagerung ausgeruht hatten, zog ein großer Teil der Cheyennes nach Süden. Da jetzt überall Soldaten auf sie Jagd machen, hatten sie keine andere Möglichkeit, als bei ihren Verwandten südlich des Arkansas Zuflucht zu suchen. Sie betrachteten Black Kettle als einen ohnmächtigen alten Mann, doch er war noch am Leben, und er war Häuptling der Southern Cheyennes.

Sie hatten natürlich keine Ahnung, daß Sheridan einen Winterfeldzug südlich des Arkansas plante. Bei Einbruch des Winters würde er Custer und seine berittenen Soldaten beauftragen, die Dörfer der »wilden« Indianer zu zerstören, von denen die meisten die Verpflichtungen des Vertrags eingehalten hatten. Für Sheridan war jeder Indianer, der sich wehrte, wenn man auf ihn schoß, ein »Wilder«.

In jenem Herbst errichtete Black Kettle am Washita River, sechzig Kilometer östlich der Antelope Hills, ein Dorf, und als die jungen Männer aus Kansas zurückkamen, schalt er sie wegen ihres rebellischen Verhaltens, nahm sie aber wie ein verzeihender Vater wieder auf. Als er im November erfuhr, daß Soldaten im Anmarsch waren, machten er, Little Robe und zwei Arapahohäuptlinge eine einhundertfünfzig Kilometer weite Reise durch das Washitatal nach Fort Cobb, dem Sitz der neuen Agentur südlich des Arkansas. Kommandant des Forts war General William B. Hazen, der gegenüber den Cheyennes und Arapahos bei ihren Besuchen während des Sommers freundlich und verständnisvoll gewesen war.

Diesmal jedoch zeigte sich Hazen nicht entgegenkommend. Als Black Kettle ihn um Schutz und die Erlaubnis bat, in der Nähe von Fort Cobb seine 180 Wigwams aufzuschlagen, lehnte Hazen ab. Er gestattete den Cheyennes und Arapahos auch nicht, sich in den Dörfern der Kiowas und Comanchen niederzulassen. Er versprach Black Kettle, daß man sie nicht angreifen werde, wenn er mit seiner Delegation in ihre Dörfer zurückkehre und seine jungen Männer im Zaum halte. Nachdem er ihnen etwas Zucker, Tabak und Kaffee geschenkt hatte, schickte er sie weg. Ihm war klar, daß er sie wahrscheinlich nie wiedersehen würde, denn Sheridans Kriegspläne waren ihm bekannt.

Durch einen heftigen Schneesturm kehrten die enttäuschten Häuptlinge zu ihren Dörfern zurück und trafen am Abend des 26. November ein. Obwohl er von der langen Reise erschöpft war, berief Black Kettle sofort eine Versammlung der Stammesführer ein. (George Bent nahm nicht daran teil; er war mit seiner Frau, Black Kettles Nichte, zu Besuch auf William Bents Ranch in Colorado.)

Diesmal, so sagte Black Kettle seinen Leuten, dürften sie sich nicht wie damals am Sand Creek überraschen lassen. Er würde nicht warten, bis die Soldaten da waren, sondern ihnen mit einer Delegation entgegenreiten und sie überzeugen, daß die Cheyennes Frieden wollten. Es schneite noch immer, doch sobald die Wolken sich verzogen, wollten sie aufbrechen.

Obwohl Black Kettle in jener Nacht spät zu Bett ging, wachte er wie immer im Morgengrauen auf. Als er vor seinen Wigwam trat, sah er zu seiner Erleichterung, daß es aufklärte. Dichter Nebel hing über dem Tal des Washita, und auf den Bergen jenseits des Flusses lag hoher Schnee.

Plötzlich hörte er eine Frau schreien, und als sie näher kam, verstand er, daß sie »Soldaten! Soldaten!« rief. Black Kettle stürzte in den Wigwam, um sein Gewehr zu holen. In den wenigen Sekunden, bis er wieder draußen war, wurde ihm klar, was er tun mußte – das Lager alarmieren und dafür sorgen, daß alle flohen. Es durfte kein zweites Sand Creek geben. Er würde den Soldaten allein zur Washitafurt entgegenreiten und mit ihnen verhandeln. Er hob sein Gewehr und feuerte einen Schuß in die Luft ab. Der Krach weckte das ganze Dorf. Während er den andern den Befehl erteilte, ihre Pferde zu besteigen und fortzureiten, band seine Frau sein Pony los und brachte es ihm.

Als er eben zu der Furt aufbrechen wollte, ertönte im Nebel ein Signalhorn. Kommandorufe und die wilden Schreie angreifender Soldaten folgten. Wegen des Schnees hörte man nicht das Donnern von Hufen, sondern nur das Klappern von Tornistern, das Klirren der Pferdegeschirre und Hornsignale.

Black Kettle hatte erwartet, daß die Soldaten über die Washitafurt reiten würden, doch statt dessen stürmten sie von allen vier Richtungen aus dem Nebel. Wie sollte er vier angreifenden Kolonnen entgegenreiten und ihnen klarmachen, daß die Indianer Frieden wollten? Es war genau wie am Sand Creek. Er packte die Hand seiner Frau, hob sie hinter sich aufs Pony und trieb es rasch

an. Sie hatte Sand Creek mit ihm überlebt, und als sie vor den pfeifenden Kugeln flohen, war es, als erlebten sie noch einmal denselben Alptraum.
Als sie fast an der Furt waren, sah er die angreifenden Kavalleristen mit ihren dicken blauen Röcken und Pelzmützen. Black Kettle zügelte sein Pony und hob die Hand zum Friedenszeichen. Eine Kugel traf ihn in den Bauch, und sein Pony strauchelte. Eine zweite Kugel traf ihn in den Rücken. Er rutschte in den Schnee am Flußufer. Von mehreren Kugeln getroffen, sank seine Frau neben ihn, und das Pony lief weg. Die Kavalleristen galoppierten durch die Furt, ritten über Black Kettle und seine Frau hinweg, ihre Leichen mit Schlamm bespritzend.
Custer hatte von Sheridan die klare Anweisung, »nach Süden in Richtung der Antelope Hills vorzurücken, dann zum Washita River, wo sich vermutlich das Winterlager der feindseligen Stämme befindet, ihre Dörfer und Ponys zu vernichten, sämtliche Krieger zu erschießen oder zu hängen und sämtliche Frauen und Kinder mit zurückzubringen«.
Innerhalb weniger Minuten zerstörten Custers Soldaten Black Kettles Dorf; dann töteten sie in einem ebenfalls nur wenige Minuten dauernden schrecklichen Gemetzel durch Gewehrschüsse mehrere hundert Ponys. Um sämtliche Krieger zu erschießen oder zu hängen, hätten sie sie von den alten Männern, Frauen und Kindern trennen müssen. Da dies den Kavalleristen zu lange gedauert hätte und zu gefährlich schien, töteten sie die Männer wahllos. Sie brachten 103 Cheyennes um, von denen nur elf Krieger waren. 53 Frauen und Kinder nahmen sie gefangen.
Das Gewehrfeuer alarmierte die Arapahos in ihrem nahegelegenen Dorf, und eine Schar von ihnen unternahm gemeinsam mit den Cheyennes einen Angriff auf die Nachhut. Eine Gruppe Arapahos umzingelte einen Trupp von neunzehn Soldaten unter Major Joel Elliott und tötete sie alle. Gegen Mittag trafen Kiowas und Comanchen von ihren weiter flußabwärts gelegenen Lagern ein. Als Custer sah, daß auf den nahen Hügeln immer mehr Krieger auftauchten, trieb er seine Gefangenen zusammen und marschierte, ohne nach dem vermißten Major Elliott suchen zu lassen, nach Norden zu seinem Stützpunkt bei Camp Supply am Canadian River zurück.
In Camp Supply wartete General Sheridan ungeduldig auf die Nachricht von Custers Sieg. Als man ihm mitteilte, daß sich das Kavallerieregiment auf dem Rückmarsch befand, ließ er sämtliche Soldaten zum Empfang antreten. Unter den triumphierenden Klängen der Kapelle zogen die Sieger ein, die Skalps von Black Kettle und den anderen toten »Wilden« schwenkend, und Sheridan gratulierte Custer zu seiner »erfolgreichen und tapferen Aktion«.
In dem offiziellen Bericht, in dem er seinen Sieg über die »wilden Mörder«

und die »Banden grausamer Marodeure« meldete, frohlockte General Sheridan, er habe »den alten Black Kettle ... wie eine wertlose alte Null ... ausgewischt«. Er behauptete, er habe Black Kettle freies Geleit angeboten, wenn dieser sich vor Beginn der militärischen Aktion in einem Fort einfinde. »Er lehnte ab«, log Sheridan, »und wurde im Kampf getötet.«

Tall Chief Wynkoop, der schon früher aus Protest gegen Sheridans Vorgehen zurückgetreten war, befand sich weit weg in Philadelphia, als er von Black Kettles Tod erfuhr. Wynkoop erhob die Anschuldigung, sein alter Freund sei betrogen worden – »die Weißen, denen er zu oft unseligerweise vertraute, haben ihn getötet und melden triumphierend, daß sein Skalp sich in ihrem Besitz befindet«. Auch andere Weiße, die mit Black Kettle befreundet gewesen waren, griffen Sheridans Kriegspolitik an, doch dieser nannte sie verächtlich »gute und fromme Prediger ..., die Wilden helfen ..., die ohne Erbarmen Männer, Frauen und Kinder ermordet haben«.

Great Warrior Sherman unterstützte Sheridan jedoch und befahl ihm, weiterhin feindselige Indianer und ihre Ponys zu töten; zugleich riet er ihm, freundlich gesinnte Indianer in Lagern unterzubringen, wo man sie ernähren und mit der Zivilisation und Kultur der Weißen bekanntmachen könne.

Daraufhin marschierten Sheridan und Custer nach Fort Cobb weiter und schickten von dort aus Boten zu den vier Stämmen des Gebiets, durch die sie sie auffordern ließen, zu kommen und Frieden zu schließen – sonst würde man sie vernichten. Custer machte sich selbst auf die Suche nach freundlich gesinnten Indianern. Er wählte unter den Gefangenen eine hübsche junge Cheyennefrau aus, die er auf diese Expedition mitnahm. Obwohl sie nicht Englisch konnte, gab er sie als Dolmetscherin aus.

Ende Dezember trafen die Überlebenden von Black Kettles Gruppe in Fort Cobb ein. Da Custer alle ihre Ponys getötet hatte, mußten sie zu Fuß kommen. Little Robe war der nominelle Führer des Stammes, und als man ihn zu Sheridan brachte, sagte er ihm, daß seine Leute am Verhungern seien. Custer habe ihre Fleischvorräte für den Winter verbrannt; sie könnten am Washita keine Büffel finden; sie hätten bereits all ihre Hunde gegessen.

Sheridan erwiderte, die Cheyennes würden genug zu essen bekommen, wenn sie nach Fort Cobb kämen und sich bedingungslos ergäben. »Ihr könnt nicht jetzt Frieden machen und im Frühjahr wieder anfangen, Weiße zu töten«, fügte Sheridan hinzu. »Wenn ihr nicht bereit seid, für immer Frieden zu schließen, dann geht zurück, und wir werden kämpfen.«

Little Robe wußte, daß es darauf nur eine Antwort gab. »Wir tun alles, was ihr wollt«, sagte er.

Auch Yellow Bear von den Arapahos erklärte sich bereit, seine Leute nach

Fort Cobb zu bringen. Einige Tage später erschien Tosawi mit der ersten Gruppe Comanchen und ergab sich. Als man ihn zu Sheridan brachte, leuchteten Tosawis Augen auf, und er sagte in gebrochenem Englisch: »Tosawi guter Indianer.«

Darauf erwiderte General Sheridan die unsterblichen Worte: »Die einzigen guten Indianer, die ich gesehen habe, waren tot.« Leutnant Charles Nordstrom, der dabei war, behielt den Ausspruch im Gedächtnis und erzählte ihn weiter. Mit der Zeit wurde daraus ein amerikanisches Sprichwort: *Nur ein toter Indianer ist ein guter Indianer.*

In diesem Winter lebten die Cheyennes und Arapahos sowie einige Comanchen und Kiowas von den Almosen, die ihnen die Weißen in Fort Cobb gaben. Im Frühjahr 1869 beschloß die amerikanische Regierung, die Comanchen und Kiowas um Fort Sill zu konzentrieren und den Cheyennes und Arapahos ein Reservat in der Nähe von Camp Supply zuzuweisen. Einige der Kriegergruppen waren weit im Norden in ihren Lagern am Republican River geblieben; andere unter Tall Bull waren nach Süden gekommen, um Schutz zu suchen und um Lebensmittel zu erbitten.

Während die Cheyennes den Washita hinauf von Fort Cobb nach Camp Supply zogen, geriet Little Robe mit Tall Bull in Streit, und man beschuldigte ihn und seine jungen Männer, die Auseinandersetzungen mit den Soldaten verursacht zu haben. Die Kriegerhäuptlinge warfen daraufhin Little Robe vor, er sei ebenso schwach wie Black Kettle und habe sich den Weißen unterworfen. Tall Bull erklärte, er werde sich nicht in dem armseligen Reservat niederlassen, das man den Cheyennes unterhalb des Arkansas zugedacht habe. Die Cheyennes seien immer ein freies Volk gewesen, sagte er. Welches Recht habe der Weiße Mann, ihnen zu sagen, wo sie leben sollten? Sie würden frei bleiben oder sterben.

Zornig befahl Little Robe Tall Bull und seinen Kriegern, das Cheyenne-Reservat für immer zu verlassen. Wenn sie sich widersetzten, werde er sich mit den Weißen zusammentun und sie vertreiben. Tall Bull erwiderte stolz, er werde mit seinen Leuten nach Norden ziehen und sich den Northern Cheyennes anschließen, die mit Red Clouds Sioux die Weißen aus dem Land am Powder River vertrieben hätten.

Und so kam es, daß sich die Southern Cheyennes – wie nach Sand Creek – wieder teilten. Fast zweihundert Krieger und ihre Familien zogen mit Tall Bull nach Norden. Im Mai stießen sie zu den Gruppen, die den Winter über am Republican geblieben waren. Während sie sich auf den langen und gefährlichen Marsch zum Land am Powder River vorbereiteten, beauftragte Sheri-

Tosawi (Silver Knife), Häuptling der Comanchen (1872)

dan eine Kavallerieeinheit unter General Eugene A. Carr, sie zu suchen und zu vernichten. Carrs Soldaten fanden das Kriegerlager und griffen es ebenso rücksichtslos an wie Custer Black Kettles Dorf. Doch diesmal opferte eine Gruppe von Kriegern ihr Leben, um die Soldaten aufzuhalten, und sie verhinderten dadurch, daß ihre Frauen und Kinder gefangengenommen wurden.

Die Indianer teilten sich in kleine Gruppen und entkamen Carrs Kavalleristen. Ein paar Tage später versammelte Tall Bull die Krieger wieder und führte sie zu einem Vergeltungsangriff zum Smoky Hill. Sie zerstörten ein drei Kilometer langes Stück der verhaßten Eisenbahnstrecke, überfielen kleine Siedlungen und töteten die Weißen ebenso erbarmungslos, wie die Soldaten ihre Leute getötet hatten. Tall Bull fiel ein, daß Custer Cheyennefrauen gefangengenommen hatte, und er entführte zwei weiße Frauen aus einem Ranchhaus. Die beiden (Maria Weichel und Susannah Allerdice) waren deutsche Einwanderinnen, und die Cheyennes verstanden kein Wort, das sie sprachen. Diese weißen Frauen waren lästig, doch Tall Bull bestand darauf, daß sie mitgenommen und ebenso behandelt wurden wie die Cheyennefrauen von den Blauröcken.

Damit die Kavalleristen, welche die ganze Gegend absuchten, sie nicht fanden, mußten Tall Bull und seine Leute immer wieder ihre Lager wechseln und umherziehen. Langsam schlugen sie sich westwärts durch Nebraska nach Colorado durch. Erst im Juli erreichten sie Summit Springs, wo sie den Platte überqueren wollten. Da Hochwasser herrschte, mußten sie ein provisorisches Lager errichten. Tall Bull befahl einigen jungen Männern, mit Stöcken im Fluß einen Übergang abzustecken. Es war sehr heiß, und die meisten Cheyennes ruhten im Schatten ihrer Wigwams.

Zufällig entdeckten an diesem Tag Major Frank Norths Pawnee-Kundschafter die Spur der fliehenden Cheyennes. (Diese Pawnees waren die gleichen Söldner, die General Connor vor vier Jahren ins Land am Powder River begleitet hatten und von Red Clouds Kriegern verjagt worden waren.) Unbemerkt griffen die Pawnees und General Carrs Blauröcke Tall Bulls Lager an. Sie kamen von Osten und Westen, und so konnten die Cheyennes nur nach Süden flüchten. Die Ponys rannten in alle Richtungen davon; die Männer versuchten, sie einzufangen, und die Frauen und Kinder flohen zu Fuß.

Es gelang nicht vielen zu entkommen. Tall Bull und etwa zwanzig andere suchten in einer Schlucht Deckung. Unter ihnen waren seine Frau und sein Kind und die beiden deutschen Frauen. Als die Pawneesöldner und Soldaten das Lager angriffen, starben ein Dutzend Krieger, die den Eingang der Schlucht verteidigten.

Tall Bull hieb mit seinem Beil Löcher in die Wand der Schlucht, kletterte hinauf und schoß auf die Angreifer. Er feuerte einmal, duckte sich, und als er sich wieder aufrichtete, zerschmetterte eine Kugel seinen Schädel.

Ein paar Minuten später stürmten die Pawnees und Soldaten die Schlucht. Alle Cheyennes außer Tall Bulls Frau und Kind fielen. Die beiden deutschen Frauen wurden getroffen, doch eine war noch am Leben. Die Weißen behaupteten, Tall Bull habe die weißen Gefangenen erschossen, doch die Indianer waren überzeugt, daß er seine Kugeln nie auf so törichte Weise vergeudet hätte.

Roman Nose war tot, Black Kettle war tot, Tall Bull war tot. Sie waren jetzt gute Indianer. Wie die Antilopen und Büffel waren die stolzen Cheyennes beinahe ausgerottet.

8

Donehogawas Aufstieg und Fall

1869 – 4. März – Ulysses Grant übernimmt das Amt des Präsidenten. *10. Mai* – Vereinigung der Union Pacific und Central Pacific Railroad bei Promontory Point; damit Fertigstellung der ersten transkontinentalen Eisenbahnstrecke. *13. September* – Jay Gould und James Fisk treiben durch den sogenannten »Gold-Corner« den Goldpreis in die Höhe. *24. September* – Die Regierung wirft Gold auf den Markt, um den Preis zu drücken; der »Schwarze Freitag« ruiniert kleine Spekulanten. *24. November* – Gründung der Vereinigung amerikanischer Frauenrechtlerinnen. *10. Dezember* – In Wyoming erhalten die Frauen das Wahlrecht. *30. Dezember* – In Philadelphia Gründung der Knights of Labor. Mark Twains »Innocents Abroad« erscheint.
1870 – 10. Januar – John D. Rockefeller gründet die Standard Oil Company, um diesen Industriezweig zu monopolisieren. *15. Februar* – In Minnesota Beginn des Baus der Northern Pacific Railroad. *Juni* – Die Einwohnerzahl der Vereinigten Staaten ist auf 38 558 371 angewachsen. *18. Juli* – In Rom erklärt das Vatikanische Konzil die Unfehlbarkeit des Papstes zur Doktrin. *19. Juli* – Frankreich erklärt Preußen den Krieg. *2. September* – Napoleon III. kapituliert vor Preußen. *19. September* – Beginn der Belagerung von Paris. *29. November* – Einführung der allgemeinen Schulpflicht in England. In New England wird mit der Herstellung von Papier aus Zellstoff begonnen.

Dieses Land wurde einst ausschließlich von Indianern bewohnt, doch die Stämme, und darunter viele einst mächtige, denen die Länder gehörten, die heute die Staaten östlich des Mississippi bilden, wurden einer nach dem ande-

ren bei ihren vergeblichen Versuchen, die Ausbreitung der Zivilisation nach Westen aufzuhalten, ausgerottet... Wenn ein Stamm sich gegen die Verletzung seiner natürlichen und vertraglichen Rechte zur Wehr setzte, wurden Angehörige des Stammes auf unmenschliche Weise erschossen und die Indianer wie Hunde behandelt... Man darf annehmen, daß ursprünglich die Politik der Umsiedlung und Konzentration der Indianer im Westen humanitäre Gründe hatte und daß man sie vor der drohenden Vernichtung bewahren wollte. Doch infolge der ungeheuren Vermehrung der amerikanischen Bevölkerung und der Ausbreitung ihrer Siedlungen über den ganzen Westen... sind die Indianervölker heute ernstlicher von schneller Ausrottung bedroht als je zuvor in der Geschichte des Landes.

DONEHOGAWA (ELY PARKER),
DER ERSTE INDIANISCHE REGIERUNGSKOMMISSAR FÜR INDIANISCHE ANGELE-
GENHEITEN

Als die Cheyennes, die die Schlacht bei Summit Springs überlebt hatten, das Land am Powder River erreichten, mußten sie feststellen, daß sich in den drei Wintern, die sie im Süden verbrachten, vieles verändert hatte. Red Cloud hatte seinen Krieg gewonnen, die Forts waren geräumt, und nördlich des Platte ließen sich keine Blauröcke sehen. Doch in den Lagern der Sioux und Northern Cheyennes gingen Gerüchte um, daß der Große Vater in Washington sie weit nach Osten an den Missouri River umsiedeln wolle, wo es nur sehr wenig Wild gab. Einige der mit ihnen befreundeten weißen Händler sagten ihnen, im Vertrag von 1868 stehe, daß die Agentur für die Teton-Sioux am Missouri errichtet werden solle. Red Cloud nahm dieses Gerede nicht ernst. Als er nach Laramie ging, um den Vertrag zu unterzeichnen, hatte er den Offizieren, die seine Unterschrift beglaubigten, gesagt, daß er nur Fort Laramie als Agentur für die Teton-Sioux anerkenne, und sie hatten sich damit einverstanden erklärt.

Im Frühjahr 1869 zog Red Cloud mit tausend Oglalas nach Laramie, um Waren einzutauschen und den im Vertrag zugesicherten Proviant abzuholen. Der Postenkommandant sagte ihm, die Handelsagentur für die Sioux befinde sich in Fort Randall am Missouri River, und sie sollten dorthin gehen. Da Fort Randall jedoch fünfhundert Kilometer weit weg war, lachte Red Cloud und bat um die Erlaubnis, in Laramie Waren einzutauschen. Da vor dem Posten tausend bewaffnete Krieger versammelt waren, fügte sich der Kommandant, riet Red Cloud jedoch, vor dem nächsten Tauschtermin mit seinen Leuten in die Nähe von Fort Randall zu ziehen.

Es stellte sich bald heraus, daß es die militärischen Stellen in Fort Laramie ernst meinten. Spotted Tail und seine friedlichen Brulés erhielten nicht einmal die Erlaubnis, bei Laramie zu lagern. Als man Spotted Tail sagte, er müsse nach Fort Randall gehen, wenn er Proviant wolle, zog er mit seinen Leuten durch die Prärie und ließ sich in der Nähe des Forts nieder. Auch das bequeme Leben der Laramie-Bummler hatte ein Ende; man schickte sie nach Fort Randall, wo sie in der fremden Umgebung ein völlig neues Unternehmen aufbauen mußten.

Red Cloud gab jedoch nicht nach. Er hatte das Land am Powder River durch einen schweren Krieg erworben. Fort Laramie war der nächste Handelsposten, und er dachte nicht daran, wegen des Proviants an den Missouri zu ziehen.

Im Herbst 1869 hielten die Indianer überall in den Prärien Frieden, und in ihren Lagern gingen Gerüchte über große Veränderungen um. Es hieß, in Washington sei ein neuer Großer Vater, Präsident Grant, gewählt worden. Und dieser neue Große Vater hatte angeblich einen Indianer zum Kleinen Vater der Indianer ernannt. Die Indianer konnten das nicht glauben. Der Kommissar für Indianische Angelegenheiten war immer ein Weißer gewesen, der lesen und schreiben konnte. Hatte der Große Geist endlich einen roten Mann das Lesen und Schreiben gelehrt, damit er Kleiner Vater der Indianer sein konnte?

Im Januar 1870 kam ein böses Gerücht aus dem Land der Blackfeet. Irgendwo am Marias River in Montana hatten Soldaten ein Lager der Piegan Blackfeet umzingelt und fast alle umgebracht. Die Berg-Indianer waren alte Feinde der Prärie-Indianer, doch jetzt war alles im Wandel begriffen, und wenn Soldaten irgendwo Indianer töteten, versetzte das sämtliche Stämme in Unruhe. Die Armee versuchte das Massaker geheimzuhalten und gab nur bekannt, daß Major Eugene M. Baker von Fort Ellis, Montana, mit einer Kavallerieeinheit ausgezogen war, um eine Gruppe von Blackfeet, die Pferde gestohlen hatte, zu bestrafen. Die Prärie-Indianer kannten die Wahrheit jedoch lange vor dem Indian Bureau in Washington.

In den Wochen nach dem Massaker geschahen in der nördlichen Prärie merkwürdige Dinge. In verschiedenen Agenturen hielten Indianer Versammlungen ab, bei denen sie die Blauröcke beschimpften und den Großen Vater »einen Narren und Hund ohne Ohren und Hirn« nannten. In zwei Agenturen war die Empörung so groß, daß mehrere Gebäude angezündet wurden; Indianer hielten Agenten eine Zeitlang gefangen und verjagten einige weiße Regierungsbeamte aus den Reservaten.

Da man alles daransetzte, das Massaker vom 23. Januar zu vertuschen, erfuhr der Kommissar für Indianische Angelegenheiten erst drei Monate später davon. Leutnant William B. Pease, ein junger Armeeoffizier, der Agent der Blackfeet war, setzte seine Karriere aufs Spiel, indem er den Kommissar davon unterrichtete. Major Baker hatte den Diebstahl einiger Maultiere von einem Transportwagen als Vorwand benutzt, seinen Winterfeldzug zu unternehmen, und das erste Lager, das an seiner Marschroute lag, angegriffen. Das Lager, in dem sich hauptsächlich alte Männer, Frauen und Kinder befanden, von denen einige an Pocken erkrankt waren, war nicht verteidigt worden. Von den 219 Piegans entkamen nur sechsundvierzig; dreiunddreißig Männer, neunzig Frauen und fünfzig Kinder wurden erschossen, als sie aus ihren Wigwams stürzten.

Als der Kommissar den Bericht erhielt, forderte er eine sofortige Untersuchung durch die Regierungsbehörden. Der Kommissar, der den englischen Namen Ely Samuel Parker trug, hieß in Wirklichkeit Donehogawa (Keeper of the Western Door of the Long House of the Iroquois). Er hatte seine Jugend im Tonawanda-Reservat der Seneca-Iroquois (deutsch auch: Irokesen) im Staat New York verbracht und bald die Erfahrung gemacht, daß der Träger eines indianischen Namens in der Welt der Weißen nicht ernst genommen wurde. Da er strebsam und ehrgeizig war, hatte er seinen Namen in Parker geändert.

Seit fast einem halben Jahrhundert kämpfte Parker gegen Rassenvorurteile, und er hatte manchen Sieg und manche Niederlage erlitten. Als er noch nicht zehn Jahre alt war, arbeitete er als Stalljunge bei einem Armeeposten und wurde schwer in seinem Stolz verletzt, als ihn die Offiziere wegen seines schlechten Englisch neckten. Der junge Seneca trat sofort in eine Missionarsschule ein. Er war entschlossen, so gut englisch lesen und sprechen und schreiben zu lernen, daß ihn nie wieder ein Weißer auslachen würde. Nach Absolvierung der Schule kam er zu dem Schluß, daß er seinem Volk am besten helfen konnte, wenn er Rechtsanwalt wurde. Zu jener Zeit wurde ein junger Mann Rechtsanwalt, indem er in einer Anwaltskanzlei arbeitete und dann vor der Anwaltskammer eine Prüfung ablegte. Ely Parker arbeitete drei Jahre in einer Kanzlei in Ellicottville, New York, doch als er seine Zulassung beantragte, sagte man ihm, daß im Staat New York nur Weiße als Anwalt praktizieren dürften. Durch die Annahme eines englischen Namens hatte sich seine bronzene Hautfarbe nicht geändert.

Parker gab nicht auf. Nachdem er sich eingehend erkundigt hatte, welche

Ely Parker (Donehogawa), Senecahäuptling und Kommissar für Indianische Angelegenheiten (um 1867)

Berufe ein Indianer ausüben durfte, besuchte er das Rensselaer Polytechnic Institute und wurde Diplomingenieur. Er fand bald eine Stellung beim Erie Canal. Er war noch keine dreißig Jahre alt, als die amerikanische Regierung ihn mit der Überwachung von Dammbauten betraute. 1860 führte ihn sein Beruf nach Galena, Illinois, wo er sich mit dem Angestellten einer Lederhandlung anfreundete. Dieser war ein ehemaliger Captain der Armee und hieß Ulysses S. Grant.

Bei Ausbruch des Bürgerkrieges kehrte Parker nach New York zurück, um ein Regiment Iroquois-Indianer aufzustellen, mit dem er auf seiten der Union kämpfen wollte. Als er um die Erlaubnis dazu nachsuchte, wurde er vom Gouverneur abgewiesen; für Indianer, sagte ihm dieser schroff, sei unter den New Yorker Freiwilligen kein Platz. Daraufhin fuhr Parker nach Washington und bot dem Kriegsministerium seine Dienste als Ingenieur an. Bei der Unionsarmee herrschte dringender Bedarf an Ingenieuren, doch nicht an indianischen Ingenieuren. »Der Bürgerkrieg ist ein Krieg der Weißen«, sagte man Parker. »Fahren Sie nach Hause und kümmern sich um Ihre Farm – wir werden auch ohne die Hilfe von Indianern mit unseren Angelegenheiten fertig.«

Parker kehrte ins Reservat Tonawanda zurück, teilte aber seinem Freund Ulysses Grant mit, daß ihn die Unionsarmee nicht angenommen habe. Grant brauchte Ingenieure, und nachdem er einen monatelangen Papierkrieg geführt hatte, konnte er seinen Freund endlich zu sich nach Vicksburg kommen lassen. Sie machten gemeinsam den Feldzug von Vicksburg nach Richmond mit. Leutnant Colonel Ely Parker war dabei, als Lee bei Appomattox kapitulierte, und Grant bat ihn wegen seiner Wortgewandtheit, die Kapitulationsbedingungen abzufassen.

In den vier Jahren nach Kriegsende erhielt Brigadier Parker des öfteren den Auftrag, Differenzen mit Indianerstämmen beizulegen. 1867, nach der Schlacht bei Fort Kearny, reiste er den Missouri hinauf, um die Ursachen für die Unruhe unter den nördlichen Prärie-Indianern zu untersuchen. Er kehrte mit vielen Ideen für eine Revision der Politik gegenüber den Indianern nach Washington zurück, mußte aber ein Jahr warten, bis er anfangen konnte, sie zu verwirklichen. Als Grant zum Präsidenten gewählt wurde, ernannte er Parker zum neuen Kommissar für Indianische Angelegenheiten, denn er war der Meinung, daß er besser mit den Indianern umgehen konnte als ein Weißer.

Voll Begeisterung trat Parker seinen neuen Posten an, doch er mußte feststellen, daß das Indian Bureau korrupter war, als er erwartet hatte. Er schien nötig, das Amt von verknöcherten Bürokraten zu säubern, und er führte mit Grants Unterstützung ein System ein, nach dem er von verschiedenen Religionsgemeinschaften empfohlene Agenten ernannte. Da sich so viele Quäker freiwillig zum Dienst als Indianeragenten meldeten, nannte man den neuen Plan bald Grants »Quäker-Politik«.

Außerdem wurde ein Ausschuß der Indianerkommissare gegründet, der die Tätigkeit des Amtes für Indianische Angelegenheiten überwachen sollte. Laut Parkers Empfehlung sollten diesem Ausschuß Weiße und Indianer angehören, doch da man keine Indianer fand, die über politischen Einfluß verfügten, wurden keine Indianer zu Mitgliedern bestimmt.

Im Winter 1869/70 vermerkte Kommissar Parker voll Genugtuung, daß im westlichen Grenzland Frieden herrschte. Im Frühjahr 1870 beunruhigten ihn jedoch Meldungen über Unruhen, die von den Indianeragenturen in der Prärie eintrafen. Ihre Gründe wurden ihm klar, als er Leutnant Peases schockierenden Bericht über das Piegan-Massaker erhielt. Parker wußte, wenn man nichts unternahm, um die Indianer von den guten Absichten der Regierung zu überzeugen, würde wahrscheinlich im Sommer ein allgemeiner Krieg ausbrechen.

Parker war bekannt, daß Red Cloud entschlossen war, das Land, das man ihm vertraglich zugesprochen hatte, zu behalten, und daß er einen Handelsposten in der Nähe dieses Landes verlangte. Obwohl Spotted Tail nach Fort Randall am Missouri gegangen war, gehörten die Brulés zu den rebellischsten Indianern des Reservats. Da Red Cloud und Spotted Tail unter den Präriestämmen eine riesige Anhängerschaft hatten, schienen sie die für den Frieden wichtigsten Männer zu sein. Ob ein Iroquoishäuptling das Vertrauen der Siouxhäuptlinge gewinnen konnte? Donehogawa war sich nicht sicher, doch er beschloß, es zu versuchen.

Parker übermittelte Spotted Tail eine höfliche Einladung, doch er war so klug, Red Cloud keine direkte Botschaft zu schicken, denn dieser war bestimmt zu stolz, um darauf zu reagieren. Er ließ Red Cloud durch einen Vermittler wissen, daß Red Cloud im Haus des Großen Vaters in Washington willkommen sei, falls er ihn besuchen wolle. Eine solche Reise reizte Red Cloud; sie würde ihm Gelegenheit bieten, mit dem Großen Vater zu sprechen und ihm zu sagen, daß die Sioux kein Reservat am Missouri wollten. Außerdem konnte er den Kleinen Vater der Indianer kennenlernen, diesen Kommissar namens Parker, der ein Indianer war und wie ein Weißer schreiben konnte.

Als Parker erfuhr, daß Red Cloud nach Washington kommen wollte, schickte er Colonel John E. Smith mit dem Auftrag, ihn abzuholen, nach Fort Laramie. Red Cloud wählte fünfzehn Oglalas als Begleiter aus, und am 26. Mai bestieg die Gruppe einen Sonderwagen der Union Pacific und trat die weite Reise in den Osten an.

Für die Indianer war es ein großes Erlebnis, auf ihrem alten Feind, dem Eisernen Pferd, zu reiten. Omaha (eine nach Indianern benannte Stadt) war ein Bienenstock voller Weißer, und Chikago (ebenfalls ein indianischer Name) erschreckte sie mit seinem Lärm und Wirrwarr und seinen Gebäuden, die bis zum Himmel zu reichen schienen. Die Weißen waren dicht und zahlreich und ziellos wie Heuschrecken und immer in Eile, schienen aber nie dorthin zu kommen, wohin sie wollten.

Nach einer anstrengenden fünftägigen Fahrt lief das Eiserne Pferd in Washington ein. Außer Red Cloud waren die Mitglieder der Delegation benommen und schlecht gelaunt. Kommissar Parker, der tatsächlich ein Indianer war, empfing sie herzlich: »Ich freue mich sehr, euch heute hier begrüßen zu dürfen. Ich weiß, daß ihr von weit her gekommen seid, um den Großen Vater, den Präsidenten der Vereinigten Staaten, zu sehen. Ich bin froh, daß ihr keinen Unfall hattet und alle gesund angekommen seid. Ich möchte hören, was Red Cloud für sich und sein Volk zu sagen hat.«

»Ich habe nur wenige Worte zu sagen«, antwortete Red Cloud. »Als ich hörte, daß mein Großer Vater mir gestattet, ihn zu sehen, habe ich mich gefreut und bin sofort gekommen. Telegraphiert meinem Volk und sagt ihm, daß ich wohlauf bin. Das ist alles, was ich heute zu sagen habe.«

Als Red Cloud und die Oglalas im Washington House an der Pennsylvania Avenue eintrafen, wo man eine Suite für sie reserviert hatte, sahen sie zu ihrer Überraschung, daß sie dort Spotted Tail und eine Delegation von Brulés erwarteten. Da Spotted Tail der Regierung gehorcht hatte und mit seinen Leuten zu der Agentur am Missouri River gezogen war, fürchtete Kommissar Parker, es könnte zu einem Streit zwischen den beiden rivalisierenden Tetons kommen. Doch sie reichten einander die Hand, und als Spotted Tail Red Cloud sagte, daß er und seine Brulés das Reservat in Dakota zutiefst haßten und zu ihren Jagdgründen östlich von Fort Laramie zurückkehren wollten, waren die Oglalas mit den Brulés wieder versöhnt.

Am nächsten Tag machte Parker mit den Sioux eine Rundfahrt durch die Hauptstadt, besuchte mit ihnen eine Senatssitzung und zeigte ihnen den Marine Yard und das Arsenal. Die Sioux waren für ihre Reise mit Kleidung ausgestattet worden, wie sie die Weißen trugen, und man merkte, daß sie sich in ihren engen schwarzen Jacken und Schuhen gar nicht wohl fühlten. Als Parker ihnen sagte, Mathew Brady habe sie in sein Atelier eingeladen und wolle sie photographieren, lehnte Red Cloud ab. »Ich bin kein Weißer, sondern ein Sioux«, erklärte er. »Ich bin dafür nicht richtig angezogen.«

Parker begriff sofort und sagte seinen Gästen, wenn sie wollten, könnten sie zu dem Diner im Weißen Haus mit Präsident Grant Rehlederhosen, Decken und Mokassins anziehen.

Bei dem Empfang im Weißen Haus waren die Sioux von den glitzernden Kronleuchtern mit den Hunderten von Kerzen mehr beeindruckt als vom Großen Vater und seinen Kabinettsmitgliedern, den ausländischen Diplomaten und den Kongreßabgeordneten, die sie wie Wilde anstarrten. Spotted Tail, der gern gut aß, schmeckten besonders die Erdbeeren und die Eiscreme. »Die Dinge, die die Weißen essen, sind aber viel besser als die, die sie den Indianern schicken«, sagte er.

In den nächsten Tagen hatte Parker viele Besprechungen mit Red Cloud und Spotted Tail. Um einen dauerhaften Frieden zu erreichen, mußte er genau wissen, was sie wünschten, um den Politikern, die jene Weißen vertraten, die das Land der Indianer wollten, entsprechend entgegentreten zu können. Er arrangierte einen Empfang im Innenministerium, zu dem er Vertreter aller Regierungsstellen einlud, um sie mit den Sioux bekannt zu machen.

Innenminister Jacob Cox eröffnete die Verhandlungen mit einer Rede, wie sie die Indianer schon allzu oft gehört hatten. Die Regierung würde den Indianern gern Waffen und Munition für die Jagd geben, sagte Cox, doch sie könne dies erst tun, wenn sie sicher sei, daß die Indianer Frieden wollten. »Haltet Frieden«, schloß er, »dann werden wir das Rechte für euch tun.« Das Sioux-Reservat am Missouri erwähnte er nicht.

Red Cloud drückte Minister Cox und den anderen Beamten die Hand. »Seht mich an«, sagte er. »Ich wuchs in dem Land auf, wo die Sonne aufgeht – jetzt komme ich von dort, wo die Sonne untergeht. Wessen Stimme ertönte zuerst in diesem Land? Die Stimme des roten Volkes, das nur Bogen und Pfeile hatte. Der Große Vater sagt, er ist uns gut und freundlich gesonnen. Ich glaube das nicht. Ich bin seinem weißen Volk gut gesonnen. Auf eure Einladung hin bin ich von weit her in dieses Haus gekommen. Mein Gesicht ist rot, das eure ist weiß. Der Große Geist hat euch lesen und schreiben gelehrt; mich nicht. Ich bin hierhergekommen, um meinem Großen Vater zu sagen, was mir in meinem Land nicht gefällt. Ihr steht dem Großen Vater alle nahe, und ihr seid viele Häuptlinge. Die Männer, die uns der Große Vater schickt, haben keinen Verstand – kein Herz.

Ich mag mein Reservat am Missouri nicht; es ist jetzt das vierte Mal, daß ich dies sage.«

Er schwieg einen Moment und deutete auf Spotted Tail und die Brulé-Delegation. »Hier sind einige Leute von dort. Ihre Kinder sterben wie die Schafe; das Land behagt ihnen nicht. Ich wurde am Platte geboren, und man hat mir gesagt, das Land gehöre mir, im Norden, Süden, Osten und Westen ... Wenn ihr mir Waren schickt, dann werden sie auf der Straße gestohlen, und wenn ich sie bekomme, ist es nur eine Handvoll. Man hat mich ein Papier unter-

schreiben lassen, und das ist alles, was ich für mein Land bekommen habe. Ich weiß, daß die Leute, die ihr uns geschickt habt, Lügner sind. Seht mich an. Ich bin arm und nackt. Ich will keinen Krieg mit meiner Regierung ... Ich möchte, daß ihr dies alles meinem Großen Vater sagt.«
Kommissar Parker antwortete: »Wir werden dem Präsidenten berichten, was Red Cloud heute gesagt hat. Der Präsident hat mir gesagt, er möchte bald mit Red Cloud sprechen.«
Red Cloud sah den Roten Mann an, der Lesen und Schreiben gelernt hatte und nun Kleiner Vater der Indianer war. »Gebt meinem Volk das Pulver und die Munition, um die wir bitten«, sagte er. »Wir sind nur eine Handvoll, und ihr seid ein großes und mächtiges Volk; ich möchte nur soviel, daß mein Volk Wild töten kann. Alles, was der Große Geist in meinem Land gemacht hat, ist wild, und ich muß es jagen. Es ist nicht wie bei euch; ihr braucht bloß hinzugehen und euch zu nehmen, was ihr braucht. Ich habe Augen; ich sehe, daß ihr Weißen Vieh züchtet und so weiter. Ich weiß, in ein paar Jahren werde ich das selbst tun, und das ist gut so. Mehr habe ich nicht zu sagen.«
Die anderen Indianer, die Oglalas und Brulés, umringten den Kommissar und wollten alle mit ihm sprechen – mit dem Roten Mann, der ihr Kleiner Vater geworden war.

Die Besprechung mit Präsident Grant fand am 9. Juni im Weißen Haus statt. Red Cloud wiederholte zum größten Teil, was er im Innenministerium gesagt hatte, und betonte, daß sein Volk nicht am Missouri leben wolle. Der Vertrag von 1868, fügte er hinzu, gebe ihnen das Recht, in Fort Laramie Waren zu tauschen, und garantiere ihnen eine Agentur am Platte. Grant vermied eine direkte Antwort, versprach aber, dafür zu sorgen, daß die Sioux ihr Recht bekamen. Der Präsident wußte, daß Fort Laramie und der Platte in dem vom Kongreß ratifizierten Vertrag nicht erwähnt waren; es stand ausdrücklich darin, daß die Agentur für die Sioux sich »an einem Ort am Missouri« befinden solle. Er bat Minister Cox und Kommissar Parker, den Indianern am nächsten Tag die Bedingungen des Vertrags zu erläutern.
Parker verbrachte eine schlaflose Nacht; er wußte, daß die Sioux hereingelegt worden waren. Sie würden sehr empört sein, wenn man ihnen den gedruckten Vertrag vorlas und erklärte. Minister Cox ging am nächsten Morgen im Innenministerium den Vertrag Punkt für Punkt durch, und Red Cloud hörte sich geduldig die langsame Übersetzung der englischen Worte an. Als der Text verlesen war, erklärte er entschieden: »Es ist das erste Mal, daß ich von solch einem Vertrag gehört habe. Ich habe nie davon gehört und denke nicht daran, mich an ihn zu halten.«

Minister Cox erwiderte, er könne nicht glauben, daß die Friedenskommissare in Laramie bezüglich des Vertrags gelogen hätten.
»Ich habe nicht gesagt, daß die Kommissare gelogen haben«, entgegnete Red Cloud, »aber die Dolmetscher haben falsch übersetzt. Als die Soldaten die Forts verließen, habe ich einen Friedensvertrag unterzeichnet, doch es war nicht dieser Vertrag. Die Sache muß in Ordnung gebracht werden.« Er stand auf und wollte den Raum verlassen. Cox bot ihm eine Kopie des Vertrags an und schlug vor, sich ihn von seinem eigenen Dolmetscher erläutern zu lassen und bei einer anderen Zusammenkunft darüber zu diskutieren. »Dieses Papier nehme ich nicht mit«, erwiderte Red Cloud. »Darin stehen lauter Lügen.«
Am Abend in ihrem Hotel erwogen die Sioux, ob sie am nächsten Tag heimfahren sollten. Einige sagten, sie schämten sich, heimzufahren und ihren Leuten zu sagen, wie man sie belogen und hintergangen hatte, damit sie den Vertrag von 1868 unterzeichneten. Es sei besser, in Washington zu sterben. Nur Parkers Fürsprache war es zu verdanken, daß sie sich zu einer weiteren Besprechung bereit erklärten. Er versprach ihnen, dafür zu sorgen, daß man den Vertrag günstiger für sie auslegte. Er hatte mit Präsident Grant gesprochen und ihn überzeugt, daß sich das Problem lösen ließ.
Am nächsten Morgen im Innenministerium sagte Parker den Sioux, daß Minister Cox ihnen die neue Auslegung des Vertrages erläutern werde. Cox sprach nur kurz. Es tue ihm leid, sagte er, daß Red Cloud und seine Leute ihn mißverstanden hätten. Das Land am Powder River liege zwar *außerhalb* des Reservats, doch *innerhalb* des Gebiets, in dem sich die Jagdgründe befanden. Wenn einige Sioux es vorzögen, statt innerhalb des Reservats in ihren Jagdgründen zu leben, so sei dagegen nichts einzuwenden. Auch brauchten sie nicht ins Reservat zu gehen, um Waren zu tauschen und ihren Proviant in Empfang zu nehmen.
So errang Red Cloud zum zweiten Mal in zwei Jahren einen Sieg über die amerikanische Regierung, doch diesmal hatte ihm ein Iroquois dabei geholfen. Er bedankte sich dafür, indem er vortrat und dem Kommissar die Hand drückte. »Als ich gestern den Vertrag und all die falschen Dinge darin sah«, sagte er, »wurde ich wütend, und du, glaube ich, auch ... Jetzt bin ich zufrieden ...«
Das Treffen endete in freundschaftlicher Atmosphäre, und Red Cloud bat Parker, dem Großen Vater zu sagen, es sei alles erledigt; er sei bereit, das Eiserne Pferd zu besteigen und heimzufahren.
Innenminister Cox, der jetzt die Freundlichkeit selbst war, teilte Red Cloud mit, die Regierung habe für die Indianer auf der Rückfahrt einen Besuch in New York vorgesehen.

»Dort mag ich nicht hinfahren«, erwiderte Red Cloud. »Ich möchte direkt nach Hause fahren. Ich habe genug Städte gesehen ... In New York habe ich nichts zu tun. Ich möchte denselben Weg zurückfahren, den ich gekommen bin. Die Weißen sind überall gleich. Ich sehe sie jeden Tag.«
Als man Red Cloud später sagte, daß man ihn eingeladen habe, eine Rede an das Volk von New York zu halten, überlegte Red Cloud es sich anders. Er fuhr nach New York und war erstaunt über die stürmischen Ovationen, mit denen ihn die Zuhörer im Cooper Institute bedachten. Zum ersten Mal hatte er Gelegenheit, zu gewöhnlichen Leuten statt zu Regierungsbeamten zu sprechen.
»Wir wollen Frieden halten«, sagte er ihnen. »Werdet ihr uns helfen? Im Jahr 1868 kamen Männer zu uns und brachten Papiere mit. Wir konnten sie nicht lesen, und sie sagten uns nicht, was wirklich in ihnen stand. Wir dachten, in dem Vertrag steht, daß die Forts geräumt werden und daß wir zu kämpfen aufhören. Aber man wollte uns Händler an den Missouri schicken. Wir mochten nicht an den Missouri gehen, sondern wollten Händler dort, wo wir waren. Als ich nach Washington kam, erklärte mir der Große Vater den Vertrag und zeigte mir, daß die Dolmetscher mich getäuscht hatten. Alles, was ich will, ist recht und billig. Ich habe versucht, vom Großen Vater zu bekommen, was recht und billig ist. Es ist mir nicht ganz gelungen.«

Es war Red Cloud in der Tat nicht ganz gelungen, zu bekommen, was er für recht und billig hielt. Obwohl er mit dem guten Gefühl nach Fort Laramie zurückkehrte, daß er viele Freunde im Osten hatte, erwarteten ihn im Westen viele weiße Feinde. Landsucher, Rancher, Spediteure, Siedler und andere waren gegen eine Sioux-Agentur in der Nähe des reichen Platte-Tals, und sie machten in Washington ihren Einfluß geltend.
Im Sommer und Herbst 1870 bemühten sich Red Cloud und sein Stellvertreter Man-Afraid-of-His-Horses mit aller Kraft um den Frieden. Auf Ersuchen von Kommissar Parker holten sie Dutzende mächtiger Häuptlinge nach Fort Laramie zu einer Konferenz, in der über den Standort der Sioux-Agentur entschieden werden sollte. Sie überredeten Dull Knife und Little Wolf von den Northern Arapahos, Chief Grass von den Blackfoot Sioux und Big Foot von den Minneconjous, die gegenüber den Weißen immer mißtrauisch gewesen waren, sich ihnen anzuschließen. Sitting Bull von den Hunkpapas wollte mit keinerlei Vertrag oder Reservat etwas zu tun haben. »Die Weißen haben Red Cloud schlechte Zaubermedizin in die Augen gestreut«, sagte er, »damit er alles so sieht, wie es ihnen recht ist.«
Sitting Bull unterschätzte Red Clouds Schlauheit und Zähigkeit. Als der

Oglalaführer bei der Konferenz erfuhr, daß die Regierungsbeamten die Sioux-Agentur fünfundsechzig Kilometer nördlich des Platte bei Raw Hide Buttes errichten wollten, lehnte er ab. »Wenn ihr zum Großen Vater zurückkommt«, sagte er den Beamten, »dann sagt ihm, daß Red Cloud nicht bereit ist, nach Raw Hides Buttes zu gehen.« Dann ging er im Vertrauen darauf, daß Parker in Washington alles in Ordnung bringen würde, über den Winter ins Land am Powder River.

Kommissar Parkers Macht war jedoch im Schwinden begriffen. Seine weißen Feinde in Washington gewannen die Oberhand.

Red Cloud erreichte zwar mit seiner Hartnäckigkeit, daß fünfzig Kilometer östlich von Fort Laramie am Platte eine provisorische Agentur für die Sioux errichtet wurde, doch man gestattete ihnen nicht einmal zwei Jahre lang, sie zu benutzen. Zu jener Zeit war Parker nicht mehr in Washington. 1873 mußte die Sioux-Agentur der immer mehr zunehmenden Flut weißer Einwanderer weichen und wurde ins Quellgebiet des White River im nordwestlichen Nebraska verlegt. Spotted Tail und seinen Brulés erlaubte man, von Dakota in dieses Gebiet zu ziehen. Nach etwa einem Jahr wurde in der Nähe Camp Robinson errichtet, und Militär beherrschte in den kommenden schweren Jahren die Agenturen Red Clouds und Spotted Tails.

Einige Wochen nach Red Clouds Besuch in Washington begann die Kampagne gegen Parker. Mit seinen Reformen hatte er sich Feinde unter einflußreichen Politikern (dem sogenannten Indian Ring) geschaffen, die das Indian Bureau seit langem zu lukrativen Schiebungen benutzten. Dadurch, daß er die Erschließung der Sioux-Länder durch weiße Grenzer und die Ausbeutung der Erzvorkommen am Big Horn vereitelte, machte er sich auch im Westen Feinde.

(Die Big Horn Association wurde in Cheyenne gegründet, und ihre Mitglieder waren Anhänger der Manifest Destiny: »Die reichen und schönen Täler von Wyoming sind dazu bestimmt, von der angelsächsischen Rasse ... in Besitz genommen zu werden. Die Reichtümer, die seit unzähligen Jahrhunderten unter den schneebedeckten Gipfeln unserer Berge verborgen liegen, sind von der Vorsehung als Belohnung für die tapferen Männer gedacht, welche die Vorhut der Zivilisation bilden. Die Indianer müssen der immer weiter vorrückenden und immer mehr anschwellenden Flut der Einwanderer weichen, oder sie wird sie hinwegspülen. Das Geschick der Einwanderer ist in Lettern geschrieben, die nicht zu mißdeuten sind. Der gleiche unerforschliche Gebieter, der Rom zum Untergang verurteilte, hat die Vernichtung der roten Menschen Amerikas beschlossen.«)

Im Sommer 1870 versuchte eine kleine Gruppe von Parkers Gegnern im Kongreß, ihn in Schwierigkeiten zu bringen, indem sie die Bewilligung von Geldern für den Ankauf von Waren für die in den Reservaten lebenden Indianer hinauszögerte. Täglich trafen in Parkers Büro Telegramme ein, in denen Agenten um Lebensmittel baten, damit die hungrigen Indianer nicht die Reservate verließen und sich auf die Suche nach Wild machten. Einige Agenten sagten Gewalttätigkeiten voraus, falls nicht bald Lebensmittel bereitgestellt würden.

Daraufhin kaufte der Kommissar Lebensmittel auf Kredit ein und unterließ es, um keine Zeit zu versäumen, die Lieferungen öffentlich auszuschreiben. Außerdem sorgte er dafür, daß sie schnellstens zu etwas erhöhten Frachtsätzen zu den Indianern transportiert wurden, denn nur auf diese Weise konnten sie vor dem Hungertod bewahrt werden. Damit hatte Parker jedoch einige unwesentliche Vorschriften verletzt, und dies bot seinen Gegnern die Chance, auf die sie gewartet hatten.

Unerwarteterweise wurde der erste Angriff von William Welsh unternommen, einem Kaufmann, der sich zeitweise auch als Missionar bei den Indianern betätigte. Welsh war eines der ersten Mitglieder des wachsamen Ausschusses der Indianerkommissare gewesen, hatte jedoch bald nach seiner Ernennung seinen Rücktritt eingereicht. Die Gründe für seinen Rücktritt wurden klar, als er im Dezember 1870 einen Offenen Brief in mehreren Washingtoner Zeitungen veröffentlichte. Welsh bezichtigte den Kommissar des »Betruges und der Fahrlässigkeit bei der Führung seiner Amtsgeschäfte« und warf Präsident Grant vor, einen Mann mit diesem Posten betraut zu haben, »der nur einen Schritt von der Barbarei entfernt ist«. Welsh war offenbar der Meinung, die Indianer zögen auf den Kriegspfad, weil sie keine Christen seien, und deshalb glaubte er das Indianerproblem dadurch lösen zu können, daß sie alle zum Christentum bekehrt wurden. Als er feststellte, daß Parker die primitiven Religionen der Indianer tolerierte, faßte er eine heftige Abneigung gegen den »heidnischen« Kommissar und trat zurück.

Als Welshs Brief in den Zeitungen erschien, nutzten Parkers politische Gegner diese ideale Gelegenheit, ihn zu stürzen. Innerhalb einer Woche faßte der Finanzausschuß des Repräsentantenhauses den Beschluß, bezüglich der Beschuldigungen gegen den Kommissar für Indianische Angelegenheiten eine Untersuchung einzuleiten, und lud ihn zu einem Verhör vor, das mehrere Tage dauerte. Welsh legte eine Liste von dreizehn Beschuldigungen vor, die Parker widerlegen mußte. Die Untersuchung endete jedoch damit, daß man Parker in allen Punkten entlastete und ihn belobigte, er habe die Indianerstämme davon überzeugt, »daß es die Regierung aufrichtig meint und daß man ihr trauen kann«; dadurch habe er einen weiteren Krieg in der Prärie verhindert und dem Finanzministerium Millionen Dollar erspart.

Nur Parkers engste Freunde wußten, wie sehr die ganze Angelegenheit ihn mitnahm. Welshs Angriff verletzte ihn zutiefst, vor allem die Behauptung, er sei als ein »nur einen Schritt von der Barbarei entfernter« Indianer nicht als Kommissar für Indianische Angelegenheiten geeignet.

Mehrere Monate überlegte er, was er als nächstes unternehmen sollte. Vor allem wollte er seinem Volk helfen, doch er fürchtete, wenn er im Amt blieb und politische Gegner ihn ständig angriffen, weil er selbst ein Indianer war, würde er ihm mehr schaden als nützen. Außerdem fragte er sich, ob er, wenn er sein Amt behielt, seinen alten Freund Präsident Grant nicht in politische Schwierigkeiten bringen würde.

Im Spätsommer 1871 reichte er seinen Rücktritt ein. Vertraulich äußerte er Freunden gegenüber, er gehe, weil er zu einem »Stein des Anstoßes« geworden sei. Öffentlich sagte er, daß er ins Geschäftsleben gehen wolle, um seine Familie besser versorgen zu können. Wie er vorhergesehen hatte, attackierte ihn die Presse und deutete an, er sei möglicherweise selbst ein Mitglied des »Indian Ring«, ein Verräter an seinem eigenen Volk.

Parker machte sich nicht viel daraus; in einem halben Jahrhundert hatte er sich an die Niedertracht der Weißen gewöhnt. Er ging nach New York, erwarb in jenem goldenen Zeitalter des Kapitalismus ein Vermögen und beendete sein Leben als Donehogawa, Keeper of the Western Door of the Long House of the Iroquois.

9

Cochise und die Apache-Guerillas

1871 – 28. Januar – Paris kapituliert vor der deutschen Armee. 18. März – Aufstand der Pariser Kommune. 10. Mai – Unterzeichnung des deutsch-französischen Friedensvertrages; Frankreich tritt Elsaß-Lothringen an Deutschland ab. 28. Mai – Der Pariser Aufstand wird unterdrückt. 8. Oktober – Der »Große Brand« von Chikago. 12. Oktober – Präsident Grant verbietet den Ku-Klux-Klan. 10. November – Henry M. Stanley findet in Afrika Dr. Livingstone. Erste Ausstellung impressionistischer Maler in Paris. Darwins »Die Abstammung des Menschen« erscheint.
1872 – 1. März – Gründung des Yellowstone National Park. James Fisks und Jay Goulds betrügerischer »Erie-Ring« bricht zusammen. Juni – Der US-Kongreß schafft die Bundeseinkommensteuer ab. Oktober – Führende Republikaner werden beschuldigt, gegen die Zusage, ihren politischen Einfluß zugunsten der Union Pacific Railroad geltend zu machen, Aktien der Crédit Mobilier angenommen zu haben. 5. November – In Rochester, N. Y., werden Susan B. Anthony und andere Frauenrechtlerinnen beim Versuch zu wählen verhaftet. 6. November – Präsident Grant wird wiedergewählt.

Als ich jung war, ging ich durch dies ganze Land, im Osten und Westen, und sah keine anderen Menschen als die Apachen. Nach vielen Sommern ging ich wieder und sah, eine andere Menschenrasse war gekommen, um es zu nehmen. Warum? Warum warten die Apachen darauf zu sterben – warum tragen sie ihr Leben auf ihren Fingernägeln? Sie streifen über die Berge und die Prärie und wünschen, der Himmel möge auf sie stürzen. Die Apachen waren einst ein großes Volk; heute sind sie nur noch wenige, und deshalb wollen sie sterben, und so tragen sie ihr Leben auf ihren Fingernägeln.

COCHISE VON DEN CHIRICAHUA-APACHEN

Ich will nicht mehr über die Berge laufen; ich will einen großen Vertrag machen ... Ich werde mein Wort halten, bis die Steine schmelzen ... Gott hat den Weißen Mann gemacht und Gott hat den Apachen gemacht, und der Apache hat ebensoviel Recht auf das Land wie der Weiße Mann. Ich will einen Vertrag machen, der dauerhaft ist, damit beide durch das Land ziehen können und keinen Streit haben.

DELSHAY VON DEN TONTO-APACHEN

Wäre das Massaker nicht gewesen, so wären jetzt viel mehr Menschen hier; aber wer hätte es nach diesem Massaker noch ertragen? Als ich mit Leutnant Whitman Frieden machte, war mein Herz sehr groß und glücklich. Die Leute von Tucson und San Xavier müssen verrückt sein. Sie haben sich benommen, als hätten sie weder Köpfe noch Herzen ... sie müssen Durst nach unserem Blut haben ... Die Tucson-Leute schreiben den Zeitungen und erzählen ihnen die Geschichte, wie sie sie sehen. Die Apachen haben niemanden, dem sie ihre Geschichte erzählen können.

ESKIMINZIN VON DEN ARAVAIPA-APACHEN

Nach Red Clouds Besuch im Sommer 1870 überlegten Kommissar Ely Parker und andere Regierungsbeamte, ob es ratsam sei, Cochise, den großen Apachenhäuptling, nach Washington einzuladen. Im Apachenland hatte es seit der Abberufung von Star Chief Carleton nach dem Bürgerkrieg keine militärischen Aktionen gegeben, doch es kam häufig zu Zusammenstößen zwischen umherziehenden Indianergruppen und weißen Siedlern. Die Regierung richtete für die verschiedenen Gruppen Reservate in New Mexico und Arizona ein, doch nur wenige Apachen wollten in ihnen leben. Kommissar Parker hoffte, daß Cochise für einen dauerhaften Frieden im Apachenland sorgen würde, und so bat er die Vertreter seines Amtes in jenem Gebiet, den Häuptling nach Washington einzuladen.

Cochise konnte jedoch erst im Frühjahr 1871 gefunden werden, und als man endlich Kontakt mit ihm aufgenommen hatte, lehnte der Häuptling die Einladung der Regierung ab. Er sagte, er traue weder den militärischen noch den zivilen Behörden der Vereinigten Staaten.

Cochise war ein Chiricahua-Apache. Er war größer als die meisten seiner

Cochise

Leute und hatte breite Schultern, eine mächtige Brust, ein intelligentes Gesicht mit schwarzen Augen, einer großen geraden Nase und einer sehr hohen Stirn und dichtes schwarzes Haar. Weiße, die ihn kannten, sagten, sein Benehmen sei freundlich und sein Äußeres sehr ordentlich und sauber.

Als die ersten Amerikaner nach Arizona kamen, hatte Cochise sie willkommen geheißen. Bei einem Treffen mit Major Enoch Steen von den Ersten U.S.-Dragoons im Jahr 1855 versprach Cochise, die Amerikaner das Chiricahualand auf der südlichen Route nach Kalifornien durchqueren zu lassen. Er erhob keinen Einwand, als die Butterfield Overland Mail in Apache Pass eine Poststation errichtete. In der Nähe lebende Chiricahuas fällten sogar Holz für die Station und tauschten es gegen Lebensmittel ein.

Im Februar 1861 erhielt Cochise die Aufforderung, zu einer Besprechung mit einem Offizier nach Apache Pass zu kommen. Überzeugt, es handle sich um eine Routinesache, nahm Cochise fünf Familienangehörige mit – seinen Bruder, zwei Neffen, eine Frau und ein Kind. Der Offizier, der ihn sprechen wollte, war Leutnant George N. Bascom vom Seventh Infantry; er war beauftragt, mit einer Kompanie Soldaten Vieh und einen Halbblutjungen wiederzubeschaffen, die auf der Ranch eines gewissen John Ward gestohlen worden waren. Ward hatte Cochises Chiricahuas beschuldigt, das Vieh und den Jungen mitgenommen zu haben.

Cochise hatte von der Entführung des Jungen gehört. Er sagte, eine Gruppe Coyoteros hätten Wards Ranch überfallen; wahrscheinlich seien sie am Black Mountain. Cochise erbot sich zu versuchen, die Coyoteros gegen ein Lösegeld zur Herausgabe des Jungen zu bewegen. Daraufhin behauptete Bascom, die Chiricahuas hätten den Jungen und das Vieh. Zuerst dachte Cochise, der junge Offizier mache einen Witz. Bascom war jedoch sehr gereizt, und als Cochise die Beschuldigung zurückwies, befahl er, Cochise und seine Verwandten festzunehmen. Er erklärte, er werde sie als Geiseln behalten, bis man das Vieh und den Jungen zurückgab.

Als die Soldaten vortraten, um ihn festzunehmen, schlitzte Cochise die Zeltwand auf und flüchtete. Man schoß ihm nach, und er wurde verwundet, doch es gelang ihm, zu entkommen. Um seine Verwandten zu befreien, nahmen Cochise und seine Krieger auf dem Butterfield Trail drei Weiße gefangen und boten sie dem Leutnant zum Austausch an. Doch Bascom erklärte sich dazu nur unter der Bedingung bereit, daß auch das gestohlene Vieh und der Junge ausgeliefert wurden.

Voll Wut, daß Bascom nicht glaube, daß seine Leute unschuldig waren, blokkierte Cochise den Apache Pass und belagerte die Infanteriekompanie in der Poststation. Nachdem er Bascom noch einmal einen Austausch angeboten hatte, brachte Cochise seine Gefangenen um und verstümmelte sie mit Speeren, eine Grausamkeit, die die Apachen von den Spaniern gelernt hatten. Leutnant Bascom rächte sich, indem er einige Tage später die drei männlichen Verwandten Cochises hängte.

Damals übertrugen die Chiricahuas ihren Haß gegen die Spanier auf die Amerikaner. Ein Vierteljahrhundert lang sollten sie und andere Apachen einen ununterbrochenen Guerillakrieg führen, der mehr Menschenleben und Geld kostete als alle anderen Indianerkriege.

Zu jener Zeit (1861) war Mangas Colorado (Red Sleeves) großer Kriegshäuptling der Apachen, ein siebzig Jahre alter Mimbreño, der noch größer war als der hünenhafte Cochise. Er hatte Anhänger unter vielen Gruppen im südöstlichen Arizona und südwestlichen New Mexico. Cochise war mit Mangas Tochter verheiratet, und nach der Bascom-Affäre verbündeten sich die beiden Männer, um die Amerikaner aus ihrer Heimat zu vertreiben. Sie griffen Wagenkolonnen an, brachten den Postverkehr zum Stillstand und verjagten siebenhundert weiße Goldgräber von den Chiricahua Mountains. Nach Ausbruch des Bürgerkrieges zwischen den Blauröcken und Grauröcken verwickelten Mangas und Cochise die Grauröcke immer wieder in Gefechte, bis sie sich nach Osten zurückzogen.

Im Jahr 1862 kam dann Star Chief Carleton auf der alten Straße, die mitten durch das Land der Chiricahuas führte, aus Kalifornien mit seinen Tausenden von Blauröcken anmarschiert. Zuerst waren es nur kleine Kompanien, die immer an einer Quelle bei der verlassenen Poststation in Apache Pass haltmachten, um Wasser zu fassen. Am 15. Juli verteilten Mangas und Cochise ihre fünfhundert Krieger an den felsigen Hügeln, von denen aus man den Paß und die Quelle überblicken konnte. Von Westen näherten sich drei Infanteriekompanien der Blauröcke, eskortiert von einem Trupp Kavallerie und zwei Fahrzeugen. Als die aus dreihundert Soldaten bestehende Kolonne über den Paß zog, griffen die Apachen plötzlich mit Gewehren und Bogen an. Nachdem die Soldaten ein paar Minuten lang das Feuer erwidert hatten, zogen sie sich schnell vom Paß zurück.

Die Apachen verfolgten sie nicht. Sie wußten, die Blauröcke würden wiederkommen. Nachdem sie sich neu formiert hatten, stießen die Infanteristen wieder zum Paß vor. Diesmal rollten die zwei Wagen dicht hinter ihnen her. Die Soldaten näherten sich bis auf einige hundert Meter der Quelle, doch dort gab es keine Deckung für sie, und die Apachen lauerten auf den sie umgebenden Hügeln. Mehrere Minuten hielten die Blauröcke ihre Stellung. Dann rollten die Wagen heran, und plötzlich schlugen große Feuerblitze aus ihnen hervor. Schwarze Rauchwolken erhoben sich, lauter Donner hallte von den Felsen wider, und Metallstücke flogen pfeifend durch die Luft. Die Apachen hatten die kleinen Kanonen der Spanier gehört, doch diese großen donnernden Wagenkanonen waren mit Schrecken und Tod gefüllt. Jetzt zogen sich die Krieger zurück, und die Blauröcke rückten vor und besetzten die Quelle. Mangas und Cochise gaben jedoch nicht auf. Wenn es ihnen gelang, die Soldaten von den Wagenkanonen wegzulocken, konnten sie sie vielleicht doch noch schlagen. Am nächsten Morgen sahen sie, wie ein Trupp Kavalleristen nach Westen zurückritt; wahrscheinlich sollte er andere Soldaten, die aus dieser Richtung kamen, warnen. Mangas stürmte mit fünfzig berittenen Kriegern hinunter, um ihnen den Weg abzuschneiden. In dem darauffolgenden Gefecht wurde Mangas in die Brust getroffen und fiel bewußtlos von seinem Pferd. Entmutigt durch den Verlust ihres Führers, brachen die Krieger den Kampf ab und brachten den blutenden Mangas auf die Anhöhen.

Cochise war entschlossen, Mangas' Leben zu retten. Da er jedoch zu den Medizinmännern und ihren Klappern und Sprüchen kein Vertrauen hatte, legte er seinen Schwiegervater in eine Hängematte und ritt, eskortiert von Kriegern, mehrere hundert Kilometer südwärts zu dem mexikanischen Dorf Janos. Dort lebte ein berühmter mexikanischer Wunderarzt, den er Mangas Colorado mit der lakonischen Aufforderung übergab: *Mach ihn gesund. Wenn er stirbt, wird diese Stadt sterben.*

Einige Monate später war Mangas wieder daheim in den Mimbres Mountains; er trug einen breitkrempigen Strohhut, eine Sarape, lederne Hosen und chinesische Sandalen, die er aus Mexiko mitgebracht hatte. Mangas war magerer und sein Gesicht runzliger als früher, doch er konnte immer noch besser reiten und schießen als Krieger, die ein halbes Jahrhundert jünger waren als er. Während er sich in seinen Bergen erholte, hörte er, daß Star Chief Carleton die Mescaleros bei Bosque Redondo umzingelt und gefangengenommen hatte. Man berichtete ihm, daß die Blauröcke überall Jagd auf Apachen machten und sie mit ihren Wagenkanonen töteten, so wie sie dreiundsechzig von seinen und Cochises Kriegern am Apache Pass getötet hatten.

Im Januar 1863 kampierte Mangas am Mimbres River. Er überlegte schon seit einiger Zeit, wie er für alle Apachen Frieden schließen konnte, bevor er starb. Der Vertrag, den er 1852 in Santa Fé unterzeichnet hatte, fiel ihm ein. Damals hatten die Apachen und die Weißen einander ewigen Frieden und Freundschaft versprochen. Einige Jahre hatten Frieden und Freundschaft geherrscht, doch jetzt gab es Feindschaft und Tod. Mangas wollte, daß sein Volk wieder in Frieden lebte. Er wußte, daß selbst seine tapfersten jungen Krieger wie Victorio und Geronimo der Macht der Vereinigten Staaten nicht standhalten konnten. Vielleicht war es am besten, mit den Amerikanern und ihren Blaurocksoldaten, die sich vermehrt hatten wie fliegende Ameisen, einen neuen Friedensvertrag zu schließen.

Eines Tages näherte sich ein Mexikaner mit einer weißen Fahne Mangas' Lager. Er sagte, es seien einige Soldaten in der Nähe, die Friedensverhandlungen führen wollten. Mangas erschien dies als ein Zeichen der Vorsehung. Er hätte es vorgezogen, mit einem Star Chief zu verhandeln, doch erklärte er sich bereit, mit Edmond Shirland, dem kleinen *capitán* der California Volunteers, zu sprechen. Die Mimbreños-Krieger versuchten ihn davon abzubringen. Ob er sich denn nicht entsinne, was Cochise passiert sei, als er am Apache Pass zu den Soldaten gegangen war, um mit ihnen zu reden? Mangas beruhigte sie. Schließlich sei er nur ein alter Mann. Warum sollten die Mexikaner einem alten Mann, der nichts als Frieden wollte, etwas tun? Die Krieger bestanden jedoch darauf, daß eine Eskorte ihn begleitete; er wählte fünfzehn Männer aus, und sie ritten zum Soldatenlager.

Als sie in Sichtweite des Lagers kamen, warteten Mangas und seine Leute darauf, daß der *capitán* sich zeigte. Ein Goldgräber, der Spanisch sprach, kam heraus, um Mangas ins Lager zu geleiten, doch die Krieger wollten ihren Häuptling nicht hineingehen lassen, bevor Captain Shirland eine weiße Fahne hißte. Sobald die weiße Fahne hochgezogen war, befahl Mangas den Kriegern, sich zurückzuziehen. Er wolle allein gehen; er sei völlig sicher, da ihn ja eine weiße Fahne schütze. Mangas ritt zu dem Soldatenlager, doch seine Krieger waren kaum verschwunden, als hinter ihm aus einem Gebüsch ein Dutzend Soldaten sprangen und ihre Gewehre auf ihn anlegten. Er war ein Gefangener.

»Wir brachten Mangas schnell zu unserem Lager beim alten Fort McLean«, berichtete Daniel Conner, einer der Goldgräber, welche die California Volunteers begleiteten, »und zugleich mit uns traf General West mit seinem Stab ein. Der General ging zu Mangas, der von mehreren Soldaten bewacht wurde, um mit ihm zu sprechen. Er wirkte wie ein Zwerg neben dem alten Häuptling, der auch alle anderen überragte. Er sah bedrückt aus und weigerte sich zu reden; offenbar hatte er erkannt, daß es ein großer Fehler von ihm gewesen war, den Bleichgesichtern zu trauen.«

Zwei Soldaten waren beauftragt, Mangas zu bewachen. Als die Nacht hereinbrach und es bitterkalt wurde, machten sie ein Feuer, damit sie und ihr Gefangener nicht froren. Einer der Soldaten, Private Clark Stocking, erzählte später, er habe gehört, wie General West den Posten befahl: »Ich möchte, daß er morgen früh tot ist, verstanden?«

Da Mangas' Apachen in der Nähe waren, erhielten weitere Posten den Befehl, nach Einbruch der Dunkelheit durch das Lager zu patrouillieren. Unter ihnen befand sich Daniel Conner. Als er kurz vor Mitternacht seinen Streifengang machte, bemerkte er, daß die Soldaten, die Mangas bewachten, den alten Häuptling belästigten. Er blieb außerhalb des Feuerscheins stehen und beobachtete sie. Sie erhitzten ihre Bajonette im Feuer und berührten damit Mangas' Füße und Beine. Nachdem der Häuptling diese Tortur ein paarmal ertragen hatte, stand er auf »und sagte den Posten in scharfem Ton auf spanisch, er sei kein Kind, mit dem man herumspielen könne ... Daraufhin richteten die beiden Posten ihre Musketen auf ihn und feuerten fast gleichzeitig auf ihn«.

Als Mangas zu Boden stürzte, schossen sie ihre Pistolen auf ihn ab. Der eine Soldat skalpierte ihn, der andere schnitt seinen Kopf ab, kochte ihn und entfernte das Fleisch, damit er ihn einem Phrenologen im Osten verkaufen konnte. Die kopflose Leiche warfen sie in einen Graben. In dem offiziellen Bericht hieß es, Mangas sei bei einem Fluchtversuch erschossen worden.

Daraufhin begannen, wie Daniel Conner es ausdrückte, die Indianer »einen unerbittlichen Krieg ... Sie schienen alles daranzusetzen, seinen Tod zu rächen«.

Vom Chiricahualand in Arizona bis zu den Mimbres Mountains in New Mexico führten Cochise und seine dreihundert Krieger einen Feldzug, um die verräterischen Weißen zu vertreiben. Eine andere Gruppe von Kriegern stellte Victorio auf; unter ihnen befanden sich Mescaleros, die aus Bosque Redondo geflüchtet waren. Sie unternahmen Überfälle auf Siedlungen und Straßen am Rio Grande zwischen dem Jornado del Muerto und El Paso. Zwei Jahre lang ließen diese winzigen Apachenarmeen den Südwesten nicht zur Ruhe kommen. Die meisten waren nur mit Bogen und Pfeilen bewaffnet, und ihre Pfeile waren schwache, einen Meter lange Schilfrohre mit kurzen Spitzen aus Quarzstein. Mit diesen dürftigen Waffen schlugen sich die Apachen hervorragend, doch die Soldaten waren ihnen hundertfach überlegen, und so waren ihnen Tod oder Gefangenschaft sicher.

Nach Ende des Bürgerkrieges und General Carletons Abberufung machte die Regierung der Vereinigten Staaten den Apachen Friedensangebote. Am 21. April 1865 trafen sich Victorio und Nana in Santa Rita mit einem Regierungsvertreter. »Ich und meine Leute wollen Frieden«, sagte Victorio. »Wir sind des Krieges müde. Wir sind arm und haben für uns und unsere Familien kaum etwas zu essen oder anzuziehen. Wir möchten Frieden machen, einen dauerhaften Frieden ... Ich habe meine Hände und meinen Mund mit kaltem, frischem Wasser gewaschen, und was ich sage, ist wahr.«

»Du kannst uns vertrauen«, fügte Nana hinzu.

Die Antwort des Unterhändlers war kurz: »Ich bin nicht gekommen, um euch zu bitten, Frieden zu schließen, sondern um euch zu sagen, daß ihr Frieden haben könnt, wenn ihr in das Reservat von Bosque Redondo geht.«

Sie hatten schon viel Schlimmes von Bosque Redondo gehört. »Ich habe keine Taschen, in die ich stecken kann, was du sagst«, erwiderte Nana trocken, »doch deine Worte haben sich tief in mein Herz gegraben. Ich werde sie nicht vergessen.«

Victorio bat für den Aufbruch zum Reservat um eine Frist von zwei Tagen, damit er Zeit habe, alle seine Leute und ihre Pferde zu versammeln. Er versprach dem Unterhändler, sich am 23. April in Pinos Altos wieder mit ihm zu treffen.

Der Unterhändler wartete vier Tage in Pinos Altos, doch kein einziger Apache erschien. Sie wollten lieber hungern und sterben als nach dem verhaßten Bosque gehen. Einige zogen südwärts nach Mexiko; andere schlossen sich Cochise in den Dragoon Mountains an. Nach seinem Erlebnis am Apache Pass und der Ermordung Mangas reagierte Cochise überhaupt nicht auf die Friedensangebote. In den nächsten fünf Jahren hielten sich die Apachenkrieger im allgemeinen den amerikanischen Forts und Siedlungen fern. Doch stets, wenn ein Rancher oder Goldgräber sich Übergriffe zuschulden kommen ließ, unternahm eine Gruppe einen Überfall und entführte Pferde und Vieh, und auf diese Weise führten sie ihren Guerillakrieg weiter. Im Jahr 1870 häuften sich die Überfälle, und da Cochise der den Weißen am besten bekannte Häuptling war, machte man ihn gewöhnlich für feindselige Aktionen, ganz gleich, wo sie stattfanden, verantwortlich.

Aus diesem Grund bat der Kommissar für Indianische Angelegenheiten Cochise im Frühjahr 1871 so eindringlich, nach Washington zu kommen. Cochise glaubte jedoch nicht, daß sich etwas geändert hatte; er traute noch immer keinem Vertreter der amerikanischen Regierung. Als er ein paar Wochen später erfuhr, was Eskiminzin und den Aravaipas in Camp Grant geschah, war er noch fester überzeugt, daß sich kein Apache mit den hinterlistigen Amerikanern einlassen sollte.

Eskiminzin und seine 150 Leute lebten nördlich von Cochises Stützpunkt am Aravaipa Creek zwischen dem San Pedro River und den Galiuro Mountains. Eskiminzin war ein untersetzter, leicht krummbeiniger Apache mit einem sympathischen Bulldoggengesicht; er war ruhig und umgänglich, neigte jedoch dazu, leicht aufzubrausen. Eines Tages im Februar 1871 ging Eskiminzin nach Camp Grant, einem kleinen Posten am Zusammenfluß des Aravaipa Creek und des San Pedro. Er hatte gehört, daß der *capitán*, Leutnant Royal E. Whitman, ein freundlicher Mann sei, und bat ihn um eine Unterredung. Eskiminzin sagte Whitman, daß seine Leute kein Zuhause mehr hätten, weil die Blauröcke sie lediglich deshalb, weil sie Apachen seien, ständig verfolgten und auf sie schossen. Er wolle Frieden schließen, damit sie sich am Aravaipa niederlassen und Getreide anbauen konnten.

Whitman fragte Eskiminzin, warum er nicht in die White Mountains gehe, wo die Regierung ein Reservat eingerichtet habe. »Das ist nicht unser Land«, erwiderte der Häuptling. Und die Indianer, die dort leben (die Coyoteros) sind nicht unsere Leute. Wir leben in Frieden mit ihnen, haben uns aber nie mit ihnen vermischt. Unsere Väter und zuvor deren Väter haben in diesen Bergen gelebt und in diesem Tal Mais angebaut. Wir ernähren uns hauptsächlich von Mescal* und haben hier im Sommer und im Winter genügend Vorräte davon. An den White Mountains gibt es kein Mescal, und wenn wir es nicht haben, werden wir krank. Einige unserer Leute sind seit kurzem an den White Mountains, doch sie sind nicht zufrieden und sagen alle: ›Laßt uns an den Aravaipa gehen und endlich Frieden machen und ihn nie brechen.‹«

Leutnant Whitman sagte Eskiminzin, daß er nicht befugt sei, mit seiner Gruppe Frieden zu schließen, doch wenn sie sich bereit erklärten, ihre Feuerwaffen abzugeben, könne er ihnen erlauben, als formelle Kriegsgefangene in der Nähe des Forts zu bleiben, bis er Instruktionen von seinen Vorgesetzten erhielt. Eskiminzin war damit einverstanden, und die Aravaipas fanden sich nach und nach ein und lieferten ihre Gewehre und zum Teil sogar ihre Bogen und Pfeile ab. Sie errichten einige Meilen flußaufwärts ein Dorf, pflanzten Mais an und kochten Mescal. Whitman war von ihrem Fleiß beeindruckt und ließ sie für die Kavalleriepferde des Camps Heu mähen, damit sie sich Geld zum Kauf von Proviant verdienen konnten. Auch die Rancher der Umgebung beschäftigten einige von ihnen als Landarbeiter. Das Experiment war so erfolgreich, daß sich bis Mitte März über hundert andere Apachen, darunter einige Pinals, Eskiminzins Leuten anschlossen, und fast jeden Tag trafen weitere ein.

Whitman hatte indessen seinen Vorgesetzten einen Bericht geschickt und um Instruktionen gebeten, doch im April erhielt er sein Ansuchen mit der Aufforderung zurück, es auf den vorgeschriebenen Regierungsformblättern noch einmal einzureichen. Der Leutnant wußte, daß er allein die Verantwortung für Eskiminzins Apachen trug, und beobachtete genau ihre Unternehmungen.

Am 10. April überfielen zehn Apachen das südlich von Tucson gelegene San

---

* Eskiminzin meinte damit nicht das gleichnamige alkoholische Getränk, sondern die gerösteten Blätter der Agave, eine süße und nahrhafte Speise, die in Steintöpfen gekocht wurde. Der Stammesname »Mescalero-Apachen« hat hier seinen Ursprung.

Eskiminzin, Häuptling der Aravaipa-Apachen (1876)

Xavier und stahlen Rinder und Pferde. Am 13. April wurden vier Amerikaner bei einem Überfall in der Nähe von San Pedro, östlich von Tucson, getötet. Tucson war 1871 eine Art Oase, bevölkert von dreitausend Spielern, Kneipenbesitzern, Kaufleuten, Fuhrunternehmern, Goldgräbern und Geschäftsleuten, die während des Bürgerkrieges viel Geld verdient hatten und hofften, sich in einem Krieg gegen die Indianer noch mehr bereichern zu können. Diese Leute hatten, um sich vor den Apachen zu schützen, ein Komitee für Öffentliche Sicherheit gegründet, doch als sich keine in der Nähe der Stadt blicken ließen, sattelten sie häufig ihre Pferde und verfolgten Indianer, die Siedlungen in der Umgebung überfallen hatten. Nach den zwei Überfällen im April behaupteten einige Mitglieder des Komitees, die Täter stammten aus dem Aravaipadorf bei Camp Grant. Obwohl Camp Grant neunzig Kilometer entfernt war und es unwahrscheinlich schien, daß die Aravaipas so weit geritten waren, um einen Überfall zu unternehmen, glaubten ihnen die meisten Bürger von Tucson. Sie waren grundsätzlich gegen Agenturen, für die Apachen arbeiteten und sich friedlich ihren Lebensunterhalt verdienten; dies führte meist zur Reduzierung der militärischen Streitkräfte und einem Nachlassen der Prosperität.

In den letzten Aprilwochen rief ein Mann namens William S. Oury, der über große Erfahrung im Kampf gegen die Indianer verfügte, zu einem Angriff gegen die unbewaffneten Aravaipas in der Nähe von Camp Grant auf. Sechs Amerikaner und zweiundvierzig Mexikaner erklärten sich bereit, daran teilzunehmen, doch Oury meinte, dies seien nicht genug, um einen Erfolg zu garantieren. Bei den Papago-Indianern, die vor Jahren von spanischen Soldaten unterworfen und von spanischen Priestern zum Christentum bekehrt worden waren, warb er zweiundneunzig Söldner an. Am 28. April ritten diese 140 gutbewaffneten Männer los.

Die erste Warnung vor der Expedition, die Leutnant Whitman in Camp Grant erhielt, war eine Botschaft von der kleinen Militärgarnison in Tucson, in der ihm mitgeteilt wurde, daß am achtundzwanzigsten dort eine große Gruppe mit der Absicht aufgebrochen sei, sämtliche Indianer bei Camp Grant zu töten. Die Meldung wurde Whitman am 30. April um 7.30 Uhr morgens von einem berittenen Kurier überbracht.

»Ich schickte sofort zwei berittene Dolmetscher zum Indianerlager«, berichtete Whitman später. »Sie hatten die Anweisung, die Häuptlinge von der Lage der Dinge zu unterrichten und sie aufzufordern, sich mit ihrer ganzen Gruppe im Camp einzufinden ... Meine Kuriere kehrten nach etwa einer Stunde zurück und meldeten, daß sie keinen lebenden Indianer gefunden hätten.«

Weniger als drei Stunden, bevor Whitman die Nachricht erhielt, hatte die

Gruppe aus Tucson auf den Flußklippen und den Sandwegen, die zum Aravaipadorf führten, Aufstellung genommen. Die Männer auf den Wegen eröffneten das Feuer auf die Wickiups, und als die Indianer ins Freie stürzten, mähte sie Gewehrfeuer von den Klippen nieder. Nach einer halben Stunde waren sämtliche Indianer geflohen, gefangengenommen oder tot. Die siebenundzwanzig Gefangenen waren alle Kinder; die zum Christentum bekehrten Papagos nahmen sie mit, um sie in Mexiko als Sklaven zu verkaufen.

Als Whitman im Dorf eintraf, brannte es noch, und der Boden war mit toten und verstümmelten Frauen und Kindern übersät. »Ich fand eine ziemliche Anzahl Frauen, die man erschossen hatte, während sie schlafend neben Heubündeln lagen, die sie an jenem Morgen eingesammelt hatten. Verwundeten, die nicht flüchten konnten, hatte man mit Steinen und Keulen die Schädel eingeschlagen; andere waren, nachdem man sie erschossen hatte, mit Pfeilen gespickt worden. Die Toten waren alle entkleidet.«

C. B. Briesly, ein Arzt, der Leutnant Whitman begleitete, berichtete, daß man bei zwei Frauen »aus der Lage, in der sie sich befanden sowie aus dem Zustand ihrer Genitalien und ihrer Verletzungen zweifelsfrei schließen konnte, daß sie zuerst vergewaltigt und dann erschossen wurden ... Ein etwa zehn Monate altes Kind hatte zwei Schußverletzungen, und ein Bein war fast abgehackt«.

Whitman fürchtete, daß die in die Berge geflüchteten Überlebenden ihm vorwerfen würden, sie nicht geschützt zu haben. »Ich dachte, es würde ihnen unser Mitgefühl beweisen, daß wir uns um ihre Toten kümmerten, und diese Vermutung erwies sich als richtig, denn während wir noch an der Arbeit waren, erschienen viele von ihnen und gaben ihrem Schmerz auf so wilde und schreckliche Weise Ausdruck, daß es sich nicht schildern läßt ... Von sämtlichen Begrabenen (mehr als hundert) war einer ein alter Mann und einer ein größerer Junge – alle anderen waren Frauen und Kinder.« Insgesamt wurden 144 Indianer umgebracht. Eskiminzin kehrte nicht zurück, und ein Teil der Apachen war überzeugt, daß er, um das Massaker zu rächen, auf den Kriegspfad ziehen würde.

»Meine Frauen und Kinder wurden vor meinen Augen getötet«, sagte einer der Männer zu Whitman, »und ich war nicht imstande, sie zu verteidigen. Die meisten Indianer würden an meiner Stelle ein Messer nehmen und sich die Kehle durchschneiden.« Doch nachdem der Leutnant sein Wort verpfändet hatte, daß er nicht ruhen werde, bevor die Täter bestraft würden, erklärten sich die Aravaipas bereit, das Dorf wieder aufzubauen.

Whitmans hartnäckige Bemühungen brachten die Mörder schließlich vor Gericht. Die Verteidigung behauptete, die Bürger von Tucson hätten die Spur marodierender Apachen direkt bis zum Dorf der Aravaipas verfolgt. Oscar

Hutton, der Postenführer von Camp Grant, sagte als Zeuge der Anklage aus, daß Indianer niemals einen Überfall auf das Camp unternommen hätten. Ähnliche Aussagen machten F. L. Austin, der Kaufmann des Postens, Miles L. Wood, der Viehhändler, und William Kness, der die Post zwischen Camp Grant und Tucson beförderte. Der Prozeß dauerte fünf Tage, die Beratung der Geschworenen neunzehn Minuten; die Mörder aus Tucson wurden freigesprochen.
Leutnant Whitman zerstörte durch sein unpopuläres Eintreten für die Apachen seine militärische Karriere. Man stellte ihn dreimal mit lächerlichen Anklagen vors Kriegsgericht, und nachdem er noch mehrere Jahre Dienst getan hatte, ohne befördert zu werden, reichte er seinen Abschied ein.

Durch das Massaker von Camp Grant wurde jedoch die Aufmerksamkeit Washingtons auf die Apachen gelenkt. Der Präsident nannte den Angriff »reinen Mord« und wies die Armee und das Indian Bureau an, schnellstens im Südwesten für Frieden zu sorgen.
Im Juni 1871 traf General George Crook in Tucson ein, um das Kommando über das Department Arizona zu übernehmen. Einige Wochen später begab sich Vincent Colyer, ein Sonderbeauftragter des Indian Bureau, nach Camp Grant. Beide setzten alles daran, die obersten Apachenhäuptlinge, vor allem Cochise, zu Verhandlungen zu bewegen.
Zuerst traf sich Colyer mit Eskiminzin; er hoffte, ihn überreden zu können, wieder eine friedliche Haltung einzunehmen. Eskiminzin kam aus den Bergen herunter und sagte, er sei gern bereit, mit Kommissar Colyer Friedensverhandlungen zu führen. »Der Kommissar dachte wahrscheinlich, er werde einen großen *capitán* sehen«, bemerkte Eskiminzin, »doch er sieht nur einen armen Mann, der nicht viel von einem *capitán* an sich hat. Hätte sich der Kommissar vor drei Monaten mit mir getroffen, dann hätte er einen *capitán* gesehen. Damals hatte ich viele Leute, doch viele sind umgebracht worden, und jetzt habe ich nur noch wenige Leute. Die ganze Zeit, seit ich von hier fortging, bin ich in der Nähe geblieben. Ich wußte, daß ich hier Freunde habe, doch ich traute mich nicht, zurückzukommen. Ich habe alles gesagt, was ich zu sagen habe, denn ich habe nur noch wenige Leute, für die ich sprechen kann. Wäre das Massaker nicht gewesen, so wären jetzt viel mehr Menschen hier; aber wer hätte es nach diesem Massaker noch ertragen? Als ich mit Leutnant Whitman Frieden machte, war mein Herz sehr groß und glücklich. Die Leute von Tucson und San Xavier müssen verrückt sein. Sie haben sich benommen, als hätten sie weder Köpfe noch Herzen ... Sie müssen Durst nach unserem Blut haben ... Die Tucson-Leute schreiben den Zeitungen und erzählen ih-

nen die Geschichte, wie sie sie sehen. Die Apachen haben niemanden, dem sie ihre Geschichte erzählen können.«

Colyer versprach, die Geschichte der Apachen dem Großen Vater und den Weißen zu erzählen, die noch nichts davon gehört hatten.

»Ich glaube, Gott muß dir ein gutes Herz gegeben haben, weil du kommst und uns besuchst, oder du mußt einen guten Vater und eine gute Mutter gehabt haben, weil du so gütig bist.«

»Es war Gott«, erwiderte Colyer.

Der nächste Häuptling, mit dem Colyer sprach, war Delshay von den Tonto-Apachen. Delshay war ein kräftiger, breitschultriger Mann von etwa fünfunddreißig Jahren. Er trug an einem Ohr einen silbernen Ring, hatte ein grimmiges Gesicht und bewegte sich meistens im Laufschritt, als wäre er stets in Eile. Delshay hatte bereits 1868 versprochen, mit den Tontos Frieden zu halten und Camp McDowell am Westufer des Rio Verde als Agentur akzeptiert, doch auch er hatte die Tücke der Blaurocksoldaten bald kennengelernt. Einmal feuerte ihm ein Offizier ohne jeden Grund eine Ladung Schrot in den Rücken, und er war überzeugt, daß der Arzt des Postens versucht hatte, ihn zu vergiften. Nach diesen Vorfällen hatte Delshay sich von Camp McDowell ferngehalten.

Kommissar Colyer traf Ende September in Camp McDowell ein. Er hatte die Vollmacht, Soldaten einzusetzen, um die Verbindung mit Delshay aufzunehmen. Kavallerie- und Infanterietrupps versuchten mit weißen Fahnen, Rauchsignalen und nächtlichen Feuern ihr möglichstes, doch Delshay reagierte nicht, bevor er die Absichten der Blauröcke gründlich geprüft hatte. Als er sich bereit erklärte, sich am 31. Oktober 1871 mit Captain W. N. Netterville im Sunflower Valley zu treffen, war Kommissar Colyer nach Washington zurückgekehrt, um Bericht zu erstatten. Man übersandte ihm eine Kopie des Protokolls mit Delshays Äußerungen.

»Ich will nicht mehr über die Berge laufen«, sagte Delshay. »Ich will einen großen Vertrag machen ... Ich will einen dauerhaften Frieden machen; ich werde mein Wort halten, bis die Steine schmelzen.« Er war jedoch nicht bereit, mit den Tontos wieder nach Camp McDowell zu kommen. Es sei kein guter Ort, meinte er – schließlich war er dort angeschossen und vergiftet worden. Die Tontos würden lieber im Sunflower Valley nahe den Bergen leben, denn dort könnten sie Früchte sammeln und Wild jagen. »Wenn der große *capitán* den Posten nicht errichtet, wo ich will«, sagte er, »kann ich nichts weiter tun, denn Gott hat den Weißen Mann gemacht und Gott hat den Apachen gemacht, und der Apache hat ebensoviel Recht auf das Land wie der Weiße Mann. Ich will einen Vertrag machen, der dauerhaft ist, damit beide durch das Land ziehen können und keinen Streit haben; sobald der Vertrag gemacht ist, möchte ich ein Papier, damit ich durch das Land reisen kann wie der Weiße Mann. Ich werde einen Fels auf den Boden legen, und wenn er schmilzt, werde ich wissen, daß der Vertrag gebrochen worden ist ... Wenn ich einen Vertrag mache, erwarte ich, daß der große *capitán* immer, wenn ich nach ihm schicke, kommt und mit mir spricht, und dasselbe werde ich tun, wenn er nach mir schickt. Wenn ein Vertrag gemacht wird und der große *capitán* seine Versprechungen nicht hält, werde ich sein Wort in ein Loch tun und es mit Schmutz bedecken. Ich verspreche, wenn ein Vertrag gemacht worden ist, können die Weißen Männer und Soldaten ihre Pferde und Maultiere herumlaufen lassen, ohne daß jemand auf sie aufpaßt, und wenn welche von den Apachen gestohlen werden sollten, werde ich meine Kehle durchschneiden. Ich möchte einen großen Vertrag machen, und wenn die Amerikaner den Vertrag brechen, dann will ich keinen Ärger mehr; dann soll der Weiße Mann den einen Weg gehen, und ich werde den anderen gehen ... Sage dem großen *capitán* in Camp McDowell, daß ich ihn in zwölf Tagen besuchen werde.«

Colyers Versuche, mit Cochise direkten Kontakt aufzunehmen, schlugen fehl. Er sprach lediglich in Cañada Alamosa, einer Agentur, die das Indian Bureau siebzig Kilometer südwestlich von Fort Craig errichtet hatte, mit zwei Angehörigen von Cochises Gruppe. Sie sagten ihm, die Chiricahuas seien in Mexiko gewesen, doch die mexikanische Regierung habe dreihundert Dollar für jeden Apachenskalp ausgesetzt, und daraufhin hätten sich Trupps auf die Suche nach ihnen gemacht und sie in den Bergen von Sonora angegriffen. Sie hätten sich zerstreut und seien auf dem Rückweg zu ihren alten Stützpunkten in Arizona. Cochise sei irgendwo in den Dragoon Mountains.

Ein Kurier wurde beauftragt, Cochise zu suchen, doch als der Mann nach Arizona überwechselte, traf er zufällig General Crook, der seine Erlaubnis, sich zu Cochises Lager zu begeben, nicht anerkannte. Crook wies den Kurier an, sofort nach New Mexico zurückzukehren.

Crook war selbst auf der Suche nach Cochise und befahl fünf Kavalleriekompanien, die Chiricahua Mountains abzustreifen und ihn tot oder lebendig zu bringen. Die Apachen nannten General Crook Gray Wolf. Cochise entkam Gray Wolf, indem er nach New Mexico ging. Er schickte dem Star Chief von Santa Fé, General Gordon Granger, einen Boten und ließ ihm mitteilen, daß er bereit sei, sich mit ihm in Cañada Alamosa zu Friedensverhandlungen zu treffen.

Als Granger, begleitet von einer kleinen Eskorte, mit einem von sechs Maultieren gezogenen Ambulanzwagen eintraf, erwartete ihn Cochise bereits. Sie wechselten nur kurze Begrüßungsworte. Beide waren daran interessiert, die Angelegenheit schnell zu erledigen. Granger konnte sich Ruhm erwerben, wenn er den großen Cochise dazu brachte, zu kapitulieren. Cochise war am Ende seines Weges; er war fast sechzig Jahre alt und sehr müde; silberne Strähnen durchzogen sein schulterlanges Haar.

Granger erklärte, Frieden könne es nur geben, wenn die Chiricahuas bereit seien, sich in einem Reservat niederzulassen. »Kein Apache würde die Erlaubnis erhalten, das Reservat ohne einen vom Agenten ausgestellten Passierschein zu verlassen«, sagte der General, »und es würde nie die Erlaubnis erteilt werden, die Grenze nach Old Mexico zu überschreiten.«

Cochise erwiderte in ruhigem Ton: »Die Sonne hat sehr heiß auf meinen Kopf geschienen und mich mit Glut erfüllt; mein Blut hat gekocht, doch jetzt bin ich in dieses Tal gekommen und habe von diesen Wassern getrunken und mich in ihnen gewaschen, und sie haben mich abgekühlt. Nun, da ich abgekühlt bin, komme ich mit offenen Händen zu dir, um in Frieden mit dir zu leben. Ich spreche aufrichtig und möchte dich nicht täuschen und nicht getäuscht werden. Ich möchte einen guten, starken und dauerhaften Frieden. Als Gott die Welt schuf, gab er einen Teil dem Weißen Mann und einen anderen den Apachen. Warum? Warum sind sie zusammengekommen? Jetzt, da ich spreche, sollen sich die Sonne, der Mond, die Erde, die Wasser, die Vögel und Tiere, ja selbst die ungeborenen Kinder über meine Worte freuen. Die Weißen haben lange nach mir gesucht. Hier bin ich! Was wollen sie? Sie haben lange nach mir gesucht; wieso bin ich soviel wert?... Die Coyoten streifen nachts umher und rauben und töten; ich kann sie nicht sehen; ich bin nicht Gott. Ich bin nicht mehr Häuptling aller Apachen. Ich bin nicht mehr reich; ich bin nur ein armer Mann. Die Welt ist nicht immer so gewesen. Gott hat uns nicht so wie euch gemacht; wir wurden wie Tiere geboren, in trockenem Gras, nicht in Betten wie ihr. Deshalb tun wir es den Tieren gleich und streifen nachts umher und rauben und stehlen. Wenn ich solche Dinge hätte wie ihr, dann würde ich nicht tun, was ich tue, denn dann brauchte ich es nicht zu tun. Es gibt Indianer, die töten und rauben. Ich habe keine Gewalt über sie. Hätte ich sie, so würden sie es nicht tun. Meine Krieger sind in Sonora getötet worden. Ich bin hierhergekommen, weil Gott es mir befohlen hat. Er sagte, es gut, in Frieden zu leben – und so bin ich gekommen! Ich zog in der Welt umher mit den Wolken und mit der Luft, als Gott zu meinen Gedanken sprach und mir sagte, ich solle hierherkommen und mit allen Frieden schließen. Er sagte, die Welt sei für uns alle da.

Als ich jung war, ging ich durch dies ganze Land, im Osten und Westen, und sah keine anderen Menschen als die Apachen. Nach vielen Sommern ging ich

wieder und sah, eine andere Menschenrasse war gekommen, es zu nehmen. Warum? Warum warten die Apachen darauf, zu sterben – warum tragen sie ihr Leben auf den Fingerängeln? Sie streifen über die Berge und die Prärie und wünschen, der Himmel möge auf sie stürzen. Die Apachen waren einst ein großes Volk; heute sind sie nur noch wenige, und deshalb wollen sie sterben, und so tragen sie ihr Leben auf ihren Fingernägeln. Viele sind im Kampf getötet worden. Du mußt offen zu mir sprechen, damit deine Worte wie Sonnenlicht in unsere Herzen strahlen. Sage mir, wenn die Jungfrau Maria durch das ganze Land gegangen ist, warum ist sie dann nie in die Wigwams der Apachen getreten? Warum haben wir sie nie gesehen oder gehört?
Ich habe weder Vater noch Mutter; ich bin allein auf der Welt. Niemand sorgt sich um Cochise; deshalb mag ich nicht leben und wünsche, die Felsen mögen auf mich stürzen und mich begraben. Hätte ich einen Vater und eine Mutter wie du, dann wäre ich bei ihnen und sie bei mir. Als ich um die Welt wanderte, fragten alle nach Cochise. Jetzt ist er hier – ihr seht ihn und hört ihn – freut euch das? Wenn ja, so sagt es. Sprecht, Amerikaner und Mexikaner; ich möchte nichts vor euch verbergen, und ihr sollt nichts vor mir verbergen. Ich werde euch nicht anlügen; lügt ihr mich nicht an.«
Als die Sprache auf das Reservat für die Chiricahua kam, sagte Granger, daß die Regierung die Agentur von Cañada Alamosa nach Fort Tularosa in den Mogollons verlegen wolle. (In Cañada Alamosa hatten sich dreihundert Mexikaner niedergelassen und Land erworben.)
»Ich möchte in diesen Bergen leben«, protestierte Cochise. »Ich will nicht nach Tularosa gehen. Es ist weit fort. Die Fliegen auf jenen Bergen fressen den Pferden die Augen aus. Böse Geister wohnen dort. Ich habe von diesen Wassern getrunken, und sie haben mich gekühlt; ich mag nicht von hier weggehen.«
General Granger sagte, er werde sein Möglichstes tun, um die Regierung dazu zu bringen, die Chiricahuas in Cañada Alamosa mit seinen Strömen klaren, kalten Wassers leben zu lassen. Cochise versprach, dafür zu sorgen, daß seine Leute mit ihren mexikanischen Nachbarn in Frieden lebten, und er hielt sein Versprechen. Einige Monate später ordnete die amerikanische Regierung jedoch an, sämtliche Apachen von Cañada Alamosa nach Fort Tularosa zu bringen. Sowie Cochise von der Anordnung erfuhr, flüchtete er mit seinen Kriegern. Sie teilten sich in kleine Gruppen auf und kehrten in ihre trockenen, felsigen Berge im südwestlichen Arizona zurück. Diesmal beschloß Cochise, dort zu bleiben.
Im September 1872 wurde Cochise von seinen Spähern gemeldet, daß eine kleine Gruppe Weißer sich seinem Stützpunkt näherte. Sie fuhren mit einem

der kleinen Armeewagen, die man zum Transport von Verwundeten benutzte. Die Späher berichteten, daß sich Taglito – Tom Jeffords – unter ihnen befand. Cochise hatte Taglito lange nicht gesehen.

In der Zeit, als Cochise und Mangas Krieg gegen die Blauröcke führten, hatte Tom Jeffords die Post zwischen Fort Bowie und Tucson befördert. Jeffords und seine Reiter wurden von Apachenkriegern so oft überfallen, daß er fast seinen Kontrakt kündigte. Dann erschien eines Tages der rotbärtige Weiße allein in Cochises Lager. Er stieg von seinem Pferd, nahm seinen Patronengurt ab und übergab ihn und seine Waffen einer der Chiricahuafrauen. Ohne die geringste Furcht zu zeigen, ging Taglito zu der Stelle, wo Cochise saß, und setzte sich neben ihn. Nachdem er, wie es sich geziemte, eine Weile geschwiegen hatte, sagte Taglito Jeffords Cochise, er wolle ein Abkommen mit ihm schließen, damit er sich mit der Beförderung der Post seinen Lebensunterhalt verdienen könne.

Cochise war zutiefst verblüfft. So einen Weißen hatte er noch nie kennengelernt. Er konnte nicht umhin, Taglitos Mut dadurch zu belohnen, daß er ihm versprach, ihn bei seinen Ritten auf der Postroute nicht mehr zu belästigen. Jeffords und seine Reiter wurden nie mehr überfallen, und von da an kam der große rotbärtige Mann oft in Cochises Lager, und sie redeten miteinander und tranken Tiswin.

Daraus, daß Taglito die Gruppe begleitete, schloß Cochise, daß sie ihn suchte. Er schickte seinen Bruder Juan den Weißen entgegen und wartete dann mit seiner Familie in einem Versteck, bis er sicher war, daß alles in Ordnung war. Dann ritt er mit seinem Sohn Naiche hinunter. Er stieg vom Pferd und umarmte Jeffords, und dieser sagte auf englisch zu einem weißbärtigen Mann in staubigen Kleidern: »Das ist Cochise.« Der rechte Ärmel des bärtigen Mannes war leer; er sah aus wie ein alter Soldat, und Cochise war nicht überrascht, als Taglito ihn General nannte. Es war Oliver Otis Howard. »Buenos dias, señor«, sagte Cochise, und sie reichten einander die Hand.

Cochises Krieger kamen einer nach dem andern herbei, und sie setzten sich in einem Halbkreis auf Decken, um mit dem einarmigen, graubärtigen Mann zu verhandeln.

»Würde der General uns bitte den Zweck seines Besuches sagen?« fragte Cochise. Taglito übersetzte.

»Der Große Vater, Präsident Grant, hat mich beauftragt, Frieden zwischen euch und den Weißen zu schließen«, sagte General Howard.

»Niemand wünscht sich mehr Frieden als ich«, versicherte ihm Cochise.

»Dann laß uns Frieden schließen«, sagte Howard.

Cochise erklärte, daß die Chiricahuas seit ihrer Flucht von Cañada Alamosa

keinen Weißen angegriffen hätten. »Ich habe nur wenige schlechte Pferde«, fügte er hinzu. »Ich hätte nur die Tucson-Straße zu überfallen brauchen, um mir welche zu beschaffen, aber ich habe es nicht getan.«
Howard meinte, die Chiricahuas könnten besser leben, wenn sie in ein großes Reservat am Rio Grande übersiedeln würden.
»Ich bin dort gewesen«, sagte Cochise, »und das Land gefällt mir. Wenn es nur auf diese Weise Frieden geben kann, dann will ich mit jenen meiner Leute, die dazu bereit sind, dorthin gehen, doch so würde mein Stamm auseinanderbrechen. Warum gebt ihr mir nicht den Apache Pass? Wenn ihr ihn mir gebt, werde ich alle Straßen bewachen und dafür sorgen, daß niemandem von Indianern etwas weggenommen wird.«
Howard war erstaunt.
»Vielleicht läßt sich das machen«, sagte er, doch dann wies er noch einmal auf die Vorteile des Reservats am Rio Grande hin.
Cochise war nicht mehr am Rio Grande interessiert.
»Warum wollt ihr mich in ein Reservat einsperren?« fragte er. »Wir werden Frieden schließen. Wir werden ihn getreulich halten. Doch wir wollen uns ebenso frei bewegen wie die Amerikaner. Gebt uns das Recht, zu gehen, wohin wir wollen.«
Howard versuchte ihm klarzumachen, daß das Chiricahualand nicht den Indianern gehörte, sondern daß alle Amerikaner daran interessiert seien.
»Wenn Frieden herrschen soll«, sagte er, »müssen wir Grenzen festsetzen.«
Cochise begriff nicht, warum man um die Dragoon Mountains nicht ebenso gut Grenzen ziehen konnte wie um das Gebiet am Rio Grande. »Wie lange kannst du bleiben, General?« fragte er. »Kannst du warten, bis meine *capitánes* kommen und mit ihnen reden?«
»Ich bin aus Washington gekommen, um mit dir und deinen Leuten zu verhandeln und Frieden zu schließen, und ich werde bleiben, solange es nötig ist«, erwiderte Howard.
General Oliver Otis Howard, der steife Neuengländer und Held von Gettysburg, blieb elf Tage in dem Apachenlager, und Cochise mit seiner Höflichkeit, Offenheit und Einfachheit gewann seine ganze Sympathie. Er war entzückt von den Frauen und Kindern der Chiricahuas.
»Ich war gezwungen, den Alamosa-Plan aufzugeben«, schrieb er später, »und ihnen, wie Cochise vorgeschlagen hatte, ein Reservat zu geben, das einen Teil der Chiricahua Mountains und des westlich davon gelegenen Tals umfaßte und in dem sich der Big Sulphur Spring und Roder's Ranch befanden.«
Eines war noch zu regeln. Laut Gesetz mußte ein Weißer zum Agenten für das neue Reservat ernannt werden. Für Cochise war dies kein Problem; es gab

nur einen Weißen, dem alle Chiricahuas vertrauten – Taglito, der rotbärtige Tom Jeffords. Zuerst lehnte Jeffords ab. Er hatte keine Erfahrung auf diesem Gebiet, und außerdem war die Bezahlung schlecht. Doch Cochise ließ nicht locker, bis Jeffords nachgab. Schließlich verdankte er den Chiricahuas sein Leben.

Delshays Tonto-Apachen und Eskiminzins Aravaipas hatten nicht soviel Glück.
Nachdem Delshay dem großen *capitán* in Camp McDowell angeboten hatte, einen Vertrag zu schließen, wenn eine Tonto-Agentur im Sunflower Valley errichtet wurde, erhielt der Häuptling keine Antwort. Delshay faßte dies als Ablehnung auf. »Gott hat den Weißen Mann gemacht und Gott hat den Apachen gemacht«, hatte er gesagt, »und der Apache hat ebensoviel Recht auf das Land wie der Weiße Mann.« Er hatte keinen Vertrag geschlossen und kein Papier erhalten, mit dem er wie ein Weißer durch das Land ziehen konnte; deshalb zogen er und seine Krieger als Apachen durch das Land. Den Weißen war das nicht recht, und Ende 1872 beauftragte Gray Wolf Soldaten, das Tonto Basin nach Delshay und seinen Kriegern abzusuchen. Doch erst im April 1873 waren die Soldaten zahlreich genug, um Delshay und die Tontos fangen zu können. Sie wurden umzingelt, die Soldaten schossen auf ihre Frauen und Kinder, und es blieb ihnen nichts anderes übrig, als sich zu ergeben.
Major George M. Randall, der schwarzbärtige Soldatenhäuptling, brachte die Tontos zum Fort Apache im White-Mountain-Reservat. Zu jener Zeit ernannte Gray Wolf lieber Offiziere als Zivilisten zu Reservatagenten. Sie zwangen die Apachen, wie Hunde Metallmarken zu tragen, und auf diesen Marken standen Nummern, so daß es ihnen unmöglich war, das Tonto Basin auch nur für wenige Tage zu verlassen.
Delshay und die andern erfüllte Heimweh nach ihren bewaldeten, schneebedeckten Bergen. Im Reservat gab es weder genug zu essen noch genügend Geräte und Werkzeuge zum Arbeiten, und sie vertrugen sich nicht gut mit den Coyoteros, von denen sie als Eindringlinge betrachtet wurden. Doch was die Tontos am meisten deprimierte, war das Verbot, sich frei im Lande zu bewegen.
Im Juli 1873 ertrug Delshay die Beengtheit nicht mehr und floh eines Nachts mit seinen Leuten. Damit die Blauröcke sie nicht wieder einfingen, beschloß er, zu dem Reservat am Rio Verde zu ziehen. Dort war ein Zivilist Agent, der Delshay zusicherte, daß die Tontos am Rio Verde leben könnten, wenn sie keine Schwierigkeiten bereiteten. Wenn sie wieder fortliefen, würde man sie

einfangen und töten. Und so machten sich Delshay und seine Leute daran, am Fluß in der Nähe von Camp Verde eine *rancheria* zu bauen.

In jenem Sommer kam es bei der Agentur San Carlos zu einem Aufstand, bei dem ein kleiner Soldatenhäuptling (Leutnant Jacob Almy) getötet wurde. Die Apachenhäuptlinge flohen – einige von ihnen zum Rio Verde, wo sie in der Nähe von Delshays *rancheria* kampierten. Als Gray Wolf davon erfuhr, beschuldigte er Delshay, den Flüchtlingen zu helfen, und erteilte den Soldaten von Camp Verde den Befehl, den Tontohäuptling festzunehmen. Delshay wurde gewarnt und kam zu dem Schluß, daß er wieder fliehen mußte. Er wollte das bißchen Freiheit, das er noch besaß, nicht auch noch verlieren, und er wußte, man würde ihn in Eisen legen und in die fünf Meter tiefe Höhle sperren, welche die Soldaten für indianische Gefangene in die Wand des Canyons gegraben hatten. Mit ein paar getreuen Anhängern flüchtete er ins Tonto Basin.

Ihm war klar, daß die Jagd auf ihn bald beginnen würde. Gray Wolf würde nicht ruhen, bis er Delshay gefangen hatte. Monatelang konnten Delshay und seine Männer ihren Verfolgern entkommen. Schließlich kam General Crook zu dem Schluß, daß er seine Soldaten nicht ewig das Tonto Basin durchstreifen lassen konnte; nur ein anderer Apache konnte Delshay finden. Und so setzte der General eine Belohnung auf Delshays Kopf aus. Im Juli 1874 meldeten sich unabhängig voneinander zwei Apachensöldner in Crooks Hauptquartier. Jeder lieferte einen abgeschnittenen Kopf ab und behauptete, es sei Delshays. »Beide schienen überzeugt, im Recht zu sein«, sagte Crook, »und da die Ablieferung eines zusätzlichen Kopfes nichts schadete, bezahlte ich beiden die Belohnung.« Die Köpfe wurden zusammen mit denen anderer umgebrachter Apachen auf den Exerzierplätzen von Rio Verde und San Carlos öffentlich zur Schau gestellt.

Auch Eskiminzin und den Aravaipas fiel es schwer, in Frieden zu leben. Nach Kommissar Colyers Besuch im Jahr 1871 hatten Eskiminzin und seine Leute bei Camp Grant ein neues Leben begonnen. Sie bauten ihr Dorf wieder auf und bepflanzten ihre Felder neu. Doch als sie zu glauben begannen, es würde alles gutgehen, beschloß die Regierung, Camp Grant hundert Kilometer weiter nach Südosten zu verlegen. Die Armee benutzte dies als Vorwand, das San Pedro Valley von Indianern zu räumen, und siedelte die Aravaipas nach San Carlos um, einer neuen Agentur am Gila River.

Dies war im Februar 1873, und die Aravaipas waren eben dabei, eine neue *rancheria* zu errichten und ihre neuen Felder zu bebauen, als es zu dem Aufstand kam, bei dem Leutnant Almy getötet wurde. Weder Eskiminzin noch irgendein anderer Aravaipa hatte mit seiner Ermordung etwas zu tun, doch da Eskiminzin ihr Häuptling war, traf Gray Wolf eine »militärische Vorsichtsmaßnahme« und ließ ihn festnehmen und einsperren.

In der Nacht des 4. Januar 1874 floh er und verließ mit seinen Leuten das Reservat. Vier Monate lang durchstreiften sie in der Kälte die fremden Berge auf der Suche nach Nahrung und Schutz. Als sie im April dem Hungertod nahe waren, kehrte Eskiminzin nach San Carlos zurück und suchte den Agenten auf.

»Wir haben nichts Unrechtes getan«, sagte er. »Aber wir haben Angst. Deshalb sind wir fortgelaufen. Jetzt kommen wir zurück. Wenn wir in den Bergen bleiben, werden wir verhungern und erfrieren. Wenn die amerikanischen Soldaten uns töten wollen, sollen sie es tun. Wir werden nicht wieder fortlaufen.«

Als der Agent die Rückkehr der Aravaipas meldete, erteilte die Armee den Befehl, Eskiminzin und seine Unterhäuptlinge festzunehmen, sie in Ketten zu legen, damit sie nicht fliehen konnten, und als Kriegsgefangene nach Camp Grant zu bringen.

»Was habe ich getan?« fragte Eskiminzin den Offizier, der ihn verhaftete. Der Offizier wußte es. Die Verhaftung sei eine »militärische Vorsichtsmaßnahme«.

In Camp Grant mußten Eskiminzin und seine Unterhäuptlinge aneinandergekettet Ziegel für die neuen Gebäude des Postens herstellen. Sie schliefen nachts in Ketten auf dem Boden und bekamen Essen, das die Soldaten weggeworfen hatten.

Im Sommer kam eines Tages ein junger Mann namens John Clum zu Eskiminzin und sagte ihm, daß er der neue Agent von San Carlos sei und daß die Aravaipas ihren Häuptling brauchten. »Warum bist du in Haft?« fragte Clum.

»Ich habe nichts getan«, erwiderte Eskiminzin. »Vielleicht erzählen die Weißen Männer Lügen über mich. Ich bemühe mich immer, das Rechte zu tun.«

Clum sagte, er werde für seine Freilassung sorgen, wenn Eskiminzin verspreche, ihm zu helfen, die Bedingungen in San Carlos zu verbessern.

Zwei Monate später kehrte Eskiminzin zu seinen Leuten zurück. Die Zukunft schien wieder hell, doch der Aravaipahäuptling war klug genug, nicht zuviel zu erhoffen. Seit die Weißen gekommen waren, war er sich nie eines Platzes sicher, wo er seine Decke ausbreiten konnte. Die Zukunft war für jeden Apachen völlig ungewiß.

Im Frühjahr 1874 erkrankte Cochise an einer schweren Auszehrung. Tom Jeffords, der Agent der Chiricahuas, holte den Armeearzt von Fort Bowie und bat ihn, seinen alten Freund zu untersuchen, doch dieser konnte die Ursache nicht feststellen. Seine Medikamente brachten keine Besserung, und der große Apachenhäuptling wurde immer schwächer.

Zu jener Zeit kam die Regierung zu dem Schluß, daß Geld eingespart werden könne, wenn man die Chiricahua-Agentur mit der neuen Agentur Hot Springs in New Mexico zusammenlegte. Als Beamte erschienen, um die Angelegenheit mit Cochise zu besprechen, sagte er, es sei ihm gleich; er werde tot sein, bevor die Verlegung durchgeführt werden könne. Seine Unterhäuptlinge und Söhne protestierten jedoch energisch und erklärten, sie würden nicht gehen, wenn man die Agentur verlege. Nicht einmal die Vereinigten Staaten hätten genug Truppen, um sie dazu zu zwingen, denn sie würden lieber in den Bergen sterben als bei Hot Springs leben.

Als die Regierungsbeamten abgereist waren, wurde Cochise so schwach und bekam so starke innerliche Schmerzen, daß Jeffords beschloß, nach Fort Bowie zu reiten und den Arzt zu holen. Als er sich zum Aufbruch bereitmachte, fragte Cochise: »Glaubst du, daß du mich lebendig wiedersehen wirst?«

Mit der Offenheit eines Bruders erwiderte Jeffords: »Nein, das glaube ich nicht.«

»Ich glaube, ich werde morgen um zehn Uhr vormittag sterben. Glaubst du, wir werden uns wiedersehen?«

Jeffords schwieg einen Moment. »Ich weiß nicht. Was meinst du?«

»Ich bin mir nicht ganz klar darüber«, antwortete Cochise. »Aber ich glaube, ja – irgendwo dort oben.«

Cochise starb, bevor Jeffords von Fort Bowie zurückkehrte. Nach ein paar Tagen erklärte der Agent den Chiricahuas, er glaube, es sei an der Zeit für ihn, sie zu verlassen. Sie wollten nichts davon wissen. Vor allem Taza und Naiche, Cochises Söhne, bestanden darauf, daß er bleiben müsse. Wenn Taglito sie verlasse, sagten sie, werde die Regierung den Vertrag, den sie mit Cochise geschlossen habe, nicht halten. Jeffords versprach zu bleiben.

Im Frühjahr 1875 waren die meisten Apachen in Reservaten eingesperrt oder nach Mexiko geflohen. Im März versetzte die Armee General Crook von Arizona in das Department am Platte River. Die Sioux und Cheyennes, die das Leben in Reservaten länger als die Apachen ertragen hatten, begannen zu rebellieren.

Ein erzwungener Friede lag über den Wüsten, Bergen und Mesas des Apachenlandes. Es scheint wie eine Ironie, daß seine Fortdauer von den geduldigen Bemühungen zweier Weißer abhing, die sich die Achtung der Apachen einfach dadurch erworben hatten, daß sie sie wie menschliche Wesen und nicht wie blutrünstige Wilde behandelten. Tom Jeffords, der Freidenker, und John Clum, der der Dutch Reformed Church angehörte, waren optimistisch, doch klug genug, nicht zuviel zu erwarten. Für Weiße, die im Südwesten für die Rechte der Apachen eintraten, war die Zukunft sehr ungewiß.

10

Captain Jacks schwerer Weg

1873 – 6. Januar – Der Kongreß beginnt mit der Untersuchung des Crédit-Mobilier-Skandals. *3. März* – Die Gehälter der Kongreßabgeordneten und Regierungsbeamten werden durch das »Salary-Grab«-Gesetz rückwirkend erhöht. *7. Mai* – Amerikanische Marineinfanteristen landen in Panama, um Leben und Eigentum der dort ansässigen Amerikaner zu schützen. *15. September* – Die letzten Einheiten der deutschen Armee verlassen Frankreich. *19. September* – Bankrott der Bankfirma Jay Cooke and Company löst finanzielle Panik aus. *20. September* – Die New Yorker Börse wird für zehn Tage geschlossen; eine schwere Wirtschaftskrise erfaßt Amerika und die ganze Welt. Jules Vernes »Reise um die Erde in achtzig Tagen« und Mark Twains »Das Goldene Zeitalter« erscheinen.

Ich bin nur ein Mann. Ich bin die Stimme meines Volkes. Was immer meine Leute auf dem Herzen haben, das sage ich. Ich will keinen Krieg mehr. Ich will ein Mensch sein. Ihr verwehrt mir die Rechte der Weißen. Meine Haut ist rot; mein Herz ist das Herz eines Weißen; doch ich bin ein Modoc. Ich habe keine Angst zu sterben. Ich werde nicht auf den Felsen fallen. Wenn ich sterbe, werden meine Feinde unter mir liegen. Eure Soldaten überfielen mich, als ich am Lost River schlief. Sie trieben uns zu diesen Felsen, als wären wir waidwunde Rehe ...

Ich habe den Weißen immer gesagt, daß sie kommen und in meinem Land siedeln sollen; daß es ihr Land und Captain Jacks Land ist. Daß sie kommen und hier mit mir leben können und daß ich keinen Haß gegen sie habe. Ich habe nie von irgendwem etwas bekommen, nur, was ich gekauft und bezahlt habe. Ich habe immer gelebt wie ein Weißer, und ich wollte so leben. Ich habe mich immer bemüht, in Frieden zu leben, und ich habe nie einen Menschen um etwas gebeten. Ich habe immer von dem gelebt, was ich mit meinem Gewehr erlegen und mit meiner Falle fangen konnte.

KINTPUASH (CAPTAIN JACK) VON DEN MODOCS

Die Indianer Kaliforniens waren sanft wie das Klima, in dem sie lebten. Die Spanier gaben ihnen Namen, errichteten Missionsstationen für sie, bekehrten und verdarben sie. Die kalifornischen Indianer kannten keine Stammesorganisationen; jedes Dorf hatte seine Führer, doch es gab unter diesen unkriegerischen Menschen keine großen Kriegshäuptlinge. Als im Jahr 1848 Gold gefunden wurde, strömten aus der ganzen Welt Tausende von Weißen nach Kalifornien; sie nahmen sich von den unterwürfigen Indianern, was sie brauchten, korrumpierten jene, die die Spanier noch nicht korrumpiert hatten, und rotteten dann ganze, heute längst vergessene Volksteile aus. Niemand erinnert sich mehr der Chilulas, Chimarikos, Urebures, Nipewais, Alonas und hundert anderer Gruppen, deren Knochen unter Autobahnen, Parkplätzen und Wohnblöcken begraben liegen.

Eine Ausnahme unter den gefügigen Indianern Kaliforniens bildeten die Modocs, die im rauheren Klima des Tula Lake an der Grenze von Oregon lebten. Bis zu den fünfziger Jahren des neunzehnten Jahrhunderts waren Weiße den Modocs fast unbekannt; dann kamen scharenweise Siedler, nahmen sich das beste Land und erwarteten, daß die Modocs sich stillschweigend unterwerfen würden. Als die Modocs sich zur Wehr setzten, versuchten die weißen Eindringlinge, sie auszurotten. Die Modocs antworteten mit Überfällen.

Ein junger Modoc namens Kintpuash verstand nicht, warum die Modocs und die Weißen nicht zusammen leben konnten. Das Land am Tula Lake war grenzenlos wie der Himmel; es gab genügend Rehe, Antilopen, Enten, Gänse, Fische und Camaswurzeln für alle. Kintpuash machte seinem Vater Vorwürfe, weil er keinen Frieden mit den Weißen schloß. Sein Vater, der Häuptling war, sagte Kintpuash, die Weißen seien tückisch und betrügerisch, und es könne nur Frieden geben, wenn man sie vertreibe. Bald danach fiel der Häuptling im Kampf mit Siedlern, und Kintpuash wurde Häuptling der Modocs.

Kintpuash ging in die Siedlungen und suchte Weiße, denen er vertrauen konnte, um mit ihnen Frieden zu schließen. In Yreka fand er einige gute Weiße, und bald kamen alle Modocs dorthin, um Waren zu tauschen. »Ich habe den Weißen, die in mein Land kamen, immer gesagt, wenn sie dort leben wollen, können sie es«, sagte Kintpuash, »und ich habe nie dafür Geld verlangt, daß sie dort lebten wie meine Leute. Ich freute mich, daß sie in unserem Land leben wollten. Ich mochte die Weißen.«
Dem jungen Häuptling gefielen die Kleider, die sie trugen, ihre Häuser, ihre Wagen und ihr schönes Vieh.
Die Weißen in der Gegend von Yreka gaben den sie besuchenden Indianern neue Namen, die die Modocs komisch fanden, aber auch bald untereinander benutzten. Kintpuash nannten sie Captain Jack, andere Hooker Jim, Steamboat Frank, Scarfaced Charley, Boston Charley, Curly Headed Doctor, Shacknasty Jim, Schonchin John und Ellen's Man.
Während des Bürgerkriegs der Weißen kam es zu Zusammenstößen zwischen den Modocs und den Siedlern. Wenn ein Modoc kein Wild fand, das er für seine Familie erlegen konnte, erschoß er manchmal die Kuh eines Ranchers; oder wenn er ein Pferd brauchte, lieh er sich eins von der Weide eines Siedlers. Die weißen Freunde der Modocs nahmen dies als eine Art Steuer hin, die die Indianer den Siedlern für die Benutzung ihres Landes auferlegten, doch den meisten Siedlern paßte es nicht, und sie erreichten durch ihre Politiker, daß ein Vertrag geschlossen wurde, der die Modocs zwang, das Land am Tula Lake zu verlassen.
Die Kommissare versprachen Captain Jack und den anderen Häuptlingen, daß die Regierung jeder Familie ein eigenes Stück Land, Pferde, Wagen, landwirtschaftliche Geräte, Kleidung und Lebensmittel geben werde, wenn sie sich nach Norden in ein Reservat in Oregon umsiedeln ließen. Captain Jack wollte für sie Land in der Nähe des Tula Lake, doch das lehnten die Kommissare ab. Zögernd unterzeichnete Jack den Vertrag, und die Modocs zogen nach Norden in das Reservat Klamath. Es gab von Anfang an Schwierigkeiten. Das Reservat befand sich in einem Gebiet, das den Klamath-Indianern gehört hatte, und die Klamaths betrachteten die Modocs als Eindringlinge. Als die Modocs Holz zur Umzäunung der ihnen zugeteilten Grundstücke fällten, stahlen es die Klamaths. Die von der Regierung versprochenen Waren trafen nicht ein; der Agent des Reservats verteilte Lebensmittel und Kleider an die Klamaths, doch die Modocs gingen immer leer aus. (Der Große Rat in Washington bewilligte kein Geld zum Ankauf von Waren für die Modocs.)
Als Captain Jack sah, daß seine Leute hungerten, verließ er mit ihnen das Reservat. Sie gingen nach Süden ins Lost River Valley, wo sie früher gelebt

hatten, um Wild und Fische und Camaswurzeln zu suchen. Die weißen Rancher, die in dem Tal lebten, beschwerten sich daraufhin bei den Regierungsbehörden. Captain Jack befahl seinen Leuten, sich von den Weißen fernzuhalten, doch es war für die dreihundert Indianer nicht leicht, unsichtbar zu bleiben. Im Sommer 1872 forderte das Indian Bureau Captain Jack auf, ins Reservat Klamath zurückzukehren. Jack erwiderte, seine Leute könnten mit den Klamaths nicht zusammen leben. Er bat, den Modocs irgendwo am Lost River ein Reservat zur Verfügung zu stellen, in einem Gebiet, das immer Modoc-Land gewesen war. Das Indian Bureau zeigte für das Ersuchen Verständnis, doch die Rancher protestierten dagegen, den Indianern einen Teil des fruchtbaren Weidelandes zu geben. Im Herbst 1872 wies die Regierung die Modocs an, ins Reservat Klamath zurückzukehren. Jack weigerte sich. Daraufhin erhielt die Armee den Auftrag, die Modocs mit Gewalt umzusiedeln. Am 28. November 1872 verließen Major James Jackson und achtunddreißig Soldaten des First Cavalry bei Schneeregen Fort Klamath und ritten nach Süden zum Lost River.

Kurz vor Tagesanbruch erreichten die Kavalleristen das Lager der Modocs. Sie stiegen von ihren Pferden und umzingelten mit entsicherten Karabinern die Wigwams. Scarfaced Charley und einige andere Männer kamen mit ihren Waffen heraus. Major Jackson verlangte den Häuptling zu sprechen, und als Jack erschien, sagte ihm der Major, der Große Vater habe ihm befohlen, die Modocs ins Reservat Klamath zurückzubringen.

»Ich werde gehen«, sagte Captain Jack. »Ich werde alle meine Leute mitnehmen, aber ich habe keinerlei Vertrauen mehr zu dem, was ihr Weißen mir sagt. Ihr kommt hier in mein Lager, wenn es finster ist, und jagt mir und meinen Leuten Angst ein. Ich laufe nicht vor euch weg. Kommt wie Männer zu mir, wenn ihr mich sehen oder sprechen wollt.«

Major Jackson erwiderte, er wolle keinen Streit. Dann befahl er Jack, mit seinen Männern vor den Soldaten anzutreten. Als sie dies getan hatten, deutete der Major auf einen Salbeistrauch am Ende der Reihe. »Leg dein Gewehr dorthin«, sagte er.

»Warum?« fragte Jack.

»Du bist der Häuptling. Leg dein Gewehr hin, und alle deine Männer sollen das gleiche tun. Tu das, und es wird keinen Streit geben.«

Captain Jack zögerte. Er wußte, seine Männer würden ihre Waffen nicht abgeben wollen. »Ich habe noch nie gegen Weiße gekämpft«, sagte er, »und ich habe nicht die Absicht, das zu tun.«

Der Major bestand darauf, daß sie ihre Gewehre ablieferten. »Ich werde dafür sorgen, daß euch niemand etwas tut«, versprach er.

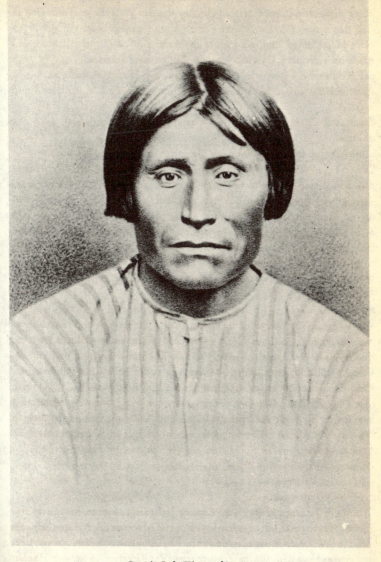
Captain Jack (Kintpuash), 1873

Captain Jack legte sein Gewehr unter das Gebüsch und bedeutete den anderen, das gleiche zu tun. Sie traten nacheinander vor und stapelten ihre Gewehre aufeinander. Scarfaced Charley war der letzte. Er legte sein Gewehr auf den Stapel, behielt aber die Pistole, die an seinem Gürtel hing.
Der Major befahl ihm, die Pistole abzuliefern.
»Ich habe dir mein Gewehr gegeben«, antwortete Scarfaced.
»Entwaffnen Sie ihn«, rief der Major Leutnant Frazier Boutelle zu.
Boutelle trat zu Scarface und rief: »Los, gib mir die Pistole, verdammt noch mal!«
Scarfaced Charley lachte. Er sagte, er sei kein Hund, den man anschreien könne.
Boutelle zog seinen Revolver. »Widersprich mir nicht, du Hurensohn.«
Er sei kein Hund, wiederholte Scarface, und er werde seine Pistole behalten. Als Boutelle seinen Revolver anlegte, zog Scarface schnell die Pistole aus seinem Gürtel. Beide feuerten gleichzeitig. Die Kugel des Modoc riß den Jackenärmel des Leutnants auf. Scarface wurde nicht getroffen. Er sprang zum Gewehrstapel, riß sein Gewehr herunter, und die andern Modoc-Krieger folgten seinem Beispiel. Der Major befahl seinen Männern, das Feuer zu eröffnen. Es kam zu einer mehrere Sekunden dauernden heftigen Schießerei; dann zogen sich die Soldaten zurück und ließen einen Toten und sieben Verwundete liegen.
Inzwischen waren die Frauen und Kinder der Modocs in ihre Kanus gesprungen und paddelten südwärts zum Tula Lake. Captain Jack und seine Krieger folgten ihnen, im dichten Schilf verborgen, am Ufer entlang. Ihr Ziel war der legendäre heilige Ort der Modocs südlich des Sees – die Lava Beds.
Die Lava Beds waren erloschene Vulkane voller Felsspalten, Höhlen und Schluchten. Einige der Schluchten waren bis zu dreißig Meter tief. Die Höhle, die Captain Jack als seinen Stützpunkt auswählte, war eine kraterartige Grube, die ein Netz natürlicher Gräben und Wälle aus Lavagestein umgab. Er wußte, er konnte sich, wenn nötig, mit seiner Handvoll Krieger gegen eine Armee verteidigen, doch er hoffte, daß die Soldaten sie jetzt in Ruhe lassen würden. An diesem nutzlosen Felsen hatten die Weißen bestimmt kein Interesse.

Als Major Jacksons Soldaten zu Captain Jacks Lager kamen, kampierte eine kleine, von Hooker Jim angeführte Gruppe Modocs auf der anderen Seite des Modoc River. Als Captain Jack in den frühen Morgenstunden mit seinen Leuten zu den Lava Beds flüchtete, hörte er aus der Richtung, in der sich Hooker Jims Lager befand, Gewehrfeuer. »Ich wollte nicht kämpfen und rannte weg«, sagte er später. »Sie erschossen einige meiner Frauen, und sie erschossen meine Männer. Ich hielt mich nicht auf, um nachzusehen, was los war, sondern machte, daß ich fortkam. Ich hatte nur sehr wenig Leute und wollte nicht kämpfen.«

Erst nach einem oder zwei Tagen erfuhr er, was mit Hooker Jims Leuten geschehen war. Plötzlich erschien Hooker Jim vor Jacks Stützpunkt, begleitet von Curly Headed Doctor, Boston Charley und elf anderen Modocs. Sie berichteten Jack, daß zu der Zeit, als die Soldaten sein Lager angriffen, mehrere Siedler zu ihrem Lager kamen und sie beschossen. Die Weißen schossen ein Baby vom Arm seiner Mutter, töteten eine alte Frau und verwundeten mehrere Männer. Auf dem Weg zu den Lava Beds beschlossen Hooker Jim und seine Männer, sich für den Tod ihrer Leute zu rächen. Sie machten kurz bei einigen abgelegenen Ranchhäusern halt und brachten zwölf Siedler um.

Zuerst dachte Jack, Hooker Jim gebe nur an, doch die andern sagten, es sei wahr. Als sie ihm die Namen der ermordeten Siedler nannten, war Jack entsetzt. Einige von ihnen kannte er gut. »Warum habt ihr diese Leute getötet?« fragte er. »Ich hätte nie zugelassen, daß ihr meine Freunde umbringt. Ihr tragt selbst die Verantwortung dafür.«

Captain Jack war jetzt überzeugt, daß die Soldaten kommen würden, um sich zu rächen. Und da er der Häuptling der Modocs war, würde man ihm für die Verbrechen Hooker Jims und der anderen die Schuld geben.

Die Soldaten kamen erst im Januar. Am 13. Januar 1873 sichteten die Modoc-Krieger, die den äußeren Verteidigungsring bewachten, einen Spähtrupp der Blauröcke, der sich einem Felsen über den Lava Beds näherte. Die Modocs vertrieben sie mit ein paar Schüssen. Drei Tage später kamen 225 Soldaten und 104 Oregon und California Volunteers wie Geister durch den Nebel angeritten. Sie nahmen auf einer Hügelkette gegenüber Captain Jacks Stützpunkt Aufstellung, und als es finster wurde, zündeten sie Feuer an, um sich zu wärmen. Die Offiziere hofften, daß die Modocs kapitulieren würden, wenn sie sahen, welche Streitmacht ihnen gegenüberstand.

Captain Jack war dafür, sich zu ergeben. Er wußte, daß die Soldaten vor allem jene Modocs wollten, die die Siedler getötet hatten, und er wollte sich lieber zusammen mit ihnen den Soldatenhäuptlingen ausliefern, als das Leben all seiner Leute in einer blutigen Schlacht opfern.

Hooker Jim, Curly Headed Doctor und jene, die die Siedler umgebracht hatten, waren gegen eine Kapitulation. Sie zwangen Jack, eine Versammlung einzuberufen und abzustimmen, was der Stamm unternehmen sollte. Von den einundfünfzig Kriegern im Stützpunkt waren nur fünfzehn für Kapitulation. Siebenunddreißig waren dafür, bis zum Tod gegen die Soldaten zu kämpfen.

Am 17. Januar hörten sie vor Tagesanbruch, wie zwischen den von Nebel umhüllten Lava Beds die Signalhörner der Soldaten ertönten. Bald darauf donnerten Haubitzen, und die Blauröcke griffen an. Die Modocs waren bereit. Getarnt mit Salbeisträußen, die sie sich an die Köpfe gesteckt hatten, schlichen sie aus den Felsspalten und schossen Soldaten aus der ersten Angriffsreihe ab. Bis Mittag hatten sich die Angreifer über eineinhalb Kilometer auseinandergezogen, und infolge des Nebels und des schwierigen Terrains war die Verbindung zwischen ihnen schlecht. Im Schutz der Felsen eilten die Modocs entlang der Front hin und her, um den Eindruck zu erwecken, sie seien den Blauröcken zahlenmäßig überlegen. Als eine Kompanie Soldaten nahe an den Stützpunkt vorrückte, konzentrierten die Modocs das Feuer auf sie, und die Frauen halfen ihnen beim Schießen. Am späten Nachmittag führten Jacks und Ellen's Mans Krieger einen Angriff durch. Die Soldaten flüchteten und ließen ihre Toten liegen.

Kurz vor Sonnenuntergang hob sich der Nebel, und die Modocs sahen, daß die Soldaten sich zu ihrem Lager auf dem Bergrücken zurückzogen. Die Modocs schlichen zu den Gefallenen und fanden bei ihnen neun Karabiner und sechs Patronengürtel. Ein Stück weiter lagen noch mehr Munition und Armeerationen, die die flüchtenden Soldaten weggeworfen hatten.

Als es dunkel wurde, machten die Modocs ein großes Feuer und feierten. Keiner von ihnen war gefallen und keiner schwer verwundet. Sie hatten genügend Gewehre und Munition erbeutet, um noch einen weiteren Tag kämpfen zu können. Am nächsten Tag erwarteten sie die Soldaten, doch es kamen nur ein paar Mann, und sie trugen eine weiße Fahne. Sie holten ihre Toten. Am Ende dieses Tages waren sämtliche Soldaten vom Bergrücken verschwunden.

Da Captain Jack annahm, daß die Blauröcke zurückkommen würden, stellte er Posten auf und ließ nach ihnen Ausschau halten. Doch es verging ein Tag nach dem anderen, und die Soldaten erschienen nicht. (»Wir kämpften uns durch die Lava Beds bis zum Stützpunkt der Indianer vor, der sich inmitten eines meilenweiten Gebietes von Felsspalten, Höhlen und Schluchten befindet...«, berichtete der Kommandeur der angreifenden Truppen. »Wir würden tausend Mann brauchen, um sie aus ihren fast uneinnehmbaren Stellungen zu vertreiben, und wir müßten dazu Mörserbatterien einsetzen... Bitte schicken Sie mir baldmöglichst dreihundert Infanteristen.«)

Am 28. Februar kam Winema, Captain Jacks Cousine, zu den Lava Beds. Winema war mit einem Weißen namens Frank Riddle verheiratet, der sie zusammen mit drei anderen Männern begleitete. Die Männer hatten sich mit den Modocs in der Zeit, als sie häufig Yreka besuchten, angefreundet. Winema war eine fröhliche, energische junge Frau mit einem runden Gesicht, die sich seit

ihrer Heirat Toby Riddle nannte. Sie hatte die Lebensweise ihres Mannes angenommen, doch Jack vertraute ihr. Sie sagte, die Weißen Männer seien mitgekommen, um mit ihm zu sprechen, und sie würden, um ihre Freundschaft zu beweisen, im Stützpunkt übernachten. Jack versicherte ihr, daß sie willkommen seien und daß ihnen nichts geschehen werde.
Bei der Besprechung erklärten die Weißen, der Große Vater in Washington habe einige Kommissare geschickt, die Friedensverhandlungen führen sollten. Der Große Vater hoffe, daß sich ein Krieg mit den Modocs vermeiden lasse, und er bitte die Modocs, mit den Kommissaren zu sprechen, damit eine Möglichkeit, Frieden zu schließen, gefunden werden könne. Die Kommissare warteten in Fairchilds Ranch in der Nähe der Lava Beds.
Als die Modocs wissen wollten, was mit Hooker Jims Gruppe, die die Siedler in Oregon getötet hatte, geschehen werde, erklärte man ihnen, daß man sie, wenn sie sich ergäben, als Kriegsgefangene behandeln und nicht nach den in Oregon geltenden Gesetzen vor Gericht stellen würde. Man werde sie weit fort transportieren und in einer warmen Gegend – im Indianerterritorium oder in Arizona – in einem Reservat unterbringen.
»Sagt den Kommissaren«, erwiderte Jack, »daß ich bereit bin, mit ihnen zu verhandeln, und mir anzuhören, was sie mir und meinen Leuten anzubieten haben. Sagt ihnen, sie sollen zu mir kommen oder mich holen lassen. Wenn sie mich während der Friedensverhandlungen vor meinen Feinden schützen, werde ich zu ihnen kommen.«
Am nächsten Morgen brachen die Besucher auf, und Winema versprach, Jack Bescheid zu geben, wenn Zeit und Ort der Verhandlungen festgesetzt seien. Am gleichen Tag begaben sich Hooker Jim und seine Leute heimlich zu Fairchilds Ranch und erklärten, daß sie bereit seien, freiwillig in Kriegsgefangenschaft zu gehen.
Die Mitglieder der Friedenskommission waren Alfred B. Meacham, der einst in Oregon Agent der Modocs gewesen war, Eleazar Thomas, ein Geistlicher aus Kalifornien, und L. S. Dyar, ein Unteragent aus dem Reservat Klamath. Sie standen unter der Aufsicht des Kommandeurs der vor den Lava Beds versammelten Truppen, General Edward R. S. Canby – jenes Canby, der als Eagle Chief vor zwölf Jahren in New Mexico gegen Manuelitos Navajos gekämpft und mit ihnen Frieden geschlossen hatte. (S. 2. Kapitel.)
Als Hooker Jims Modocs in Canbys Hauptquartier erschienen und sich überraschend ergaben, war der General so erfreut, daß er Great Warrior Sherman sofort telegraphisch mitteilte, daß der Krieg gegen die Modocs beendet sei, und um Instruktionen bat, wann und wohin er seine Kriegsgefangenen abtransportieren sollte.

In seiner Aufregung vergaß Canby, Hooker Jim und seine acht Leute zu arretieren. Die Modocs gingen ins Militärlager, um sich die Soldaten anzuschauen, die sie nun vor den Bürgern von Oregon schützen sollten. Zufällig begegneten sie einem Mann aus Oregon, der sie erkannte und ihnen drohte, sie wegen der Ermordung der Siedler am Lost River verhaften zu lassen. Der Gouverneur von Oregon werde sie, wenn sie an ihn ausgeliefert würden, hängen lassen.
Bei der ersten Gelegenheit bestiegen Hooker Jim und seine Leute ihre Pferde und ritten, so schnell sie konnten, zurück zu den Lava Beds. Sie warnten Captain Jack, zu Fairchilds Ranch zu gehen und sich mit den Kommissaren zu treffen; die vorgeschlagene Besprechung sei eine Falle, in der man die Modocs fangen wolle, um sie nach Oregon zurückzuschicken, wo sie gehängt werden würden.
Während der nächsten Tage, in denen Winema und Frank Riddle mit Botschaften kamen und gingen, erwiesen sich die Befürchtungen, die Hooker Jim und seine Leute hegten, was sie selbst betraf, als berechtigt. Politischer Druck aus Oregon zwang General Canby und die Kommissare, das Amnestieangebot, das sie Hooker Jims Gruppe gemacht hatten, zurückzuziehen. Captain Jack und den übrigen Modocs hingegen wurde zugesichert, daß sie ohne Bedenken kommen und sich ergeben könnten.
Captain Jack befand sich in einem schweren Dilemma. Wenn er Hooker Jims Leute im Stich ließ, konnte er seine eigenen retten. Doch Hooker Jim war zu ihm gekommen und hatte sich unter seinen Schutz gestellt.
Am 6. März schrieb Jack mit Hilfe seiner Schwester Mary einen Brief an die Kommissare, und sie brachte ihn zu Fairchilds Ranch. »Lassen wir alles ausgewischt und fortgewaschen sein – es soll kein Blut mehr fließen«, schrieb er. »Mein Herz schmerzt wegen dieser Mörder. Ich habe nur wenige Männer und weiß nicht, wie ich sie aufgeben soll. Geben die Weißen ihre Leute auf, die meine Leute ermordeten, während sie schliefen? Ich habe nie nach den Leuten gefragt, die meine Leute ermordeten ... Ich kann mir vorstellen, daß ich mein Pferd aufgebe, damit es gehängt wird, doch ich kann nicht meine Männer aufgeben, damit sie gehängt werden. Ich könnte mein Pferd aufgeben, damit es gehängt wird, und ich würde nicht darum weinen, aber wenn ich meine Männer aufgäbe, müßte ich um sie weinen.«
Canby und die Kommissare wollten Captain Jack jedoch trotzdem treffen, um ihn zu überzeugen, daß ein Krieg für seine Leute viel schlimmer wäre als die Auslieferung der Mörder. Obwohl Great Warrior Sherman Canby riet, seine Soldaten gegen die Modocs einzusetzen, »damit sie kein anderes Reservat brauchen als Gräber zwischen den von ihnen selbst gewählten Lava Beds«, bewahrte der General Geduld.

Am 21. März sahen Captain Jack und Scarfaced Charley Canby und einen kleinen Kavallerietrupp vom Bergrücken über ihrem Stützpunkt herunterreiten. Jack wußte nicht, was er von diesem kühnen Unternehmen halten sollte. Er verteilte seine Krieger zwischen den Felsen. Dann sah er, wie sich eine einsame Gestalt vom Trupp trennte und auf sie zuritt. Es war ein Armeearzt, der ein inoffizielles Treffen zwischen Captain Jack und General Canby vorschlug. Einige Minuten später sprachen sie miteinander. Canby versicherte Jack, daß man seine Leute gut behandeln werde, wenn er mit ihnen aus den Lava Beds hervorkam; man werde ihnen Lebensmittel, Kleider und viele Geschenke geben. Jack fragte ihn daraufhin, warum er nicht einige von diesen Dingen mitgebracht habe, wenn er den Modocs soviel geben wolle. Außerdem fragte er Canby, warum er nicht mit seinen Soldaten abziehe; die Modocs wollten nichts weiter als in Ruhe gelassen werden, sagte er.

Während dieser kurzen Unterredung erwähnten weder Jack noch Canby Hooker Jims Gruppe und die Ermordung der Siedler. Jack versprach nichts; er gedachte abzuwarten, was Canby als nächstes unternehmen würde.

Canby brachte zusätzliche Truppen heran und stellte sie beiderseits des Stützpunktes der Modocs auf. Kompanien des First Cavalry und Twenty-first Infantry, unterstützt von der Fourth Artillery, befanden sich jetzt in einer Position, aus der sie die Indianer leicht angreifen konnten.

Am 2. April schickte Captain Jack den Kommissaren eine Botschaft. Er schlug vor, sich mit ihnen in der Mitte zwischen dem nächsten Soldatenlager und seinem Stützpunkt zu treffen. Am gleichen Tag ritten Canby, Meacham, Thomas und Dyar zu einem Felsplateau unterhalb des Soldatenlagers. Jack, Hooker Jim und mehrere andere Modocs erwarteten sie dort; sie hatten zum Beweis ihrer friedlichen Absichten ihre Frauen mitgebracht. Jack begrüßte Meacham wie einen alten Freund, doch Canby fragte er in bitterem Ton, warum er seine Soldaten so nahe beiderseits des Modoc-Stützpunktes aufgestellt habe.

Canby versuchte, die Frage mit der Antwort abzutun, er habe sein Hauptquartier näher zu Jacks Hauptquartier verlegt, damit sie sich leichter zu Beratungen treffen könnten. Doch Jack akzeptierte diese Erklärung nicht; er verlangte, daß die Soldaten aus den Lava Beds abgezogen und weggeschickt wurden. Und dann kam er auf das heikle Thema von Hooker Jims Gruppe zu sprechen. Er werde nicht weiter über eine Kapitulation verhandeln, sagte Jack, wenn Hooker Jims Leute nicht ebenso behandelt würden wie die anderen Modocs. Canby erwiderte, die Armee müsse entscheiden, was man mit ihnen machen und wohin man sie bringen werde; er könne keine Amnestie für die Mörder der Siedler versprechen.

Während sie verhandelten, zogen dunkle Wolken über den Lava Beds auf, und

es begann zu regnen. Canby sagte, es sei nicht möglich, die Besprechung im Regen fortzusetzen. »Du bist besser gekleidet als ich«, antwortete Jack spöttisch, »und ich werde nicht wie Schnee schmelzen.« Canby ignorierte diese Bemerkung und erklärte, daß er für das nächste Treffen ein Zelt errichten lassen würde.
Am nächsten Morgen ließ Canby von einigen Soldaten das Zelt aufbauen, doch nicht auf dem Felsplateau, sondern auf einem mit Salbeisträuchern bedeckten Platz, der sich in Sichtweite des Soldatenlagers und seiner Artilleriebatterien befand.
Zwei Tage später sandte Jack Alfred Meacham eine Botschaft, in der er ihn und seinen alten Freund John Fairchild, dem die nahegelegene Ranch gehörte, um eine Unterredung bat. Jack stellte jedoch die Bedingung, daß sie General Canby und Reverend Thomas nicht mitbrachten. Meacham und Fairchild waren über diese Bitte erstaunt, begaben sich jedoch mit Winema und Frank Riddle zum Zelt. Die Modocs erwarteten sie, und Jack begrüßte die Weißen herzlich. Er erklärte, daß er Canby nicht traue, weil er eine blaue Uniform trage und zuviel von seinen freundschaftlichen Gefühlen für die Indianer spreche; da er seine Soldaten näher zu den Lava Beds verlegt habe, glaube er nicht, daß er es ehrlich meine. Was Reverend Thomas betreffe, so sei er ein »Sonntagsdoktor« und sein heiliger Zauber sei gegen den Glauben der Modocs gerichtet. »Jetzt können wir reden«, sagte Jack. »Dich und Fairchild kenne ich. Ich kenne eure Herzen.« Er berichtete ihnen, wie die Soldaten sie gezwungen hatten, vom Lost River zu fliehen und in den Lava Beds Schutz zu suchen. »Laßt uns am Lost River leben«, bat er. »Ich kann für meine Leute sorgen. Ich bitte niemanden, mir zu helfen. Wir können uns allein durchbringen. Gebt uns dieselbe Chance wie anderen Menschen.«
Meacham erklärte, daß der Lost River in Oregon liege, wo die Modocs weiße Siedler umgebracht hätten. »Ihr Blut würde immer zwischen euch und den Weißen sein«, fügte er hinzu.
Jack schwieg einige Minuten. »Ich höre deine Worte«, sagte er. »Laßt uns hier in den Lava Beds leben. Wenn ihr eure Soldaten abzieht, können wir alles regeln. Niemand wird je diese Felsen wollen; gebt uns hier ein Zuhause.«
Meacham erwiderte, daß man die Modocs in den Lava Beds nicht in Frieden leben lassen würde, wenn sie nicht die Männer auslieferten, die die Morde am Lost River begangen hatten. Man werde sie vor ein Gericht stellen und gerecht behandeln, versprach er.
»Werden die Richter Weiße oder Indianer sein?« fragte Jack.
»Natürlich Weiße«, sagte Meacham.
»Werdet ihr dann den Modocs die Männer ausliefern, die die indianischen

Frauen und Kinder am Lost River ermordet haben, damit sie sie vor Gericht stellen können?«

Meacham schüttelte den Kopf. »Das Recht der Modocs ist tot; in diesem Land gilt jetzt das Recht der Weißen; es kann immer nur ein Recht gelten.«

»Werdet ihr die Männer verurteilen, die auf meine Leute geschossen haben?« fuhr Jack fort. »Nach eurem eigenen Recht?«

Beide wußten, daß dies nicht geschehen würde. »In diesem Land gilt das Recht der Weißen«, wiederholte der Kommissar. »Das Recht der Indianer ist tot.«

»Das Recht der Weißen ist für die Weißen gut«, sagte Jack, »aber nicht für die Indianer. Nein, mein Freund, ich kann die jungen Männer nicht ausliefern und von euch hängen lassen. Ich weiß, sie haben Unrecht getan – ihr Blut war voll Gift . . . Aber nicht *sie* haben angefangen, sondern die Weißen . . . Nein, ich kann meine jungen Männer nicht ausliefern; laßt die Soldaten abziehen, und alles wird gut sein.«

»Die Soldaten können nicht abziehen, solange ihr in den Lava Beds bleibt«, entgegnete Meacham.

Jack ergriff Meachams Arm und fragte flehentlich: »Sag mir, mein Freund, was soll ich tun? Ich will nicht kämpfen.«

»Es kann nur Frieden geben, wenn ihr die Felsen verlaßt«, sagte Meacham schroff. »Solange ihr in den Lava Beds bleibt, kann kein Frieden geschlossen werden.«

»Ihr verlangt, daß ich herauskomme und mich eurer Macht unterwerfe«, rief Jack. »Das kann ich nicht tun. Ich habe keine Angst – nein, *ich* habe keine Angst, aber meine Leute . . . Ich bin die Stimme meines Volkes . . . Ich bin ein Modoc. Ich fürchte den Tod nicht. Ich würde ihm (Canby) gern zeigen, wie ein Modoc stirbt.«

Beide wußten, daß es nichts mehr zu sagen gab. Meacham forderte Jack auf, mit ihm zum Soldatenlager zu kommen und die Verhandlungen mit General Canby und den anderen Kommissaren fortzusetzen, doch Jack lehnte ab. Er sagte, er müsse sich zuerst mit seinen Leuten beraten, und er werde den Kommissaren Bescheid geben, ob es noch Sinn habe, weiter zu verhandeln.

Als Meacham General Canby berichtete, daß Captain Jack Hooker Jim und seine Männer nie ausliefern und deshalb die Lava Beds nicht ohne Kampf räumen werde, beschloß der General, allen Modocs, die dies wünschten, eine letzte Gelegenheit zum Abzug zu geben. Am nächsten Tag schickte er Winema zu Jack und ließ ihm ausrichten, daß jene seiner Leute, die sich ergeben wollten, mit ihr zurückkommen sollten.

Captain Jack ließ Winema warten und berief eine Versammlung ein. Nur elf Modocs stimmten dafür, Canbys Angebot zu akzeptieren. Hooker Jim,

Schonchin John und Curly Headed Doctor sprachen sich strikt gegen eine Kapitulation aus und beschuldigten Canby und die Kommissare, einen Verrat zu planen. Am Ende der Versammlung drohten Hooker Jims Männer, alle Modocs, die sich zu ergeben versuchten, umzubringen.

Als Winema am Abend zu Canbys Hauptquartier ritt, hielt sie ein junger, mit ihr verwandter Modoc namens Weuim, nachdem sie ein kurzes Stück zurückgelegt hatten, auf dem Weg an. Er warnte sie, wieder zum Stützpunkt der Modocs zu kommen, und trug ihr auf, ihren weißen Freunden zu sagen, sie sollten sich nicht noch einmal mit seinen Leuten treffen. Hooker Jims Anhänger, sagte er, hätten vor, alle, die gegen sie seien, zu töten. Winema ritt zum Armeelager, sie traute sich aber nur ihrem Mann etwas von der Warnung zu sagen. Frank Riddle ging jedoch sofort zum Hauptquartier und unterrichtete die Kommissare davon, die das Ganze aber nicht ernst nahmen.

In den Lava Beds hetzten Hooker Jim und seine Leute jedoch weiter gegen die weißen Unterhändler. Am Abend des 7. April beschlossen sie, gegen ihren Häuptling zu rebellieren. Einige von ihnen verdächtigten Jack, sie verraten zu wollen.

Schonchin John eröffnete die Versammlung mit den erbitterten Worten: »Ich bin von den Weißen oft in eine Falle gelockt und betrogen worden. Ich denke nicht daran, mich wieder betrügen zu lassen.« Er beschuldigte die Kommissare, sie hinzuhalten, damit die Armee Zeit habe, weitere Soldaten und Kanonen heranzuschaffen. »Wenn sie glauben, daß sie stark genug sind, werden sie uns angreifen und bis auf den letzten Mann umbringen.«

Als nächster meldete sich Black Jim zu Wort und sagte: »Ich werde mich nicht von den Soldaten ködern und wie einen Hund abknallen lassen.« Er trat dafür ein, die Kommissare bei der nächsten Besprechung umzubringen.

Captain Jack bemühte sich, die Sprecher zu überzeugen, daß sie unrecht hätten. Er bat, ihm Zeit zu lassen, damit er mit den Kommissaren verhandeln und versuchen könne, Jim und seine Leute zu retten und ein gutes Stück Land als Reservat zu bekommen. »Ich bitte euch, nehmt euch zusammen und wartet«, sagte er.

Black Jim warf Jack vor, blind zu sein. »Siehst du nicht, daß alle zwei oder drei Tage neue Soldaten eintreffen? Weißt du nicht, daß die letzten Soldaten Kanonen mitgebracht haben, mit denen sie Kugeln abschießen können, die so groß wie dein Kopf sind? Die Kommissare wollen Frieden machen, indem sie dir mit einer ihrer großen Kanonen den Kopf wegschießen.« Andere Sprecher unterstützten Black Jim, und als Jack wieder versuchte, sie zur Vernunft zu bringen, schrien sie ihn nieder: »Du redest Unsinn! Wir sind verloren. Laß uns kämpfen, damit wir schnell sterben. Sterben müssen wir auf jeden Fall.«

Jack hielt es für nutzlos, mehr zu sagen, und wollte die Versammlung verlassen, doch Black Jim hielt ihn zurück. »Wenn du unser Häuptling bist, versprich uns, daß du Canby töten wirst, wenn du ihn das nächste Mal siehst.«
»Das kann ich nicht und will ich nicht.«
Hooker Jim, der schweigend zugehört hatte, trat vor seinen Häuptling. »Wenn du Canby nicht tötest, wirst du getötet werden. Du wirst ihn töten, oder deine eigenen Männer werden dich töten.«
Jack unterdrückte seinen Zorn, obwohl dies ein Angriff auf seine Häuptlingswürde war. »Warum willst du mich zwingen, eine feige Tat zu begehen?«
»Das ist keine feige Tat«, erwiderte Hooker Jim. »Es ist eine tapfere Tat, Canby vor all den Soldaten zu töten.«
Jack lehnte es ab, etwas zu versprechen, und wollte die Versammlung wieder verlassen. Einige von Hooker Jims Männern warfen ein Umhängetuch und einen Frauenkopfputz über seine Schultern und neckten ihn: »Du bist ein Weib, ein fischherziges Weib. Du bist kein Modoc. Du bist nicht mehr unser Häuptling.«
Jack wußte, daß er reden mußte, um seine Macht zu retten und Zeit zu gewinnen. »Ich werde Canby töten«, sagte er. Dann stieß er die Männer beiseite und ging allein zur Höhle.
Am nächsten und übernächsten Tag erschien Winema nicht, und so schickte man Boston Charley, der Englisch sprechen und verstehen konnte, zu General Canby und ließ ihm ausrichten, daß die Modocs sich mit ihm und den Kommissaren am Freitag, dem 11. April, treffen wollten. Boston Charley sagte Canby, daß die Modocs unbewaffnet zum Konferenzzelt kommen würden und daß sie das gleiche von den Kommissaren erwarteten.
Am Morgen des 10. April rief Jack seine Männer vor der Höhle zusammen. Es war ein schöner Frühlingstag, und der nächtliche Nebel schwand schnell unter der warmen Sonne. »Mein Herz sagt mir, daß ich ebensogut zu den Wolken und dem Wind sprechen könnte«, sagte er, »doch ich möchte sagen, daß das Leben süß ist und die Liebe stark; der Mensch kämpft, um sein Leben zu retten, und der Mensch tötet, um das Verlangen seines Herzens zu stillen. Der Tod ist sehr schlimm. Der Tod wird bald genug zu uns kommen.« Er sagte seinen Leuten, daß sie alle sterben würden, wenn sie wieder zu kämpfen anfingen, auch ihre Frauen und Kinder. Wenn sie kämpfen müßten, dann sollten die Soldaten damit anfangen. Er erinnerte sie daran, daß er den Kommissaren versprochen habe, keine kriegerischen Handlungen zu begehen, solange die Friedensverhandlungen im Gange waren. »Laßt mich der Welt zeigen, daß Captain Jack ein Mann ist, der zu seinem Wort steht«, bat er. Dann kam er auf sein Versprechen, General Canby zu töten. »Verlangt nicht, daß ich es

halte. Wenn ihr verlangt, daß ich halte, was ich im Zorn gesagt habe, sind wir verloren. Hooker Jim, das weißt du ebenso gut wie ich.«
»Wir fordern, daß du dein Versprechen hältst«, antwortete Hooker Jim. »Du mußt Canby töten. Du kannst gut reden, doch jetzt ist es für solche Worte zu spät.«
Jack ließ seinen Blick über die fünfzig Männer schweifen, die um ihn auf den Felsen saßen. Die Sonne schien auf ihre dunklen Gesichter. »Alle, die dafür sind, daß ich Canby töte«, sagte er, »sollen aufstehen.« Nur etwa ein Dutzend seiner treuen Anhänger blieben sitzen.
»Ich sehe, ihr liebt weder das Leben noch sonst etwas«, sagte er in traurigem Ton und suchte nach einer Lösung. Er sagte, er werde Canby bei der Besprechung mitteilen, was die Modocs wollten. »Ich werde ihn mehrmals bitten, darauf einzugehen. Wenn er es tut, werde ich ihn nicht töten. Hört ihr?«
»Ja«, sagten alle.
»Ist euch das recht?«
»Ja«, stimmten sie zu.
»Jetzt hängt es von Canby selbst ab, ob ich ihn töten werde.«

Der Morgen des Karfreitag 1873 war klar. Eine kühle Brise ließ die Plane des Konferenzzeltes flattern, das zwischen dem Soldatenlager und dem Stützpunkt in den Lava Beds stand. Captain Jack, Hooker Jim, Schonchin John, Ellen's Man, Black Jim und Shacknasty Jim erschienen zeitig auf dem Verhandlungsplatz und machten ein Feuer, um sich warm zu halten, bis die Kommissare kamen. Diesmal hatten sie nicht ihre Frauen mitgebracht. Auch hatte keiner ein Gewehr bei sich, doch alle hatten unter ihren Jacken Pistolen versteckt.
Die Kommissare kamen spät (Winema hatte ihnen immer wieder gesagt, sie sollten nicht gehen), doch kurz nach elf Uhr erschienen zu Fuß General Canby und Reverend Thomas und hinter ihnen zu Pferde L. S. Dyar, Alfred Meacham, Winema und Frank Riddle. Als Dolmetscher begleiteten die Kommissare Boston Charley und Bogus Charley. Keiner der Kommissare trug sichtbare Waffen; in Meachams und Dyars Jackentaschen steckten Derringerpistolen. Canby brachte eine Kiste Zigarren mit, und als er vor dem Zelt ankam, gab er jedem eine. Die Männer zündeten sie am Feuer an, setzten sich rundherum auf Steine und rauchten schweigend einige Minuten.
Wie Frank Riddle später berichtete, ergriff als erster Canby das Wort. »Er sagte ihnen, daß er seit etwa dreißig Jahren mit Indianern zu tun habe, und daß er gekommen sei, um Frieden zu schließen. Er werde dafür sorgen, daß sie alles erhielten, was er ihnen versprochen habe, und wenn sie mit ihm kä-

men, würde er sie in ein gutes Land führen und ihnen alles geben, was sie brauchten, so daß sie würden leben können wie Weiße.«

Als nächster sprach Meacham; zur Einleitung sagte er wie üblich, daß der Große Vater in Washington ihn schicke, um alles Blut, das vergossen worden sei, zu beseitigen. Er hoffe, daß er sie in ein besseres Land führen könne, wo sie gute Häuser und genügend Lebensmittel, Kleider und Decken haben würden. Als Meacham seine Rede beendet hatte, sagte ihm Captain Jack, er wolle das Modocland nicht verlassen, und bat um ein Reservat in der Nähe des Tule Lake und der Lava Beds. Außerdem wiederholte er seine Forderung, daß die Soldaten abziehen müßten, bevor sie über Frieden verhandelten.

Offenbar erzürnte Meacham dieses Verlangen. Mit erhobener Stimme sagte er: »Laßt uns wie Männer reden und nicht wie Kinder.« Dann schlug er vor, daß jene Modocs, die dies wünschten, in den Lava Beds bleiben sollten, bis man ein Reservat gefunden habe, in dem sie in Frieden leben könnten.

Schonchin John, der etwa drei Meter vor Meacham saß, sagte dem Kommissar wütend in der Modoc-Sprache, er solle den Mund halten. Im gleichen Moment stand Hooker Jim auf und schlenderte zu Meachams Pferd, das neben dem Kommissar stand. Auf dem Sattel lag Meachams Mantel. Hooker Jim nahm ihn, zog ihn an, knöpfte ihn zu und trat, eine komische Grimasse schneidend, vor das Feuer. Die andern waren verstummt und starrten ihn an. »Ich nicht aussehe wie Meacham?« fragte er in gebrochenem Englisch.

Meacham bemühte sich, das Ganze als Witz aufzufassen. Er bot Hooker Jim seinen Hut an. »Da, setz ihn auf; dann bist du Meacham.«

Hooker Jim sah ihn ernst an. »Du warten eine Weile. Dann Hut vielleicht gehört mir.«

Canby verstand anscheinend, was Hooker Jim meinte. Er sprach weiter und sagte, nur der Große Vater in Washington habe die Befugnis, die Soldaten fortzuschicken. Er bat Jack, ihm zu vertrauen.

»Wir können nicht Frieden machen, Canby, solange diese Soldaten uns belagern«, erwiderte Jack. »Wenn du mir irgendwo in diesem Land ein Zuhause versprechen willst, dann versprich es mir heute. Du mußt es mir jetzt versprechen. Weiter will ich nichts. Jetzt hast du die Gelegenheit. Ich habe es satt, länger zu warten.«

Meacham bemerkte die Gereiztheit in Captain Jacks Ton. »Um Himmels willen, General, versprechen Sie es ihm«, rief er.

Bevor Canby etwas sagen konnte, sprang Jack auf und ging vom Feuer weg. Schonchin John wandte sich zum General. »Du schicken Soldaten weg, du uns geben unser Land zurück«, rief er. »Wir haben satt zu reden. Wir nicht mehr reden!«

Captain Jack fuhr herum und sagte auf Modoc: »*Ot-we-kau-tux-e* (Es ist soweit!)« Er zog die Pistole aus seiner Jacke und richtete sie auf Canby. Der Hammer klickte, doch es fiel kein Schuß. Canby starrte ihn erstaunt an; dann krachte es, und Canby stürzte tot zu Boden. Im gleichen Moment erschoß Boston Charley Reverend Thomas. Winema rettete Meacham das Leben, indem sie Schonchin Johns Pistole zur Seite schlug. Dyar und Riddle entkamen in dem Durcheinander.

Nachdem Jack Canby seine Uniform ausgezogen hatte, führte er die Modocs zum Stützpunkt zurück, wo sie auf die Soldaten warteten. Der wichtigste Streitpunkt – die Auslieferung von Hooker Jim und seinen Leuten – war bei dieser letzten Verhandlung gar nicht zur Sprache gekommen.

Drei Tage später begann die Schlacht. Mörserbatterien nahmen den Stützpunkt unter Feuer, und Wogen von Infanteristen stürmten gegen die Felsbefestigungen vor. Als die Soldaten schließlich den Stützpunkt überrannten, war er leer. Die Modocs waren durch die Höhlen und Felsspalten geflüchtet. Da die Armee keine Lust hatte, die sich verbissen zur Wehr setzenden Indianer in ihren Verstecken aufzustöbern, warb sie im Reservat Warm Springs in Oregon zweiundsiebzig Tenino-Indianer als Söldner an. Diese fanden die Verstecke der Modocs, doch als die Soldaten kamen, um sie zu erobern, überfiel Captain Jack sie aus einem Hinterhalt und vernichtete fast die gesamte Vorhut.

Da die Soldaten ihnen weit überlegen waren, mußten die Modocs sich schließlich zerstreuen. Sie schlachteten ihre Pferde, damit sie etwas zu essen hatten, und mehrere Tage hatten sie kein Wasser zum Trinken. Als die Verluste der Indianer immer größer wurden, geriet Hooker Jim mit Captain Jack wegen dessen Strategie in Streit. Nach einigen Tagen des Flüchtens, Versteckens und Kämpfens verließen Hooker Jim und seine Leute den Häuptling, der ihnen das Leben gerettet hatte. Jack blieben siebenunddreißig Krieger zum Kampf gegen tausend Soldaten.

Bald darauf ergab sich Hooker Jim mit seinen Leuten den Soldaten und erbot sich, ihnen bei der Suche nach Captain Jack zu helfen, wenn ihnen dafür Straffreiheit gewährt wurde. General Jefferson C. Davis, der neue Militärkommandeur, stellte sie unter den Schutz der Armee, und am 27. Mai brachen Hooker Jim und drei Mitglieder seiner Gruppe auf, um den Häuptling, der sie beschützt hatte, zu verraten. Sie fanden Jack in der Nähe des Clear Lake und behaupteten, man habe sie geschickt, um ihn zur Kapitulation aufzufordern. Die Soldaten würden die Modocs gerecht behandeln und ihnen genug zu essen geben, sagten sie.

»Ihr seid nicht besser als die Coyoten, die in den Tälern herumstreunen«, erwiderte Jack. »Ihr kommt auf Soldatenpferden hierhergeritten, bewaffnet mit Regierungsgewehren. Ihr wollt euch eure Freiheit erkaufen, indem ihr mich den Soldaten ausliefert. Ihr wißt, daß das Leben süß ist, doch ihr habt nicht daran gedacht, als ihr mich zwangt, zu versprechen, daß ich diesen Canby töten würde. Ich habe immer gewußt, daß das Leben süß ist; das ist der Grund, warum ich nicht gegen die Weißen kämpfen wollte. Ich dachte, wir würden Seite an Seite kämpfen und im Kampf sterben. Jetzt sehe ich, daß ich der einzige bin, der sein Leben verwirkt hat, indem ich Canby tötete; vielleicht noch ein oder zwei andere. Du und all die anderen, die sich ergeben haben, sind fein heraus und haben genug zu essen, wie du sagst. Oh, ihr vogelherzigen Männer, ihr habt mich hintergangen ...«

Was den Modoc-Häuptling am meisten empörte, war, daß es gerade diese Verräter gewesen waren, die vor ein paar Wochen Frauenkleider über seinen Kopf geworfen, ihn ein fischherziges Weib genannt und dadurch gezwungen hatten, zu versprechen, Canby zu töten. Sie wußten ebensogut wie er, daß es zu spät war, sich zu ergeben; man würde ihn hängen, weil er Canby ermordet hatte. Er sagte ihnen, er habe beschlossen, mit einem Gewehr in der Hand und nicht mit einem Seil um den Hals zu sterben, und dann befahl er ihnen, zurückzugehen und mit den Weißen zusammen zu leben, wenn sie wollten. Doch er schwor, daß er sie, wenn sie je wieder in die Reichweite seines Gewehrs kommen sollten, abknallen würde wie räudige Hunde.

Die Verfolgung dauerte noch einige Tage. »Es war eher eine Jagd auf wilde Tiere als ein Krieg«, sagte General Davis. »Die verschiedenen Einheiten wetteiferten miteinander, die Indianer zu erledigen.«

Nach einer Hetzjagd über schroffe Felsen und durch ein Dickicht umzingelte ein kleiner Trupp Soldaten Captain Jack und drei Krieger, die bis zum Ende bei ihm geblieben waren. Als Jack hervorkam und sich ergab, trug er General Canbys blaue Uniform; sie war schmutzig und zerfetzt. Er übergab einem Offizier sein Gewehr. »Meine Beine tragen mich nicht mehr«, sagte er. »Ich bin bereit zu sterben.«

General Davis wollte ihn sofort hängen lassen, doch das Kriegsministerium in Washington ordnete einen Prozeß an. Dieses Verfahren fand im Juli 1873 in Fort Klamath statt. Captain Jack, Schonchin John, Boston Charley und Black Jim wurden des Mordes angeklagt. Den Modocs wurde kein Verteidiger zur Verfügung gestellt; man gestattete ihnen zwar, die Zeugen ins Kreuzverhör zu nehmen, doch die meisten verstanden nur sehr wenig Englisch, und alle sprachen es schlecht. Noch während der Prozeß im Gange war, errichteten Soldaten vor dem Gebäude einen Galgen, so daß kein Zweifel darüber bestand, wie das Urteil lauten würde.

Unter den Zeugen befanden sich Hooker Jim und seine Männer. Die Armee hatte ihnen dafür, daß sie ihre eigenen Leute verrieten, die Freiheit geschenkt.

Captain Jack verzichtete darauf, Hooker Jim nach seiner Vernehmung durch den Ankläger ins Kreuzverhör zu nehmen, doch in seiner Schlußrede, die von Frank Riddle übersetzt wurde, sagte Jack: »Hooker Jim war immer dafür zu kämpfen, und er hat mit dem Töten und Morden angefangen ... Ich habe nur noch kurze Zeit zu leben. Nicht ihr Weißen habt mich besiegt, sondern meine eigenen Leute.«

Am 3. Oktober wurde Captain Jack gehängt. In der Nacht nach der Hinrichtung wurde seine Leiche heimlich ausgegraben, nach Yreka gebracht und einbalsamiert. Bald darauf wurde sie in den Städten des Ostens gegen einen Eintrittspreis von zehn Cent in Schaubuden ausgestellt.

Die überlebenden 153 Männer, Frauen und Kinder, darunter Hooker Jim und seine Leute, siedelte man ins Indianer-Territorium um. Sechs Jahre später war Hooker Jim tot, und auch die meisten anderen starben vor dem Jahr 1909, in dem die Regierung den restlichen einundfünfzig Modocs erlaubte, in ein Reservat in Oregon zurückzukehren.

11

Der Krieg zur Rettung der Büffel

1874 – 13. Januar – In New York gehen Arbeitslose tätlich gegen die Polizei vor; es gibt Hunderte von Verletzten. *13. Februar* – Amerikanische Truppen landen in Honolulu, um den König zu schützen. *21. Februar* – Benjamin Disraeli wird als Nachfolger William E. Gladstones englischer Premierminister. *15. März* – Frankreich übernimmt die »Schutzherrschaft« über Annam (Vietnam). *29. Mai* – Auflösung der Sozialdemokratischen Partei in Deutschland. *Juli* – Alexander Graham Bell führt seine neue Erfindung, das Telephon, vor. *7. Juli* – Theodore Tilton beschuldigt Reverend Henry Ward Beecher des Ehebruchs. *4. November* – Samuel J. Tilden wird nach Sturz des »Tweed Ring« zum Gouverneur von New York gewählt. *Dezember* – Aufdeckung des »Whisky Ring«, dem Destillateure und Regierungsbeamte angehören.

Ich habe gehört, daß ihr die Absicht habt, uns in einem Reservat nahe den Bergen anzusiedeln. Ich will nicht siedeln. Ich streife lieber durch die Prärie. Dort fühle ich mich frei und glücklich, doch wenn wir uns fest an einem Ort niederlassen, werden wir blaß und sterben. Ich habe meinen Speer, meinen Bogen und meinen Schild weggelegt, und dennoch fühle ich mich in eurer Gegenwart sicher. Ich habe euch die Wahrheit gesagt. Ich habe keine kleinen Lügen versteckt, aber ich weiß nicht, wie es mit den Kommissaren ist. Sind sie ebenso aufrichtig wie ich? Vor langer Zeit gehörte dieses Land unseren Vätern, doch wenn ich den Fluß hinaufgehe, sehe ich an seinen Ufern Lager von Soldaten. Diese Soldaten fällen mein Holz; sie töten meine Büffel; und wenn ich dies sehe, ist mir, als ob mein Herz zerreißt; ich bin traurig ... Ist der Weiße Mann ein Kind, da er unbekümmert tötet und nicht ißt? Wenn die Roten Männer Wild erlegen, dann tun sie das, um zu leben und nicht zu verhungern. SATANTA, HÄUPTLING DER KIOWAS

Meine Leute haben nie zuerst einen Bogen gespannt oder ein Gewehr auf die Weißen abgefeuert. Es hat Streit zwischen uns gegeben, und meine jungen Männer haben den Kriegstanz getanzt. Aber wir haben den Krieg nicht begonnen. Ihr habt den ersten Soldaten ausgesandt und wir den zweiten. Vor zwei Jahren stieß ich auf diese Straße; ich folgte den Büffeln, damit meine Frauen und Kinder volle Wangen haben und ihnen warm ist. Doch die Soldaten feuerten auf uns, und seit jener Zeit ist ein Lärm wie bei einem Gewitter, und wir haben nicht gewußt, wohin wir gehen sollen. So war es am Canadian. Die blaugekleideten Soldaten und die Utes kamen, wenn es finster und still war, aus der Nacht und machten Lagerfeuer, indem sie unsere Wigwams anzündeten. Statt Wild zu jagen, töteten sie meine Männer, und die Krieger meines Stammes schnitten der Toten wegen ihr Haar kurz. So war es in Texas. Sie machten, daß die Sorge in unsere Lager kam, und wir zogen aus wie Büffelbullen, wenn ihre Kühe angegriffen werden. Wenn wir sie fanden, töteten wir sie und hängten ihre Sklaps in unsere Wigwams. Die Comanchen sind nicht schwach und blind wie kleine Hündchen. Sie sind stark und weitsichtig wie erwachsene Pferde. Wir besetzten ihre Straße, und wir gingen darauf. Die Weißen Frauen weinten, und unsere Frauen lachten.
Doch ihr habt Dinge gesagt, die mir nicht gefallen. Sie sind nicht süß wie Zukker, sondern bitter wie Kürbis. Ihr habt gesagt, daß ihr uns in ein Reservat stecken und uns Häuser bauen wollt. Ich mag sie nicht. Ich bin in der Prärie geboren, wo der Wind frei weht und nichts das Licht der Sonne verdunkelt. Wo ich geboren bin, gab es keine Zäune, und alles konnte frei atmen. Ich möchte hier sterben und nicht zwischen Mauern. Ich kenne jeden Fluß und jeden Wald zwischen dem Rio Grande und Arkansas. Ich habe überall in diesem Land gejagt und gelebt. Ich habe gelebt wie vor mir meine Väter, und wie sie habe ich glücklich gelebt.
Als ich in Washington war, sagte mir der Große Weiße Vater, daß alles Comanchenland uns gehört und daß uns niemand verwehren wird, darin zu leben. Warum also wollt ihr, daß wir die Flüsse und die Sonne und den Wind verlassen und in Häusern leben? Fordert nicht, daß wir die Büffel für die Schafe aufgeben sollen. Die jungen Männer haben davon gehört, und es hat sie traurig und wütend gemacht. Sprecht nicht mehr davon ...

Wenn die Texaner nicht in mein Land gekommen wären, dann hätte es Frieden gegeben. Aber von dem, was ihr uns gelassen habt, können wir nicht leben. Die Texaner haben uns die Plätze weggenommen, wo das Gras am üppigsten wuchs und das Holz am besten war. Hätten wir sie behalten, so hätten wir vielleicht getan, was ihr wollt. Aber jetzt ist es zu spät. Der Weiße Mann hat das Land, das wir lieben, und wir wollen nur noch durch die Prärie ziehen, bis wir sterben.

PARRA-WA-SAMEN (TEN BEARS) VON DEN YAMPARIKA-COMANCHEN

Nach der Schlacht am Washita im Dezember 1868 forderte General Sheridan die Cheyennes, Arapahos, Kiowas und Comanchen auf, nach Fort Cobb zu kommen und sich zu ergeben; sonst würden seine Blauröcke sie alle töten. (S. 7. Kapitel.) Little Robe, der als Nachfolger des toten Black Kettle Häuptling wurde, erschien mit den Arapahos. Auch einige Comanchenführer – darunter Tosawi, zu dem Sheridan gesagt hatte, daß nur ein toter Indianer ein guter Indianer sei – kamen und ergaben sich. Die stolzen und freien Kiowas stellten sich nicht, und Sheridan beauftragte Hard Backsides Custer, sie zur Kapitulation zu zwingen oder zu vernichten.

Die Kiowas sahen nicht ein, warum sie nach Fort Cobb gehen, ihre Waffen abliefern und von Almosen der Weißen leben sollten. Im Vertrag von Medicine Lodge, den die Häuptlinge 1867 unterzeichnet hatten, war ihnen ihr eigenes Territorium zugesprochen worden, in dem sie leben konnten – außerdem das Recht, im gesamten Land südlich des Arkansas zu jagen, »solange es dort Büffel in solcher Menge gibt, daß die Jagd auf sie gerechtfertigt ist«. Zwischen dem Arkansas und den westlichen Seitenflüssen des Red River wimmelte die Prärie von Tausenden von Büffeln, die die fortschreitende Zivilisation der Weißen aus dem Norden vertrieben hatte. Die Kiowas besaßen zahlreiche schnelle Ponys, und wenn ihre Muniton knapp war, konnten sie genügend Tiere mit Pfeil und Bogen erlegen, um ihren Bedarf an Nahrung und Kleidung zu decken.

Eines Tages kam eine lange Kavalleriekolonne der Blauröcke auf das Winterlager der Kiowas am Rainy Mountain Creek zu. Satanta und Lone Wolf, die keinen Kampf wollten, ritten ihr, begleitet von einer Gruppe von Kriegern, entgegen, um mit Custer zu verhandeln. Satanta war ein kräftiger, hünenhafter Mann mit pechschwarzem Haar, das bis zu seinen Schultern reichte. Seine

Arme und Beine waren mit dicken Muskeln bepackt, ein offenes Gesicht verriet festes Vertrauen in seine Kraft. Sein Gesicht und sein Körper waren mit grellroter Farbe bemalt, sein Speer mit roten Bändern geschmückt. Er war ein ausgezeichneter Reiter und Kämpfer. Er aß und trank viel und gern und pflegte laut und herzhaft zu lachen. Als er auf Custer zuritt, um ihn zu begrüßen, grinste er übers ganze Gesicht. Er streckte seine Hand aus, doch Custer übersah sie verächtlich.

Da er viel in den Forts von Kansas gewesen war und die Vorurteile der Weißen kannte, beherrschte er sich. Er wollte nicht, daß seine Leute wie die von Black Kettle vernichtet wurden. Das Gespräch begann in kühlem Ton, und zwei Dolmetscher versuchten, es zu übersetzen. Als Satanta merkte, daß die Dolmetscher schlechter Kiowa konnten als er Englisch, rief er Walking Bird, einen seiner Krieger, der sich bei weißen Fuhrleuten gute Englischkenntnisse angeeignet hatte. Walking Bird sprach in stolzem Ton mit Custer, doch der Soldatenhäuptling schüttelte den Kopf; er verstand den Akzent des Kiowa nicht. Entschlossen, sich verständlich zu machen, trat Walking Bird zu Custer und streichelte seinen Arm, wie er die Soldaten ihre Ponys hatte streicheln sehen. »Mächtig großer, netter Hundesohn«, sagte er. »Mächtiger Hundesohn.« Niemand lachte. Schließlich machten die Dolmetscher Satanta und Lone Wolf klar, daß sie ihre Kiowagruppen nach Fort Custer bringen sollten – sonst würden Custers Soldaten sie vernichten. Dann befahl Custer plötzlich unter Verletzung des Waffenstillstands, die Häuptlinge und ihre Eskorte festzunehmen. Er sagte ihnen, man werde sie nach Fort Cobb bringen und dort gefangenhalten, bis ihre Leute sich stellten. Satanta nahm die Erklärung ruhig auf, erwiderte aber, er müsse seine Leute durch einen Boten verständigen lassen, daß sie zum Fort kommen sollten. Er schickte seinen Sohn zu den Kiowadörfern, befahl seinen Leuten aber nicht, sich in Fort Cobb einzufinden, sondern nach Westen ins Büffelland zu fliehen.

Als Custers Kolonne nach Fort Cobb zurückritt, gelang es jede Nacht einigen Kiowas zu entkommen. Satanta und Lone Wolf jedoch wurden zu streng bewacht, um flüchten zu können. Als die Blauröcke das Fort erreichten, waren die beiden Häuptlinge die einzigen Gefangenen, die sie noch hatten. Voll Wut erklärte General Sheridan, daß man Satanta und Lone Wolf hängen werde, wenn nicht alle ihre Leute nach Fort Cobb kämen und sich ergäben.

Auf diese Weise wurden die meisten Kiowas durch List und Betrug dazu gebracht, ihre Freiheit aufzugeben. Nur Woman's Heart, einer der niedrigeren Häuptlinge, flüchtete mit seinen Leuten zu den Staked Plains, wo sie sich den mit ihnen befreundeten Kwahadi-Comanchen anschlossen.

Um die Kiowas und Comanchen unter strenger Bewachung halten zu können,

White Bear (Satanta) um 1870

baute die Armee einige Kilometer nördlich der Red-River-Grenze eine neue Soldatenstadt und nannte sie Fort Sill. General Benjamin Grierson, ein Held des Bürgerkrieges, war Kommandeur der Truppen, die hauptsächlich aus schwarzen Soldaten des Tenth Cavalry bestanden. Wegen ihrer Haut- und Haarfarbe nannten die Indianer sie Büffelsoldaten. Bald traf aus dem Osten ein glatzköpfiger Agent ein, der ihnen beibringen sollte, statt von der Büffeljagd von der Landwirtschaft zu leben. Er hieß Lawrie Tatum, doch die Indianer nannten ihn Bald Head.
General Sheridan besuchte das neue Fort, ließ Satanta und Lone Wolf frei und hielt mit ihnen eine Besprechung ab, bei der er ihnen ihre früheren Missetaten vorwarf und sie ermahnte, ihrem neuen Agenten zu gehorchen.
»Ich werde mich an alles halten, was du sagst«, erwiderte Satanta. »Ich werde es aufnehmen und fest an meine Brust drücken. Ich werde meine Meinung nicht im mindesten ändern, ganz gleich, ob du mir jetzt deine Hand gibst oder mich hängen läßt. Was du mir heute gesagt hast, hat mir die Augen geöffnet, und auch mein Herz ist offen. All dies Land gehört euch ... und wir werden, wie die Weißen es wünschen, Mais anbauen ... Du wirst nicht mehr hören, daß die Kiowas Weiße töten ... Was ich sage, ist keine Lüge. Es ist die Wahrheit.«
Zur Zeit des Maisanbaus wurden zweitausend Kiowas und zweitausendfünfhundert Comanchen in dem neuen Reservat angesiedelt. Für die Comanchen war es eine Ironie, daß die Regierung sie veranlaßte, sich von der Büffeljagd auf den Ackerbau umzustellen. Die Comanchen hatten in Texas Landwirtschaft betrieben, doch als die Weißen kamen, nahmen sie ihnen ihr Land weg und zwangen sie, Büffel zu jagen, um zu überleben. Jetzt sagte ihnen Bald Head Tatum, dieser freundliche alte Mann, sie sollten die Lebensweise der Weißen annehmen und Landwirtschaft betreiben, als verstünden die Indianer nichts vom Maisanbau. Waren es nicht die Indianer gewesen, die den Weißen beigebracht hatten, wie man Mais anpflanzte und zum Wachsen brachte?
Bei den Kiowas war es anders. Die Krieger betrachteten den Ackerbau als Frauenarbeit, die für berittene Krieger unwürdig war. Außerdem konnten sie Mais, wenn sie ihn brauchten, bei den Wichitas gegen Dörrfleisch und Felle einhandeln, wie sie es immer getan hatten. Die Wichitas bauten gern Mais an, denn sie waren zu fett und zu faul, um Büffel zu jagen. Im Sommer beschwerten sich die Kiowas bei Bald Head Tatum darüber, daß man sie zwang, sich auf den Ackerbau zu beschränken. »Ich mag Mais nicht«, sagte ihm Satanta. »Er tut meinen Zähnen weh.« Außerdem habe er es satt, zähes Rindfleisch zu essen. Er bat Tatum, ihnen Waffen und Munition zu geben, damit sie auf Büffeljagd gehen konnten.

Lone Wolf (Guipago) um 1870

Im Herbst ernteten die Kiowas und Comanchen etwa viertausend Scheffel Mais. Für die 5500 Indianer und mehreren tausend Ponys reichte er nicht lange. Im Frühjahr 1870 hungerten die Indianer bereits, und Bald Head Tatum erlaubte ihnen, Büffel zu jagen.

Im Sommer 1870 veranstalteten die Kiowas am North Fork des Red River einen großen Sonnentanz. Sie luden die Comanchen und Southern Cheyennes dazu ein, und während der Feiern diskutierten die enttäuschten Krieger, ob sie nicht lieber in der Prärie, wo es Büffel im Überfluß gab, bleiben sollten, statt ins Reservat zurückzukehren und zu hungern.

Ten Bears von den Comanchen und Kicking Bird von den Kiowas traten diesem Gerede entgegen; sie hielten es für das Beste, wenn die Stämme weiterhin mit den Weißen in gutem Einvernehmen lebten. Die jungen Comanchen nahmen es Ten Bears nicht übel; schließlich war er zu alt zum Jagen und Kämpfen. Doch die jungen Kiowas waren von Kicking Bird enttäuscht; er war ein großer Krieger gewesen, bevor die Weißen ihn in das Reservat sperrten. Jetzt sprach er wie eine Frau.

Als das Fest zu Ende war, ritten viele junge Männer nach Texas, um Büffel zu jagen und die Texaner, die ihnen ihr Land weggenommen hatten, zu überfallen. Besonders wütend waren sie auf die Weißen Jäger, die von Kansas herunterkamen und Tausende von Büffeln erlegten; sie nahmen nur die Häute und ließen die blutigen Kadaver in der Prärie verwesen. Den Kiowas und Comanchen schien es, als haßten die Weißen die Natur. »Dieses Land ist alt«, hatte Satanta voll Zorn zu Old Man of the Thunder Hancock gesagt, als sie sich 1867 in Fort Hancock trafen. »Aber ihr fällt alle Bäume und zerstört die Wälder, und jetzt ist das Land nichts mehr wert.« Am Medicine Lodge Creek beschwerte er sich wieder bei den Friedenskommissaren: »Vor langer Zeit gehörte dieses Land unseren Vätern, doch wenn ich den Fluß hinaufgehe, sehe ich an seinen Ufern Lager von Soldaten. Diese Soldaten fällen mein Holz; sie töten meine Büffel; und wenn ich dies sehe, ist mir, als ob mein Herz zerreißt; ich bin traurig.«

Während des Sommers 1870 machten die Krieger, die im Reservat blieben, Kicking Bird ständig Vorwürfe, weil er statt für die Jagd für die Landwirtschaft eintrat. Schließlich ertrug es Kicking Bird nicht mehr. Er stellte eine Gruppe Krieger zusammen und forderte seine schlimmsten Peiniger – Lone Wolf, White Horse und den alten Satank – auf, mit ihm einen Feldzug nach Texas zu unternehmen. Kicking Bird war nicht kräftig und muskulös wie Satanta, sondern schlank und sehnig und hellhäutig. Vermutlich war er auch feinfühliger, denn er war kein vollblütiger Kiowa; einer seiner Großväter war ein Crow-Indianer gewesen.

Kicking Bird überschritt mit hundert Kriegern die Red-River-Grenze und überfiel eine Postkutsche, um die Soldaten in Fort Richardson bewußt herauszufordern. Als die Blauröcke zum Kampf ausrückten, bewies Kicking Bird seine taktische Begabung, indem er die Soldaten in ein frontales Gefecht verwickelte und zwei Gruppen seiner Krieger befahl, den Gegner zugleich an den Flanken und von hinten anzugreifen. Nachdem er den Soldaten bei glühender Hitze acht Stunden lang schwer zugesetzt hatte, brach Kicking Bird den Kampf ab und führte seine Krieger triumphierend ins Reservat zurück. Er hatte ihnen seine Fähigkeiten als Häuptling bewiesen, doch von diesem Tag an tat er alles, um mit den Weißen in Frieden zu leben.

Bei Einbruch des kalten Wetters kehrten viele umherstreifende Gruppen in ihre Lager bei Fort Sill zurück. Mehrere hundert junge Kiowas und Comanchen blieben jedoch den Winter über in der Prärie. General Grierson und Bald Head Tatum machten den Häuptlingen wegen ihres Einfalls in Texas Vorwürfe, doch gegen das getrocknete Büffelfleisch und die Felle, die die Jäger mitbrachten, um die kärglichen Zuteilungen der Regierung aufzubessern, konnten sie nichts sagen.

An den Lagerfeuern der Kiowas wurde in jenem Winter viel über die Weißen gesprochen, die aus allen Himmelsrichtungen in immer größerer Zahl herbeiströmten. Der alte Satank trauerte um seinen Sohn, der von den Texanern getötet worden war. Satank hatte den Leichnam seines Sohnes mitgebracht und auf ein Podest in einem eigenen Wigwam gelegt. Er sagte immer, sein Sohn sei nicht tot, sondern schlafe nur, und jeden Tag stellte er Speisen und Wasser neben das Podest, damit der Junge etwas zu essen hatte, wenn er aufwachte. Abends starrte der alte Mann mit zusammengekniffenen Augen ins Lagerfeuer und strich mit seinen knochigen Fingern über die grauen Strähnen seines Bartes. Er schien auf etwas zu warten.

Satanta ging nervös auf und ab; er redete ständig und machte den anderen Häuptlingen Vorschläge, was sie unternehmen sollten. Von überall drangen Gerüchte zu ihnen, daß man Stahlschienen für ein Eisernes Pferd in ihr Büffelland brachte. Sie wußten, daß die Eisenbahn die Büffel vom Platte River und vom Smoky Hill vertrieben hatte; sie konnten nicht zulassen, daß man eine Eisenbahn durch ihr Büffelland baute. Satanta wollte mit den Offizieren im Fort reden und sie dazu bringen, mit den Soldaten fortzugehen und die Kiowas leben zu lassen, wie sie immer gelebt hatten – ohne eine Eisenbahn, die ihre Büffelherden verjagte.

Big Tree hingegen war dafür, eines Nachts zum Fort zu reiten, die Gebäude anzuzünden und alle Soldaten zu töten, wenn sie herausrannten. Der alte Satank war gegen diese Pläne. Es sei sinnlos, mit den Offizieren zu reden, meinte er, und selbst wenn sie sämtliche Soldaten im Fort töteten, würden andere kommen und ihre Stelle einnehmen. Die Weißen seien wie Coyoten; sie würden immer zahlreicher, ganz gleich, wie viele man umbrachte. Wenn die Kiowas die Weißen aus ihrem Land vertreiben und die Büffel retten wollten, müßten sie die Siedler angreifen, die die Weiden einzäunten und Häuser und Eisenbahnen bauten und das ganze Wild ausrotteten.

Im Frühjahr 1871 ließ General Grierson die Furten, die über den Red River führten, durch Trupps seiner schwarzen Soldaten bewachen, doch die Krieger, die wieder zu den Büffeln wollten, schlichen an ihnen vorbei. Überall in den Prärien von Texas stießen sie in diesem Sommer auf mehr Zäune, mehr Ranchen und mehr weiße Büffeljäger mit weitreichenden Gewehren, die die immer kleiner werdenden Herden abschlachteten.

Im April zogen einige Kiowa- und Comanchenhäuptlinge mit einer großen Gruppe von Jägern den North Fork des Red River hinauf; sie hofften, Büffel zu finden, ohne das Reservat zu verlassen. Sie fanden jedoch nur wenige, denn die meisten Herden befanden sich weit im Innern von Texas. An den Lagerfeuern sprachen die Indianer wieder darüber, wie die Weißen, vor allem die Texaner, die Indianer zu vernichten versuchten. Bald würde ein Eisernes Pferd durch die Prärie laufen, und sämtliche Büffel würden verschwinden. Mamanti the Sky Walker, ein großer Medizinmann, meinte, es sei an der Zeit, nach Texas zu ziehen und die Texaner zu verjagen.

Sie trafen die nötigen Vorbereitungen, und Mitte Mai umgingen die Krieger Griersons Patrouillen und ritten durch den Red River nach Texas. Satanta, Big Tree und viele andere Häuptlinge nahmen an dem Feldzug teil, doch da er Mamantis Idee gewesen war, führte er sie an. Am 17. Mai ließ Mamanti die Krieger auf einem Berg über dem Butterfield Trail zwischen den Forts Richardson und Belknap anhalten. Sie warteten die Nacht über, und am nächsten Mittag sahen sie einen von berittenen Soldaten eskortierten Ambulanzwagen der Armee nach Osten fahren. Einige Krieger wollten ihn angreifen, doch Mamanti lehnte es ab, das Signal zu geben. Er versprach ihnen, daß sicher bald eine viel wertvollere Beute kommen würde, vielleicht eine Kolonne mit Gewehren und Munition beladener Wagen. (Die Indianer wußten nicht, daß in dem Armeefahrzeug kein Geringerer saß als Great Warrior Sherman, der eine Inspektionsfahrt zu den im Südwesten gelegenen Militärposten unternahm.)

Wie Mamanti prophezeit hatte, tauchte einige Tage später eine Kolonne von zehn Güterwagen auf. Im richtigen Moment gab er Satanta, der ein Signalhorn bereithielt, einen Wink. Satanta stieß in das Horn, und die Krieger stürmten den Hang hinunter. Die Fuhrleute errichteten eine Wagenburg und wehrten

Kicking Bird, Häuptling der Kiowas, 1868

sich verzweifelt, doch dem Ansturm der Kiowas und Comanchen konnten sie nicht standhalten. Die Krieger durchbrachen die Wagenburg und töteten sieben Fuhrleute; die anderen ließen sie in ein nahes Dickicht flüchten und plünderten die Wagen. Sie fanden jedoch weder Gewehre noch Munition, sondern nur Mais. Die Indianer spannten die Maultiere aus, banden ihre Verwundeten an Pferden fest und ritten nach Norden zum Red River.

Fünf Tage später traf Great Warrior Sherman in Fort Sill ein. Als General Grierson ihn mit Bald Head Tatum bekannt machte, fragte Sherman den Agenten, ob ein Teil seiner Kiowas oder Comanchen in der letzten Woche das Reservat verlassen habe. Tatum versprach, Nachforschungen anzustellen.

Kurz darauf kamen mehrere Häuptlinge aus ihren Lagern, um die wöchentlichen Rationen abzuholen. Unter ihnen befanden sich Kicking Bird, Satank, Big Tree, Lone Wolf und Satanta. Agent Tatum bat sie in sein Büro. In seinem üblichen ernsten, freundlichen Ton fragte Tatum die Häuptlinge, ob sie von einem Überfall auf eine Wagenkolonne in Texas gehört hätten. Falls ja, so wüßte er gern, was sie dazu zu sagen hätten.

Obwohl Mamanti den Überfall geleitet hatte, erhob sich Satanta sofort und sagte, er sei der Anführer. Man hat verschiedene Vermutungen darüber angestellt, was ihn dazu veranlaßte. War es Eitelkeit? Prahlte er nur, oder hielt er es als oberster Häuptling für seine Pflicht, die Verantwortung zu übernehmen? Jedenfalls nutzte er die Gelegenheit, Tatum Vorwürfe wegen der Behandlung der Indianer zu machen: »Ich habe dich wiederholt um Waffen und Munition gebeten, doch keine erhalten, und auch viele andere meiner Bitten sind nicht erfüllt worden. Du hörst nicht auf das, was ich sage. Die Weißen treffen Vorbereitungen, um eine Eisenbahn durch unser Land zu bauen, doch das werden wir nicht zulassen ... Als General Custer vor zwei oder drei Jahren hier war, hat er mich festgenommen und mehrere Tage eingesperrt. Doch das ist vorbei – es wird nie mehr vorkommen, daß ihr Indianer einsperrt. Wegen dieser Mißstände habe ich vor kurzer Zeit etwa hundert meiner Krieger und die Häuptlinge Satank, Eagle Heart, Big Tree, Big Bow und Fast Bear versammelt ... Wir ritten nach Texas und überfielen dort in der Nähe von Fort Richardson eine Wagenkolonne ... Sollte sich irgendein anderer Indianer melden und die Ehre in Anspruch nehmen, die Gruppe geführt zu haben, dann lügt er dich an, denn ich selbst habe es getan!«

Tatum blieb äußerlich gelassen. Er sagte Satanta, daß er nicht befugt sei, Waffen und Munition auszugeben, doch Great Warrior Sherman sei in Fort Sill zu Besuch, und wenn die Häuptling Sherman um Waffen und Munition bitten wollten, so stehe ihnen dies frei.

Während die Kiowahäuptlinge diskutierten, ob es ratsam sei, mit Sherman zu verhandeln, sandte Tatum General Grierson eine Botschaft, in der er ihm mitteilte, Satanta habe zugegeben, den Überfall auf die Wagenkolonne geleitet zu haben, und auch die Namen der anderen beteiligten Häuptlinge genannt. Bald nachdem Grierson die Botschaft erhalten und an Sherman weitergegeben hatte, erschien Satanta allein im Hauptquartier des Forts und bat, den großen Soldatenhäuptling aus Washington sprechen zu dürfen. Sherman trat auf die große Veranda heraus, gab Satanta die Hand und sagte ihm, er werde sämtliche Häuptlinge zu einer Beratung holen lassen.
Die meisten Häuptlinge erschienen freiwillig, doch der alte Satank mußte von Soldaten mit Gewalt zum Mitkommen gezwungen werden. Big Tree versuchte wegzulaufen, wurde aber eingefangen. Eagle Heart floh, als er sah, wie die anderen festgenommen wurden.
Als die Häuptlinge auf der Veranda versammelt waren, sagte er ihnen, daß er Satanta, Satank und Big Tree wegen der Ermordung der Fuhrleute in Texas verhafte. Seine Soldaten würden sie nach Texas bringen, wo man sie vor Gericht stellen werde. Satanta schlug seine Decke zurück, griff nach seiner Pistole und rief auf Kiowa, er würde lieber sterben als sich als Gefangener nach Texas bringen lassen. Sherman erteilte ruhig ein Kommando; die Läden der Verandafenster wurden aufgestoßen, und man richtete ein Dutzend Karabiner auf die Häuptlinge. Das Büro des Hauptquartiers war voller schwarzer Soldaten vom Tenth Cavalry.
Im gleichen Moment erschien ein Trupp berittener Kavalleristen. Während sie an einem Pfahlzaun gegenüber der Veranda Aufstellung nahmen, kam Lone Wolf angeritten. Ohne die Soldaten zu beachten, stieg er ruhig von seinem Pferd, band sein Pony an den Zaun und legte seine zwei Repetiergewehre auf die Erde. Einen Moment stand er verächtlich lächelnd da und schnallte seinen Pistolengürtel fest. Dann hob er die Gewehre auf und schlenderte auf die Veranda zu. Als er die Treppe erreichte, gab er die Pistole dem nächsten Häuptling und sagte laut auf Kiowa: »Laß sie Rauch spucken, wenn etwas passiert.« Er warf einem anderen Häuptling einen Karabiner zu und setzte sich dann auf den Boden der Veranda, spannte sein zweites Gewehr und starrte Great Warrior Sherman herausfordernd an.
Ein Offizier rief einen Befehl, und die Kavalleristen legten ihre Karabiner an. Satanta hob die Hände. »Nein, nein, nein!« rief er.
Sherman befahl den Soldaten in ruhigem Ton, die Gewehre zu senken.

Am 8. Juni wurden die drei Häuptlinge für die lange Fahrt nach Fort Richardson in Wagen verladen. An Händen und Füßen mit Ketten gefesselt, wurden

Satanta und Big Tree in einen Wagen, Satank in einen andern gestoßen. Als die Wagen, eskortiert von Kavalleristen, aus dem Fort rollten, stimmte der alte Satank das Todeslied der Kiowakrieger an:

O Sonne, du wirst ewig bleiben, doch wir Kaitsenko müssen sterben.
O Erde, du wirst ewig bleiben, doch wir Kaitsenko müssen sterben.

Er deutete auf einen Baum, an dem die Straße abbog und über einen Fluß führte. »Niemand bringt mich an diesem Baum vorbei«, rief er auf Kiowa und zog seine Decke über den Kopf. Unter der Decke zerrte er die Fesseln von seinen Händen und riß dabei sein Fleisch auf. Er zog ein Messer hervor, das er unter seinen Kleidern versteckt hatte. Mit einem lauten Schrei stürzte er sich auf den nächsten Posten, erstach ihn und warf ihn vom Wagen. Dann entriß er einem der anderen Posten seinen Karabiner. Draußen schrie ein Leutnant einen Feuerbefehl. Eine Salve mähte den alten Kiowa nieder. Die Wagen mußten eine Stunde anhalten, bis Satank tot war. Dann warfen die Soldaten seine Leiche in einen Graben neben der Straße und setzten die Fahrt nach Texas fort.

Der Prozeß gegen Satanta und Big Tree begann am 5. Juli 1871 im Gerichtsgebäude von Jacksboro, Texas. Eine Jury aus Ranchern und Cowboys, in deren Gürteln Pistolen steckten, hörte sich drei Tage lang die Zeugenaussagen an und erklärte dann die Angeklagten nach kurzer Beratung für schuldig. Der Richter verurteilte sie zum Tod durch Erhängen. Der Gouverneur von Texas hörte jedoch auf Warnungen, daß ihre Hinrichtung zu einem Krieg führen könnte und verwandelte das Urteil in lebenslängliche Haft im Zuchthaus Huntsville.

Nun hatten die Kiowas ihre drei größten Führer verloren. Im Herbst schlichen viele junge Männer in kleinen Gruppen davon, schlossen sich den frei in der Prärie lebenden Indianern an und jagten zwischen Red River und Canadian River Büffel. Im Oktober errichteten sie im Palo Duro Canyon ihre Winterlager. Die Kwahadi-Comanchen, die unter dieser Gruppe am stärksten waren, nahmen die Kiowas, von denen immer mehr zu ihnen kamen, gern auf. Lone Wolf hatte schon mit den Kwahadis gejagt und sicherlich ebenfalls erwogen, sich ihnen anzuschließen, doch in den ersten Monaten des Jahres 1872 geriet er mit Kicking Bird in Streit darüber, wie die im Reservat lebenden Kiowas sich verhalten sollten. Kicking Bird und Stumbling Bear waren dafür, den Weißen zu gehorchen und die Jagd auf Büffel in Texas aufzugeben. Lone Wolf wandte sich dagegen. Die Kiowas könnten nicht leben, ohne Büffel zu jagen, meinte er. Wenn die Weißen darauf bestanden, daß die Indianer nur noch innerhalb des Reservats Büffel jagten, dann müßte das Reservat aber im Süden bis zum Rio Grande und im Norden bis zum Missouri erweitert werden.

Daß Lone Wolfs Argumente viele Kiowas überzeugten, erwies sich, als sie ihn zu ihrem Hauptvertreter wählten, als das Indian Bureau im August Delegationen aller Stämme des Territoriums nach Washington zu Verhandlungen über die Vertragsverpflichtungen einlud.

Als der Sonderbeauftragte Henry Alvord in Fort Sill eintraf, um die Kiowa-Delegation nach Washington zu begleiten, erklärte ihm Lone Wolf, er könne nicht nach Washington gehen, ohne sich mit Satanta und Big Tree zu beraten. Obwohl Satanta und Big Tree in Texas im Gefängnis säßen, seien sie die Häuptlinge des Stammes, und in Washington könne keine Entscheidung getroffen werden, ohne ihre Meinung einzuholen.

Alvord war bestürzt, doch als ihm klar wurde, daß Lone Wolf es ernst meine, bemühte er sich, eine Zusammenkunft mit den gefangenen Häuptlingen zu arrangieren. Nach einigem Zögern erklärte sich der Gouverneur von Texas schließlich bereit, seine berühmten Gefangenen vorübergehend der Armee anzuvertrauen. Am 9. September übernahm ein überaus besorgter Kavalleriekommandeur die gefesselten Häftlinge in Dallas und brachte sie nach Fort Sill. Gruppen bewaffneter Texaner, die darauf aus waren, Satanta und Big Tree zu töten und sich mit Ruhm zu bedecken, folgten der Kavallerie-Eskorte.

Als die Kolonne sich Fort Sill näherte, geriet der dortige Kommandeur in solche Aufregung, daß er den Kavallerieoffizier durch einen zivilen Kurier auffordern ließ, die Häftlinge an einen anderen Ort zu bringen: »Die Indianer hier und im Fort-Sill-Reservat ... sind verdrossen, gereizt und kriegslüstern ... Es erscheint fast unmöglich, Satanta, ihren obersten Kriegshäuptling, in Ketten hierher und wieder ins Staatsgefängnis zurückzubringen, ohne daß es zu Schwierigkeiten, ja möglicherweise zu heftigen Kämpfen kommt ... Ich ersuche deshalb trotz ihrer ausdrücklichen gegenteiligen Anordnungen, sie nicht hierher ins Reservat zu bringen, sondern zur Endstation der M. K. & T. Railroad.«

Kommissar Alvord mußte jetzt die Kiowas davon überzeugen, daß das Treffen mit Satanta und Big Tree in der großen Stadt St. Louis stattfinden werde. Um dorthin zu kommen, erklärte er ihnen, müßten sie mit Wagen zu einer Eisenbahn gebracht werden und dann mit dem Eisernen Pferd fahren. Begleitet von einer Kriegereskorte, reiste die mißtrauische Kiowadelegation nach dem 260 Kilometer östlich im Indianerterritorium gelegenen Atoka, wo sich die Endstation der Missouri, Kansas and Texas Railroad befand.

In Atoka erreichte diese Komödie ihren Höhepunkt. Als Alvord mit Lone Wolfs Delegation dort eintraf, erhielt er vom Kavalleriekommandeur eine Botschaft, in dem ihm dieser mitteilte, daß er Satanta und Big Tree zur Eisenbahnstation bringen und der Obhut des Kommissars anvertrauen werde.

Alvord war entsetzt. Die Eisenbahnstation lag an einem einsamen Ort, und der Kommissar fürchtete, es könnte zu einer Katastrophe kommen, wenn Satanta plötzlich dort auftauchte. Er schickte den Kurier schnell zum Kavalleriekommandeur zurück und bat ihn, seine Gefangenen in irgendeinem Dickicht zu verstecken, bis die Kiowadelegation nach St. Louis abgefahren war.
Am 29. September feierten im Everett House von St. Louis Satanta und Big Tree endlich mit Lone Wolf ihre vorübergehende Freiheit. Kommissar Alvord nannte das Wiedersehen »höchst eindrucksvoll und ergreifend«, doch er merkte offenbar nicht, daß die Kiowahäuptlinge wichtige Besprechungen führten. Noch bevor Satanta und Big Tree ins Gefängnis zurückgebracht wurden, wußte Lone Wolf genau, welche Forderungen er in Washington stellen mußte.
Zugleich mit den Kiowas trafen in Washington mehrere andere Indianerdelegationen ein – einige Unterhäuptlinge der Apachen, eine Gruppe Arapahos und mehrere Comanchen. Die Kwahadi-Comanchen, die Mächtigsten des Stammes, entsandten niemanden; Ten Bears vertrat die Yamparikas, Tosawi die Penatekas.
Die Washingtoner Behörden erwiesen den Indianern alle Ehren und führten ihnen die militärische Macht der Regierung vor. In der Methodistenkirche fand ein Sonntagsgottesdienst statt, dessen Predigt von Dolmetschern übersetzt wurde, und Great Father Ulysses Grant gab einen Empfang im East Room des Weißen Hauses. Nachdem man die üblichen floskelreichen Reden gehalten hatte, wandte sich Francis Walker, der Kommissar für Indianische Angelegenheiten, an die Kiowas und Comanchen. Er stellte ein überraschendes Ultimatum: »Zuerst müssen die hier vertretenen Kiowas und Comanchen, einschließlich sämtlicher Häuptlinge, Krieger und Familien, bis zum 15. Dezember höchstens sechzehn Kilometer von Fort Sill und der Agentur entfernt Lager errichten; sie müssen dort, ohne irgendwelche Schwierigkeiten zu bereiten, bis zum Frühjahr bleiben und dürfen sich dann nicht ohne Erlaubnis ihres Agenten entfernen.« Er erklärte, daß die Kwahadi-Comanchen und die anderen Gruppen, die es abgelehnt hatten, Vertreter nach Washington zu senden, bald erfahren würden, daß die Armee Anweisung erhalten hatte, gegen sie vorzugehen. Alle Indianer, die sich nicht bis zum 15. Dezember in der Nähe von Fort Sill einfänden, werde man als Feinde der amerikanischen Regierung betrachten, und Soldaten würden sie töten, wo immer sie sie anträfen.
Ten Bears und Tosawi erwiderten, daß ihre Comanchen sich den Wünschen des Großen Vaters fügen würden, doch Lone Wolf äußerte Zweifel, daß es ihm gelingen werde, sämtliche Kiowas zur Befolgung eines solchen Ultima-

Der Comanche Ten Bears, 1872

tums zu zwingen. Satanta und Big Tree, erklärte er, seien die Kriegshäuptlinge des Stammes, und solange die Texaner sie gefangenhielten, würden viele der jungen Krieger weiterhin Krieg gegen die Texaner führen. Es könne nur Frieden geben, wenn man sie freilasse und ihnen gestatte, ins Reservat zurückzukehren; sie allein könnten die jungen Männer davon abbringen, weitere Überfälle in Texas zu unternehmen.

Dies war es, was die Kiowas bei ihrem »höchst eindrucksvollen und ergreifenden Wiedersehen« in St. Louis beschlossen hatten. Lone Wolfs Schachzug war eines ausgebildeten Diplomaten würdig, und obwohl Kommissar Walker nicht bevollmächtigt war, den Gouverneur von Texas anzuweisen, Satanta und Big Tree freizulassen, mußte er dies schließlich versprechen, bevor Lone Wolf sich bereit erklärte, das Ultimatum anzunehmen. Überdies setzte Lone Wolf einen Termin für die Freilassung: Ende März 1873.

Eine Folge des Besuchs in Washington war die völlige Entzweiung zwischen Ten Bears und den Comanchen. Während Lone Wolf als Held ins Reservat zurückkehrte, straften die Comanchen Ten Bears mit Nichtachtung. Krank und erschöpft, resignierte der alte Dichter der Prärie und starb am 23. November 1872. »Außer seinem Sohn«, sagte der Lehrer der Agentur, Thomas Battey, »hatten ihn alle seine Leute verlassen.«

Inzwischen machte sich, wie Kommissar Walker angekündigt hatte, die Armee in den Staked Plains auf die Suche nach den freien Kwahadi-Comanchen. Von Fort Richardson aus streifte das Fourth Cavalry die oberen Seitenarme des Red River ab. Die Kavalleristen wurden von Ronald Mackenzie angeführt, einem drahtigen, jähzornigen jungen Eagle Chief. Die Comanchen nannten ihn Mangoheute – Three Fingers. (Er hatte im Bürgerkrieg seinen Zeigefinger verloren.) Am 29. September entdeckten Three Fingers Kundschafter am McClellans Creek ein großes Comanchendorf, in dem Bull Bears Leute lebten. Die Indianer waren emsig damit beschäftigt, Fleisch für den Winter zu trocknen. Die Soldaten griffen im Galopp an, töteten dreiundzwanzig Comanchen, nahmen 120 Frauen und Kinder gefangen und fingen fast die gesamte, aus über tausend Ponys bestehende Herde ein. Nachdem sie 262 Hütten niedergebrannt hatten, zog Mackenzie sich flußabwärts zurück und errichtete ein Nachtlager. Inzwischen waren mehrere hundert Krieger, die entkommen waren, zu einem benachbarten Comanchendorf gelaufen. Mit geliehenen Ponys und frischen Verstärkungen unternahmen sie einen nächtlichen Überraschungsangriff auf die Kavalleristen. »Wir haben uns alle unsere Pferde zurückgeholt und einige der Soldaten dazu«, sagte später ein Krieger. Die gefangenen Frauen und Kinder konnten sie jedoch nicht befreien, und nachdem Mackenzie sie nach Fort Sill gebracht hatte, kamen Bull Bear und

White Horse (Tsen-tainte), 1870

eine Anzahl anderer Kwahadis ins Reservat, um mit ihren Familien zusammen zu sein. Der größte Teil der Kwahadis streifte jedoch weiter frei mit den Büffeln umher. Angehörige anderer südwestlicher Stämme schlossen sich ihnen an, und ihre Haltung war unter der Führung eines siebenundzwanzig Jahre alten Halbbluts namens Quanah Parker unversöhnlicher denn je.

Zu Beginn des Frühjahrs 1873 begannen die Kiowas ein großes Fest zum Empfang Satantas und Big Trees vorzubereiten. Den ganzen Winter über hatte Bald Head Tatum sich bemüht, ihre Freilassung zu verhindern, doch der Kommissar für Indianische Angelegenheiten setzte seinen Willen durch. Tatum trat zurück, und James Haworth wurde sein Nachfolger. Der Mai verging, und Mitte Juni begann Lone Wolf einen Krieg gegen die Texaner in Erwägung zu ziehen, wenn sie sich weigerten, die Häuptlinge freizulassen. Kicking Bird bat die Krieger um Geduld; die Siedler machten dem Gouverneur von Texas Schwierigkeiten. Im August veranlaßten die Washingtoner Behörden schließlich, daß Satanta und Big Tree nach Fort Sill verlegt wurden. Bald darauf traf der Gouverneur von Texas zu einer Konferenz ein.
Satanta und Big Tree durften unter militärischer Bewachung an der Konferenz teilnehmen. Der Gouverneur erklärte den Kiowas gleich zu Beginn der Verhandlungen, daß sie sich auf Farmen in der Nähe der Agentur niederlassen müßten. Sie müßten ihre Rationen abholen, sich alle drei Tage zu einem Appell einfinden, ihre Waffen und Ponys abliefern und Mais anbauen wie zivilisierte Indianer. »Inzwischen«, fuhr er fort, »werden Satanta und Big Tree im Wachhaus bleiben, bis der kommandierende Offizier überzeugt ist, daß diese Bedingungen erfüllt werden.«
Lone Wolf erwiderte: »Ihr habt unsere Herzen bereits mit Freude erfüllt, indem ihr die Gefangenen zurückgebracht habt. Macht uns eine noch größere Freude, indem ihr sie heute noch entlaßt.«
Doch der Gouverneur gab nicht nach. »Ich gehe von diesen Bedingungen nicht ab«, sagte er, und die Konferenz war beendet.
Lone Wolf war bitter enttäuscht. Die Bedingungen waren zu hart und die Häuptlinge immer noch Gefangene. »Ich will Frieden«, sagte Thomas Battey, der Lehrer. »Ich habe mich mit aller Kraft dafür eingesetzt. Washington hat mich getäuscht und seine Versprechungen gebrochen; jetzt bleibt uns nichts mehr als Krieg. Ich weiß, daß ein Krieg gegen Washington die Ausrottung meines Volkes bedeutet, doch man zwingt uns dazu; es ist besser für uns zu sterben, als zu leben.«
Sogar Kicking Bird war über die Forderungen des Gouverneurs empört. »Mein Herz ist wie ein Stein; es ist keine weiche Stelle darin. Ich habe dem

Weißen Mann die Hand gereicht, weil ich dachte, er ist mein Freund, doch er ist kein Freund; die Regierung hat uns betrogen; Washington ist böse.«
Battey und Haworth, der neue Agent, wußten beide, daß es wahrscheinlich zu Blutvergießen, ja möglicherweise zu einem offenen Krieg kommen würde, wenn der Gouverneur nicht seinen guten Willen bewies, indem er Satanta und Big Tree aus dem Wachhaus entließ. Sie gingen zum Gouverneur, erklärten ihm die Lage und baten ihn eindringlich, sich erweichen zu lassen. Spätabends schickte der Gouverneur Lone Wolf und den anderen Häuptlingen eine Botschaft, in der er sie bat, sich am nächsten Morgen mit ihm zu treffen. Die Kiowas stimmten zu, beschlossen aber noch vor Tagesanbruch, keine leeren Versprechungen mehr hinzunehmen. Sie kamen voll bewaffnet zu dem Treffen und stellten nahe dem Wachhaus Krieger und Pferde bereit, damit sie schnell fliehen konnten.
Der Gouverneur hielt eine kurze Rede, in der er sagte, er sei überzeugt, daß die Kiowas ihren Teil des Abkommens halten würden. Dann erklärte er, daß er Satanta und Big Tree ihrem Agenten übergeben werde. Sie waren frei. Wieder hatte Lone Wolf einen unblutigen Sieg errungen.

Im September zog Satanta in seinen rotbemalten Wigwam, an dessen Pfählen rote Wimpel flatterten. Er gab seinem alten Freund White Cowbird seinen roten Speer und sagte, er habe keine Lust mehr, Häuptling zu sein. Er wolle frei und glücklich sein und durch die Prärie streifen. Doch er hielt sein Wort, blieb in der Nähe der Agentur und ging in diesem Herbst auch nicht heimlich mit den jungen Männern auf Büffeljagd.
Im Oktober stahlen weiße Banditen aus Texas den Kiowas und Comanchen zweihundert ihrer schönsten Pferde. Eine Gruppe Krieger verfolgte sie, sie konnten aber nur wenige Tiere wieder einfangen, bevor die Texaner den Red River überquerten.
Bald darauf beschloß eine Gruppe von neun jungen Kiowas und einundzwanzig Comanchen, in den Süden zu gehen und Pferde als Ersatz für die gestohlenen zu holen. Da sie, um Satanta und Big Tree nicht in Schwierigkeiten zu bringen, keine texanischen Pferde stehlen wollten, zogen sie nach Mexiko. Sie ritten schnell achthundert Kilometer weit, wobei sie sich von Siedlungen fernhielten, und überquerten zwischen dem Eagle Pass und Laredo den Rio Grande. In Mexiko überfielen sie mehrere Ranchen und fingen ebenso viele Pferde ein, wie die Texaner ihnen gestohlen hatten. Dabei mußten sie einige Mexikaner umbringen, und auf dem Rückweg töteten sie zwei Mexikaner, die sie aufzuhalten versuchten. Jetzt nahmen die Blauröcke die Verfolgung auf, und bei einem Gefecht in der Nähe von Fort Clark fielen neun der jungen

Indianer, darunter Tauankia und Guitan, der Sohn und der Neffe von Lone Wolf.

Mitte des Winters kehrten die Überlebenden nach Fort Sill zurück. Die Kiowas und Comanchen trauerten um ihre tapferen jungen Männer. In seinem Kummer um seinen Sohn schnitt Lone Wolf seine Haare ab, verbrannte seinen Wigwam, tötete seine Pferde und schwor den Texanern Rache.

Im Frühjahr 1874 stellte Lone Wolf eine Gruppe Krieger zusammen, die tief nach Mexiko vordringen und die Leichen von Tauankia und Guitan holen sollten. Da die Kiowas in dem Reservat so streng bewacht wurden, konnten sie die Expedition nicht geheimhalten. Sie hatten kaum den Red River überquert, als von den Forts Concho, McKavatt und Clark Kolonnen von Blauröcken aufbrachen, um ihnen den Weg abzuschneiden. Irgendwie gelang es Lone Wolf, sämtlichen Verfolgern zu entkommen. Seine Gruppe erreichte den Platz, wo sein Sohn und sein Neffe begraben waren, und sie gruben sie aus und ritten mit ihnen nach Norden zu den Staked Plains. Eine Kavallerieeinheit kam ihnen jedoch so nahe, daß Lone Wolf gezwungen war, sie an einem Berghang wieder zu begraben. Dann teilten sich die Kiowas in kleine Gruppen auf und flüchteten durch die Staked Plains. Als sie den Red River erreichten, erfuhren sie, daß am Elk Creek ein Sonnentanz stattfand.

Seit vielen Jahren hatten die Kiowas die befreundeten Comanchen immer wieder zu ihren Sonnentänzen eingeladen, doch die Comanchen hatten stets nur als Zuschauer daran teilgenommen und nie selbst eine solche Feier veranstaltet. Im Frühjahr 1874 luden sie die Kiowas ein, zu ihrem ersten Sonnentanz zu kommen und mit ihnen zu beraten, was man gegen die weißen Büffeljäger unternehmen könne, die die Herden in den Staked Plains ausrotteten. Kicking Bird lehnte die Einladung ab. Er hatte gehört, daß die Kwahadis den Sonnentanz veranstalteten, und da deren feindselige Einstellung gegenüber der Regierung bekannt war, überredete Kicking Bird seine Leute, in ihren Lagern zu bleiben und auf ihren eigenen Sonnentanz im Juli zu warten. Lone Wolf hingegen, der immer noch um seinen Sohn trauerte und auf die Weißen wütend war, weil sie ihn nicht einmal die Leiche des Jungen holen und anständig bestatten ließen, beschloß, am Sonnentanz der Comanchen teilzunehmen. Satanta begleitete ihn; der gegen Ehrenwort freigelassene Häuptling sah nichts Böses darin, innerhalb der Reservatsgrenzen eine Feier der Comanchen zu besuchen; er betrachtete es als Höflichkeitssache.

Die Kwahadis, die aus den Staked Plains kamen, brachten schlechte Nachrichten über die Büffelherden. Überall waren weiße Jäger und Abdecker; der Gestank verwesender Kadaver hing über der Prärie; wie die Indianer wurden die großen Herden ausgerottet.

(Von den zwischen 1872 und 1874 getöteten 3700000 Büffeln wurden nur 150000 von Indianern erlegt. Als eine Gruppe besorgter Texaner General Sheridan fragte, ob man nicht etwas gegen die Massenschlächterei der weißen Jäger unternehmen sollte, erwiderte er: »Laßt sie sie töten, abhäuten und verkaufen, bis die Büffel ausgerottet sind; es ist die einzige Möglichkeit, dauerhaften Frieden und eine Ausbreitung der Zivilisation zu erreichen.«)

Die freien Kwahadis wollten keine Zivilisation, die sich durch Ausrottung nützlicher Tiere ausbreitete. Beim Sonnentanz der Comanchen forderte ein Kwahadi-Prophet namens Isatai einen Krieg zur Rettung der Büffel. Isatai verfügte über große Zauberkräfte; es hieß, er könne ganze Wagenladungen Munition aus seinem Bauch ausspucken, und er habe die Macht, die Kugeln der Weißen in der Luft anzuhalten.

Quanah Parker, der junge Häuptling der Kwahadis, war ebenfalls dafür, die weißen Jäger durch einen Krieg von den Weidegründen zu vertreiben. Er schlug vor, als erstes den Stützpunkt der Jäger anzugreifen, einen in der Nähe des Canadian River gelegenen Handelsposten namens Adobe Walls.

Vor dem Ende des Sonnentanzes kam eine Gruppe Cheyennes und Arapahos aus ihrem Reservat im Norden. Sie waren sehr wütend, weil einige weiße Pferdediebe fünfzig ihrer besten Mustangs gestohlen hatten. Als sie von Quanahs Plan, die weißen Siedler in Adobe Walls anzugreifen, erfuhren, beschlossen sie, sich den Kwahadis anzuschließen, denn sie vermuteten, daß die Diebe Büffeljäger waren. Auch Satanta, Lone Wolf und ihre Kiowakrieger entschieden sich, mit in den Kampf zu ziehen. Ihrer Ansicht nach war es wesentlich wichtiger, die Büffel vor der Ausrottung zu retten, als die Reservatsvorschriften zu befolgen. Schließlich waren die weißen Jäger in ein Gebiet eingedrungen, das laut Vertrag ausschließlich den Indianern für die Jagd vorbehalten war. Wenn die Soldaten sie nicht vertrieben, wie es ihre Pflicht gewesen wäre, dann mußten die Indianer es tun.

Insgesamt siebenhundert Krieger ritten Ende Juni vom Elk River westwärts. Isatai, der Medizinmann, ermutigte sie. »Die Weißen können euch nicht erschießen«, sagte er. »Mit meinem Zauber werde ich alle ihre Kugeln aufhalten. Wenn ihr angreift, werdet ihr sie vernichten.«

Am 27. Juni ritten die Krieger vor Sonnenuntergang nahe an Adobe Walls heran und bereiteten sich auf einen mächtigen Angriff vor, um sämtliche Büffeljäger in dem Versorgungsstützpunkt zu töten. »Wir wirbelten den Staub hoch auf, als wir auf unseren Pferden voranstürmten«, sagte Quanah Parker später. Der Boden war übersät mit von Präriehunden gegrabenen Löchern, und einige Ponys verfingen sich mit ihren Hufen darin und stürzten mit ihren bemalten Reitern. Die Indianer sahen, daß zwei Jäger mit einem Wagen flüchten wollten, und töteten und skalpierten beide. Die Schüsse und das Donnern der Hufe alarmierten die Weißen in den Ziegelhütten, und sie eröffneten mit ihren weitreichenden Büffelflinten das Feuer. Die Indianer zogen sich zurück, griffen dann wieder an und ritten im Kreis um die Hütten herum, wobei einzelne Krieger vorstürmten und Speere schleuderten und durch die Fenster schossen.

»Ich ritt mit einem anderen Comanchen zu den Ziegelhäusern«, sagte Quanah. »Wir stießen Löcher ins Dach, durch die wir schossen.« Die Indianer zogen sich einige Male zurück und griffen wieder an; sie hofften, sie könnten die Jäger zwingen, ihre gesamte Munition zu verschießen. Bei einem dieser Angriffe wurde Quanahs Pferd getroffen und stürzte, und als er Deckung suchte, streifte eine Kugel seine Schulter. Er kroch in ein dichtes Gebüsch und wurde später gerettet.

»Es waren zu viele Büffeljäger für uns«, sagte ein Comanchenkrieger. »Sie standen hinter Ziegelmauern. Sie hatten Fernrohre an ihren Gewehren ... Einer unserer Männer wurde von einer Kugel getroffen, die aus etwa eineinhalb Kilometer Entfernung abgeschossen wurde. Er fiel bewußtlos vom Pferd, war aber nicht tot.«

Am frühen Nachmittag zogen sich die Indianer aus der Reichweite der Büffelflinten zurück. Fünfzehn Krieger waren gefallen, viele schwer verwundet. Sie ließen ihre Wut und Enttäuschung an Isatai aus, der ihnen Schutz vor den Kugeln der Weißen und einen großen Sieg versprochen hatte. Ein Cheyenne schlug Isatai mit seiner Reitpeitsche, und einige andere Krieger wollten ihn ebenfalls verprügeln, doch Quanah trat dazwischen. Isatais Schande sei Strafe genug, sagte er. Von diesem Tag an vertraute Quanah Parker nie mehr einem Medizinmann.

Nachdem die Häuptlinge die sinnlose Belagerung von Adobe Walls aufgegeben hatten, ritten Lone Wolf und Satanta mit ihren Kriegern zum North Fork des Red River zurück, um am Sonnentanz der Kiowas teilzunehmen. Natürlich forderten sie die Comanchen und Cheyennes auf, mitzukommen und Satantas und Big Trees Rückkehr ins Reservat zu feiern. Die Kwahadis und Cheyennes verübelten den Reservatindianern, daß sie ein Fest veranstalten wollten, während ihre Büffelherden von weißen Jägern ausgerottet wurden. Sie drängten die Kiowas, mit ihnen zur Rettung der Büffel in den Krieg zu ziehen. Kicking Bird hörte nicht auf sie. Gleich nach dem Ende des Sonnentanzes kehrte er mit seinen Leuten zur Agentur zurück. Lone Wolf und seine Krieger hingegen kamen zu der Überzeugung, daß es ihre Pflicht war, den Kwahadis zu helfen.

Diesmal schloß sich Satanta nicht Lone Wolf an. Er fand, daß er genug riskiert

Der Comanche Quanah Parker um 1890

hatte, und begab sich widerstrebend nach Fort Sill. Unterwegs machte er mit seiner Familie und einigen Freunden einen Abstecher zum Rainy Mountain Creek und besuchte das Wichita-Reservat, um mit diesen Mais anbauenden Indianern einige Geschäfte zu machen. Es war ein schöner Sommer, und er hatte es nicht eilig, nach Fort Sill zurückzukehren und sich zum Appell zu melden und Rationen abzuholen.

Draußen in der Prärie brach im Spätsommer ein Unglück nach dem andern herein. Unter der glühendheißen Sonne wurde die Erde von Tag zu Tag trockener, die Flüsse versickerten, riesige Heuschreckenschwärme stürzten vom metallblauen Himmel herab und fraßen das ausgedörrte Gras. Vor einigen Jahren wären bei solchem Wetter Hunderttausende von Büffeln auf der Suche nach Wasser durch die Prärie gestürmt. Doch jetzt waren die Herden verschwunden, und eine endlose Einöde voller Knochen und Schädel und verfaulender Hufe breitete sich aus. Die meisten weißen Jäger zogen ab. Kleine Gruppen von Comanchen, Kiowas, Cheyennes und Arapahos streiften umher; manchmal stießen sie auf eine kleine Herde, doch viele mußten in ihre Reservate zurückkehren, um nicht zu verhungern.
In den Agenturen herrschte Unruhe. Die Verbindung zwischen der Armee und dem Indian Bureau klappte nicht. Es traf kein Nachschub ein. Einige Agenten bestraften die Indianer dafür, daß sie ohne Erlaubnis herumstreiften, indem sie keine Rationen ausgaben. Einige Male kam es zu Schießereien zwischen Kriegern und Soldaten. Bis Mitte Juli verschwand die Hälfte der bei der Agentur Fort Sill registrierten Kiowas und Comanchen. Es war, als ziehe sie eine geheimnisvolle Kraft zum Herzen des letzten Weidegebiets der Büffel, dem Palo Duro Canyon.
Der Palo Duro war eine gewundene steile Schlucht in der Prärie, eine Oase mit Quellen und Wasserfällen und Flüssen, die die Weiden und das Büffelgras grün hielten. In den Canyon führten nur wenige, von den Büffeln ausgetretene Pfade. Coronado hatte ihn im sechzehnten Jahrhundert besichtigt, doch nur wenige Weiße hatten ihn seither gesehen oder wußten von seiner Existenz.
Den ganzen Spätsommer des Jahres 1874 suchten Indianer und Büffel dort Schutz. Die Indianer erlegten nur so viele Tiere, wie es nötig schien, um genügend Vorräte für den Winter anzulegen – sie trockneten das Fleisch in der Sonne, bewahrten Mark und Fett in den Häuten auf, verwendeten die Sehnen für ihre Bogen, machten aus den Hörnern Löffel und Becher, webten das Haar zu Stricken und Gürteln und gerbten die Häute, um daraus Zeltplanen, Kleider und Mokassins anzufertigen.

Noch vor Anfang September war der Boden des Canyon mit einem Wald von Wigwams bedeckt, und die Kiowas, Comanchen und Cheyennes hatten genügend Lebensmittelvorräte bis zum Frühjahr angelegt. Fast zweitausend Pferde teilten sich das üppige Gras mit den Büffeln. Ohne Furcht gingen die Frauen ihrer Arbeit nach, und die Kinder spielten an den Bächen. Quanah und die Kwahadis hatten immer so gelebt; für Lone Wolf, die Kiowas und die anderen von der Agentur geflüchteten Indianer war es der Beginn eines ganz neuen Lebens.

Die Weißen konnten natürlich nicht hinnehmen, daß die Indianer sich auf diese Weise ihren Anordnungen widersetzten. Die unversöhnlichen Kwahadis und ihre Verbündeten hatten sich in ihren versteckten Dörfern kaum für den Winter eingerichtet, als Great Warrior Sherman militärische Maßnahmen ergriff.

Im September setzten sich fünf Kolonnen Blauröcke in Bewegung. Bear Coat Nelson Miles marschierte von Fort Dodge nach Süden, Three Fingers Makkenzie von Fort Concho nach Norden. Von Fort Bascom in New Mexico zog Major William Price nach Osten, und von den Forts Sill und Richardson kamen die Colonels John Davidson und George Buell. Tausende von Blauröcken mit Repetiergewehren und Artillerie suchten verbissen ein paar hundert Indianer, die nur ihre Büffel retten und in Freiheit leben wollten.

Mackenzies Kavalleristen, die Tonkawasöldner als Kundschafter einsetzten, fanden am 26. September das große Dorf im Palo Duro. Lone Wolfs Krieger fingen den ersten heftigen Angriff auf. Obwohl sie überrascht wurden, hielten die Krieger lange genug stand, so daß ihre Frauen und Kinder fliehen konnten; dann zogen sie sich in einer Wolke dichten Pulverqualms zurück. Mackenzies Soldaten stürmten den Fluß entlang, zündeten die Wigwams an und vernichteten die Wintervorräte der Indianer. Bis zum Abend fingen sie über tausend Ponys ein. Mackenzie befahl, die Tiere ins Tule Valley zu treiben, und dort töteten die Blauröcke sie und überließen sie den kreisenden Bussarden zum Fraß.

Zu Fuß zerstreuten sich die Indianer über die Prärie – ohne Nahrung, Kleidung und Unterkunft. Die Tausende von Blauröcken, die aus allen vier Richtungen anmarschierten, fingen sie systematisch ein – zuerst die verwundeten Indianer, dann die Alten, dann die Frauen und Kinder.

Lone Wolf und 252 Kiowas entkamen, doch schließlich konnten sie sich nicht mehr weiterschleppen. Am 25. Februar 1875 stellten sie sich in Fort Sill und ergaben sich. Drei Monate später kapitulierte Quanah mit den Kwahadis.

In dem allgemeinen Durcheinander waren Satanta und Big Tree, die gegen Ehrenwort entlassenen Häuptlinge, aus dem Reservat geflohen. Sie stellten sich freiwillig in der Cheyenne-Agentur, wurden aber in Ketten gelegt und ins Wachhaus gesperrt.

In Fort Sill wurden die sich ergebenden Indianergruppen in einen Corral getrieben, wo Soldaten sie entwaffneten. Das wenige, was sie noch besaßen, wurde auf einen Haufen geworfen und verbrannt. Ihre Pferde und Maultiere wurden in die Prärie hinausgejagt und erschossen. Häuptlinge und Krieger, die man verdächtigte, sie seien daran schuld, daß die Indianer das Reservat verlassen hatten, sperrte man in Zellen. Jeden Tag warf man ihnen rohe Fleischbrocken zu, wie Tieren in einem Käfig.

Great Warrior Sherman in Washington ordnete an, die Gefangenen vor Gericht zu stellen und zu bestrafen. Agent Haworth bat um Milde für Satanta und Big Tree. Gegen Big Tree hegte Sherman keinen Groll, doch er entsann sich Satantas Aufsässigkeit, und so mußte Satanta allein in das texanische Gefängnis zurückkehren.

Da die militärischen Stellen nicht entscheiden konnten, welche der vielen Gefangenen bestraft werden sollten, befahlen sie Kicking Bird, sechsundzwanzig Kiowas auszuwählen, die sie in die Kerker von Fort Marion in Florida zu bringen gedachten. Widerstrebend gehorchte Kicking Bird. Er wußte, daß er Lone Wolf, Woman's Heart, White Horse und Mamanti the Sky Walker wegen ihrer Kämpfe in Texas die Bestrafung nicht ersparen konnte. Außer ihnen wählte er unbekannte Krieger und einige mexikanische Gefangene aus, die schon lange beim Stamm lebten.

Trotzdem verübelten seine Stammesgenossen Kicking Bird, daß er sich an der Auswahl beteiligt hatte, und wandten sich von ihm ab. »Ich bin wie ein Stein, den man zerbrochen und weggeworfen hat«, sagte er traurig zu Thomas Battey. »Den einen Teil hierhin und den andern Teil dorthin.«

Als die gefesselten Gefangenen für die weite Fahrt nach Florida in Wagen verladen wurden, ritt Kicking Bird zu ihnen, um ihnen Lebewohl zu sagen. »Ihr tut mir leid«, sagte er. »Doch wegen eures Starrsinns konnte ich euch nicht helfen. Die Regierung wird euch bestrafen. Nehmt eure Medizin. Es wird nicht lange dauern. Ich liebe euch und werde mich für eure Entlassung einsetzen.«

Mamanti the Sky Walker erwiderte wütend: »Du bleibst frei und bist ein großer Mann bei den Weißen. Aber du wirst nicht mehr lange leben, Kicking Bird. Dafür werde ich sorgen.«

Zwei Tage später starb Kicking Bird auf rätselhafte Weise, nachdem er in seinem Wigwam in der Nähe des Postens eine Tasse Kaffee getrunken hatte. Drei Monate später, nachdem er von Kicking Birds Tod erfahren hatte, starb Mamanti plötzlich in Fort Marion, und die Kiowas sagten, der Medizinmann habe bewußt sein Leben geopfert, indem er seine Kraft dazu benutzte, einen Stammesgenossen zu töten. Drei Jahre später stürzte sich Satanta, der in einem Gefängnishospital in Texas dahinsiechte, aus einem hochgelegenen Fenster, um im Tod Befreiung zu finden. Im gleichen Jahr erlaubte man Lone Wolf, der von Malaria ausgezehrt war, nach Fort Sill zurückzukehren, doch auch er starb innerhalb eines Jahres.

Die großen Häuptlinge waren tot, die Macht der Kiowas und Comanchen gebrochen, die Büffel, die sie zu retten versucht hatten, verschwunden. Dies alles geschah in weniger als zehn Jahren.

12

Der Krieg um die Black Hills

1875 – 1. Mai – Anklageerhebung gegen 238 Mitglieder des »Whisky Ring«; hohe Regierungsbeamte sind in den Skandal verwickelt. 6. Dezember – Der 44. Kongreß tritt zusammen; zum ersten Mal seit 1859 verfügen die Demokraten im Repräsentantenhaus über die Mehrheit.
1876 – 7. Februar – Orville Babcock, Präsident Grants Privatsekretär, wird im Prozeß gegen den »Whisky Ring« freigesprochen, doch von Grant entlassen. 4. März – Der Kongreß beschließt, gegen Kriegsminister Belknap wegen Teilnahme an Betrügereien des »Indian Ring« Anklage zu erheben. 10. Mai – Eröffnung der Weltausstellung in Philadelphia. 11. Juni – Die Republikaner nominieren Rutherford B. Hayes als Präsidentschaftskandidaten. 27. Juni – Die Demokraten nominieren Samuel J. Tilden als Präsidentschaftskandidaten. 9. Juli – Massaker an Angehörigen der Negermiliz in Hamburg, South Carolina. 1. August – Colorado wird als achtunddreißigster Staat in die Union aufgenommen. September – Thomas Edison richtet in Menlo Park, New Jersey, ein Laboratorium ein. 17. September – Ausbruch des Rassenkrieges in South Carolina. 7. November – Beide politischen Parteien beanspruchen Sieg bei der Präsidentenwahl; Tilden siegt bei Volksabstimmung. 6. Dezember – Die Wahlkommission tritt zusammen; Hayes erhält 185, Tilden 184 Stimmen.

Es ist keiner weißen Person gestattet, sich in irgendeinem Teil des Territoriums anzusiedeln oder niederzulassen oder dasselbe ohne Einwilligung der Indianer zu passieren. VERTRAG VON 1868

Wir wollen hier keine Weißen. Die Black Hills gehören mir. Wenn die Weißen sie uns wegzunehmen versuchen, werde ich kämpfen.

TATANKA YOTANKA (SITTING BULL)

Man verkauft nicht die Erde, auf der die Menschen wandeln.

TASHUNKA WITKO (CRAZY HORSE)

Die Weißen in den Black Hills sind wie Maden; sorgt so schnell wie möglich dafür, daß sie verschwinden. Der Häuptling aller Diebe (General Custer) hat letzten Sommer eine Straße in die Black Hills gebaut, und ich möchte, daß der Große Vater den Schaden, den Custer angerichtet hat, bezahlt.

BAPTISTE GOOD

Die Black Hills werden von den Indianern als Mittelpunkt ihres Landes betrachtet. Die zehn Völker der Sioux sehen es als Mittelpunkt ihres Landes an.

TATOKE INYANKE (RUNNING ANTELOPE)

Die jungen Männer des Großen Vaters wollen Gold aus den Bergen forttragen. Ich nehme an, daß sie viele Häuser damit füllen werden. Als Entschädigung dafür verlange ich, daß meine Leute versorgt werden, so lange sie leben.

MATO NOUPA (TWO BEARS)

Der Große Vater hat den Kommissaren gesagt, daß alle Indianer Rechte in den Black Hills haben, und daß jeglicher Beschluß, den die Indianer fassen, respektiert werden soll ... Ich bin ein Indianer, und die Weißen halten mich für dumm – wohl deshalb, weil ich den Rat des Weißen Mannes befolge.

SHUNKA WITKO (FOOL DOG)

Unser Großer Vater hat eine große Schatzkammer. Der Berg ist unsere Schatzkammer ... Wir wollen siebzig Millionen Dollar für die Black Hills. Legt das Geld so an, daß es Zinsen bringt, damit wir Vieh kaufen können. So machen es die Weißen.

MATO GLESKA (SPOTTED BEAR)

Ihr habt eure Köpfe zusammengesteckt und eine Decke darüber gebreitet. Dieser Berg dort ist unser Reichtum, und ihr habt ihn von uns verlangt ... Ihr Weißen seid alle in unser Reservat gekommen und habt uns unser Eigentum weggenommen, doch damit seid ihr nicht zufrieden – ihr wollt uns all unsere Schätze nehmen.

DEAD EYES

Ich werde dieses Land nie verlassen; all meine Verwandten liegen hier unter der Erde, und wenn ich sterbe, möchte ich hier sterben.

SHUNKAHA NAPIN (WOLF NECKLACE)

Wir haben dagesessen und zugesehen, wie sie vorbeizogen, um Gold zu holen, und haben nichts gesagt ... Meine Freunde, als ich nach Washington fuhr, ging ich in euer Geldhaus, und ich hatte einige junge Männer bei mir, doch keiner von ihnen hat irgendwelches Geld aus diesem Haus genommen, während ich bei ihnen war. Zur gleichen Zeit kommen die Leute eures Großen Vaters in mein Land und gehen in mein Geldhaus (die Black Hills) und nehmen Geld heraus.

MAWATANI HANSKA (LONG MANDAN)

Meine Freunde, seit vielen Jahren sind wir in diesem Land; wir gehen nie ins Land des Großen Vaters und belästigen ihn. Doch seine Leute kommen in unser Land und belästigen uns; sie tun viele böse Dinge und bringen unseren Leuten Schlechtes bei ... Bevor eure Leute das Meer überquerten und in dieses Land kamen und von jener Zeit bis heute, habt ihr nie daran gedacht, ein Land zu kaufen, in dem es so viele Reichtümer gibt wie in diesem. Meine Freunde, dieses Land, das ihr kaufen wollt, ist das beste Land, das wir haben ... Dieses Land ist mein, ich bin darin aufgewachsen; meine Vorfahren haben in ihm gelebt und sind in ihm gestorben, und ich will in ihm bleiben.

KANGI WIYAKA (CROW FEATHER)

Ihr habt das Wild, von dem wir lebten, aus dem Land vertrieben, und jetzt besitzen wir nichts mehr von Wert außer den Bergen, die wir euch geben sollen ... Die Erde ist voller Bodenschätze aller Art, und über der Erde ist der Boden bedeckt mit dichten Nadelwäldern, und wenn wir diese dem Großen Vater geben, geben wir das letzte her, was für uns oder für die Weißen von Wert ist.

WANIGI SKA (WHITE GHOST)

Wenn die Prärie brennt, könnt ihr vom Feuer eingeschlossene Tiere sehen; sie laufen und suchen sich zu verbergen, damit sie nicht verbrennen. Ebenso ergeht es uns.

NAJINYANUPI (SURROUNDED)

Bald nachdem Red Cloud, Spotted Tail und die Tetons sich in ihren Reservaten im Nordwesten Nebraskas niedergelassen hatten, gingen in den Siedlungen der Weißen Gerüchte um, daß in den Black Hills ungeheure Goldschätze verborgen seien. *Paha Sapa*, die Black Hills, waren der Mittelpunkt der Welt, der Ort der Götter und heiligen Berge, zu dem Krieger zogen, um mit dem Großen Geist zu sprechen und auf Visionen zu warten. 1868 hielt der Große Vater die Berge für wertlos und überließ sie vertraglich für ewige Zeiten den Indianern. Vier Jahre später brachen weiße Goldgräber den Vertrag. Sie drangen in *Paha Sapa* ein und suchten in den Felsen und klaren Flüssen das goldene Metall, nach dem die Weißen verrückt waren. Als die Indianer diese verrückten Weißen in ihren heiligen Bergen entdeckten, töteten oder verjagten sie sie. 1874 riefen die goldhungrigen Amerikaner solche Unruhe hervor, daß die Armee beauftragt wurde, eine Erkundungsexpedition in die Black Hills zu unternehmen. Die Regierung der Vereinigten Staaten holte nicht die Einwilligung der Indianer zu dieser militärischen Aktion ein, obwohl der Vertrag von 1868 Weißen verbot, das Land ohne Erlaubnis der Indianer zu betreten.

Im Mond der Roten Kirschen zogen über tausend Ponysoldaten von Fort Abraham Lincoln durch die Prärie zu den Black Hills. Es war das Seventh Cavalry, und an seiner Spitze ritt General George Armstrong Custer, jener Star Chief, der 1868 Black Kettles Southern Cheyennes am Washita massakriert hatte. Die Sioux nannten ihn Pahuska (Long Hair), und da sie vor seinem Kommen nicht gewarnt worden waren, konnten sie nur aus der Ferne zusehen, wie die langen Kolonnen blauuniformierter Soldaten und mit Planen bedeckter Wagen in ihr heiliges Land eindrangen.

Als Red Cloud von Long Hairs Expedition erfuhr, protestierte er: »Ich will nicht, daß General Custer und all seine Soldaten in die Black Hills gehen, denn dies ist das Land der Oglala-Sioux.« Es war auch das Land der Cheyennes, Arapahos und anderer Siouxstämme. Die Empörung der Indianer war so groß, daß Ulysses Grant, der Große Vater, verkündete, er werde »das Eindringen von Unbefugten in dieses Land verhindern, so lange es durch Gesetz und Vertrag den Indianern zugesichert ist«.

Doch als Custer berichtete, daß die Berge »von den Graswurzeln abwärts« voller Gold seien, fielen Gruppen von Weißen wie Heuschrecken in das Land ein. Der Weg, den Custers Wagen mitten durch *Paha Sapa* gebahnt hatten, wurde von den Indianern bald Thieves' Road (Straße der Diebe) genannt.

Red Cloud hatte in jenem Sommer mit J. J. Saville, seinem Reservatsagenten, Streit wegen der schlechten Qualität der Lebensmittel und Waren, die an die Oglalas ausgegeben wurden. Diese Angelegenheit nahm ihn so in Anspruch, daß ihm nicht recht bewußt wurde, welche Bedeutung Custers Eindringen in die Black Hills für die Sioux hatte – vor allem für jene, die jedes Frühjahr die Reservate verließen, um nahe den Bergen zu jagen und zu kampieren. Wie viele andere alternde Häuptlinge, befaßte sich Red Cloud zuviel mit Nebensächlichkeiten und verlor den Kontakt mit den jüngeren Stammesangehörigen.

Im Herbst nach Custers Expedition kehrten die Sioux, die im Norden gejagt hatten, zur Agentur zurück. Sie waren zutiefst empört, als sie erfuhren, daß die Weißen in *Paha Sapa* eingedrungen waren, und einige sprachen davon, gegen die Goldgräber, die die Berge überschwemmten, in den Krieg zu ziehen. Red Cloud riet ihnen, geduldig zu sein; er war überzeugt, daß der Große Vater sein Versprechen halten und die Goldgräber durch Soldaten vertreiben lassen würde. Im Oktober geschah jedoch etwas, was Red Cloud klarmachte, wie wütend seine jungen Männer auf Long Hairs Soldaten waren. Am 22. Oktober beauftragte Agent Saville einige seiner weißen Arbeiter, eine große Kiefer zu fällen und zur Agentur zu bringen. Als die Indianer den Baumstamm auf dem Boden liegen sahen, fragten sie Saville, was er daraus machen wolle. Einen Fahnenmast, erwiderte Saville; er wolle eine Fahne über der Agentur hissen. Die Indianer protestierten. Sie hatten gesehen, daß über Long Hair Custers Lagern jenseits der Black Hills Fahnen wehten, und sie wollten in ihrer Agentur nichts, was sie an die Soldaten erinnerte.

Saville kümmerte sich nicht um die Proteste und ließ seine Männer am nächsten Morgen ein Loch für den Fahnenmast graben. Nach einigen Minuten erschien eine Gruppe junger Krieger mit Äxten und begann den Baumstamm in Stücke zu zerhacken. Saville befahl ihnen, damit aufzuhören, und als sie nicht gehorchten, ging er zu Red Cloud und bat ihn, es den Kriegern zu verbieten. Red Cloud lehnte ab; er wußte, daß die Krieger nur ihren Zorn über Long Hairs Eindringen in die Black Hills ausließen.

Wütend wies Saville daraufhin einen seiner Arbeiter an, nach Fort Robinson zu reiten und eine Kompanie Kavallerie zu Hilfe zu holen. Als die Krieger den Mann zum Fort reiten sahen, errieten sie seinen Auftrag. Sie liefen zu ihren Wigwams, bewaffneten und bemalten sich und ritten den Kavalleristen entgegen. Es waren nur sechsundzwanzig Blauröcke, angeführt von einem Leutnant. Die Krieger umzingelten sie, feuerten ihre Gewehre in die Luft ab und stießen Kriegsschreie aus. Der Leutnant (Emmet Crawford) ließ sich keine Angst einjagen. Durch die große Staubwolke, die die ihn und seine Männer umkreisenden Krieger aufwirbelten, zog er mit seinem Trupp unbeirrt weiter zur Agentur. Einige jüngere Krieger ritten nahe heran und stießen mit ihren Ponys gegen die Pferde der Soldaten, um sie zum Kampf zu reizen.

Diesmal eilte nicht eine andere Kavallerieeinheit Leutnant Crawford zu Hilfe, sondern eine Gruppe Sioux von der Agentur, angeführt von Young-Man-Afraid-of-His-Horses, dem Sohn von Old-Man-Afraid. Die Agenturindianer durchbrachen den Ring der Krieger, nahmen die Blauröcke in ihre Mitte und begleiteten sie zur Agentur. Die Krieger waren so aufgebracht, daß sie die Agentur niederzubrennen versuchten, und Red Dog und Old-Man-Afraid-of-His-Horses konnten sie nur mit Mühe davon abbringen.

Wieder lehnte Red Cloud es ab, sich einzumischen. Es überraschte ihn nicht, als viele der Krieger ihre Sachen packten, ihre Wigwams abbauten und wieder nach Norden zogen, um den Winter außerhalb des Reservats zu verbringen. Sie hatten ihm bewiesen, daß sie immer noch echte Siouxkrieger waren, die ein Eindringen der Weißen in ihre heiligen Berge niemals dulden würden, doch anscheinend wurde Red Cloud nicht klar, daß er diese jungen Männer für immer verloren hatte. Sie hatten statt ihm Sitting Bull und Crazy Horse zu ihren Führern gewählt, die beide nie in einem Reservat gelebt und von den Weißen Almosen angenommen hatten.

Bis zum Frühjahr 1875 hatten die Berichte über das Gold in den Black Hills Tausende von Schürfern angelockt, die den Missouri River hinauf und über die Thieves' Road zogen. Die Armee entsandte Soldaten, um den Strom aufzuhalten. Einige wurden von den Bergen vertrieben, doch man unternahm keine militärische Aktion gegen sie, und sie kehrten bald zurück. General Crook (den die Prärie-Indianer nicht Gray Wolf, sondern Three Stars nannten) erkundete die Black Hills und fand in dem Gebiet über tausend Goldgräber. Three Stars wies sie höflich darauf hin, daß sie gegen das Gesetz verstießen, und befahl ihnen, abzuziehen, doch er unternahm nichts, um seine Anordnungen durchzusetzen.

Red Cloud und Spotted Tail waren empört darüber, daß die Armee ihr Territorium nicht schützte, und erhoben bei den Washingtoner Behörden energisch Protest. Der Große Vater schickte daraufhin eine Kommission, die »mit den Sioux-Indianern über die Abtretung der Black Hills verhandeln« sollte. Mit anderen Worten – man wollte den Indianern ein weiteres Stück des ihnen für ewige Zeiten zugesprochenen Territoriums wegnehmen. Wie üblich bestand die Kommission aus Politikern, Missionaren, Händlern und Offizieren. Senator William B. Allison aus Iowa war der Vorsitzende, Reverend Samuel D. Hinman, der sich lange bemüht hatte, die Santees zum Christentum zu bekehren, der Obermissionar. General Alfred Terry vertrat das Militär, John Collins, Händler in Fort Laramie, die wirtschaftlichen Interessen.

Damit auch freilebende Indianer an den Verhandlungen teilnahmen, schickte man Läufer zu Sitting Bull, Crazy Horse und anderen »wilden« Häuptlingen

Sitting Bull

und lud sie zu der Konferenz ein. Der Mischling Louis Richard überbrachte Sitting Bull den Brief der Regierung und las ihn ihm vor. Sitting Bull erwiderte: »Gehe zum Großen Vater und sage ihm, daß ich nicht bereit bin, irgendwelches Land an die Regierung zu verkaufen.« Er hob mit zwei Fingern Staub vom Boden auf und fügte hinzu: »Nicht einmal soviel.« Auch Crazy Horse war gegen den Verkauf von Siouxland, vor allem der Black Hills. Er lehnte es ab, an der Konferenz teilzunehmen, doch Little Big Man sollte als Beobachter die freien Oglalas vertreten.

Wenn die Kommissare ruhige Verhandlungen mit einigen gefügigen Häuptlingen und den Abschluß eines günstigen Geschäfts erwarteten, so wurden sie bitter enttäuscht. Als sie an dem Treffpunkt, der sich zwischen den Agenturen Red Clouds und Spotted Tails am White River befand, eintrafen, war die Prärie im Umkreis mehrerer Kilometer voller Siouxlager und riesiger grasender Ponyherden. Sämtliche Siouxstämme vom Missouri River im Osten bis zum Bighorn-Land im Westen sowie viele der mit ihnen befreundeten Cheyennes und Arapahos hatten sich versammelt – mehr als zwanzigtausend Indianer.

Nur wenige von ihnen hatten den Vertrag von 1868 gesehen, doch viele kannten die Bedeutung einer bestimmten Klausel in dem heiligen Dokument: »Keine Vereinbarung über die Abtretung eines Teils dieses Reservats ... hat Gültigkeit oder Rechtskraft ... wenn sie nicht von mindestens *drei Vierteln aller erwachsenen männlichen Indianer*, die in demselben wohnen oder daran interessiert sind, unterzeichnet wird.« Selbst wenn es den Kommissaren gelungen wäre, sämtliche anwesenden Häuptlinge einzuschüchtern oder zu bestechen, hätten sie nicht mehr als ein Dutzend Unterschriften von jenen Tausenden erzürnten, gut bewaffneten Kriegern erhalten, die entschlossen waren, von ihrem Territorium nicht eine Handbreit Boden herzugeben.

Am 20. September 1875 versammelte sich die Kommission im Schatten einer großen Zeltplane, die man neben einem einsamen Baumwollbaum in der Prärie aufgespannt hatte. Als die Kommissare sich auf ihre Stühle setzten, sahen sie in der Ferne die ruhelos herumziehenden Indianerscharen. Ein Trupp von 120 Kavalleristen auf weißen Pferden aus Fort Robinson erschien und stellte sich in einer Reihe hinter dem Zelt auf. Spotted Tail kam mit einem Wagen von seiner Agentur, doch Red Cloud hatte mitgeteilt, daß er an den Verhandlungen nicht teilnehmen werde. Nacheinander trafen einige andere Häuptlinge ein, und dann stieg plötzlich auf einem fernen Hügel eine Staubwolke auf. Eine Gruppe Indianer galoppierte auf das Konferenzzelt zu. Sie trugen Kampfkleidung, und als sie näher kamen, schwenkten sie ab und ritten um die Kommissare herum, wobei sie ihre Gewehre in die Luft abfeuerten und Kriegsschreie ausstießen. Dann trabten sie davon und stellten sich unmittelbar hinter den Kavalleristen in einer Reihe auf. Inzwischen näherte sich eine zweite Gruppe Indianer, und so erschien ein Kriegerstamm der Sioux nach dem andern und demonstrierte seine Macht, bis ein Kreis von mehreren tausend Indianern die Kommission umgab. Nun traten die Häuptlinge vor – überzeugt, daß sie die Kommissare gebührend beeindruckt hatten. Sie ließen sich in einem Halbkreis gegenüber den nervösen Weißen nieder und warteten gespannt, was sie ihnen über die Black Hills zu sagen hatten.

In den paar Tagen, die die Kommissare in Fort Robinson gewesen waren und die Stimmung der Indianer beobachtet hatten, hatten sie erkannt, daß es aussichtslos war, die Berge kaufen zu wollen, und statt dessen beschlossen, über die Schürfrechte zu verhandeln. »Wir fragen euch, ob ihr bereit seid, unseren Leuten das Recht zu geben, gegen eine angemessene Summe in den Black Hills zu schürfen, so lange Gold oder andere wertvolle Bodenschätze zu finden sind«, begann Senator Allison. »Wenn ja, so werden wir mit euch ein Abkommen darüber treffen. Wenn kein Gold oder andere wertvolle Bodenschätze mehr vorhanden sind, wird das Land wieder euch gehören, und ihr könnt darüber nach Belieben verfügen.«

Spotted Tail erschien dieser Vorschlag wie ein Witz. Bat der Kommissar die Indianer, die Black Hills den Weißen für eine Weile zu *leihen*? Er fragte Senator Allison, ob er ihm zu solchen Bedingungen ein Maultiergespann leihen würde.

»Es wird für unsere Regierung schwierig sein, die Weißen von den Bergen fernzuhalten«, fuhr Allison fort, »denn es gibt sehr viele Weiße, die dorthin zu gehen wünschen.« Aus dem nächsten Vorschlag des Senators ging hervor, daß er keine Ahnung hatte, was den Prärie-Indianern das Land am Powder River bedeutete: »Es liegt ein anderes Land weit zur untergehenden Sonne hin, das ihr durchstreift und in dem ihr jagt, und das sich bis zu den Gipfeln der Bighorn Mountains erstreckt ... Es scheint für euch nicht von großem Wert oder Nutzen zu sein, und unsere Leute würden es gern haben.«

Während Senator Allisons unglaubliche Forderungen übersetzt wurden, kam Red Dog auf einem Pony angeritten und berichtete, daß er eine Botschaft von Red Cloud erhalten habe. Der Oglalahäuptling, der vermutlich ahnte, wie habgierig die Kommissare waren, ersuchte um eine einwöchige Unterbrechung, damit die Stämme Zeit hatten, über die ihr Land betreffenden Vorschläge zu beraten. Die Kommissare erklärten sich bereit, den Indianern eine Frist von drei Tagen zu geben, damit sie ihre Stammesversammlungen abhalten konnten. Am 23. September erwarteten sie die endgültigen Antworten der Häuptlinge.

Der Gedanke, ihren letzten großen Jagdgrund aufzugeben, war so absurd, daß ihn keiner der Häuptlinge bei ihren Beratungen auch nur zur Sprache gebracht hatte. Sie diskutierten sehr eingehend über die Frage der Black Hills. Einige meinten, wenn die Regierung nicht die Absicht habe, den Vertrag zu erzwingen, dann sollten die Indianer eine große Summe Geld für das gelbe Metall, das aus den Bergen fortgeschafft wurde, verlangen. Andere waren entschlossen, um keinen Preis zu verkaufen. Die Black Hills gehörten den Indianern, sagten sie; wenn die Blauröcke die Goldgräber nicht vertrieben, dann müßten es die Krieger tun.

Am 23. September kamen die Kommissare mit Ambulanzwagen der Armee, eskortiert von einem etwas größeren Kavallerietrupp, von Fort Robinson wieder zu dem Konferenzzelt. Red Cloud protestierte energisch gegen die große Zahl von Soldaten. Als er eben mit seiner einleitenden Rede an die Kommissare beginnen wollte, brach unter den Kriegern in der Ferne plötzlich Unruhe aus. Etwa dreihundert Oglalas, die aus dem Land am Powder River kamen, trabten auf ihren Ponys, hin und wieder Schüsse abfeuernd, einen Berg herunter. Einige sangen ein Siouxlied:

> Die Black Hills sind mein Land, und ich liebe es,
> Und wer es mir nehmen will,
> Wird dieses Gewehr hören.

Ein Indianer auf einem grauen Pferd zwängte sich zwischen den um das Zelt versammelten Kriegern hindurch. Es war Little Big Man, Crazy Horses Abgesandter; an seinem Gürtel trug er zwei Revolver. »Ich werde den ersten Häuptling, der für den Verkauf der Black Hills eintritt, töten!« rief er. Er ließ sein Pferd auf den freien Platz zwischen den Kommissaren und den Häuptlingen tänzeln.

Young-Man-Afraid-of-His-Horses und eine Gruppe von Siouxordnern umringten Little Big Man sofort und drängten ihn weg. Die Häuptlinge und die Kommissare müssen jedoch gespürt haben, daß Little Big Man die Gefühle der meisten anwesenden Krieger zum Ausdruck brachte. General Terry forderte die anderen Kommissare auf, mit den Ambulanzwagen nach Fort Robinson zurückzufahren und dort Schutz zu suchen.

Nachdem sie den Indianern einige Tage Zeit gelassen hatten, sich zu beruhigen, vereinbarten die Kommissare heimlich ein Treffen mit zwanzig Häuptlingen im Hauptquartier von Red Clouds Agentur. Während der dreitägigen Verhandlungen machten die Häuptlinge den Vertretern des Großen Vaters klar, daß sie nicht bereit waren, die Black Hills billig zu verkaufen. Spotted Tail verlor schließlich die Geduld und forderte die Kommissare auf, ein schriftliches Angebot zu machen.

Daraufhin boten die Kommissare vierhunderttausend Dollar jährlich für die

Schürfrechte oder sechs Millionen Dollar, zahlbar in fünfzehn jährlichen Raten, wenn die Indianer die Berge zu verkaufen wünschten. (Dies war wahrhaftig ein Spottpreis, wenn man bedenkt, daß eine einzige Mine allein Gold im Wert von über fünfhundert Millionen Dollar enthielt.)

Red Cloud erschien nicht einmal zu der letzten Zusammenkunft und ließ Spotted Tail für alle Sioux sprechen. Spotted Tail lehnte beide Angebote entschieden ab. Die Black Hills seien weder zu verpachten noch zu verkaufen.

Die Kommissare kehrten nach Washington zurück, berichteten, daß es ihnen nicht gelungen war, die Sioux zur Abtretung der Black Hills zu bewegen, und empfahlen dem Kongreß, ohne Rücksicht auf die Wünsche der Indianer »eine angemessene Entschädigung für die Berge« festzusetzen und die Indianer vor diese »endgültige Entscheidung« zu stellen.

Dadurch wurde eine Reihe von Aktionen ausgelöst, die für die Armee der Vereinigten Staaten die größte Niederlage in den Kriegen gegen die Indianer zur Folge haben und die nördlichen Prärie-Indianer schließlich für immer um ihre Freiheit bringen sollte:

9. November 1875: E. T. Watkins, Sonderinspektor des Indian Bureau, berichtet dem Kommissar für Indianische Angelegenheiten, die außerhalb der Reservate lebenden Prärie-Indianer seien gut genährt und bewaffnet, in ihrer Haltung stolz und selbstbewußt und deshalb eine Gefahr für das Reservatsystem. Inspektor Watkins empfiehlt, gegen diese unzivilisierten Indianer »im Winter, je früher desto besser, Truppen einzusetzen und sie mit Gewalt zu unterwerfen«.

22. November 1875: Kriegsminister W. W. Belknap warnt, daß es zu Unruhen in den Black Hills kommen könnte, »wenn nicht etwas unternommen wird, um den Besitz jenes Gebietes den weißen Goldgräbern zu sichern, die durch Berichte über reiche Lager des wertvollen Metalls in großer Zahl angezogen worden sind«.

9. Dezember 1875: Edward P. Smith, der Kommissar für Indianische Angelegenheiten, weist die Sioux- und Cheyenne-Agenten an, sämtliche außerhalb der Reservate befindlichen Indianer aufzufordern, sich bis 31. Januar 1876 bei ihren Agenturen einzufinden; wenn sie nicht Folge leisteten, werde man sie »durch Militär dazu zwingen«.

1. Februar 1876: Der Innenminister teilt dem Kriegsminister mit, daß die den »feindseligen Indianern« gesetzte Frist, bis zu der sie sich in ihren Reservaten einfinden sollten, abgelaufen sei und daß er die Militärbehörden auffordern werde, den Umständen angemessene Aktionen zu unternehmen.

7. Februar 1876: Das Kriegsministerium bevollmächtigt General Sheridan, Kommandeur der Military Division Missouri, mit Operationen gegen die

»feindseligen Sioux«, darunter die Gruppen unter Sitting Bull und Crazy Horse, zu beginnen.
8. Februar 1876: General Sheridan befiehlt den Generalen Crook und Terry, Vorbereitungen für militärische Operationen im Quellgebiet des Powder, Tongue, Rosebud und Bighorn, »wo sich Crazy Horse und seine Verbündeten häufig aufhalten«, zu treffen.
Sobald diese Maschinerie von der Regierung in Bewegung gesetzt worden war, ließ sie sich nicht mehr anhalten. Als Ende Dezember von den Agenturen Boten zu den Häuptlingen außerhalb der Reservate geschickt wurden, die sie auffordern sollten, sich einzufinden, bedeckte hoher Schnee die nördliche Prärie. Stürme und bittere Kälte waren schuld daran, daß einige Kuriere erst Wochen nach dem 31. Januar zurückkehrten, und es wäre unmöglich gewesen, Frauen und Kinder mit Ponys und Schlitten zu transportieren. Wäre es einigen tausend »feindseligen Indianern« irgendwie gelungen, die Agenturen zu erreichen, so wären sie dort verhungert. In den Reservaten waren Ende des Winters die Lebensmittelvorräte so knapp, daß Hunderte von Indianern im März nach Norden zogen, um Wild zu suchen und ihre kärglichen Regierungsrationen aufzubessern.
Im Januar fand ein Kurier an der Mündung des Powder Sitting Bulls Lager. Der Hunkpapahäuptling schickte ihn zum Agenten zurück und ließ ihm ausrichten, daß er in Erwägung ziehen werde zu kommen, doch sei dies erst im Frühling möglich.
Crazy Horses Oglalas hatten ihr Winterlager in der Nähe von Bear Butte errichtet, wo die Thieves' Road von Norden her in die Black Hills führte. Im Frühjahr würde sich diese Stelle gut für Überfälle auf Goldgräber eignen, die in die heiligen Berge eindrangen. Als Agenturkuriere sich durch den Schnee zu Crazy Horse vorarbeiteten, sagte er ihnen höflich, er könne erst kommen, wenn die Kälte nachlasse. »Es war sehr kalt«, berichtete später ein junger Oglala, »und viele unserer Leute und Ponys wären im Schnee umgekommen. Außerdem waren wir in unserem eigenen Land und taten nichts Böses.«
Das Ultimatum, in dem der 31. Januar als letzte Frist gesetzt wurde, kam fast einer Kriegserklärung an die unabhängigen Indianer gleich, und viele faßten es so auf. Doch sie erwarteten nicht, daß die Blauröcke so bald zuschlagen würden. Im Februar marschierte Three Stars Crook auf der alten Bozeman Road, wo Red Cloud vor zehn Jahren seinen verbissenen Kampf zur Verteidigung des Landes am Powder River begonnen hatte, nach Norden.
Etwa zur gleichen Zeit brach eine aus Northern Cheyennes und Oglala-Sioux bestehende Gruppe von Red Clouds Agentur zum Land am Powder River auf, wo sie ein paar Büffel und Antilopen zu finden hoffte. Mitte März schloß

sie sich einigen frei lebenden Indianern an, die einige Kilometer von der Mündung des Little Powder in den Powder kampierten. Two Moon, Little Wolf, Old Bear, Maple Tree und White Bull waren die Cheyenneführer. Low Dog war der Oglalahäuptling, und einige seiner Krieger stammten aus Crazy Horses weiter nördlich gelegenem Dorf.

In der Morgendämmerung des 17. März griff Crooks Vorhut unter Colonel J. Reynolds völlig überraschend dieses friedliche Lager an. Die Indianer, die in ihrem eigenen Land nichts befürchteten, schliefen, als Captain Egans Trupp auf weißen Pferden, mit Pistolen und Karabinern feuernd, in das aus Wigwams bestehende Dorf stürmte. Zugleich griff ein zweiter Kavallerietrupp von links her an, und ein dritter trieb die Pferde der Indianer fort.

Als erstes versuchten die Indianer, möglichst viele Frauen und Kinder aus dem Schußbereich der Soldaten zu bringen, die in alle Richtungen feuerten. »Alte Leute wankten und humpelten davon, um den Kugeln zu entgehen, die zwischen den Wigwams hin und her pfiffen«, berichtete Wooden Leg später. »Krieger ergriffen ihre Waffen und bemühten sich, den Angriff abzuschlagen.« Sowie die Frauen, Kinder und alten Leute auf einen zerklüfteten Berghang gelaufen waren, gingen die Krieger zwischen den Felsen in Stellung und versuchten, die Soldaten in Schach zu halten, damit Frauen und Kinder über den Powder flüchten konnten.

»Aus der Ferne sahen wir, wie unser Dorf zerstört wurde«, sagte Wooden Leg. »Unsere Wigwams wurden mit allem, was sich darin befand, niedergebrannt . . . Mir blieb nichts als die Kleider, die ich trug.« Die Blauröcke vernichteten das ganze Dörrfleisch und alle Sättel im Lager und trieben fast alle Ponys der Indianer fort – »zwischen zwölf- und fünfzehnhundert Stück«. Sobald es finster wurde, begaben sich die Krieger zum Lager der Soldaten, um sich ihre gestohlenen Pferde wiederzuholen. Two Moon schilderte, was geschah: »Die Soldaten schliefen, und die Pferde standen auf der einen Seite des Lagers. Wir schlichen hin, stahlen sie uns wieder und machten dann, daß wir wegkamen.«

Three Stars Crook war auf Colonel Reynolds so wütend, weil er zugelassen hatte, daß die Indianer aus ihrem Dorf entkamen und ihre Pferde zurückholten, daß er ihn vor ein Kriegsgericht stellen ließ. Die Armee nannte dieses Unternehmen »den Angriff auf Crazy Horses Dorf«, doch Crazy Horses Lager befand sich mehrere Kilometer weiter nordöstlich. Dorthin brachten Two Moon und die anderen Häuptlinge ihre Leute, in der Hoffnung, Nahrung und Schutz zu finden. Sie waren mehrere Tage unterwegs. Nachts sank die Temperatur unter null Grad, nur wenige besaßen Büffelumhänge, und sie hatten kaum etwas zu essen.

Crazy Horse nahm die Flüchtlinge voll Gastfreundschaft auf, gab ihnen Lebensmittel und Kleidung und brachte sie in den Wigwams der Oglalas unter. »Ich bin froh, daß ihr gekommen seid«, sagte er zu Two Moon, nachdem ihm dieser erzählt hatte, wie die Blauröcke das Dorf geplündert hatten. »Wir werden wieder gegen die Weißen kämpfen.«

»Einverstanden«, antwortete Two Moon. »Ich bin bereit zu kämpfen. Ich habe bereits gekämpft. Meine Leute sind getötet, meine Pferde gestohlen worden; ich werde mit Freuden kämpfen.«

Im Frühjahr, als das Gras hoch stand und die Pferde kräftig waren, brach Crazy Horse das Lager ab und zog mit den Oglalas und Cheyennes nach Norden zur Mündung des Tongue River, wo Sitting Bull und die Hunkpapas überwintert hatten. Bald danach traf Lame Deer mit einer Gruppe Minneconjous ein und bat um die Erlaubnis, in der Nähe zu kampieren. Sie hatten gehört, daß die Blauröcke durch die Jagdgründe der Sioux marschiert waren, und wollten, falls es zu Zusammenstößen kam, Sitting Bull und seiner großen und mächtigen Gruppe Hunkpapas nahe sein.

Als es wärmer wurde, zogen die Stämme auf der Suche nach Wild und frischem Gras nach Norden. Unterwegs schlossen sich ihnen Gruppen von Brulés, Sans Arcs, Blackfoot Sioux und weitere Cheyennes an. Die meisten dieser Indianer hatten gemäß ihrem vertraglichen Recht zu jagen ihre Reservate verlassen, und jene, die von der Aufforderung gehört hatten, sich bis zum 31. Januar zu stellen, betrachteten sie entweder als eine weitere leere Drohung der Vertreter des Großen Vaters oder glaubten nicht, daß sie für friedliche Indianer galt. »Viele junge Männer brannten darauf, gegen die Soldaten zu kämpfen«, sagte der Cheyennekrieger Wooden Leg. »Doch die Häuptlinge und alten Männer baten uns eindringlich, uns von den Weißen fernzuhalten.«

Während diese mehreren tausend Indianer am Rosebud kampierten, kamen viele junge Krieger aus den Reservaten zu ihnen. Sie berichteten von Gerüchten, denen zufolge starke Streitkräfte der Blauröcke aus drei Richtungen im Anmarsch seien. Three Stars Crook komme von Süden, The One Who Limps (Colonel John Gibbon) von Westen. One Star Terry und Long Hair Custer kämen von Osten.

Bald darauf veranstalteten die Hunkpapas ihren alljährlichen Sonnentanz. Sitting Bull tanzte drei Tage lang, ließ sich Blut abschröpfen und starrte in die Sonne, bis er in Trance fiel. Als er wieder zu sich kam, sprach er zu seinen Leuten. In seinen Visionen hatte er eine Stimme rufen hören: »Ich gebe euch diese Weißen, weil sie keine Ohren haben.« Als er zum Himmel aufblickte, sah er Soldaten herabstürzen wie Heuschrecken – mit den Köpfen nach unten, so daß ihnen die Mützen herunterfielen. Sie stürzten mitten in das Indianerlager. Da die Weißen keine Ohren hatten und nicht hören wollten, gab Wa-Kantanka, der Große Geist, diese Soldaten den Indianern, damit sie sie töteten.

Einige Tage später entdeckte eine Gruppe jagender Cheyennes eine Kolonne Blauröcke, die über Nacht im Tal des Rosebud kampierte. Die Jäger ritten zum Lager zurück und stießen zum Zeichen, daß Gefahr drohte, das Wolfsgeheul aus. Three Stars nahte, und er hatte Crows und Shoshonen als Söldner angeworben, die vor seinen Truppen das Gelände erkundeten.

Die Häuptlinge schickten Ausrufer durch ihre Dörfer und berieten sich dann schnell. Man beschloß, etwa die Hälfte der Krieger zum Schutz der Dörfer zurückzulassen; die anderen sollten durch die Nacht reiten und Three Stars Soldaten am nächsten Morgen angreifen. Die Streitmacht bestand aus etwa tausend Sioux und Cheyennes. Einige Frauen begleiteten sie, um die Reservepferde zu versorgen. Unter den Häuptlingen waren Sitting Bull, Crazy Horse und Two Moon. Kurz vor Tagesanbruch stiegen sie von ihren Pferden und rasteten eine Weile; dann bogen sie vom Fluß ab und ritten durch die Berge.

Die Kundschafter hatten Three Stars Crook von einem großen Indianerdorf am Rosebud berichtet, und der General schickte seine Söldner früh am Morgen dorthin. Als die Crows über einen Bergkamm und den Hang hinunterritten, stießen sie mit den Sioux- und Cheyennekriegern zusammen. Zuerst jagten die Sioux und Cheyennes die Crows in alle Richtungen, doch bald tauchten die Blauröcke auf, und die Krieger zogen sich zurück.

Crazy Horse hatte lange Zeit auf eine Gelegenheit gewartet, sich im Kampf gegen die Blauröcke zu erproben. Die ganzen Jahre seit dem Fetterman-Gefecht bei Fort Phil Kearny hatte er die Soldaten und ihre Kampfesweise studiert. Jedesmal, wenn er in die Black Hills ging, um den Großen Geist anzurufen, hatte er ihn gebeten, ihm geheime Kräfte zu verleihen, damit es ihm gelang, die Oglalas zum Sieg zu führen, falls die Weißen noch einmal in den Krieg gegen sein Volk ziehen sollten. Seit seiner Jugend wußte Crazy Horse, daß die Welt, in der die Menschen lebten, nur ein Schatten der wahren Welt war. Um in die wahre Welt zu kommen, mußte er träumen, und wenn er in der wahren Welt war, schien alles zu schweben oder zu tanzen. In dieser wahren Welt tanzte sein Pferd, als sei es wild oder verrückt, und deshalb nannte er sich Crazy Horse. Er hatte die Erfahrung gemacht, daß er alles durchstehen konnte, wenn er sich im Traum in die wahre Welt versetzte, bevor er in einen Kampf zog.

An diesem Tag, dem 17. Juni 1876, versetzte sich Crazy Horse in die wahre Welt, und er brachte den Sioux viele Dinge bei, die sie noch nie getan hatten, wenn sie gegen die weißen Soldaten kämpften. Als Crook seine Kavalleristen angreifen ließ, stürmten die Sioux nicht in das Feuer ihrer Karabiner vor, sondern wichen zu ihren Flanken aus und schlugen an schwachen Stellen ihrer Linien zu. Crazy Horse befahl seinen Kriegern, auf ihren Pferden zu bleiben und ständig den Platz zu wechseln. Als die Sonne hoch am Himmel stand, hatte er die Soldaten in drei verschiedene Gefechte verwickelt. Die Blauröcke waren es gewohnt, feste Gefechtsformationen zu bilden, und als Crazy Horse ihnen dies unmöglich machte, gerieten sie in Verwirrung. Indem die Sioux auf ihren schnellen Ponys zahlreiche rasche Angriffe unternahmen, verhinderten sie, daß die Soldaten sich vereinigten, und sorgten dafür, daß sie ständig in der Defensive blieben. Wurde das Feuer der Blauröcke zu stark, so zogen die Sioux sich zurück, reizten einige Soldaten dazu, sie zu verfolgen, und stürzten sich dann wieder auf sie.

Auch die Cheyennes zeichneten sich an diesem Tag aus, vor allem bei den gefährlichen Angriffen. Der tapferste von allen war Chief-Comes-in-Sight, doch als er sein Pferd nach einem Angriff gegen die Flanke der Soldaten herumriß, wurde das Tier von einer Infanterielinie der Blauröcke niedergeschossen. Plötzlich galoppierte ein anderer Reiter aus der Stellung der Cheyennes herbei und schirmte mit seinem Pferd Chief-Comes-in-Sight vor dem Feuer der Soldaten ab. Chief-Comes-in-Sight sprang, so schnell er konnte, hinter den Reiter auf das Tier. Der Retter stellte sich als seine Schwester Buffalo-Calf-Road-Woman heraus, die mitgekommen war, um bei der Versorgung der Pferde zu helfen. Die Cheyennes nannten das Gefecht deshalb »Die Schlacht, in der das Mädchen seinen Bruder rettete«. Die Weißen gaben ihr den Namen Schlacht am Rosebud.

Als die Sonne unterging, endete die Schlacht. Die Indianer wußten, daß sie Three Stars einen guten Kampf geliefert hatten, doch sie erfuhren erst am nächsten Morgen, daß sie die Soldaten besiegt hatten. Als Kundschafter der Sioux und Cheyennes in der Morgendämmerung auf einen Bergkamm stiegen, sahen sie weit im Süden die sich zurückziehenden Soldaten. General Crook kehrte zu seinem Stützpunkt am Goose Creek zurück, um auf Verstärkungen oder auf eine Botschaft von Gibbon, Terry oder Custer zu warten. Die Indianer waren für eine Kolonne Soldaten zu stark.

Nach der Schlacht am Rosebud beschlossen die Häuptlinge, nach Westen zum Tal des Greasy Grass (Little Bighorn) zu ziehen. Kundschafter hatten westlich davon große Antilopenherden gesehen, und sie berichteten, daß es in dem nahen Flachland genügend Gras für die Pferde gab. Bald breiteten sich am Westufer des gewundenen Greasy Grass fast fünf Kilometer weit die kreisförmigen Lager aus. Niemand wußte genau, wie groß die Zahl der Indianer war, doch es dürften nicht weniger als zehntausend gewesen sein, darunter drei-

oder viertausend Krieger. »Es war ein sehr großes Dorf; man konnte die Wigwams kaum zählen«, sagte Black Elk.

Weiter stromaufwärts, im Süden, befand sich das Hunkpapa-Lager und nicht weit davon das der Blackfoot Sioux. Die Hunkpapas kampierten immer am Eingang oder am oberen Ende des Kreises; daher hatten sie ihren Namen. Südlich von ihnen lagerten die Sans Arcs, die Minneconjous, die Oglalas und die Brulés, im Norden die Cheyennes.

Im April war es an manchen Tagen schon warm genug, daß die Jungen im Schmelzwasser des Greasy Grass schwimmen konnten. Gruppen von Jägern zogen zu den Bighorns, wo sie ein paar Büffel und Antilopen gefunden hatten. Die Frauen gruben in der Prärie wilde Rüben aus. Jeden Abend veranstalteten einer oder mehrere der Stämme Tänze, und manchmal trafen sich die Häuptlinge abends zu Beratungen. »Die Häuptlinge der verschiedenen Stämme waren einander ebenbürtig«, sagte Wooden Leg. »Nur einen betrachtete man als über allen anderen stehend. Das war Sitting Bull. Er wurde als der oberste Häuptling aller Lager anerkannt.«

Sitting Bull glaubte nicht, daß sich mit dem Sieg am Rosebud seine Vision, daß die Soldaten in das Indianerlager fallen würden, erfüllt hatte. Seit Three Stars Rückzug hatten die Jäger jedoch zwischen dem Powder und dem Bighorn keine Blauröcke gesehen.

Erst am Morgen des 24. Juni erfuhren die Indianer, daß Long Hair Custers Truppen am Rosebud entlangzogen. Am nächsten Morgen meldeten Kundschafter, daß die Soldaten den letzten hohen Bergkamm zwischen dem Rosebud und ihren Lagern überquert hatten und auf den Little Bighorn zumarschierten.

»Ich grub nicht weit von unserem Lager mit vier Frauen wilde Rüben aus«, sagte Red Horse, einer der Siouxhäuptlinge. »Plötzlich machten mich die Frauen auf eine Staubwolke aufmerksam, die in der Nähe des Lagers aufstieg. Bald sah ich, daß die Soldaten das Lager angriffen. Die Frauen und ich liefen hin. Als ich ankam, sagte mir jemand, ich solle rasch zum Beratungszelt kommen. Die Soldaten griffen jedoch so schnell an, daß wir nicht reden konnten. Wir verließen das Zelt ... Die Sioux holten ihre Gewehre und sprangen auf ihre Pferde, um gegen die Soldaten zu kämpfen. Frauen und Kinder stiegen auf Pferde, um zu flüchten.«

Eine der jungen Frauen, die an jenem Morgen Rüben ausgrub, war Pte-San-Waste-Win, eine Kusine Sitting Bulls. Sie sagte, die Soldaten seien etwa zehn bis zwölf Kilometer weit weg gewesen, als sie sie erblickten. »Wir sahen das Funkeln ihrer Säbel und konnten erkennen, daß es sehr viele Soldaten waren.« Die Soldaten, die Pte-San-Waste-Win und andere Indianer in der Mitte des

Lagers als erste sahen, gehörten zu Custers Bataillon. Diese Indianer bemerkten nichts von Major Marcus Renos Überraschungsangriff auf den südlichen Teil des Lagers, bis sie aus der Richtung, in der sich die Wigwams der Blackfoot-Sioux befanden, Gewehrfeuer hörten. »Plötzlich waren die Soldaten da. Ihre Kugeln schlugen in die Pfähle der Wigwams ... Die Frauen und Kinder schrien vor Todesangst, doch die Männer, die Hunkpapas und Blackfeet, die Oglalas und Minneconjous, sprangen auf ihre Pferde und rasten zu den Blackfoot-Wigwams. In der Ferne sahen wir immer noch die Kolonne Long Hairs, und unsere Männer ... eilten, das Kampflied singend, zu dem Gefecht hinter dem Blackfoot-Dorf.«

Black Elk, ein dreizehnjähriger Oglalajunge, schwamm mit seinen Freunden im Little Bighorn, als er plötzlich im Hunkpapalager einen Ausrufer schreien hörte: »Die Soldaten kommen! Sie greifen an! Die Soldaten kommen!« Ein Oglalaausrufer wiederholte die Warnung, und Black Elk hörte, wie sie von Lager zu Lager nach Norden zu den Cheyennes weitergegeben wurde.

Auch Low Dog, ein Oglalahäuptling, vernahm den Warnruf. »Ich konnte es nicht glauben. Ich dachte, es sei ein falscher Alarm. Ich hielt es nicht für möglich, daß uns die Weißen, so stark, wie wir waren, angreifen würden ... Obwohl ich nicht glaubte, daß es ein echter Alarm war, machte ich mich sofort fertig. Als ich mein Gewehr nahm und aus meinem Wigwam trat, hatte der Angriff auf der Seite des Lagers, wo Sitting Bull und die Hunkpapas waren, bereits begonnen.«

Iron Thunder befand sich im Lager des Minneconjous: »Ich merkte nichts von Renos Angriff, bis seine Männer so nahe heran waren, daß ihre Kugeln durch das Lager pfiffen und alles in Verwirrung geriet. Die Pferde hatten solche Angst, daß wir sie nicht einfangen konnten.«

Crow King, der im Hunkpapa-Lager war, sagte, Renos Kavalleristen hätten aus etwa vierhundert Meter Entfernung zu schießen begonnen. Die Hunkpapas und Blackfoot-Sioux zogen sich langsam zu Fuß zurück, damit die Frauen und Kinder Zeit hatten, an einen sicheren Ort zu flüchten. »Andere Indianer sprangen auf unsere Pferde. Inzwischen hatten sich genügend Krieger versammelt, daß wir gegen die Weißen vorgehen konnten.«

Fünf Kilometer nördlich des Cheyennelagers tränkte Two Moon seine Pferde. »Ich wusch sie mit kaltem Wasser ab und schwamm ein wenig. Dann ging ich zu Fuß zum Lager zurück. Als ich zu meinem Wigwam kam, blickte ich den Little Bighorn zu Sitting Bulls Lager hinauf. Ich sah eine große Staubwolke. Gleich darauf galoppierte ein Sioux ins Lager und schrie: ›Soldaten kommen! Viele weiße Soldaten!‹«

Two Moon befahl den Cheyennekriegern, ihre Pferde zu besteigen, und wies die Frauen an, außerhalb des Dorfes Deckung zu suchen. »Ich ritt schnell zu Sitting Bulls Lager. Dann sah ich die weißen Soldaten (Renos Männer). Sie kämpften in einer Reihe. Indianer stürmten herbei und trieben die Soldaten durcheinander – Sioux, dann Soldaten, dann wieder Sioux, und alle schossen. Die Luft war voller Rauch und Staub. Ich sah, wie die Soldaten sich zurückzogen und zum Flußbett hinunterströmten wie fliehende Büffel.«

Der Kriegshäuptling, der die Indianer versammelte und Renos Angriff abschlug, war ein muskulöser, kräftiger sechsunddreißig Jahre alter Hunkpapa namens Pizi (Gall). Er war als Waisenkind beim Stamm aufgewachsen. Schon als junger Mann hatte er sich als Jäger und Krieger ausgezeichnet, und Sitting Bull adoptierte ihn als jüngeren Bruder. Als die Kommissare vor ein paar Jahren versucht hatten, die Sioux zu überreden, gemäß dem Vertrag von 1868 Landwirtschaft zu betreiben, war Gall als Sprecher der Hunkpapas nach Fort Rice gegangen. »Wir sind nackt zur Welt gekommen«, sagte er, »und man hat uns gelehrt, zu jagen und vom Wild zu leben. Ihr sagt uns, wir müssen Getreide anbauen, in einem Haus leben und eure Lebensweise annehmen. Angenommen, die Menschen, die jenseits des großen Meeres leben, würden kommen, euch sagen, ihr müßt aufhören, Landwirtschaft zu treiben, euer Vieh töten und euch eure Häuser und euer Land wegnehmen – was würdet ihr tun? Würdet ihr nicht gegen sie kämpfen?« In den zehn folgenden Jahren änderte nichts Galls Meinung, daß die Weißen selbstgerecht und überheblich waren, und im Sommer 1876 wurde er von den Hunkpapas allgemein als Sitting Bulls Stellvertreter und Kriegshäuptling des Stammes anerkannt.

Reno überraschte bei seinem ersten Angriff mehrere Frauen und Kinder im Freien, und fast die gesamte Familie Galls wurde von den Kugeln der Kavalleristen getötet. »Zorn und Haß erfüllten mein Herz«, sagte er einige Jahre später einem Journalisten. »Nachdem dies geschehen war, tötete ich alle meine Feinde mit dem Beil.« Ebenso kurz und klar schilderte er die Taktik, mit der sie Renos Angriff abgeschlagen hatten: »Sitting Bull und ich waren an der Stelle, wo Reno angriff. Sitting Bull war ein Mann mit großer Zauberkraft. Die Frauen und Kinder wurden schnell den Fluß hinuntergeschickt ... Die Frauen und Kinder fingen die Pferde für die Krieger ein; die Krieger bestiegen sie, schlugen Reno zurück und jagten ihn in den Wald.«

Militärisch ausgedrückt griff Gall Renos Flanke an und trieb ihn in den Wald. Dann zwang er Reno zu einem hastigen Rückzug, den die Indianer, indem sie schnell nachstießen, in eine Flucht verwandelten. Infolgedessen konnte Gall Hunderte von Kriegern abziehen und zu einer Frontalattacke auf Custers Kolonne einsetzen, während Crazy Horse und Two Moon an der Flanke und von hinten angriffen.

Inzwischen hatten Pte-San-Waste-Win und die anderen Frauen Long Hairs Soldaten jenseits des Flusses beobachtet. »Ich hörte die Hornsignale und sah, wie die Soldatenkolonne nach links abschwenkte und zum Fluß hinuntermarschierte, wo der Angriff stattfinden sollte ... Bald darauf sah ich, wie einige Cheyennes in den Fluß ritten, dann einige junge Männer meiner Gruppe, und dann weitere, bis Hunderte von Kriegern im Fluß waren und in die Schlucht ritten. Als mehrere hundert durch den Fluß geritten und in der Schlucht verschwunden waren, zogen sich die übrigen – immer noch eine sehr große Zahl – vom Fluß zurück und warteten auf den Angriff. Ich wußte, daß viele hundert Krieger der Sioux in der Schlucht hinter dem Berg versteckt waren, auf dem Long Hair marschierte, und daß er von beiden Seiten angegriffen werden würde.«

Kill Eagle, ein Häuptling der Blackfoot-Sioux, berichtete später, daß sich »die Indianer wie ein Bienenschwarm auf Custers Kolonne stürzten«. Der Minneconjou Hump, ein alter Kamerad von Gall und Crazy Horse aus den Zeiten am Powder River, sagte, der erste massive Angriff der Indianer habe Long Hair Custer und seine Männer völlig durcheinandergebracht. »Als die Indianer vorstürmten, wurde mein Pferd unter mir niedergeschossen, und mich traf eine Kugel über dem Knie und kam über der Hüfte wieder heraus. Ich stürzte zu Boden und blieb liegen.« Crow King, einer der Hunkpapas, sagte: »Der größte Teil unserer Krieger sammelte sich vor ihnen, und wir trieben unsere Pferde auf sie zu. Zugleich ritten Krieger zu beiden Seiten von ihnen vor und um sie herum, bis sie umzingelt waren.« Der dreizehnjährige Black Elk, der von der anderen Seite des Flusses aus zuschaute, sah, wie auf dem Berg eine große Staubwolke aufwirbelte und dann Pferde mit leeren Sätteln aus ihr hervorrannten.

»Pulverdampf und der Staub von den Pferden hüllten den Berg ein«, sagte Pte-San-Waste-Win. »Die Soldaten feuerten viele Schüsse ab, doch die Sioux schossen besser, und die Soldaten fielen. Nach den Männern unseres Dorfes überquerten die Frauen den Fluß, und als wir zu dem Berg kamen, war kein Soldat mehr am Leben, und Long Hair lag tot zwischen ihnen ... Das Blut unserer Leute war heiß, und ihre Herzen waren voll Zorn, und sie machten an diesem Tag keine Gefangenen.«

Crow King berichtete, daß sämtliche Soldaten von ihren Pferden sprangen, als die Indianer sie umzingelten. »Sie versuchten, ihre Pferde festzuhalten, doch als wir näherrückten, ließen sie sie los. Wir trieben sie zu unserem Hauptlager und töteten sie alle. Sie kämpften wie tapfere Krieger bis zum letzten Mann.«

Laut Red Horses Bericht »verloren gegen Ende des Gefechts die Soldaten die

Gall

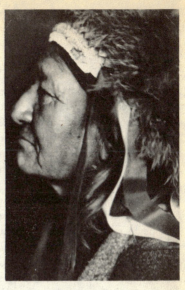

Two Moon, Häuptling der Cheyennes

Hump in Fort Bennett, South Dakota, 1890

Der Sioux Crow King

Nerven. Viele warfen ihre Gewehre weg, hoben die Hände und riefen ›Sioux, habt Erbarmen mit uns – nehmt uns gefangen‹. Doch die Sioux nahmen keinen einzigen Soldaten gefangen, sondern töteten alle; nach wenigen Minuten war keiner mehr am Leben«.

Lange nach der Schlacht fertigte White Bull von den Minneconjous vier Zeichnungen an, die zeigen, wie er mit einem Soldaten, der Custer sein soll, ringt und ihn tötet. Auch andere behaupteten, Custer getötet zu haben, darunter Rain-in-the Face, Flat Hip und Brave Bear. Red Horse sagte, ein unbekannter Santeekrieger habe Custer getötet. Die meisten Indianer, die von der Schlacht berichteten, sagten, sie hätten Custer nicht gesehen und wüßten nicht, wer ihn tötete. »Erst nach der Schlacht erfuhren wir, daß er der weiße Häuptling war«, sagte Low Dog.

Sitting Bull äußerte in einem Interview, das er ein Jahr nach der Schlacht in Kanada gab, er habe Custer nicht gesehen, doch andere Indianer hätten ihn, kurz bevor er getötet wurde, erkannt. »Er trug sein Haar nicht lang wie sonst«, sagte Sitting Bull. »Es war kurz und hatte die Farbe von Gras, wenn der Frost kommt ... An der Stelle, wo der letzte Widerstand geleistet wurde, stand Long Hair wie eine Getreidegarbe inmitten auf dem Boden liegender Ähren.« Doch Sitting Bull sagte nicht, wer Custer getötet hatte.

Ein Arapahokrieger, der die Cheyennes begleitet hatte, behauptete, Custer sei von mehreren Indianern getötet worden. »Er trug eine Jacke und Hose aus Rehleder und hockte auf Händen und Knien. Ein Schuß hatte ihn in die Seite getroffen, und Blut rann aus seinem Mund. Er schien die Indianer um sich zu beobachten. Um ihn herum saßen vier Soldaten, die alle schwer verwundet waren. Alle andern Soldaten waren gefallen. Dann stürzten sich die Indianer auf ihn. Mehr habe ich nicht gesehen.«

Jedenfalls waren Long Hair, der die Thieves' Road in die Black Hills gebaut hatte, und alle seine Männer tot. Renos Soldaten jedoch hatten sich, verstärkt durch Major Frederick Benteen und seine Leute, auf einem ein Stück flußabwärts gelegenen Berg eingegraben. Die Indianer umzingelten den Berg, beobachteten die Soldaten die ganze Nacht und griffen sie am nächsten Morgen an. Während des Tages meldeten von den Häuptlingen ausgesandte Kundschafter, daß viele weitere Soldaten auf den Little Bighorn zumarschierten.

Die Häuptlinge hielten eine Beratung ab und beschlossen, das Lager abzubrechen. Die Krieger hatten fast keine Munition mehr, und sie wußten, daß es töricht gewesen wäre, gegen so viele Soldaten mit Bogen und Pfeilen zu kämpfen. Man befahl den Frauen zu packen, und vor Sonnenuntergang zogen die Indianer durch das Tal zu den Bighorn Mountains. Unterwegs trennten sich die Stämme und marschierten in verschiedene Richtungen.

Als die Weißen im Osten von Long Hairs Niederlage erfuhren, waren sie zutiefst empört und nannten das Ganze ein Massaker. Sie forderten die Bestrafung sämtlicher Indianer im Westen. Da Sitting Bull und die Kriegshäuptlinge nicht bestraft werden konnten, beschloß der Große Rat in Washington, die Indianer zu bestrafen, deren sie habhaft werden konnten – jene, die in den Reservaten geblieben waren und an der Schlacht nicht teilgenommen hatten. Am 22. Juni wurden sämtliche Reservate im Siouxland Great Warrior Shermans militärischem Kommando unterstellt, und er erhielt die Vollmacht, alle darin lebenden Indianer als Kriegsgefangene zu behandeln. Am 15. August erließ der Große Rat ein neues Gesetz, demzufolge die Indianer alle Rechte auf das Land am Powder River und die Black Hills aufgeben mußten. Man tat dies mit der Begründung, die Indianer hätten den Vertrag von 1868 verletzt, indem sie gegen die Vereinigten Staaten in den Krieg zogen. Die Indianer in den Reservaten begriffen das nicht, denn sie hatten keine amerikanischen Soldaten angegriffen, und auch Sitting Bulls Leute hatten dies erst getan, nachdem Custer Reno befohlen hatte, die Siouxdörfer zu überfallen.

Damit die Reservatindianer Frieden hielten, entsandte der Große Vater im September eine neue Kommission, welche die Häuptlinge mit Drohungen und schönen Worten dazu bringen sollte, Verträge zu unterzeichnen, durch die die unschätzbaren Reichtümer der Black Hills in den Besitz der Weißen übergingen. Einige Mitglieder dieser Kommission verfügten bereits über beträchtliche Erfahrung im Diebstahl von Indianerland, vor allem Newton Edmunds, Bischof Henry Whipple und Reverend Samuel D. Hinman. Bischof Whipple eröffnete die Verhandlungen in Red Clouds Agentur mit einem Gebet, und dann verlas George Manypenny, der Vorsitzende, die vom Kongreß aufgestellten Bedingungen. Da diese Bedingungen wie üblich in unverständlicher Juristensprache abgefaßt waren, versuchte Bischof Whipple sie so darzulegen, daß sie von den Dolmetschern übersetzt werden konnten.

»Seit vielen Jahren hege ich für die Roten Männer die freundschaftlichsten Gefühle. Wir sind gekommen, um euch eine Botschaft von eurem Großen Vater zu überbringen, und bestimmte Dinge haben wir euch genau in seinen Worten mitgeteilt. Wir können nicht einen Federstrich daran ändern . . . Als der Große Rat in diesem Jahr die Mittel für eure weitere Versorgung bewilligte, stellte er bestimmte Bedingungen auf, drei an der Zahl, unter der Voraussetzung, daß der Kongreß nicht weitere Bedingungen stellen würde. Diese drei Bedingungen lauten: Erstens, daß ihr die Black Hills und das Land im Norden aufgeben müßt; zweitens, daß ihr eure Rationen am Missouri River in Empfang nehmt; und drittens, daß der Große Vater die Erlaubnis erteilt, drei Straßen vom Missouri River durch das Reservat zu den Black Hills zu bauen ... Der Große Vater sagte, sein Herz sei voller Zärtlichkeit für seine roten Kinder, und er stellte diese aus Freunden der Indianer bestehende Kommission zusammen und beauftragte sie, einen Plan zur Rettung der Indianerstämme auszuarbeiten, damit sie nicht immer kleiner und kleiner werden, bis der letzte Indianer auf sein eigenes Grab blickt, sondern gleich den Weißen ein großes und mächtiges Volk.«

Bischof Whipples Zuhörern erschien es überaus merkwürdig, daß man die Indianerstämme retten wollte, indem man ihnen die Black Hills und ihre Jagdgründe wegnahm und sie weit weg an den Missouri River umsiedelte. Den meisten Häuptlingen war klar, daß die Black Hills verloren waren, doch sie protestierten energisch gegen eine Verlegung ihrer Reservate an den Missouri. »Ich glaube, wenn meine Leute dorthin zögen«, sagte Red Cloud, »würden sie alle zugrunde gehen. Es gibt dort sehr viele böse Menschen und bösen Whisky; deshalb will ich nicht dorthin gehen.«

No Heart sagte, die Weißen hätten das Land am Missouri River bereits ruiniert, so daß die Indianer dort nicht leben könnten. »Man kann den ganzen Missouri River hinauf- und herunterziehen, ohne daß man irgendeinen Wald sieht«, erklärte er. »Ihr wißt sicher, daß es dort sehr viel Wald gegeben hat, doch die Leute des Großen Vaters haben ihn zerstört.«

»Es ist erst sechs Jahre her, seit wir an diesen Strom gekommen sind, an dem wir jetzt leben«, sagte Red Dog, »und nichts, was man uns versprochen hat, ist geschehen.« Ein anderer Häuptling erinnerte daran, daß sie fünfmal umgesiedelt worden seien, seit der Große Vater versprochen habe, daß man sie nie mehr umsiedeln werde. »Es wäre wohl am besten, ihr würdet die Indianer auf Räder setzen«, sagte er spöttisch. »Dann könnt ihr sie jederzeit wegrollen.«

Spotted Tail beschuldigte die Regierung und die Kommissare, die Indianer zu betrügen; er warf ihnen gebrochene Versprechungen und falsche Worte vor. »Dieser Krieg ist nicht in unserem Land entsprungen; dieser Krieg wurde von den Kindern des Großen Vaters über uns gebracht, die kamen, um uns unser Land ohne Bezahlung wegzunehmen, und die in unserem Land viele böse Dinge tun ... Zu diesem Krieg ist es gekommen, weil man unser Land gestohlen hat.« Spotted Tail war strikt gegen eine Umsiedlung an den Missouri und sagte den Kommissaren, daß er keinen Vertrag über die Abtretung der Black Hills unterzeichnen werde, wenn er nicht nach Washington fahren und mit dem Großen Vater reden könne.

Die Kommissare ließen den Indianern eine Woche Zeit, über die Bedingungen zu diskutieren, und sie kamen bald zu dem Schluß, daß sie nichts unterzeichnen würden. Die Häuptlinge erklärten, daß laut dem Vertrag von 1868 die Unterschriften von drei Vierteln der männlichen erwachsenen Sioux für eine

Young-Man-Afraid-of-His-Horses

Änderung erforderlich seien, und über die Hälfte der Krieger befänden sich mit Sitting Bull und Crazy Horse im Norden. Darauf entgegneten die Kommissare, daß die außerhalb der Reservate lebenden Indianer feindselig eingestellt seien; der Vertrag gelte jedoch nur für freundlich gesonnene Indianer. Die meisten Häuptlinge akzeptierten dies nicht. Um ihren Widerstand zu brechen, drohten die Kommissare, wenn sie nicht unterschrieben, werde der Große Vater sofort die Ausgabe von Rationen an sie einstellen lassen; man werde sie ins Indianerterritorium im Süden bringen, und die Armee werde ihnen alle Gewehre und Pferde wegnehmen.

Es gab keinen Ausweg. Die Black Hills und das Land am Powder River mit seinem reichen Wildbestand waren verloren. Ohne Wildfleisch und Rationen würden ihre Leute verhungern. Der Gedanke, so weit weg in ein fremdes Land im Süden zu ziehen, war unerträglich, doch wenn die Armee ihnen ihre Gewehre und Ponys wegnahm, würden sie keine Männer mehr sein.

Als erste unterzeichneten Red Cloud und seine Unterhäuptlinge, dann Spotted Tail und seine Leute. Danach begaben sich die Kommissare zu den Agenturen Standing Rock, Cheyenne River, Crow Creek, Lower Brulé und Santee und zwangen auch die anderen Siouxstämme zu unterschreiben. So wurde *Paha Sapa* mit seinen Geistern und Mysterien, seinen riesigen Nadelwäldern und seinem Gold im Wert von mehreren Milliarden Dollar für immer von den Indianern an die Vereinigten Staaten abgetreten.

Vier Wochen, nachdem Red Cloud und Spotted Tail unterzeichnet hatten, marschierten acht Kompanien der US-Kavallerie unter Three Fingers Mackenzie (dem Eagle Chief, der die Kiowas und Comanchen im Palo Duro Canyon vernichtet hatte) von Fort Robinson zu den Agenturlagern. Mackenzie war vom Kriegsministerium angewiesen, den Reservatindianern ihre Ponys und Gewehre wegzunehmen. Die Soldaten nahmen sämtliche Männer fest, durchsuchten die Wigwams und bauten sie ab, sammelten die Gewehre ein und trieben sämtliche Ponys zusammen. Den Frauen erteilte Mackenzie die Erlaubnis, zum Transport ihrer Habe nach Fort Robinson Pferde zu benutzen. Die Männer, darunter Red Cloud und die anderen Häuptlinge, mußten zu Fuß zum Fort marschieren. Der Stamm sollte in Zukunft, bewacht von den Soldaten, bei Fort Robinson leben.

Um seine Gefangenen noch tiefer zu erniedrigen, schenkte Mackenzie am nächsten Morgen einer Kompanie von Pawneesöldnern (den gleichen, die die Sioux aus dem Land am Powder River vertrieben hatten), die Pferde, die die Soldaten den Sioux weggenommen hatten.

Inzwischen durchstreifte die Armee, nach Rache dürstend, das Land nördlich und westlich der Black Hills und tötete sämtliche Indianer, die sie antraf. Im Spätsommer 1876 ging Three Stars Crooks verstärkte Einheit am Heart River in Dakota der Proviant aus, und sie machte sich auf einen Gewaltmarsch nach Süden, um sich in den Goldgräberlagern der Black Hills mit Verpflegung einzudecken. Am 9. September stieß eine Vorausabteilung unter Captain Anson Mills bei Slim Buttes auf American Horses Oglala- und Minneconjoudorf. Diese Indianer hatten Crazy Horses Lager am Grand River vor ein paar Tagen verlassen und zogen nach Süden, um in ihrem Reservat zu überwintern. Captain Mills griff sie an, doch die Sioux schlugen ihn zurück, und während er auf Three Stars wartete, entkamen sämtliche Indianer bis auf American Horse, vier Krieger und fünfzehn Frauen und Kinder, die in einer Höhle am Ende eines kleinen Canyon eingeschlossen wurden.

Als Crook mit der Hauptkolonne eintraf, befahl er den Soldaten, sich so zu plazieren, daß sie in die Öffnung der Höhle schießen konnten. American Horse und seine vier Krieger erwiderten das Feuer, und in einem mehrstündigen Gefecht wurden zwei Blauröcke getötet und neun verwundet. Crook schickte einen Kundschafter, Frank Grouard, zu den Indianern und forderte sie auf, sich zu ergeben. Grouard, der bei den Sioux gelebt hatte, sprach mit ihnen in ihrer Sprache.

»Sie sagten mir, sie würden herauskommen, wenn wir sie nicht töten, und nachdem ihnen dies versprochen worden war, kamen sie heraus.« American Horse, zwei Krieger, fünf Frauen und mehrere Kinder krochen aus der Höhle; die andern waren tot oder zu schwer verwundet. American Horses Unterleib war von Schrot zerfetzt. »Er hielt seine Eingeweide in den Händen, als er herauskam«, sagte Grouard. »Er streckte seine blutbeschmierte Hand aus und gab sie mir.«

Captain Mills fand ein drei oder vier Jahre altes Mädchen, das sich im Dorf versteckt hatte. »Sie sprang auf und rannte weg wie ein junges Rebhuhn«, sagte er. »Die Soldaten fingen sie und brachten sie zu mir.« Mills beruhigte sie und gab ihr etwas zu essen; dann bat er seinen Adjutanten, sie mitzunehmen, wenn er zu der Höhle ging, aus der die Soldaten die toten Indianer trugen. Zwei davon waren Frauen, die aus vielen Wunden bluteten. »Das kleine Mädchen begann zu weinen und zu zappeln, bis der Adjutant sie auf den Boden stellte. Sie lief zu einer der Squaws und umarmte sie. Es war ihre Mutter. Ich sagte Adjutant Lemly, daß ich das kleine Mädchen adoptieren würde, da ich ihre Mutter umgebracht hätte.«

Ein Arzt kam und untersuchte American Horses Verletzung. Er sagte ihm, daß er nicht zu retten sei, und der Häuptling setzte sich vor ein Feuer und breitete eine Decke über seinen zerfetzten Unterleib. Bald verlor er das Bewußtsein und starb.

Crook befahl Captain Mills, sich mit seinen Männern zum Weitermarsch zu den Black Hills fertig zu machen. »Bevor wir aufbrachen«, sagte Mills, »fragte mich Adjutant Lemly, ob ich wirklich die Absicht hätte, das kleine Mädchen zu adoptieren. Als ich bejahte, fragte er: ›Hm, glauben Sie, daß das Mrs. Mills recht sein wird?‹ Erst jetzt wurde mir diese Seite der Angelegenheit bewußt, und ich beschloß, das Kind zurückzulassen.«

Während Three Stars American Horses Dorf zerstörte, schlugen sich einige der entkommenen Sioux zu Sitting Bulls Lager durch und berichteten ihm von dem Angriff. Sitting Bull und Gall machten sich sofort mit sechshundert Kriegern auf, um American Horse zu helfen, doch sie kamen zu spät. Sitting Bull unternahm zwar einen Angriff auf Crooks Soldaten, doch seine Krieger hatten so wenig Munition, daß die Nachhut der Blauröcke sie zurückschlug, während die Hauptkolonne zu den Black Hills weitermarschierte.

Als die Soldaten alle fort waren, begaben sich Sitting Bull und seine Krieger in American Horses verwüstetes Dorf, bargen die hilflosen Überlebenden und begruben die Toten. »Was haben wir getan, daß die Weißen uns vernichten wollen?« fragte Sitting Bull. »Wir ziehen im ganzen Land umher, doch sie verfolgen uns von einem Ort zum andern.«

Bestrebt, so weit wie möglich von den Soldaten wegzukommen, zog Sitting Bull am Yellowstone entlang nach Norden, wo sie Büffel zu finden hofften. Als Gall im September mit einer Gruppe von Indianern auf die Jagd ging, stieß er auf eine Wagenkolonne der Armee, die Versorgungsgüter zu einem neuen Fort brachte, das an der Mündung des Tongue River in den Yellowstone gebaut wurde. (Es wurde nach Captain Myles Keogh, der am Little Bighorn gefallen war, Fort Keogh benannt.)

Galls Krieger lauerten der Kolonne am Glendive Creek auf und erbeuteten sechzig Maultiere. Als Sitting Bull von der Wagenkolonne und dem neuen Fort erfuhr, ließ er Johnny Brughiere holen, ein Halbblut, das sich ihm angeschlossen hatte. Brughiere konnte schreiben, und Sitting Bull befahl ihm, eine Nachricht an den Kommandeur der Soldaten zu Papier zu bringen:

> Ich möchte wissen, was Du auf dieser Straße tust. Du verscheuchst alle Büffel. Ich möchte, daß Du von hier fortgehst, denn ich will in dieser Gegend jagen. Wenn Du nicht gehst, werde ich wieder gegen dich kämpfen ... Ich bin Dein Freund.
>
> Sitting Bull

Als Leutnant Colonel Elwell Otis, der die Wagenkolonne befehligte, die Nachricht erhielt, schickte er einen Kundschafter mit einer Antwort zu Sitting Bull. Die Soldaten marschierten nach Fort Keogh, schrieb Otis, und viele weitere Soldaten würden ihnen folgen. Wenn Sitting Bull einen Kampf wolle, so könne er ihn haben.

Sitting Bull wollte keinen Kampf; er wollte nur, daß man ihn in Ruhe ließ, damit er Büffel jagen konnte. Er schickte einen Krieger mit einer weißen Fahne zu dem Soldatenhäuptling und bat ihn um eine Unterredung. Inzwischen hatte Colonel Nelson Miles mit weiteren Soldaten die Kolonne eingeholt. Da Miles seit dem Ende des Sommers auf der Suche nach Sitting Bull war, erklärte er sich sofort zu einer Zusammenkunft bereit.

Sie trafen sich am 22. Oktober zwischen einer Reihe Soldaten und einer Reihe Krieger. Miles begleiteten ein Offizier und fünf Mann, Sitting Bull ein Unterhäuptling und fünf Krieger. Es war ein sehr kalter Tag, und Miles trug einen langen, mit Bärenfell gefütterten Mantel. Die Indianer gaben ihm deshalb den Namen Bear Coat.

Man wechselte keine Begrüßungsworte und rauchte keine Pfeife. Bear Coat warf Sitting Bull vor, er sei schon immer gegen die Weißen und ihre Lebensweise gewesen. Johnny Brughiere übersetzte. Sitting Bull gab zu, daß er nicht für die Weißen sei, doch er sei auch nicht ihr Feind, solange sie ihn in Ruhe ließen. Bear Coat wollte wissen, was Sitting Bull im Yellowstone-Land mache. Es war eine dumme Frage, doch der Hunkpapa beantwortete sie höflich; er jage Büffel, um für seine Leute Nahrung und Kleidung zu beschaffen. Darauf schlug Bear Coat vor, die Hunkpapas sollten in ein Reservat ziehen, doch Sitting Bull lehnte ab. Er werde den Winter in den Black Hills verbringen, sagte er. Die Unterredung führte zu keinem Ergebnis, doch die beiden Männer vereinbarten, sich am nächsten Tag wieder zu treffen.

Beim zweiten Treffen kam es schnell zu einer Auseinandersetzung. Sitting Bull erklärte, er habe nicht gegen die Soldaten gekämpft, bis sie kamen, um gegen ihn zu kämpfen; er versprach, daß es keinen weiteren Kampf geben werde, wenn die Weißen das Fort wieder abrissen und die Soldaten das Indianerland verließen. Bear Coat antwortete, die Sioux könnten nur in Frieden leben, wenn sie sich alle in einem Reservat niederließen. Darauf wurde Sitting Bull wütend. Der Große Geist habe ihn zu einem Indianer gemacht, sagte er, doch nicht zu einem Agenturindianer, und er denke nicht daran, einer zu werden. Er beendete die Unterredung abrupt, kehrte zu seinen Kriegern zurück und befahl ihnen, sich zu zerstreuen, weil er vermute, daß Bear Coats Soldaten versuchen würden, sie anzugreifen. Tatsächlich eröffneten die Soldaten das Feuer, und wieder mußten die Hunkpapas im Land umherziehen.

Im Frühjahr 1877 war Sitting Bull des Umherwanderns müde. Er kam zu dem Schluß, daß im Land des Großen Vaters für Weiße und Indianer nicht mehr genügend Platz zum Zusammenleben war. Er beschloß, mit seinen Leuten nach Kanada zu ziehen, ins Land der Grandmother (Queen Victoria). Bevor er aufbrach, suchte er Crazy Horse, denn er wollte ihn überreden, mit den Oglalas auch ins Land der Grandmother zu gehen. Doch Crazy Horse zog auf der Flucht vor den Soldaten im Land umher, und Sitting Bull konnte ihn nicht finden.

Auch General Crook suchte zur gleichen Zeit Crazy Horse. Diesmal verfügte Crook über eine große, aus Infanterie, Kavallerie und Artillerie bestehende Armee. Diesmal führte er 168 mit Proviant beladene Wagen mit sich und 400 mit Pulver und Munition bepackte Maultiere. Three Stars riesige Kolonne zog durch das Land am Powder River wie eine Horde Grizzlybären und zertrampelte und zermalmte alle Indianer auf ihrem Weg.

Die Soldaten suchten Crazy Horse, doch sie fanden zuerst Dull Knifes Cheyennedorf. Die meisten dieser Cheyennes hatten an der Schlacht am Little Bighorn nicht teilgenommen, sondern waren von Red Clouds Agentur fortgeschlichen, um sich Nahrung zu suchen, nachdem die Armee sie besetzt und die Verteilung von Rationen eingestellt hatte. General Crook setzte Three Fingers Mackenzie auf das aus 150 Wigwams bestehende Dorf an.

Es war sehr kalt, und tiefer Schnee bedeckte das Land. Mackenzie brachte seine Truppen während der Nacht in Angriffsposition und schlug in der Morgendämmerung zu. Als erste griffen die Pawneesöldner auf den schnellen Ponys an, die Mackenzie den Reservat-Sioux weggenommen hatte. Sie überraschten die Cheyennes in ihren Wigwams und töteten viele im Schlaf. Andere rannten nackt in die beißende Kälte hinaus, und die Krieger versuchten die Pawnees und die ihnen folgenden Soldaten lange genug abzuwehren, damit ihre Frauen und Kinder flüchten konnten.

Einige der besten Cheyennekrieger opferten in diesen Minuten wilden Kampfes ihr Leben, darunter Dull Knifes ältester Sohn. Schließlich gelang es Dull Knife und Little Wolf, am oberen Rand eines Canyon einige Zeit Widerstand zu leisten, doch ihr spärlicher Munitionsvorrat war bald erschöpft. Little Wolf wurde von sieben Kugeln getroffen, bevor er und Dull Knife sich den Frauen und Kindern anschlossen und zu den Bighorns flohen. Hinter ihnen brannte Mackenzie ihre Wigwams nieder, und danach trieb er ihre Ponys gegen eine Canyonwand und befahl seinen Männern, sie wie die Ponys der Comanchen und Kiowas im Palo Duro Canyon zu erschießen.

Die Flucht von Dull Knifes Cheyennes glich jener von Two Moons Cheyennes nach Eagle Chief Reynolds Überraschungsangriff im März. Doch es war jetzt kälter; sie besaßen nur wenige Pferde und kaum Decken, Kleider und Mokassins. Wie für Two Moons Leute gab es für sie nur einen Zufluchtsort – Crazy Horses Dorf am Box Elder Creek.

In der ersten Nacht erfroren zwölf Kinder und mehrere alte Leute. In der nächsten Nacht töteten die Männer einige Ponys, nahmen sie aus und legten kleine Kinder hinein, um sie vor dem Erfrieren zu bewahren. Die alten Leute steckten ihre Hände und Füße zu den Kindern hinein. Drei Tage lang zogen sie über den gefrorenen Schnee, auf dem ihre nackten Füße eine Blutspur hinterließen. Dann erreichten sie Crazy Horses Lager.

Crazy Horse teilte seine Nahrung, seine Decken und seine Unterkünfte mit Dull Knifes Leuten, sagte aber, daß sie sich zur Flucht bereithalten müßten. Die Oglalas hatten nicht mehr genug Munition, um zu kämpfen und Widerstand zu leisten. Bear Coat Miles suchte sie im Norden, und nun kam Three Stars Crook von Süden.

Bald darauf verlegte Crazy Horse das Lager an einen verborgenen Platz unweit des neuen Fort Keogh, wo Bear Coat mit seinen Soldaten überwinterte. Die Kälte und der Hunger wurden für die Kinder und alten Leute so unerträglich, daß einige der Häuptlinge Crazy Horse aufforderten, mit Bear Coat zu verhandeln und ihn zu fragen, was sie tun sollten. Ihre Frauen und Kinder schrien nach Nahrung, und sie brauchten warme Unterkünfte, aus denen sie nicht flüchten mußten. Crazy Horse wußte, daß Bear Coat sie gefangennehmen und in ein Reservat bringen wollte, doch er gestattete den Häuptlingen, mit ihm zu verhandeln. Er begleitete die aus etwa dreißig Häuptlingen und Kriegern bestehende Gruppe bis zu einem Berg in der Nähe des Forts. Acht Häuptlinge und Krieger erboten sich freiwillig, zum Fort hinunterzureiten; einer von ihnen trug einen Speer mit einem großen weißen Tuch. Als sie sich dem Fort näherten, stürmten einige von Bear Coats Crowsöldnern hervor. Ohne sich um die weiße Fahne zu kümmern, feuerten die Crows auf die Sioux. Nur drei von den acht entkamen. Einige der Sioux, die vom Berg aus zusahen, wollten sich an den Crows rächen, doch Crazy Horse bestand darauf, daß sie schnellstens zum Lager zurückritten, um ihre Sachen zu packen und wieder zu fliehen. Jetzt, da Bear Coat wußte, daß die Sioux in der Nähe waren, würde er sich auf die Suche nach ihnen machen.

Bear Coat holte sie am Morgen des 8. Januar 1877 am Battle Butte ein und ließ seine Soldaten im tiefen Schnee angreifen. Crazy Horse besaß nur noch wenig Munition, um seine Leute zu verteidigen, doch er hatte einige gute Kriegshäuptlinge, die genügend Tricks kannten, um die Soldaten irrezuführen, während der Hauptteil der Indianer durch die Wolf Mountains in Richtung der Bighorns entkam. Gemeinsam lockten Little Big Man, Two Moon und Hump die Soldaten in einen Canyon. Vier Stunden lang stolperten und stürzten die Soldaten, die dicke, sie behindernde Winteruniformen trugen, über eisbedeckte Felsen. Während des Gefechts begann es zu schneien, und am frühen Nachmittag brach ein Schneesturm los. Bear Coat gab auf und führte seine Männer nach Fort Keogh zurück.

Durch den dichten Eisschnee zogen Crazy Horse und seine Leute zu dem vertrauten Land am Little Powder. Dort kampierten sie den Februar über und lebten von dem wenigen Wild, das sie fanden. Eines Tages brachten Kuriere die Nachricht, daß Spotted Tail und eine Gruppe Brulés von Süden kämen. Einige der Indianer im Lager dachten, Spotted Tail habe es endlich satt, sich sagen zu lassen, was er in seinem Reservat zu tun und zu lassen habe, und er sei auf der Flucht vor den Soldaten, doch Crazy Horse wußte es besser.

Three Stars Crook hatte sich vor der Kälte mit seinen Soldaten in Fort Fetterman zurückgezogen. Während er auf den Frühling wartete, hatte er Spotted Tail besucht und ihm versprochen, daß die Reservat-Sioux nicht an den Missouri River umziehen müßten, wenn der Bruléhäuptling sich bereit erkläre, als Unterhändler zu Crazy Horse zu gehen und ihn zur Kapitulation zu überreden. Das war der Grund von Spotted Tails Besuch in Crazy Horses Lager.

Kurz bevor Spotted Tail eintraf, beschloß Crazy Horse fortzugehen. Er bat seinen Vater, Spotted Tail freundlich zu empfangen und ihm zu sagen, daß die Oglalas sich einfinden würden, sobald das Wetter den Frauen und Kindern den Marsch ermögliche. Dann ritt er allein zu den Bighorns. Crazy Horse war noch unentschlossen, ob er sich ergeben sollte; vielleicht würde er seine Leute gehen lassen und allein im Land am Powder River bleiben – wie ein alter, von seiner Herde ausgestoßener Büffel.

Als Spotted Tail ankam, ahnte er, daß Crazy Horse fortgegangen war, um ihn nicht zu sehen. Er ließ den Oglalahäuptling durch Kundschafter suchen, doch Crazy Horse war im tiefen Schnee verschwunden. Bevor Spotted Tail nach Nebraska zurückkehrte, überredete er jedoch Big Foot, sich mit seinen Minneconjous zu ergeben, und auch Touch-the-Clouds und drei andere Häuptlinge versprachen ihm, sich mit ihren Leuten im Frühjahr bei der Agentur einzufinden.

Am 14. April erschien Touch-the-Clouds mit einer großen Zahl Minneconjous und Sans Arcs aus Crazy Horses Lager in Spotted Tails Agentur und ergab sich. Einige Tage zuvor hatte Three Stars Crook Red Cloud beauftragt, Crazy Horse zu suchen und ihm zu versprechen, daß er ein Reservat im Land am Powder River haben könne, wenn er sich ergab. Am 27. April traf Red Cloud Crazy Horse und unterrichtete ihn von Three Stars Versprechen. Crazy Horses neunhundert Oglalas waren am Verhungern, die Krieger hatten

Little Big Man

keine Munition, und ihre Pferde waren bis auf die Knochen abgemagert. Das Versprechen eines Reservats am Powder River veranlaßte Crazy Horse deshalb, nach Fort Robinson zu kommen und sich zu ergeben.

Der letzte Kriegshäuptling der Sioux wurde damit ein Reservatindianer – ohne Pferde, ohne Waffen und ohne Befehlsgewalt über seine Leute; ein Gefangener der Armee, die ihn nie im Kampf geschlagen hatte. Trotzdem blieb er für die jungen Männer ein Held, und ihre Verehrung erfüllte die älteren Agenturhäuptlinge mit Eifersucht. Crazy Horse hielt sich weiterhin abseits; er und seine Leute warteten nur auf den Tag, an dem Three Stars sein Versprechen erfüllen und ihnen ein Reservat im Land am Powder River geben würde.

Im Spätsommer forderte Three Stars Crazy Horse auf, zu einer Unterredung mit dem Großen Vater nach Washington zu fahren. Crazy Horse lehnte ab. Er hatte gesehen, was mit Häuptlingen, die den Großen Vater in seinem Haus in Washington besuchten, geschehen war; die Lebensweise der Weißen machte sie fett und schlaff, und als sie zurückkamen, war keinerlei Härte mehr in ihnen. Er merkte, wie Red Cloud und Spotted Tail sich verändert hatten, und sie spürten, daß er es merkte, und mochten ihn deshalb nicht.

Im August traf die Nachricht ein, daß die Nez Percés, die hinter den Shining Mountains lebten, gegen die Blauröcke Krieg führten. Die weißen Offiziere warben bei den Agenturen Krieger an, um sie als Kundschafter gegen die Nez Percés einzusetzen. Crazy Horse sagte den jungen Männern, sie sollten nicht gegen diese anderen Indianer in dem fernen Land kämpfen, doch einige hörten nicht auf ihn und ließen sich von den Soldaten kaufen. Am 31. August zogen jene ehemaligen Siouxkrieger Blaurockuniformen an und marschierten los. Crazy Horse widerte das so an, daß er sagte, er werde mit seinen Leuten zurück nach Norden ins Land am Powder River gehen.

Als Three Stars durch seine Spione davon erfuhr, befahl er acht Kavalleriekompanien, zu Crazy Horses Lager zu reiten und ihn festzunehmen. Bevor sie eintrafen, wurde Crazy Horse jedoch durch Freunde gewarnt, daß sie im Anmarsch waren. Crazy Horse, der nicht wußte, was die Soldaten wollten, wies seine Leute an, sich zu zerstreuen. Dann machte er sich allein auf den Weg zu Spotted Tails Agentur, um bei seinem alten Freund Touch-the-Clouds Zuflucht zu suchen.

Die Soldaten fanden ihn dort, arretierten ihn und teilten ihm mit, daß sie ihn nach Fort Robinson zu Three Stars bringen würden. Als sie im Fort eintrafen, sagte man Crazy Horse, es sei schon zu spät, und er könne Three Stars an diesem Tag nicht mehr sprechen. Er wurde Captain James Kennington und einem Agenturpolizisten übergeben. Crazy Horse starrte den Agenturpolizi-

Der Mord an Crazy Horse in Fort Robinson (Fotos von Crazy Horse sind nicht bekannt), gezeichnet von Amos Bad Heart Bull.

sten an. Es war Little Big Man, der sich vor gar nicht langer Zeit den Kommissaren, die *Paha Sapa* stehlen wollten, widersetzt hatte, der gedroht hatte, den ersten Häuptling, der für den Verkauf der Black Hills eintrat, zu töten, der tapfere Little Big Man, der an Crazy Horses Seite auf den eisigen Hängen der Wolf Mountains gegen Bear Coat Miles gekämpft hatte. Nun hatten die Weißen Little Big Man gekauft und einen Agenturpolizisten aus ihm gemacht.
Als Crazy Horse sich von dem Offizier und Little Big Man wegführen ließ, versuchte er wohl, sich in die wahre Welt zu versetzen, dem Dunkel der Schattenwelt, in der alles verrückt war, zu entrinnen. Sie gingen an einem Soldaten vorbei, an dessen Schulter ein Gewehr mit aufgestecktem Bajonett lehnte, und blieben dann vor dem Eingang eines Gebäudes stehen. An den Fenstern waren eiserne Gitter, und hinter den Gittern sah er Männer mit Ketten an den Beinen. Es war ein Käfig für Tiere, und Crazy Horse versuchte auszubrechen wie ein gefangenes Tier, doch Little Big Man hielt ihn am Arm fest. Sie rangen nur ein paar Sekunden miteinander. Jemand rief ein Kommando, und dann stieß der Posten, Private William Gentles, sein Bajonett tief in Crazy Horses Bauch.
Crazy Horse starb an jenem Abend – es war der 5. September 1877 – im Alter von fünfunddreißig Jahren. Am frühen Morgen des nächsten Tages überbrachten die Soldaten den toten Häuptling seinem Vater und seiner Mutter. Sie legten Crazy Horses Leichnam in eine Holzkiste, befestigten sie auf einem Pferdeschlitten und brachten ihn zu Spotted Tails Agentur, wo sie ihn aufbahrten. Den ganzen September über hielten Trauernde an seiner Grabstätte Wache. Im Oktober kam dann die herzzerreißende Nachricht: Die Reservat-Sioux mußten Nebraska verlassen und sich in ein neues Reservat am Missouri River begeben.
Im kalten, trockenen Herbst des Jahres 1877 zogen lange Reihen von Indianern, angetrieben von Soldaten, nordostwärts dem öden, unfruchtbaren Land entgegen. Unterwegs entkamen einige Gruppen und machten sich auf den Weg nach Nordwesten, um nach Kanada zu fliehen und sich Sitting Bull anzuschließen. Unter ihnen befanden sich Crazy Horses Vater und Mutter. Sie hatten das Herz und die Knochen ihres Sohnes bei sich. Sie begruben Crazy Horse an einem nur ihnen bekannten Platz in der Nähe des Chankpe Opi Wakpala, des Flusses namens Wounded Knee.

SONG OF SITTING BULL

A warrior
I have been.
Now
it is all over.
A hard time
I have.

13

Die Flucht der Nez Percés

1877 – 1. Januar – Königin Victoria wird zur Kaiserin von Indien ausgerufen. *25. Januar* – Der US-Kongreß erläßt die »Electoral Commission Bill« und veranlaßt eine Nachzählung der Wahlstimmen; Entscheidung zwischen Hayes und Tilden noch immer nicht getroffen. *12. Februar* – Die Eisenbahnarbeiter treten wegen Lohnkürzungen in den Streik. *26. Februar* – Südliche Demokraten treffen sich heimlich mit Vertretern von Hayes' Republikanern und schließen den Kompromiß von 1877, durch den die Südlichen Demokraten sich bereit erklären, die Republikaner zu unterstützen, wenn als Gegenleistung die Unionstruppen aus dem Süden zurückgezogen werden. *27. Februar* – Wahlkommission erklärt, daß die Nachzählung zugunsten von Hayes ausgefallen ist. *2. März* – Der Kongreß bestätigt die Wahl von Hayes. *5. März* – Hayes tritt sein Amt als Präsident an. *10. April* – Präsident Hayes ordnet den Rückzug der Unionstruppen aus den Südstaaten an; Ende der »Rekonstruktions«-Zeit. *15. April* – Zwischen Boston und Somerville, Massachusetts, wird die erste geschäftliche Telefonverbindung eingerichtet. *14. Juli* – Ein Generalstreik bringt den Eisenbahnverkehr zum Erliegen. *20. Juli* – Streik und Aufruhr breiten sich in den ganzen Vereinigten Staaten aus. *21. bis 27. Juli* – Soldaten gehen gegen Eisenbahnarbeiter vor und beenden gewaltsam den über die gesamten USA ausgebreiteten Streik. *17. Oktober* – Durch Vertrag zwischen der Pennsylvania Railroad und der Standard Oil Company wird das Öltransport-Monopol gestärkt. *Dezember* – Edison erfindet den Phonographen. Tolstois »Anna Karenina« erscheint.

Die Weißen haben nur die eine Seite erzählt. Sie haben sie erzählt, um sich selbst als gut hinzustellen. Sie haben viel erzählt, was nicht wahr ist. Nur von seinen eigenen besten Taten und von den schlechtesten Taten der Indianer hat der Weiße Mann erzählt.

YELLOW WOLF VON DEN NEZ PERCES

Die Erde wurde mit Hilfe der Sonne erschaffen, und sie soll so bleiben, wie sie war... Das Land wurde ohne Grenzen erschaffen, und es steht den Weißen nicht zu, es zu teilen... Ich sehe die Weißen im ganzen Land Reichtümer sammeln, und ich sehe ihr Verlangen uns Land zu geben, das wertlos ist... Die Erde und ich sind gleichen Sinnes. Die Maße des Landes und die Maße unserer Körper sind die gleichen. Sagt uns, wenn ihr es sagen könnt, daß ihr vom Schöpfer gesandt seid, mit uns zu reden. Vielleicht glaubt ihr, der Schöpfer habe euch hierher gesandt und ihr könntet mit uns umgehen, wie ihr wollt. Wenn ihr glaubt, daß euch der Schöpfer gesandt hat, dann könnt ihr mich vielleicht davon überzeugen, daß ihr das Recht dazu habt. Mißversteht mich nicht, sondern habt Verständnis für mich und meine Liebe zu diesem Land. Ich habe nie gesagt, daß ich mit dem Land tun kann, was mir beliebt. Nur der, der es erschuf, hat das Recht, darüber zu verfügen. Ich beanspruche das Recht, in meinem Land zu leben, und ich gestehe euch das Recht zu, in dem euren zu leben.

HEINMOT TOOYALAKET (CHIEF JOSEPH) VON DEN NEZ PERCES

Als Lewis und Clark im September 1805 auf ihrem Marsch nach Westen von den Rocky Mountains herabstiegen, waren die Teilnehmer der Forschungsexpedition so schwach, daß sie nicht imstande gewesen wären, sich gegen Feinde zu verteidigen, denn sie waren halb verhungert und litten an Ruhr. Sie befanden sich im Land der Nez Percés – diesen Namen hatten französische Trapper den Indianern gegeben, weil sie Schneckengehäuse an der Nase trugen. Hätten die Nez Percés dies gewollt, so hätten sie die Expeditionsteilnehmer umbringen und ihnen ihre wertvollen Pferde wegnehmen können. Statt dessen hießen die Nez Percés die weißen Amerikaner willkommen, versorgten sie mit Lebensmitteln und kümmerten sich mehrere Monate lang um ihre Pferde, während die Forscher mit Kanus zur Pazifikküste weiterfuhren.

So begann eine lange Freundschaft zwischen den Nez Percés und den weißen

Amerikanern. Der Stamm war stolz darauf, daß seit siebzig Jahren kein Nez
Percé einen Weißen getötet hatte. Doch die Gier der Weißen nach Land und
Gold zerstörte schließlich die Freundschaft.
1855 lud Gouverneur Isaac Stevens vom Territorium Washington die Nez
Percés zu Friedensverhandlungen ein. »Er sagte, es seien viele Weiße im Land,
und viele weitere würden kommen; er wolle, daß das Land abgegrenzt werde,
damit die Indianer und Weißen getrennt werden könnten. Wenn sie in Frieden
leben wollten, so sei es nötig, sagte er, daß die Indianer ein eigenes Land bekämen,
und in diesem Land müßten sie bleiben.«
Tuekakas, ein Häuptling, den die Weißen Old Joseph nannten, sagte Gouverneur
Stevens, keinem Menschen gehöre irgendein Teil der Erde, und was
einem nicht gehöre, könne man nicht verkaufen.
Der Gouverneur begriff diese Einstellung nicht. Er drängte Old Joseph, den
Vertrag zu unterzeichnen und Decken als Geschenk anzunehmen. »Nimm
dein Papier weg«, erwiderte der Häuptling. »Ich werde es nicht anrühren.«
Aleiya, den die Weißen Lawyer nannten, und einige andere Nez Percés unterzeichneten
den Vertrag, doch Old Joseph zog mit seinen Leuten heim ins
Wallowa Valley, ein grünes Tal mit gewundenen Flüssen, weiten Wiesen,
Bergwäldern und einem klaren, blauen See. Old Josephs Gruppe züchtete
schöne Pferde und Rinder und lebte in schönen Hütten, und wenn seine Leute
etwas von den Weißen brauchten, tauschten sie es gegen Vieh ein.
Schon wenige Jahre nach der Unterzeichnung des ersten Vertrags erschienen
wieder Regierungsbeamte bei den Nez Percés und wollten mehr Land. Old
Joseph wies seine Leute an, keinerlei Geschenke von ihnen anzunehmen, nicht
einmal eine Decke. »Nach einer Weile«, sagte er, »werden sie behaupten, ihr
hättet Entgelt für euer Land angenommen.«
1863 wurde den Nez Percés ein neuer Vertrag unterbreitet. Ihm zufolge sollten
sie das Wallowa Valley und drei Viertel ihres restlichen Landes hergeben
und nur ein kleines Reservat im heutigen Idaho behalten. Old Joseph lehnte
es ab, an den Verhandlungen teilzunehmen, doch Lawyer und mehrere andere
Häuptlinge – von denen keiner je im Wallowa Valley gelebt hatte – unterzeichneten
den Vertrag und traten ihr Land ab. Old Joseph nannte ihn den
»Diebesvertrag« und war so empört, daß er eine Bibel zerriß, die ihm ein weißer
Missionar gegeben hatte, um ihn zum Christentum zu bekehren. Um den
Weißen zu zeigen, daß er das Wallowa Valley weiterhin als sein Eigentum betrachtete,
ließ er die Grenze des Landes, in dem seine Leute lebten, mit Pfosten
abstecken.
Bald darauf (1871) starb Old Joseph, und die Häuptlingswürde ging an seinen
Sohn Heinmot Tooyalaket (Young Joseph) über, der damals etwa dreißig

Jahre alt war. Als Regierungsbeamte erschienen und die Nez Percés aufforderten, das Wallowa Valley zu verlassen und in das Reservat Lapwai zu gehen, weigerte sich Young Joseph. »Weder Lawyer noch irgendein anderer Häuptling war befugt, dieses Land zu verkaufen«, sagte er. »Es hat immer meinen Leuten gehört. Sie haben es von ihren Vätern geerbt, und wir werden dieses Land verteidigen, solange ein Tropfen Indianerblut die Herzen unserer Männer wärmt.« Er bat Ulysses Grant, den Großen Vater, seinen Leuten das Land, in dem sie immer gelebt hatten, zu lassen, und der Präsident erließ am 16. Juni 1873 eine Anordnung, in der er die Ansiedlung von Weißen im Wallowa Valley untersagte.

Kurz danach traf eine Gruppe von Kommissaren ein, um eine neue Indianeragentur im Tal zu errichten. Einer von ihnen versuchte Joseph klarzumachen, wie vorteilhaft Schulen für seine Leute wären. Joseph erwiderte, die Nez Percés wollten nicht die Schulen der Weißen.

»Warum wollt ihr keine Schulen?« fragte der Kommissar.

»Sie werden uns beibringen, daß wir Kirchen brauchen«, antwortete Joseph.

»Und ihr wollt keine Kirchen?«

»Nein, wir wollen keine Kirchen.«

»Warum nicht?«

»Weil sie uns beibringen werden, um Gott zu streiten«, sagte Joseph. »Das wollen wir nicht lernen. Wir streiten wohl manchmal mit Menschen um Dinge auf dieser Erde, aber wir streiten nie um Gott. Das wollen wir nicht lernen.«

Inzwischen drangen weiße Siedler auf das Tal vor. Sie waren voll Gier nach dem Land der Nez Percés, denn in den nahen Bergen hatte man Gold gefunden. Goldsucher stahlen die Pferde der Indianer, und Viehzüchter stahlen ihre Rinder und versahen sie mit ihren Brandzeichen, damit die Indianer sie nicht zurückverlangen konnten. Weiße Politiker fuhren nach Washington und erzählten Lügen über die Nez Percés. Sie beschuldigten die Indianer, den Frieden zu gefährden und den Siedlern Vieh zu stehlen. Genau das Gegenteil war wahr, doch die Indianer hatten, wie Joseph sagte, »keinen Freund, der ihre Sache vor Gericht vertrat«.

Zwei Jahre, nachdem der Große Vater Josephs Leuten das Wallowa Valley für immer zugesprochen hatte, erließ er eine neue Anordnung, in der er das Tal zur Besiedlung durch die Weißen freigab. Man gab den Nez Percés »eine angemessene Frist«, ins Reservat Lapwai zu ziehen. Joseph hatte nicht die Absicht, das Tal seiner Väter aufzugeben, doch 1877 beauftragte die Regierung General Howard, von den Indianern One-Armed-Soldier-Chief genannt, das Wallowa Valley von den Nez Percés zu räumen.

In den vier Jahren, die vergangen waren, seit Oliver Otis Howard dafür gesorgt hatte, daß Cochise und die Apachen gerecht behandelt wurden, hatte er die Erfahrung gemacht, daß »Indianerfreunde« bei der Armee nicht beliebt waren. Als er jetzt in das Land im Nordwesten kam, war er entschlossen, sein Ansehen bei den militärischen Stellen wiederherzustellen, indem er seine Anweisungen rasch und korrekt ausführte. Vertraulich äußerte er guten Freunden gegenüber, »es sei ein großer Fehler, Joseph und seinen Nez-Percé-Indianern dieses Land wegzunehmen«. Doch im Mai 1877 forderte er Joseph auf, nach Lapwai zu einer Konferenz zu kommen, bei der der Termin, zu dem sie ihr Land zu übergeben hatten, festgesetzt werden sollte.

Als Begleiter wählte Joseph White Bird, Looking Glass, seinen Bruder und den Propheten Toohoolhoolzote. Der Prophet war ein großer, stiernackiger, häßlicher Indianer mit einer sehr scharfen Zunge. Bei Beginn der Verhandlungen, die in einem Gebäude gegenüber dem Wachhaus von Fort Lapwai stattfanden, stellte Joseph Toohoolhoolzote als Sprecher der Wallowa-Nez-Percés vor.

»Ein Teil der Nez Percés hat sein Land aufgegeben«, sagte der Prophet. »Wir haben das nie getan. Die Erde ist Teil unseres Körpers, und wir haben die Erde nie aufgegeben.«

»Du weißt sehr gut, daß die Regierung ein Reservat errichtet hat und daß die Indianer sich darin niederlassen müssen«, erklärte Howard.

»Wer hat sich angemaßt, das Land zu teilen und zu bestimmen, wo wir leben sollen?« fragte Toohoolhoolzote.

»Ich. Ich bin der Beauftragte des Präsidenten.« Howard verlor allmählich die Geduld. »Meine Anordnungen sind klar und deutlich und werden ausgeführt.«

Der Prophet gab nicht nach und fragte, wie das Land den Weißen gehören könne, wenn es die Nez Percés von ihren Vätern geerbt hätten. »Wir sind aus der Erde gekommen, und unsere Körper müssen zurück zur Erde, ihrer Mutter«, sagte er.

»Ich will deine Religion nicht beleidigen«, antwortete Howard gereizt, »aber wir müssen vernünftig miteinander reden. Du hast mir jetzt zwanzigmal gesagt, daß die Erde deine Mutter ist. Ich will nichts mehr davon hören, sondern endlich zur Sache kommen.«

»Wer hat das Recht, mir zu sagen, was ich in meinem eigenen Land tun soll?« entgegnete Toolhoolhoolzote.

So ging der Streit weiter, bis Howard beschloß, seine Macht zu beweisen. Er befahl, den Propheten festzunehmen und ins Wachhaus zu bringen. Dann teilte er Joseph schroff mit, daß die Nez Percés dreißig Tage Zeit hätten, vom Wallowa Valley ins Reservat Lapwai zu übersiedeln.

»Meine Leute sind immer Freunde der Weißen gewesen«, sagte Joseph. »Warum habt ihr es so eilig? Ich kann nicht in dreißig Tagen übersiedeln. Unser Vieh ist verstreut, und das Wasser des Snake River ist sehr hoch. Laß uns bis zum Herbst warten – dann wird das Wasser niedrig sein.«
»Wenn ihr die Frist um nur einen Tag überschreitet«, antwortete Howard barsch, »dann werden die Soldaten kommen und euch in das Reservat treiben, und alle eure Rinder und Pferde, die sich zu dieser Zeit außerhalb des Reservats befinden, gehen in den Besitz der Weißen über.«
Joseph war jetzt klar, daß er keine andere Wahl hatte. Es war unmöglich, das Tal mit weniger als hundert Kriegern zu verteidigen. Als er und seine Unterhäuptlinge heimkamen, waren bereits Soldaten da. Sie berieten sich und beschlossen, das Vieh sofort zum Umzug nach Lapwai zusammenzutreiben. »Es waren sehr viele Weiße, und wir konnten es nicht mit ihnen aufnehmen. Wir waren wie Rehe. Sie waren wie Grizzlybären. Wir hatten ein kleines Land. Ihr Land war groß. Wir waren bereit, alles so zu lassen, wie es der Große Geist geschaffen hat. Sie waren es nicht, sondern sie änderten die Flüsse und Berge, wenn sie ihnen nicht paßten.«
Bevor sie sich auf den langen Marsch machten, forderten einige der Krieger, lieber Krieg zu führen, statt sich wie Hunde aus dem Land vertreiben zu lassen, in dem sie geboren waren. Toohoolhoolzote, der aus dem Gefängnis entlassen worden war, erklärte, nur Blut könne die Schande abwaschen, die One-Armed-Soldier-Chief ihnen zugefügt habe. Joseph riet jedoch, Frieden zu halten.
Um General Howards Termin einhalten zu können, mußten sie einen großen Teil ihres Viehs im Tal zurücklassen, und als sie an den Snake River kamen, war der Fluß von dem Schmelzwasser, das von den Bergen herabströmte, angeschwollen. Wie durch ein Wunder gelang es ihnen, Frauen und Kinder auf Flößen aus Büffelhaut ohne schweren Unfall hinüberzubringen, doch inzwischen kam eine Gruppe Weißer und stahl mehrere Rinder von ihrer wartenden Herde. Als sie danach das Vieh schnell durch den Fluß trieben, ertranken viele Tiere in dem reißenden Strom.
Zutiefst empört verlangten die Häuptlinge, daß Joseph im Rocky Canyon haltmachte und eine Besprechung abhielt. Toohoolhoolzote, White Bird und Ollokot traten für einen Krieg ein. Joseph sagte ihnen, es sei »besser, in Frieden zu leben, als einen Krieg zu beginnen und zu sterben«. Die andern nannten ihn einen Feigling, doch er ließ sich nicht umstimmen.
Während sie im Canyon lagerten, schlich eines Nachts eine kleine Gruppe Krieger davon, und als sie zurückkam, konnten die Nez Percés sich nicht mehr rühmen, nie einen Weißen Mann umgebracht zu haben. Die Krieger hatten

Joseph, Häuptling der Nez Percés

elf Weiße getötet, um sich für den Diebstahl ihrer Rinder und die Vertreibung aus ihrem Tal zu rächen.

Wie viele andere friedliebende Indianerhäuptlinge befand sich Joseph jetzt in einem Dilemma. Er beschloß, zu seinen Leuten zu halten. »Ich hätte mein Leben geopfert«, sagte er, »wenn ich die Ermordung der Weißen durch meine Leute hätte ungeschehen machen können. Beide waren schuld – meine jungen Männer und die Weißen ... Ich beschloß, meine Leute – wenn möglich, ohne Kampf – ins Büffelland (Montana) zu führen ... Wir zogen zum fünfundzwanzig Kilometer entfernten White Bird Creek und kampierten dort, um unser Vieh zusammenzutreiben, bevor wir aufbrachen; doch die Soldaten griffen uns an, und es kam zur ersten Schlacht.«

Obwohl Howards Soldaten doppelt so stark waren, umzingelten die Nez Percés sie am White Bird Canyon, griffen ihre Flanke an, töteten drei von ihnen und trieben den Rest in die Flucht. Zehn Tage später erschien One-Armed-Soldier-Chief mit beträchtlichen Verstärkungen und stellte sich wieder zum Kampf, doch die Nez Percés zogen sich über die Berge zurück. Mit einer Reihe raffinierter militärischer Aktionen überlistete Joseph die verfolgenden Soldaten, fügte einer Vorausabteilung schwere Verluste zu und begab sich dann schnell zum Clearwater, wo Häuptling Looking Glass mit weiteren Kriegern wartete.

Die Indianer bestanden jetzt aus 250 Kriegern und 450 Frauen, Kindern und alten Leuten. Sie besaßen zweitausend Pferde und hatten am White Bird Canyon mehrere Gewehre und eine Menge Munition erbeutet.

Nach ihrem Rückzug über den Clearwater (wo ihre Väter Lewis und Clarke als Vorboten der weißen Zivilisation willkommen geheißen hatten) rief Joseph die Häuptlinge zu einer Beratung zusammen. Sie wußten alle, daß sie nicht mehr ins Wallowa Valley zurückkehren konnten, und wenn sie nach Lapwai gegangen wären, hätte man sie bestraft. So blieb ihnen nur eine Möglichkeit – die Flucht nach Kanada. Sitting Bull war ins Land der Grandmother geflohen, und die Amerikaner wagten nicht, dorthin zu gehen und ihn zu töten. Wenn es den Nez Percés gelang, den Lolo Trail zu erreichen und die Bitterroot Mountains zu überqueren, konnten sie vielleicht nach Kanada entkommen.

Da sie es gewohnt waren, die Bitterroots zu überqueren, um in Montana zu jagen, hängten sie Howards mit schwerem Gepäck beladene Soldaten schnell ab. Doch als sie am 25. Juli den Canyon nahe der Mündung des Lolo Creek hinabzogen, sichteten ihre Kundschafter vor ihnen Soldaten. Die Blauröcke errichteten an einer schmalen Stelle des Passes eine Barrikade aus Baumstämmen.

Joseph, Looking Glass und White Bird ritten mit einer weißen Fahne zu der Barrikade, stiegen von ihren Pferden und drückten dem kommandierenden Offizier, Captain Charles Rawn, die Hand. Die Häuptlinge sahen, daß sich etwa zweihundert Soldaten im Lager befanden.

»Wenn ihr uns laßt, ziehen wir ohne Kampf weiter«, sagte Joseph zu dem Captain, »aber wir ziehen auf jeden Fall weiter.«

Rawn erwiderte, daß er sie nur durchlassen werde, wenn sie ihre Waffen ablieferten. White Bird sagte, das würden ihre Krieger nie tun.

Da Captain Rawn wußte, daß General Howard sich von Westen näherte und die andere große Streitmacht unter Colonel John Gibbon von Osten im Anmarsch war, versuchte er, Zeit zu gewinnen. Er schlug vor, sich am nächsten Tag wieder zu treffen und weiter über die Bedingungen zu diskutieren. Die Häuptlinge waren einverstanden, doch nachdem sie zwei weitere Tage fruchtlos verhandelt hatten, kamen sie zu dem Schluß, daß sie nicht länger warten konnten.

Am frühen Morgen des 28. Juli gruppierte Looking Glass die Krieger zwischen den Bäumen am oberen Hang des Canyon zu einer weit auseinandergezogenen Linie. Inzwischen führte Joseph die Zivilisten und das Vieh durch eine Schlucht zum Gipfel des Berges hinauf. Als Captain Rawn dahinterkam, was die Nez Percés machten, hatten sie die Barrikade im Canyon längst umgangen. Der Captain nahm die Verfolgung der Indianer auf, doch nach einigen Gefechten mit Josephs Nachhut beschloß er, keine richtige Schlacht zu riskieren, und kehrte zu seiner nun nutzlosen Barrikade zurück.

Da die Häuptlinge überzeugt waren, Howard entkommen zu sein, und nichts von Gibbons nahender Armee ahnten, beschlossen sie, nach Süden zu den vertrauten Jagdgründen am Big Hole River zu ziehen. Dort konnten sie ihre Ponys ausruhen lassen und Wild jagen. Wenn die Weißen sie in Ruhe ließen, dann brauchten sie vielleicht nicht ins Land der Grandmother zu flüchten und sich Sitting Bull anzuschließen.

Am Abend des 9. August erschien One Who Limps (Colonel Gibbon) mit einer aus örtlichen Freiwilligen und berittenen Infanteristen bestehenden Kolonne und versteckte sich auf einem Berghang oberhalb des Lagers der Nez Percés. Als es dunkel wurde, fragten die Freiwilligen Gibbon, ob sie bei dem Angriff Gefangene machen sollten. Gibbon erwiderte, er wolle keine Gefangenen, weder männliche noch weibliche. Die Nacht war kalt, und die Männer tranken Whisky, um sich zu wärmen. Als Gibbon bei Tagesanbruch den Befehl zum Angriff gab, waren mehrere betrunken. Die Infanteristen feuerten mehrere Salven ab und griffen dann die Wigwams der Nez Percés an.

Der fünfzehn Jahre alte Kowtoliks wurde von den Schüssen geweckt. »Ich sprang von meinem Lager auf, lief etwa zehn Meter weit, warf mich auf Hände und Knie nieder und kroch weiter. Patsikonmi, eine alte Frau, kam aus ihrem Wigwam und warf sich links neben mir zu Boden. Dabei wurde sie in die Brust getroffen. Sie sagte zu mir: ›Bleib nicht hier. Flüchte. Ich bin getroffen.‹ Dann starb sie. Natürlich rannte ich um mein Leben und versteckte mich in einem Gebüsch. Überall waren Soldaten und schossen. Ich sah, wie Kinder getötet wurden und Männer im Kugelhagel fielen.«

Black Eagle, ein anderer Junge, wachte auf, als Kugeln in den Wigwam seiner Familie einschlugen. Voll Angst rannte er weg und sprang in den Fluß, doch das Wasser war zu kalt. Er stieg heraus und half, die Pferde zu retten, indem er sie einen Berg hinauf und außer Sicht der Soldaten trieb.

Die Indianer hatten sich indessen von dem ersten Schrecken erholt. Während Joseph dafür sorgte, daß die Zivilisten in Sicherheit gebracht wurden, formierte White Bird die Krieger zu einem Gegenangriff. »Kämpft! Schießt sie nieder!« rief er. »Wir können ebenso gut schießen wie diese Soldaten.« In der Tat waren die Nez Percés weit bessere Schützen als Gibbons Männer. »Die Soldaten sind voll Angst über den Fluß geflüchtet«, sagte Yellow Wolf. »Sie haben sich benommen, als ob sie betrunken sind.«

Als die Soldaten eine Haubitze aufzustellen versuchten, überwältigten die Nez Percés die Bedienungsmannschaft und zerstörten die Kanone. Ein Krieger richtete sein Gewehr auf Colonel Gibbon und traf ihn.

Joseph hatte inzwischen das Lager abgebaut, und während eine Handvoll Krieger Gibbons Soldaten hinter einer schnell aus Baumstämmen und Felsblöcken errichteten Barrikade aufhielt, setzten die Nez Percés ihre Flucht fort. Sie zogen nach Süden, weg von Kanada, da sie glaubten, nur so ihre Verfolger abschütteln zu können. Die Krieger hatten dreißig Soldaten getötet und mindestens vierzig verwundet. Doch bei Gibbons erbarmungslosem Angriff am frühen Morgen waren achtzig Nez Percés umgekommen, über zwei Drittel davon Frauen und Kinder; ihre Körper waren von Kugeln durchsiebt, ihre Köpfe mit Stiefelabsätzen zerstampft und mit Gewehrkolben eingeschlagen. »Einige Soldaten führten sich wie Verrückte auf«, sagte Yellow Wolf.

Die Nachhut der Nez Percés hätte Gibbons Soldaten wahrscheinlich hinter der Barrikade aushungern können, wenn ihnen General Howard nicht mit einer neu eingetroffenen Kavallerieeinheit zu Hilfe gekommen wäre. Die Krieger zogen sich schnell zurück und berichteten Joseph, als sie ihn einholten, daß One-Armed-Soldier-Chief wieder hinter ihnen her war.

»Wir flohen, so schnell wir konnten«, sagte Joseph. »Nach sechs Tagen kam General Howard in unsere Nähe. Wir griffen ihn an und erbeuteten fast alle seine Pferde und Maultiere.« Es waren hauptsächlich Maultiere, die Howards

Proviant und Munition getragen hatten. Während die Soldaten hinter ihnen umherirrten, zogen die Indianer über den Targhee Pass zum Yellowstone Park.

Vor fünf Jahren hatte der Große Rat in Washington das Yellowstone-Gebiet zum ersten Nationalpark des Landes gemacht, und im Sommer 1877 besichtigten die ersten waghalsigen amerikanischen Touristen seine Naturwunder. Unter ihnen befand sich Great Warrior Sherman, der eine Inspektionsreise unternahm und Zeuge wurde, wie weniger als dreihundert Nez-Percé-Krieger die gesamte Armee des Nordwestens zum Narren hielt.

Als Sherman erfuhr, daß die fliehenden Indianer fast in Sichtweite seines luxuriösen Lagers den Yellowstone Park durchquerten, sandte er an sämtliche Fortkommandanten des Gebietes den dringenden Befehl, diese unverschämten Krieger einzukreisen. Am nächsten befand sich das Seventh Cavalry, das in dem Jahr, seit Custer es am Little Bighorn in die Katastrophe geführt hatte, wieder auf volle Stärke gebracht worden war. Voll Eifer, seine Ehre durch einen Sieg wiederherzustellen, marschierte das Regiment südwestwärts zum Yellowstone. Während der ersten Septemberwoche begegneten einander fast täglich Kundschafter der Nez Percés und des Seventh Cavalry. Durch geschickte Aktionen schüttelten die Indianer das Regiment nach einem Gefecht am Canyon Creek ab und zogen nordwärts nach Kanada. Sie wußten natürlich nicht, daß Bear Coat Miles auf Great Warriors Befehl hin von Fort Keogh losmarschiert war und ihren Weg kreuzen mußte.

Am 23. September überquerten die Nez Percés nach nahezu täglichen Nachhutgefechten bei Cow Island Landing den Missouri River. Während der nächsten drei Tage sichteten ihre Kundschafter nirgends Soldaten. Am neunundzwanzigsten entdeckten Jäger eine kleine Büffelherde. Da sie nur noch wenig Lebensmittel und Munition hatten und ihre Pferde erschöpft waren, beschlossen die Häuptlinge, in den Bear Paw Mountains zu kampieren. Am nächsten Tag wollten sie versuchen, mit einem Gewaltmarsch die kanadische Grenze zu erreichen.

»Wir wußten, daß General Howard über zwei Sonnen hinter uns war«, sagte Yellow Wolf. Am nächsten Morgen kamen jedoch von Süden zwei Kundschafter angaloppiert und riefen: »Soldaten! Soldaten!« Während man das Lager abbrach, um weiterzuziehen, erschien auf einem fernen Felsen ein anderer Kundschafter und gab mit einer Decke das Signal: *Feinde ganz in der Nähe! Sie greifen an!*

Es war eine von Bear Coat Miles angeordnete Kavallerieattacke; seine indianischen Kundschafter hatten vor einigen Stunden die Spur der Nez Percés entdeckt. Die Kavalleristen begleiteten die dreißig Sioux- und Cheyennekundschafter, die von den Blauröcken bei Fort Robinson gekauft worden waren, die jungen Krieger, die ihr Volk verraten hatten, indem sie Soldatenuniformen anzogen.

Der Donner von sechshundert galoppierenden Pferden ließ die Erde erbeben, doch White Bird postierte in aller Ruhe seine Krieger vor dem Lager. Als die erste Welle Ponysoldaten heranstürmte, eröffneten die Nez Percés mit tödlicher Genauigkeit das Feuer. Innerhalb weniger Sekunden töteten sie vierundzwanzig Soldaten und verwundeten zweiundvierzig andere. Der Angriff brach zusammen, und ausschlagende Pferde und abgeworfene Soldaten rannten wirr durcheinander.

»Wir schlugen aus einer Entfernung von nicht mehr als zwanzig Schritten zurück«, sagte Chief Joseph, »und trieben die Soldaten, die ihre Toten liegenließen, zu ihrer Hauptlinie zurück. Wir nahmen ihre Waffen und ihre Munition. In den ersten vierundzwanzig Stunden verloren wir achtzehn Männer und drei Frauen.« Unter den Toten waren Josephs Bruder Ollokot und der alte Prophet Toohoolhoolzote.

Bei Einbruch der Dunkelheit versuchten die Nez Percés sich nach Norden zurückzuziehen, doch Bear Coat hatte ihr Lager mit einem Kordon Soldaten umstellt. Die Krieger, die am nächsten Tag einen weiteren Angriff erwarteten, hoben während der Nacht Gräben aus.

Bear Coat griff jedoch nicht an, sondern schickte einen Boten mit einer weißen Fahne, der Joseph aufforderte, zu kapitulieren und das Leben seiner Leute zu retten. Joseph antwortete, er werde es sich überlegen und General Miles seine Entscheidung bald wissen lassen. Es hatte zu schneien begonnen, und die Krieger hofften, daß es ihnen gelingen würde, im Schutz eines Schneesturms nach Kanada zu entkommen.

Später am Tag kamen wieder einige von Miles' Siouxkundschaftern mit einer weißen Fahne angeritten. Joseph ging ihnen über das Schlachtfeld entgegen. »Sie glaubten, sagten sie, daß General Miles es ehrlich meine und wirklich Frieden wolle. Ich ging weiter zu General Miles' Zelt.«

Bear Coat nahm Joseph trotz der weißen Fahne gefangen und hielt ihn die nächsten zwei Tage fest. Während dieser Zeit ließ Miles Artillerie auffahren und griff wieder an, doch die Nez Percés hielten ihre Stellung, und Joseph weigerte sich zu kapitulieren, während er gefangengehalten wurde.

Am dritten Tag gelang es Josephs Kriegern, ihn zu befreien, indem sie drohten, einen von Miles' Offizieren, der ihnen in die Hände gefallen war, zu töten, wenn der General ihren Häuptling nicht freiließ. Am gleichen Tag traf jedoch General Howard mit seiner Armee zu Miles' Verstärkung ein, und Joseph wußte, daß seine zusammengeschrumpfte Schar Krieger verloren war.

Als Miles ihn durch Kuriere zu Waffenstillstandsverhandlungen auffordern ließ, ging Joseph zu ihm und fragte ihn nach den Kapitulationsbedingungen. Sie waren klar und einfach. »Wenn ihr euch ergebt und eure Waffen abliefert«, sagte Miles, »werde ich euch das Leben schenken und in euer Reservat schicken.«

Joseph kehrte in das umzingelte Lager zurück und rief seine Häuptlinge zum letztenmal zusammen. Looking Glass und White Bird wollten weiterkämpfen – wenn nötig, bis zum Tod. Sie hätten sich über zweitausend Kilometer weit durchgeschlagen und könnten jetzt nicht aufgeben, meinten sie. Zögernd willigte Joseph ein, seine Entscheidung aufzuschieben. Am Nachmittag, bei dem letzten Gefecht der viertägigen Belagerung, wurde Looking Glass von einem Scharfschützen in die linke Schläfe getroffen und war sofort tot.

»Am fünften Tag«, sagte Joseph, »ging ich zu General Miles und gab ihm mein Gewehr.« Die Rede, in der er sich geschlagen erklärte, wurde von Leutnant Charles Erskine Scott Wood in der englischen Übersetzung aufgezeichnet und sollte später Berühmtheit erlangen:

Sagt General Howard, ich kenne sein Herz. Was er mir gesagt hat, habe ich in meinem Herzen bewahrt. Ich bin des Kämpfens müde. Unsere Häuptlinge sind gefallen. Looking Glass ist tot. Toohoolhoolzote ist tot. Alle alten Männer sind tot. Es sind die jungen Männer, die ja oder nein sagen. Der Anführer der jungen Männer (Ollokot) ist tot. Es ist kalt, und wir haben keine Decken. Die kleinen Kinder erfrieren. Einige meiner Leute sind in die Berge davongelaufen und haben keine Decken und nichts zu essen; niemand weiß, wo sie sind – vielleicht erfrieren sie. Ich möchte Zeit, um meine Kinder zu suchen und zu sehen, wie viele von ihnen ich finden kann. Vielleicht werde ich sie unter den Toten finden. Hört mich an, meine Häuptlinge! Ich bin müde, mein Herz ist krank und traurig. Ich werde von dort, wo die Sonne jetzt steht, niemals mehr kämpfen.

Nach Einbruch der Dunkelheit, während die Kapitulationsverhandlungen im Gange waren, krochen White Bird und eine Schar von Kriegern in kleinen Gruppen durch Felsspalten und liefen zu Fuß zur kanadischen Grenze. Am nächsten Tag überschritten sie sie, und am dritten Tag sahen sie in der Ferne berittene Indianer. Einer von ihnen signalisierte: »Was für Indianer seid ihr?«

»Nez Percés«, antworteten sie und fragten: »Wer seid ihr?«

»Sioux«, lautete die Antwort.

Am nächsten Tag brachte Sitting Bull die geflohenen Nez Percés in sein kanadisches Dorf.

Für Chief Joseph und die anderen hingegen gab es keine Freiheit. Statt sie, wie Bear Coat versprochen hatte, nach Lapwai zu bringen, transportierte die Armee sie wie Vieh nach Fort Leavenworth in Kansas. Dort wurden sie in einem sumpfigen Tal untergebracht und als Kriegsgefangene behandelt. Nachdem fast hundert gestorben waren, brachte man sie in eine unfruchtbare Ebene im Indianer-Territorium. Wie die Modocs wurden die Nez Percés krank und starben – an Malaria und an gebrochenem Herzen.

Sie wurden häufig von Bürokraten und Vertretern der Kirchen besucht. Diese versicherten sie ihres Mitgefühls und schrieben endlose Berichte an verschiedene Organisationen. Joseph durfte nach Washington fahren, wo er all die großen Häuptlinge der Regierung kennenlernte. »Sie sagen alle, daß sie meine Freunde sind«, sagte er, »und daß uns Gerechtigkeit widerfahren wird, aber sie reden nur viel, und es wird nichts für meine Leute getan ... General Miles hat versprochen, daß wir in unser eigenes Land zurückkehren können. Ich habe General Miles geglaubt – *sonst hätte ich mich nie ergeben.*«

Dann bat er eindringlich um Gerechtigkeit: »Ich habe Worte und Worte gehört, doch nichts wird getan. Gute Worte halten nicht lange, wenn sie nichts bedeuten. Worte sind keine Entschädigung für meine toten Leute. Sie sind keine Entschädigung für mein Land, das jetzt von Weißen überschwemmt wird ... Gute Worte geben meinen Leuten keine Gesundheit und verhindern nicht, daß sie sterben. Gute Worte geben meinen Leuten keine Heimat, in der sie in Frieden leben und für sich sorgen können. Ich bin des Geredes, das zu nichts führt, müde. Mein Herz tut weh, wenn ich an all die guten Worte und gebrochenen Versprechungen denke ... Ihr könnt von den Flüssen ebenso gut erwarten, daß sie rückwärts fließen, wie ihr von einem Mann, der frei geboren wurde, erwarten könnt, daß er zufrieden ist, wenn man ihn einsperrt und ihm die Freiheit verwehrt, zu gehen, wohin er will ... Ich habe einige der großen weißen Häuptlinge gefragt, woher sie das Recht nehmen, dem Indianer zu sagen, er soll an einem Ort bleiben, während er sieht, wie die Weißen gehen, wohin sie wollen. Sie konnten es mir nicht sagen.

Laßt mich ein freier Mann sein – gebt mir die Freiheit zu reisen, mich niederzulassen, zu arbeiten, Handel zu treiben, wo ich will; die Freiheit, meine Lehrer zu wählen, nach der Religion meiner Väter zu leben, das Recht, frei zu denken und zu reden und zu handeln – dann will ich jedem Gesetz gehorchen ...«

Doch niemand hörte auf ihn. Man schickte Joseph zurück ins Indianer-Territorium, und er blieb dort bis 1885. In diesem Jahr lebten nur noch 287 gefangene Nez Percés; die meisten von ihnen waren zu jung, um sich an ihr früheres Leben in Freiheit zu erinnern, oder zu alt und krank und seelisch gebrochen, als daß sie die Macht der Vereinigten Staaten bedroht hätten. Einigen der

Überlebenden gestattete man, in das Reservat ihres Volkes bei Lapwai zurückzukehren. Chief Joseph und etwa 150 andere hielt man für zu gefährlich, um sie mit anderen Nez Percés, die sie vielleicht beeinflußt hätten, zusammenzusperren. Die Regierung brachte sie nach Nespelem im Reservat Colville bei Washington, wo sie bis an ihr Lebensende in der Verbannung blieben. Als Joseph am 21. September 1904 starb, gab der Arzt der Agentur als Todesursache »gebrochenes Herz« an.

14

Der Exodus der Cheyennes

1878 – 10. Januar – Der amerikanische Senat faßt den Beschluß, weibliche Experten zum Frauenwahlrecht anzuhören. *4. Juni –* Zypern geht von der Türkei an England über. *12. Juli –* Ausbruch einer Gelbfieberepidemie in New Orleans; 4500 Tote. *18. Oktober –* Edison gelingt es, den elektrischen Strom für den Gebrauch im Haushalt nutzbar zu machen; an der New Yorker Börse fallen die Gasaktien. *Dezember –* In St. Petersburg erheben sich die Studenten gegen die Polizei und die Kosaken. In Österreich erfindet Ferdinand Mannlicher das Repetiergewehr mit Magazin. David Hughes erfindet das Mikrophon.

Wir sind im Süden gewesen und haben dort sehr gelitten. Viele sind an Krankheiten gestorben, für die wir keine Namen wissen. Unsere Herzen sehnten sich nach diesem Land, in dem wir geboren wurden. Es sind nur noch wenige von uns übrig, und wir wollen nur ein kleines Stück Land, auf dem wir leben können. Wir haben unsere Wigwams stehenlassen und sind in der Nacht fortgelaufen. Die Soldaten haben uns verfolgt. Ich ritt zu ihnen und sagte ihnen, daß wir nicht kämpfen wollen; daß wir nur nach Norden ziehen wollen und niemanden töten würden, wenn sie uns in Ruhe lassen. Die einzige Antwort, die wir erhielten, war eine Salve. Darauf mußten wir kämpfen, doch wir haben niemanden getötet, der nicht zuerst auf uns schoß. Mein Bruder Dull Knife ergab sich mit der Hälfte des Stammes bei Fort Robinson . . . Sie lieferten ihre Gewehre ab, und dann töteten die Weißen sie alle.

OHCUMGACHE (LITTLE WOLF) VON DEN NORTHERN CHEYENNES

Wir bitten nur darum, daß man uns leben läßt, in Frieden leben läßt ... Wir haben uns dem Willen des Großen Vaters gebeugt und sind nach Süden gegangen. Wir haben festgestellt, daß ein Cheyenne dort nicht leben kann. Deshalb sind wir wieder in unsere Heimat gekommen. Wir dachten, es ist besser, im Kampf zu sterben, als an Krankheit zugrunde zu gehen ... Ihr könnt mich hier töten; aber ihr werdet mich nicht dazu bringen, zurückzugehen. Ich werde nicht gehen. Ihr könnt uns nur dorthin bringen, wenn ihr mit Keulen kommt, uns auf den Kopf schlagt und uns fortschleppt und tot dort hinunterschafft.

TAHMELAPASHME (DULL KNIFE) VON DEN NORTHERN CHEYENNES

Ich betrachte die Cheyennes, nachdem ich eine große Zahl von Indianerstämmen kennengelernt habe, als die edelsten Angehörigen dieser Rasse, denen ich je begegnet bin.

THREE FINGERS (COLONEL RONALD S. MACKENZIE)

Als Crazy Horse im Frühjahr 1877 sich mit seinen Oglala-Sioux bei Fort Robinson ergab, lieferten auch mehrere Gruppen von Cheyennes, die sich ihm während des Winters angeschlossen hatten, ihre Waffen ab und ergaben sich auf Gnade und Ungnade den Soldaten. Unter den Cheyennehäuptlingen waren Little Wolf, Dull Knife, Standing Elk und Wild Hog. Zusammen betrug die Zahl ihrer Leute etwa tausend. Two Moon und 350 Cheyennes, die nach der Schlacht am Little Bighorn von den anderen getrennt worden waren, zogen entlang dem Tongue River südwärts nach Fort Keogh und ergaben sich Bear Coat Miles.

Die Cheyennes, die nach Fort Robinson kamen, erwarteten, daß sie gemäß dem Vertrag von 1868, den Little Wolf und Dull Knife unterzeichnet hatten, gemeinsam im Reservat leben würden. Agenten des Indian Bureau teilten ihnen jedoch mit, daß sie nach dem Vertrag verpflichtet seien, entweder im Sioux-Reservat *oder in einem für die Southern Cheyennes bestimmten Reservat* zu leben. Die Agenten empfahlen, die Northern Cheyennes ins Indianer-Territorium zu verlegen, wo sie mit ihren Verwandten, den Southern Cheyennes, zusammen leben sollten.

»Unseren Leuten gefielen diese Reden nicht«, sagte Wooden Leg. »Wir alle wollten in diesem Land nahe den Black Hills bleiben. Doch wir hatten einen großen Häuptling, Standing Elk, der immer wieder sagte, es sei besser, wenn wir dorthin gingen. Ich glaube, es gab nicht mehr als zehn Cheyennes in unserem ganzen Stamm, die mit ihm darin einig waren. Wir hatten das Gefühl, er redete nur so, um sich mit den Weißen gutzustellen.«

Während die Regierungsbehörden berieten, was mit den Northern Cheyennes geschehen sollte, warben die Offiziere von Fort Robinson einige Krieger als Kundschafter an; sie sollten ihnen helfen, zerstreute Gruppen zu finden, die nicht bereit waren, das Unvermeidliche hinzunehmen und sich zu ergeben.

William P. Clark, ein Kavallerieleutnant, überredete Little Wolf und einige seiner Krieger, mit ihm zusammenzuarbeiten. Clark pflegte einen weißen Hut zu tragen, und deshalb nannten ihn die Cheyennes White Hat. Bald merkten sie, daß White Hat die Indianer wirklich mochte und sich für ihre Lebensweise, ihre Kultur, Sprache, Religion und ihre Bräuche interessierte. (Clark veröffentlichte später eine wissenschaftliche Abhandlung über die indianische Zeichensprache.)

Little Wolf hätte bei White Hat in Fort Robinson bleiben können, doch als aus Washington die Anordnung kam, die Cheyennes ins Indianer-Territorium zu bringen, beschloß er, sein Volk zu begleiten. Vor dem Aufbruch ersuchten die besorgten Cheyennehäuptlinge Three Stars Crook um eine letzte Unterredung. Der General versuchte, sie zu beruhigen, und riet ihnen, hinunterzugehen und sich das Indianer-Territorium anzusehen; wenn es ihnen nicht gefalle, könnten sie in den Norden zurückkommen. (Zumindest übersetzten die Dolmetscher Crooks Worte so.)

Die Cheyennes wollten, daß White Hat mit ihnen nach Süden ging, doch die Armee beauftragte Leutnant Henry W. Lawton, die Eskorte zu übernehmen. »Er war ein guter Mann«, sagte Wooden Leg, »immer freundlich zu den Indianern.« Sie nannten Lawton Tall White Man und waren ihm dankbar, daß er den Alten und Kranken erlaubte, tagsüber auf den Armeewagen zu fahren und nachts in Armeezelten zu schlafen. Tall White Man sorgte auch dafür, daß alle genug Brot, Fleisch, Kaffee und Zucker bekamen.

Sie benutzten auf dem Weg nach Süden die vertrauten Jagdwege und hielten sich von den Städten fern, doch sie sahen, wie die Prärie sich veränderte; überall wurden Zäune errichtet und Eisenbahnen und Häuser gebaut. Als sie einige kleine Büffel- und Antilopenherden entdeckten, gab Tall White Mann an dreißig von den Häuptlingen bestimmte Krieger Gewehre aus, damit sie auf die Jagd gehen konnten.

972 Cheyennes brachen im Mai von Fort Robinson auf. Nach einem fast hunderttägigen Marsch erreichten 937 Indianer Fort Reno im Cheyenne-Ara-

paho-Reservat. Ein paar alte Leute waren unterwegs gestorben; einige junge Männer hatten sich davongeschlichen und waren in den Norden zurückgekehrt.

Three Fingers Mackenzie erwartete sie in Fort Reno. Er nahm ihnen ihre Pferde und die wenigen Waffen weg, die sie noch besaßen, doch diesmal erschoß er ihre Pferde nicht, sondern versprach, daß ihr Agent sie ihnen zurückgeben werde, wenn sie begonnen hätten, auf ihrem neuen Land Ackerbau zu betreiben. Dann übergab er sie John D. Miles, dem Agenten.

Nach einigen Tagen luden die Southern Cheyennes ihre Verwandten aus dem Norden zu dem üblichen Stammesfest für Neuankömmlinge ein, und bei dieser Gelegenheit bemerkten Little Wolf und Dull Knife, daß etwas nicht in Ordnung war. Das Festmahl bestand aus einem Topf wäßriger Suppe; das war alles, was die Southerners ihnen anbieten konnten. Es gab in diesem öden Land nicht genug zu essen – kein Wild, kein klares Wasser zum Trinken, und der Agent hatte nicht genug Rationen, um sie alle zu ernähren. Außerdem war die Sommerhitze unerträglich, und die Luft war voller Moskitos und fliegendem Staub.

Little Wolf ging zum Agenten und sagte ihm, daß sie nur gekommen seien, um sich das Reservat anzusehen. Da es ihnen nicht gefalle, wollten sie zurück in den Norden gehen. Three Stars Crook habe ihnen versprochen, daß sie das könnten. Der Agent erwiderte, nur der Große Vater in Washington könne entscheiden, ob und wann die Northern Cheyennes ins Land an den Black Hills zurückgehen dürften. Er versprach, daß es bald mehr zu essen geben werde; man treibe für sie eine Rinderherde von Texas herauf.

Die Rinder waren mager und ihr Fleisch zäh wie ihre Häute, doch wenigstens konnten die Northern Cheyennes sich jetzt wie ihre Verwandten Suppe kochen. Im Spätsommer bekamen viele Northerners Schüttelfrost, Fieber und Gliederschmerzen und wurden immer schwächer. »Unsere Leute starben, starben, starben; einer nach dem andern ging aus dieser Welt.«

Little Wolf und Dull Knife beschwerten sich beim Agenten und beim Soldatenhäuptling von Fort Reno, und schließlich beauftragte die Armee Tall White Man – Leutnant Lawton –, das Lager der Northern Cheyennes zu inspizieren. »Sie bekommen nicht genug Lebensmittel, um sie vor dem Verhungern zu bewahren«, berichtete Lawton. »Viele ihrer Frauen und Kinder sind von Hunger völlig geschwächt ... Die Rinder, die man ihnen gegeben hat, sind von sehr schlechter Qualität und *für jeden Zweck* als unbrauchbar zu bezeichnen.«

Der Arzt des Militärpostens hatte kein Chinin, um die Malaria, die die Northerners dahinraffte, zu lindern. »Er machte häufig seine Praxis zu und ging weg, weil er den Indianern nicht helfen konnte und deshalb nicht von ihnen aufgesucht werden wollte.«

Tall White Man rief die Häuptlinge zusammen – nicht, um mit ihnen zu sprechen, sondern um sie anzuhören. »Wir sind hier heruntergekommen, weil wir uns auf General Crooks Wort verlassen haben«, sagte Dull Knife. »Wir sind immer noch Fremde in diesem Land. Wir möchten ein Land, in dem wir uns niederlassen und ständig leben können; dann werden wir unsere Kinder zur Schule schicken.«

Die anderen Häuptlinge erfüllten Dull Knifes Worte mit Ungeduld. Er sprach ihnen nicht energisch genug. Sie berieten sich kurz und forderten dann Wild Hog auf, für sie zu sprechen.

»Seit wir bei dieser Agentur sind«, sagte Wild Hog, »haben wir vom Agenten keinen Mais, kein Brot, keinen Reis, keine Bohnen und kein Salz bekommen und nur selten Backpulver und Seife. Der Zucker und der Kaffee, den wir bekommen, reicht nur etwa drei Tage und wird für sieben Tage ausgegeben. Das Mehl ist sehr schlecht und sehr schwarz, und der Teig, den wir davon machen, geht nicht auf. Von den Rindern waren sehr viele lahm und sahen völlig verhungert aus.«

Andere Häuptlinge meldeten sich zu Wort und berichteten von den vielen Krankheits- und Todesfällen. Die Cheyennes hätten sich bereit erklärt, die Medizin der Weißen zu nehmen, doch sie fänden keinen Doktor, der ihnen welche gab. Wenn Tall White Man ihnen erlauben würde, auf die Jagd zu gehen, sagten sie, dann würde das Büffelfleisch sie wieder zu Kräften bringen.

Lawton erwiderte, nur ihr Agent könne ihnen erlauben, Büffel zu jagen, doch er versprach, Three Fingers Mackenzie (der damals Kommandant von Fort Sill war) zu bitten, sich für sie zu verwenden.

Mackenzie, der während seiner Laufbahn so viele Cheyennes getötet hatte, empfand Mitleid für die Überlebenden, nun, da sie hilflos waren. Nachdem Leutnant Lawton ihm Bericht erstattet hatte, beschwerte sich Three Fingers energisch bei General Sheridan: »Man erwartet von mir, daß ich für das ordentliche Betragen von Indianern sorge, die die Regierung verhungern läßt – in flagranter Verletzung des Abkommens.« Zugleich riet er Major John K. Mizner, dem Kommandanten von Fort Reno, sich zusammen mit dem Agenten um die Beschaffung von Lebensmitteln für die Cheyennes zu bemühen. »Wenn die Indianer entgegen den Wünschen des Agenten fortlaufen, um Büffel zu jagen, dann versuchen Sie nicht, sie zur Rückkehr zu bewegen, denn sonst wären die Truppen gezwungen, bei der Begehung eines großen Unrechts mitzuwirken.«

Erst zu Beginn des Winters erlaubte Miles den Northern Cheyennes, auf Büffeljagd zu gehen; er beauftragte einige Southerners, ihnen nachzuspionieren, um zu verhindern, daß sie mit den Pferden, die er ihnen zurückgegeben hatte, in den Norden zurückritten. Die Büffeljagd war ein völliger Fehlschlag. Überall in der nördlichen Prärie lagen Haufen von Büffelknochen, die Weiße zurückgelassen hatten, doch die Cheyennes fanden nichts zum Jagen als ein paar Coyoten. Sie erlegten die Coyoten und aßen sie, und bevor der Winter zu Ende war, mußten sie all ihre Hunde essen, um die kärglichen Rindfleischrationen, die sie in der Agentur bekamen, aufzubessern. Einige erwogen, die Pferde zu essen, die ihnen der Agent zum Jagen gegeben hatte, doch davon wollten die Häuptlinge nichts wissen. Falls sie beschlossen, in den Norden zurückzugehen, würden sie alle Pferde brauchen.

Die ganze Zeit hatten sich Three Fingers und Tall White Man bemüht, mehr Lebensmittel für die Cheyennes zu bekommen, doch Washington reagierte nicht. Als sie auf eine Erklärung drängten, sagte Carl Schurz, der neue Innenminister: »Solche Nebensächlichkeiten gelangen im allgemeinen nicht zur Kenntnis des Ministers. Sie sind Sache des Indian Bureau.« Man hatte Schurz jedoch ausdrücklich deshalb zum Innenminister ernannt, weil er das Indian Bureau reformieren sollte. Er erklärte, an der Unzufriedenheit unter den Northern Cheyennes seien Häuptlinge schuld, »die die alten Traditionen bewahren wollen und die anderen Indianer von der Arbeit abhalten«. Doch mußte er zugeben, daß die bewilligten Mittel nicht ausreichten, um genügend Lebensmittel zu kaufen; er hoffte jedoch, daß es dem Indian Bureau durch »äußerste Sparsamkeit« und »sorgsames Wirtschaften« gelingen werde, das Jahr mit einem nur kleinen Defizit hinter sich zu bringen. (Einige Häuptlinge des Territoriums, die in diesem Jahr nach Washington fuhren, stellten bei Schurz eine erstaunliche Unkenntnis bezüglich der Angelegenheiten der Indianer fest. Die Cheyennes nannten ihn Mah-hah Ich-hon [Big Eyes] und wunderten sich, daß ein Mann mit so großen Augen so wenig wußte.)

Als die warme Jahreszeit kam, breiteten sich in den Ebenen des Reservats riesige Moskitoschwärme aus, und bald erkrankten die Cheyennes wieder an Fieber. Hinzu kam eine Masernepidemie bei den Kindern. Im Juni gab es so viele Begräbnisse, daß Little Wolf beschloß, mit den anderen Häuptlingen Agent Miles aufzusuchen und mit ihm ein ernstes Wort zu reden. Er und Dull Knife wurden alt – sie waren beide schon weit über fünfzig –, und sie wußten, daß es nicht wichtig war, was mit ihnen geschah. Doch es war ihre Pflicht, die jungen Leute, den Stamm als solchen, vor dem Untergang zu bewahren.

Miles erklärte sich zu einer Unterredung bereit, und die Cheyennes ernannten Little Wolf zu ihrem Sprecher. »Seit wir in diesem Land sind, sterben jeden Tag Leute von uns«, sagte er. »Dies ist kein gutes Land für uns, und wir möch-

Dull Knife

ten in unsere Heimat in den Bergen zurückkehren. Wenn ihr nicht die Macht habt, uns zu erlauben, dorthin zurückzugehen, dann laßt einige von uns nach Washington fahren und dort berichten, wie es hier ist, oder schreibt nach Washington und verlangt, daß man uns erlaubt, nach Norden zurückzugehen.«

»Das kann ich jetzt nicht tun«, erwiderte der Agent. »Bleibt noch ein Jahr hier, und dann werden wir sehen, was wir für euch tun können.«

»Nein«, sagte Little Wolf in festem Ton. »Wir können nicht noch ein Jahr hierbleiben; wir wollen jetzt gehen. In einem Jahr sind wir vielleicht alle tot, und es wird keiner von uns mehr übrig sein, der nach Norden gehen kann.«

Danach meldeten sich einige junge Männer zu Wort. »Wir werden hier krank und sterben«, sagte einer, »und wenn wir tot sind, wird man unsere Namen vergessen.«

»Wir werden auf alle Fälle nach Norden gehen«, sagte ein anderer, »und wenn wir im Kampf sterben, werden sich alle unsere Leute unserer Namen erinnern und sie verehren.«

Während des August berieten sich die Häuptlinge, und es kam zwischen ihnen zu einem Zerwürfnis. Standing Elk, Turkey Leg und einige andere hatten Angst, nach Norden zu gehen. Die Soldaten würden sie verfolgen und sie alle umbringen; es sei besser, im Reservat zu sterben. Anfang September zogen Little Wolf, Dull Knife, Wild Hog und Left Hand mit ihren Gruppen ein paar Kilometer von den anderen weg, damit sie schnell aufbrechen konnten, wenn sie den rechten Zeitpunkt für gekommen hielten. Sie machten jeden Tag Tauschgeschäfte und handelten ihre Habseligkeiten bei den Southern Cheyennes und Arapahos gegen Ponys und alte Gewehre ein. Doch sie versuchten nicht, den Agenten zu täuschen. Als Little Wolf im September beschloß, nach Norden aufzubrechen, suchte er sogar Miles auf und sagte ihm, daß er in seine Heimat zurückgehen werde. »Ich möchte nicht, daß in der Nähe der Agentur Blut vergossen wird. Wenn du mir Soldaten nachschickst, dann tu dies erst, wenn wir ein Stück von der Agentur weg sind. Wenn du dann kämpfen willst, werde ich gegen dich kämpfen, und wir können die Erde an jenem Ort mit Blut tränken.«

Miles glaubte offenbar nicht, daß die abtrünnigen Häuptlinge wirklich versuchen würden, eine so aussichtslose Reise zu unternehmen; er nahm an, sie wußten ebenso gut wie er, daß die Armee sie aufhalten würde. Vorsichtshalber schickte er jedoch Edmond Guerrier (den halbblütigen Southern Cheyenne, der Sand Creek im Jahr 1864 überlebt hatte) zu Little Wolfs Lager und ließ ihn warnen.

In der Nacht des 9. September befahlen Little Wolf und Dull Knife ihren Leu-

Little Wolf

ten zu packen und sich zum Aufbruch am frühen Morgen bereitzumachen. Sie ließen die leeren Wigwams stehen und zogen über die Sandhügel nordwärts – 297 Männer, Frauen und Kinder. Weniger als ein Drittel von ihnen waren Krieger. Sie hatten nicht genügend Pferde für alle, und so wechselten sie sich beim Reiten ab. Ein paar junge Männer ritten voraus und versuchten, weitere Ponys aufzutreiben.

In den Zeiten, da die Cheyennes mehrere tausend Köpfe zählten, hatten sie mehr Pferde besessen als alle anderen Präriestämme. Man nannte sie das Beautiful People, doch das Schicksal war ihnen im Süden wie im Norden ungnädig gewesen. Nach zwanzig Jahren der Dezimierung waren sie der Vernichtung näher als die Büffel.

Drei Tage lang marschierten sie wie von einem gemeinsamen Willen getrieben, Nerven und Muskeln gespannt, sich erbarmungslos anspornend. Am 13. September überquerten sie 250 Kilometer nördlich von Fort Reno den Cimarron und bezogen an einer Stelle, wo vier Canyons zusammenliefen, eine Verteidigungsstellung. Zederndickicht bot den Kriegern ausgezeichnete Deckung.

Als die Soldaten sie einholten, schickten sie einen Arapahoführer als Unterhändler zu ihnen. Der Arapaho gab den Cheyennes Zeichen mit einer Decke und forderte sie auf, ins Reservat zurückzukehren. Als Little Wolf sich ihm zeigte, kam der Arapaho näher und sagte ihm, daß der Soldatenhäuptling keinen Kampf wolle, doch wenn die Cheyennes ihm nicht nach Fort Reno folgten, werde man sie angreifen.

»Wir ziehen in den Norden«, erwiderte Little Wolf. »Man hat uns versprochen, daß wir das dürfen, als wir uns bereit erklärten, in dieses Land zu kommen. Wir wollen, wenn möglich, in Frieden gehen, ohne unterwegs irgendwelchen Besitz der Weißen zu zerstören, und wenn man uns in Ruhe läßt, werden wir niemanden angreifen. Wenn die Soldaten uns angreifen, werden wir gegen sie kämpfen, und wenn Weiße, die nicht Soldaten sind, ihnen helfen, werden wir auch gegen sie kämpfen.«

Bald nachdem der Arapaho dem Soldatenhäuptling (Captain Joseph Rendlebrock) Little Wolfs Antwort überbracht hatte, rückten die Soldaten in die Canyons vor und eröffneten das Feuer. Das war töricht von den Soldaten, denn die Cheyennes waren überall um sie herum in den Zederngehölzen versteckt. Den ganzen Tag und die ganze Nacht saßen die Soldaten ohne Wasser in der Falle. Am nächsten Morgen schlichen sich die Cheyennes in kleinen Gruppen nach Norden davon, und die Soldaten konnten die Canyons verlassen.

Kämpfend zogen sich die Indianer durch Kansas nach Nebraska zurück. Von allen Forts kamen Soldaten. Kavalleristen galoppierten von den Forts Wallace,

Hays, Dodge, Riley und Kearney herbei, Infanteristen fuhren in Eisenbahnwaggons auf den drei parallel laufenden Schienensträngen zwischen dem Cimarron und dem Platte hin und her. Um schneller voranzukommen, wechselten die Cheyennes ihre müden Ponys gegen die Pferde von Weißen aus. Sie suchten Gefechte zu vermeiden, doch Rancher, Cowboys und Siedler, ja sogar Geschäftsleute aus den kleinen Städten schlossen sich den sie verfolgenden Soldaten an. Zehntausend Soldaten und dreitausend weiße Zivilisten griffen die flüchtenden Cheyennes ununterbrochen an, fügten den Kriegern schwere Verluste zu und erschossen Kinder, Frauen und alte Leute, die zurückblieben. In den letzten zwei Septemberwochen holten die Soldaten sie fünfmal ein, doch die Cheyennes konnten immer wieder entkommen. Sie zogen quer durch das unwegsame Land und machten es dadurch den Soldaten unmöglich, Wagen oder die großen Kanonen auf Rädern zu benutzen, doch kaum waren sie einer Kolonne von Blauröcken entronnen, nahm eine andere ihre Verfolgung auf.

In den ersten Oktobertagen überschritten sie die Union Pacific Railroad, durchquerten den Platte und eilten den vertrauten Sandhügeln Nebraskas entgegen. Three Stars versuchte, ihnen mit mehreren Kolonnen den Weg abzuschneiden, doch er mußte zugeben, »daß sie ebenso schwer zu fangen sind wie ein Schwarm verschreckter Krähen«.

Am Morgen war das vergilbende Gras jetzt mit Reif bedeckt, doch die kalte Luft erfüllte die Cheyennes nach dem langen heißen Sommer im Indianer-Territorium mit neuer Kraft. Nach der sechswöchigen Flucht waren ihre Kleider und Decken zerfetzt; sie hatten nicht genug zu essen; sie besaßen immer noch so wenig Pferde, daß die Hälfte der Männer zu Fuß marschieren mußte. Eines Abends, als sie ihr Lager aufschlugen, nahmen die Häuptlinge eine Zählung vor. Vierunddreißig Indianer fehlten. Einige waren während der Gefechte abgesplittert worden und zogen auf anderen Wegen nach Norden, doch die meisten hatten die Kugeln der Weißen getötet. Die älteren Leute waren erschöpft, die Kinder durch zuwenig Essen und Schlaf geschwächt, und einige konnten nicht mehr weiter. Dull Knife meinte, sie sollten zu Red Clouds Agentur gehen und Red Cloud bitten, ihnen Nahrung zu geben und sie über die kalte Jahreszeit, die bald anbrechen würde, aufzunehmen. Sie hätten Red Cloud oft geholfen, als er um das Land am Powder River kämpfte. Jetzt sei es seine Pflicht, ihnen zu helfen.

Little Wolf gefiel dieses Gerede nicht. Er gehe ins Cheyenneland, sagte er, ins Tal des Tongue River, wo sie genügend Fleisch und Häute finden würden und wieder wie Cheyennes leben könnten.

Schließlich einigten sich die Häuptlinge gütlich. Jene, die an den Tongue River gehen wollten, sollten Little Wolf folgen; jene, die des Marschierens müde waren, Dull Knife zu Red Clouds Agentur. Am nächsten Morgen zogen 53 Männer, 43 Frauen und 38 Kinder mit Little Wolf weiter nach Norden. Etwa 150 brachen mit Dull Knife nach Nordwesten auf – ein paar Krieger, die Alten, die Kinder und die Verwundeten. Nach einigem Zögern gingen auch Wild Hog und Left Hand mit Dull Knife, um bei ihren Kindern zu bleiben.

Am 23. Oktober geriet Dull Knifes Kolonne, als sie nur noch zwei Tage von Fort Robinson entfernt war, in einen schweren Schneesturm. Die dicken, nassen Flocken nahmen ihnen die Sicht, und sie kamen nur langsam voran. Plötzlich tauchte aus dem wirbelnden Schnee ein geisterhafter Trupp Kavallerie auf. Sie waren umzingelt.

Der Soldatenhäuptling, Captain John B. Johnson, schickte einen Dolmetscher zu ihnen und forderte sie auf, mit ihm zu verhandeln. Dull Knife sagte dem Captain, er wolle keinen Kampf; er wolle nur zu Red Cloud oder Spotted Tail, damit seine Leute Nahrung und Unterkunft bekämen.

Der Captain teilte ihm mit, daß Red Cloud und Spotted Tail weit in den Norden nach Dakota gezogen seien. Es gebe in Nebraska kein Reservat mehr, doch die Soldaten würden sie nach Fort Robinson bringen.

Zuerst lehnte Dull Knife ab, doch als es dämmerte, wurde der Schneesturm beißend kalt, und die Cheyennes froren und hungerten. Dull Knife erklärte sich bereit, den Soldaten zum Fort zu folgen.

Es wurde rasch dunkel. Die Soldaten schlugen an einem Fluß ein Lager auf und umstellten die Cheyennes mit Posten. Die Häuptlinge berieten sich nervös und fragten sich, was die Soldaten mit ihnen vorhatten. Sie beschlossen, ihre besten Gewehre und Pistolen zu zerlegen und ihre alten Waffen abzuliefern, falls der Soldatenhäuptling sie dazu aufforderte. Die ganze Nacht über nahmen sie ihre Gewehre auseinander, gaben die Läufe ihren Frauen, damit sie sie unter ihren Kleidern versteckten, und banden Federn, Schlösser, Zündhütchen, Patronen und andere kleine Teile an Perlenketten und Mokassins, als seien es Schmuckstücke. Tatsächlich befahl Captain Johnson am nächsten Morgen seinen Männern, die Cheyennes zu entwaffnen. Sie legten ihre alten Gewehre, Pistolen, Bogen und Pfeile zu einem kleinen Haufen zusammen, und der Captain gab sie seinen Soldaten als Andenken.

Am 25. Oktober erreichten sie Fort Robinson und wurden in einer Holzbaracke untergebracht, die für eine Kompanie von 75 Soldaten gedacht war. Obwohl die 150 Cheyennes sich zusammendrängen mußten, waren sie froh, ein Dach über dem Kopf zu haben. Die Soldaten gaben ihnen Decken und genügend Lebensmittel und Medikamente, und die Posten, die die Baracke bewachten, waren freundlich.

Dull Knife fragte Major Carlton, den Postenkommandanten, jeden Tag, wann sie zu Red Clouds neuer Agentur weiterziehen dürften. Carlton sagte ihm, sie müßten warten, bis er Anweisungen aus Washington erhalten habe. Um den Cheyennes sein Wohlwollen zu beweisen, erteilte er einigen Kriegern die Erlaubnis, auf die Jagd zu gehen, und lieh ihnen Gewehre und Ponys. Sie fanden jedoch nur wenige Tiere; die Prärie um Fort Robinson war leer und öde, doch die Cheyennes genossen die Freiheit, ohne Furcht herumzustreifen, obwohl sie immer nur einen Tag lang fortbleiben durften.

Anfang Dezember verließ ihr Freund Major Carlton das Fort, und ein neuer Kommandant kam: Captain Henry W. Wessels. Die Cheyennes hörten, daß die Soldaten ihn Flying Dutchman (Fliegender Holländer) nannten; Wessels rannte ständig auf dem Gelände des Forts herum, beobachtete die Cheyennes argwöhnisch, betrat überraschend ihre Baracke und starrte in sämtliche Winkel. In diesem Monat wurde Red Cloud von Dakota heruntergebracht und durfte mit ihnen beraten.

»Unsere Herzen sind voll Mitleid für euch«, sagte Red Cloud. »Unter euren Toten sind viele von unseren Leuten. Das hat uns traurig gemacht. Aber was können wir tun? Der Große Vater ist allmächtig. Seine Leute bevölkern die ganze Erde. Wir müssen tun, was er sagt. Wir haben ihn gebeten, euch zu erlauben, zu uns zu kommen und mit uns zu leben. Wir hoffen, er wird euch kommen lassen. Wir werden mit euch teilen, was wir besitzen. Doch denkt daran – ihr müßt tun, was er befiehlt. Wir können euch nicht helfen. Auf den Bergen liegt tiefer Schnee. Unsere Ponys sind mager. Es gibt nur wenig Wild. Ihr könnt keinen Widerstand leisten, und wir auch nicht. Hört also auf euren alten Freund und tut, ohne zu klagen, was der Große Vater sagt.«

Red Cloud war alt und vorsichtig geworden. Dull Knife hatte gehört, daß er in seinem Reservat in Dakota ein Gefangener war. Der Cheyennehäuptling erhob sich und sah seinen alten Siouxbruder traurig an. »Wir wissen, daß du unser Freund bist und daß wir dir glauben können«, sagte er. »Wir danken dir, daß du dein Land mit uns teilen willst. Wir hoffen, der Große Vater wird uns zu euch kommen lassen. Wir wollen nichts weiter, als daß man uns leben läßt, in Frieden leben läßt. Ich will mit niemandem Krieg. Ich bin ein alter Mann, die Zeit des Kampfes ist für mich vorbei. Wir haben uns dem Willen des Großen Vaters gebeugt und sind weit in den Süden gegangen. Doch ein Cheyenne kann dort nicht leben. Krankheiten kamen über uns, und Trauer zog in alle Hütten ein. Dann wurde der Vertrag gebrochen, und man kürzte unsere Rationen. Jene, die nicht von Krankheiten hinweggerafft wurden, zehrte der Hunger aus. Wären wir dort geblieben, hätten wir alle sterben müssen. Unsere Gesuche an den Großen Vater wurden nicht beantwortet.

Wir hielten es für besser, in unsere alte Heimat zu ziehen und im Kampf zu sterben, als elend zugrunde zu gehen. So traten wir unseren Marsch an. Den Rest weißt du.«

Dull Knife wandte sich an Captain Wessels: »Sage dem Großen Vater, daß Dull Knife und seine Leute nur den Wunsch haben, hier im Norden, wo sie geboren wurden, ihre Tage zu beschließen. Sage ihm, daß wir keinen Krieg mehr wollen. Wir können im Süden nicht leben; dort gibt es kein Wild. Wenn hier die Rationen knapp sind, können wir auf die Jagd gehen. Sag ihm, wenn er uns hierbleiben läßt, werden Dull Knifes Leute niemandem etwas tun. Sage ihm, wenn er uns zurückschickt, werden wir uns gegenseitig mit unseren Messern abschlachten.«

Wessels stammelte ein paar Worte. Er versprach, dem Großen Vater mitzuteilen, was Dull Knife gesagt hatte.

Nach weniger als einem Monat, am 3. Januar 1879, erhielt Captain Wessels Nachricht vom Kriegsministerium. General Sheridan und Big Eyes Schurz hatten bezüglich Dull Knifes Cheyennes eine Entscheidung getroffen. »Wenn man sie nicht dorthin zurückschickt, von wo sie gekommen sind«, meinte Sheridan, »wird das ganze Reservatsystem ... gefährdet.« Schurz war der gleichen Ansicht: »Die Indianer sollten in ihr Reservat zurückgebracht werden.«

In dem Schreiben des Kriegsministeriums wurden sofortige Maßnahmen angeordnet, ohne Rücksicht auf das winterliche Wetter. Es war bitterkalt, und Schneestürme fegten über die Prärie.

»Will der Große Vater, daß wir sterben?« fragte Dull Knife Captain Wessels. »Wenn ja, dann möchten wir hier sterben. Wir gehen nicht zurück!«

Wessels gab den Cheyennes fünf Tage Zeit, es sich zu überlegen. Man werde sie, sagte er, so lange in die Baracke einsperren und ihnen nichts zu essen und kein Holz zum Heizen geben.

Und so kauerten die Cheyennes fünf Tage lang in der Baracke. Fast jede Nacht schneite es, und sie kratzten den Schnee von den Fensterbrettern, damit sie Wasser zum Trinken hatten. Doch zu essen hatten sie nichts als Knochen und Reste von früheren Mahlzeiten, und in der Baracke herrschte beißende Kälte.

Am 9. Januar ließ Wessels Dull Knife und die anderen Häuptlinge in sein Hauptquartier holen. Dull Knife weigerte sich zu gehen, doch Wild Hog, Crow und Left Hand gingen mit den Soldaten. Nach einigen Minuten kam Left Hand mit gefesselten Händen herausgerannt. Soldaten stürzten sich auf ihn, doch bevor sie ihn zum Schweigen bringen konnten, schrie er laut, damit die Indianer in der Baracke wußten, was geschehen war. Wild Hog sagte Captain Wessels, daß kein einziger Cheyenne zurück in den Süden gehen werde.

Daraufhin ließ ihn der Captain in Ketten legen. Wild Hog unternahm einen Fluchtversuch und versuchte, seine Bewacher zu töten, doch sie überwältigten ihn.

Nach einer Weile kam Wessels zur Baracke und sprach durch ein Fenster mit den Indianern. »Laßt die Frauen und Kinder heraus, damit sie nicht länger leiden müssen«, sagte er.

»Wir wollen lieber alle zusammen hier sterben, als in den Süden gehen«, antworteten sie.

Wessels ging weg, und Soldaten kamen und versperrten die Türen der Baracke mit Ketten und Eisenstangen. Die Nacht brach herein, doch der Mond schien auf den Schnee, und draußen war es taghell. Die Bajonette der sechs Posten, die in ihren Mänteln, mit Kapuzen über den Köpfen, auf und ab stapften, glitzerten.

Einer der Krieger schob den kalten Ofen beiseite und hob ein Brett vom Boden. Darunter lagen auf der trockenen Erde fünf Gewehrläufe, die sie am ersten Tag versteckt hatten. Die Indianer nahmen die Waffenteile und Patronen von ihren Schmuckketten und Mokassins. Bald hatten sie die Gewehre und einige Pistolen wieder zusammengesetzt. Die jungen Männer bemalten ihre Gesichter und zogen ihre besten Kleider an. Inzwischen stapelten die Frauen Sättel und Bündel unter den Fenstern auf, damit sie schnell hinausspringen konnten. Dann stellten sich die besten Schützen an die Fenster, und jeder nahm einen der Posten draußen aufs Korn.

Um 21.45 Uhr fielen die ersten Schüsse. Im gleichen Moment wurden die Fenster aufgestoßen, und die Cheyennes stürzten hinaus. Sie nahmen den toten und verwundeten Posten ihre Gewehre ab und rannten auf die Felsen außerhalb des Forts zu. Nach etwa zehn Minuten galoppierten ihnen die ersten Kavalleristen nach, einige in Unterwäsche. Die Krieger bildeten schnell eine Verteidigungslinie, während die Frauen und Kinder einen Fluß überquerten. Da sie nur so wenig Waffen besaßen, zogen sich die Krieger, ununterbrochen feuernd, zurück. Immer mehr Soldaten kamen und fächerten sich zu einem weiten Bogen auf. Sie erschossen jeden Indianer, der durch den Schnee rannte. In der ersten Stunde fiel über die Hälfte der Krieger. Dann holten die Soldaten versprengte Gruppen von Frauen und Kindern ein und töteten viele von ihnen, bevor sie sich ergeben konnten. Unter den Toten war Dull Knifes Tochter.

Als der Morgen kam, trieben die Soldaten 65 gefangene Cheyennes, darunter 23 Verwundete, zum Fort zurück. Die meisten waren Frauen und Kinder. Nur 38 der Entkommenen waren noch frei und am Leben; 32, die zusammen durch die Berge nach Norden zogen, wurden von vier Kavalleriekompanien und einer Batterie Gebirgsartillerie verfolgt. Sechs andere hatten sich nur ein paar Kilometer vom Fort zwischen Felsen versteckt: Dull Knife, seine Frau und sein zweiter Sohn, seine Schwiegertochter und sein Enkel, ein kleiner Junge namens Red Bird.

Die Kavalleristen verfolgten die 32 Cheyennes mehrere Tage, bis es ihnen schließlich gelang, sie nahe der Hat Creek Bluffs in einer Senke zu umzingeln. Die Kavalleristen stürmten bis zum Rand der Senke vor, schossen mit ihren Karabinern hinein, zogen sich zurück, luden neu und wiederholten dies, bis die Indianer das Feuer nicht mehr erwiderten. Nur neun Cheyennes waren noch am Leben, fast alle Frauen und Kinder.

In den letzten Januartagen zogen Dull Knife und seine Gruppe, nur bei Nacht marschierend, nach Norden zum Pine Ridge, wo sie in Red Clouds Reservat gesperrt wurden.

Little Wolf verbrachte mit seinen Leuten den Winter in versteckten Erdhöhlen, die sie am Ufer des Lost Chokecherry Creek, einem Nebenfluß des Niobrara, aushoben. Als das Wetter etwas wärmer wurde, brachen sie zum Land am Tongue River auf. Am Box Elder Creek trafen sie Two Moon und fünf andere Cheyennes, die als Kundschafter für die Blauröcke von Fort Keogh arbeiteten.

Two Moon sagte Little Wolf, daß White Hat Clark ihn suche und mit ihm verhandeln wolle. Little Wolf antwortete, daß er seinen alten Freund White Hat gern wiedersehen würde. Sie trafen sich etwa einen Kilometer vom Cheyennelager, und Leutnant Clark legte seine Waffen ab, um zu zeigen, daß er auf ihre Freundschaft vertraute. Der Leutnant sagte, er habe den Befehl, die Cheyennes nach Fort Keogh zu bringen, wo sich einige ihrer Verwandten ergeben hatten und jetzt lebten. Der Preis für den Frieden, fügte er hinzu, seien ihre Gewehre und Ponys; die Ponys könnten sie behalten, bis sie nach Fort Keogh kamen, doch die Gewehre müßten sie sofort abliefern.

»Seit wir uns bei Red Clouds Agentur zum letzten Mal gesehen haben«, sagte Little Wolf, »sind wir im Süden gewesen, und wir haben dort unten viel gelitten . . . Mein Bruder Dull Knife hat sich mit der Hälfte unserer Gruppe von uns getrennt und bei Fort Robinson ergeben. Er dachte, du bist noch dort und wirst ihm helfen. Nachdem sie ihre Gewehre abgeliefert hatten, haben die Weißen sie alle getötet. Wenn ich nach Keogh komme, werde ich meine Gewehre und Ponys abgeben, aber ich kann meine Gewehre nicht jetzt abliefern. Du bist der einzige, der uns nicht gleich angegriffen, sondern mit uns geredet hat, und es sieht aus, als ob der Wind, der unsere Herzen so lange zittern ließ, sich jetzt legen würde.«

Little Wolf mußte natürlich seine Gewehre abliefern, doch erst, als er überzeugt war, daß White Hat nicht zulassen würde, daß die Soldaten sie umbrachten. Sie ritten weiter nach Fort Keogh, und die meisten jungen Männer ließen sich dort als Kundschafter anwerben. »Lange Zeit taten wir nicht viel außer Exerzieren und Bäume fällen«, sagte Wooden Leg. »In Fort Keogh lernte ich Whisky zu trinken ... Den größten Teil meines Solds gab ich für Whisky aus.« Die Cheyennes tranken aus Langeweile und Verzweiflung Whisky; er zerstörte die letzten Häuptlinge des Stammes, darunter Little Wolf.

Nach monatelangen bürokratischen Verzögerungen in Washington wurden die Witwen, Waisen und restlichen Krieger, die sich in Fort Robinson befanden, zu Red Clouds Agentur am Pine Ridge gebracht, wo sie sich Dull Knife anschlossen. Und nach weiteren Monaten des Wartens gab man den Cheyennes in Fort Keogh ein Reservat am Tongue River, und man erlaubte Dull Knife und der kleinen Gruppe am Pine Ridge, zu ihren Leuten zu ziehen. Für die meisten war es zu spät. Die Cheyennes hatten keine Kraft mehr. Die ganzen Jahre seit Sand Creek waren sie von Unglück verfolgt gewesen. »Wir werden auf alle Fälle nach Norden gehen«, hatte ein junger Krieger gesagt, »und wenn wir im Kampf fallen, werden sich alle unsere Leute unserer Namen entsinnen und sie verehren.« Bald sollte es niemanden mehr geben, der sich ihrer und ihrer Namen entsann.

15

Standing Bear wird eine Persönlichkeit

1879 – 11. Januar – Beginn des Zulukrieges in Südafrika. *17. Februar* – In St. Petersburg verüben Nihilisten einen Anschlag auf Zar Alexander. *21. Oktober* – Edison führt seine erste Glühbirne vor. Henry Georges »Progress and Poverty« erscheint. Henrik Ibsens »Nora« wird uraufgeführt.

Ihr habt mich aus dem Osten hierher vertrieben, und ich bin nun zweitausend Jahre oder noch länger hier … Meine Freunde, es wäre sehr schlimm für mich, wenn ihr mich aus diesem Land fortbrächtet. Ich möchte in diesem Land sterben. Ich möchte hier alt werden … Ich wollte nicht einmal einen Teil davon dem Großen Vater geben. Obwohl er mir eine Million Dollar angeboten hat, will ich ihm dieses Land nicht geben … Wenn man Rinder schlachten will, dann treibt man sie in einen Pferch, und dann schlachtet man sie. Das gleiche hat man mit uns getan … Meine Kinder sind ausgerottet worden; mein Bruder wurde getötet. STANDING BEAR VON DEN PONCAS

Die Soldaten kamen an den Rand unseres Dorfes und zwangen uns, auf die andere Seite des Niobrara zu gehen, so wie man eine Herde Ponys treibt; und die Soldaten trieben uns weiter, bis wir an den Platte River kamen. Sie trieben uns vor sich her, als wären wir eine Herde Ponys, und ich sagte: »Wenn ich muß, dann werde ich in dieses Land gehen. Aber schickt die Soldaten weg, unsere Frauen haben Angst vor ihnen.« Und so kam ich ins Warm Land (Indianer-Territorium). Wir sahen, daß das Land schlecht war, und wir starben, einer nach dem anderen, und wir sagten: »*Hat niemand Erbarmen mit uns?*« *Und unsere Tiere starben. Oh, es war sehr heiß.* »*Dieses Land macht uns wahrhaft krank, und wir werden hier sterben; wir hoffen, der Große Vater wird uns wieder zurückbringen.*« *Das haben wir gesagt. Einhundert von uns sind dort gestorben.* WHITE EAGLE VON DEN PONCAS

Im Jahr 1804 stießen Lewis und Clark an der Mündung des Niobrara River in den Missouri auf einen freundlichen Indianerstamm, die Poncas. Der Stamm war von einer schweren Pockenepidemie heimgesucht worden, die nur zwei- oder dreihundert seiner Angehörigen überlebt hatten. Ein halbes Jahrhundert später lebten die Poncas, inzwischen auf etwa tausend angewachsen, noch immer dort; sie waren noch immer freundlich und trieben gern mit den Weißen Handel. Im Gegensatz zu den meisten anderen Prärie-Indianern bauten die Poncas Mais und Gemüse an, und da sie wohlhabend waren und viele Pferde besaßen, wurden sie oft von weiter nördlich lebenden Siouxstämmen überfallen.

Als im Jahr 1858 Regierungsbeamte durch den Westen reisten und zwischen den verschiedenen Stämmen Grenzen errichteten, gaben die Poncas einen Teil ihres Landes her, und die Beamten versprachen ihnen dafür, daß man sie und ihren Besitz schützen werde, und garantierten ihnen, daß sie in ihrer Heimat am Niobrara bleiben konnten. Zehn Jahre später – als die Beamten mit den Sioux verhandelten – wurde das Land der Poncas jedoch infolge irgendeines bürokratischen Fehlers in Washington mit dem Territorium vereinigt, das man den Sioux in dem Vertrag von 1868 zuteilte.

Obwohl die Poncas immer wieder in Washington protestierten, unternahmen die Behörden nichts. Junge Sioux kamen zu den Poncas, verlangten Pferde als Tribut und drohten, sie von dem Land, das sie nun als das ihre betrachteten, zu vertreiben. »In den sieben Jahren nach dem Abschluß des Vertrags«, sagte Peter Le Claire, ein Angehöriger des Stammes, »waren die Poncas gezwungen, ihre Gärten und Maisfelder zu bearbeiten wie die Pilgrims in New England – in der einen Hand eine Hacke und in der anderen ein Gewehr.«

Der Kongreß bestätigte schließlich die vertraglichen Verpflichtungen der Vereinigten Staaten, die Poncas zu »schützen«, doch sie erhielten nicht ihr Land zurück, sondern man gab ihnen eine kleine Geldsumme, »um den Stamm für die durch Diebstähle und Morde der Sioux entstandenen Verluste zu entschä-

digen«. 1876, nach Custers Niederlage, beschloß dann der Kongreß, die Poncas zusammen mit den anderen nördlichen Stämmen ins Indianer-Territorium umzusiedeln. Die Poncas waren natürlich nicht an dem Gefecht gegen Custer beteiligt gewesen – sie hatten niemals Krieg gegen die Vereinigten Staaten geführt –, doch irgend jemand setzte im Kongreß durch, daß fünfundzwanzigtausend Dollar zur Verfügung gestellt wurden, »um die Poncas ins Indianer-Territorium umzusiedeln und ihnen darin eine Heimat zu schaffen, die Zustimmung besagten Stammes vorausgesetzt«. Diese letzte Klausel wurde ebensowenig eingehalten wie die Versprechungen des Vertrags, der es Weißen verbot, sich im Gebiet der Poncas anzusiedeln; seit zehn Jahren drangen weiße Siedler ins Poncaland ein, und sie waren voll Gier nach den fruchtbaren Feldern, auf denen der beste Mais in der ganzen Prärie wuchs.
Die Poncas erfuhren zum erstenmal von ihrer bevorstehenden Umsiedlung Anfang Januar 1877 von einem Indianerinspektor namens Edward C. Kemble. »Nach Weihnachten besuchte uns plötzlich ein Weißer Mann«, sagte Chief White Eagle. »Man verständigte uns nicht, daß er kommen würde; plötzlich erschien er. Man bestellte uns alle in die Kirche und teilte uns dort den Zweck seines Besuchs mit.«
White Eagles weiterer Bericht:
»Der Große Vater in Washington sagt, ihr müßt von hier fort, und aus diesem Grund bin ich gekommen«, sagte er.
»Mein Freund, das kommt für uns sehr überraschend«, sagte ich. »Wenn der Große Vater mit uns über etwas verhandeln will, verständigt er uns im allgemeinen vorher, doch du kommst sehr plötzlich.«
»Nein, der Große Vater sagt, ihr müßt fort«, sagte er.
»Mein Freund, ich möchte, daß du dem Großen Vater einen Brief schickst, und wenn er dies wirklich sagt, so möchte ich, daß er uns zu sich kommen läßt«, sagte ich. »Wenn dies geschieht und ich auf die richtige Weise davon erfahre, werde ich überzeugt sein, daß es stimmt.«
»Ich werde ihm einen Brief schicken«, sagte er. Er schickte die Botschaft telegrafisch, und sie erreichte den Großen Vater sehr schnell.
»Dein Großer Vater sagt, du sollst mit zehn deiner Häuptlinge kommen«, sagte er. »Du sollst hinfahren und dir das Land ansehen, und danach sollst du nach Washington kommen. Du sollst dir das Warm Land (Indianer-Territorium) ansehen, und wenn du siehst, daß das Land dort gut ist, sollst du ihm davon berichten«, sagte er, »und auch, wenn das Land schlecht ist; du sollst ihm beides berichten.«
Und so fuhren wir ins Warm Land. Wir gingen zur Endstation einer Eisenbahn und fuhren durch das Land der Osages und dann zu dem Land voller

Felsen, und am nächsten Morgen kamen wir ins Land der Kaws; und als wir das Kansas-Reservat verließen, kamen wir nach Arkansas City, und so kam ich, nachdem ich das Land dieser zwei Indianerstämme besucht und gesehen hatte, daß das Land voller Felsen und die Bäume niedrig waren, in diese Stadt der Weißen. Wir wurden zweimal krank, und wir sahen, wie die Leute dieses Landes waren, und wir sahen diese Steine und Felsen, und wir dachten, daß diese zwei Stämme kaum imstande waren, sich zu erhalten.

Und am nächsten Morgen sagte er zu uns: »Wir wollen zum Shicaska River fahren und ihn uns ansehen.«

Und ich sagte: »Mein Freund, ich habe dieses Land gesehen, und ich bin während der Reise krank geworden. Ich will nicht weiterreisen und dieses Land ansehen, sondern ich will den Großen Vater sehen. Bringe mich zum Großen Vater. Diese zwei Stämme sind arm und krank, und dieses Land ist arm; ich habe genug davon gesehen.«

»Nein«, sagte er, »komm und sieh dir die anderen Länder im Indianer-Territorium an.«

»Mein Freund«, sagte ich, »bringe mich bitte zum Großen Vater. Du hast gesagt, wir können ihm über alles, was wir gesehen haben, berichten, über Gutes und Schlechtes, und ich will ihm darüber berichten.«

»Nein«, sagte er, »ich bringe dich nicht zu ihm. Wenn du einen Teil dieses Landes nimmst, bringe ich dich zu ihm; wenn nicht, bringe ich dich nicht zum Großen Vater.«

»Wenn du mich nicht zum Großen Vater bringen willst«, sagte ich, »dann bring mich in mein eigenes Land zurück.«

»Nein«, sagte er, »du magst sagen, was du willst – ich bringe dich nicht zum Großen Vater. Und er hat nicht gesagt, daß ich dich in dein eigenes Land zurückbringen soll.«

»Was um alles in der Welt soll ich tun«, sagte ich. »Du willst mich nicht zum Großen Vater bringen und du willst mich nicht in mein eigenes Land zurückbringen. Du hast früher gesagt, daß der Große Vater mich sehen will, doch nun ist dem nicht so; du hast nicht die Wahrheit gesprochen; du bist nicht ehrlich gewesen.«

»Nein«, sagte er, »ich bringe euch nicht in eure Heimat zurück; wenn ihr wollt, geht zu Fuß hin.«

Wir wären am liebsten gestorben, und fast hätte ich geweint, doch ich dachte daran, daß ich ein Mann war. Nachdem der Weiße Mann dies gesagt hatte, ging er in schlechter Laune nach oben. Als er nach oben gegangen war, setzten wir Häuptlinge uns zusammen und überlegten, was wir tun sollten. Wir sagten: »Er will uns nicht zum Großen Vater bringen und er will uns nicht in

unser Land bringen. Wir glauben nicht, daß dem Großen Vater das recht ist.«
Wir hatten einen Dolmetscher bei uns, und wir sagten: »Wenn er uns nicht
zurückbringen will, soll er uns ein Papier geben, das wir den Weißen zeigen
können, denn wir kennen dieses Land nicht.« Der Dolmetscher ging nach
oben zu dem Mann und kam zurück und sagte: »Er will euch das Papier nicht
geben. Er will es euch nicht ausstellen.« Wir schickten den Dolmetscher noch
einmal zu ihm und sagten: »Wir möchten ein wenig von dem Geld, das uns
der Große Vater schuldet, damit wir nach Hause fahren können.« Als er zurückkam, sagte er: »Er will euch das Geld nicht geben.«
White Eagle, Standing Bear, Big Elk und die anderen Poncahäuptlinge machten sich daraufhin auf den Heimweg. Es war tiefer Winter, und Schnee bedeckte die Prärien von Kansas und Nebraska. Da sie nur ein paar Dollar besaßen, gingen sie den ganzen Weg – über achthundert Kilometer – zu Fuß, jeder
mit nur einer Decke und ohne ein zweites Paar Mokassins. Wären ihre alten
Freunde, die Otoes und Omahas, nicht gewesen, in deren Reservaten sie Rast
machen konnten, so hätten die älteren Häuptlinge den winterlichen Marsch
wohl nicht überlebt. Als sie nach vierzig Tagen den Niobrara erreichten, war
Inspektor Kemble bereits da.

    White Eagle berichtete:

»Ihr müßt von hier fort«, sagte er. »Macht euch bereit.«

Wir lehnten ab. Ich sagte: »Ich bin erschöpft von dem weiten Marsch. Wir wollen nicht fort.«

»Der Große Vater wünscht, daß ihr sofort umzieht«, sagte er. »Ihr müßt ins Indianer-Territorium umziehen.«

Sämtliche Häuptlinge waren jedoch entschlossen, von der Regierung die Ein-
haltung der vertraglichen Verpflichtungen zu verlangen, und so kehrte
Kemble nach Washington zurück, um dem Kommissar für Indianische Angelegenheiten Bericht zu erstatten. Der Kommissar trug das Problem Innenminister Schurz vor, der es seinerseits Great Warrior Sherman unterbreitete.
Sherman empfahl, Truppen einzusetzen und die Poncas mit Gewalt umzusiedeln, und Big Eyes Schurz stimmte zu.
Im April kehrte Kemble an den Niobrara zurück. Er drohte den Einsatz von
Truppen an und brachte 170 Angehörige des Stammes dazu, sich mit der
Umsiedlung ins Indianer-Territorium einverstanden zu erklären. Doch sämtliche führenden Häuptlinge weigerten sich mitzukommen. Standing Bear
protestierte so heftig, daß man ihn festnahm und nach Fort Randall brachte.
Einige Tage später erschien ein neuer von der Regierung gesandter Agent namens E. A. Howard, um mit den übrigen drei Vierteln des Stammes zu verhandeln, und Standing Bear wurde freigelassen.

White Eagle, Standing Bear und die anderen Häuptlinge beharrten darauf, daß die Regierung kein Recht habe, sie zu zwingen, ihr Land zu verlassen. Howard erwiderte, er habe nichts mit der Entscheidung der Regierung zu tun; er sei nur beauftragt, sie in ihre neue Heimat zu bringen. Nach einer vierstündigen Beratung am 15. April stellte Howard die Frage: »Werdet ihr friedlich gehen, oder müssen wir Gewalt anwenden?«
Die Häuptlinge schwiegen, doch bevor sie in ihr Dorf zurückkehrten, erschien ein junger Ponca, um sie zu warnen. »Die Soldaten sind gekommen.« Da wußten die Häuptlinge, daß es keine weiteren Verhandlungen geben würde. Sie mußten ihre Heimat verlassen und ins Indianer-Territorium gehen. »Die Soldaten kamen mit Gewehren und Bajonetten«, sagte Standing Bear. »Sie richteten ihre Gewehre auf uns und unsere Leute, und unsere Kinder schrien vor Angst.«
Am 21. Mai 1877 brachen sie auf. »Die Soldaten kamen an den Rand des Dorfes«, berichtete White Eagle, »und zwangen uns, auf die andere Seite des Niobrara zu gehen, so wie man eine Herde Ponys treibt; und die Soldaten trieben uns weiter, bis wir an den Platte River kamen.«
Agent Howard führte gewissenhaft Tagebuch über den fünfzig Tage dauernden Marsch. Am Morgen, als sie aufbrachen, ließ ein Gewitter den Niobrara plötzlich anschwellen, und mehrere Soldaten wurden von ihren Pferden gerissen. Die Poncas sahen nicht zu, wie sie ertranken, sondern sprangen ins Wasser und retteten sie. Am nächsten Tag starb ein Kind, und sie mußten haltmachen und es in der Prärie beerdigen. Am 23. Mai überraschte sie ein zweistündiges Gewitter im Freien, und sie wurden bis auf die Haut durchnäßt. Ein zweites Kind starb, und in der Nacht wurden mehrere Poncas krank. Am nächsten Tag mußten sie mehrere Flüsse durchqueren, da das Hochwasser die Brücken weggerissen hatte. Das Wetter wurde kalt. Am 26. Mai regnete es den ganzen Tag, und sie hatten kein Holz, um Feuer zu machen.
Am 27. Mai erkrankten fast sämtliche Poncas. Prairie Flower, Standing Bears Tochter, bekam eine schwere Lungenentzündung. Am nächsten Tag machten es ihnen Gewitter und starker Regen fast unmöglich, in dem tiefen Schlamm der Straße voranzukommen.
Am 6. Juni starb Prairie Flower, und Standing Bear sorgte dafür, daß sie auf dem Friedhof von Milford, Nebraska, ein christliches Begräbnis bekam. »Die Damen von Milford richteten sie zur Beerdigung auf eine Weise her, die der höchsten Zivilisation angemessen war«, notierte Howard stolz. »Standing Bear wurde dazu bewogen, zu den um das Grab Stehenden zu sagen, daß er die Lebensweise der Indianer aufzugeben und die der Weißen anzunehmen wünsche.«

In jener Nacht suchte ein Tornado das Poncalager heim und riß Zelte ein, stürzte Wagen um und schleuderte mehrere Indianer Dutzende von Metern weit, wobei einige schwer verletzt wurden. Am nächsten Tag starb ein weiteres Kind.

Am 14. Juni erreichten sie das Otoe-Reservat. Die Poncas taten den Otoes leid, und sie schenkten ihnen für den weiteren Marsch zehn Ponys. Sie warteten drei Tage darauf, daß das Hochwasser zurückging; Krankheiten breiteten sich weiter aus; der erste männliche Erwachsene, Little Cottonwood, starb. Howard ließ einen Sarg für ihn anfertigen und veranlaßte, daß er in der Nähe von Bluewater, Kansas, ein christliches Begräbnis bekam.

Am 24. Juni verschlimmerten sich die Krankheiten derart, daß Howard in Manhattan, Kansas, einen Arzt bat, die Poncas zu behandeln. Am nächsten Tag starben während des Marsches zwei Frauen. Howard ließ sie auf christliche Weise beerdigen.

Es war jetzt Hochsommer. Ein Kind von Buffalo Chief starb und bekam in Burlington, Kansas, ein christliches Begräbnis. Ein Ponca namens Buffalo Track lief Amok und versuchte Chief White Eagle umzubringen, weil er ihm die Schuld am Elend des Stammes gab. Agent Howard schickte Buffalo Track zurück nach Norden ins Omaha-Reservat. Die Poncas beneideten ihn um seine Strafe.

Noch eine Woche plagten sie die Hitze und die beißenden Fliegen; dann erreichten sie endlich, am 9. Juli, nachdem sie bei einem Gewitter noch einmal völlig durchnäßt worden waren, das Quapaw-Reservat, ihre neue Heimat, wo die kleine Gruppe von Poncas, die ihnen vorausgezogen war, armselig in Zelten lebte.

»Ich bin der Ansicht, daß die Umsiedlung der Poncas aus dem nördlichen Klima Dakotas in das südliche Klima des Indianer-Territoriums sich als großer Fehler erweisen wird«, schrieb Agent Howard an seine Vorgesetzten. »Gewiß wird die Sterblichkeit stark ansteigen, wenn sie eine Weile hier sind und von der in diesem Klima herrschenden Malaria befallen werden.«

Howards düstere Prophezeiung sollte sich bewahrheiten. Wie die Modocs, die Nez Percés und die Northern Cheyennes wurden die Poncas so schnell hinweggerafft, daß bis zum Ende ihres ersten Jahres im Indianer-Territorium fast ein Viertel von ihnen christliche Begräbnisse erhalten hatte.

Im Frühjahr 1878 beschlossen die Washingtoner Behörden, ihnen ein neues Reservat am Westufer des Arkansas zu geben, stellten aber kein Geld zu ihrer Umsiedlung zur Verfügung. Die Poncas marschierten 240 Kilometer weit zu ihrem neuen Land, doch sie hatten mehrere Wochen keinen Agenten, der Lebensmittel und Medikamente an sie ausgab. »Das Land war gut«, sagte

White Eagle, »doch im Sommer wurden wir wieder krank. Wir und unser Vieh waren wie Gras, das man niedergetrampelt hat. Dann kam das kalte Wetter, und es starben so viele, daß wir die Zahl nicht wissen.«

Auch Standing Bears ältester Sohn starb. »Mir war nur noch ein Sohn geblieben, und er wurde krank. Als er starb, bat er mich, ihm eines zu versprechen. Er bat mich, ihn, wenn er tot war, zu unserer alten Begräbnisstätte am Niobrara zu bringen. Ich versprach es ihm. Als er tot war, legten wir ihn in eine Kiste, stellten sie auf einen Wagen und brachen nach Norden auf.«

Sechsundsechzig Poncas von Standing Bears Clan folgten dem alten, von zwei mageren Pferden gezogenen Wagen. Es war im Januar 1879. (Weit oben im Norden war bei Fort Robinson der letzte verzweifelte Freiheitskampf der Cheyennes unter Dull Knife im Gange.) Für Standing Bear war dies der zweite winterliche Marsch in seine Heimat. Er ging mit seinen Leuten Siedlungen und Soldaten aus dem Weg und erreichte das Omaha-Reservat, bevor die Soldaten ihn entdeckten.

Big Eyes Schurz hatte inzwischen mehrere Versuche unternommen, Standing Bears Poncas durch seine Agenten zur Rückkehr ins Indianer-Territorium zu bewegen. Im März ersuchte er schließlich das Kriegsministerium, Three Star Crooks Hauptquartier in Omaha telegrafisch anzuweisen, Standing Bear und seine Leute unverzüglich festzunehmen und ins Indianer-Territorium zurückzubringen. Daraufhin schickte Crook eine Kompanie Soldaten ins Omaha-Reservat; sie nahmen Standing Bear und seine Poncas gefangen und brachten sie nach Fort Omaha, wo sie unter Bewachung auf ihren Rücktransport warten mußten.

Seit über einem Jahrzehnt hatte Three Stars gegen Indianer gekämpft, mit ihnen verhandelt und ihnen Versprechungen gemacht, die er nicht halten konnte. Widerwillig äußerte er zum ersten Mal Bewunderung für den Mut der Indianer; seit ihren Niederlagen im Jahr 1877 erfüllten ihn seine alten Feinde mit immer mehr Respekt und Mitleid. Die Behandlung der Cheyennes bei Fort Robinson während der letzten Wochen hatte ihn empört. »Es zeugt von völlig unnötiger Brutalität, darauf zu bestehen, daß dieser Teil des Stammes in sein früheres Reservat zurückgeht«, stellte er in seinem offiziellen Bericht fest.

Was Crook sah und hörte, entsetzte ihn so sehr, daß er Standing Bear versprach, sein möglichstes zu tun, um eine Aufhebung des Befehls, die Poncas ins Indianer-Territorium zurückzubringen, zu erreichen. Diesmal unternahm Crook alles, um sein Versprechen zu erfüllen. Er suchte Thomas Henry Tibbes, den Herausgeber einer Zeitung in Omaha, auf und bediente sich der Macht der Presse.

Standing Bear, Häuptling der Poncas

Während Crook den Rücktransport der Poncas hinauszögerte, verbreitete Tibbes die Geschichte in der Stadt, im Staat und dann telegrafisch im ganzen Land. Die Kirchen von Omaha appellierten an Minister Schurz, die Poncas freizulassen, doch Big Eyes würdigte sie nicht einmal einer Antwort. John L. Webster, ein junger Rechtsanwalt in Omaha, bot schließlich ohne Honorar seine Dienste an, und Andrew Poppleton, der Justitiar der Union Pacific Railroad, unterstützte ihn.

Die Anwälte mußten sich beeilen, rechtliche Schritte für die Poncas zu unternehmen; jeden Tag konnte General Crook aus Washington Anweisungen erhalten, die ihn zwingen würden, die Indianer in den Süden zu bringen, und dann würde man nichts mehr für sie tun können. Man richtete alle Bemühungen darauf, Richter Judge Elmer S. Dundy für die Sache zu gewinnen, einen rauhen Grenzer, der vier Hobbys hatte – gute Literatur, Pferde, die Jagd und die Justiz. Zufällig war Dundy auf Bärenjagd, und die Männer, die den Poncas helfen wollten, verbrachten vier spannungsreiche Stunden, bis Boten ihn fanden und nach Omaha holten.

Mit Crooks stillschweigendem Einverständnis stellte Richter Dundy einen *Habeas-Corpus*-Erlaß gegen den General aus, in dem diesem auferlegt wurde, mit den gefangenen Poncas vor Gericht zu erscheinen und nachzuweisen, gemäß welcher Befugnis er sie festhielt. Crook legte daraufhin seine militärischen Anweisungen aus Washington vor, und der Distriktsstaatsanwalt erhob Einspruch mit der Begründung, die Indianer seien »keine Personen im Sinne des Gesetzes«.

So begann am 18. April 1879 der heute fast vergessene Zivilprozeß »Standing Bear gegen Crook«. Webster und Poppleton, die Anwälte der Poncas, argumentierten, daß ein Indianer ebenso eine Person sei wie jeder Weiße und daß ihm die durch die Verfassung garantierten Freiheitsrechte zuständen. Als der Staatsanwalt behauptete, für Standing Bear und seine Leute gälten die von der Regierung erlassenen Vorschriften für Indianerstämme, erwiderten Webster und Poppleton, Standing Bear und alle anderen Indianer hätten das Recht, sich von ihren Stämmen zu trennen, und stünden wie jeder Bürger unter dem Schutz der Gesetze der Vereinigten Staaten.

Der Prozeß erreichte seinen Höhepunkt, als Standing Bear die Erlaubnis erhielt, für seine Leute das Wort zu ergreifen: »Ich werde von Soldaten und Offizieren bewacht. Ich möchte zurück in meine alte Heimat im Norden. Ich möchte mich und meinen Stamm retten. Meine Brüder, mir ist, als stehe ich vor einem großen Präriefeuer. Ich würde meine Kinder nehmen und fortlaufen, um ihnen das Leben zu retten; oder als stehe ich am Ufer eines angeschwollenen reißenden Flusses. Ich würde dann mit meinen Leuten zu einer höhergelegenen Stelle flüchten. Oh, meine Brüder, der Allmächtige blickt auf mich nieder . . . und hört meine Worte. Möge der Allmächtige einen guten Geist schicken . . . und euch bewegen, mir zu helfen, meine Brüder. Wenn ein Weißer Mann Land hat, und jemand würde ihn betrügen, so würde dieser Mann versuchen, es zurückzubekommen, und ihr würdet ihm das nicht verübeln. Seht mich an. Habt Mitleid mit mir und helft mir, das Leben der Frauen und Kinder zu retten. Meine Brüder, eine Macht, gegen die ich wehrlos bin, drückt mich zu Boden. Ich brauche Hilfe . . .«

Judge Dundy entschied, daß ein Indianer eine »Person« im Sinne der Habeas-Corpus-Akte sei, daß die freie Wahl des Wohnsitzes für die Indianer ebenso wie für die Weißen ein natürliches, unabdingbares Recht sei und daß es in Friedenszeiten keiner zivilen oder militärischen Behörde zustehe, Indianer ohne ihre Zustimmung von einem Teil des Landes in einen anderen zu transportieren oder sie gegen ihren Willen in einem besonderen Reservat festzuhalten.

»Ich hatte noch nie über einen Fall zu entscheiden, der so sehr mein Mitgefühl erregt hat«, sagte er. »Die Poncas gehören zu den friedlichsten und freundlichsten Indianerstämmen . . . Wenn man sie mit Gewalt ins Indianer-Territorium hat bringen und dort festhalten können, so wüßte ich keinen einleuchtenden Grund, warum man sie nicht festnehmen und mit Gewalt ins Gefängnis von Lincoln oder Leavenworth oder Jefferson City oder an irgendeinen anderen Ort bringen könnte, den der Kommandeur der Streitkräfte nach seinem Gutdünken für geeignet hält. Eine solche despotische Befugnis gibt es in unserem Land nicht.«

Als Richter Dundy zum Schluß anordnete, Standing Bear und seine Leute freizulassen, sprang das Publikum auf, und es ertönte, wie ein Zeitungsreporter berichtete, »ein Schrei, wie er noch nie in einem Gerichtssaal gehört wurde«. General Crook war der erste, der zu Standing Bear trat und ihm gratulierte.

Zuerst erwog der Staatsanwalt, ob er gegen das Urteil Revision einlegen sollte, doch nachdem er Richter Dundys schriftliche Begründung studiert hatte (eine brillante Abhandlung über die Menschenrechte), verzichtete er darauf, sich an den Obersten Gerichtshof zu wenden. Die Regierung der Vereinigten Staaten stellte Standing Bear und seiner Gruppe mehrere hundert Morgen Land nahe der Mündung des Niobrara zur Verfügung, und so konnten sie wieder in ihre Heimat zurückkehren.

Sowie die 530 überlebenden Poncas im Indianer-Territorium von dieser erstaunlichen Wendung der Dinge erfuhren, beschlossen die meisten, zu ihren Verwandten nach Nebraska zu ziehen. Dem Indian Bureau war dies jedoch gar nicht recht. Es ließ durch seine Agenten den Poncahäuptlingen mitteilen, daß nur der Große Rat in Washington entscheiden könne, ob und wann der Stamm zurückkehren dürfe. Die Bürokraten und Politiker (der Indian Ring) betrachteten Richter Dundys Urteil als eine ernstliche Bedrohung des Reservatsystems; es würde die kleine Armee von Unternehmern schädigen, die mit dem Verkauf von schlechten Lebensmitteln, Kleidern und Whisky an die Tausende der in Reservate gesperrten Indianer Vermögen verdienten. Wenn man den Poncas erlaubte, ihr neues Reservat im Indianer-Territorium zu verlassen und sich frei zu bewegen wie amerikanische Bürger, würde dies einen Präzedenzfall schaffen, der den ganzen militärisch-politischen Reservatkomplex zerstören konnte.

In seinem Jahresbericht räumte Big Eyes Schurz ein, daß die Poncas im Indianer-Territorium »ernsthaft Grund zur Klage« hätten, doch er wandte sich energisch dagegen, ihnen die Rückkehr in ihre Heimat zu gestatten, da dies andere Indianer »mit Unruhe und dem Verlangen, ihrem Beispiel zu folgen, erfüllen würde«.

Zur gleichen Zeit versuchte William H. Whiteman, der Leiter der lukrativen Poncaagentur, Standing Bears Gruppe zu diskreditieren, indem er sie als »abtrünnige Angehörige des Stammes« bezeichnete und dann enthusiastisch schilderte, welch beträchtliche Mittel er für Materialien und Geräte zur Entwicklung des Reservats im Indianer-Territorium aufgewendet habe. Die Unzufriedenheit der Poncas, ihre ständigen Bitten, in ihre Heimat zurückkehren zu dürfen, und seine Fehde mit Big Snake erwähnte er nicht.

Big Snake war Standing Bears Bruder, ein Hüne mit riesigen Händen und Schultern wie ein Büffel. Wie viele riesenhafte Männer, hatte Big Snake ein sanftes, freundliches Wesen (die Poncas nannten ihn Peacemaker), doch als er sah, wie White Eagle und die anderen Häuptlinge von Agent Whiteman eingeschüchtert wurden, beschloß er, auf eigene Faust etwas zu unternehmen. Schließlich war er der Bruder von Standing Bear, dem Ponca, der für seine Leute die Freiheit erkämpft hatte.

Um das neue Gesetz auf die Probe zu stellen, ersuchte Big Snake um die Erlaubnis, das Reservat zu verlassen, nach Norden zu gehen und sich seinem Bruder anzuschließen. Wie erwartet, lehnte Agent Whiteman ab. Daraufhin verließ Big Snake das Indianer-Territorium nicht, sondern zog nur hundertfünfzig Kilometer weit zum Cheyenne-Reservat. Dreißig andere Poncas begleiteten ihn, um zu prüfen, ob das Gesetz, nach dem ein Indianer eine Person war und nicht gegen seinen Willen in ein besonderes Reservat gesperrt werden durfte, galt.

Whitemans Reaktion war die eines eingefleischten Bürokraten, der seine

Autorität bedroht sieht. Am 21. Mai 1879 berichtete er dem Kommissar für Indianische Angelegenheiten telegrafisch, daß Big Snake und seine Gruppe unerlaubt ins Cheyenne-Reservat gezogen seien, und bat, man möge sie verhaften und in Fort Reno einsperren, »bis der Stamm sich von der demoralisierenden Wirkung des Urteils, welches das Distriktsgericht von Nebraska kürzlich im Prozeß Standing Bears fällte, erholt hat«.

Big Eyes stimmte der Verhaftung zu, doch da er offenbar eine weitere gerichtliche Auseinandersetzung fürchtete, bat er Great Warrior Sherman, Big Snake und seine Leute so schnell und unauffällig wie möglich ins Ponca-Reservat zurückzubringen.

In seiner üblichen schroffen Art telegraphierte Sherman am 22. Mai an General Sheridan: »Der ehrenwerte Innenminister ersucht darum, die verhafteten und in Fort Reno im Indianer-Territorium festgehaltenen Poncas ... zur Poncas-Agentur zu bringen. Führen Sie diese Anweisung aus.« Und als ahne er Sheridans Befürchtung voraus, gegen Richter Dundys Urteil zu verstoßen, fügte er hinzu: »Die Anwendung der Habeas-Corpus-Akte, wonach die Poncas in Nebraska freigelassen wurden, *gilt nur für diesen speziellen und keinen anderen Fall.*« Great Warrior Sherman fiel es leichter, Gesetze umzustoßen, als den Gerichten des Landes, sie auszulegen.

Und so schlug Big Snakes Versuch fehl, und er hatte keine Gelegenheit, einen weiteren zu unternehmen. Nachdem er zur Ponca-Agentur zurückgebracht worden war, setzte man alles daran, ihn unschädlich zu machen. Agent Whiteman berichtete nach Washington, »Big Snake habe einen sehr demoralisierenden Einfluß auf die anderen Indianer«. Er beschuldigte ihn, mehrmals versucht zu haben, ihn umzubringen, und beschwerte sich, daß der Ponca seit seiner Rückkehr kein einziges Wort mit ihm gesprochen habe. Er ersuchte den Kommissar für Indianische Angelegenheiten, »Big Snake zu verhaften, nach Fort Reno zu bringen und ihn dort bis an sein Lebensende einzusperren«.

Am 25. Oktober erhielt Whiteman schließlich die Vollmacht, Big Snake zu verhaften und ins Wachhaus der Agentur zu sperren. Whiteman forderte einen Trupp Soldaten an, der ihm bei der Verhaftung helfen sollte. Fünf Tage später traf Leutnant Stanton A. Mason bei der Agentur ein. Whiteman sagte Mason, er werde die Poncas benachrichtigen, daß sich jene, die Geld für besondere Arbeiten zu bekommen hätten, am nächsten Tag in seinem Büro melden sollten. Unter ihnen würde Big Snake sein, und wenn er das Büro betrete, solle Mason ihn verhaften.

Als Big Snake am 31. Oktober in Whitemans Büro trat, bot ihm dieser einen Stuhl an. Als er sich gesetzt hatte, umstellten ihn Leutnant Mason und acht bewaffnete Soldaten, und Mason teilte ihm mit, daß er verhaftet sei. Big Snake wollte den Grund wissen. Whiteman erwiderte, einer der Gründe sei, daß er ihm nach dem Leben trachte. Big Snake antwortete in ruhigem Ton, daß dies nicht wahr sei. Wie J. S. Sherborne, der Händler des Postens, berichtete, stand Big Snake daraufhin auf und warf seine Decke ab, um zu zeigen, daß er nicht bewaffnet war.

Hairy Bears Aussage: »Der Offizier sagte zu Big Snake, er solle aufstehen und mitkommen. Big Snake wollte nicht aufstehen und sagte dem Offizier, er werde ihm sagen, was er getan habe. Er sagte, er habe niemanden getötet, keine Pferde gestohlen und überhaupt nichts Unrechtes getan. Nachdem Big Snake das gesagt hatte, sprach der Offizier mit dem Agenten, und dann sagte er zu Big Snake, er habe versucht, zwei Männer umzubringen. Big Snake stritt das ab. Der Agent sagte darauf, er solle jetzt mitgehen, dann würde er alles Nähere erfahren. Big Snake sagte, er habe nichts Unrechtes getan und würde lieber sterben als mitgehen. Da ging ich zu Big Snake und sagte ihm, dieser Mann (der Offizier) würde ihn nicht verhaften, wenn er nichts getan hätte; es sei am besten, wenn er mitgehe; vielleicht dürfte er bald zurückkehren. Ich versuchte alles, um ihn dazu zu bewegen, mitzugehen; ich sagte ihm, daß er doch eine Frau und Kinder habe, und er solle an sie denken. Da stand Big Snake auf und sagte zu mir, er werde nicht mitgehen, und wenn sie ihn töten wollten, sollten sie es gleich tun. Big Snake war ganz ruhig. Dann sagte der Offizier, wenn er nicht mitkomme, werde etwas passieren. Er sagte, das Gerede habe keinen Zweck. ›Ich bin gekommen, um dich zu verhaften, und du kommst jetzt mit.‹ Der Offizier ging, um die Handschellen zu holen, die ein Soldat hatte, und kam mit ihnen herein. Der Offizier und ein Soldat versuchten, sie ihm anzulegen, doch Big Snake stieß sie beide weg. Da rief der Offizier den Soldaten etwas zu, und vier von ihnen wollten sie ihm anlegen, doch Big Snake stieß sie alle weg. Ein Soldat, der Streifen an seinen Armen hatte, versuchte auch, sie ihm anzulegen, doch Big Snake stieß sie alle weg. Sie versuchten ein paarmal gemeinsam, Big Snake zu packen und festzuhalten. Als sechs Soldaten ihn packten, setzte Big Snake sich hin. Er sprang auf und schüttelte sie ab. Im gleichen Moment schlug ihn einer der Soldaten, der vor ihm stand, mit seinem Gewehr ins Gesicht, und ein anderer Soldat schlug ihm den Lauf seines Gewehrs auf den Kopf. Er taumelte an die Wand und richtete sich wieder auf. Blut lief über sein Gesicht. Ich sah, daß der eine Soldat sein Gewehr auf ihn richtete, und bekam Angst; ich wollte nicht sehen, wie er getötet wurde. Deshalb wandte ich mich ab. Dann fiel ein Schuß, und Big Snake fiel tot zu Boden.«

Das Innenministerium erklärte zuerst, Big Snake sei »aus Versehen erschossen« worden. Doch die amerikanische Presse, die seit Standing Bears Prozeß bezüglich der Behandlung der Indianer hellhörig geworden war, forderte eine Untersuchung durch den Kongreß. Die am Reservatkomplex interessierten Militärs und Politiker ließen jedoch in Washington ihre Beziehungen spielen, und so kam bei der Untersuchung nichts heraus.

Die Poncas des Indianer-Territoriums hatten eine bittere Lektion gelernt. Das Recht des Weißen Mannes war eine Illusion; es galt nicht für sie. Und so kam es, daß die Poncas sich wie die Cheyennes spalteten – Standing Bears Gruppe lebte frei im Norden, die anderen als Gefangene im Indianer-Territorium.

16

»Die Utes müssen fort!«

Die Armee hat die Sioux besiegt. Ihr könnt sie herumkommandieren. Doch wir Utes haben euch Weiße nie behelligt. Deshalb müßt ihr warten, bis wir von uns aus tun, was ihr wollt.

OURAY THE ARROW, HÄUPTLING DER UTES

Ich sagte dem Offizier, daß dies eine sehr schlimme Sache sei; daß es sehr schlimm sei, daß der Kommissar solch eine Anordnung erteilt habe. Ich sagte, daß es sehr schlimm sei; daß wir nicht kämpfen sollten, weil wir Brüder seien. Doch der Offizier sagte, das mache nichts aus; die Amerikaner würden auch dann gegeneinander kämpfen, wenn dieselbe Mutter sie geboren hätte.

NICAAGAT (JACK) VON DEN WHITE RIVER UTES

Die Utes waren Rocky-Mountains-Indianer und beobachteten seit einem Menschenalter, wie die Weißen gleich riesigen Heuschreckenschwärmen in ihr Land am Colorado eindrangen. Sie hatten gesehen, wie die Weißen ihre alten Feinde, die Cheyennes, aus den Prärien von Colorado vertrieben. Einige Utekrieger hatten sich Rope Thrower Kit Carson im Krieg der Weißen gegen die Navajos angeschlossen. In jener Zeit hielten die Utes die Weißen für ihre Verbündeten, und sie kamen gern nach Denver, um Büffelhäute gegen allerlei Ramsch einzutauschen. Doch jedes Jahr wurden diese seltsamen Menschen zahlreicher und drangen in die Berge der Utes ein, um nach gelbem und weißem Metall zu graben.

Im Jahr 1863 kamen der Gouverneur des Territoriums Colorado (John Evans) und andere Beamte nach Conejos in den San Juan Mountains, um mit Ouray the Arrow und neun Häuptlingen der Utes zu verhandeln. Man unterzeichnete einen Vertrag, der den Weißen ganz Colorado östlich der Berggipfel zusprach und den Utes alles Land westlich davon beließ. Die Utes erklärten sich bereit, gegen Waren im Wert von zehntausend Dollar und Lebensmittel im Wert von zehntausend Dollar, die sie alljährlich im Lauf der nächsten zehn Jahre erhalten sollten, den Weißen in allen Teilen ihres Landes Schürfrechte einzuräumen, und sie versprachen, keinen Bürger der Vereinigten Staaten, der in ihre Berge kam, um Bodenschätze zu suchen, zu behelligen.

Fünf Jahre später kamen die Weißen von Colorado zu dem Schluß, daß sie den Utes zuviel Land gelassen hatten. Sie setzten das Indian Bureau unter politischen Druck und brachten es zu der Überzeugung, daß die Utes eine ständige Belästigung seien – sie wanderten überall herum, besuchten Städte und Goldgräberlager und stahlen den Siedlern angeblich Vieh. Sie forderten, die Utes deshalb in einem fest abgegrenzten Reservat unterzubringen, doch in Wirklichkeit wollten sie nur mehr Land. Anfang 1868 lud das Indian Bureau Ouray, Nicaagat (Jack) und acht andere Häuptlinge nach Washington ein. Rope Thrower Carson, ihr Freund, begleitete sie als Berater. Man brachte sie in einem guten Hotel unter, ließ ihnen ausgezeichnete Mahlzeiten servieren und beschenkte sie mit Tabak, Bonbons und Orden.

Als die Verhandlungen wegen des Vertrages begannen, bestanden die Beamten darauf, daß einer der Häuptlinge zum Vertreter sämtlicher sieben betroffenen Gruppen ernannt wurde. Darauf wurde Ouray the Arrow einstimmig zum Häuptling sämtlicher Utes gewählt. Er war halb Apache, halb Uncompahgre-Ute; ein gutaussehender Indianer mit rundem Gesicht und scharfen Augen, der Englisch und Spanisch ebenso fließend beherrschte wie die zwei Indianersprachen. Als die landhungrigen Politiker versuchten, ihn in die Defensive zu drängen, war Ouray so schlau, die Sache der Utes Zeitungsreportern zu unterbreiten. »Wenn ein Indianer sich mit den Vereinigten Staaten über einen Vertrag einigt«, sagte er, »dann ist das so, als ob ein Büffel sich mit den Jägern einigt, die ihn mit Pfeilen durchbohrt haben. Er kann nichts weiter tun, als sich hinlegen und nachgeben.«

Die Beamten konnten Ouray mit ihren bunten Landkarten und ihren salbungsvollen Reden nicht täuschen. Er gab sich nicht mit einem kleinen Winkel im westlichen Colorado zufrieden, sondern verlangte ein sechzehn Millionen Morgen großes, aus Wäldern und Wiesen bestehendes Gebiet an den westlichen Berghängen; wesentlich weniger, als seine Leute zuvor gefordert hatten, doch beträchtlich mehr, als die Politiker von Colorado ihnen geben wollten. Zwei Agenturen sollten errichtet werden, eine bei Los Pinos für die Uncompahgres und die anderen südlichen Gruppen, eine am White River für die nördlichen Gruppen. Außerdem verlangte Ouray die Aufnahme bestimmter Klauseln in den Vertrag, die Goldgräber und Siedler vom Ute-Reservat fern-

Ouray

halten sollten. Gemäß dem Vertrag sollte es keinem unbefugten Weißen gestattet sein, das den Utes zugeteilte Reservat »zu passieren, sich darin anzusiedeln oder niederzulassen«.

Die Goldgräber hielten sich jedoch nicht an dieses Verbot. Unter ihnen befand sich Frederick W. Pitkin, ein Yankee aus New England, der in den San Juan Mountains nach Silber grub und rasch ein Vermögen machte. 1872 wurde Pitkin ein führender Vertreter jener Schürfer, die verlangten, daß das Gebiet von San Juan – ein Viertel des Ute-Reservats – dem Territorium Colorado angeschlossen werde. Das Indian Bureau beugte sich den Wünschen der Siedler und beauftragte eine von Felix R. Brunot geleitete Sonderkommission, mit den Utes über die Abtretung dieses Landes zu verhandeln.

Im September 1873 traf sich Brunots Kommission in Los Pinos mit Ouray und Vertretern der sieben Ute-Stämme. Brunot sagte den Häuptlingen, der Große Vater schicke ihn; er solle mit ihnen über die Abtretung eines Teils ihres Reservatlandes reden. Er versicherte ihnen, daß er das Land nicht für sich selbst wolle und daß er nicht gekommen sei, um ihnen zu sagen, was sie tun sollten, sondern um zu hören, was sie zu der Angelegenheit zu sagen hätten. »Manchmal ist es besser, etwas zu tun, was einem im Moment nicht paßt, und an das Wohl seiner Kinder zu denken«, riet ihnen Brunot.

Die Häuptlinge fragten, wie sie wissen sollten, ob es für ihre Kinder von Vorteil sei, wenn sie ihr Land hergaben. Brunot erklärte, daß die Regierung eine große Geldsumme für die Utes bereitstellen werde und daß der Stamm alljährlich die Zinsen davon für das abgetretene Land bekommen werde.

»Das mit den Zinsen gefällt mir nicht«, sagte Ouray. »Ich hätte das Geld lieber auf der Bank.« Dann beschwerte er sich, daß die Regierung nicht das vertragliche Versprechen gehalten hatte, Weiße, die das Ute-Reservat unbefugt betraten, aus dem Land zu weisen.

Brunot erwiderte offen, wenn die Regierung die Schürfer zu vertreiben versuche, werde es Krieg geben, und die Utes würden ihr Land verlieren, ohne irgendeine Entschädigung dafür zu erhalten. »Wenn ihr auf diese Berge verzichten könnt, wäre es das beste, sie zu verkaufen und jedes Jahr etwas dafür einzunehmen«, sagte er.

»Die Schürfer hören nicht auf die Regierung und halten sich nicht an die Gesetze«, antwortete Ouray. »Sie sagen, die Regierung ist weit weg in den Staaten, und der Mann, der kommt, um den Vertrag zu machen, wird wieder zurück in die Staaten gehen, und es wird alles so sein, wie sie wollen.«

»Angenommen, ihr verkauft die Berge«, fuhr Brunot fort, »und es ist kein Gold in ihnen. Dann würdet ihr ein gutes Geschäft machen. Die Utes würden das Geld dafür bekommen, und die Amerikaner würden wegbleiben. Aber

wenn es Gold in ihnen gibt, würde der Streit nicht aufhören. Wir können die Leute nicht vertreiben.«
»Warum könnt ihr sie nicht vertreiben?« fragte Ouray. »Ist die Regierung nicht stark genug, um ihre Abkommen mit uns halten zu können?«
»Ich würde sie gern vertreiben«, sagte Brunot, »aber Ouray weiß, wie schwer das ist.«
Ouray erklärte sich bereit, die Berge zu verkaufen, doch nicht all die guten Jagdgründe, die sie umgaben. »Die Weißen sollen hingehen und das Gold nehmen und wieder fortgehen. Wir wollen nicht, daß sie dort Häuser bauen.«
Brunot meinte, er glaube nicht, daß das möglich sei. Man könne die Schürfer nicht zwingen, das Ute-Territorium zu verlassen, sobald sie sich einmal dort niedergelassen und ihre Stollen gegraben hätten. »Ich werde den Großen Vater bitten, die Schürfer zu vertreiben«, versprach er, »doch tausend andere werden ihm sagen, er soll sie in Ruhe lassen. Vielleicht wird er tun, was ich sage – vielleicht nicht.«
Nach siebentägigen Verhandlungen erklärten sich die Häuptlinge einverstanden, die von der Regierung gebotenen fünfundzwanzigtausend Dollar pro Jahr für die vier Millionen Morgen Land anzunehmen. Zusätzlich sollte Ouray zehn Jahre lang ein jährliches Gehalt von tausend Dollar bekommen – »oder solange er oberster Häuptling der Utes bleibt und mit den Vereinigten Staaten Frieden hält«. So wurde Ouray zu einem Teil des herrschenden Systems und trug dazu bei, den Status quo zu erhalten.

Da die Utes in einem Paradies herrlicher Wiesen und Wälder lebten, in dem es Wild, Beeren und Nüsse im Überfluß gab, konnten sie sich selbst versorgen und hätten ohne den Proviant auskommen können, den ihre Agenten bei Los Pinos und am White River an sie ausgaben. 1875 antwortete F. F. Bond, der Agent von Los Pinos, auf das Ersuchen, eine Zählung seiner Utes vorzunehmen: »Eine Zählung ist völlig unmöglich. Man könnte ebensogut versuchen, einen fliegenden Bienenschwarm zu zählen. Sie ziehen im ganzen Land herum wie das Wild, das sie jagen.« Agent E. H. Danforth am White River schätzte die Utes, die zu seiner Agentur gehörten, auf neunhundert, doch er fügte hinzu, daß es ihm bisher nicht gelungen sei, sie dazu zu bringen, sich in dem Tal in der Nähe der Agentur niederzulassen. An beiden Plätzen taten die Utes den Agenten den Gefallen, kleine Rinderherden zu halten und auf ein paar Feldern Mais, Kartoffeln und Rüben anzubauen, doch war dies nicht wirklich notwendig.
Mit der Freiheit in ihrem neuen Reservat war es zu Ende, als im Frühjahr 1878

am White River ein neuer Agent seinen Dienst antrat. Der Agent hieß Nathan C. Meeker und hatte früher Gedichte und Romane geschrieben, als Zeitungskorrespondent gearbeitet und landwirtschaftliche Genossenschaften organisiert. Die meisten seiner Unternehmungen waren fehlgeschlagen. Obwohl er den Posten bei der Agentur annahm, weil er Geld brauchte, war er von missionarischem Eifer erfüllt und glaubte aufrichtig, daß er als Angehöriger einer überlegenen Rasse die Pflicht habe, die Utes »eine höhere Moral zu lehren und sie aufzuklären«. Er war überzeugt, daß ihm dies in »fünf, zehn oder zwanzig Jahren« gelingen werde.

Auf seine humorlose, überhebliche Weise machte Meeker sich daran, alles zu zerstören, was die Utes liebten und verehrten, und sie zu seinem Ebenbild zu machen, denn er glaubte, er sei nach Gottes Ebenbild erschaffen. Seine erste unpopuläre Aktion bestand darin, die Agentur am White River fünfundzwanzig Kilometer weiter flußabwärts zu verlegen, wo es gutes, zum Pflügen geeignetes Weideland gab. Meeker beabsichtigte, dort eine landwirtschaftliche Genossenschaft für die Utes aufzubauen, doch er übersah, daß diese das Gebiet seit langem als Jagdgrund und Weideland für ihre Pferde benutzten. Die Stelle, auf der er die Agenturgebäude errichten wollte, war ein traditioneller Rennplatz, auf dem die Utes ihre Ponyrennen veranstalteten.

Von den Häuptlingen am White River war ihm Quinkent (Douglas) der sympathischste. Dieser war ein etwa sechzig Jahre alter Yampa-Ute mit noch dunklem Haar und einem sich weiß färbenden herabhängenden Schnurrbart. Douglas besaß über hundert Ponys und galt deshalb bei den Utes als reicher Mann, doch er hatte die meisten seiner Anhänger unter den jüngeren Männern an Nicaagat (Jack) verloren.

Wie Ouray war Jack ein Halbblut-Apache. Als Junge hatte er bei einer Mormonenfamilie gelebt und ein paar Worte Englisch gelernt, und er hatte während der Siouxkriege General Crook als Kundschafter gedient. Bei seinem ersten Treffen mit Meeker trug Jack seine Kundschafteruniform, Armeestiefel und einen breitkrempigen Hut. Er trug stets den silbernen Orden, den ihm der Große Vater gegeben hatte, als er 1868 mit Ouray in Washington war. Jack und seine Leute waren zu der Zeit, als Meeker die Agentur verlegte, auf Büffeljagd, und als sie zu der Stelle, an der sie sich früher befunden hatte, zurückkamen, war alles verschwunden. Sie schlugen ihr Lager auf, und nach ein paar Tagen kam Meeker und befahl Jack, an den neuen Platz zu ziehen.

»Ich sagte ihm, daß der Platz der alten Agentur vertraglich festgelegt sei«, berichtete Jack später, »und daß ich von keinem Gesetz oder Vertrag wüßte, in dem der neue Platz erwähnt sei. Der Agent erwiderte, wir täten besser daran, umzuziehen; wenn wir es nicht täten, würde man uns dazu zwingen, und dazu

Nicaagat (Jack)

hätte man Soldaten.« Meeker versuchte, Jack zu beschwichtigen, indem er versprach, Milchkühe für seine Leute zu besorgen, doch Jack antwortete, die Utes brauchten weder Kühe noch Milch.

Der dritte bedeutende Häuptling war Colorow, ein über sechzig Jahre alter Muache-Ute. Nach Abschluß des Vertrags von 1868 lebte Colorow mit seinen Leuten in einem kleinen provisorischen Reservat in der Nähe von Denver. Wenn sie Lust dazu hatten, streiften sie in der Stadt umher, aßen in Restaurants und besuchten Theater. 1875 wurde das Reservat aufgelöst, und Colorow zog mit seinen Muaches den White River hinauf und schloß sich Jacks Gruppe an. Die Abwechslungen von Denver fehlten ihnen, doch dafür konnten sie im Land am White River auf die Jagd gehen. Die Muaches interessierten sich nicht für Meekers Agrargenossenschaft und suchten die Agentur nur auf, wenn sie ein paar Säcke Mehl oder Kaffee und Zucker brauchten.

Canalla (Johnson), ein Schwager Ourays, war der oberste Medizinmann und Verwalter des Ponyrennplatzes, auf dem Meeker die neuen Agenturgebäude errichten wollte. Johnson trug gern einen Zylinder, den er sich in Denver gekauft hatte. Aus irgendeinem Grund hielt Meeker Johnson für den Mann, der sich am besten dazu eignete, ihm zu helfen, die Utes aus der Barbarei zu erlösen.

Außerdem holte Meeker seine Frau Arvilla und seine Tochter Josie zu der Agentur, damit sie ihn bei seinem großen Kreuzzug unterstützten. Er engagierte sieben Weiße, darunter einen Landvermesser, zur Planung eines Bewässerungskanals, einen Holzfäller, einen Brückenbauer, einen Zimmermann und einen Maurer. Sie sollten, während sie das neue landwirtschaftliche Paradies aufbauten, die Utes ihre Berufe lehren.

Meeker bemühte sich, den Utes beizubringen, ihn Father Meeker zu nennen (in ihrem unzivilisierten Zustand betrachtete er sie als Kinder), doch die meisten nannten ihn zu seinem großen Mißfallen »Nick«.

Bis zum Frühjahr 1879 waren einige Agenturgebäude zum Teil fertiggestellt und vierzig Morgen Land gepflügt. Die meiste Arbeit machten Meekers weiße Angestellte, die entlohnt wurden. Meeker verstand nicht, wieso auch die Utes Geld dafür wollten, daß sie ihre eigene Agrargenossenschaft aufbauten, doch damit seine Bewässerungsgräben ausgehoben wurden, erklärte er sich bereit, dreißig Utes zu bezahlen. Sie arbeiteten fleißig, bis Meekers Mittel erschöpft waren; dann gingen sie auf die Jagd oder zu Ponyrennen. »Sie haben so wenig Bedürfnisse, daß sie keine zivilisierten Gewohnheiten annehmen wollen«, beklagte Meeker sich beim Kommissar für Indianische Angelegenheiten. »Was wir als Bequemlichkeit und Komfort betrachten, wird von ihnen so geringgeschätzt, daß sie keine eigenen Anstrengungen unternehmen mögen, um es zu erlangen ... Die große Mehrheit betrachtet die Lebensweise der Weißen mit Gleichgültigkeit und Verachtung.« Er schlug verschiedene Maßnahmen vor, um ihre barbarische Einstellung zu ändern; erstens, den Utes ihre Ponys wegzunehmen, damit sie nicht herumziehen und jagen konnten, und ihnen dafür einige Pferde zum Pflügen und Ziehen von Wagen zu geben – wenn die Utes dann gezwungen waren, die Jagd aufzugeben und in der Nähe der Agentur zu bleiben, würde er an jene, die nicht arbeiten wollten, keine Rationen mehr verteilen. »Ich werde jeden Indianer, der nicht arbeiten will, verhungern lassen«, schrieb er an Henry M. Teller, den Senator von Colorado.

Meekers ununterdrückbarer Drang, seine Ideen und Beobachtungen niederzuschreiben und drucken zu lassen, führte schließlich zum Bruch zwischen ihm und den Utes. Im Frühjahr 1879 schrieb er einen erdachten Dialog mit einer Utefrau, um zu zeigen, daß die Indianer die Freuden der Arbeit und den Wert materieller Dinge nicht zu schätzen wußten. In diesem Dialog erklärte Meeker, das Reservatland gehöre der Regierung und sei den Utes nur zur Benutzung zur Verfügung gestellt worden. »Wenn ihr es nicht benutzt und nicht arbeiten wollt«, warnte er, »werden Weiße von weit her kommen und es euch wegnehmen, und bald werdet ihr gar nichts haben.«

Dieser Dialog erschien in der *Greeley Tribune*, wo ihn William B. Vickers las, ein Journalist und Politiker in Denver, der alle Indianer und besonders die Utes haßte. Vickers war damals Sekretär von Frederick Pitkin, dem reichen Grubenbesitzer, der Anführer der Gruppe gewesen war, die 1873 forderte, den Utes die San Juan Mountains wegzunehmen. Pitkin war zum Gouverneur von Colorado ernannt worden, als es 1873 ein Staat wurde. Nach Beendigung der Siouxkriege starteten Pitkin und Vickers eine Propagandakampagne mit dem Ziel, sämtliche Utes ins Indianer-Territorium umzusiedeln, damit die Weißen sich ihr riesiges wertvolles Land aneignen konnten. Vickers nutzte Nathan Meekers Zeitungsartikel als gutes Argument für die Vertreibung der Utes aus Colorado und schrieb darüber in der *Denver Tribune*:

> Die Utes sind praktisch Kommunisten, und die Regierung sollte sich schämen, sie in ihrem Müßiggang und ihrer liederlichen Vergeudungssucht zu fördern und zu ermutigen. Sie leben von den Gaben eines fürsorglichen, doch idiotischen Indian Bureau und sind sogar zu faul, sich auf ordnungsgemäße Weise ihre Rationen abzuholen, sondern bestehen darauf, sich zu nehmen, was sie wollen, ganz gleich, wo sie es finden. Würde man sie ins Indianer-Territorium umsiedeln, so könnten die Utes für etwa die Hälfte der Kosten, die sie jetzt der Regierung verursachen, ernährt und gekleidet werden.
>
> Honorable N. C. Meeker, der bekannte Leiter der White-River-Agen-

tur, war einst ein treuer Freund und glühender Bewunderer der Indianer. Er übernahm die Agentur in dem festen Glauben, er könne die Indianer durch freundliche Behandlung, geduldige Unterweisung und gutes Beispiel auf den rechten Weg führen. Doch seine Bemühungen schlugen völlig fehl, und schließlich erkannte er widerstrebend die Richtigkeit des Grenzersprichworts, daß nur tote Indianer wahrhaft gute Indianer sind.
Vickers schrieb noch wesentlich mehr, und sein Artikel wurde unter dem Titel »Die Utes müssen fort« in ganz Colorado nachgedruckt. Im Spätsommer wurde die Forderung »Die Utes müssen fort!« zum Slogan zahlreicher Volksredner, der überall begeisterten Beifall auslöste.
Die Utes erfuhren bald, daß »Nick« Meeker sie in einem Zeitungsartikel verraten hatte. Besonders empört waren sie über seine Bemerkung, das Reservatland gehöre nicht ihnen, und sie erhoben durch den Dolmetscher der Agentur offiziell Protest. Meeker beharrte auf seiner Behauptung und fügte hinzu, er habe das Recht, überall im Reservat den Boden zu pflügen, da das Land der Regierung gehöre und er Agent der Regierung sei.
Inzwischen setzte William Vickers seine Kampagne fort und verbreitete Geschichten von Verbrechen und Gewalttaten der Indianer. Er gab den Utes sogar die Schuld an den zahlreichen Waldbränden in jenem ungewöhnlich trockenen Jahr. Am 5. Juli setzte Vickers ein Telegramm an den Kommissar für Indianische Angelegenheiten auf, das Gouverneur Pitkin unterzeichnete:

Ich erhalte täglich Berichte, daß eine Gruppe von White-River-Utes ihr Reservat verlassen hat und Wälder zerstört ... Sie haben bereits Bäume im Wert von Millionen Dollar niedergebrannt und belästigen Schürfer und Siedler ... Ich bin überzeugt, es handelt sich um organisierte Bemühungen der Indianer, die Wälder von Colorado zu zerstören. Diese Wilden sollten ins Indianer-Territorium umgesiedelt werden, damit sie nicht länger die schönsten Forsten dieses Staates vernichten können.

Darauf versprach der Kommissar dem Gouverneur, entsprechende Maßnahmen zu ergreifen, und forderte Meeker auf, dafür zu sorgen, daß seine Utes im Reservat blieben. Die Häuptlinge hielten eine Protestversammlung ab. Sie hatten bereits von den falschen Beschuldigungen des Gouverneurs und seiner Drohung, sie ins Indianer-Territorium zu schicken, gehört. Ein weißer Freund namens Peck, der ein Versorgungslager am Bear River nördlich des Reservats leitete, hatte die Geschichte in einer Zeitung gelesen und Nicaagat (Jack) davon erzählt.
Dem Zeitungsartikel zufolge hatten die Utes entlang dem Bear River Brände gelegt und ein Haus niedergebrannt, das James B. Thompson, einem früheren Agenten der Utes, gehörte. Jack war über den Bericht sehr bestürzt, und Peck

erklärte sich bereit, zusammen mit ihm Gouverneur Pitkin in Denver aufzusuchen und ihm zu sagen, daß das Ganze nicht stimmte. »Auf unserem Weg kamen wir an Thompsons Haus vorbei«, berichtete Jack später, »und sahen, daß es stand; es war nicht niedergebrannt.«
Nach mancherlei Schwierigkeiten erreichte Jack, daß Gouverneur Pitkin ihn in seinem Büro empfing. »Der Gouverneur fragte mich, wie die Lage in meinem Land am White River sei, und sagte, daß eine Menge über uns in den Zeitungen stehe. Ich erwiderte, eben deshalb sei ich nach Denver gekommen. Ich sagte ihm, daß ich nicht begriff, wie es zu dieser Affäre habe kommen können ... Darauf sagte er: ›Hier ist ein Brief eures Agenten.‹ Ich sagte ihm, da der Agent (Meeker) schreiben könne, habe er ihm diesen Brief geschrieben; da ich jedoch nicht schreiben könne, hätte ich ihn persönlich aufgesucht, um darauf zu antworten ... Dann sagte ich ihm, er solle nicht glauben, was in diesem Brief stand ... Er fragte mich, ob es wahr sei, daß Thompsons Haus niedergebrannt worden sei. Ich sagte ihm, ich habe das Haus gesehen; es sei nicht niedergebrannt. Dann berichtete ich dem Gouverneur von dem Agenten und sagte ihm, es wäre gut, wenn er nach Washington schreiben und empfehlen würde, daß man ihn durch einen anderen Agenten ersetze, und er versprach, am nächsten Tag zu schreiben.«
Pitkin hatte natürlich nicht die Absicht, eine Ablösung Meekers zu empfehlen. Nach Ansicht des Gouverneurs entwickelte sich alles wie gewünscht. Er brauchte nur auf eine Auseinandersetzung zwischen Meeker und den Utes zu warten; dann gab es vielleicht einen Grund, die Utes umzusiedeln.
Zur gleichen Zeit verfaßte Meeker seinen monatlichen Bericht an den Kommissar für Indianische Angelegenheiten. Er schrieb, daß er die Absicht habe, eine aus Utes bestehende Polizeitruppe aufzustellen. »Sie sind in schlechter Laune« schrieb er, doch bereits wenige Tage später traf er Maßnahmen, die, wie ihm klar sein mußte, die Utes noch mehr erzürnen würden. Obwohl es keine Beweise dafür gibt, daß Meeker Gouverneur Pitkins Umsiedlungsprogramm guthieß, so schien fast alles, was er unternahm, darauf abzuzielen, die Indianer zum Revoltieren herauszufordern.
Es mag sein, daß Meeker nicht wünschte, daß die Utes fort mußten, doch zweifellos wollte er, daß sie ihre Ponys aufgaben. Anfang September wies er Shadrach Price, einen seiner weißen Arbeiter, an, ein Stück Grasland zu pflügen, auf dem die Utes ihre Ponys weiden ließen. Einige Utes protestierten sofort und fragten Meeker, warum er nicht woanders pflügen ließ; sie brauchten das Gras für ihre Ponys. Westlich der Weide befand sich ein Stück mit Salbei bedecktes Landes, das Quinkent (Douglas) Meeker anbot, doch dieser bestand darauf, das Gras umzupflügen. Darauf schickten die Utes ein paar junge

Männer mit Gewehren. Sie näherten sich dem Pflüger und befahlen ihm, aufzuhören. Shadrach Price gehorchte, doch als er Meeker berichtete, daß er bedroht worden sei, befahl ihm der Agent weiterzuarbeiten, und schickte ihn zurück. Diesmal feuerten die Utes Warnschüsse über Prices Kopf ab, worauf dieser schnell seine Pferde ausspannte und die Weide verließ.

Meeker war wütend. Er verfaßte einen empörten Brief an den Kommissar für Indianische Angelegenheiten. »Diese Indianer sind eine üble Bande«, schrieb er. »Sie haben so lange umsonst Proviant bekommen und sind derart gehätschelt und verwöhnt worden, daß sie sich einbilden, große Herren zu sein.«

Am Nachmittag suchte Canalla (Johnson), der Medizinmann, Meeker in der Agentur auf. Er sagte Meeker, daß man ihm das Land, das gepflügt worden sei, als Weide für seine Ponys zugeteilt habe. Er wolle nicht, daß man es weiter umpflüge.

Meeker unterbrach ihn. »Johnson, das Dumme ist – ihr habt zu viele Ponys. Es wäre am besten, ihr würdet einige töten.«

Johnson starrte Meeker einen Moment ungläubig an. Plötzlich trat er auf den Agenten zu, packte ihn an den Schultern, schob ihn hinaus auf die Veranda und drückte ihn gegen das Geländer. Dann ging Johnson wortlos davon.

Johnson berichtete später über den Vorfall: »Ich sagte dem Agenten, daß er seinen Männern befehle, mein Land zu pflügen, sei Unrecht. Der Agent sagte mir, ich sei schon immer ein Querkopf gewesen, und man sollte mich ins Kittchen stecken. Ich antwortete, ich wüßte nicht, warum man mich ins Gefängnis sperren sollte. Dann sagte ich, es wäre besser, wenn ein anderer Agent kommen würde, der ein guter Mann sei und nicht solche Dinge redete. Dann legte ich meine Hand auf seine Schulter und sagte ihm, es wäre besser, wenn er ginge. Ich habe nur meine Hand auf seine Schulter gelegt und ihm sonst nichts getan – weder geschlagen noch sonst etwas. Ich war nicht wütend auf ihn. Dann ging ich zu meinem Haus.«

Bevor Meeker etwas unternahm, ließ er Nicaagat (Jack) zu einer Unterredung in sein Büro holen. Jack erzählte später darüber: »Meeker sagte mir, Johnson habe ihn mißhandelt. Ich sagte Meeker, es sei sicher nicht so schlimm gewesen und er solle es vergessen. Meeker sagte, er denke nicht daran und werde sich beschweren. Darauf erwiderte ich, es wäre sehr schlimm, wenn er wegen so einer Kleinigkeit solch ein Theater machen würde. Meeker sagte, er könne es sich nicht bieten lassen, daß ein junger Mann auf ihn losgehe; er sei ein alter Mann und habe nicht genug Kraft, um sich zu wehren; ... Johnsohn habe ihn mißhandelt, und er werde nicht mehr mit ihm reden; er werde den Kommissar um Soldaten bitten und die Utes von ihrem Land verjagen. Da sagte ich, es wäre sehr schlimm, wenn er das täte. Meeker sagte, das Land gehöre ohnedies nicht den Utes. Ich antwortete, das Land gehöre den Utes, und die Regierung habe eben deshalb, weil es den Utes gehöre, dort Agenturen errichtet, und ich sagte ihm noch einmal, daß die Auseinandersetzung zwischen ihm und Johnson eine ganz kleine Sache sei, und er solle sie lieber vergessen und deshalb nicht solches Theater machen.«

Meeker grübelte noch einen Tag und eine Nacht über die Verschlechterung seiner Beziehungen zu den Utes nach und kam dann zu dem Schluß, daß er ihnen eine Lektion erteilen müsse. Er schickte zwei Telegramme ab – eins an Gouverneur Pitkin, in dem er um militärischen Schutz bat, und eins an den Kommissar für Indianische Angelegenheiten:

> Ich wurde von Johnson, einem der obersten Häuptlinge, tätlich angegriffen, aus meinem Haus gedrängt und schwer verletzt. Es steht jetzt fest, daß Johnson an all den Schwierigkeiten schuld ist... Sein Sohn schoß auf den Pflüger, und es herrscht allgemeine Opposition gegen das Pflügen. Das Pflügen ist eingestellt worden; ich, meine Familie und meine Angestellten sind in Lebensgefahr; erbitte sofortigen Schutz; habe Gouverneur Pitkin ersucht, mit General Poe zu konferieren.

In der folgenden Woche setzte sich die schwerfällige Maschinerie des Innen- und Kriegsministeriums langsam in Bewegung. Am 15. September erhielt Meeker die Nachricht, daß Kavallerieeinheiten zum White River in Marsch gesetzt worden seien; der Agent wurde bevollmächtigt, »die Schuldigen an dem kürzlichen Aufruhr« festzunehmen.

Das Kriegsministerium übermittelte Major Thomas T. Thornburgh, dem Kommandanten von Fort Fred Steele, den Befehl, »mit einer ausreichenden Zahl von Soldaten zur Agentur der Utes am White River, Colorado, zu marschieren«.

Da Thornburgh auf einer Elchjagd war, erreichte ihn der Befehl verspätet, und er konnte erst am 21. September aufbrechen. Mit zweihundert Kavalleristen und berittenen Infanteristen machte er sich auf den 250 Kilometer weiten Marsch zum White River.

Am 25. September erreichte Thornburgh den Fortification Creek. Damit hatte die Kolonne den halben Weg zur White-River-Agentur zurückgelegt, und der Major beschloß, einen seiner Führer vorauszuschicken und Meeker zu verständigen, daß er in vier Tagen bei der Agentur eintreffen werde; er bat Meeker, ihn über die gegenwärtige Lage zu unterrichten. Am gleichen Tag erfuhren Colorow und Nicaagat (Jack), daß die Soldaten anrückten; die Utehäuptlinge zogen mit ihren Leuten zur üblichen Herbstjagd an den Milk River.

Jack ritt nach Norden zum Bear River und stieß dort auf die Truppen. »Was ist los?« fragte er sie. »Weshalb kommt ihr? Wir wollen nicht gegen die Soldaten kämpfen. Wir haben denselben Vater über uns. Wir wollen nicht gegen die Soldaten kämpfen.«

Thornburgh und seine Offiziere sagten Jack, sie hätten den telegraphischen Befehl erhalten, zur Agentur zu marschieren; die Indianer zündeten dort die Wälder an und hätten Mr. Thompsons Haus niedergebrannt. Das sei eine Lüge, erwiderte Jack; die Utes hätten weder Wälder noch Häuser angezündet. »Laß deine Soldaten hier«, sagte er zu Thornburgh. »Ich bin ein guter Mann. Ich bin Nicaagat. Laß deine Soldaten hier, und gehen wir zur Agentur.« Thornburgh antwortete, er habe den Befehl, zur Agentur zu marschieren. Wenn Agent Meeker ihn nicht auffordere, mit der Kolonne haltzumachen, müsse er mit den Soldaten zum White River ziehen.

Jack betonte noch einmal, daß die Utes nicht kämpfen wollten. Er sagte, es sei nicht gut, daß die Soldaten in ihr Reservat kämen. Dann verließ er Thornburgh und eilte zur Agentur, um »Nick« Meeker zu warnen, daß böse Dinge passieren würden, wenn er zulasse, daß die Soldaten an den White River kämen.

Auf dem Weg zu Meekers Büro besuchte Jack Häuptling Quinkent (Douglas). Die beiden waren Rivalen, doch nun, da alle White-River-Utes in Gefahr waren, meinte Jack, müßten die Häuptlinge zusammenhalten. Die jungen Utes hatten zuviel darüber gehört, daß die Weißen sie ins Indianer-Territorium schicken wollten; einige sagten, sie hätten Meeker prahlen hören, daß die Soldaten einen Wagen voller Handschellen und Ketten und Stricken mitbrächten und daß mehrere ungehorsame Utes gehängt und andere gefangengenommen werden würden. Wenn sie glaubten, daß die Soldaten kämen, um sie aus ihrer Heimat fortzubringen, würden sie bis zum Tod gegen sie kämpfen, und nicht einmal die Häuptlinge würden sie davon abbringen können. Douglas sagte, er wolle mit dem Ganzen nichts zu tun haben. Nachdem Jack gegangen war, befestigte er seine amerikanische Fahne an einem Pfahl über seinem Wigwam. (Vielleicht wußte er nicht, daß Black Kettle von den Cheyennes im Jahr 1864 am Sand Creek eine amerikanische Fahne gehißt hatte.)

»Ich sagte dem Agenten (Meeker), daß die Soldaten kämen«, sagte Jack, »und daß ich hoffte, er werde etwas unternehmen, um sie davon abzuhalten, zur Agentur zu kommen. Er sagte, das gehe ihn nichts an; er wolle nichts damit zu tun haben. Darauf bat ich den Agenten, mit mir zu den Soldaten zu gehen und mit ihnen zu reden. Der Agent sagte, ich solle ihn nicht dauernd belästigen; er werde nicht gehen. Er sagte mir das in seinem Büro, und danach stand

Quinkent (Douglas)

er auf, ging in ein anderes Zimmer und machte die Tür zu und schloß sie ab. Dies war das letzte Mal, daß ich ihn gesehen habe.«

Später am Tag überlegte Meeker es sich offenbar anders und beschloß, Jacks Rat zu befolgen. Er sandte Major Thornburgh eine Botschaft, in der er ihm vorschlug, mit seiner Kolonne haltzumachen und mit einer Eskorte von fünf Soldaten zur Agentur zu kommen. »Die Indianer scheinen das Vorrücken der Truppen als eine Kriegserklärung zu betrachten«, schrieb er.

Als Thornburgh am nächsten Tag, dem 28. September, die Botschaft in seinem Lager am Deer Creek erhielt, erschien auch Colorow bei ihm, um den Major zu überzeugen, daß es besser sei, wenn er nicht weitermarschierte. »Ich sagte ihm, ich könne nicht verstehen, warum die Soldaten gekommen seien oder warum es Krieg geben sollte«, berichtete Colorow später. Die Kolonne befand sich zu diesem Zeitpunkt nur sechsundfünfzig Kilometer von der White-River-Agentur.

Nachdem Thornburgh Meekers Botschaft gelesen hatte, sagte er Colorow, er werde mit seinen Truppen zum Milk River ziehen, der die südliche Grenze des Ute-Reservats bildete; dort werde er ein Lager aufschlagen und dann mit fünf Männern zur Agentur kommen, um mit Meeker zu verhandeln.

Bald nachdem Colorow und seine Krieger Thornburghs Lager verlassen hatten, hielt der Major mit seinen Offizieren eine Besprechung ab, bei der er seinen Plan änderte und beschloß, nicht am Rand des Reservats haltzumachen, sondern bis zum Coal Creek Canyon zu marschieren. Dies sei eine militärische Notwendigkeit, erklärte Thornburgh, weil sich gleich unterhalb davon Colorows und Jacks Lager befänden. Wenn die Truppen am Milk River haltmachten und die Utes den Canyon sperrten, könnten die Soldaten nicht zur Agentur. Zwischen dem südlichen Ende des Canyon und dem White River hingegen lägen nur ein paar Kilometer offenen Landes.

Colorow ritt der Kolonne voraus und traf am neunundzwanzigsten gegen neun Uhr morgens in seinem Lager ein. Seine Leute waren wegen der anrückenden Soldaten sehr aufgeregt. »Ich sah, wie einige in Richtung der Straße ritten, auf der die Soldaten kamen«, sagte er. »Bald darauf verließ ich auch das Lager und ritt zu der Stelle, an der sie sich versammelt hatten.« Er traf dort Jack und etwa sechzig seiner Krieger. Jack erzählte Colorow von seiner fruchtlosen Unterredung mit Meeker, und Colorow berichtete Jack, daß Major Thornburgh versprochen hatte, mit seinen Soldaten am Milk River haltzumachen. »Dann sagte ich Jack, es wäre gut, wenn er seinen jungen Männern sagte, sie sollten sich aller kriegerischen Demonstrationen enthalten, und er meinte, es wäre wohl am besten, wenn sie sich ein Stück von der Straße entfernten. Bis jetzt konnten wir von der Stelle, wo wir uns befanden, keine Soldaten sehen, und wir zogen uns ein Stück von der Straße zurück. Dann sagte Jack, er werde, wenn die Soldaten den Milk River (die Grenze des Reservats) erreicht hätten, hinunterreiten und mit ihnen reden.«

Weder Colorow noch Jack wußten, daß Thornburghs Kolonne den Milk River bereits überschritten hatte. Nachdem Thornburgh dort seine Pferde getränkt hatte, beschloß er, sie mit einer Eskorte auf der Canyonstraße weiterzuschicken und mit der restlichen Kavallerie eine nähere Route zu benutzen, die über einen hohen Bergkamm führte. Auf diese Weise würde er direkt auf die wütenden Utes stoßen, die Jack von der Straße abgezogen hatte, um einen Zusammenstoß zu vermeiden.

Plötzlich kam ein junger Ute angaloppiert, der vorausgeritten war, um die Lage zu erkunden. »Die Truppen halten nicht, wie sie gestern versprochen haben, am Fluß an, sondern marschieren weiter«, meldete er Jack.

Bestürzt ritt Jack mit seiner kleinen Gruppe von Kriegern den Bergrücken hinauf. Nach ein paar Minuten entdeckte er auf der Straße, die sich durch das Salbeigesträuch zum Canyon schlängelte, die Wagenkolonne der Soldaten. »Ich stand mit zwanzig oder dreißig meiner Männer auf dem Berg, und plötzlich sah ich dreißig oder vierzig Soldaten vor mir, und sowie sie mich erblickten, zogen sie sich zu einer Linie auseinander. Ich hatte im Jahr zuvor mit General Crook gegen die Sioux gekämpft, und als dieser Offizier seine Soldaten zu einer Linie gruppierte, wußte ich sofort, daß das Kampf bedeutete; deshalb befahl ich meinen Männern, das gleiche zu tun.«

Der Voraustrupp der Kavallerie wurde von Leutnant Samuel Cherry befehligt. Nachdem er seinen Männern befohlen hatte, sich zu einer Linie zu gruppieren, hielt er am Fuß des Bergkamms an. Major Thornburgh ritt ein paar Meter vor und winkte den Indianern auf dem Berg mit seinem Hut. Einige winkten zurück.

Jack wartete vier oder fünf Minuten auf ein Zeichen, daß die Offiziere zu verhandeln wünschten, doch sie rührten sich nicht von der Stelle, als wollten sie, daß die Indianer den ersten Schritt machten. »Daraufhin«, berichtete Jack später, »gingen ich und ein anderer Indianer auf sie zu.« Leutnant Cherry stieg von seinem Pferd und kam den Utes entgegen. Nach ein paar Schritten winkte er mit seinem Hut. Eine Sekunde später zerriß ein Gewehrschuß die Stille. »Als wir noch ein Stück voneinander entfernt zwischen den Linien waren«, sagte Jack, »fiel ein Schuß. Ich weiß nicht, auf welcher Seite, doch gleich darauf wurden so viele Schüsse abgefeuert, daß ich wußte, ich konnte nicht verhindern, daß es zum Kampf kam, obwohl ich meinen Männern mit meinem Hut winkte und schrie ›Schießt nicht, wir wollen miteinander reden‹; doch sie glaubten, ich wollte sie zum Kampf anfeuern.«

Während das Gefecht an Heftigkeit zunahm und sich bis zu der Wagenkolonne ausdehnte, die sich zur Verteidigung in einem Kreis aufstellte, erfuhr Quinkent (Douglas) in der Agentur von der Begegnung. Er ging sofort in »Nick« Meekers Büro und sagte ihm, daß die Soldaten ins Reservat eingedrungen seien. Douglas war überzeugt, daß die Krieger gegen sie kämpfen würden. Meeker erwiderte, er glaube nicht, daß es zu einem Zusammenstoß kommen werde, und bat Douglas, sich am nächsten Morgen mit ihm zu den Soldaten zu begeben.

Bis zum frühen Nachmittag wußten sämtliche Utes am White River, daß die Soldaten und ihre Leute am White River kämpften. Etwa ein Dutzend von ihnen nahmen ihre Gewehre, gingen zu den Agenturgebäuden und schossen auf alle Weißen, die sich blicken ließen. Bis zum Abend töteten sie Nathan Meeker und alle seine weißen Arbeiter, nahmen die drei weißen Frauen gefangen und flüchteten zu einem alten Utelager am Piceance Creek. Unterwegs wurden alle drei weißen Frauen vergewaltigt.

Die Kämpfe am Milk River, bei denen dreihundert Utekrieger die zweihundert Soldaten umzingelten, dauerten fast eine Woche. Major Thornburgh fiel während des ersten Gefechts. Bei Beendigung der Kämpfe waren zwölf Soldaten gefallen und dreiundvierzig verwundet. Siebenunddreißig Utes kamen ums Leben.

240 Kilometer südlich, an der Agentur Los Pinos, erfuhr Ouray voller Bestürzung von den Kämpfen. Ihm war klar, daß er sofort etwas unternehmen mußte, um seine Häuptlingswürde und das ganze Ute-Reservat zu retten. Am 2. Oktober schickte er durch einen Kurier eine Botschaft:

An die Häuptlinge, Anführer und Utes an der White-River-Agentur:
Ich ersuche und befehle euch hiermit, die Feindseligkeiten gegen die Weißen einzustellen und keinen Unschuldigen oder irgendwelchen anderen Personen Schaden zuzufügen, sofern ihr nicht Euer Leben und Eigentum vor unrechtmäßigen und unbefugten Übergriffen von Pferdedieben und Desperados schützen müßt, da alles, was darüber hinausgeht, zu einer Katastrophe für alle Beteiligten führen würde.

Ourays Botschaft und das Eintreffen von Kavallerieverstärkungen beendeten die Kämpfe, doch es war bereits zu spät, um die Utes vor der Katastrophe zu bewahren. Gouverneur Pitkin und William Vickers hatten in ganz Colorado Geschichten von barbarischen Grausamkeiten verbreitet, von denen sie viele den unschuldigen Uncompahgres in die Schuhe schoben, die zum größten Teil, ohne von den Geschehnissen am White River zu wissen, friedlich ihrer Arbeit nachgingen. Vickers rief die weißen Bürger von Colorado auf, in allen Städten und Dörfern des Staates Milizeinheiten zu bilden und »die roten Teu-

Colorow

fel« zu vernichten. Aus dem Osten kamen so viele Zeitungsreporter, um über diesen neuen »Indianerkrieg« zu berichten, daß Gouverneur Pitkin beschloß, ihnen eine Erklärung zur Veröffentlichung zu übergeben:

»Ich denke, die Bereinigung dieser Angelegenheit wird den Plünderungen in Colorado ein Ende bereiten. Von nun an wird es für Indianer und Weiße unmöglich sein, in Frieden zusammen zu leben. Zu diesem Angriff gab es keinen Anlaß, und die Weißen wissen jetzt, daß sie in jedem Teil des Staates, in dem es eine größere Zahl von Indianern gibt, damit rechnen müssen, angegriffen zu werden.

Meiner Ansicht nach müssen sie, falls die Regierung sie nicht umsiedelt, unbedingt ausgerottet werden. Ich könnte innerhalb von vierundzwanzig Stunden 25 000 Mann zum Schutz der Siedler zu den Waffen rufen. Der Staat wäre bereit, die Indianerfrage auf eigene Kosten zu regeln. Die Vorteile, die es bringen würde, wenn Schürfern und Siedlern zwölf Millionen Morgen Land zur Verfügung gestellt werden könnten, würden die erforderlichen Kosten mehr als aufwiegen.«

Die White-River-Utes lieferten ihre drei weiblichen Gefangenen aus, und dann wurde die unvermeidliche Untersuchungskommission eingesetzt, um die Ursachen zu untersuchen, die Schuldigen festzustellen und für Bestrafung zu sorgen. Das Gefecht am Milk River nannte man einen Überfall aus dem Hinterhalt, was nicht stimmte; die Vorfälle an der White-River-Agentur nannte man mit Recht ein Massaker. Jack, Colorow und ihre Leute wurden schließlich mit der Begründung, daß sie als Krieger an einem fairen Kampf teilgenommen hatten, freigesprochen. Douglas und die Männer von der Agentur wurden wegen Mordes verurteilt, doch niemand konnte die Utes identifizieren, die die Schüsse, die Nathan Meeker und seine Männer töteten, abgegeben hatten.

Douglas sagte aus, er sei im Lagerraum der Agentur gewesen, als er den ersten Schuß hörte. »Ich verließ den Lagerraum und ging ein Stück hinaus. Dann ging ich von der Stelle, wo ich war, direkt zu meinem Haus. Als ich zu meinem Haus kam, mußte ich weinen, als ich daran dachte, wozu meine Freunde sich hatten hinreißen lassen.« Da Arvilla Meeker jedoch beschwor, daß Douglas sie zum Geschlechtsverkehr gezwungen habe, wurde der sechzigjährige Häuptling ins Zuchthaus Leavenworth geschickt. Er wurde keines Verbrechens angeklagt oder beschuldigt; eine öffentliche Anklage wegen Vergewaltigung hätte Mrs. Meeker in jener Zeit sexueller Prüderie in eine überaus peinliche Lage gebracht, zumal wenn der Beschuldigte ein Indianer gewesen wäre.

An der Bestrafung einzelner lag den Schürfern und Politikern jedoch wenig.

Sie wollten, daß sämtliche sieben Stämme der Utes bestraft wurden, damit sie sie von den zwölf Millionen Morgen Land vertreiben konnten, die darauf warteten, ausgebeutet zu werden.

Ouray, der an einer Nierenentzündung litt, war ein todkranker Mann, als ihn das Indian Bureau 1880 nach Washington brachte, wo über die Zukunft seines Volkes entschieden wurde. Er fügte sich den Wünschen von Big Eyes Schurz und anderen Beamten, die entschieden, daß »die Utes fort müßten« – in ein neues Reservat in Utah, in ein Gebiet, das die Mormonen nicht wollten. Ouray starb, bevor die Armee seine Leute im August 1881 zu dem über 500 Kilometer weiten Marsch von Colorado nach Utah zusammentrieb. Es gab keine Indianer in Colorado mehr – abgesehen von einem kleinen Landstreifen im Südwesten, wo eine kleine Gruppe Southern Utes leben durfte. Die Cheyennes und Arapahos, die Kiowas und Comanchen, die Jicarillas und Utes – sie alle waren von seinen Bergen und Prärien verschwunden, und keine Spur blieb von ihnen außer ihren Namen im Land der Weißen.

17

Der letzte Häuptling der Apachen

1880 – 1. Juni – Die Bevölkerungszahl der Vereinigten Staaten ist auf 50 155 783 gestiegen.

1881 – 4. März – James A. Garfield übernimmt das Präsidentenamt. 13. März – In Rußland wird Zar Alexander von Nihilisten ermordet. 2. Juli – Attentat auf Garfield; er stirbt am 19. September. Chester A. Arthur wird Präsident.

1882 – 3. April – In St. Joseph, Missouri, wird Jesse James erschossen. 4. September – Edison schaltet in der New Yorker Central Station die erste öffentliche Beleuchtungsanlage ein. Mark Twains »Huckleberry Finn« erscheint.

1883 – 24. März – Erste Telephonverbindung zwischen New York und Chikago. 3. November – Der Oberste Gerichtshof der Vereinigten Staaten entscheidet, daß ein Indianer durch Geburt »fremdstämmig« ist und kein Staatsbürger der USA sein kann. Robert Louis Stevensons »Schatzinsel« erscheint.

1884 – Januar – Rußland schafft die Kopfsteuer, das letzte Überbleibsel der Leibeigenschaft, ab. 13. März – Im Sudan beginnt die Belagerung von Khartum.

1885 – Der Mahdi erobert Khartum; Generalgouverneur Charles George Gordon fällt. 4. März – Grover Cleveland wird erster demokratischer Präsident seit dem Bürgerkrieg.

1886 – Ein Generalstreik wegen der Forderung nach dem Achtstundentag breitet sich in den Vereinigten Staaten aus. 4. Mai – Anarchisten werfen auf dem Haymarket Square in Chikago eine Bombe auf Polizisten; es gibt sieben Tote und sechzig Verwundete. 28. Oktober – Errichtung der Freiheitsstatue auf Bedloe's Island. 8. Dezember – Gründung des Amerikanischen Gewerkschaftsbundes.

Ich lebte friedlich mit meiner Familie, hatte genug zu essen, schlief gut, sorgte für meine Leute und war völlig zufrieden. Ich weiß nicht, wie diese bösen Geschichten entstanden sind. Ich und meine Leute haben nichts Schlimmes getan. Ich hatte kein Pferd und keinen Menschen getötet, keinen Amerikaner und keinen Indianer. Ich weiß nicht, was mit den Leuten los war, die uns beschuldigten. Sie wußten, daß dem so war, und dennoch sagten sie, ich sei ein schlechter Mensch; doch was hatte ich getan? Ich lebte friedlich mit meiner Familie im Schatten der Bäume, tat, was General Crook mich geheißen hatte, und bemühte mich, seinen Rat zu befolgen. Ich möchte wissen, wer befohlen hat, mich zu verhaften. Ich betete das Licht und die Dunkelheit, Gott und die Sonne an, mich mit meiner Familie in Ruhe leben zu lassen. Ich weiß nicht, aus welchem Grund diese Leute schlecht von mir sprechen. In den Zeitungen steht oft geschrieben, daß ich gehängt werden soll. Ich will das nicht mehr. Wenn ein Mann sich bemüht, das Rechte zu tun, dürfte so etwas nicht in den Zeitungen stehen. Es sind nur noch sehr wenige von meinen Leuten übrig. Sie haben einige böse Dinge getan, doch ich möchte, daß das jetzt alles ausgelöscht wird und daß wir nie wieder davon sprechen. Es gibt nur noch sehr wenige von uns.

GOYATHLAY (GERONIMO)

Nach Cochises Tod im Jahr 1874 wurde Taza, sein ältester Sohn, Häuptling der Chiricahuas, und Taglito (Tom Jeffords) blieb Agent des Reservats am Apache Pass. Doch Taza war nicht wie sein Vater imstande, die Chiricahuas zusammenzuhalten. Innerhalb weniger Monate zerfielen diese Apachen in mehrere Gruppen, und Taza und Jeffords konnten trotz aller Bemühungen nicht verhindern, daß die Überfälle, die Cochise streng verboten hatte, wieder begannen. Da das Reservat der Chiricahuas nicht weit von Mexiko lag, wurde es zur Zufluchtsstätte räuberischer Apachen, die zwischen Arizona und Mexiko hin und her wechselten. Bald forderten landhungrige Siedler, Goldgräber und Politiker die Umsiedlung der Chiricahuas.

Die Regierung der Vereinigten Staaten war um das Jahr 1875 bestrebt, die Stämme im Indianer-Territorium oder in großen anderen Reservaten zu konzentrieren. Das Reservat White Mountain im östlichen Arizona war mit seinen 2,5 Millionen Morgen Land größer als sämtliche anderen Apachen-Reservate im Südwesten zusammen. Seine Agentur San Carlos war bereits die

Geronimo (1886)

Verwaltungsstelle für sieben Apachenstämme, und als die Washingtoner Behörden Berichte über Unruhen im Chiricahua-Reservat erhielten, bot ihnen dies einen ausgezeichneten Grund, die Chiricahuas nach San Carlos umzusiedeln.

Die Agentur, die sich am Zusammenfluß des San Carlos River und Gila River befand, war bei Offizieren ein höchst unbeliebter Posten. »Ein kiesbedeckter Landstrich«, schrieb einer, »zog sich etwa zehn Meter über dem Flußbett hin; darauf standen da und dort die graubraunen Ziegelbauten der Agentur. Dürre, vertrocknete, fast blattlose Baumwollsträucher säumten die Flüsse. Regen war so selten, daß er einem, wenn er einmal fiel, fast wie ein Naturwunder erschien. Fast ständig fegten trockene, heiße, Staub aufwirbelnde Winde über die Ebene und entblößten sie jeglicher Vegetation. Im Sommer empfand man eine Temperatur von über 40 Grad im Schatten als kühl. Zu allen anderen Jahreszeiten schwärmten Millionen von Fliegen, Mücken und unbekannten Käfern umher ...«

Agent dieses Postens war 1875 John Clum, der vor ein paar Monaten Eskiminzin und seine Aravaipos aus Camp Grant befreit und ihnen geholfen hatte, sich auf bewässertem Land am Gila River niederzulassen und sich fast ganz selbst zu versorgen. Voll Hartnäckigkeit hatte Clum das Militär gezwungen, sich aus dem riesigen Reservat White Mountain zurückzuziehen; er hatte die Truppen durch eine Kompanie Apachen abgelöst, die in ihrer Agentur für Ordnung sorgten, und ein aus Apachen bestehendes Gericht zur Aburteilung von Gesetzesbrechern eingesetzt. Seine Vorgesetzten betrachteten Clums unorthodoxe Methode, die Indianer selbst ihre Entscheidungen treffen zu lassen, voller Mißtrauen, doch sie konnten nicht bestreiten, daß seine Bemühungen, in San Carlos für Frieden zu sorgen, Erfolg hatten.

Am 3. Mai 1876 erhielt Clum vom Kommissar für Indianische Angelegenheiten ein Telegramm, in dem er beauftragt wurde, sich zum Chiricahua-Reservat zu begeben, um den Agenten Jeffords abzulösen und die Chiricahuas nach San Carlos umzusiedeln. Clum war alles andere als begeistert; er bezweifelte, daß die freiheitsliebenden Chiricahuas sich an das geregelte Leben im Reservat White Mountain gewöhnen würden. Clum verlangte, daß die Armee ihre Kavallerie fernhielt, und machte sich mit seinen Indianerpolizisten auf den Weg zum Apache Pass, um die Chiricahuas von ihrer Zwangsumsiedlung in Kenntnis zu setzen. Zu seiner Überraschung waren Jeffords und Taza einverstanden. Wie sein Vater Cochise wollte Taza Frieden halten. Wenn der Frieden davon abhing, daß die Chiricahuas ihre Heimat verließen und ins Reservat White Mountain gingen, dann wollten sie das tun. Doch nur die Hälfte der Chiricahuas marschierte nach San Carlos. Als die Armee anrückte, um die übrigen Indianer zusammenzutreiben, flohen die meisten über die Grenze nach Mexiko. Unter ihren Führern war ein sechsundvierzig Jahre alter Bedonkohe-Apache, der sich in seiner Jugend mit Mangas Colorado verbündet hatte, später Cochise gefolgt war und sich jetzt als Chiricahua betrachtete. Er hieß Goyathlay und wurde von den Weißen Geronimo genannt.

Obwohl die Chiricahuas, die freiwillig nach San Carlos gingen, Agent Clum nicht die gleichen freundschaftlichen Gefühle entgegenbrachten wie einige der andern Apachengruppen, machten sie ihm keine Schwierigkeiten. Als Clum im Spätsommer des Jahres 1876 vom Indian Bureau die Erlaubnis erhielt, mit zweiundzwanzig Apachen eine Reise nach dem Osten zu machen, lud er Taza ein, mitzukommen. Unglücklicherweise starb Taza, während die Gruppe sich in Washington aufhielt, plötzlich an einer Lungenentzündung und wurde auf dem Kongreß-Friedhof beerdigt. Als Clum nach San Carlos zurückkehrte, machte ihm Naiche, ein jüngerer Bruder Tazas, Vorwürfe. »Du bist mit meinem Bruder fortgefahren«, sagte Naiche. »Er war gesund und stark, doch du kommst ohne ihn zurück und sagst, er ist tot. Ich weiß nicht. Vielleicht hast du nicht richtig auf ihn aufgepaßt, und die bösen Geister der Bleichgesichter haben ihn umgebracht. Mein Herz tut sehr weh.«

Clum versuchte, Naiche zu beruhigen, indem er Eskiminzin bat, Naiche von Tazas Tod und Begräbnis zu berichten, doch die Chiricahuas blieben mißtrauisch. Da Taglito Jeffords sie nicht mehr beraten konnte, wußten sie nicht, wie weit sie John Clum oder irgendeinem anderen Weißen trauen durften.

Während des Winters 1876/77 kamen ihre Verwandten aus Mexiko öfter heimlich ins Reservat und berichteten ihnen, was jenseits der Grenze geschah. Sie erfuhren, daß Geronimo und seine Gruppe häufig ihre alten Feinde, die Mexikaner, überfielen und ihnen viele Rinder und Pferde stahlen. Im Frühjahr brachte Geronimo diese Tiere nach New Mexico und tauschte sie bei weißen Ranchern gegen neue Gewehre, Hüte, Stiefel und viel Whisky ein. Diese Chiricahuas ließen sich in einem Versteck in der Nähe der Agentur Ojo Caliente nieder, wo die mit ihnen verwandten Mimbres lebten, deren Häuptling Victorio war.

Im März 1877 erhielt John Clum aus Washington den Auftrag, mit seinen Apachenpolizisten nach Ojo Caliente zu gehen und die dortigen Indianer nach San Carlos zu bringen. Außerdem sollte er Geronimo und andere »abtrünnige« Chiricahuas, die er in der Umgebung fand, festnehmen.

Geronimo berichtete später darüber: »Zwei Kompanien Kundschafter wurden von San Carlos ausgesandt. Sie ließen mich und Victorio auffordern, in die Stadt zu kommen. Die Boten sagten nicht, was sie von uns wollten, doch da sie freundlich schienen, dachten wir, sie wollten mit uns verhandeln, und so ritten wir zu den Offizieren, um mit ihnen zu sprechen. Als wir in der Stadt ankamen, empfingen uns Soldaten, entwaffneten uns und brachten uns beide zum Hauptquartier, wo wir vor ein Kriegsgericht gestellt wurden. Sie stellten uns nur ein paar Fragen, und dann ließen sie Victorio frei. Mich brachten Kundschafter zum Wachhaus und legten mich in Ketten. Als ich sie fragte, warum sie das täten, sagten sie, weil ich Apache Pass verlassen habe ... Ich wurde vier Monate gefangengehalten und während dieser Zeit nach San Carlos verlegt. Dann gab es, glaube ich, einen zweiten Prozeß gegen mich, bei dem ich jedoch nicht anwesend war ..., und dann wurde ich freigelassen.«

Obwohl man Victorio nicht verhaftet hatte, wurden er und die meisten Warm-Springs-Apachen im Frühjahr 1877 nach San Carlos gebracht. Clum bemühte sich, Victorios Vertrauen zu gewinnen, indem er dem Häuptling mehr Befugnisse übertrug, als dieser bei Ojo Caliente besessen hatte. Einige Wochen lang schien es, als würden die Apachen im Reservat White Mountain Frieden halten, doch dann verlegte die Armee plötzlich eine Kompanie Soldaten nach Fort Thomas am Gila River. Die Armee erklärte, dies sei eine Vorsichtsmaßnahme, weil bei San Carlos »fast sämtliche rebellischen Indianer des Territoriums konzentriert seien«.

Clum war wütend. Er ersuchte den Kommissar für Indianische Angelegenheiten telegraphisch um die Erlaubnis, an Stelle der Soldaten eine zusätzliche Kompanie Apachenpolizisten aufzustellen, und bat darum, das Militär abzuziehen. In Washington erfuhren Zeitungen von Clums Forderung und berichteten darüber. Die Artikel erregten den Zorn des Kriegsministeriums. In Arizona und New Mexico befürchteten zivile Armeelieferanten einen Massenabzug von Soldaten und schwere geschäftliche Einbußen und fielen über den »anmaßenden und unverschämten« sechsundzwanzig Jahre alten Emporkömmling her, der sich einbildete, er könne allein schaffen, was mehreren tausend Soldaten seit dem Beginn der Apachenkriege nicht gelungen war.

Die Armee blieb in San Carlos, und John Clum gab seinen Posten auf. Clum empfand Sympathie für die Apachen, doch er hatte nie gelernt, zu denken wie die Apachen, hatte sich nie in sie hineinversetzt wie Tom Jeffords. Er konnte die Häuptlinge, die bis zum bitteren Ende Widerstand leisteten, nicht verstehen. Er konnte in ihnen keine heroischen Gestalten sehen, die den Tod dem Verlust ihres Erbes vorzogen. In John Clums Augen waren Geronimo, Victorio, Nana, Loco, Naiche und die anderen Kämpfer Banditen, Diebe, Mörder und Trunkenbolde – zu reaktionär, um die Lebensweise der Weißen anzunehmen. Und so verließ John Clum die Apachen in San Carlos. Er ging nach Tombstone, Arizona, und gründete die Zeitung *Epitaph*.

Naiche und seine Frau

Noch vor Ende des Sommers 1877 wurden die Zustände in San Carlos chaotisch. Obwohl sich die Zahl der Indianer um mehrere hundert erhöht hatte, trafen nur langsam zusätzliche Versorgungsgüter ein. Noch mehr verschlimmert wurde die Lage dadurch, daß der neue Agent die Rationen nicht in den verschiedenen Lagern verteilte, sondern verlangte, daß alle Gruppen zum Hauptgebäude der Agentur kamen. Einige der Apachen mußten über dreißig Kilometer laufen, und wenn alte Leute und Kinder nicht imstande waren zu kommen, erhielten sie keine Rationen. Hinzu kam, daß sich Goldgräber weigerten, den nordwestlichen Teil des Reservats zu verlassen. Das von Clum aufgebaute System, nach dem die Indianer selbst für Ruhe und Ordnung sorgten, begann zusammenzubrechen.

In der Nacht des 2. September verließ Victorio mit seiner Warm-Springs-Gruppe das Reservat und zog zurück nach Ojo Caliente. Apachenpolizisten verfolgten sie, nahmen ihnen die meisten Pferde und Maultiere ab, die sie aus den Corrals des Reservats mitgenommen hatten, ließen sie aber weiterziehen. Nachdem Victorio unterwegs Rancher und Soldaten in verschiedene Gefechte verwickelt hatte, erreichte er Ojo Caliente.

Ein Jahr lang durfte er dort, bewacht durch Soldaten von Fort Wingate, bleiben. Ende 1878 kam die Anordnung, sie nach San Carlos zurückzubringen.

Victorio bat die Armeeoffiziere, seine Leute in dem Land, in dem sie geboren waren, leben zu lassen, doch als ihm klar wurde, daß man ihnen dies nicht erlauben würde, rief er: »Ihr könnt unsere Frauen und Kinder mit euren Wagen fortbringen, doch meine Männer gehen nicht!«

Victorio und etwa achtzig seiner Krieger flohen in die Mimbres Mountains, wo sie, getrennt von ihren Familien, einen schweren Winter verbrachten. Im Februar 1879 erschienen Victorio und einige Männer im Posten von Ojo Caliente und boten an, sich zu ergeben, wenn die Armee ihren Familien erlaubte, von San Carlos zurückzukehren. Die Armee zögerte die Entscheidung wochenlang hinaus und erklärte sich dann zu einem Kompromiß bereit. Die Warm-Springs-Apachen könnten sich in New Mexico niederlassen, doch sie müßten bei Tularosa mit den Mescaleros zusammen leben. Victorio war einverstanden, und er und seine Leute mußten zum drittenmal in zwei Jahren ein neues Leben beginnen.

Im Sommer 1879 wurde gegen Victorio eine alte Anklage wegen Pferdediebstahls und Mordes wieder vorgebracht, und Justizbeamte erschienen im Reservat, um ihn zu verhaften. Victorio entkam, und diesmal beschloß er, sich nie wieder in einem Reservat niederzulassen und sich dadurch auf Gnade und Ungnade den Weißen auszuliefern. Er war überzeugt, daß er und alle Apachen

Victorio

verloren waren, wenn sie sich nicht zur Wehr setzten, wie sie es seit dem Eindringen der Spanier in Mexiko getan hatten.

Victorio errichtete in Mexiko einen Stützpunkt und stellte eine Guerillaarmee auf, um »einen ewigen Krieg« gegen die Vereinigten Staaten zu führen. Bis Ende 1879 warb er zweihundert Mescalero- und Chiricahuakrieger an. Um sich Pferde und Versorgungsgüter zu beschaffen, überfielen sie mexikanische Haciendas, unternahmen kühne Vorstöße nach New Mexico und Texas, töteten Siedler, überfielen die sie verfolgenden Kavallerieeinheiten und zogen sich wieder über die Grenze zurück.

Je länger die Kämpfe dauerten, um so stärker wurde Victorios Haß. Er tötete erbarmungslos und folterte und verstümmelte seine Opfer. Einige seiner Anhänger hielten ihn für verrückt und verließen ihn. Auf seinen Kopf wurde eine Prämie von dreitausend Dollar ausgesetzt. Schließlich beschlossen die amerikanischen und mexikanischen Armeen, eine gemeinsame Aktion gegen ihn zu unternehmen, um ihn unschädlich zu machen. Am 14. Oktober 1880 umzingelten mexikanische Soldaten Victorios Gruppe in den Tres Castillos Hills zwischen Chihuahua und El Paso. Sie brachten achtundsiebzig Apachen, darunter Victorio, um, und nahmen achtundsechzig Frauen und Kinder gefangen. Etwa dreißig Krieger entkamen.

Unter ihnen befand sich ein Mimbres-Krieger, der schon über siebzig Jahre alt war. Sein Name war Nana. Soweit er zurückdenken konnte, hatte er gegen spanischsprechende und englischsprechende Weiße gekämpft. Nana hegte nicht den mindesten Zweifel, daß weiter Widerstand geleistet werden mußte. Er beschloß, eine neue Guerillaarmee aufzustellen. Am leichtesten ließen sich Krieger in den Reservaten anwerben, in denen Hunderte junger Männer eingesperrt waren und nichts zu tun hatten. Im Sommer 1881 überquerte der mit Narben bedeckte, runzlige kleine Apache mit einer Handvoll Anhängern den Rio Grande. In weniger als einem Monat schlugen sie acht Schlachten, erbeuteten zweihundert Pferde und flüchteten, verfolgt von zweitausend Kavalleristen, zurück nach Mexiko. Nana verübte keine Überfälle in der Nähe des White Mountain, doch die dort lebenden Apachen hörten von seinen wagemutigen Unternehmungen, und die Armee entsandte mehrere hundert Soldaten zur Bewachung des Reservats.

Im September wurden die Chiricahuas in San Carlos durch das Auftauchen von Kavallerie in der Nähe ihres Lagers alarmiert. Gerüchte verbreiteten sich; es hieß, die Armee wolle sämtliche Häuptlinge, die sich je feindselig verhalten hatten, festnehmen. Ende des Monats verließen Geronimo, Juh, Naiche und etwa siebzig Chiricahuas eines Nachts heimlich das Reservat und ritten zu ihrem alten Sierra-Madre-Stützpunkt in Mexiko.

Nana

Sechs Monate später, im April 1882, kehrten die Chiricahuas gut bewaffnet und ausgerüstet zum White Mountain zurück. Sie waren entschlossen, ihre Leute und alle anderen Apachen, die mit ihnen wieder nach Mexiko gehen wollten, zu befreien. Es war ein tollkühnes Unternehmen. Sie galoppierten in Häuptling Locos Lager und überredeten die meisten Chiricahuas und Warm-Springs-Apachen, nach Mexiko mitzukommen.
Sechs Kavalleriekompanien nahmen die Verfolgung auf. Sie wurden von Colonel George A. Forsyth befehligt, der die »Schlacht, in der Roman Nose fiel«, überlebt hatte. (S. 7. Kapitel.) Am Horse Shoe Canyon holte Forsyth die flüchtenden Apachen ein, doch die Indianer hielten die Soldaten mit einem brillanten Nachhutgefecht so lange auf, bis sich die Hauptstreitmacht nach Mexiko zurückgezogen hatte. Dort ereilte sie unerwartet das Verhängnis. Ein mexikanisches Infanterieregiment stieß auf die Kolonne der Apachen und brachte die meisten Frauen und Kinder, die ihr vorausritten, um.
Unter den Häuptlingen, die entkamen, waren Loco, Naiche, Chato und Geronimo. Erschöpft und verbittert schlossen sie sich dem alten Nana und seinen Guerillas an. Für sie alle war es nun ein Kampf ums nackte Leben.

Jeder Aufstand am White Mountain hatte eine Vermehrung der Soldaten zur Folge gehabt. Überall wimmelte es von ihnen – bei Fort Thomas, Fort Apache, Fort Bowie –, und je mehr die Zahl der Soldaten wuchs, um so unruhiger wurden die Apachen im Reservat. Immer mehr flohen nach Mexiko und unternahmen unterwegs Überfälle auf Rancher.
Um Ordnung zu schaffen, holte die Armee wieder General George Crook, der sich jedoch in den zehn Jahren, seit er von Arizona nach Norden zog, um gegen die Sioux und Cheyennes zu kämpfen, völlig gewandelt hatte. Sie und die Poncas während des Prozesses gegen Standing Bear hatten ihn überzeugt, daß die Indianer menschliche Wesen waren – eine Ansicht, zu der die meisten anderen Offiziere noch nicht gelangt waren.
Am 4. September 1882 übernahm Crook bei Whipple Barracks das Kommando über das Department Arizona und begab sich sofort zum White-Mountain-Reservat. Er verhandelte in San Carlos und Fort Apache mit den Apachen, wählte einzelne Indianer aus und sprach unter vier Augen mit ihnen. »Ich stellte sogleich fest, daß bei allen Gruppen der Apachen Mißtrauen gegenüber uns herrschte«, berichtete er. »Es fiel mir sehr schwer, sie zum Reden zu bringen, doch sobald ich ihr Mißtrauen überwunden hatte, sprachen sie offen mit mir. Sie sagten mir . . ., daß sie niemandem mehr trauten und nicht wüßten, wem und was sie glauben sollten; daß verantwortungslose Gruppen ständig forderten, daß sie entwaffnet werden müßten, daß Truppen sie in ih-

rem Reservat angreifen sollten und daß man sie aus ihrem Land fortbringen solle; sie seien zu der Überzeugung gelangt, daß es mannhafter sei, im Kampf zu sterben, als auf diese Weise vernichtet zu werden.« Crook war der Meinung, die Apachen »hätten allen Grund, sich zu beklagen, und dennoch mit bemerkenswerter Geduld versucht, Frieden zu halten«.

Schon zu Beginn seiner Nachforschungen fand er heraus, »daß schurkische Agenten und andere skrupellose Weiße sie um die Nahrungsmittel und Waren gebracht hatten, die die Regierung für ihren Lebensunterhalt zur Verfügung stellte«. Er entdeckte genügend Beweise dafür, daß Weiße die Apachen zu Gewalttätigkeiten zu reizen versuchten, damit sie aus dem Reservat vertrieben wurden und die Weißen sich ihr Land aneignen konnten.

Crook ordnete an, daß alle unbefugten weißen Siedler und Goldsucher das Reservat sofort verlassen mußten; dann forderte er, daß ihn das Indian Bureau bei der Durchführung von Reformen tatkräftig unterstützen müsse. Die verschiedenen Indianergruppen sollten nicht gezwungen werden, in der Nähe von San Carlos oder Fort Apache zu leben, sondern das Recht erhalten, sich in allen Teilen des Reservats niederzulassen. Nicht mit Weißen, sondern mit Apachen sollten Lieferverträge für Heu abgeschlossen werden, und die Armee sollte den Indianern überschüssiges Getreide und Gemüse abkaufen und es bar bezahlen. Die Indianer sollten sich selbst verwalten, ihre Polizei reorganisieren und, wie unter John Clum, ihre eigenen Gerichte haben. Crook versprach ihnen, daß kein Soldat das Reservat betreten würde, es sei denn, daß sie nicht imstande sein würden, selbst die Ordnung aufrechtzuerhalten.

Anfangs waren die Apachen skeptisch. Sie dachten daran, wie brutal Gray Wolf, wie sie ihn nannten, seinerzeit gewesen war, als er Cochise und die Chiricahuas jagte, doch bald stellten sie fest, daß er es ehrlich meinte. Sie bekamen genügend Lebensmittel, die Agenten und Händler betrogen sie nicht mehr, sie wurden nicht mehr von den Soldaten schikaniert, und Gray Wolf ermutigte sie, ihre Herden zu vergrößern und sich bessere Plätze zum Anbau von Mais und Bohnen zu suchen. Sie waren frei, sofern sie innerhalb des Reservats blieben.

Doch die Apachen konnten ihre Verwandten nicht vergessen, die in Mexiko in wirklicher Freiheit lebten, und immer wieder gingen junge Männer heimlich in den Süden und berichteten, wenn sie zurückkamen, wie schön es dort sei.

Crook machte sich viele Gedanken über die Chiricahuas und Warm-Spring-Apachen in New Mexico. Er wußte, sie würden sicher bald wieder Überfälle über die Grenze unternehmen, und das mußte verhindert werden. Die Regierung der Vereinigten Staaten hatte vor kurzem ein Abkommen mit der mexikanischen Regierung geschlossen, das Soldaten beider Länder gestattete, bei der Verfolgung feindseliger Apachen die Grenze zu überschreiten. Er gedachte, dieses Abkommen zu nutzen, und hoffte dadurch zu vermeiden, daß die Einwohner von Arizona und New Mexico ihn zwangen, einen neuen Krieg zu beginnen.

»Es kommt zu oft vor«, sagte Crook, »daß Zeitungen im Grenzgebiet ... allerlei übertriebene und falsche Meldungen über die Indianer verbreiten, welche von angesehenen und weitverbreiteten Zeitungen in anderen Teilen des Landes nachgedruckt werden, während die Indianer nur selten Gehör finden. Auf diese Weise entsteht in der Öffentlichkeit ein falsches Bild von der Sache. Wenn es dann zu Übergriffen kommt, richtet sich die öffentliche Aufmerksamkeit auf die Indianer, und allein ihre Verbrechen und Grausamkeiten werden verurteilt, während die Personen, deren Ungerechtigkeit sie zu diesem Verhalten getrieben hat, ungestraft davonkommen und am lautesten ihre Stimme gegen sie erheben. Niemand weiß dies besser als der Indianer; deshalb ist es begreiflich, wenn er eine Regierung für ungerecht hält, die nur ihn bestraft und zugleich den Weißen erlaubt, ihn zu berauben, wie es ihm beliebt.«

Einen weiteren Guerillakrieg gegen die Apachen fürchtete Crook zutiefst. Er wußte, daß es praktisch unmöglich war, sie in dem gebirgigen Land, in dem die Kämpfe stattfinden würden, zu bezwingen. »Es stehen so viele Interessen auf dem Spiel, daß wir es uns nicht leisten können, gegen sie zu kämpfen«, gab er offen zu. »Unsere ganze Nation ist schuld an den gegenwärtigen Verhältnissen. Deshalb müssen wir den Indianern die Sicherheit geben, daß man sie von nun an gerecht behandeln und vor den Übergriffen Weißer schützen wird.«

Crook glaubte, daß er Geronimo und die anderen Guerillaführer von seinen guten Absichten überzeugen konnte – nicht, indem er gegen sie kämpfte, sondern indem er mit ihnen redete. Der geeignetste Ort dafür schien einer ihrer eigenen Stützpunkte in Mexiko zu sein, wo es keine skrupellosen Befürworter eines gewinnbringenden Krieges gegen die Indianer gab.

Während er auf einen Überfall an der Grenze wartete, der ihm einen Grund geben würde, nach Mexiko einzudringen, stellte Crook in aller Ruhe sein »Expeditionskorps« zusammen. Es bestand aus etwa fünfzig sorgsam ausgewählten Soldaten und zivilen Dolmetschern und zweihundert jungen Apachen aus dem Reservat. In den ersten Wochen des Jahres 1883 verlegte er einen Teil dieser Truppe an die neue Strecke der Southern Pacific Railroad, die etwa achtzig Kilometer von der Grenze durch Arizona führte. Am 21. März überfielen drei Unterhäuptlinge – Chato, Chihuahua und Bonito – ein Goldgräberlager in der Nähe von Tombstone. Als Crook davon erfuhr, traf er sofort die letzten Vorbereitungen für den Vorstoß nach Mexiko. Es dauerte jedoch Wochen, bis seine Kundschafter das Hauptlager der Chiricahuas in den mexikanischen Sierra Madres fanden.

Im Mai unternahm Geronimo einen Überfall auf mexikanische Rancher, um Vieh zu beschaffen. Mexikanische Soldaten verfolgten ihn und seine Leute, doch Geronimo griff sie aus einem Hinterhalt an, fügte ihnen schwere Verluste zu und entkam. Als die Apachen zu ihrem Stützpunkt zurückkehrten, ritt einer der Männer, die sie als Wachtposten zurückgelassen hatten, Geronimo entgegen und meldete ihm, daß Gray Wolf (Crook) das Lager besetzt und alle Frauen und Kinder gefangengenommen hatte.

Jason Betzinez, ein Vetter Geronimos, der die Apachengruppe begleitete, berichtete später, daß Geronimo zwei älteren Kriegern befahl, mit einer weißen Fahne hinunterzugehen und festzustellen, was Gray Wolf wollte. »Die beiden Männer«, sagte Betzinez, »kamen nicht zu der Stelle zurück, wo Geronimo wartete, sondern nur halb den Berg herauf und riefen uns zu, wir sollten alle herunterkommen... Unsere Krieger stiegen den Berghang hinab und gingen zu General Crooks Zelt, wo wir uns alle nach einer längeren Beratung zwischen den Anführern ergaben.«

In Wirklichkeit hatte Geronimo drei lange Unterredungen mit Crook, bis sie sich einigten. Der Apachenhäuptling erklärte, er habe immer Frieden gewollt, sei aber in San Carlos von bösen Weißen schlecht behandelt worden. Darauf versprach ihm Gray Wolf, dafür zu sorgen, daß man ihn gut behandeln werde, wenn er ins Reservat zurückkomme. Alle Chiricahuas, die zurückkehrten, müßten sich jedoch durch Ackerbau und Viehzucht selbst ihren Lebensunterhalt verdienen. »Ich nehme euch eure Waffen nicht ab, denn ich habe keine Angst vor euch«, fügte Crook hinzu.

Geronimo gefiel Crooks offene, derbe Art, doch als der General ihm sagte, er müsse mit seiner Kolonne in ein oder zwei Tagen nach Arizona zurück, beschloß er ihn auf die Probe zu stellen, ob er ihm wirklich vertraute. Der Apachenhäuptling sagte, er werde mehrere Monate brauchen, um alle seine Leute zusammenzuholen. »Ich werde hierbleiben«, erklärte er, »bis ich sämtliche Chiricahuas versammelt habe.« Chato werde bei ihm bleiben, um ihm zu helfen. Dann würden sie gemeinsam ihre Leute nach San Carlos bringen. Zu Geronimos Überraschung erklärte Crook sich einverstanden. Am 30. Mai brach die Kolonne nach Norden auf. Mit ihr gingen 251 Frauen und Kinder und 123 Krieger, darunter Loco, Mangas (Mangas Colorados Sohn), Chihuahua, Bonito und der alte Nana – alle Kriegshäuptlinge außer Geronimo und Chato.

Acht Monate vergingen; dann überschritten Geronimo und Chato getreu ihrem Versprechen im Februar 1884 die Grenze und wurden nach San Carlos eskortiert. »Leider beging Geronimo den Fehler, eine große Viehherde mitzunehmen, die er den Mexikanern gestohlen hatte«, sagte Jason Betzinez. »Geronimo fand dies völlig in Ordnung; er war der Ansicht, es handle sich nur um einen ordentlichen Fleischvorrat für seine Leute. Die Behörden waren jedoch anderer Meinung und nahmen dem Häuptling die Rinder weg.« Gray Wolf ließ die Tiere verkaufen und übergab den Erlös von 1762,50 Dollar der mexikanischen Regierung mit der Bitte, das Geld an die Besitzer, falls sie gefunden werden könnten, zurückzuerstatten.

Über ein Jahr lang konnte General Crook voll Stolz behaupten, daß die Indianer Arizonas und New Mexicos »keinerlei Gewalttat oder Plünderung« begingen. Geronimo und Chato wetteiferten miteinander beim Aufbau ihrer *ranchos*, und Crook achtete sorgsam darauf, daß ihr Agent genügend Proviant an sie ausgab. Außerhalb des Reservats und der Armeeposten warf man Crook jedoch vor, er behandle die Apachen zu gut; die Zeitungen, die er beschuldigt hatte, »allerlei übertriebene und falsche Meldungen über die Indianer zu verbreiten«, wandten sich jetzt gegen ihn. Einige seiner Gegner scheuten nicht vor der Behauptung zurück, Crook habe in Mexiko vor Geronimo kapituliert und ihm Zugeständnisse gemacht, damit ihn dieser am Leben ließ. Geronimo stellten sie als einen Unhold hin; sie erfanden zahlreiche Greuelmärchen über ihn und forderten, daß er gehängt werde. Mickey Free, der offizielle Dolmetscher der Chiricahuas, erzählte Geronimo von diesen Zeitungsartikeln. »Wenn ein Mann sich bemüht, das Rechte zu tun«, sagte Geronimo, »sollten die Zeitungen nicht solche Dinge über ihn schreiben.«

Nach der Aussaat im Frühjahr 1885 wuchs die Unzufriedenheit unter den Chiricahuas. Die Männer hatten wenig zu tun, außer ihre Rationen abzuholen, zu spielen, zu streiten und Tiswinbier zu trinken. Tiswin war im Reservat verboten, doch die Chiricahuas hatten genug Mais, um es zu brauen, und das Trinken war eine der wenigen Vergnügungen aus den alten Zeiten, die ihnen geblieben waren.

Am Abend des 17. Mai beschlossen Geronimo, Mangas, Chihuahua und der alte Nana, nachdem sie eine Menge Tiswin getrunken hatten, nach Mexiko zu gehen. Sie forderten Chato auf, mitzukommen, doch dieser war nüchtern und lehnte ab. Bevor sie aufbrachen, hatten er und Geronimo einen heftigen Streit, der fast zu einer Prügelei ausartete. Die Gruppe bestand aus zweiundneunzig Frauen und Kindern, acht Jungen und vierunddreißig Männern. Als sie San Carlos verließen, zerschnitt Geronimo die Telegraphenleitung.

Sowohl Weiße als auch Apachen haben vielerlei Gründe für dieses plötzliche

Verlassen des Reservats angegeben, in dem sich alles bestens zu entwickeln schien. Einige gaben dem Alkohol die Schuld; andere meinten, die Greuelmärchen, die über die Chiricahuas verbreitet wurden, hätten sie mit Angst erfüllt, verhaftet zu werden. »Sie waren schon einmal in Ketten gelegt worden, als die Gruppe nach San Carlos gebracht wurde«, sagte Jason Betzinez, »und die Häuptlinge waren entschlossen, sich eine solche Behandlung nicht noch einmal gefallen zu lassen.«

Geronimo berichtete später darüber: »Kurz bevor ich fortging, sprach ein Indianer namens Wadiskay mit mir. Er sagte ›Sie werden dich verhaften‹, doch ich hörte nicht auf ihn, denn ich wußte, daß ich nichts Unrechtes getan hatte; und Huera, Mangas' Frau, sagte mir, sie würden mich und Mangas festnehmen und ins Wachhaus sperren, und von Chato und Mickey Free erfuhr ich, daß die Amerikaner mich verhaften und hängen wollten. Deshalb ging ich fort.«

Die Flucht Geronimos und seiner Gruppe durch Arizona löste die wildesten Gerüchte aus. Zeitungen brachten große Schlagzeilen: DIE APACHEN SIND LOS! Der aus Armeelieferanten bestehende »Tucson Ring« witterte eine einträgliche Militärkampagne und forderte General Crook auf, zum Schutz der weißen Bürger Truppen gegen die mordgierigen Apachen einzusetzen. Geronimo jedoch bemühte sich verzweifelt, jeden Zusammenstoß mit Weißen zu vermeiden; er war nur bestrebt, seine Leute schnellstens über die Grenze zur Sierra Madre, ihrem alten Zufluchtsort, zu bringen. Zwei Tage und Nächte ritten die Chiricahuas, ohne zu rasten. Unterwegs beschloß Chihuahua, nicht nach Mexiko zu gehen; er bog mit seiner Gruppe von der Bahnstrecke ab, um ins Reservat zurückzukehren. Soldaten holten ihn ein, zwangen ihn zu einem Gefecht und veranlaßten ihn, einen blutigen Raubzug zu unternehmen, bevor er nach Mexiko überwechselte. Man schrieb alle Überfälle, die er beging, Geronimo zu, denn Chihuahua kannten nur wenige Bewohner Arizonas.

Crook bemühte sich indessen, die große militärische Aktion, die der Tucson Ring und seine politischen Freunde in Washington von ihm forderten, zu vermeiden. Er wußte, daß die einzige Möglichkeit, mit den drei Dutzend Apachenkriegern fertig zu werden, darin bestand, persönlich mit ihnen zu verhandeln. Er konnte die Chiricahuas jedoch nur mit Hilfe seiner Apachenkundschafter finden, und so war er dankbar, als Chato und Cochises jüngerer Sohn Alchise sich freiwillig erboten, Geronimo zu suchen.

Als der Herbst kam, wurde Crook jedoch vor die Entscheidung gestellt, wieder die Grenze nach Mexiko zu überschreiten. Er erhielt aus Washington die eindeutige Anweisung, die Flüchtlinge zu töten oder zur bedingungslosen Kapitulation zu zwingen.

Inzwischen hatten die Chiricahuas entdeckt, daß in den Sierra Madres Einheiten der mexikanischen Armee auf sie warteten. Eingeschlossen zwischen den Mexikanern, die sie töten wollten, und den Amerikanern, die bereit waren, sie gefangenzunehmen, beschlossen Geronimo und die anderen Häuptlinge schließlich, auf Chato und Alchise zu hören.

Am 25. März 1886 trafen sich die »feindseligen« Apachenhäuptlinge mit Crook einige Kilometer südlich der Grenze am Cañon de los Embudos. Nach drei Tage dauernden Verhandlungen erklärten sich die Chiricahuas bereit, sich zu ergeben. Crook sagte ihnen, sie müßten sich bedingungslos ergeben, und als sie fragten, was das bedeute, erklärte er ihnen offen, daß man sie wahrscheinlich weit weg in den Osten, nach Florida, in die Gefangenschaft bringen werde. Sie erwiderten, sie würden sich nicht ergeben, wenn Gray Wolf ihnen nicht versprach, daß sie nach zweijähriger Gefangenschaft in ihr Reservat zurückkehren durften. Crook nahm an, er würde Washington überzeugen können, daß eine solche Kapitulation besser sei als keine, und stimmte zu.

»Ich liefere mich dir aus«, sagte Geronimo. »Tu mit mir, was du willst. Ich ergebe mich. Einst bin ich wie der Wind umhergestreift. Jetzt ergebe ich mich, und das ist das Ende.«

Alchise appellierte zum Schluß der Verhandlungen an Crook, Erbarmen mit seinen Chiricahua-Brüdern zu haben. »Sie sind jetzt gute Freunde, und ich bin froh, daß sie sich ergeben haben, denn sie und ich sind eine Familie; es ist, als ob du ein Reh tötest, alle seine Teile gehören zu dem einen Körper; genauso ist es mit den Chiricahuas ... Wir wollen nun offen auf der Straße dahinziehen und die Wasser der Amerikaner trinken; wir wollen ohne Gefahr und Kummer leben. Ich bin sehr froh, daß die Chiricahuas sich ergeben haben und daß ich für sie sprechen konnte ... Ich habe dich nie belogen, und du hast mich nie belogen, und ich sage dir, diese Chiricahuas wollen wirklich nur das Rechte tun und in Frieden leben. Wenn sie es nicht tun, dann lüge ich, und du brauchst mir nicht mehr zu glauben. Es ist alles in Ordnung; gehe voraus nach Fort Bowie und nimm alles, was heute hier gesagt worden ist, in deiner Tasche mit.«

Überzeugt, daß die Chiricahuas mit seinen Kundschaftern nach Fort Bowie kommen würden, eilte Crook voraus, um dem Kriegsministerium in Washington die Bedingungen zu telegraphieren, die er mit den Chiricahuahäuptlingen ausgehandelt hatte. Zu seinem Entsetzen erhielt er folgende Antwort: »Können der Kapitulation der feindseligen Indianer unter der Bedingung, daß sie nach zweijähriger Gefangenschaft im Osten ins Reservat zurückkehren, nicht zustimmen.« Wieder hatte Gray Wolf ein Versprechen gegeben, das er nicht halten konnte. Am nächsten Tag traf ihn ein weiterer Schlag. Er erfuhr, daß Geronimo und Naiche ein paar Kilometer südlich Fort Bowie aus der Kolonne ausgebrochen waren und sich auf der Flucht nach Mexiko befanden. Ein Händler des Tucson Ring hatte ihnen Whisky gegeben und eingeredet, daß die weißen Bürger von Arizona sie bestimmt hängen würden, wenn sie zurückkämen. Wie Jason Betzinez berichtete, hatte Naiche sich betrunken und sein Gewehr in die Luft abgefeuert. »Geronimo dachte, es sei zu einem Streit mit den Soldaten gekommen. Er und Naiche galoppierten davon und nahmen etwa dreißig ihrer Leute mit.« Geronimo sagte: »Ich fürchtete Verrat, und als wir mißtrauisch wurden, kehrten wir zurück.« Naiche berichtete später Crook: »Ich fürchtete, man würde mich an einen Ort bringen, wohin ich nicht wollte. Ich dachte, alle, die fortgebracht wurden, müßten sterben. Ich redete mir das ein... Wir sprachen miteinander darüber. Wir waren betrunken, denn es war eine Menge Whisky da, und uns war nach Trinken zumute.«

Geronimos Flucht hatte zur Folge, daß Crook wegen seiner Nachlässigkeit vom Kriegsministerium scharf gerügt wurde; man warf ihm vor, den Indianern gegenüber eine zu tolerante Haltung eingenommen und ihnen Kapitulationsbedingungen zugestanden zu haben, zu denen er nicht befugt gewesen sei. Er trat sofort zurück und wurde durch Nelson Miles (Bear Coat) abgelöst, einen Brigadier, der auf Beförderung erpicht war.

Am 12. April 1886 übernahm Bear Coat das Kommando. Mit voller Unterstützung des Kriegsministeriums setzte er sofort fünftausend Soldaten ein (etwa ein Drittel der Armee). Außerdem verfügte er über fünfhundert Apachenkundschafter und eine mehrere tausend Mann starke Bürgermiliz. Er stellte eine fliegende Kavalleriekolonne auf und richtete zur Nachrichtenübermittlung zwischen Arizona und New Mexico ein teures System von Spiegeltelegraphen ein. Der Feind, der durch diese riesige Streitmacht bezwungen werden sollte, war Geronimos aus vierundzwanzig Kriegern bestehende »Armee«, die außerdem während des ganzen Sommers 1886 ständig von Tausenden mexikanischer Soldaten verfolgt wurde.

Schließlich wurden Geronimo und Naiche von Big Nose Captain (Leutnant Charles Gatewood) und den zwei Apachenkundschaftern Martine und Kayitah in einem Canyon der Sierra Madre aufgespürt. Geronimo legte sein Gewehr auf den Boden, reichte Big Nose Captain die Hand und erkundigte sich in ruhigem Ton nach seinem Befinden. Dann fragte er, wie die Lage in den Vereinigten Staaten sei und wie es den Chiricahuas gehe. Gatewood sagte ihm, daß man die Chiricahuas, die sich ergeben hatten, nach Florida gebracht habe. Wenn Geronimo vor General Miles kapituliere, würde man ihn wahrscheinlich zu ihnen bringen.

Geronimo erkundigte sich eingehend nach Bear Coat Miles. War seine Stimme barsch oder wohlklingend? War er brutal oder gutherzig? Blickte er einem, wenn er sprach, in die Augen oder auf den Boden? Würde er seine Versprechungen halten? Dann sagte er zu Gatewood: »Wir bitten dich um deinen Rat. Betrachte dich als einen von uns und nicht als einen Weißen. Denke an alles, was heute gesagt wurde und rate uns als Apache, was wir unter diesen Umständen tun sollen.«

»Ich würde General Miles vertrauen und ihm Glauben schenken«, erwiderte Gatewood.

Und so ergab sich Geronimo zum letzten Mal. Der Große Vater in Washington (Grover Cleveland), der all die Greuelmärchen, die die Zeitungen über Geronimo schrieben, glaubte, empfahl ihn zu hängen. Doch Männer, die besser Bescheid wußten, konnten sich durchsetzen, und Geronimo und seine Krieger wurden nach Fort Marion in Florida gebracht. Er fand die meisten seiner Freunde in dem warmen, feuchten Land sterbenskrank vor. Mehr als hundert starben an einer Krankheit, die man Schwindsucht nannte. Die Regierung nahm ihnen alle ihre Kinder weg und schickte sie auf die Indianerschule in Carlisle, Pennsylvania, wo über fünfzig von ihnen starben.

Man hatte nicht nur die »feindseligen« Indianer nach Florida gebracht, sondern auch viele der »freundlichen«, darunter die Kundschafter, die für Crook gearbeitet hatten. Martine und Kayitah, die Leutnant Gatewood zu Geronimos Versteck geführt hatten, erhielten nicht die zehn Ponys, die man ihnen versprochen hatte; statt dessen kamen sie nach Florida in Gefangenschaft. Chato, der versucht hatte, Geronimo auszureden, das Reservat zu verlassen, und dann Crook half, ihn zu suchen, wurde plötzlich von seiner Ranch geholt und nach Florida gebracht. Er verlor sein Stück Land und sein ganzes Vieh; zwei seiner Kinder brachte man nach Carlisle, wo beide starben. Die Chiricahua waren zur Ausrottung bestimmt; sie hatten zu verbissen um ihre Freiheit gekämpft.

Doch sie waren nicht allein. Eskiminzin von den Aravaipas, der es auf seiner Ranch zu wirtschaftlicher Unabhängigkeit gebracht hatte, wurde mit der Beschuldigung verhaftet, mit einem Banditen namens Apache Kid in Verbindung zu stehen. Man schickte Eskiminzin und die vierzig überlebenden Aravaipas zu den Chiricahuas nach Florida. Später wurden alle diese Verbannten nach Mount Vernon Barracks in Alabama verlegt.

Hätten sich nicht einige weiße Freunde wie George Crook, John Clum und Hugh Scott um sie bemüht, so wären die Apachen in dem fieberverseuchten Land am Mobile River bald zugrunde gegangen. Gegen den Widerstand von Bear Coat Miles und des Kriegsministeriums setzten sie durch, daß Eskiminzin und die Aravaipas nach San Carlos zurückkehren durften. Die Bürger von

Arizona lehnten es jedoch ab, Geronimos Chiricahuas zu erlauben, sich in ihrem Staat niederzulassen. Als die Kiowas und Comanchen von dem Versprechen erfuhren, das Leutnant Hugh Scott den Chiricahuas gegeben hatte, boten sie ihren alten Apachenfeinden einen Teil ihres Reservats an. 1894 zog Geronimo mit den überlebenden Angehörigen seiner Gruppe nach Fort Sill. Als er 1909 dort als Gefangener starb, wurde er auf dem Apachenfriedhof beerdigt. Angeblich wurden bald darauf seine Gebeine ausgegraben und irgendwohin in den Südwesten gebracht – vielleicht in die Mogollons oder in die Chiricahuas Mountains oder tief in die mexikanische Sierra Madre. Er war der letzte Häuptling der Apachen.

"THE BUFFALO ARE COMING"

Listen, he said, yonder the buffalo are coming,
These are his sayings, yonder the buffalo are coming,
They walk, they stand, they are coming,
Yonder the buffalo are coming.

18

Tanz der Geister

1887 – 4. Februar – Der Kongreß setzt die Interstate Commerce Commission zur Ausarbeitung von Vorschriften für die Eisenbahnen ein. *21. Juni* – Großbritannien feiert das fünfzigjährige Regierungsjubiläum Königin Victorias. *2.–4. Juli* – Versöhnungstreffen ehemaliger Angehöriger der Unions- und Konföderationsstreitkräfte bei Gettysburg.
1888 – 14. Mai –Abschaffung der Sklaverei in Brasilien. *6. November* –Grover Cleveland erhält von der Bevölkerung mehr Stimmen als Benjamin Harrison, doch Harrison wird mit Hilfe der Wahlmännerstimmen Präsident.
1889 – 4. März – Benjamin Harrison übernimmt das Präsidentenamt. *23. März* – Präsident Harrison gibt Oklahoma (früheres Indianer-Territorium) für die Besiedlung durch Weiße frei. *31. März* – Fertigstellung des Pariser Eiffelturms. *31. Mai* – Überschwemmung bei Johnstown fordert fünftausend Todesopfer. *1.–11. November* – North und South Dakota, Montana und Washington werden Unionsstaaten.
1890 – 25. Januar – Nellie Bly gewinnt das Rennen um die Welt in 72 Tagen, 6 Stunden und 11 Minuten. *1. Juni* – Die Bevölkerungszahl der Vereinigten Staaten ist auf 62 622 250 angestiegen. *3.–10. Juli* – Idaho und Wyoming werden dreiundvierzigster und vierundvierzigster Staat der Union.

Wenn ein Mann etwas verliert und zurückgeht und sich sorgsam umsieht, dann wird er es finden, und dies tun die Indianer jetzt, indem sie euch bitten, ihnen die Dinge zu geben, die ihnen in der Vergangenheit versprochen wurden; und ich meine, sie sollten deshalb nicht wie Tiere behandelt werden ... Ich glaube, mein Land hat einen schlechten Ruf bekommen, und ich möchte, daß es einen guten Ruf hat; es hatte früher einen guten Ruf; und manchmal frage ich mich, wem es seinen schlechten Ruf verdankt.

TATANKA YOTANKA (SITTING BULL)

Dieses unser Land ist uns das Teuerste auf Erden. Männer nehmen sich Land und werden darauf reich, und es ist für uns Indianer sehr wichtig, es zu behalten.

WHITE THUNDER

Alle Indianer müssen tanzen, überall – dürfen nicht aufhören zu tanzen. Bald, im nächsten Frühling, kommt Großer Geist. Er bringt zurück alles Wild. Überall wird viel Wild sein. Alle toten Indianer kommen zurück und leben wieder. Sie werden alle stark sein wie junge Männer, sie werden wieder jung sein. Alter blinder Indianer sieht wieder und wird jung und freut sich des Lebens. Wenn Großer Geist zurückkommt, gehen alle Indianer hoch hinauf in die Berge, fort von den Weißen. Dann können Weiße Indianern nichts tun. Wenn Indianer hoch oben sind, kommt große Flut, und alle Weißen ertrinken und sterben. Dann geht Wasser weg und überall nur noch Indianer und mächtig viel Wild. Dann wird Medizinmann Indianern sagen, sie sollen alle weitertanzen, und gute Zeit wird kommen. Indianer, die nicht tanzen, die nicht daran glauben, werden klein werden, etwa einen Fuß groß, und so bleiben. Einige von ihnen werden in Holz verwandelt und im Feuer verbrannt.

WOVOKA, DER MESSIAS DER PAIUTE

Als die Teton-Sioux nach den Kriegen von 1876/77 kapitulierten, verloren sie das Land am Powder River und die Black Hills. Bald darauf verlegte die Regierung die westliche Grenze des Großen Sioux-Reservats vom 104. zum 103. Meridian, wodurch sie einen weiteren an die Black Hills anschließenden Streifen von achtzig Kilometern abschnitt und um den Indianern ein zusätzliches dreieckiges Stück wertvollen Landes zwischen den Armen des Cheyenne River wegzunehmen. Nachdem die Regierung die Sioux 1877 aus Nebraska vertrieben hatte, besaßen sie nur noch ein amboßförmiges Stück zwischen dem 103. Meridian und dem Missouri River – einen 35 000 Quadratmeilen großen Teil von Dakota, den die Feldmesser, die die Grenzen absteckten, für wertlos hielten.

Einige Regierungsbeamte forderten die Umsiedlung sämtlicher Tetons ins

Indianer-Territorium; andere wollten am Missouri River Agenturen für sie errichten. Als Red Cloud und Spotted Tail energisch protestierten, kam man schließlich zu einem Kompromiß. Red Clouds Oglalas wurden in der südwestlichen Ecke des Reservats am Wazi Ahanhan, dem Pine Ridge, angesiedelt. Die verschiedenen Gruppen der Oglalas errichteten dort ständige Lager an den Flüssen, die nach Norden zum White River flossen – am Yellow Medicine, am Porcupine Tail und am Wounded Knee. Spotted Tail und seine Brulés ließen sich östlich des Pine Ridge am Little White River nieder; ihre Agentur hieß Rosebud. Für die restlichen Sioux wurden vier andere Agenturen eingerichtet – Lower Brulé, Crow Creek, Cheyenne River und Standing Rock. Diese Agenturen bestanden fast hundert Jahre, doch den größten Teil des 35 000 Quadratmeilen großen Sioux-Reservats nahm man den Indianern nach und nach weg.

Als die Tetons ihre neuen Dörfer bezogen hatten, überschwemmte ein Strom von Einwanderern aus Nordeuropa das östliche Dakota und drängte gegen die entlang dem Missouri River verlaufende Grenze des Großen Sioux-Reservats. Bei Bismarck am Missouri wurde eine nach Westen führende Eisenbahnstrecke blockiert. Siedler, die nach Montana und in den Nordwesten wollten, forderten den Bau von Straßen durch das Reservat. Grundstücksmakler, die gierig nach billigem Land waren, das sie mit hohem Profit an die Einwanderer verkaufen konnten, heckten Pläne zur Auflösung des Großen Sioux-Reservats aus.

In den alten Zeiten hätten die Sioux gegen all diese Eindringlinge gekämpft, doch man hatte ihnen ihre Waffen und Pferde weggenommen, und sie waren kaum imstande, sich zu ernähren und zu kleiden. Sitting Bull, ihr größter noch lebender Kriegshäuptling, war in Kanada im Exil. Er und seine dreitausend Gefolgsleute waren frei und hatten Waffen und Pferde. Eines Tages würden sie vielleicht zurückkehren.

Der frei in Kanada lebende Sitting Bull war ebenso wie Geronimo in Mexiko den Vereinigten Staaten ein Dorn im Auge, ein gefährliches Symbol der Subversion.

Die Armee unternahm alles, um den Hunkpapahäuptling und seine Anhänger zur Rückkehr in ihren Machtbereich zu zwingen. Im September 1877 vereinbarte schließlich das Kriegsministerium mit der kanadischen Regierung, daß General Alfred Terry und eine Sonderkommission, eskortiert von der Royal Canadian Mounted Police, die Grenze überschreiten und sich nach Fort Walsh begeben durften. Dort sollte Terry sich mit Sitting Bull treffen und ihm eine völlige Amnestie versprechen – unter der Bedingung, daß er sämtliche Feuerwaffen und Pferde ablieferte und seine Leute zur Hunkpapaagentur bei Standing Rock im Großen Sioux-Reservat brachte.

Zuerst zögerte Sitting Bull, sich mit One Star Terry zu treffen. »Es hat keinen Sinn, mit diesen Amerikanern zu reden«, sagte er Commissioner James MacLeod von der Mounted Police. »Sie sind alle Lügner, man kann ihnen kein Wort glauben.« Erst als MacLeod, der Sitting Bull gern aus Kanada abschieben wollte, ihn drängte, erklärte sich der Hunkpapa schließlich bereit, am 17. Oktober zu einer Besprechung nach Fort Walsh zu kommen.

One Star Terry hielt eine kurze Eröffnungsrede. »Deine Gruppe«, sagte er zu Sitting Bull, »ist die einzige, die sich nicht ergeben hat ... Wir haben viele hundert Kilometer zurückgelegt, um dir diese Botschaft des Großen Vaters zu überbringen, der, wie wir dir schon früher gesagt haben, in Frieden mit allen seinen Leuten zu leben wünscht. Zuviel weißes und indianisches Blut ist bereits vergossen worden. Es ist Zeit, daß das Blutvergießen aufhört.«

»Wir haben nichts getan«, erwiderte Sitting Bull. »Eure Leute haben uns gezwungen, all diese Überfälle zu begehen. Wir konnten sonst nirgends hingehen, und so haben wir Zuflucht in diesem Land gesucht ... Ich möchte wissen, warum du hierhergekommen bist ... Du bist gekommen, um uns Lügen zu erzählen, doch wir wollen sie nicht hören. Ich wünsche nicht, daß man so mit mir spricht; daß man mich im Haus meiner Großen Mutter (Königin Victorias) so anlügt. Sprich keine zwei Worte mehr. Geh wieder dorthin, von wo du gekommen bist ... Ihr habt mich aus dem Teil des Landes, den ihr mir gabt, vertrieben. Ich bin hierhergekommen, um mit diesem Volk zusammen zu leben, und ich werde hierbleiben.«

Sitting Bull ließ noch einige seiner Gefolgsleute sprechen, darunter einen Santee und einen Yankton, die sich seiner Gruppe angeschlossen hatten. Sie erklärten das gleiche wie er. Dann tat er etwas äußerst Ungewöhnliches; er erteilte einer Frau das Wort: The One-Who-Speaks-Once. Einige Indianer behaupteten später, er habe Terry dadurch, daß er eine Frau an den Verhandlungen teilnehmen ließ, absichtlich beleidigen wollen. »Ich war drüben in deinem Land«, sagte sie zu Terry. »Ich wollte meine Kinder dort aufziehen, doch du hast mich nicht gelassen. Da ging ich in dieses Land, um meine Kinder aufzuziehen, und hier kann ich in Frieden leben. Das ist alles, was ich dir zu sagen habe. Geh dorthin zurück, von wo du gekommen bist. Ich werde bei diesem Volk bleiben und hier meine Kinder aufziehen.«

Als die Besprechung zu Ende war, wußte One Star Terry, daß es nutzlos war, weiter an Sitting Bull zu appellieren. Seine letzte Hoffnung war Commissioner MacLeod, der sich bereit erklärte, den Hunkpapas den Standpunkt der kanadischen Regierung darzulegen. MacLeod teilte Sitting Bull mit, daß die

Regierung der Königin ihn als einen amerikanischen Indianer betrachte, der Zuflucht in Kanada gesucht habe, und daß er nicht in Anspruch nehmen könne, ein britischer Indianer zu sein. »Du kannst von der Regierung der Königin nichts erwarten außer Schutz, solange du dich gut beträgst. Deine einzige Hoffnung sind die Büffel, und in wenigen Jahren wird dieser Versorgungsquell erschöpft sein. Du darfst die Grenze nicht mit feindseligen Absichten überschreiten. Wenn du das tust, werden nicht nur die Amerikaner deine Feinde sein, sondern auch die Mounted Police und die britische Regierung.«

MacLeods Worte bewogen Sitting Bull nicht, seinen Entschluß zu ändern. Er wollte in Kanada bleiben.

Am nächsten Morgen kehrte One Star Terry in die Vereinigten Staaten zurück. »Die Anwesenheit dieser großen, uns zutiefst feindlich gesonnenen Gruppe von Indianern so nahe der Grenze«, warnte er das Kriegsministerium, »bildet eine ständige Bedrohung des Friedens in unseren Indianer-Territorien.«

Sitting Bull und seine Leute blieben vier Jahre in Kanada, und wäre die Regierung dieses Landes entgegenkommender gewesen, so hätten sie die Prärien von Saskatchewan wahrscheinlich bis zu ihrem Lebensende nicht verlassen. Die kanadische Regierung betrachtete Sitting Bull jedoch von Anfang an als potentiellen Unruhestifter und überdies als einen kostspieligen Gast, denn zu seiner Überwachung mußte zusätzliche Mounted Police bereitgestellt werden. Die Kanadier halfen den Sioux in keiner Weise; sie gaben ihnen weder Lebensmittel noch Kleidung, und in den bitterkalten Wintern hatten die Indianer unzureichende Unterkünfte und zu wenig Decken. Das Wild war rar, und sie hatten nie genug Fleisch zu essen oder Häute zur Herstellung von Kleidern und Zeltplanen. Die Jungen schienen mehr unter Heimweh zu leiden als die Alten. »Wir sehnten uns nach unserem eigenen Land, in dem wir glücklich gewesen waren«, sagte einer der jungen Oglalas. Immer wieder zogen hungrige und zerlumpte Familien nach Süden über die Grenze und ergaben sich bei den Sioux-Agenturen in Dakota.

Sitting Bull bat die Kanadier, seinen Leuten ein Reservat zu geben, in dem sie sich selbst erhalten könnten, doch man sagte ihm wiederholt, er sei kein britischer Staatsbürger und habe deshalb keinen Anspruch auf Land. In dem harten Winter des Jahres 1880 erfroren viele Pferde der Sioux in einem Schneesturm, und als der Frühling kam, machten sich viele Indianer zu Fuß auf den Marsch nach Süden. Viele der getreuesten Unterhäuptlinge Sitting Bulls, darunter Gall und Crow King, gaben auf und zogen zum Großen Sioux-Reservat.

Am 19. Juli 1881 überquerten schließlich auch Sitting Bull und 186 seiner restlichen Gefolgsleute die Grenze und stellten sich in Fort Buford. Er trug ein zerfetztes Kattunhemd, eine schäbige Hose und eine schmutzige Decke und sah alt und erschöpft aus, als er dem kommandierenden Offizier sein Winchestergewehr übergab. Die Armee schickte ihn nicht zur Hunkpapa-Agentur bei Standing Rock, sondern brach ihr Amnestieversprechen und internierte ihn in Fort Randall als militärischen Gefangenen.

Im Spätsommer 1881 wurde Sitting Bulls Rückkehr von der Ermordung Spotted Tails überschattet. Der Täter war kein Weißer, sondern Crow Dog, einer von Spotted Tails Leuten. Er erschoß den berühmten Bruléhäuptling, als er auf einem Weg durch das Rosebud-Reservat ritt.

Die weißen Beamten behaupteten, Crow Dog habe ihn umgebracht, weil die beiden Streit wegen einer Frau hatten, doch Spotted Tails Freunde sagten, der Mord sei die Folge eines Komplotts gewesen, mit dem man die Macht der Häuptlinge brechen und auf Männer übertragen wollte, die sich dem Willen der Agenten des Indian Bureau beugen würden. Red Cloud glaubte, daß man sich eines feigen Meuchelmörders bedient hatte, um Spotted Tail zu beseitigen, weil dieser sich energisch für eine Verbesserung der Lebensbedingungen seiner Leute einsetzte. »Man hat den Indianern die Schuld gegeben, weil ein Indianer es getan hat«, sagte er, »aber wer hat den Indianer gedungen?«

Als die Empörung über Spotted Tails Ermordung sich gelegt hatte, wandten die Sioux in allen Teilen des Großen Reservats ihre Aufmerksamkeit Sitting Bull zu. Viele Häuptlinge und Unterhäuptlinge besuchten ihn in Fort Randall. Journalisten interviewten ihn. Sitting Bull war nicht, wie er dachte, besiegt und vergessen, sondern berühmt. 1882 suchten ihn Vertreter der verschiedenen Sioux-Agenturen auf, um ihn wegen eines Vorschlags der Regierung, das Große Reservat in kleinere Gebiete aufzuteilen und etwa die Hälfte des Landes für weiße Siedlungen zu verkaufen, um Rat zu fragen. Sitting Bull riet ihnen, nicht zu verkaufen; die Sioux könnten kein Land entbehren.

Trotz ihres Widerstands wurden den Sioux im Jahr 1882 beinahe 14000 Quadratmeilen ihres Territoriums von einer Kommission abgenommen, deren Leiter Newton Edmunds war, der sich äußerst geschickt darauf verstand, den Indianern Land abzuhandeln. Seine Kollegen waren Peter Shannon, ein Rechtsanwalt aus dem Grenzgebiet, und James Teller, ein Bruder des neuen Innenministers. Ein »Sonderdolmetscher« begleitete sie – kein anderer als Reverend Samuel D. Hinman, der seit Little Crows Zeiten als Missionar bei den Sioux tätig war. Hinman war der Meinung, die Indianer brauchten weniger Land und mehr Christentum.

Die Kommission reiste von einer Agentur zur anderen, und Hinman sagte den

Häuptlingen, man wolle das Reservat in mehrere Distrikte aufteilen und diese den sechs Agenturen unterstellen. Dies sei nötig, behauptete er, damit die verschiedenen Siouxstämme die Distrikte als ihren Besitz übernehmen und bis an ihr Lebensende behalten könnten. »Nachdem wir die Reservate eingerichtet haben«, sagte Hinman zu Red Cloud, »wird der Große Vater euch 25 000 Kühe und 1 000 Stiere geben.« Um das Vieh zu bekommen, müßten die Sioux jedoch einige Dokumente unterschreiben, welche die Kommissare mitgebracht hätten. Da keiner der Häuptlinge lesen konnte, wußten sie nicht, daß sie für die versprochenen Kühe und Stiere 14 000 Quadratmeilen Land abtraten.

Sioux, die zögerten, die Dokumente zu unterschreiben, versuchte Hinman durch Schmeicheleien und Drohungen dazu zu bringen. Um genügend Unterschriften zu bekommen, überredete er sieben Jahre alte Jungen, zu unterzeichnen. (Dem Vertrag zufolge durften dies nur erwachsene Indianer.) Bei einer Versammlung am Wounded Knee Creek im Reservat Pine Ridge sagte Hinman den Indianern, wenn sie nicht unterschrieben, würden sie keine Lebensmittel und Zahlungen mehr erhalten, und außerdem würde man sie ins Indianer-Territorium bringen.

Viele der älteren Sioux, die gesehen hatten, wie die Grenzen ihres Landes zusammenschrumpften, nachdem sie ähnliche Dokumente unterzeichnet hatten, verdächtigten Hinman, daß er versuchte, ihnen ihr Reservat zu stehlen. Yellow Hair, ein Unterhäuptling am Pine Ridge, sprach sich energisch gegen eine Unterzeichnung aus, ließ sich dann aber durch Hinmans Drohungen einschüchtern. Als die Kommissare nach der Unterzeichnung aufbrachen, nahm Yellow Hair einen Erdklumpen und reichte ihn spöttisch Dr. Valentine McGillycuddy. »Wir haben fast unser ganzes Land hergegeben«, sagte er, »da hast du den Rest.«

Anfang 1883 reisten Edmunds und Hinman mit den Unterschriften nach Washington und setzten durch, daß im Kongreß ein Gesetzesantrag eingebracht wurde, nach dem die Hälfte des Großen Reservats den Vereinigten Staaten zugesprochen werden sollte. Zum Glück hatten die Sioux genügend Freunde in Washington, die sich gegen das Gesetz aussprachen und darauf hinwiesen, daß Edmunds und Hinman, selbst wenn alle Unterschriften gültig waren, nicht die erforderliche Zustimmung von drei Vierteln sämtlicher erwachsener männlicher Sioux erhalten hatten.

Sofort schickte man eine andere, von Senator Henry L. Dawes geleitete Kommission mit dem Auftrag nach Dakota, die von Edmunds und Hinman angewandten Methoden zu überprüfen. Ihre Mitglieder stellten bald fest, wie unreell die beiden vorgegangen waren.

Dawes fragte Red Cloud, ob er Mr. Hinman für einen ehrbaren Mann halte. »Mr. Hinman hält euch großen Männer zum Narren«, erwiderte Red Cloud. »Er hat euch eine Menge Lügen erzählt, und ihr müßt hierherkommen und uns danach fragen.«
Red Dog sagte aus, Hinman habe ihnen Kühe und Stiere versprochen, doch nicht erwähnt, daß die Sioux dafür Land hergeben müßten. Little Wound sagte: »Mr. Hinman hat uns gesagt, in dem Reservat, wie es jetzt ist, weiß kein Indianer, welches Stück Land ihm gehört, und deshalb hielten es der Große Vater und sein Rat für das Beste, andere Reservate anzulegen. Aus diesem Grund haben wir das Dokument unterschrieben.«
»Hat er gesagt, daß der Große Vater bekommen soll, was übrigbleibt?« fragte Senator Dawes.
»Nein, Sir; davon hat er nichts gesagt.«
Als White Thunder Dawes erklärte, das Papier, das sie unterschrieben hätten, sei eine Schurkerei, fragte ihn der Senator, wie er das meine.
»Es war eine Schurkerei, daß sie uns das Land so billig abnehmen wollten; das meine ich mit Schurkerei.«
»Heißt das, daß die Indianer bereit wären, das Land herzugeben, wenn sie mehr Geld dafür bekommen würden?« fragte Dawes.
»Nein, Sir, dazu wären sie nicht bereit«, antwortete White Thunder. »Dieses Land ist uns das Teuerste auf Erden. Männer nehmen sich Land und werden darauf reich, und es ist für uns Indianer sehr wichtig, es zu behalten.«
Kurz bevor die Dawes-Kommission nach Dakota kam, wurde Sitting Bull aus der Haft in Fort Randall entlassen und zur Hunkpapa-Agentur bei Standing Rock gebracht. Als die Kommissare am 22. August dort eintrafen, um Zeugen zu vernehmen, kam er von dem Lager am Grand River, das man ihm zugeteilt hatte, zum Hauptquartier der Agentur, um an den Besprechungen teilzunehmen. Die Kommissare ignorierten den berühmtesten lebenden Siouxhäuptling und vernahmen zuerst Running Antelope und den jungen John Grass, den Sohn von Old Grass, dem Häuptling der Blackfoot-Sioux.
Schließlich wandte sich Senator Dawes zum Dolmetscher und sagte: »Frage Sitting Bull, ob er der Kommission etwas zu sagen hat.«
»Natürlich werde ich sprechen, wenn du das wünschst«, erwiderte Sitting Bull. »Ich dachte, nur Männer, von denen euch genehm ist, daß sie sprechen, dürfen etwas sagen.«
»Wir nahmen an, die Indianer würden Männer auswählen, die für sie sprechen sollen«, sagte Dawes, »doch wir werden gern jeden Mann, der zu sprechen wünscht, oder jeden Mann, den die Indianer für sich sprechen lassen wollen, anhören.«

»Weißt du, wer ich bin, da du so sprichst?«
»Ich weiß, daß du Sitting Bull bist, und wenn du etwas zu sagen hast, werden wir dich gern anhören.«
»Du kennst mich; du weißt, wer ich bin?«
»Ich weiß, daß du Sitting Bull bist.«
»Du sagst, du weißt, daß ich Sitting Bull bin, aber weißt du auch, welchen Rang ich einnehme?«
»Ich weiß von keinem Unterschied zwischen dir und den anderen Indianern dieser Agentur.«
»Ich bin hier, weil der Große Geist es will, und durch seinen Willen bin ich Häuptling. Mein Herz ist rot und süß, und ich weiß, daß es süß ist, denn jeder, der in meine Nähe kommt, streckt seine Zunge heraus, und dennoch seid ihr hierhergekommen, um mit uns zu reden, und ihr sagt, ihr wißt nicht, wer ich bin. Ich will euch sagen: Wenn der Große Geist jemanden dazu bestimmt hat, Häuptling dieses Landes zu sein, dann mich.«
»In welcher Eigenschaft du heute auch hier sein magst – wenn du uns etwas zu sagen wünschst, werden wir dich anhören; andernfalls werden wir die Verhandlungen abbrechen.«
»Ja, das ist recht«, sagte Sitting Bull. »Ihr habt euch benommen wie Männer, die Whisky getrunken haben, und ich bin hierhergekommen, um euch einen Rat zu geben.« Er machte eine schwungvolle Handbewegung, und sämtliche Indianer erhoben sich und verließen mit ihm den Raum.

Die Kommissare waren bestürzt darüber, daß die Sioux sich um einen starken Führer wie Sitting Bull scharten. Eine solche Entwicklung gefährdete die gesamte Indianerpolitik der Regierung, die darauf abzielte, den Indianern ihre Eigenheiten zu nehmen und ihnen die Lebensweise der Weißen aufzuzwingen. Nun hatte ihnen Sitting Bull in weniger als zwei Minuten seine Macht demonstriert, diese Politik zu durchkreuzen.

Am gleichen Tag noch sprachen die anderen Hunkpapahäuptlinge mit Sitting Bull; sie versicherten ihn ihrer Loyalität, meinten aber, er hätte die Kommissare nicht beleidigen dürfen. Sie seien keine Landdiebe wie die Männer, die im vergangenen Jahr gekommen waren; diese Abgesandten des Großen Vaters seien gekommen, um ihnen zu helfen, ihr Land zu behalten, nicht, um es ihnen wegzunehmen.

Sitting Bull war von der Vertrauenswürdigkeit der Weißen nicht so überzeugt, doch er sagte, er sei bereit, sich zu entschuldigen, falls er einen Fehler begangen habe. Er ließ die Kommissare verständigen, daß er zu weiteren Verhandlungen bereit sei.

»Ich möchte mich für mein schlechtes Benehmen entschuldigen«, begann er,

»und zurücknehmen, was ich gesagt habe... Nun will ich euch meine Meinung sagen, und ich will ganz offen sprechen. Ich weiß, daß der Große Geist auf mich herabblickt und hört, was ich sage, und deshalb will ich mich bemühen, ganz ehrlich zu sprechen; und ich hege die Hoffnung, daß man meine Wünsche anhören und sie erfüllen wird.«

Darauf schilderte er die Geschichte der Sioux, seit er am Leben war, und zählte die gebrochenen Versprechungen der Regierung auf. Er betonte, daß er versprochen habe, den Weg der Weißen zu beschreiten und sein Versprechen zu halten. »Wenn ein Mann etwas verliert und zurückgeht und sich sorgsam umsieht, dann wird er es finden, und dies tun die Indianer jetzt, indem sie euch bitten, ihnen die Dinge zu geben, die ihnen in der Vergangenheit versprochen wurden; und ich meine, sie sollten deshalb nicht wie Tiere behandelt werden... Der Große Vater hat mir mitgeteilt, daß alles, was er in der Vergangenheit gegen mich hatte, vergessen und vergeben sei und daß er in Zukunft nichts gegen mich haben werde, und ich habe ihm seine Versprechungen geglaubt und bin gekommen; und er hat mir gesagt, ich soll den Weg des Weißen Mannes nicht verlassen, und ich sagte ihm, daß ich das nicht tun und mich bemühen würde, diesen Weg zu beschreiten. Ich glaube, mein Land hat einen schlechten Ruf bekommen, und ich möchte, daß es einen guten Ruf hat; es hatte früher einen guten Ruf; und manchmal frage ich mich, wem es seinen schlechten Ruf verdankt.«

Sitting Bull stellte dann die Lebensbedingungen der Indianer dar. Sie besäßen keins von den Dingen, die die Weißen hätten. Wenn sie wie Weiße werden sollten, dann brauchten sie Geräte und Werkzeuge, Vieh und Wagen, »denn damit verschaffen sich die Weißen ihren Lebensunterhalt«.

Die Kommissare akzeptierten Sitting Bulls Entschuldigung jedoch nicht freundlich und hörten sich an, was er zu sagen hatte, sondern unternahmen sofort einen Angriff. Senator John Logan warf ihm vor, daß er die letzte Besprechung abgebrochen und die Kommissare beschuldigt hatte, betrunken zu sein. »Außerdem möchte ich sagen, daß du kein großer Häuptling dieses Landes bist«, fuhr Logan fort, »daß du keine Anhängerschaft, keine Macht und kein Recht hast, etwas zu befehlen. Du wirst in diesem Indianerreservat von der Regierung nur geduldet. Du wirst von der Regierung ernährt und von der Regierung gekleidet, deine Kinder werden von der Regierung erzogen, und alles, was du heute hast und bist, verdankst du der Regierung. Wenn die Regierung nicht wäre, würdest du in den Bergen erfrieren und verhungern. Ich sage dir diese Dinge nur, um dir klarzumachen, daß du die Vertreter der Vereinigten Staaten von Amerika nicht beleidigen darfst... Die Regierung ernährt und kleidet und erzieht deine Kinder, und sie möchte euch lehren, wie man Landwirtschaft betreibt, und euch zivilisieren, *damit ihr wie die Weißen werdet.*«

Damit die Sioux möglichst schnell wie die Weißen wurden, ernannte das Indian Bureau James McLaughlin zum Leiter der Agentur bei Standing Rock. McLaughlin, den die Indianer White Hair nannten, war ein Veteran des Indian Service und mit einer halbblütigen Santeefrau verheiratet, und seine Vorgesetzten vertrauten darauf, daß er die Kultur der Sioux bald zerstören und sie zur Zivilisation der Weißen bekehren würde. Nachdem die Dawes-Kommission abgereist war, versuchte McLaughlin Sitting Bulls Einfluß zu verringern, indem er mit Gall und John Grass über Dinge verhandelte, die die Hunkpapas und Blackfoot-Sioux betrafen. White Hair tat alles, um Sitting Bull in den Hintergrund zu drängen und den Sioux von Standing Rock zu beweisen, daß ihr alter Held nicht mehr die Macht besaß, sie zu führen oder ihnen zu helfen.

Es gelang White Hair jedoch nicht, Sitting Bulls Ansehen und Beliebtheit bei den Sioux zu schmälern. Alle Besucher des Reservats, Indianer wie Weiße, wollten Sitting Bull sehen. Als die Northern Pacific Railroad im Sommer 1883 ihre transkontinentale Strecke fertigstellte, entschied einer der für die Vorbereitung der Feier zuständigen Beamten, daß ein Indianerhäuptling daran teilnehmen und den Großen Vater und die anderen Honoratioren willkommen heißen müsse. Die Wahl fiel auf Sitting Bull – kein anderer Indianer wurde auch nur in Betracht gezogen –, und man beauftragte einen jungen Armeeoffizier, der die Siouxsprache beherrschte, mit dem Häuptling eine Rede auszuarbeiten. Sie sollte in der Siouxsprache gehalten und von dem Offizier übersetzt werden.

Am 8. September trafen Sitting Bull und der junge Blaurock in Bismarck zu der großen Feier ein. Sie führten eine Parade an und nahmen dann auf der Rednertribüne Platz. Als Sitting Bull das Wort erteilt wurde, erhob er sich und begann in Sioux seine Ansprache zu halten. Entsetzt hörte der junge Offizier zu. Sitting Bull hatte die freundlichen Begrüßungsreden geändert. »Ich hasse alle Weißen«, sagte er. »Ihr seid Diebe und Lügner. Ihr habt uns unser Land weggenommen und uns zu Ausgestoßenen gemacht.« Sitting Bull, der wußte, daß ihn nur der Armeeoffizier verstehen konnte, machte hin und wieder eine Pause, wenn das Publikum applaudierte; er verbeugte sich, lächelte und fuhr dann mit seinen Beschimpfungen fort. Schließlich setzte er sich, und der bestürzte Dolmetscher trat aufs Rednerpult. Der Offizier hatte nur ein paar liebenswürdige Phrasen übersetzt und notiert, doch er fügte einige abgedroschene indianische Metaphern hinzu und brachte damit die Zuhörer dazu, aufzuspringen und Sitting Bull eine Ovation darzubringen. Der Hunkpapahäuptling erwarb sich soviel Sympathie, daß ihn die Eisenbahnbeamten zu einer weiteren Feier nach St. Paul einluden.

Im folgenden Sommer erlaubte der Innenminister Sitting Bull, eine Rundreise durch fünfzehn amerikanische Städte zu unternehmen, und seine Auftritte riefen eine solche Sensation hervor, daß William F. Cody (Buffalo Bill) beschloß, den berühmten Häuptling für seine Wild-West-Show zu engagieren. Das Indian Bureau war zuerst dagegen, doch als man White Hair McLaughlin um seine Meinung fragte, war der begeistert. Man solle Sitting Bull unbedingt zu der Wild-West-Show gehen lassen, sagte er. In Standing Rock sei Sitting Bull ein Symbol des indianischen Widerstands, ein Verteidiger der indianischen Kultur, die er auszumerzen versuchte. White Hair hätte es am liebsten gesehen, wenn Sitting Bull für immer fortgegangen wäre.

So schloß sich Sitting Bull im Sommer 1885 Buffalo Bills Wild-West-Show an und reiste mit ihr durch die ganzen Vereinigten Staaten und nach Kanada. Er zog riesige Zuschauermengen an. Manchmal wurde er mit Pfiffen und dem Ruf »Killer of Custer« empfangen, doch nach jeder Vorstellung rissen sich die Leute um Fotos mit seinem Autogramm. Sitting Bull schenkte das meiste Geld, das er verdiente, den Scharen zerlumpter, hungriger Jungen, die ihn überall verfolgten. Einmal sagte er zu Annie Oakley, einem anderen Star der Show, er könne nicht begreifen, daß die Weißen nicht mehr für ihre Armen täten. »Die Weißen verstehen alles herzustellen«, meinte er, »doch sie verstehen sich nicht darauf, es zu verteilen.«

Als die Tournee zu Ende war, kehrte er mit zwei Abschiedsgeschenken Buffalo Bills nach Standing Rock zurück – einem riesigen weißen Sombrero und einem dressierten Pferd. Das Pferd war darauf abgerichtet, sich beim Krachen eines Gewehrschusses hinzusetzen und einen Huf zu heben.

1887 forderte Buffalo Bill Sitting Bull auf, eine Tournee durch Europa mitzumachen, doch der Häuptling lehnte ab. »Ich werde hier gebraucht«, sagte er. »Man spricht wieder davon, uns unser Land wegzunehmen.«

Tatsächlich erschien im folgenden Jahr eine Kommission aus Washington und schlug vor, das Große Siouxreservat in sechs kleinere Reservate aufzuteilen und der Regierung neun Millionen Morgen zur Besiedlung abzutreten. Die Kommissare boten den Indianern fünfzig Cent pro Morgen. Sitting Bull versuchte, Gall und John Grass zu überzeugen, daß die Indianer nicht auf solch einen Schwindel hereinfallen und kein weiteres Land hergeben dürften. Etwa einen Monat lang bemühten sich die Kommissare, den Indianern von Standing Rock einzureden, daß Sitting Bull sie täusche, daß die Landabtretung für sie vorteilhaft sei und daß sie das Land auch verlieren würden, wenn sie nicht unterschrieben. Doch nur zweiundzwanzig Sioux unterzeichneten bei Standing

Rock. Als es den Kommissaren nicht gelang, bei den Agenturen Crow Creek und Lower Brulé die erforderlichen Unterschriften von drei Vierteln der Indianer zu erhalten, gaben sie auf. Ohne sich noch zum Pine Ridge oder Rosebud zu begeben, kehrten sie nach Washington zurück und empfahlen der Regierung, den Vertrag von 1868 zu ignorieren und das Land ohne Zustimmung der Indianer zu nehmen.

Im Jahr 1888 konnte sich die Regierung noch nicht recht entschließen, den Vertrag zu brechen, doch im nächsten Jahr war der Kongreß bereit, dies zu tun, falls es sich als notwendig erwies. Zuerst wollten die Politiker versuchen, die Indianer zum Verkauf eines großen Teils ihres Reservats zu zwingen, indem sie ihnen Angst einjagten, daß man es ihnen wegnehmen würde, wenn sie sich weigerten. Wenn dies gelang, dann brauchte die Regierung den Vertrag nicht zu brechen.

Die Washingtoner Behörden wußten, daß die Indianer General George Crook vertrauten, und so überzeugten sie ihn, daß die Sioux alles verlieren würden, wenn sie nicht einverstanden waren, ihr Reservat aufteilen zu lassen. Crook erklärte sich bereit, den Vorsitz einer neuen Kommission zu übernehmen, und wurde bevollmächtigt, den Indianern 1,50 Dollar pro Morgen statt den von der ersten Kommission offerierten fünfzig Cents zu bieten.

Im Mai 1889 reiste Crook mit zwei Politikern, Charles Foster aus Ohio und William Warner aus Missouri, zum Großen Siouxreservat. Er war fest überzeugt, die erforderlichen Unterschriften von drei Vierteln der männlichen Erwachsenen zu bekommen. Three Stars entschied sich, seinen einstigen Feinden in einem schäbigen grauen Flanellanzug gegenüberzutreten, und ließ seine blaue Uniform in Chikago. Er wählte absichtlich die Rosebud-Agentur für die ersten Verhandlungen aus. Seit Spotted Tails Ermordung waren die Brulés in mehrere Gruppen gespalten, und Crook hielt es für unwahrscheinlich, daß sie gegen eine Abtretung ihres Landes geschlossen Front machen würden.

Er hatte nicht mit Hollow Horn Bear gerechnet. Dieser bestand darauf, daß die Kommissare sämtliche Häuptlinge der sechs Agenturen zu einer Konferenz zusammenriefen, statt von einer zur anderen zu reisen. »Ihr wollt uns überreden und dann zu den anderen Agenturen gehen und ihnen sagen, daß wir unterzeichnet haben«, sagte Hollow Horn Bear vorwurfsvoll.

Crook erwiderte, der Große Vater habe die Kommissare angewiesen, mit den Indianern bei den verschiedenen Agenturen zu verhandeln, »weil jetzt Frühling ist und ihr beim Getreideanbau gestört werdet, wenn ihr alle an einem Ort zusammenkommt«. Hollow Horn Bear lehnte jedoch ab, ebenso High Hawk. »Das Land, das ihr uns zugedacht habt, ist nur ein sehr kleines Stück«, sagte High Hawk. »Ich hoffe, meine Kinder werden Kinder und Enkelkinder haben, die sich über das ganze Land ausbreiten, und nun wollt ihr, daß ich mein ›Werkzeug‹ abschneiden und keine Kinder mehr machen soll.«

Yellow Hair sagte: »Immer, wenn wir euch Land geben, kriegen wir es nicht zurück; deshalb wollen wir es uns gut überlegen, dieses Land aufzugeben.«

»Die Weißen im Osten sind wie Vögel«, sagte ihnen Crook. »Sie brüten jedes Jahr ihre Eier aus, und im Osten ist nicht genug Platz, und sie müssen woanders hingehen; und so kommen sie in den Westen, wie ihr in den letzten Jahren gesehen habt. Und es werden immer mehr kommen, bis sie dieses ganze Land überschwemmt haben; und ihr könnt es nicht verhindern ... Alles wird in Washington durch die Mehrheit entschieden, und diese Leute gehen in den Westen und sehen, daß die Indianer eine Menge Land haben, das sie nicht benutzen, und so sagen sie ›Wir wollen dieses Land‹.«

Nach neuntägigen Verhandlungen befolgte die Mehrheit der Brulés Crooks Rat und unterzeichnete. Als erster setzte Crow Dog, der Mörder Spotted Tails, seine Unterschrift unter den Vertrag.

Im Juni verhandelten die Kommissare am Pine Ridge mit Red Cloud, der seine Macht demonstrierte, indem er mehrere hundert berittene Krieger vor der Agentur aufmarschieren ließ. Red Cloud und seine getreuen Unterhäuptlinge blieben standhaft, und die Kommissare brachten nur etwa die Hälfte der Oglalas dazu zu unterschreiben. Um die Differenz auszugleichen, zogen sie zu den kleineren Agenturen und holten sich am Lower Brulé, Crow Creek und Cheyenne River Unterschriften. Am 27. Juli trafen sie in Standing Rock ein. Hier mußte die Entscheidung fallen. Wenn die Mehrheit der Hunkpapas und Blackfoot-Sioux sich weigerte zu unterschreiben, würde der Vertrag nicht zustande kommen.

Sitting Bull nahm an den ersten Beratungen teil, ergriff aber nicht das Wort. Allein seine Anwesenheit genügte, um eine feste Mauer des Widerstands zu schaffen. »Die Indianer hörten aufmerksam zu«, sagte Crook, »äußerten aber keinerlei Zustimmung. Sie verhielten sich, als hätten sie sich bereits entschieden, und lauschten, als interessiere es sie nur, was für neue Argumente vorgebracht wurden.«

Wortführer der Sioux von Standing Rock war John Grass. »Als wir genug Land hatten«, sagte er, »konnten wir es euch zu den Preisen geben, die ihr uns botet, doch jetzt besitzen wir nur noch ein kleines Stück, und ihr wollt auch noch diesen Rest kaufen. Wir bieten euch unser Land nicht zum Verkauf an. Der Große Vater drängt uns, es zu verkaufen. Das ist der Grund, warum wir meinen, daß der Preis, der uns für dieses Land geboten wird, nicht hoch genug ist, und deshalb wollen wir das Land zu diesem Preis nicht verkaufen.«

Sitting Bull und seine Anhänger wollten natürlich zu keinem Preis verkaufen. Ihr Land war ihnen, wie White Thunder der Dawes-Kommission vor sechs Jahren gesagt hatte, »das Teuerste auf Erden«.

Nach mehrtägigen fruchtlosen Diskussionen wurde Crook klar, daß er bei allgemeinen Verhandlungen niemanden umstimmen konnte. Er beauftragte Agent James McLaughlin, alles daranzusetzen, einzelne Indianer davon zu überzeugen, daß die Regierung ihnen das Land wegnehmen werde, wenn sie sich weigerten, es zu verkaufen. Sitting Bull gab nicht nach. Warum sollten die Indianer ihr Land verkaufen, um der Regierung die Peinlichkeit zu ersparen, es sich durch einen Vertragsbruch anzueignen?

White Hair McLaughlin traf sich heimlich mit John Grass. »Ich sprach mit ihm, bis er sich bereit erklärte, für die Unterzeichnung einzutreten«, sagte McLaughlin später. »Wir setzten die Rede auf, mit der er seinen bisherigen Standpunkt aufgeben, die aktive Unterstützung der anderen Häuptlinge gewinnen und die Angelegenheit zum Abschluß bringen sollte.«

Ohne Sitting Bull zu informieren, vereinbarte McLaughlin für den 3. August eine letzte Besprechung mit den Kommissaren. Um Störungen durch Sitting Bull und seine Anhänger zu verhindern, gruppierte er seine Indianerpolizei um den Verhandlungsplatz. Nachdem John Grass die mit McLaughlins Hilfe aufgesetzte Rede gehalten hatte, drängte Sitting Bull sich zwischen den Polizisten durch und trat in den Kreis der Versammelten.

Er sagte: »Ich würde gern etwas sagen, wenn ihr nichts dagegen einzuwenden habt; wenn ja, so werde ich nicht sprechen. Niemand hat uns etwas von der Versammlung gesagt.«

Crook sah McLaughlin an. »Wußte Sitting Bull, daß wir eine Versammlung abhalten werden?« fragte er.

»Ja, Sir«, log McLaughlin. »Ja, Sir, alle wußten es.«

Im gleichen Moment traten John Grass und die Häuptlinge vor, um den Vertrag zu unterzeichnen. Es war alles aus. Das Große Siouxreservat war in kleine Inseln zerfallen, die die Flut der weißen Einwanderer umspülen würde. Bevor Sitting Bull den Platz verlassen konnte, fragte ihn ein Journalist, mit welchen Empfindungen es die Indianer erfülle, ihr Land aufzugeben.

»Indianer!« rief Sitting Bull. »Es gibt keinen Indianer mehr außer mir!«

Am 9. Oktober 1890, etwa ein Jahr nach der Aufteilung des Großen Reservats, besuchte ein Minneconjou von der Agentur am Cheyenne River Sitting Bull in Standing Rock. Sein Name war Kicking Bear, und er erzählte ihm von Wovoka, dem Messias der Paiutes, der die Religion des Geistertanzes gegründet hatte, Kicking Bear und sein Schwager Short Bull hatten eine weite Reise hinter die Shining Mountains unternommen, um den Messias zu suchen. Als Sitting Bull davon hörte, hatte er Kicking Bear bitten lassen, zu ihm zu kommen, um mehr über den Geistertanz zu erfahren.

Kicking Bear berichtete Sitting Bull, daß eine Stimme ihm befohlen habe, sich auf den Weg zu machen und sich mit den Geistern von Indianern zu treffen, die auf die Erde zurückkehren und sich auf ihr niederlassen würden. Mit den Wagen des Eisernen Pferdes hätten er, Short Bull und neun andere Sioux eine weite Fahrt zu dem Ort gemacht, wo die Sonne untergeht. An der Stelle, wo die Eisenbahn aufhörte, seien sie zwei Indianern begegnet, die sie noch nie gesehen hätten, doch sie hätten sie wie Brüder empfangen und ihnen Fleisch und Brot gegeben. Sie stellten den Pilgern Pferde zur Verfügung und ritten dann vier Tage lang, bis sie zu einem Lager der Fish Eaters (Paiutes) nahe dem Pyramid Lake in Nevada kamen.

Die Fish Eaters sagten den Besuchern, Christus sei auf die Erde zurückgekehrt. Christus müsse ihnen befohlen haben, dorthin zu kommen, meinte Kicking Bear. Um den Messias zu sehen, mußten sie eine weitere Reise zur Agentur am Walker Lake unternehmen.

Am Walker Lake warteten Kicking Bear und seine Freunde zwei Tage lang mit Hunderten anderer Indianer. Diese Indianer sprachen Dutzende verschiedener Sprachen und waren aus vielen Reservaten gekommen, um den Messias zu sehen.

Am dritten Tag erschien der Messias kurz vor Sonnenuntergang, und die Indianer machten ein großes Feuer, damit sie ihn in seinem Licht sehen konnten. Kicking Bear hatte immer gedacht, Christus sei ein Weißer wie die Missionare, doch dieser Mann sah aus wie ein Indianer. Nach einer Weile erhob er sich und sprach zu der wartenden Menge. »Ich habe euch kommen lassen und freue mich, euch zu sehen«, sagte er. »Ich werde euch später von euren Verwandten erzählen, die tot und von der Erde verschwunden sind. Meine Kinder, ich möchte, daß ihr euch alles anhört, was ich euch zu sagen habe. Ich werde euch einen Tanz lehren, und ich möchte, daß ihr ihn tanzt. Macht euch für den Tanz bereit, und wenn der Tanz zu Ende ist, werde ich zu euch sprechen.« Dann begann er zu tanzen, und alle schlossen sich ihm an, und der Christus sang, während sie tanzten. Bis in die späte Nacht tanzten sie den Tanz der Geister; dann sagte ihnen der Messias, sie hätten genug getanzt. Am nächsten Morgen gingen Kicking Bear und die anderen nahe zu dem Messias, um zu sehen, ob er die Kreuzigungsmale trug, von denen ihnen die Missionare in den Reservaten erzählt hatten. Er hatte eine Narbe am Handgelenk und eine im Gesicht, doch seine Füße konnten sie nicht sehen, denn er trug Mokassins. Er sprach den ganzen Tag zu ihnen. Am Anfang, sagte er, schuf

Wovoka

Kicking Bear

Short Bull

John Grass

Gott die Erde, und dann schickte er Christus auf die Erde, um die Menschen zu lehren, doch die Weißen mißhandelten ihn und bedeckten seinen Körper mit Wunden, und so ging er in den Himmel zurück. Nun sei er als Indianer auf die Erde wiedergekommen, und er werde alles auf ihr neu und besser machen.

Im nächsten Frühling, wenn das Gras kniehoch sei, werde neuer Boden die Erde bedecken und alle Weißen unter sich begraben, und das neue Land werde voller süßen Grases und fließenden Wassers und Bäume sein. Große Herden von Büffeln und wilden Pferden würden zurückkommen. Die Indianer, die den Geistertanz tanzten, würden in die Luft emporgehoben werden und dort schweben, während eine Woge neuer Erde sich ausbreite, und dann würden sie zwischen die Geister ihrer Ahnen auf die neue Erde niedergesetzt werden, und nur Indianer würden auf ihr leben.

Kicking Bear und seine Freunde blieben einige Tage am Walker Lake und lernten den Geistertanz, und dann stiegen sie auf ihre Pferde, um zur Eisenbahn zurückzukehren. Während sie dahinritten, flog der Messias über ihnen in der Luft und lehrte sie die Lieder zu dem neuen Tanz. An der Eisenbahn verließ er sie und sagte ihnen, sie sollten zu ihren Leuten zurückkehren und ihnen beibringen, was sie gelernt hatten. Wenn der nächste Winter vorbei sei, werde er die Geister ihrer Väter bringen, auf daß sie sich in der neuen Auferstehung mit ihnen vereinten.

Nach seiner Rückkehr nach Dakota führte Kicking Bear den neuen Tanz am Cheyenne River ein, Short Bull brachte ihn an den Rosebud, andere an den Pine Ridge. Big Foots Gruppe von Minneconjous, sagte Kicking Bear, bestehe hauptsächlich aus Frauen, deren Männer in den Kämpfen gegen Long Hair und Three Stars und Bear Coat gefallen seien; sie tanzten, bis sie ohnmächtig wurden, um ihre toten Krieger zurückzuholen.

Sitting Bull hörte sich alles an, was Kicking Bear über den Messias und den Geistertanz berichtete. Er glaubte nicht, daß Tote zurückkehren und wieder leben konnten, doch seine Leute hatten von dem Messias gehört und fürchteten, er würde sie bei der neuen Auferstehung untergehen lassen, wenn sie nicht an dem Tanz teilnahmen. Sitting Bull hatte nichts dagegen, daß seine Leute den Geistertanz tanzten, doch er hatte gehört, daß die Agenten in einigen Reservaten Soldaten holten, um die Zeremonien zu unterbinden. Er wollte nicht, daß Soldaten kamen und seinen Leuten Angst einjagten und vielleicht mit ihren Gewehren auf sie schossen. Kicking Bear sagte ihm, wenn die Indianer die heiligen Gewänder des Messias trügen – mit magischen Symbolen bemalte Geisterhemden –, dann könne ihnen nichts geschehen. Nicht einmal die Gewehrkugeln der Blauröcke könnten ein Geisterhemd durchdringen.

Obwohl Sitting Bull skeptisch war, lud er Kicking Bear ein, bei seiner Gruppe in Standing Rock zu bleiben und sie den Tanz der Geister zu lehren. Es war im September, und in fast allen Indianerreservaten des Westens breitete der Geistertanz sich aus wie ein Präriefeuer bei starkem Sturm. Von Dakota bis Arizona, vom Indianer-Territorium bis Nevada bemühten sich aufgeregte Inspektoren des Indian Bureau und Armeeoffiziere, seine Bedeutung zu ergründen. Es dauerte nicht lange, und die Behörden verboten den Geistertanz.

»Einem Volk, das auf der Schwelle zur Zivilisation stand, hätte keine verderblichere Religion angeboten werden können«, sagte White Hair McLaughlin. Obwohl McLaughlin gläubiger Katholik war, erkannte er wie die meisten anderen Agenten nicht, daß der Geistertanz etwas durchaus Christliches war. Abgesehen von den andersartigen Ritualen glichen die Lehren dieser Religion denen der christlichen Lehren.

»Ihr dürft niemandem Leid oder Schaden zufügen. Ihr dürft nicht kämpfen. Tut stets das Gute«, gebot der Messias. Er predigte Gewaltlosigkeit und brüderliche Liebe und verlangte von den Indianern nichts anderes, als zu tanzen und zu singen und auf die Auferstehung zu warten.

Doch die Agenten gerieten in Aufregung, weil die Indianer tanzten, und verständigten die Soldaten, und die Soldaten setzten sich in Marsch.

Eine Woche, nachdem Kicking Bear nach Standing Rock gekommen war, um Sitting Bulls Leute den Geistertanz zu lehren, beauftragte White Hair McLaughlin ein Dutzend Indianerpolizisten, ihn aus dem Reservat zu entfernen. Die Polizisten, die Kicking Bears heilige Aura mit Ehrfurcht erfüllte, berichteten Sitting Bull von McLaughlins Befehl, doch der Häuptling lehnte es ab, etwas zu unternehmen. Am 16. Oktober schickte McLaughlin einen größeren Polizeitrupp, und diesmal wurde Kicking Bear unter Bewachung aus dem Reservat gebracht.

Am nächsten Tag teilte McLaughlin dem Kommissar für Indianische Angelegenheiten mit, die eigentliche Macht, die in Standing Rock hinter der »verderblichen Religion« stehe, sei Sitting Bull. Er empfahl, den Häuptling festzunehmen, aus dem Reservat fortzubringen und in ein Militärgefängnis zu sperren. Der Kommissar beriet sich mit dem Kriegsminister, und sie kamen zu dem Schluß, daß eine solche Maßnahme Unruhe eher hervorrufen als verhindern würde.

Mitte November hatte der Geistertanz in den Sioux-Reservaten so um sich gegriffen, daß das ganze übrige Leben fast zum Stillstand kam. Die Kinder gingen nicht zur Schule, die Läden waren leer, auf den kleinen Farmen wurde nicht gearbeitet. Der Agent von Pine Ridge telegraphierte entsetzt nach Washington: »Die Indianer tanzen im Schnee und sind wild und verrückt ... Wir brauchen Schutz, und zwar schnell. Die Anführer sollten verhaftet und bei einem Militärposten eingesperrt werden, bis die Lage sich beruhigt hat, und dies sollte sofort geschehen.«

Short Bull führte seine Gruppe von Gläubigen den White River hinunter in die Badlands, und innerhalb weniger Tage wuchs ihre Zahl auf über dreitausend an. Ohne sich um das kalte Winterwetter zu kümmern, zogen sie ihre Geisterhemden an und tanzten jeden Abend vom Sonnenuntergang bis tief in die Nacht hinein. Short Bull sagte ihnen, daß sie keine Angst vor den Soldaten zu haben brauchten, falls sie kommen und versuchen sollten, sie am Tanzen zu hindern. »Ihre Pferde werden in die Erde versinken«, sagte er. »Die Reiter werden von ihren Pferden springen, doch auch sie werden in die Erde versinken.«

Am Cheyenne River wuchs Big Foots Gruppe auf sechshundert Mitglieder, hauptsächlich Witwen, an. Als der Agent einzuschreiten versuchte, verließ Big Foot mit den Tänzern das Reservat und ging mit ihnen an einen heiligen Ort am Deep Creek.

Am 20. November forderte das Indian Bureau in Washington sämtliche Agenten auf, ihm telegraphisch die Namen aller »Unruhestifter« unter den Geistertänzern mitzuteilen. Man stellte in Washington schnell eine Liste zusammen und übermittelte sie an Bear Coat Miles Armeehauptquartier in Washington. Miles entdeckte auf der Liste Sitting Bulls Namen und kam sofort zu dem Schluß, daß er an all den Unruhen schuld sei.

Miles wußte, daß es Schwierigkeiten geben würde, wenn er Sitting Bull gewaltsam durch Soldaten festnehmen ließ; er mußte ihn fortbringen, ohne Aufsehen zu erregen. Deshalb wandte sich Bear Coat an einen der wenigen Weißen, denen Sitting Bull je vertraut hatte – Buffalo Bill Cody. Buffalo Bill erklärte sich bereit, Sitting Bull zu besuchen und sich zu bemühen, ihn dazu zu überreden, zu einer Unterredung mit Miles nach Chikago zu kommen. (Es ist unklar, ob Cody wußte, daß man Sitting Bull in ein Militärgefängnis sperren würde, wenn ihm dies gelang.)

Als Buffalo Bill in Standing Rock eintraf, lehnte McLaughlin es ab, ihn bei seinem Vorhaben zu unterstützen. Da er fürchtete, daß Cody den Verhaftungsversuch verpatzen und Sitting Bull nur mit Wut erfüllen würde, setzte er sich schnell mit Washington in Verbindung und veranlaßte, daß ihm seine Vollmacht entzogen wurde. Empört verließ Cody Standing Rock, ohne Sitting Bull auch nur zu sehen, und kehrte nach Chikago zurück.

Die Armee hatte indessen bereits Truppen zum Pine Ridge verlegt und dadurch eine gespannte Lage geschaffen. Man schickte Dr. Valentine McGillycuddy, einen ehemaligen Agenten, mit dem Auftrag ins Reservat, Vorschläge für eine Lösung der Schwierigkeiten zu machen. »Ich würde die Indianer weitertanzen lassen«, sagte McGillycuddy. »Das Eintreffen der Truppen hat die Indianer verängstigt. Wenn die Adventisten ihre Gewänder anlegen und auf die Wiederkehr des Erlösers warten, wird die Armee der Vereinigten Staaten nicht eingesetzt, um sie daran zu hindern. Warum gesteht man den Indianern nicht das gleiche Recht zu? Wenn die Truppen bleiben, wird es mit Sicherheit zu Unruhen kommen.« Man hörte jedoch nicht auf McGillycuddy. Am 12. Dezember erhielt Leutnant Colonel William F. Drum, der Kommandant von Fort Yates, von General Miles den Befehl: »Nehmen Sie Sitting Bull fest und versichern Sie sich dazu der Unterstützung des Indianeragenten (McLaughlins).«

Am 15. Dezember 1890 umzingelten kurz vor Tagesanbruch dreiundvierzig Indianerpolizisten Sitting Bulls Blockhütte. Fünf Kilometer entfernt wartete eine Kavallerieschwadron, um einzugreifen, falls sich dies als nötig erweisen sollte. Als Leutnant Bull Head, der die Indianerpolizisten anführte, die Hütte betrat, lag Sitting Bull schlafend auf dem Boden. Er starrte Bull Head ungläubig an, als dieser ihn weckte. »Was willst du hier?« fragte er.

»Du bist mein Gefangener«, sagte Bull Head. »Du mußt zur Agentur mitkommen.«

Sitting Bull gähnte und richtete sich auf. »Gut«, antwortete er. »Laß mich meine Kleider anziehen, dann komme ich mit.« Er bat den Polizisten, sein Pferd satteln zu lassen. Als Bull Head mit Sitting Bull aus der Hütte trat, sah er, daß sich draußen eine Schar Geistertänzer versammelt hatte. Sie waren den Polizisten um das Vierfache überlegen. Catch-the-Bear, einer der Tänzer, trat zu Bull Head. »Du nimmst ihn nicht mit!« rief er.

»Komm«, sagte Bull Head leise zu seinem Gefangenen, »hör nicht auf sie.« Doch Sitting Bull wehrte sich, und Bull Head und Sergeant Red Tomahawk mußten ihn zu seinem Pferd zerren.

In diesem Moment warf Catch-the-Bear seine Decke ab und hob ein Gewehr. Er feuerte auf Bull Head und traf ihn in die Seite. Als Bull Head zu Boden stürzte, versuchte er auf Catch-the-Bear zu schießen, doch die Kugel traf nicht ihn, sondern Sitting Bull. Fast gleichzeitig schoß Red Tomahawk Sitting Bull durch den Kopf und tötete ihn.

Während der Schießerei begann das alte Zirkuspferd, das Buffalo Bill Sitting Bull geschenkt hatte, sein Kunststück vorzuführen. Es setzte sich, richtete sich auf und hob seinen Huf, und allen schien es, als tanze es den Tanz der Geister. Als es aufsprang und fortlief, kam es zu einem wilden Kampf, und nur das Eintreffen der Kavallerieeinheit rettete die Indianerpolizisten vor der Vernichtung.

19

Wounded Knee

Es gab keine Hoffnung auf Erden, und Gott schien uns vergessen zu haben. Einige sagten, sie hätten Gottes Sohn gesehen; andere sahen Ihn nicht. Wäre Er gekommen, so hätte Er, wie dereinst, einige große Dinge getan. Wir bezweifelten es, denn wir hatten weder Ihn noch Seine Werke gesehen.
Die Leute wußten es nicht; sie wollten es nicht wissen. Sie klammerten sich an die Hoffnung. Sie schrien wie Verrückte nach Ihm und flehten um Gnade. Sie vertrauten auf das Versprechen, das Er, wie sie hörten, gemacht hatte. Die Weißen hatten Angst und holten Soldaten. Wir hatten um unser Leben gebettelt, und die Weißen dachten, wir trachteten nach dem ihren. Wir hörten, daß die Soldaten kamen. Wir hatten keine Furcht. Wir hofften, wir würden ihnen unsere Sorgen sagen können, und sie würden uns helfen. Ein Weißer sagte, die Soldaten wollten uns töten. Wir glaubten es nicht, doch einige bekamen Angst und liefen fort in die Badlands.   RED CLOUD

Hätte ihr Glaube an die Religion des Geistertanzes sie nicht mit Kraft erfüllt, so hätten die Sioux sich aus Schmerz und Wut über die Ermordung Sitting Bulls vielleicht gegen die Gewehre der Soldaten erhoben. Aber ihr Glaube, daß die Weißen bald verschwinden und im nächsten Frühling ihre toten Verwandten und Freunde zurückkehren würden, war so stark, daß sie keine Vergeltung übten. Doch die führerlosen Hunkpapas flohen zu Hunderten von Standing Rock und suchten Zuflucht in einem der Geistertanzlager oder bei Red Cloud, dem letzten der großen Häuptlinge. Am 17. Dezember erreichten etwa hundert dieser fliehenden Hunkpapas Big Foots Minneconjoulager am Cherry Creek. Am gleichen Tag erteilte das Kriegsministerium die Anweisung, Big Foot zu verhaften. Er stand auf der Liste der »Unruhestifter«. Als Big Foot erfuhr, daß Sitting Bull getötet worden war, zog er mit seinen

Leuten in der Hoffnung, daß Red Cloud sie vor den Soldaten schützen würde, zum Pine Ridge. Unterwegs erkrankte er an einer Lungenentzündung, und als er Blutungen bekam, mußte er in einem Wagen weiterfahren. Als sich die Minneconjous am 28. Dezember dem Porcupine Creek näherten, sichteten sie vier Kavallerietrupps. Big Foot befahl sofort, auf seinem Wagen eine weiße Fahne zu befestigen. Gegen zwei Uhr nachmittags richtete er sich auf seinem Lager auf und begrüßte Major Samuel Whitside vom Seventh U.S. Cavalry. Big Foot war mit Blut aus seinen Lungen befleckt, und als er heiser flüsternd mit Whitside sprach, fielen rote Tropfen von seiner Nase und gefroren in der bitteren Kälte.

Whitside sagte Big Foot, daß er die Anweisung habe, ihn zu einem Kavallerielager am Wounded Knee Creek zu bringen. Der Minneconjouhäuptling erwiderte, daß er ohnedies in diese Richtung wolle; er bringe seine Leute zum Pine Ridge in Sicherheit.

Major Whitside wandte sich an John Shangreau, einen Halbblutkundschafter, und befahl ihm, Big Foots Leute zu entwaffnen.

»Hören Sie, Major«, erwiderte Shangreau, »wenn Sie das tun, wird es wahrscheinlich zu einem Kampf kommen, und dann werden Sie all diese Frauen und Kinder töten, und die Männer werden entkommen.«

Whitside wies darauf hin, daß er die Anweisung habe, Big Foots Indianer zu verhaften und ihnen ihre Waffen und Pferde wegzunehmen.

»Wir sollten sie lieber zum Lager bringen und ihnen dort ihre Pferde und Gewehre wegnehmen«, meinte Shangreau.

»Gut«, sagte Whitside. »Sagen Sie Big Foot, er soll zum Lager am Wounded Knee ziehen.«

Der Major sah den kranken Häuptling an und befahl, den Ambulanzwagen seiner Truppe zu holen. In dem Ambulanzwagen würde es wärmer sein, und für Big Foot würde die Fahrt darin angenehmer sein als in dem schwankenden, ungefederten Wagen, in dem er lag. Nachdem man den Häuptling in den Ambulanzwagen gelegt hatte, stellte Whitside eine Kolonne zum Marsch zum Wounded Knee Creek auf. Zwei Kavallerietrupps übernahmen die Führung, der Ambulanzwagen und die anderen Wagen folgten, hinter ihnen wurden dicht zusammengedrängt die Indianer hergetrieben, und die zwei anderen Kavallerietrupps und zwei Hotchkisskanonen bildeten die Nachhut.

Es dämmerte, als die Kolonne über den letzten Hügel und den Hang hinunter zum Chankpe Opi Wakpala zog, dem Fluß, den man Wounded Knee nannte. Das Zwielicht und die winzigen Eiskristalle, die im Halbdunkel tanzten, ließen die düstere Landschaft unwirklich erscheinen. Irgendwo an diesem mit Eis bedeckten Fluß lag an einem geheimen Ort das Herz von Crazy Horse, und die Indianer glaubten, daß sein Geist ungeduldig auf die neue Erde wartete, die sich ausbreiten würde, wenn im Frühling das Gras grünte.

Beim Kavalleriezeltlager am Wounded Knee Creek mußten die Indianer anhalten und wurden sorgfältig gezählt. Es waren 120 Männer und 230 Frauen und Kinder. Da es schnell dunkel wurde, beschloß Major Whitside, seine Gefangenen erst am nächsten Morgen zu entwaffnen. Er wies sie an, gleich südlich des Militärlagers ihr Lager aufzuschlagen, gab Proviant an sie aus und stellte ihnen, da sie zu wenig Wigwams besaßen, mehrere Zelte zur Verfügung. Whitside ließ einen Ofen in Big Foots Zelt stellen und befahl einem Regimentsarzt, sich um den kranken Häuptling zu kümmern. Damit keiner seiner Gefangenen fliehen konnte, postierte der Major zwei Trupps Kavallerie um die Wigwams der Sioux und stellte seine Hotchkisskanonen auf einem Hügel über dem Lager auf.

Später am Abend kam der Rest des Seventh Regiment von Osten anmarschiert und biwakierte nördlich von Major Whitsides Truppen. Colonel James W. Forsyth, der Custers früheres Regiment befehligte, übernahm die Leitung der Operationen. Er teilte Whitside mit, daß er die Anweisung erhalten habe, Big Foots Gruppe zur Union Pacific Railroad zu bringen und zu einem Militärgefängnis in Omaha zu transportieren.

Nachdem zwei weitere Hotchkisskanonen auf dem Hang des Hügels neben den anderen aufgestellt worden waren, öffneten Forsyth und seine Offiziere ein Faß Whisky und feierten Big Foots Gefangennahme.

Der Häuptling lag in seinem Zelt; er konnte nicht schlafen und rang nach Luft. Obwohl seine Leute die schützenden Geisterhemden trugen und an die Prophezeiungen des neuen Messias glaubten, hatten sie Angst vor den Ponysoldaten, die um sie herum kampierten. Vor vierzehn Jahren am Little Bighorn hatte ein Teil dieser Krieger gegen einige dieser Offiziere – Moylan, Varnum, Wallace, Godfrey und Edgerly – gekämpft und sie besiegt, und die Indianer fragten sich, ob noch Rache in ihren Herzen war.

»Am nächsten Morgen ertönte ein Hornsignal«, sagte Wasumaza, einer von Big Foots Kriegern, der einige Jahre später seinen Namen in Dewey Beard änderte. »Dann sah ich, wie die Soldaten ihre Pferde bestiegen und uns umzingelten. Man sagte uns, daß alle Männer in die Mitte zu einer Besprechung kommen sollten und daß man uns danach zur Pine-Ridge-Agentur bringen würde. Big Foot wurde aus seinem Wigwam geholt, und die älteren Männer versammelten sich um ihn und setzten sich neben ihn in die Mitte.«

Nachdem zum Frühstück Zwieback verteilt worden war, teilte Colonel Forsyth den Indianern mit, daß man sie jetzt entwaffnen werde. »Sie verlangten unsere Gewehre und Waffen«, sagte White Lance, »und so gaben wir alle un-

sere Gewehre ab, und sie wurden in der Mitte aufgestapelt.« Die Offiziere waren mit der Zahl der abgelieferten Waffen nicht zufrieden und befahlen Soldaten, die Zelte zu durchsuchen. »Sie gingen in die Wigwams, kamen mit Bündeln heraus und rissen sie auf«, sagte Dog Chief. »Sie brachten unsere Beile, Messer und Zeltstangen und legten sie neben die Gewehre.«
Die Offiziere gaben sich noch immer nicht zufrieden und befahlen den Kriegern, ihre Decken abzulegen und sich nach Waffen durchsuchen zu lassen. Die Indianer machten wütende Gesichter, doch nur Yellow Bird, der Medizinmann, protestierte offen. Er machte ein paar Geistertanzschritte, sang eins der heiligen Lieder und sagte den Kriegern, daß die Kugeln der Soldaten ihre Kleider nicht durchdringen könnten.
Die Soldaten fanden nur zwei Gewehre; das eine war eine neue Winchester-Waffe und gehörte einem jungen Minneconjou namens Black Coyote. Black Coyote hob das Gewehr über den Kopf und rief, er habe viel Geld dafür bezahlt und es sei sein Eigentum. Einige Jahre später berichtete Dewey Beard, daß Black Coyote taub war. »Wenn sie ihn in Ruhe gelassen hätten, dann hätte er sein Gewehr abgeliefert. Sie packten ihn und drehten ihn herum. Selbst in diesem Moment war er noch ruhig. Er richtete sein Gewehr auf niemanden. Er hatte die Absicht, es hinzulegen. Da packten sie das Gewehr, das er hinlegen wollte. Gleich nachdem sie ihn herumgedreht hatten, fiel ein Schuß. Ich weiß nicht, ob jemand getroffen wurde, doch es folgte ein lautes Krachen.«
»Das Krachen hörte sich an wie das Zerreißen von Segeltuch«, sagte Rough Feather. Afraid-of-the-Enemy meinte, es klang wie das »Krachen eines Blitzes«.
Turning Hawk sagte, Black Coyote »war ein Verrückter, ein junger Mann, der auf die anderen einen sehr schlechten Einfluß ausübte«. Er sagte, Black Coyote habe sein Gewehr abgefeuert, »und sofort erwiderten die Soldaten das Feuer und schossen blindlings um sich«.
In den ersten Sekunden war das Krachen der Karabiner ohrenbetäubend und die Luft voller Pulverqualm. Unter den Sterbenden, die auf dem gefrorenen Boden lagen, war Big Foot. Dann herrschte einen Moment Stille, und es kam zu einem Handgemenge zwischen den Indianern und Soldaten, bei dem Messer, Keulen und Pistolen benutzt wurden. Da nur wenige der Indianer Waffen besaßen, mußten sie bald fliehen, worauf die großen Hotchkisskanonen auf dem Berg sie unter Beschuß nahmen. Sie feuerten fast jede Sekunde eine Granate ab, beschossen das Indianerlager, zerfetzten mit ihren Schrapnells die Wigwams und töteten Männer, Frauen und Kinder.
»Wir versuchten fortzulaufen«, sagte Louise Weasel Bear, »doch sie schossen auf uns, als wären wir Büffel. Ich weiß, daß es auch gute Weiße gibt, doch Sol-

daten, die auf Frauen und Kinder schießen, müssen böse sein. Indianische Soldaten würden niemals weiße Kinder erschießen.«

»Ich lief weg und folgte den Flüchtenden«, sagte Hakiktawin, eine andere junge Frau. Mein Großvater, meine Großmutter und mein Bruder wurden getötet, als wir die Schlucht durchquerten, und dann schlug eine Kugel durch meine rechte Hüfte und traf mein rechtes Handgelenk, und ich konnte nicht weiter, weil ich nicht mehr laufen konnte, und nachdem der Soldat mich getroffen hatte, kam ein kleines Mädchen zu mir und kroch unter meine Decke.«

Als das Massaker endete, waren Big Foot und über die Hälfte seiner Leute tot oder schwer verwundet; 153 Tote wurden gezählt, doch viele Verwundete krochen fort und starben später. Einer Schätzung zufolge kamen fast dreihundert von den 350 Männern, Frauen und Kindern ums Leben. Von den Soldaten fielen fünfundzwanzig, und neununddreißig wurden verwundet; die meisten waren von ihren eigenen Kugeln und Schrapnells getroffen worden.

Nachdem man die verwundeten Kavalleristen zur Agentur am Pine Ridge gebracht hatte, marschierte ein Trupp Soldaten zum Schlachtfeld am Wounded Knee, sammelte die noch lebenden Indianer auf und legte sie auf Wagen. Da sich gegen Abend ein Schneesturm näherte, ließ man die toten Indianer liegen. (Als die Soldaten nach dem Schneesturm zum Wounded Knee zurückkehrten, waren die Toten, darunter Big Foot, zu grotesken Gestalten erstarrt.)

Nach Einbruch der Dunkelheit erreichten die Wagen mit den verwundeten Sioux (vier Männern und siebenundvierzig Frauen und Kindern) die Agentur am Pine Ridge. Da alle verfügbaren Baracken mit Soldaten belegt waren, ließ man sie in der bitteren Kälte auf den offenen Wagen liegen, während ein unfähiger Armeeoffizier eine Unterkunft suchte. Schließlich nahm man die Bänke aus der Episkopalkirche und breitete Heu auf dem Fußboden aus.

Es war der vierte Tag nach Weihnachten im Jahr des Herrn 1890. Als die ersten zerfetzten und blutenden Indianer in die mit Kerzen beleuchtete Kirche getragen wurden, konnten jene, die bei Bewußtsein waren, die weihnachtlichen Tannenzweige sehen, die an den Dachbalken hingen. Über dem Altar über der Kanzel war ein Tuch gespannt, auf dem die Worte standen: FRIEDE AUF ERDEN UND DEN MENSCHEN EIN WOHLGEFALLEN.

Ich wußte damals nicht, wieviel zu Ende ging. Wenn ich heute von dem hohen Berg meines Alters zurückblicke, kann ich die niedergemetzelten Frauen und Kinder verstreut und in Haufen entlang der gewundenen Schlucht so deutlich liegen sehen, wie ich sie sah, als meine Augen noch jung waren. Ich kann sehen, daß noch etwas anderes dort in dem blutigen Schlamm starb und vom Schnee begraben wurde. Eines Volkes Traum ist dort gestorben. Es war ein schöner Traum ... des Volkes Rad ist zerbrochen und zerfallen. Es gibt keine Nabe mehr, und der heilige Baum ist tot. BLACK ELK

Big Foot im Tode (aufgenommen auf dem Schlachtfeld am Wounded Knee)

THE EARTH ONLY ENDURES

Wi-ća-hća-la kiŋ he-ya pe lo ma-ka kiŋ le-će-la te-haŋ yuŋ-ke-lo e-ha pe-lo e-haŋ-ke-ćoŋ wi-ća-ya-ka pe-lo

The old men
say
the earth
only
endures.
You spoke
truly.
You are right.

»Die Weißen haben uns viel versprochen, mehr als ich aufzählen kann, aber gehalten haben sie nur ein Versprechen; sie schworen, unser Land zu nehmen, und sie haben es genommen.«

Bibliographie

"The Affair at Slim Buttes." *South Dakota Historical Collections*, Vol. VI, 1912, pp. 493-590.

Allen, Charles W. "Red Cloud and the U.S. Flag." *Nebraska History*, Vol. 22, 1941, pp. 77-88.

Allison, E. H. "Surrender of Sitting Bull." *South Dakota Historical Collections*, Vol. VI, 1912, pp. 231-70.

Anderson, Harry H. "Cheyennes at the Little Big Horn—a Study of Statistics." *North Dakota History*, Vol. 27, 1960, pp. 81-93.

Andrist, Ralph K. *The Long Death; the Last Days of the Plains Indian*. New York, Macmillan, 1964.

Bailey, Lynn R. *Long Walk*. Los Angeles, Westernlore, 1964.

Barrett, S. M. *Geronimo's Story of His Life*; New York, Duffield & Co., 1915.

Battey, Thomas C. *Life and Adventures of a Quaker Among the Indians*. Boston, Lee, Shepard & Dillingham, 1875.

Beal, Merrill D. "*I Will Fight No More Forever*"; *Chief Joseph and the Nez Percé War*. Seattle, University of Washington Press, 1963.

Bent, George, "Forty Years with the Cheyennes." *The Frontier*, Vol. IV, 1905-06.

Berthrong, Donald J. *The Southern Cheyennes*. Norman, University of Oklahoma Press, 1963.

Betzinez, Jason, und W. S. Nye. *I Fought with Geronimo*. Harrisburg, Pa., Stackpole, 1960.

"Big Eagle's Story of the Sioux Outbreak of 1862." Minnesota Historical Society, *Collections*, Vol. VI, 1894, pp. 382-400.

Bourke, John G. *An Apache Campaign in the Sierra Madre*. New York, Scribner's, 1886.

-. *Mackenzie's Last Fight with the Cheyennes*. New York, Argonaut Press, 1966.

Bourke, John G. *On the Border with Crook*. New York, Scribner's, 1891.

Brill, Charles J. *Conquest of the Southern Plains*. Oklahoma City, 1938.

Britt, Albert. *Great Indian Chiefs*. New York, McGraw-Hill 1938.

Bronson, Edgar. *Reminiscences of a Ranchman*. New York, McClure Company, 1908.

Brown, Dee. *Fort Phil Kearney; an American Saga*. New York, Putnam's, 1962.

Brown, Mark H. *Plainsmen of the Yellowstone*. New York, Putnam's, 1961.

Bryant, Charles S., und A. B. Murch. *A History of the Great Massacre by the Sioux Indians in Minnesota*. Cincinnati, 1864.

Campbell, C. E. "Down Among the Red Men." Kansas State Historical Society, *Collections*, Vol. XVII, 1928, pp. 623–91.

Carley, Kenneth, Hrsg. "As Red Men Viewed It; Three Indian Accounts of the Uprising." *Minnesota History*, Vol. 38, 1962, pp. 126–49.

–. *The Sioux Uprising of 1862*. St. Paul, Minnesota Historical Society, 1961.

Carrington, Frances C. *My Army Life and the Fort Phil Kearny Massacre*. Philadelphia, Lippincott, 1911.

Carrington, Henry B. *The Indian Question*. Boston, C. H. Whiting, 1884.

Carrington, Margaret I. *Ab-sa-ra-ka, Home of the Crows*. Philadelphia, Lippincott, 1868.

Carter, R. G. *On the Border with Mackenzie*. New York, Antiquarian Press, 1961.

Chief Joseph. "An Indian's Views of Indian Affairs." *North American Review*, Vol. 128, 1879, pp. 412–33.

Clum, Woodworth, *Apache Agent, the Story of John P. Clum*. Boston, Houghton Mifflin, 1936.

Collins, John C. *Across the Plains in '64*. Omaha, Nebraska, 1904.

Conner, Daniel E. *Joseph Reddeford Walker and the Arizona Adventure*. Herausgeber D. J. Berthrong & O. Davenport. Norman, University of Oklahoma Press, 1956.

Cook, James H. *Fifty Years on the Old Frontier*. New Haven, Yale University Press, 1923.

Cook, John R. *The Border and the Buffalo*. New York, Citadel Press, 1967.

Cremony, John C. *Life among the Apaches*. San Francisco, A. Roman & Co., 1868.

Crook, George. *Autobiography*, Herausgegeben von Martin F. Schmitt. Norman, University of Oklahoma Press, 1946.

–. *Résumé of Operations Against Apache Indians, 1882 to 1886*. Omaha, Nebraska, 1886.

Curtis, Edward S. *The North American Indian*. 20 Bde. Norwood, Mass., 1903–1930.

Davis, Britton, *The Truth About Geronimo*. Chicago, Lakeside Press, 1951.

DeBarthe, Joe. *Life and Adventures of Frank Grouard*. Norman, University of Oklahoma Press, 1958.

Easterwood, Thomas J. *Memories of Seventy-Six*. Dundee, Oregon, 1880.

Ellis, A. N. "Recollections of an Interview with Cochise, Chief of the Apaches." Kansas State Historical Society, *Collections*, Vol. 13, 1915, pp. 387–92.

Emmitt, Robert. *The Last War Trail; the Utes and the Settlement of Colorado*. Norman, University of Oklahoma Press, 1954.

Ewers, John C. *Indian Life on the Upper Missouri*. Norman, University of Oklahoma Press, 1968.

Falk, Odie B. *The Geronimo Campaign*. New York, Oxford University Press, 1969.

Fechet, E. G. "The True Story of the Death of Sitting Bull." Nebraska State Historical Society, *Proceedings and Collections*, Second Series, Vol. II, 1898, pp. 179–90.

Finerty, John F. *Warpath and Bivouac*. Chicago, Lakeside Press, 1955.

Folwell, William W. *A History of Minnesota*, Vol. II. St. Paul, Minnesota Historical Society, 1924.

Foreman, Grant. *The Last Trek of the Indians*. Chicago, University of Chicago Press, 1946.

Friederici, Georg. *Indianer und Anglo-Amerikaner*. Braunschweig, Fr. Vieweg & Sohn, 1900.

Friederici, Georg. *Der Charakter der Entdeckung und Eroberung Amerikas durch die Europäer*. Bd. 3; Stuttgart, Perthes, 1936.

Fritz, Henry E. *The Movement for Indian Assimilation, 1860–1890*. Philadelphia, University of Pennsylvania Press, 1963.

Garland, Hamlin. "General Custer's Last Fight as Seen by Two Moon." *McClure's Magazine*, Vol. 11, 1898, pp. 443–48.

Garretson, Martin S. *The American Bison*. New York Zoological Society, 1938.

Gilbert, Hila. *"Big Bat" Pourier*. Sheridan, Wyoming, Mills Company, 1968.

Glaspell, Kate E. "Incidents in the Life of a Pioneer." *North Dakota Historical Quarterly*, Vol. 8, 1941, pp. 184–90.

Graham, W. A. *The Custer Myth: A Source Book of Custeriana*. Harrisburg, Pa., The Stackpole Co., 1953.

Grange, Roger T., Jr. "Treating the Wounded at Fort Robinson." *Nebraska History*, Vol. 45, 1964, pp. 273-94.

–. *Two Great Scouts and Their Pawnee Battalion*. Cleveland, A. H. Clark, 1928.

Grinnell, George B. *The Fighting Cheyennes*. 2d ed., Norman, University of Oklahoma Press, 1956.

Hafen, Le Roy R. und Ann W. *Powder River Campaigns and Sawyers' Expedition of 1865*. Glendale, Calif., A. H. Clark, 1961.

Hancock, Winfield S. *Reports of Major General... upon Indian Affairs, with Accompanying Exhibits*. Washington 1867.

Heard, Isaac V. D. *History of the Sioux War*. New York, Harper, 1864.

Hoig, Stan. *The Sand Creek Massacre*. Norman, University of Oklahoma Press, 1961.

Holman, Albert M. *Pioneering in the Northwest*. Sioux City, Iowa, 1924.

Hornaday, William T. "The Extermination of the American Bison." U.S. national Museum, *Annual Report for 1887*, 1889, pp. 367-548.

Howard, Helen A. *War Chief Joseph*. Caldwell, Idaho, Caxton Printers, 1946.

Howard, James H. *The Ponca Tribe* (Bureau of American Ethnology Bulletin 195). Washington, D.C., 1965.

Howard, O. O. *My Life and Experiences Among Our Hostile Indians*. Hartford, Connecticut, 1907.

Humfreville, J. Lee. *Twenty Years Among Our Hostile Indians*. New York, Hunter & Co., 1903.

Hyde, George E. *Life of Geroge Bent*; written from his letters. Edited by Savoie Lottinville. Norman, University of Oklahoma Press, 1967.

–. *Red Cloud's Folk; a History of the Oglala Sioux Indians*. Norman, University of Oklahoma Press, 1937.

–. *A Sioux Chronicle*. Norman, University of Oklahoma Press, 1956.

–. *Spotted Tail's Folk, a History of the Brulé Sioux*. Norman, University of Oklahoma Press, 1961.

Jackson, Donald. *Custer's Gold, the United States Cavalry Expedition of 1874*. New Haven, Yale University Press, 1966.

Jackson, H. H. *A Century of Dishonour*. London 1881.

Jones, Douglas C. *The Treaty of Medicine Lodge*. Norman, University of Oklahoma Press, 1966.

Josephy, Alvin M., Jr. *The Nez Percé Indians and the Opening of the Northwest*. New Haven, Yale University Press, 1965.

–. *The Patriot Chiefs*. New York, Viking, 1961.

Kappler, Charles J. *Indian Affairs, Laws and Treaties*. 4 Bde. Washington, D.C., 1904–1927.

Keim, De B. Randolph. *Sheridan's Troopers on the Border*. Philadelphia, McKay, 1870.

Keleher, William A. *Turmoil in New Mexico, 1846–1868*. Sante Fe, N.M., Rydall Press, 1952.

Kelly, Lawrence C. *Navajo Roundup*. Boulder, Colo., Pruett, 1970.

Lavender, David. *Bent's Fort*. New York, Doubleday, 1954.

Leckie, William H. *The Military Conquest of the Southern Plains*. Norman, University of Oklahoma Press, 1963.

"The Liquidation of Dull Knife." *Nebraska History*, Vol. 22, 1941, pp. 109–10.

Lockwood, Frank C. *Pioneer Days in Arizona*. New York, Macmillan, 1932.

Lockwood, James D. *Life and Adventures of a Drummer Boy; or Seven Years a Soldier*. Albany, N.Y., 1893.

McCreight, M. L. *Firewater and Forked Tongues; a Sioux Chief Interprets U.S. History*. Pasadena, Calif., Trail's End Pub. Co., 1947.

McGillycuddy, Julia B. *McGillycuddy: Agent*. Palo Alto, Stanford University Press, 1941.

McGregor, James H. *The Wounded Knee Massacre from the Viewpoint of the Survivors*. Baltimore, Wirth Bros., 1940.

McLaughlin, James. *My Friend the Indian*. Boston, Houghton Mifflin, 1910.

McWorther, Lucullus V. *Yellow Wolf: His Own Story*. Caldwell, Idaho, 1940.

Marquis, Thomas B. *Wooden Leg, a Warrior Who Fought Custer*. Lincoln, University of Nebraska Press, 1957.

Mayhall, Mildred P. *The Kiowas*. Norman, University of Oklahoma Press, 1962.

Meacham, A. B. *Wigwam and Warpath*. Boston, 1875.

Meyer, Roy W. *History of the Santee Sioux*. Lincoln, University of Nebraska Press, 1967.

Mills, Anson. *My Story*. Washington, D.C. 1918.

Mooney, James. *The Ghost-Dance Religion and the Sioux Outbreak of 1890.* (Bureau of American Ethnology, Annual Report for 1892–93, Teil 2). Washington, D.C. 1896.

Murray, Keith A. *The Modocs and Their War*. Norman, University of Oklahoma Press, 1959.

Neihardt, John G. *Black Elk Speaks: Being a Life Story of a Holy Man of the Oglala Sioux*. 2. Aufl., Lincoln, University of Nebraska Press, 1961.

Nye, W. S. *Bad Medicine and Good; Tales of the Kiowas*. Norman, University of Oklahoma Press, 1962.

–. *Carbine and Lance; the Story of Old Fort Sill*. Norman, University of Oklahoma Press, 1938.

–. *Plains Indian Raiders*. Norman, University of Oklahoma Press, 1968.

Oehler, C. M. *The Great Sioux Uprising*. New York, Oxford University Press, 1959.

Olson, James C. *Red Cloud and the Sioux Problem*. Lincoln, University of Nebraska Press, 1965.

Palmer, H. E. "History of the Powder River Indian Expedition of 1865." Nebraska State Historical Society, *Transactions and Reports*, Vol. II, 1887.

Parker, Arthur C. *The Life of General Ely S. Parker*. Buffalo, N.Y., Buffalo Historical Society, 1919.

A Pictographic History of the Oglala Sioux, Zeichnungen von Amos Bad Heart Bull, Text von Helen H. Blish. Lincoln, University of Nebraska Press, 1967.

Praus, Alexis A. *A New Pictographic Autobiography of Sitting Bull* (Smithsonian Miscellaneous Collections, Vol. 123, No. 6). Washington 1955.

Riddle, Jeff C. *The Indian History of the Modoc War*. 1914.

Riggs, S. R. "Narrative of Paul Mazakootemane." Minnesota Historical Society, *Collections*, Vol. 3, 1880, pp. 82–90.

Robinson, D. W. "Editorial Notes on Historical Sketch of North and South Dakota." *South Dakota Historical Collections*, Vol. I. 1902, pp. 85–162.

Robinson, Doane. "Crazy Horse's Story of Custer Battle." *South Dakota historical Collections*, Vol. VI, 1912, pp. 224–28.

–. *A History of the Dakota or Sioux Indians*. Minneapolis 1967.

Sacks, Benjamin H. "New Evidence on the Bascom Affair." *Arizona and the West*, Vol. 4, 1962, pp. 261–78.

Salzman, M., Jr. "Geronimo the Napoleon of Indians." *Journal of Arizona History*, Vol. 8, 1967, pp. 215–47.

Sandoz, Mari. *Cheyenne Autumn*. New York, McGraw-Hill, 1953.

–. *Crazy Horse, the Strange Man of the Oglalas*. New York, Knopf, 1945.

–. *Hostiles and Friendlies*. Lincoln, University of Nebraska Press, 1959.

Schellie, Don. *Vast Domain of Blood, the Camp Grant Massacre*. Los Angeles, Westernlore, 1968.

Schmeckebier, Laurence F. *The Office of Indian Affairs; Its History, Activities, and Organization*. Baltimore, Johns Hopkins Press, 1927.

Schmitt, Martin F., und Dee Brown. *Fighting Indians of the West*. New York, Scribner's, 1948.

Scott, Hugh L. *Some Memories of a Soldier*. New York, Century Co., 1928.

Seymour, Flora W. *Indian Agents of the Old Frontier*. New York, Appleton-Century, 1941.

Sheldon, Addison E. *Nebraska, the Land and the People*. Vol. I. Chicago, Lewis Publishing Co., 1931.

Shields, G. O. *Battle of the Big Hole*. Chicago, 1889.

Simonin, Louis L. *The Rocky Mountain West in 1867*. Lincoln, University of Nebraska Press, 1966.

Sonnichsen, C. L. *The Mescalero Apaches*. Norman, University of Oklahoma Press, 1958.

Sprague, Marshall. *Massacre; the Tragedy at White River*. Boston, Little, Brown, 1957.

Stands In Timber, John & Margot Liberty. *Cheyenne Memories*; Yale University Press, New Haven & London, 1967.

Stanley, F. *Satanta and the Kiowas*. Borger, Texas, 1958.

Stanley, Henry M. *My Early Travels and Adventures in America and Asia*. Vol. I. New York, Scribner's, 1905.

Stewart, Edgar I. *Custer's Luck*. Norman, University of Oklahoma Press, 1955.

Stirling, M. W. *Three Pictographic Autobiographies of Sitting Bull* (Smithsonian Miscellaneous Collections, Vol. 97, No. 5). Washington, D.C., 1938.

Swanton, John R. *The Indian Tribes of North America* (Bureau of American Ethnology, Bulletin 145). Washington, D.C., 1952.

"Ta-oya-te-duta Is Not a Coward." *Minnesota History*, Vol. 38, 1962, p. 115.

Tatum, Lawrie, *Our Red Brothers and the Peace Policy of President Ulysses Grant*. Philadelphia, Winston, 1899.

Taylor, Alfred A. "Medicine Lodge Peace Council." *Chronicles of Oklahoma*, Vol. 2, 1924, pp. 98–118.

Thrapp, Dan L. *The Conquest of Apacheria*. Norman, University of Oklahoma Press, 1967.

Tibbles, Thomas Henry. *Buckskin and Blanket Days*. New York, Doubleday, 1957.

Trenerry, Walter N. "The Shooting of Little Crow: Heroism or Murder?" *Minnesota History*, Vol. 38, 1962, pp. 150–53.

Turner, Katherine C. *Red Men Calling on the Great White Father*. Norman, University of Oklahoma Press, 1951.

Tyler, Barbara Ann. "Cochise: Apache War Leader, 1858–1861." *Journal of Arizona History*, Vol. 6, 1965, pp. 1–10.

Utley, Robert M. "The Bascom Affair; a Reconstruction." *Arizona and the West*, Vol. 3, 1961, pp. 59–68.

–. *Custer and the Great Controversy*. Los Angeles, Westernlore, 1962.

–. *Frontiersmen in Blue; the U.S. Army and the Indian, 1848–1865*. New York, Macmillan, 1967.

–. *The Last Days of the Sioux Nation*. New Haven, Yale University Press, 1963.

Vaughn, J. W. *The Battle of Platte Bridge*. Norman, University of Oklahoma Press, 1964.

–. *Indian Fights; New Facts on Seven Encounters*. Norman, University of Oklahoma Press, 1966.

–. *The Reynolds Campaign on Powder River*. Norman, University of Oklahoma Press, 1961.

–. *With Crook at the Rosebud*. Harrisburg, Pa., Stackpole, 1956.

Vestal, Stanley. *Sitting Bull, Champion of the Sioux*. Norman, University of Oklahoma Press, 1957.

–. *Warpath and Council Fire*. New York, Random House, 1948.

Wallace, Ernest, und E. Adamson Hoebel. *The Comanches, Lords of the South Plains*. Norman, University of Oklahoma Press, 1952.

Ware, E. F. *The Indian War of 1864*. New York, St. Martin's Press, 1960.

Wellman, Paul. *Death on Horseback*. Philadelphia, Lippincott, 1947.

Welsh, William. *Report and Supplementary Report of a Visit to Spotted Tail's Tribe of Brulé Sioux Indians*. Philadelphia, 1870.

West, G. Derek. "The Battle of Adobe Walls (1874)." *Panhandle-Plains Historical Review*, Vol. 36, 1963, pp. 1–36.

White Bull, Joseph. *The Warrior Who Killed Custer...* Herausgegeben und übersetzt von James H. Howard. Lincoln, University of Nebraska Press, 1968.

Winks, Robin W. "The British North American West and the Civil War." *North Dakota History*, Vol. 24, 1957, pp. 139–52.

Wright, Peter M. "The Pursuit of Dull Knife from Fort Reno in 1878–1879." *Chronicles of Oklahoma*, Vol. 46, 1968, pp. 141–54.

Das Literaturverzeichnis wurde für die deutsche Ausgabe bearbeitet und ergänzt von Dr. Wolfgang Haberland (Museum für Völkerkunde, Hamburg).

Register

Adobe Walls 261 f.
Afraid-of-the-Enemy 426
Albuquerque, N. M. 41
Alchise 396
Allerdice, Susannah 174
Allison, William B. 274, 277
Almy, Jacob 214
Alvord, Henry 253
American Horse 295 f.
Anthony, Scott J. 92, 94 f.
Apache 24 f., 161 f., 197 f., 201, 215, 311, 379;
(Aravaipa) 194, 201 f., 205, 213, 215, 382, 384, 391, 398, 399;
(Chiricahua) 194, 196 f., 208 ff., 380, 382, 388, 390 f., 393 ff.;
(Mescaleros) 34 ff., 198, 200, 202, 386 f.;
(Mimbreno) 199;
(Tonto) 207, 213
Apache Pass 196 ff., 380, 384
Arapahos 24, 78 f., 83, 85 ff., 91 f., 100, 102, 104, 106, 108, 112, 115 f., 119 ff., 124, 132, 137 ff., 241, 254, 261, 264, 272, 276, 290, 330, 332, 377
Arawak 16
Arkansas 20, 78, 94, 104, 106 f., 108, 142, 164, 241, 347
Armijo 30, 41, 46

Baker, Eugene M. 179 f.
Barboncito 29 f., 35 f., 38 f., 41 ff.
Bascom, George N. 196 f.
Battey, Thomas 256, 258 f.
Bear Paw Mountains 317
Beard, Dewey siehe: Wasumaza
Beckwourth, James 95 f., 99 f., 129, 135, 137 f.
Beecher, Frederick 168
Belknap, W. W. 279

Bent, Charlie 82, 94, 96, 99, 113 f., 116, 153
Bent, George 82, 84, 94, 96, 99, 101 f., 104 f., 113, 115, 123, 152 ff., 161, 164, 169
Bent, Robert 95, 98
Bent, William 79, 81 ff., 94 f., 107, 116, 169
Benteen, Frederick 290
Betzinez, Jason 393 f., 397
Big Bow 250
Big Eagle 50, 54, 56 ff., 66, 68, 71, 316
Big Elk 345
Big Foot 188, 418, 420, 423 ff.
Big Hole River 315
Bighorn 276 f., 280, 290, 299
Big Mouth 79, 129, 131 f., 145
Big Rascal 141
Big Snake 352 ff.
Big Tree 247 f., 250 ff.
Birch Coulee 63 f.
Black Bear 112, 116, 119, 121, 137
Black Coyote 426
Black Elk 285 f., 288, 428
Black Hawk 19
Black Hills 24, 112, 120, 124, 269, 272 ff., 290 ff., 304, 324, 326, 402
Black Horse 136
Black Jim 232, 234, 237
Black Kettle 23, 77, 79 f., 87, 89, 96, 107, 142, 152 f., 161 ff., 241 f., 272, 370
Black Moon 121
Blackfeet 179 f.
Blue Mountains 25
Bogus Charley 234
Bonito 392 f.
Bosque Redondo Reservation 35, 38 f., 41 ff., 198, 200 f.
Boston Charley 221, 225, 233 f., 237

441

Bozeman Road 112, 130, 134, 137, 139, 143, 280
Brady, Mathew 184
Brave Bear 290
Bridger, James 119, 129, 135 ff.
Brughiere, Johnny 296 f.
Brunot, Felix R. 360 f.
Buchanan 52
Buffalo Bill 412, 420
Buffalo-Calf-Road-Woman 284
Buffalo Chief 163, 347
Bull Bear (Cheyenne) 86 f., 89, 91, 113, 152, 154 ff.
Bull Bear (Comanche) 256
Bull Head 421
Bull Run 27, 49

Cadette 34
Camp Grant 201, 204, 206, 214, 382
Camp McDowell 207
Camp Robinson siehe: Fort Robinson
Camp Supply 172
Camp Verde 214
Camp Weld 88
Canalla 364
Canby, Edward R. S. 29 f., 227 ff.
Canyon de Chelly 36, 39 ff.
Canyon Bouto 29
Captain Jack siehe: Kintpuash
Carey, Asa 41 f.
Carleton, James 32, 34 ff., 197, 200
Carr, Eugene A. 174
Carrington, Henry B. 132, 134 ff.
Carson, Christopher (Kit) 32, 34, 36 ff., 357 f.
Chacon, Rafael 38
Chato (Chiricahua Apache) 390, 292 ff.
Chato (Mescalero Apache) 34
Chattanooga 49
Central Pacific railroad 49, 177
Cherokees 19, 21
Cherry, Samuel 373
Cheyenne River Agentur 294, 403, 414 f.
Cheyennes 23 ff., 77 ff., 92, 94, 102, 112 f., 115 f., 119, 122 ff., 241, 246, 261 f., 264, 272, 276, 279, 282 ff., 317, 323 ff., 352, 357, 370, 377, 390; (Northern) 24, 79, 104, 153, 172, 178, 280, 323, 325 ff., 347; (Southern) 23, 77 f., 84, 104, 108, 142, 152 f., 168, 172, 272, 324, 326, 330
Chickasaw 19
Chihuahua 392 ff.

Chivington, John M. 82 ff., 87, 91, 94 ff., 100, 141
Chuska Mountains 36, 44
Clark, William P. 325
Cleveland, Grover 398, 401
Clum, John 215, 217, 382 ff., 391, 398
Cochise 24, 193 ff., 311, 380, 382 f., 394
Cody, William F. 412
Cole, Nelson 112, 120 ff.
Colley, Samuel G. 83 f.
Collins, Caspar 106
Collins, John 274
Colorado 23, 44, 78, 84, 106, 198, 357, 360, 365, 377
Colorow 364, 369, 372 f., 375 f.
Colyer, Vincent 206 f.
Comanche 24, 104, 161 ff., 241, 244, 254, 260, 262 ff., 294, 298, 377, 399; (Kwahadi) 242, 252, 254 f., 258, 260, 262; (Yamparika) 241
Conner, Daniel 199 f.
Connor, James 94 f., 98
Connor, Patrick E. 112, 116, 118 ff., 128 ff., 174
Cox, Jacob 185 ff.
Cramer, Joseph 94 f.
Crawford, Emmet 273 f.
Crazy Horse 23, 137 ff., 270, 274, 276, 278, 280 ff., 294, 298 ff., 324, 424
Crook, George 206, 208, 214, 216, 274, 280 ff., 295 f., 298 f., 325 ff., 348, 350 f., 362, 390 ff., 413 f.
Crow Creek Agentur 75, 294, 403, 413 f.
Crow Dog 406, 414
Crow King 286, 288 f., 405
Crows 78, 137 f., 283
Curly Headed Doctor 221, 225, 232
Cummings, Joseph 37
Curtis, Samuel R. 87
Custer, George Armstrong 142, 155, 168, 170 f., 241 f., 250, 272 f., 282, 284 ff., 317, 343, 425

Dakotas siehe: Sioux
Danforth, E. H. 361
Davis, Jefferson C. 27, 49, 236 f.
Dawes, Henry L. 407 f.
Delgadito 30, 35 f., 38 ff.
Delshay 24, 194, 207, 213 f.
Donehogawa siehe: Parker, Ely
Douglas siehe: Quinkent
Drum, William F. 421
Dull Knife 23, 104 f., 113, 115 f., 124,

130, 132, 136, 188, 298, 324, 326, 328 ff.
Dundy, Elmer S. 350 ff.
Dyar, L. S. 227, 229, 234

Eagle Heart 250 f.
Edmunds, Newton 128 f., 291, 407
Egan, James 281
Ellen's Man 221, 234
Elliott, Joel 170
El Paso 200, 388
El Sordo 38 f.
Eskiminzin 194, 201 ff., 205 f., 213 ff., 382 f., 398
Estrella 34
Evans, John 83 ff., 87 f., 90, 94, 100, 357

Fairchild, John 230
Fast Bear 250
Fetterman, William J. 140 f., 144
Fire Thunder 144
Fleet Foot 130 f.
Forsyth, George A. 165 ff., 390
Forsyth, James W. 425
Foster, Charles 413
Fort Abraham Lincoln 272
Fort Apache 213, 390 f.
Fort Atkinson 20, 81
Fort Bascom 265
Fort Bowie 211, 216, 390, 396 f.
Fort Buford 406
Fort C. F. Smith 143 f., 148
Fort Canby 37 ff.
Fort Clark 259 f.
Fort Cobb 168, 172, 241 f.
Fort Concho 260, 265
Fort Connor (siehe: Fort Reno, Wyo.)
Fort Defiance 29 f., 37
Fort Dodge 265, 333
Fort Fauntleroy 30
Fort Fetterman 300
Fort Garry 74
Fort Gibson 20
Fort Keogh 296 f., 299 f., 317, 324, 338 f.
Fort Klamath 237
Fort Laramie 78, 112, 120, 124, 129 ff., 178 f., 183, 186, 274
Fort Larned 79 f., 82, 154, 161, 164 f.
Fort Lyon 82 ff., 91 f., 94
Fort McPherson 142
Fort Marion 266, 398

Fort Phil Kearny 132, 136 ff., 283, 333
Fort Randall 178, 183, 345, 406, 408
Fort Reno (Okla.) 325, 327, 332
Fort Reno (Wyo.) 124, 132, 135, 148
Fort Rice 287
Fort Richardson 247 f., 251, 265
Fort Ridgely 57, 59 f., 62, 65 f.
Fort Riley 155, 333
Fort Robinson 273, 276 ff., 294, 302, 318, 324 f., 334, 338 f., 348
Fort Sill 244, 247, 250, 253 f., 256, 258 ff., 327, 399
Fort Smith 20
Fort Snelling 20, 70
Fort Sumner 35
Fort Sumter 27
Fort Thomas 384, 390
Fort Towson 20
Fort Wallace 153, 332
Fort Walsh 403 f.
Fort Wingate 38, 43 f., 386
Fort Wise 78 f.
Fort Yates 421
Free, Mickey 395

Galbraith, Thomas 52 f., 64 f.
Galvanized Yankees 124, 129, 135
Gall 23, 137, 287 ff., 405, 411 f.
Gatewood, Charles 397 f.
Gentles, William 304
Geronimo 24, 198, 380 f., 383, 388, 390, 392 ff., 403
Gibbon, John 282, 284, 315 f.
Godfrey 69
Granger, Gordon 208 ff.
Grant, Ulysses S. 49, 111, 177, 179, 182, 186 f., 190 f., 193, 211, 215, 254, 272, 310
Gray Beard 152, 154, 158, 161 f.
Grass, Chief 188
Grass, John 408, 411 f., 414 f., 417
Graydon 34
Greenwood, A. B. 79 f., 96
Grierson, Benjamin 244, 247 f., 250 f.
Grouard, Frank 295
Guerrier, Edmond 94 ff., 103, 161, 330
Guitan 260

Hancock, Winfield Scott 151 ff.
Harney, William S. 145, 147, 160
Haworth, James 258 f., 266
Hayfield-Schlacht 144 f.

443

Hazen, William B. 168
Heinmot Tooyalaket siehe: Joseph (Nez Percé)
Herrero Grande 30, 41 f., 44, 46
High Back Bone 138, 144
High Hawk 413 f.
Hinman, Samuel 54, 57, 274, 291, 406 ff.
Hobomah 17
Hodt, Nicholas 32
Hollow Horn Bear 413
Hooker Jim 221, 224 ff.
Howard, E. A. 345 ff.
Howard, Oliver Otis 211 f., 310 f., 315 ff.
Hump 137, 288 f., 300

Idaho 25, 131, 309
Indian Bureau 206, 208, 222, 328, 351, 358, 360, 377, 383, 406, 411 f., 419 f.
Iowa 19 f.
Irokesen (Iroquois) 180, 182, 187
Iron Shell 142
Iron Thunder 286
Isatai 261 f.

Jack (White River Ute) siehe: Nicaagat
Jackson, Andrew 19, 22
James, Jesse 379
Jeffords, Tom 211, 213, 380, 382 ff.
Johnson (Ute) siehe: Canalla
Joseph (Nez Percé) 25, 308 ff.
Juanita 33
Juh 388

Kanada 18, 20, 72, 127, 290, 298, 304, 314, 316, 403
Kansas 22 ff., 142, 152, 168, 242, 320, 332, 345, 405
Kaws 344
Kayitah 397 f.
Kemble, Edward C. 343, 345
Kicking Bear 415 ff.
Kicking Bird 24, 246, 249 f., 258, 260, 266
Kill Eagle 288
Kintpuash 25, 220 ff.
Kiowas 24, 104, 108, 154, 161 f., 168, 240 ff., 264, 294, 298, 377, 399
Kolumbus, Christoph 15 f., 20
Kowtoliks 315

Lapwai Reservation 311, 320 f.
Lava Beds 224 ff.

Lawton, Henry W. 325 ff.
Lawyer (Aleiya) 309 f.
Lean Bear 79 ff., 86, 91 f.
Le Claire, Peter 342
Left Hand (Arapaho) 87, 91 f., 95, 97, 99 f.
Left Hand (Cheyenne) 330, 334, 336
Lewis und Clark Expedition 25, 308, 314, 342
Lightning Blanket 58, 60
Lincoln, Abraham 27, 49, 69 ff., 77, 79, 111
Little Big Man 276, 278, 299, 301, 304
Little Bighorn river 284 f., 290, 298, 317, 324, 425
Little Crow 22 f., 49, 51 ff., 129, 406
Little Horse 116, 118 f., 140
Little Raven 24, 78 ff., 86, 91 ff., 107, 152, 161, 163
Little Robe 163, 168, 171 f., 241
Little Wolf 142, 148, 188, 281, 323 ff.
Little Wound 142, 408
Loco 384, 390, 393
Logan, John 410
Lone Wolf 24, 241 f., 244 f., 250 ff., 298
Looking Glass 311, 315
Los Pinos Agentur 358, 361, 374
Louderback, David 94, 96
Louisiana 19 f.
Low Dog 281, 286
Lower Brulé Agentur 294, 403, 413 f.

McGillycuddy, Valentine 407, 421
McKenzie, John 74
Mackenzie, Ronald 256, 265, 298, 324, 326 f.
McLaughlin, James 411 f., 415, 419
MacLeod, James 404 f.
Magpie 101, 152
Mamanti 248, 250, 266
Man-Afraid-of-His-Horses 132, 134, 142, 145, 147, 188
Mangas (Sohn von Mangas Colorado) 393 ff.
Mangas Colorado 24, 197 ff.
Mankato 54, 57, 60, 62 f., 67, 70
Manuelito 25, 28 ff., 40 ff.
Manypenny, George 291
Martine 397 f.
Mason, Stanton A. 353
Massasoit 17
Maynadier, Henry 129 ff.
Mazakootemane, Paul 65, 68

Mdewkanton-Santees 22, 50, 52 f., 59
Meacham, Alfred B. 227, 229 f., 234
Medicine Bottle 54, 58, 68, 72, 74
Medicine Lodge Creek 246
Meeker, Nathan C. 362, 364 f., 376
Mexiko 21, 35, 111, 127, 259, 390 ff.
Miles, John D. 326 ff.
Miles, Nelson 265, 297, 299, 319 f., 324, 397
Mills, Anson 295 ff.
Minnesota 20, 22, 60, 72, 74, 79, 177
Minnesota River 54, 57, 59, 62, 68, 70
Missouri 18, 128, 132, 146, 178, 183, 188, 252 f., 274, 276, 291 f., 300, 304, 317, 342, 402 f.
Modocs 25, 220, 224 ff., 320, 347
Montoyas, Donaciano 39
Morning Star siehe: Dull Knife
Murphy, Thomas 107, 160 ff.
Myrick, Andrew 53, 56, 64 f.
Mississippi 18 ff., 22

Naiche 211, 216, 383 ff., 397
Nana 24, 200 f., 384, 388 f.
Navajos 24 f., 27 ff., 79, 107, 357
Nebraska 22, 24, 112, 127, 132, 142, 304, 332 f., 345, 353, 402
New England 20, 22, 177
New Mexico 28, 32, 36, 45, 83, 85, 265, 383 f., 386, 388, 391 f.
New Ulm, Minn. 57, 60, 65 f., 69
Nez Percés 25, 302, 307 ff., 347
Nicaagat 357 f., 362 ff.
No Heart 292
Nordstrom, Charles 172
North, Frank 115, 120, 174
Northern Pacific Railroad 177, 411
Norton, A. B. 45

Oakley, Annie 412
Old-Man-Afraid-of-His-Horses 105, 274
Ollokot 318 f.
Omahas 184, 345, 347 f., 350, 425
One-Eye 85 ff., 99
Oregon 21, 25
Otis, Elwell 297
Otoes 345, 347
Ouray 25, 204, 304, 357 ff., 374, 377
Overland Stage Company 153, 160

Paha-Sapa siehe: Black Hills
Paiutes 25
Palo Duro Canyon 252, 264 f., 294, 298

Panther 119
Papagos 204 f.
Parker, Ely S. 177 ff.
Parker, Quanan siehe: Quanah
Pawnee Killer 100, 142, 145 ff., 156, 165
Pawnees 115 f., 118 ff., 174, 298
Pease, William B. 180, 183
Pennsylvania 307
Pequots 20
Pfeiffer, Albert 40
Piegans siehe: Blackfeet
Pike's Peak 78
Pine Ridge Agentur 407, 419 ff.
Pistol Bullet siehe: Manuelito
Pitkin, Frederick W. 360, 365 ff.
Platte River 23, 78, 83, 90, 247, 346
Poncas 341 ff.
Pope, John 69 f.
Popleton, Andrew 350
Powder River 79, 102, 104 f., 111 ff., 128 ff., 178 f., 187, 277 f., 280, 291, 294, 298, 302, 333, 402
Powhatan 16
Potomac 20
Price, William 265
Pte-San-Waste-Win 285, 288

Quanah, Parker 24, 258, 261 ff.
Quapaws 347
Quinkent 362, 370 f., 374

Rain-in-the-Face 290
Ramsey, Alexander 60, 64, 69 f.
Randall, George M. 213
Reservat Klamath 221 f., 227
Rawn, Charles 315
Rda-in-yan-ka 65, 71
Red Cloud 23, 104 ff., 111, 113 ff., 178 ff., 272 ff., 292, 298, 300, 334 f., 338, 403, 406 ff., 414, 423 f.
Red Cloud Agentur 333 f., 339
Red Dog 274, 277
Red Horse 285, 288, 290
Red Leaf 121, 132
Red River 20, 244, 246 ff.
Red Tomahawk 421
Reno, Marcus 286 f., 290 f.
Republican River 100, 102, 106 f.
Reynolds, Joseph J. 281, 298
Richard, Louis 276
Riddle, Frank 226 ff.
Riddle, Toby siehe: Winema
Rio Grande 32, 34, 200, 252, 259, 388

445

Rocky Mountains 25, 108, 308, 357
Roman Nose 23, 79, 84, 100, 105 f., 123, 152 ff., 390
Rope Thrower 32, 36 f., 40
Rosebud Agentur 413
Rosebud River 113, 120, 280, 282 ff., 413
Running Antelope 270, 408

Sacramento 27
Sanborn, John B. 107, 142, 145, 160
San Carlos Agentur 380, 382 ff.
Sand Creek 78, 92, 94 f., 98 ff., 105 ff., 161, 169 f., 172, 330, 339, 370
San Franzisko 27
San Juan 41, 44
Santa Fe, N. Mex. 28, 34 f., 43, 198
Santee Agentur 294
Satank 24, 246 f., 250 ff.
Satanta 24, 240 ff.
Saville, J. J. 272 f.
Sawyers, James A. 113, 115 f., 119 f., 124
Scarfaced Charley 221 f., 224
Schonchin John 221, 232, 234, 237
Scott, Hugh 398 f.
Scott, Winfield 21
Schurz, Carl 328, 336, 345, 348, 350, 352, 377
Seminolen 19, 21
Senecas 20, 180
Shacknasty Jim 221, 234
Shakopee 54, 68, 72, 74
Shangreau, John 424
Sharp Knife 19
Sheridan, Philip 165, 168 ff., 241 f., 279 f., 327, 336, 353
Sherman, William T. 46, 49, 77, 143, 145 ff., 161, 171, 227, 248, 250 f., 266, 291, 317, 345, 353
Shiloh 49
Shirland, Edmond 199
Short Bull 415 ff.
Shoshone 283
Sibley, Henry H. 60, 62, 64 f., 128
Sioux 22, 24, 50, 71, 75, 78 f., 82, 90 f., 100, 102, 104, 113, 115, 119, 121 f., 124 f., 128, 132, 134, 137 ff., 165 f., 178, 183 ff., 272, 274, 279, 282 f., 286, 317, 319, 324, 342, 362, 390, 402 ff., 423; (Blackfoot) 188, 282, 286, 288, 408; (Brulé) 23, 100, 107, 128 ff., 179, 183 f., 186, 189, 282, 285, 300, 413; (Hunkpapa) 23, 112, 121 f., 129, 188, 280, 282, 285 f., 297, 403 f., 423; (Minneconjou) 121 f., 129, 134, 137 ff., 188, 282, 285 f., 295, 300, 415, 418, 424, 426; (Oglala) 23, 100, 104, 111 ff., 122, 129, 131 f., 134 f., 178, 186, 272, 276, 278, 280, 295, 298, 300, 324, 403, 405, 414; (Sans Arcs) 282, 285, 307, 405; (Santee) 23, 50, 52 f., 79, 121, 128; (Treton) 23, 102, 112, 132, 178, 272, 402 f.
Sitting Bull 23, 75, 112, 121 ff., 137, 188, 270, 274 ff., 282 f., 285 f., 290 f., 294, 296, 304, 314 f., 319, 402, 404 f., 408, 415, 423
Sleeping Rabbit 143
Slim Buttes 294
Smith, Edward P. 279
Smith, John E. 183
Smith, John S. 88 f., 94, 96
Smoky Hill 79, 84, 86 f., 91 f., 106 f., 152, 160, 162, 164, 174, 247
Smoky Mountains 21
Sorrel Horse 137
Soule, Silas 95, 97
Southern Pacific railroad 302
Spotted Tail 23, 100, 128, 130 ff., 179, 183 ff., 272, 274, 276 ff., 292, 300, 334, 403, 406, 413 f.
Spotted Tail agency 304
Squanto 17
Standing Bear 341, 345 f., 349, 390
Standing Elk (Brulé Sioux) 130, 134, 142, 145
Standing Elk (Cheyenne) 324 f., 330
Standing Rock Agentur 294, 403 f., 406, 408, 411, 414
Stands-Looking-Back 121 f.
Steamboat Frank 221
Steele, James 107
Steen, Enoch 196
Stevens, Isaac 309
St. Louis 84, 254, 256
Stone Calf 165
St. Paul, Minn. 27, 60, 64, 73 f.
Stumbling Bear 252
Sully, Alfred 83, 112, 121, 142
Summit Springs 178
Swift Bear 121, 130, 142, 145

Tainos 16
Tall Bull 23, 100, 152, 154 ff.
Tappan, Samuel 145, 160
Tatum, Lawrie 244, 246 f., 250, 258

Tauankia 260
Taylor, E. B. 131 f., 135
Taylor, Nathaniel 145
Taza 216, 380, 382 f.
Tecumseh 18
Teller, Henry M. 364
Ten Bears 24, 161, 241, 246, 254 f.
Terry, Alfred 145, 160, 274, 278, 280, 282, 284, 403 ff.
Texas 21, 34, 258, 266, 388
Thomas, Eleazar 227, 229 f., 234
Thompson, James B. 366
Thornburg, Thomas T. 369 f., 372 ff.
Tibbes, Thomas H. 348, 350
Tongue River 104, 112, 116, 118, 129, 135, 138, 280, 282, 296, 324, 333, 338 f.
Toohoolhoolzote 318 f.
Tosawi 172 f., 254
Touch-the-Clouds 300
Tucson, Ariz. 204 ff., 395, 397
Tuekakas 309
Tule Lake 220, 235
Turkey Leg 142, 145, 330
Turning Hawk 426
Two Moon 136, 143, 281, 283, 286, 289, 298 f., 324, 338

Union Pacific railroad 142, 145, 177, 183, 333, 350, 425
Utah 112, 377
Utes 25, 37, 357 ff.

Vickers, William B. 365 f., 374
Victorio 24, 198, 200 f., 383 f., 386 ff.
Virginia 16, 20, 22

Wabasha 23, 54, 57, 65 f., 68, 71
Wagon-Box-Schlacht 144 f.
Wahunsonacook 16
Walker, Francis 254
Walker, Samuel 112, 120 ff.
Walking Bird 242
Wallowa Valley 309 ff.
War Bonnet 87, 99
Warner, William 413
Washington 27, 38, 43, 52, 73, 78 ff., 90, 106, 129 f., 132, 164, 184, 188, 253, 279, 291, 302, 309, 317, 321, 326, 328, 339, 342, 345, 350, 358, 377, 383, 395 f., 407, 412 f., 420
Wasumaza 425
Watkins, E. T. 279

Webster, John C. 350
Weichel, Maria 174
Welsh, William 190
Wessells, Henry W. 335 ff.
West, Joseph 199
Whipple, Henry 291 f.
White Antelope 79, 87, 90, 95 ff.
White Bear siehe: Satanta
White Bird 311 f., 315 f., 318 f.
White Bull (Cheyenne) 281
White Bull (Minneconjou Sioux) 123, 140 f., 290
White Contrary 167
White Horse (Kiowa) 246, 257, 266
White Horse (Southern Cheyenne) 152, 154, 163 ff.
White Mountain Reservation 202, 213, 382, 384
White River Agentur 361 f.
White Thunder 402
Whiteman, William H. 352 ff.
Whitman, Royal E. 201 f., 204 ff.
Whitside, Samuel 424 f.
Wichitas 244
Wichitas Reservat 264
Wild Hog 324, 327, 330, 334, 336 f.
Williford, George 115
Winema 226 ff.
Wisconsin 20
Wolf Belly 167
Wolf Chief 80 f.
Woman's Heart 242, 266
Wood, Charles Erskine Scott 319
Wooden Leg 281 f., 285, 324 f., 339
Wounded Knee Creek 304, 403, 407, 423, 424 f., 427
Wovoka 25, 402, 417
Wowinapa 72 f.
Wynkoop, Edward W. 85 ff., 152 ff.
Wyoming 130, 177, 189

Yellow Bear 171
Yellow Bird 426
Yellow Eagle 138
Yellow Hair 407, 414
Yellow Medicine Agentur 67
Yellow Medicine River 52, 64 f.
Yellow Wolf 308, 316 f.
Yellow Woman 82, 100, 104, 116
Yellowstone Park 296 f., 317
Young-Man-Afraid-of-His-Horses 104, 274, 278, 293

Peter Baumann
Der Wind ist unser Atem
Indianische Welterfahrung in poetischen Texten und Bildern.
160 Seiten, gebunden

„Man verkauft die Erde nicht, über die der Büffel zieht", sagte Crazy Horse und führte die Sioux und Cheyenne zum Kampf gegen General Custers Kompanien am Little Bighorn River. Wir wissen, daß der große Häuptling siegte, wir wissen aber auch, daß der Ausverkauf des Landes durch die weißen Eroberer nicht aufzuhalten war. Die eingeborenen Indianer haben ihr Verständnis vom Einssein mit Natur und Kosmos in Liedern, Gebeten, Reden und Beschwörungen zum Ausdruck gebracht. Diese überlieferten Mythen und Legenden aus alter Zeit bilden den Auftakt der in diesem Band versammelten Texte.

Der zweite Teil ist dem historischen Standpunkt der Indianer gewidmet, der Auseinandersetzung mit den Weißen und ihrer Umwertung der Werte, Worte des Zorns und der Anpassung, der Resignation und der Prophezeiungen. – „Nur die Erinnerung hält meine Würde am Leben." Dieser Satz eines Kiowa-Malers spannt den Bogen zum Heute.

HOFFMANN
UND CAMPE